Licitações e Contratos Administrativos:
Casos e Polêmicas

FLÁVIO AMARAL GARCIA

Licitações e Contratos Administrativos:

Casos e Polêmicas

4ª edição

MALHEIROS EDITORES

LICITAÇÕES E CONTRATOS ADMINISTRATIVOS:
Casos e Polêmicas

Pela Lumen Juris: 1ª ed., 2007; 2ª ed., 2009; 3ª ed., 2010.

MALHEIROS EDITORES LTDA.
Rua Paes de Araújo, 29, conjunto 171
CEP 04531-940 – São Paulo – SP
Tel.: (11) 3078-7205 – Fax: (11) 3168-5495
URL: www.malheiroseditores.com.br
e-mail: malheiroseditores@terra.com.br

Composição: PC Editorial Ltda.
Capa
Criação: Vânia Lúcia Amato
Arte: PC Editorial Ltda.

Impresso no Brasil
Printed in Brazil
03.2016

Dados Internacionais de Catalogação na Publicação (CIP)

G216lc Garcia, Flávio Amaral.
Licitações e contratos administrativos : casos e polêmicas / Flávio Amaral Garcia. – 4. ed. – São Paulo : Malheiros, 2016.
560 p. ; 21 cm.

Inclui bibliografia.
ISBN 978-85-392-0327-7

1. Licitação pública - Brasil. 2. Contratos administrativos. 3. Consórcios. 4. Convênios. 5. Terceirização. 6. Contratação. I. Título.

CDU 351.712.2(81) CDD 342.8106

Índice para catálogo sistemático:
1. Licitação pública : Brasil 351.712.2(81)
(Bibliotecária responsável: Sabrina Leal Araujo – CRB 10/1507)

Com infinita saudade, dedico este livro
*aos meus queridos pais, FLAVIO e BEIA (*in memoriam*)*
*e ao meu amigo, irmão e compadre, MARCOS (*in memoriam*).*

Sumário

PARTE II – CONTRATOS ADMINISTRATIVOS

9. Aspectos Gerais dos Contratos Administrativos

10. Equilíbrio Econômico-Financeiro

Parte III – CONVÊNIOS, TERCEIRIZAÇÕES E REGIME DIFERENCIADO DE CONTRATAÇÃO/RDC

13. Convênios

Prefácio à 1ª edição

O tema das licitações e contratos administrativos sempre despertou intensas discussões doutrinárias e jurisprudenciais. No entanto, nem todos os assuntos chegam ao Judiciário e merecem os comentários da doutrina. O assunto é vivido diariamente nas repartições públicas, e os órgãos de controle são constantemente movimentados para oferecer opinamentos e soluções para os mais variados problemas que surgem diante das novidades vivenciadas a cada dia na Administração Pública.

É nesse contexto que FLÁVIO AMARAL GARCIA entende pertinente partilhar com a sociedade a experiência, amealhada com sua valiosa atuação como Professor de Direito Administrativo e como Procurador-Chefe da Coordenadoria-Geral do Sistema Jurídico no âmbito da Procuradoria-Geral do Estado do Rio de Janeiro. Nesta função o autor lida com situações que, pela novidade ou pela complexidade, ensejam a sua manifestação como Procurador do Estado do Rio de Janeiro e se prestam, em seguida, a valiosos debates em sala de aula.

Em bom momento esses estudos são divulgados, ampliando o debate e os ensinamentos, o que, aliás, é um mister que os integrantes da Procuradoria-Geral do Estado do Rio de Janeiro sempre assumiram com brilhantismo nas letras jurídicas.

Forjado, como eu, nesta Casa de talentos, onde tiveram assento nomes como Diogo de Figueiredo Moreira Neto, Ricardo César Pereira Lira, Eduardo Seabra Fagundes, Francisco Mauro Dias, José Edwaldo Tavares Borba, Eugênio Noronha Lopes, Hélio Saboya, Pedro Paulo Cristófaro, Antônio Carlos Cavalcanti Maia, Flávio Bauer Novelli e José Carlos Barbosa Moreira, para citar apenas alguns (não mais em exercício e dos mais variados ramos do Direito), o autor, que nela atua desde os tempos de estagiário de Direito, atingiu elevadíssimo conceito junto aos colegas, sendo mais que merecido ter sido galgado à posição de Procurador-Chefe da Coordenadoria Jurídica do Sistema Jurídico (e nela mantido) pelos Procuradores-Gerais do Estado, Geraldo Arruda Figueredo, Sérgio Luiz

Barbosa Neves e Francesco Conte e, agora, por Lúcia Lea Guimarães Tavares. Foi, também, fruto dessa vitoriosa e qualificada atuação a sua designação para examinador dos concursos públicos para Procurador do Estado do Rio de Janeiro e Delegado de Polícia, além de Supervisor de Estágio Confirmatório dos Procuradores de Estado aprovados em concurso público.

O brilhantismo dos grandes jamais lhe retirou a humildade, simpatia e cordialidade com que sempre distinguiu seus colegas de trabalho, dos mais diferentes níveis.

Pessoalmente, desfruto de uma condição privilegiada, não só por ser seu colega e subordinado à sua hierarquia, sócio e amigo, mas também por ter merecido a honra de ter sido seu Professor e Orientador no Mestrado em Direito, o que resultou num trabalho de grande utilidade para o País, voltado a um dos segmentos mais importantes da infraestrutura, envolvendo a questão rodoviária.

Agora, sua posição nas letras jurídicas se consolida com esta segunda obra publicada, o que confirma seu lugar de destaque como autor, cuidando, aqui, de temas espinhosos.

O método adotado parte dos temas da licitação e sua dispensa, dos contratos, com ênfase nas concessões, e da regulação sobre aspectos relevantes desses contratos. O eixo comum é a função regulatória das licitações e contratos administrativos, tema ainda pouco explorado e que tem nesta obra um significativo aprofundamento, com exame de situações concretas de aplicação da tese.

Mais não posso avançar nesses comentários de apresentação do autor e de sua obra, já que, como dito, a condição privilegiada de proximidade, admiração e amizade com o autor torna essa manifestação por demais suspeita.

Esse fato, aliado à lamentável condição de ser o autor torcedor do Botafogo, não lhe retira os méritos e a verdade absoluta dos comentários apresentados.

Resta, pois, destacar minha gratidão por merecer a oportunidade deste momento, que é mais um presente que o autor me confere, permitindo-me recebê-lo como homenagem pelos 20 anos de dedicação à Procuradoria-Geral do Estado do Rio de Janeiro.

Como sempre gosto de ressaltar, do autor e de sua esposa, minha amiga, colega e sócia Aline Paola Correa Braga Câmara de Almeida, recebi uma das maiores dádivas e alegrias que alguém pode receber, que foi a honraria de ser padrinho da sua encantadora filha Juliana. Mas, friso, a emoção e alegria desse convívio não devem colocar em dúvida a seriedade da referência à qualidade da obra, o que se confirmará com a sua leitura, aqui recomendada.

Rio de Janeiro, dezembro de 2006

MARCOS JURUENA VILLELA SOUTO

Prefácio à 4ª edição

Jamais poderia imaginar que viria um dia a secundar um prefácio de Marcos Juruena Villela Souto... Um amargo sarcasmo dessa sina caprichosa, que o me levou tão cedo do convívio diuturno, truncando uma ascendente e luminosa carreira de pensador do Direito, entre tantas outras relevantes qualificações pessoais que facilmente poderia acrescentar.

E acresce que o capricho dessa sorte, ora aziaga, ora propícia, mas sempre imprevisível, está no fato de o seu então prefaciado, o hoje doutorando coimbrão, Flávio Amaral Garcia, que bem de perto lhe segue o percurso, sucedendo-o nas mesmas inquietações científicas e, *pari passu*, no mesmo rumo que escolheu, ter ocupado também, para minha felicidade, o vácuo deixado por Marcos em minha vida intelectual e emocional.

E as coincidências prosseguem, uma vez que tais circunstâncias vêm de me colocar na mesma situação acautelatória de seu saudoso prefaciador quando externou: "Mais não posso avançar nesses comentários de apresentação do autor e de sua obra, já que, como dito, a condição privilegiada de proximidade, admiração e amizade com o autor torna essa manifestação por demais suspeita".

Eis-me, portanto, na mesma condição... Igualmente pedindo aos leitores deste "Prefácio" para não terem dúvidas quanto à objetividade e à seriedade com que lhes ofereço a avaliação desta obra, que vai a seguir, desde logo cuidando de justificá-la, ao apontar qualidades importantes para uma monografia com viés notadamente didático, pois, a meu ver, aqui se tem nada menos que um bem lançado e compacto curso de licitações e contratos administrativos.

O método é outro ponto a ressaltar, facilmente observável na disposição da matéria, com ordem e extrema minudência, tal como vem no "Sumário", pois que nele fica sobressalente a legítima preocupação e o cuidado de oferecer um rigoroso encadeamento temático, que facilita sobremaneira, na leitura, o dominar-se a extrema complexidade com que atualmente se apresenta esse tema, cada vez mais importante, na medida em que, como venho de há muito afirmando enfaticamente em meus próprios escritos, a consensualidade vai aos poucos ocupando os espaços que antanho regia inconteste a impositividade.

Este aspecto, caracteristicamente pós-moderno, está enfatizado em diversas passagens da obra: genericamente, quando trata dos princípios da consensualidade e da livre concorrência, e especificamente, ao discorrer sobre a função da contratação pública como meio de regulação, sobre a mutabilidade dos contratos administrativos, sobre as cláusulas exorbitantes e sobre as parcerias; em todos esses temas do momento revelando alto grau de intimidade e de atualidade em sua exposição.

Por derradeiro, merece atenção uma qualidade nem sempre devidamente cultivada por autores jurídicos, mas de que FLÁVIO não descura, mesmo ao tratar de temas por natureza despidos de *glamour*: refiro-me à simplicidade e à clareza do seu discurso didático, que assoma sem dificuldade à compreensão do leitor sem cansá-lo. Não se trata de um dom natural, mas do resultado de um severo e apropriado exercício de contenção da superfluidade e da ornamentação na prosa científica.

Aqui estão, caros leitores, as justificações que lhes eram devidas das razões pelas quais – arriscando um clichê comum em prefácios – reputo este livro imprescindível, para quem opera ou pretende operar com licitações e contratos administrativos, tê-lo em sua estante: à vista e à mão.

Teresópolis, Inverno de 2015

DIOGO DE FIGUEIREDO MOREIRA NETO

Apresentação

Ao traçar o norte da ordem econômica e financeira, a Constituição da República aponta três vertentes de atuação do estado: fiscalização, incentivo e planejamento. Ao tratar deste, o art. 174 e seu § 1º classificam-no como "determinante para o setor público e indicativo para o setor privado", remetendo para a lei a definição das "diretrizes e bases do planejamento do desenvolvimento nacional equilibrado, o qual incorporará a compatibilizará os planos nacionais e regionais de desenvolvimento".

Vladimir da Rocha França faz ver, com razão, que

> no contexto do art. 174, *caput*, da Lei Maior, o planejamento compreende a definição de objetivos e estratégias de ação administrativa, destinadas a atender a metas e prioridades que compõem as políticas públicas de ordenação da atividade econômica no mercado nacional. Para que o seu produto, o plano, tenha validade e eficácia jurídicas, é imprescindível a sua veiculação por meio de ato normativo do órgão ou entidade competente" (in Paulo Bonavides, Jorge Miranda e Walber de Moura Agra (Coords.), *Comentários à Constituição Federal de 1988*, Rio de Janeiro, Forense, 2009, p. 1.999).

E Eros Roberto Grau, ao distinguir os efeitos de o planejamento ser "determinante para o setor público e indicativo para o setor privado", acentua que o conteúdo dos planos deve ser compulsoriamente seguido pelo setor público da economia, abrangente dos serviços públicos e dos monopólios estatais (*A Ordem Econômica na Constituição de 1988 – Interpretação e Crítica*, 17ª ed., São Paulo, Malheiros Editores, 2015, p. 106).

O planejamento a que se refere o preceptivo constitucional desdobra-se tanto para o macro sistema das políticas públicas, que a Constituição também traça em suas linhas gerais, como é endereçado às micro atividades do dia a dia da gestão pública, de sorte que em ambos os níveis de atuação – macro e micro – o Estado, dado o seu perfil regulador, estará vinculado ao dever jurídico de elaborar planos comprometidos com o desenvolvimento. E este, para necessariamente harmonizar-se com a norma geral do art. 225 da Carta Fundamental ("Todos têm direito ao meio ambiente ecologicamente equilibrado, bem de uso comum do povo e essencial à sadia qualidade de vida, impondo-se ao Poder Público e à coletividade o dever de defendê-lo e preservá-lo para as presentes e futuras gerações"), há de ser o desenvolvimento que se qualifique como sustentável.

Rocha França não alude à sustentabilidade, mas esta estará implícita na consideração de que "os objetivos fundamentais, consubstanciados no art. 3º da Lei Maior, devem ser onipresentes nas políticas públicas empreendidas pelo Estado. Há, portanto, o desenvolvimento nacional equilibrado quando essas diretrizes constitucionais são materializadas na sociedade brasileira" (ob. cit., p. 2.000).

A cogência do planejamento na ordem jurídica administrativa do Estado brasileiro ganhou impulso conceitual com a chamada Lei de Responsabilidade Fiscal (Lei Complementar 101, de 4.5.2000), que, segundo Evandro Martins Guerra, "possui quatro grandes estruturações, quais sejam: o planejamento, a transparência, o controle e a responsabilização. O planejamento, constituído pelas três normas orçamentárias (plano plurianual-PPA, lei de diretrizes orçamentárias-LDO, e lei orçamentária anual-LOA) é a base de todo o processo de gestão fiscal, uma vez que, mediante tais instrumentos, será programada a execução orçamentária e poder-se-á conferir o cumprimento dos objetivos propostos e a adequação das ações governamentais ao que foi anteriormente planejado. Assim, o planejamento é um instrumento complexo, devendo prever metas, limites e condições para a renúncia de receita, a geração de despesas, inclusive as de pessoal, operações de crédito, concessões de garantias, dentre outras" (*Os Controles Externo e Interno da Administração Pública e os Tribunais de Contas*, Belo Horizonte, Fórum, 2003, pp. 90-91).

Élida Graziane Pinto dá um passo adiante e pondera que

> falar em controle das contas públicas é tratar – pela interface da previsão orçamentária e da efetiva alocação de recursos financeiros – do custeio de políticas públicas (...) cumpre não perder de vista que o orçamento é, além de instrumento de controle, uma peça imprescindível de planejamento e definição das prioridades do Estado. As políticas públicas integram o núcleo normativo definidor das atividades-fim do Estado. São, em última instância, a representação – organizada em diretrizes gerais e dentro de projetos e atividades – das funções constitucionalmente atribuídas à Administração Pública. Exemplo disso são

os deveres de segurança pública, de saúde, de educação, de proteção ao meio ambiente, de tutela à criança e ao adolescente, de garantia da estabilidade da moeda e das relações econômicas etc. Certo é que o Estado se desincumbe de tais deveres por meio de estruturados planos de ação governamental, aos quais podemos individualmente chamar, grosso modo, de política pública. Se se considerar que o regime de orçamentação adotado no Brasil é o de orçamento-programa (de acordo com o art. 22, IV, da Lei n. 4.320/1964), tem-se que o conceito de política pública envolve o desempenho de programas de trabalho nas mais diversas funções sob incumbência do Estado (como são a função de acesso à justiça, a legislativa, a de educação, a de saúde etc.). Os programas de trabalho, por seu turno, pressupõem a interação dinâmica de meios de que o Estado dispõe (no que se incluem pessoal, bens, verbas, prerrogativas e processos) para o cumprimento de determinadas finalidades públicas. Não se trata apenas de planejar a ação estatal, mas de assegurar a sua consecução, dentro das metas físicas e financeiras inscritas na lei de orçamento" (*Financiamento de Direitos Fundamentais*, Belo Horizonte, Ed. O Lutador, 2010, pp. 83-84).

Os desequilíbrios da gestão estatal – prioridades indefinidas ou mal definidas, decisões açodadas, desconsideração dos riscos inerentes à atividade, comprometimentos de recursos para finalidades pouco ou nada estruturadas, ensejando desvios e malversações –, lesivos àquela consecução dos planos orçados, são o autorretrato da sociedade brasileira, que, ao encaminhar cidadãos a cargos e funções públicos, deles não exige preparo para bem planejar antes de decidir, nem para identificar as causas antes de contentar-se em atacar os efeitos. Produzem respostas paliativas e inconsistentes, que se esmaecem no curto ou médio prazo, tornando crônicos os problemas e insuficientes ou desbaratados os meios orçamentários disponíveis ou mobilizáveis.

Essa postura descompromissada não poderia deixar de repercutir na atividade contratual do Estado – o contrato é o meio jurídico de obter no mercado os bens e serviços necessários à implementação de todos os segmentos de políticas públicas – e concentrar o foco da função de seu controle, que se vê na contingência de mais reprimir do que prevenir, mais responsabilizar do que estimular, desnaturando o que poderia ser o fluxo de um processo permanente de educação para o exercício pleno e saudável da cidadania.

Assim o demonstra a jurisprudência formada no Tribunal de Contas da União, pródiga em admoestar agentes públicos sobre comezinhos deveres da gestão e a puni-los por desvios que se repetem, como se inúteis fossem orientações tantas vezes reiteradas, desde a promulgação da Constituição de 1988, sobre os males da falta de planejamento ou do planejamento meramente formal, nas múltiplas áreas de atuação dos entes públicos, *v.g.*:

> Antes de realizar licitação cujo objeto pode ser alcançado por meio de soluções tecnológicas distintas, a Administração deve promover estudo de viabilidade, contemplando análise das possíveis soluções técnicas, comparando as respectivas variáveis de custo de implementação e de manutenção, de eficiência, de obsolescência, entre outras, com vistas a definir de forma clara e inequívoca a solução desejada (Acórdão 1.741/2015, 1ª Câmara, rel. Min. Walton Alencar Rodrigues).

Outro ângulo sob o qual se deve entender o planejamento "determinante para o setor público" é o de sua utilidade para o manejo da administração responsiva e de resultados, no Estado democrático de direito. Traduzindo este, como traduz, a contemporânea versão do Estado servidor e regulador, é de exigir-se que todos os seus poderes, órgãos e agentes estejam persuadidos de que devem respostas e satisfações à sociedade civil. Ou seja, esta é a titular do poder político de decidir sobre os seus próprios destinos, incumbindo àqueles realizá-los na conformidade das opções da sociedade, na medida em que harmonizadas com a ordem jurídica constitucional e os direitos fundamentais que prescreve.

Em outras palavras, os planos de ação governamental não são concebidos, como outrora, para atender aos desígnios das autoridades estatais. Estas devem colher os reclamos legítimos da sociedade e atendê-los. Daí a visceral importância de elos permanentes e hábeis de comunicação entre a sociedade e o Estado, de sorte a que este absorva os comandos daquela e os efetive no que consensuais. O Estado Democrático de Direito é o garante da efetivação dos direitos consagrados na Constituição, sejam os individuais, os econômicos, os políticos ou os sociais. Ser-lhes fiel é o dever jurídico indeclinável do Estado.

Essa fidelidade há de estar presente em todos os níveis do planejamento. Cada plano de ação governamental deve ser uma resposta à efetivação dos direitos fundamentais e do respeito à dignidade humana que os inspira. Se assim não for, não haverá Estado Democrático de Direito, nem a administração responsiva e de resultados que lhe deve corresponder.

Nada obstante, há uma condição cultural, em seu sentido sociológico, para que assim ocorra: a sociedade há de emancipar-se da polarizada relação entre tutores e tutelados, que caracteriza a cultura brasileira desde o seu berço colonial. Entendendo-se por tutor todo aquele que ocupe posição de prestígio e poder na hierarquia social – seja qual for a natureza dessa hierarquia – e por tutelado todo aquele que se sirva do tutor para obter vantagem ou proteção de qualquer sorte.

Não seria necessária maior digressão para perceber-se como essa relação compromete a emancipação da sociedade brasileira; basta lembrar os critérios segundo os quais grande número de candidatos se elege, por prometer vantagens e ganhos pessoais a seus eleitores (material de construção, empréstimos, empregos, cargos, apadrinhamentos, atendimentos pelos serviços públicos etc.). O socialmente patológico dessa relação está em que o tutor compraz-se em ser tutor e o tutelado anseia por encontrar o seu tutor e permanecer como tutelado. Em outras palavras: não há espaço para o mérito nessa relação, só para o interesse egoístico. Logo, tampouco há real preocupação em controlar e avaliar resultados, com o fim de dar-se início a novo ciclo virtuoso de gestão mediante a correção de erros acaso cometidos no planejamento da ação anterior, na medida em que esses erros refletem aqueles interesses personalistas e partidários.

O planejamento deve apresentar-se como o primeiro passo do ciclo da gestão, em sua acepção técnico-administrativa de gerir meios para a consecução de resultados do interesse da organização, seja esta uma sociedade empresarial privada (movida pelo lucro que a mantenha) ou uma entidade pública (impulsionada pelo interesse público que lhe cumpre atender). Lançando olhar prospectivo sobre o conceito, o saudoso Peter Drucker vaticinava que

> "O centro de uma sociedade, economia e comunidade modernas não é a tecnologia, nem a informação, tampouco a produtividade. É a instituição gerenciada como órgão da sociedade para produzir resultados. E a gerência é a ferramenta específica, a função específica, o instrumento específico para tornar as instituições capazes de produzir resultados. Isto, porém, requer um novo paradigma gerencial final: a preocupação da gerência e sua responsabilidade é tudo o que afeta o desempenho da instituição e seus resultados, dentro ou fora, sob o controle da instituição ou totalmente além dele" (*Desafios Gerenciais para o Século XXI*, trad. Nivaldo Montingelli Jr. São Paulo, Pioneira Thomson Learning., 2001, p. 41).

Transplantado o conceito para a seara jurídica comprometida com a sustentabilidade como direito fundamental universal – tal como o coloca o art. 225 da vigente Constituição da República –, caberia como luva a lição deixada pelo não menos saudoso García de Enterría, em livre tradução, acerca do controle da discricionariedade administrativa no Estado Democrático de Direito:

O essencial da discricionariedade é o que, com elogiável precisão, diz a exposição de motivos da Lei da Jurisdição do Contencioso Administrativo espanhol, de 1956: a discricionariedade 'surge quando o ordenamento jurídico atribui a algum órgão competência para apreciar, em uma dada hipótese, o que seja o interesse público'. Assim, todo poder discricionário deve haver sido previamente atribuído pelo ordenamento. Não há, por conseguinte, discricionariedade na ausência ou à margem da Lei.

Tampouco, em caso algum, a discricionariedade pode equiparar-se à Lei ou pretender substituí-la. Essa é a razão pela qual nunca se pode intentar aplicar à discricionariedade a irresistibilidade (hoje já relativa) própria da Lei, ou o valor desta como expressão da 'vontade geral'. Por ampla que seja, qualquer discricionariedade sempre será um *quid alliud* em face da Lei, como qualquer outro produto administrativo, e estará por isto submetida plenamente à Lei e ao Direito...

O controle judicial da discricionariedade é sempre um controle dos elementos regrados conferidos pela potestade correspondente. Esses elementos podem ser muitos, mas alguns devem estar presentes necessariamente: a existência da potestade, a sua concreta extensão e a realidade dos fatos que legitimam a sua aplicação ou em razão dos quais se põe em marcha a competência, o procedimento, a finalidade, o fundo parcialmente regrado. (...)

A técnica dos princípios gerais de direito, ao lado de seu inerente valor em todo o âmbito jurídico como técnica de superação do positivismo legalista, que pretende reduzir todo o direito a uma simples exegese das leis escritas, tem conhecido um desenvolvimento espetacular no direito público.

No direito constitucional resulta óbvio do espetacular desenvolvimento da justiça constitucional e da concreção definitiva desta nos problemas da constitucionalidade material, e não meramente formal, das leis, contrastadas com valores constitucionais de fundo, atuando como verdadeiros princípios gerais (...), ao que se extrai da contribuição dos princípios gerais do direito na jurisprudência do Tribunal de Justiça da Comunidade Europeia. (...) No direito administrativo, a generalidade da doutrina e da jurisprudência os utiliza. (...) Não seria demasiado destacar a doutrina italiana, que, embora pressionada por forte influxo positivista, nunca excluiu a utilização dos princípios (basta citar a casuística sobre os vícios dos atos discricionários em torno do conceito de excesso de poder – *eccesso di potere*), que evoluiu da década de 1950 para a de 1990 com um renovado entusiasmo principiológico, do que é exemplo o valioso livro de F. Manganaro, *Princípio di buona fede e attività dele amministrazioni pubbliche*, 1995.

Essa peculiar fonte do direito se generaliza e se expande na jurisprudência do Conselho de Estado francês, a partir do segundo pós-guerra, como técnica de controle da Administração e de sua atuação discricionária (Jeanneau, 1954, e Rivero, 1951, sistematizaram a então grande novidade, que desde então não cessa de desenvolver-se e afirmar-se definitivamente).

O Conselho de Estado manteve essa posição na Constituição da V República, de 1958, aplicando-a em questões essenciais: na validade dos regulamentos autônomos diretamente ordenados pela Constituição, e nos quais não seria possível reprovar contravenção à Lei, mas, sim, aos princípios gerais do direito. E, mais espetacularmente ainda, na hipótese do art. 16 dessa Constituição, na assunção, pelo Presidente da República, de todos os poderes em situações de emergência, afirmando que tal situação excepcional (similar à do famoso art. 48 da Constituição de Weimar, que consagrava a 'ditadura constitucional' do Presidente, na famosa caracterização de Carl Schmitt, e que foi o artigo sobre o qual Hitler fundou o seu poder) não exime o Presidente da observância dos princípios gerais do direito, posição com base na qual o Conselho de Estado não hesitou em anular uma condenação de morte – já transitado em julgado e pendente de execução – por um tribunal de exceção criado por norma ditada pelo General De Gaulle no uso desses poderes, por entender o Conselho de Estado, em 1962, que tal norma (*ordonnance*) violava aqueles princípios gerais. (...)

O princípio de interdição da arbitrariedade dos poderes públicos é um desses princípios constitucionais e se dirige diretamente ao núcleo central dos poderes discricionários. Assim foi formulado pela Constituição e como tal vem sendo aplicado pela jurisprudência e interpretado pela doutrina. Mas jurisprudência e doutrina nunca fizeram desse princípio um princípio aberto, informal ou puramente estimativo em sua aplicação, de modo que por sua só invocação o juiz pudesse decidir sobre a sua incidência no caso concreto; pelo contrário, o reduziram sempre, como ocorre com todo conceito jurídico, a técnicas precisas, que se concretizam em uma série de princípios gerais de direito, perfeitamente caracterizados e delineados: desvio formal de poder, falta de motivo ou fundamento suficiente, proporcionalidade, apreciação inexata dos elementos de fato de que parte a análise do caso, boa-fé, manipulação dos meios elementares de vida como instrumento coercitivo etc.

Ultimamente, se pretende reduzir todas as formas de arbitrariedade ao *standard* da razoabilidade. Em qualquer caso, importa notar que a sentença que sindica uma arbitrariedade deverá utilizar princípios auxiliares para chegar a um *topos* jurídico identificável, como é comum, por sinal, a todos os princípios gerais de direito, que de nenhum modo são a expressão ou o instrumento do *iudex rex*, mas, bem ao contrário, constituem uma via estreita para articular cada caso no complexo do sistema jurídico (por isto são princípios gerais, e não a suposta justiça do caso concreto; por isto são do direito, isto é, princípios técnicos e não morais). É, portanto, completamente inexato que o uso da técnica dos princípios gerais do direito conduza diretamente ao decisionismo judicial desnudo; a proposição correta é a oposta.

Quando o juiz reprova a arbitrariedade da Administração não o faz de modo estimativo e por simples convicção subjetiva, de maneira a limitar-se a uma censura abstrata, sem contornos precisos; isto seria ativismo judicial. Ao contrário, está aplicando a lei e o direito, e nesse caso nada menos do que a Constituição, e o faz precisamente usando uma técnica objetivada para os juristas, a técnica dos princípios gerais do direito, que o obriga a uma vinculação imediata aos fatos do caso e a uma fundamentação que se decompõe em valores jurídicos identificáveis, de modo algum a enunciados puramente retóricos.

No mundo anglo-saxão se tem percebido que é justamente o desenvolvimento das técnicas de controle jurídico da discricionariedade (não unicamente da discricionariedade administrativa, também e talvez especialmente a do legislador em face da justiça constitucional) aquela que tem levado ao desenvolvimento uma concepção mais extensa e aberta do direito, compreendendo princípios tanto como normas, citando-se nesse sentido o importante exemplo de Ronald Dworkin e de Nonet e Selznick. Esse desenvolvimento implica uma completa revisão da ideologia e da metodologia jurídica. Assim tem ocorrido também em França, com o Conselho de Estado, muito menos legalista ou positivista do que a do Tribunal de Cassação, e de fato, em alguma medida, tem transmitido a este uma visão aberta do direito.

Em definitivo, o controle judicial da discricionariedade, em particular o controle que abre – e obriga – o princípio constitucional da interdição da arbitrariedade, não significa abrir a possibilidade de uma livre estimação pelos juízes, alternativa às estimações discricionárias que à Administração incumbe com apoio legítimo na lei, nem pressupõe que se ignore a função política que, nos limites do conjunto constitucional de poderes, corresponde a esta. O controle judicial da discricionariedade deve efetivar a norma, não menos constitucional, da vinculação da Administração à lei e ao direito – conceito que por si só remete aos princípios gerais –, assim como o controle fundado na interdição da arbitrariedade dos poderes públicos. Somente como princípios gerais de direito, em sentido rigorosamente técnico, é que podem atuar e ser impostos pelos tribunais de justiça. Não suplanta, portanto, esse controle a função própria dos órgãos políticos e administrativos; cabe ao controle judicial fazer com esses órgãos atuem e se movam dentro do espaço preciso em que a Constituição os situa, que é o espaço delimitado pela lei e pelo direito como essência mesmo do estado de direito. (...)

A democracia impõe por si só a exigência de uma objetividade absoluta nas decisões administrativas, que só pelo direito, e não no interesse de qualquer partido, nem de agente algum, pode justificar-se em face do público e sustentar a confiança deste, confiança que é justamente a democracia em ação, como de sua essência mesmo (*Democracia, Jueces y Control de la Administración*, 5ª ed., Madri, Civitas, 2000, pp 143-153).

Em outras palavras: a própria discricionariedade administrativa, agora também sujeita a controles – sobretudo pela via da veracidade e da idoneidade dos motivos declaradamente justificadores das decisões administrativas, a ensejar a verificação da razoabilidade e da proporcionalidade de sua conveniência e oportunidade (mérito, ou apreciação subjetiva dos motivos) –, dependerá, para afirmar-se válida (conforme à ordem jurídica) e legítima (harmônica com o interesse público), de planos consistentes e sustentáveis, a amparar as decisões que traçam ou executam as políticas públicas.

Embora inserida na Constituição desde o seu texto original – passados menos de trinta anos, alterado por emendas que se aproximam da centena –, o ideário da sustentabilidade posto no seu art. 225 somente aos poucos vai assumindo posição de observância obrigatória nos processos formais por meio dos quais a atividade administrativa do Estado colhe os elementos necessários à tomada de decisões. A atividade contratual da Administração Pública assim e bem o ilustra: por força da Lei 12.349, de 15.12.2010, é que ingressou, no art. 3º da Lei Geral das Contratações do Estado (Lei 8.666/1993), o desenvolvimento nacional sustentável na condição de cláusula geral vinculante de todas as licitações administrativas para a contratação de compras, obras, serviços e alienações, a significar que todos os processos de contratação, com ou sem licitação, devem levar em conta requisitos de sustentabilidade que distingam os produtos, obras e serviços que a administração pretenda contratar.

O fato, conquanto tardio, é auspicioso, porque, no direito administrativo coevo, o processo formal de que resulta a decisão administrativa é tão importante quanto a própria decisão, como bem evidenciado em sede doutrinária:

> O que deve ser pensado é a legalidade como princípio da constitucionalidade, princípio de juridicidade, de agir conforme à Constituição, para produzir resultados desejados pelo ordenamento jurídico. Muitas vezes, o administrador vai agir, até mesmo, diante da omissão do legislador, quando a atividade administrativa é reclamada pela sociedade ao Estado e o legislador nem sempre tem o tempo, a oportunidade, o conhecimento ou o manejo político necessários para lidar com a situação. Nesse passo, em sendo indispensável a ação para a concretização de valores e princípios socialmente reconhecidos, aí se fará presente a legitimidade (sempre sindicável) da ação administrativa.

> É nesse contexto que vão sendo modificados alguns alicerces do Direito Administrativo. Em torno do princípio da legalidade tem-se, na era da democratização, a importante missão de revisitar o Direito Público. As bases até então conhecidas e estudadas são repensadas em razão dessa abertura democrática. Dá-se o reconhecimento de que o Direito Administrativo deve ser focado não na autoridade e nas suas prerrogativas, mas no cidadão, que deve ter voz ativa para fazer com que as decisões de Estado e da Administração Pública sejam efetivamente voltadas para o atendimento desses interesses.
>
> Surgem, assim, cada vez mais, canais de manifestação da sociedade. É aí que entra a participação e a ideia de se estabelecer uma metodologia para que ela se efetive e se aprimore. Com isso, cabe falar na processualização das decisões administrativas, como método para que se alcance uma manifestação de vontade da Administração Pública que coincida com o interesse da sociedade, que é legitimadora dessa manifestação de vontade e dela destinatária. O processo – e não a decisão materializada no ato administrativo – assume a primazia do Direito Administrativo.
>
> A processualização das decisões passa a ser uma rotina no Direito Administrativo, com o reconhecimento do direito à participação e do dever de a Administração Pública viabilizar essa participação para, exatamente, atender o princípio democrático e o princípio da legitimidade das ações da Administração Pública (Marcos Juruena Villela Souto, *Direito Administrativo em debate* – 2ª série, Rio de Janeiro, Lumen Juris, 2007, pp. 28-29).

O eixo das contratações e licitações administrativas reestruturou-se a partir da Lei 12.349, de 15.12.2010, introdutora, na Lei 8.666/1993, a chamada Lei Geral das Licitações e Contratações Administrativas, de modificações que abrem um novo ciclo para a gestão dos contratos públicos, qual seja o da incorporação, como cláusula geral obrigatória, do desenvolvimento nacional sustentável.

Intensas, em extensão e profundidade, são as repercussões dessa cláusula sobre as várias fases do processo administrativo das contratações de compras, obras e serviços. Alcançam a especificação de materiais e produtos, a elaboração de projetos básicos de obras e serviços, a estimativa dos preços de mercado, a definição dos critérios de julgamento de propostas, o exercício do juízo de aceitabilidade de preços, a análise de impugnações a atos convocatórios de licitações, o julgamento de recursos administrativos, a adjudicação do objeto e a homologação do procedimento competitivo.

A rigor, nada escapa à necessidade de revisão e de ajustamento em todos os segmentos que configuram o devido processo legal da contratação, a que se devem adaptar órgãos, entidades e agentes, na Administração direta e na indireta de qualquer dos Poderes de todos os entes federativos, bem como fornecedores, prestadores de serviços e executores de obras que pretenderem participar dos certames licitatórios ou contratar com a Administração estatal, no desempenho do compromisso jurídico-administrativo com o desenvolvimento sustentável.

A Lei 12.349/2010 converteu em dever jurídico o que antes não passava de apelo politicamente correto, dever esse que cobrará a responsabilidade dos administradores públicos, por isto que impende conhecê-lo e bem praticá-lo. As mais recentes inovações legislativas, desdobrando as incumbências que o art. 225, § 1º, da Carta Fundamental assina aos Poderes Públicos, deixam claro que a estes cabe papel essencial no cumprimento desses compromissos, na medida em que é o Estado um dos maiores, senão o maior, dos contratantes permanentes de produtos, serviços e obras, tanto que se estima em 16% do PIB a participação de todos os contratos celebrados por órgãos e entidades estatais e paraestatais na economia do país.

Quatro advertências parecem inarredáveis: 1ª) a pergunta inteligente não é a que indaga qual o custo da sustentabilidade, mas, sim, qual o custo de ser a sustentabilidade ignorada pelo planejamento das ações governamentais, nesta geração e nas vindouras; 2ª) a de que, ao contrário do que imaginavam os economistas clássicos, não é a oferta que produz a demanda, porém esta é que condiciona aquela; 3ª) a de que intervenções arbitrárias e açodadas do Poder Público – especialmente na concessão dos serviços públicos essenciais – produzirão insegurança jurídica e a certeza técnica de que qualquer avaliação de riscos deverá considerar o custo da interferência do governo no quadro regulatório; 4ª) a de que a sustentabilidade há de gerar um novo paradigma para identificar-se, nas contratações de compras, obras e serviços pela Administração Pública, a proposta mais vantajosa, que deverá ser a de menor preço dentre as que cumprirem os requisitos da sustentabilidade, destinando-se à desclassificação as de preço inferior, mas que os desatendam, consoante previa e consistentemente constar do planejamento do órgão licitador.

Quanto maiores a dimensão e a complexidade da organização, maior o desafio de estruturarem-se, com racionalidade, eficiência, eficácia e transparência, ações comprometidas com a sustentabilidade – daí o crucial imperativo: as contratações administrativas hão de ser precedidas de planejamento que enuncie justificativas, defina prioridades, estabeleça critérios objetivos, fixe metas, estime custos e riscos, sob pena de as contratações não se mostrarem aptas e produzir resultados conformes à sustentabilidade, ou a supor que o fazem sem, todavia, evidenciada pertinência, cuja transparência e objetividade ganham especial relevo no Estado Democrático de Direito.

Estado Democrático de Direito que vira pelo avesso o mais tenebroso caráter do poder, como explica Bobbio e basta, à guisa de conclusão sobre a realidade dos fatos postos à vista da sociedade brasileira:

> A tendência do poder para imitar a potência de Deus sempre existiu. Pense no que é a democracia em relação à autocracia. A democracia é a tentativa de tornar o poder visível a todos; é, ou deveria ser, poder em público, ou seja, aquela forma de governo em que a esfera do poder invisível está reduzida ao mínimo. Como poderiam ser eleitas pessoas que não se deixam ver? A autocracia não pode dispensar o gabinete secreto, que é exatamente o lugar no qual o poder é o menos visível possível. As decisões devem ser tomadas em segredo porque o povo não deve conhecer, não deve saber. (...) As decisões de poder devem ser secretas, ainda que o poder, para ser poder, deva de algum modo manifestar-se. Pense nas grandes festas, nos arcos do triunfo, na pompa ostentada, na carruagem real que passa em meio às duas alas da multidão. O poder se esconde e ao mesmo tempo se manifesta para tentar atrair a atenção, para seduzir o povo com a pompa e o fausto. É invisível, mas tem necessidade de se fazer ver. Com o segredo, o poder busca inculcar temor; com a pompa e o fausto, o poder tenta seduzir. Temor e respeito estão estreitamente ligados à questão do segredo do poder. O poder quer ser temido e respeitado. O temor e o respeito estão atados (...). Tanto o temor quanto a veneração são dois comportamentos de submissão: o primeiro com o terror, o segundo com a admiração. (...) na triste ocorrência da corrupção, maior a arbitrariedade dos funcionários e dos políticos, maior o seu poder de tomar decisões arbitrárias, tanto mais fácil corrompê-los. Com frequência as propinas são cobradas por indivíduos que ocupam cargos públicos a partir dos quais exercem um certo poder discricionário. A discricionariedade deve ser entendida em sentido amplo. Até os contínuos podem ter o poder de apagar a seu bel-prazer o processo de transferência de documentos de uma repartição para outra. Em contrapartida, quanto mais o desempenho dos políticos e dos funcionários está sujeito a regras e verificações, menor é a possibilidade de corromper. A transparência é um elemento fundamental para o funcionamento da democracia: ela permite o controle por parte dos cidadãos sobre as atividades dos governantes, que funda e legitima a democracia representativa. A delegação de poder por parte dos cidadãos aos seus representantes pressupõe de fato a possibilidade de conhecer, avaliar e eventualmente sancionar o seu desempenho. Isto vale tanto para os representantes eleitos, que têm a tarefa de tomar as decisões políticas, quanto para os administradores de carreira, que devem implementar aquelas decisões

(*Diálogo em torno da República*, trad. Daniela Beccaccia Versiani, Rio de Janeiro, Campus, 2002, pp. 106-111).

Tais singelas reflexões, postas a título de apresentação, bastam para por em destaque as qualidades que brotam, naturalmente, deste novo livro de Flávio Amaral, e que bem sintetizam a personalidade do autor – estudioso permanente e aplicador objetivo do achado científico, em linguagem simples e clara: atualidade conceitual; integração do tema ao sistema de gestão pública do Estado Democrático de Direito; a essencialidade dos valores principiológicos e da sustentabilidade para presidir as análises que os agentes públicos e os operadores do direito haverão de fazer, ao planejar, executar, controlar e avaliar os resultados da atividade contratual do Estado brasileiro. Daí a enorme satisfação com que o apresento e lhe encareço a leitura por quantos queiram comprometer-se com a eficiência e a eficácia das licitações e dos contratos, na Administração Pública brasileira.

Rio de Janeiro, primavera de 2015

Jessé Torres Pereira Junior
Desembargador e Professor-Coordenador
dos cursos de pós-graduação em Direito Administrativo
das Escolas da Magistratura e de Administração Judiciária
do Tribunal de Justiça do Estado do Rio de Janeiro,
e Professor-Visitante da Escola de Direito-Rio,
da Fundação Getúlio Vargas.

Nota do Autor

O presente trabalho é fruto da minha atuação profissional na área de licitações e contratos administrativos, em especial na Procuradoria Geral do Estado do Rio de Janeiro e na consultoria jurídica do Escritório Juruena e Associados. Decorre, também, das reflexões acadêmicas resultantes da minha experiência no magistério, atualmente concentrada na Fundação Getúlio Vargas.

A quarta edição apresenta um formato distinto das anteriores. Antes os casos e polêmicas eram tratados separadamente e de forma destacada da parte mais teórica da obra. Nesta quarta edição, o objetivo foi aliar os fundamentos teóricos do tema com as polêmicas e controvérsias que mais despertam dúvidas daqueles que militam no dia a dia das licitações públicas e contratos administrativos.

A mudança é apenas na forma. A finalidade primordial do livro continua a ser a de permitir ao leitor o conhecimento teórico da matéria, mas com enfoque mais detido no exame de assuntos polêmicos e de casos concretos.

Eventuais críticas e sugestões sobre o conteúdo do livro serão sempre bem-vindas e poderão ser encaminhadas para o seguinte email: <flavio-amaral@juruena.adv.br>.

Agradecimentos

A 4ª edição deste livro foi, sem dúvida, a mais trabalhosa. O longo lapso temporal entre o lançamento da 3ª e 4ª edições, aliado ao conjunto de significativas mudanças na legislação de contratação pública brasileira, demandaram um enorme esforço para a consecução do resultado final que ora se apresenta.

Mas teria sido uma tarefa impossível, no meio de tantas outras atividades profissionais, conseguir atualizar e reescrever parte deste livro não fosse a ajuda e o auxílio de pessoas especiais e queridas na minha vida pessoal e profissional.

Correndo o risco de ser prolixo e, ainda assim, não mencionar pessoas importantes, inicio os meus agradecimentos pela minha Aline, esposa, companheira de uma vida, colega de Procuradoria do Estado do Rio de Janeiro e sócia no escritório de advocacia Juruena e Associados, que, na qualidade de estudiosa e professora no tema, compartilhou dúvidas, apresentou ponderadas críticas e sugestões e, principalmente, sacrificou o seu precioso tempo em favor do meu. A sua generosidade é infinita. Com amor, esta obra é dedicada a você e aos nossos melhores frutos, Juliana e Daniela, razão de viver e de existir.

Como já tive a oportunidade de explicitar nas apresentações das anteriores edições, a minha aproximação com às licitações e contratos se deve a circunstância de ter sido estagiário do meu querido amigo, irmão, mestre e compadre Marcos Juruena Villela Souto, precocemente falecido em 2010. À época, em 1993, tive a honra de auxiliá-lo na revisão do seu importante livro sobre Licitações e Contratos Administrativos, lançado por ocasião da edição da Lei 8.666/1993. Marcos foi decisivo na minha vida profissional e pessoal. O encanto e desejo de ser Procurador do Estado do Rio de Janeiro e desenvolver uma carreira no magistério foi despertado pelo incentivo e conselhos do meu amigo e compadre. Ao Marcos devo tudo, na certeza de que ele está em outro plano semeando o bem, assim como fez na sua breve e iluminada vida.

Ao Professor Diogo de Figueiredo Moreira Neto, devo um agradecimento especial. Conviver e ser amigo do Diogo é um privilégio. Desde os tempos de estudante lendo as suas obras, considero um presente divino tê-lo no meu círculo de amizades íntimas. Foi com o seu entusiasmo, incentivo e aconselhamentos que prosseguimos no sonho de continuar com o Escritório Juruena e Associados, perpetuando o desejo do Marcos em desenvolver uma advocacia consultiva de qualidade, técnica e, acima de tudo, coerente com as posições assumidas na vida pública e acadêmica. Para além de um jurista excepcional e de dimensão internacional, Diogo é um ser humano que brinda diariamente alunos, amigos e quem mais dele se aproxima, com generosas e modernas lições sobre o Direito e, principalmente, sobre a vida. Um exemplo de alegria, sempre compartilhado com a sua querida esposa e minha grande amiga Cléia Cardoso.

Ao Professor Jessé Torres Pereira Junior também devo um destacado agradecimento. Nos últimos anos (em especial em 2015), o Professor Jessé, que sempre foi uma referência profissional, cruzou fronteiras e para minha enorme satisfação pessoal é hoje um amigo querido, sempre me incentivando e aconselhando sobre os mais diversos assuntos.

Aliás, não posso deixar de destacar a honra em terem prefaciado esta obra os meus três grandes mestres, Marcos, Diogo e Jessé, o que devo a imensa generosidade deste trio fantástico de juristas.

Gratidão especial devo externar para o Professor de Direito Administrativo e amigo Egon Bockmann Moreira, decisivo na minha opção pelo desafio de enfrentar o Doutoramento na Universidade de Coimbra, bem como por ter me aproximado da renomada Malheiros Editores, que me acolheu com enorme competência e carinho. É um prazer, ainda que a distância entre Paraná e Rio de Janeiro não nos permita uma convivência diária, aprender e ter o Egon como amigo e referência profissional.

Ao Professor Doutor da Universidade de Coimbra, Pedro Costa Gonçalves, renomado administrativista e meu orientador no Doutoramento, um agradecimento especial pelo acolhimento em Portugal e pelas excepcionais aulas e palestras proferidas durante o curso.

Ainda no plano acadêmico, não posso deixar de destacar as importantes contribuições intelectuais decorrentes do meu convívio com os renomados Professores e amigos Sérgio Guerra, Paulo Modesto e Carlos Ari Sundfeld.

Ao Sérgio, pela amizade desde os tempos de mestrado e pela oportunidade e convite para lecionar na Fundação Getúlio Vargas, instituição na qual concentrei as minhas atividades no magistério. Ao Paulo, pela amizade e oportunidade de participar como palestrante dos seus prestigiados eventos Brasil afora. Ao Carlos Ari, pela amizade e ensinamentos que decorreram do nosso prazeroso convívio profissional no ano de 2015.

Ao Fabrício do Rozario Valle Dantas Leite, colega de Procuradoria Geral do Estado e, então, Secretário Adjunto do Ministério da Fazenda, agradeço do fundo do meu coração o convite para integrar um grupo de trabalho constituído por um seleto grupo de profissionais do Direito, formado pelos ilustres Professores Paulo Guilherme Farah Correa, Carlos Ari Sundfeld, Egon Bockmann Moreira, Rafael Valim e Valter Shuenquener de Araujo, com a finalidade de propor aprimoramentos na legislação de infraestrutura e contratação pública no Brasil. Foi uma oportunidade de intenso aprendizado e reflexão, cujo resultado final foi um conjunto de importantes projetos de lei que, caso venham a ser aprovados, melhorarão substancialmente o ambiente de negócios públicos no Brasil, em especial na área das licitações e contratações públicas.

Aos colegas do escritório Juruena e Associados, os atuais e os que por lá passaram, dedico também esta obra e o faço em nome do meu sócio Henrique Rocha, excepcional advogado e Procurador do Estado, além de ser daqueles amigos para toda hora. O sonho de desenvolver uma advocacia consultiva com a qualidade e ética que sempre caracterizou o Juruena e Associados, somente vem sendo possível graças a serenidade do Henrique, além do entrosamento profissional e pessoal que conseguimos estabelecer nos últimos anos.

Também aos colegas da Procuradoria Geral do Estado, instituição a qual pertenço e que, com certeza, é o meu maior orgulho na vida profissional devo enorme gratidão. Ser Procurador do Estado do Rio de Janeiro, é integrar uma Casa formada por grandes juristas, com desafios permanentes na construção de soluções criativas e complexas para bem atender o interesse público. A Procuradoria é uma instituição diferente e com alma própria. Quem é de lá sabe do que falo. Para além do convívio profissional, tenho muitos amigos queridos que, diretamente ou indiretamente, contribuíram para o desenvolvimento das ideias e temas ora tratados neste livro.

À todos os colegas Procuradores, servidores, residentes e estagiários, agradeço em nome da Procuradora-Geral do Estado e amiga Lucia Lea Guimarães Tavares, a quem tenho a honra de assessorar sobre matérias afetas ao Direito Administrativo nestes últimos anos no seu Gabinete e ao Rodrigo Mascarenhas, atualmente ocupando o cargo de Subprocurador--Geral do Estado e com quem venho atuando diretamente nos mais diversos assuntos ligados ao Direito Público, inclusive aqueles relacionados às licitações e contratações públicas e que compartilha comigo o sonho de uma legislação estadual sobre o tema moderna e avançada.

Aos amigos de uma vida, Paulo Cesar Melo da Cunha e Heliana Gomes de Almeida, ambos profissionais destacados no mundo jurídico e que estão sempre ao meu lado nos momentos alegres e tristes, a minha eterna gratidão por tanto carinho e companheirismo. Tudo é mais fácil com vocês ao meu lado.

Ao Marcus Campitelli, concunhado e auditor do Tribunal de Contas da União, agradeço pelas permanentes discussões e lições sobre as obras públicas nos nossos prazerosos almoços em família e pela sua incansável dedicação em fazer do Brasil um lugar melhor para se viver. Às minhas queridas cunhadas, sogra e sobrinhos, um muito obrigado pelo acolhimento que já vem de tanto tempo, o que estendo aos amigos Luís, Gigi e Beta.

À minha família, tanto do lado Amaral, quanto do lado Garcia, um agradecimento por tanto amor e união. Sorte dos dois lados de compor uma família tão gente boa. Em nome de todos, agradeço aos meus queridos pais, Flávio e Romea, exemplos de vida, de retidão, de conduta e, sobretudo, de generoso afeto que recebi durante toda a minha vida. Expresso a minha gratidão especial ao Tio Mário, intelectual e advogado de ponta e, acima de tudo, um ser humano raro que a todos inspira.

Por último, um agradecimento para lá de especial para duas pessoas sem as quais este livro efetivamente não teria se tornado realidade: Eliane Nascimento e Marcelo Fernandes.

Eliane é uma amiga que me acompanha profissionalmente desde 1998 e que tenho o orgulho de testemunhar o seu crescimento pessoal e profissional. Me ajudou com a revisão, diagramação, arquivos e todos os aspectos operacionais, com os quais sempre me enrolo, mas que com ela ao lado fica sempre muito fácil.

Marcelo foi meu estagiário na Procuradoria e no Escritório e hoje é um advogado promissor e talentoso. Foi o responsável por uma revisão acurada do texto, auxiliou-me nas pesquisas, propôs contribuições e esteve ao meu lado durante todo o trabalho. Além de competente se mostrou solidário, em especial naqueles momentos difíceis que bate um certo desânimo.

Por fim, uma nota especial para os meus alunos e leitores que são, afinal, os destinatários finais do esforço intelectual que é escrever um livro.

Parte I

LICITAÇÕES PÚBLICAS

1. Aspectos Gerais das Licitações. 2. Os Princípios Aplicáveis. 3. A Contratação Pública como Mecanismo de Regulação. 4. Objetos da Licitação. 5. As Modalidades de Licitação e o Sistema de Registro de Preços/SRP. 6. A Participação de Consórcios nas Licitações. 7. Procedimentos na Licitação. 8. Contratação Direta.

1
Aspectos Gerais das Licitações

1.1 O conceito de licitação. 1.2 Uma necessária contextualização do tema das contratações públicas no cenário atual. 1.3 A competência para legislar: 1.3.1 Normas gerais. 1.4 O regime jurídico das empresas estatais. 1.5 O regime jurídico da PETROBRAS: 1.5.1 Aplicabilidade do regulamento às subsidiárias da PETROBRAS – 1.5.2 O necessário aperfeiçoamento do Decreto 2.745/1998. 1.6 Os serviços sociais autônomos e as licitações: 1.6.1 As entidades do Sistema "S" como licitantes. 1.7 As entidades privadas que recebem recursos públicos e a incidência ou não do princípio da licitação. 1.8 As licitações privadas.

1.1 O conceito de licitação

A licitação consiste no processo administrativo que antecede um contrato administrativo e que tem por objetivo selecionar a proposta mais vantajosa, oferecendo igualdade de condições entre aqueles que se encontram na mesma posição.

Trata-se de processo de natureza instrumental e que visa a instaurar uma disputa justa entre os potenciais interessados com vistas a viabilizar a contratação mais eficiente e que revele a melhor relação custo-benefício. Proposta mais vantajosa ou, mesmo, melhor relação custo-benefício não necessariamente se vinculam a interesses econômicos ou financeiros, podendo, modernamente, alcançar outros valores, especialmente aqueles com *status* constitucional.

A licitação se presta, em especial, ao atendimento dos princípios constitucionais da eficiência, da economicidade e da moralidade; é instituto voltado a harmonizar resultados econômicos com princípios jurídicos.

1.2 Uma necessária contextualização do tema das contratações públicas no cenário atual

As contratações efetivadas pelo setor público representam parcela significativa do Produto Interno Bruto/PIB brasileiro, o que demonstra sua importância à economia do País e às pessoas físicas e jurídicas que se estruturam com intuito de fornecer bens e serviços necessários para atender a tal demanda.

Entretanto, um dos problemas que mais afligem o Estado Brasileiro é a sistemática atual de contratação pública. É sempre importante lembrar que a Lei 8.666/1993 foi editada em um contexto de maior preocupação com os meios do que com os fins, pois importava mais verificar o cumprimento das formalidades pelo agente público do que avaliar se a contratação pública concretizava os princípios da eficiência e economicidade. Refletia o direito administrativo do início da década de 1990.

Como de hábito, a vocação da norma foi oferecer uma resposta a mais um dos diversos escândalos de corrupção que assolaram o País no passado e que, infelizmente, ainda continuam permeando o noticiário dos principais jornais brasileiros. A prática demonstrou, contudo, que o gestor público ficou engessado nas suas ações, posto que o legislador reduziu, em grande medida, seu espaço discricionário de decisão.

A finalidade originária de combate à corrupção não se mostrou atendida, uma vez que desde 1993, ano de edição da lei, diversos escândalos se sucederam no sistema de contratação pública brasileiro. Mas fato é que o cenário atual produz o nefasto efeito de, não raro, afastar o gestor público sério, que fica com fundado receio de praticar os atos necessários para cumprir sua missão, pois o excessivo controle sobre os meios pode acarretar uma futura responsabilização pelos diversos órgãos de controle que atuam no sistema, gerando uma paralisia estatal contrária ao princípio da eficiência.

Há certo consenso entre aqueles que militam e atuam na Administração Pública no sentido de que licitar hoje, no Brasil, custa caro, demora e é excessivamente burocrático. É claro que seria ingenuidade atribuir todos os problemas que gravitam em torno do tema à legislação existente. Dúvida não há de que o Brasil sofre em consequência do enorme déficit de planejamento e gestão, o qual se revela como uma das principais causas das ineficiências estatais no processo de contratação pública.

É importante fixar como premissa, desde já, que o tema das licitações e contratações públicas não pertence exclusivamente ao direito administrativo. Muito ao contrário, há uma enorme intersecção com a ciência da Administração, a justificar um investimento cada vez maior em planejamento, gestão e capacitação dos servidores públicos.

O Direito não é capaz, como ciência, de resolver de forma isolada todas as dificuldades e problemas que obstaculizam a busca por um sistema de contratação pública eficiente. Mas é evidente que uma legislação mais alinhada com uma Administração Pública de Resultados, pautada pelo direito administrativo pós-moderno, é fundamental para o seu avanço.

O fato é que em diversas oportunidades o Governo Federal tentou modificar a Lei 8.666/1993. Comissões de juristas, para tanto, foram constituídas e propostas encaminhadas ao Congresso Nacional.

Contudo, sempre que o tema vem à pauta do Congresso há uma enorme resistência por parte de diversos segmentos da sociedade, da classe política e da própria mídia, com um falso argumento de que toda e qualquer alteração da Lei 8.666/1993 envolve uma indevida flexibilização, a ensejar o aumento da probabilidade de incidência de casos de corrupção no País.

Em razão dessa dificuldade na arena política, tudo está a indicar que a estratégia adotada vem sendo a de, ao invés de propor alterações pontuais na Lei 8.666/1993, editar novos diplomas legais sobre licitações e contratações públicas, criando diversos subsistemas de contratação pública.

Apenas de modo exemplificativo, vale relembrar a edição da Lei 10.520/2002, que instituiu a modalidade licitatória *pregão* e praticamente se tornou a regra nas licitações públicas brasileiras, pela sua eficiência e celeridade. No mesmo sentido, instituiu-se o Sistema de Registro de Preços/SRP e a polêmica criação da figura do "carona", veiculada pelo Decreto 3.931/2001, revogado pelo Decreto 7.892/2013.

Outros contratos administrativos foram disciplinados em diplomas legais específicos, como é o caso das concessões de serviços públicos (Lei 8.987/1995) e das parcerias público-privadas (Lei 11.079/2004). No campo das contratações no Terceiro Setor pode-se citar como exemplo a Lei 9.790/1999, que disciplinou sobre a qualificação de pessoas jurídicas de direito privado, sem fins lucrativos, como Organizações da Sociedade Civil de Interesse Público/OSCIPs.

Os consórcios públicos também foram objeto de regramento próprio com o advento da Lei 11.107/2005, assim como as contratações específicas no segmento da publicidade receberam tratamento exclusivo na Lei 12.232/2010. Acrescente-se a Lei 13.019/2014, que disciplinou novo regime jurídico para as parcerias da Administração com organizações da sociedade civil.

Foi editado, ainda, o Regime Diferenciado de Contratações/RDC, instituído pela Lei 12.462/2011 e que tinha, inicialmente, o objetivo limitado de alcançar os eventos esportivos que aconteceriam no País (Copa do Mundo e Olimpíadas), além da gestão dos principais aeroportos no

País. Entretanto, mesmo com todas essas estratégias, o que se percebe é uma gradativa extensão do RDC para outras áreas e setores. Tudo indica que novos objetos serão incluídos, a tornar esse sistema cada vez mais regra e menos exceção.

Note-se que o RDC passou a ter cabimento também para: (i) as ações integrantes do Programa de Aceleração do Crescimento/PAC, incluído pela Lei 12.688, de 18.7.2012; (ii) obras e serviços de engenharia no âmbito dos sistemas públicos de ensino, conforme a Lei 12.722/2012; (iii) obras e serviços de engenharia no âmbito do Sistema Único de Saúde/SUS, a teor do disposto na Lei 12.745/2012; (iv) obras e serviços no âmbito do Programa Nacional de Dragagem Portuária e Hidroviária II e, subsidiariamente, nas licitações de concessão de porto organizado e de arrendamento de instalação portuária, conforme a Lei 12.815/2013; (v) obras e serviços de engenharia para construção, ampliação e reforma de estabelecimentos penais e unidades de atendimento socioeducativo, a teor do disposto na Medida Provisória 630/2013, convertida na Lei 12.980/2014; (vi) execução de ações de prevenção em áreas de risco de desastres, de resposta e de recuperação em áreas atingidas por desastres, na forma da Medida Provisória 631/2013, convertida na Lei 12.983/2014.

Tudo isso demonstra que a Lei 8.666/1993 deixou de ser o único diploma legal a orientar as contratações públicas, ainda que continue a ser importante, por fixar normas gerais para todos os entes federativos.

1.3 A competência para legislar

Pelas características especiais de que se revestem as contratações no setor público, existem regras específicas que disciplinam as relações jurídicas travadas entre o Poder Público e as sociedades empresárias e outras instituições contratadas para atender a essa demanda.

Com vistas a conferir uniformidade às contratações efetivadas pelos diversos entes federativos (União, Estados, Distrito Federal e Municípios), a Constituição Federal atribuiu à União competência privativa para legislar sobre normas gerais de licitação e contratação, a teor do disposto no art. 22, XXVII.

No exercício dessa competência legislativa, a União editou diversos diplomas legais regendo a sistemática de contratação pública no País, dos quais são exemplos, dentre outros, a Lei 8.666/1993 (que instituiu normas gerais para licitações e contratos da Administração Pública), a Lei 10.520/2002 (que instituiu a modalidade *pregão*) e a própria Lei 12.462/2011 (que instituiu o RDC).

1.3.1 Normas gerais

Quando a Constituição Federal menciona a expressão "normas gerais" significa dizer que os demais entes da Federação e suas entidades integrantes da Administração indireta devem seguir as diretrizes traçadas na norma editada pela União, podendo, ainda, legislar supletivamente sobre o tema.

Pode-se caracterizar as normas gerais como sendo aquelas que: (i) estabelecem diretrizes gerais, não podendo entrar em detalhes nem, muito menos, esgotar a competência legislativa dos demais entes federados; (ii) revelam índole nacional e fixam diretrizes gerais com vistas a uniformizar sua aplicação a todos os entes federados.

Nem todas as normas da Lei 8.666/1993 são gerais. Um exemplo é a regra contida no art. 87, § 3º, o qual determina que os secretários de Estado e Município são os agentes públicos competentes para aplicar a sanção de declaração de inidoneidade. Ora, essa é uma matéria que se insere no âmbito da competência legislativa de cada ente federado, não cabendo a uma norma de cunho geral se imiscuir na distribuição interna de competência dos entes públicos. Válida, portanto, norma estadual ou municipal que eventualmente discipline de forma distinta e atribua essa competência a outro agente que não o secretário de Estado ou Município.

1.4 O regime jurídico das empresas estatais

Com o advento da Emenda Constitucional 19, de 4.6.1998, a redação do inciso XXVII do art. 22 da CF foi alterada, para fazer a ressalva de que as sociedades de economia mista e as empresas públicas – as chamadas empresas estatais – se sujeitarão a um estatuto jurídico próprio que disporá sobre licitação e contratação de obras, serviços, compras e alienações (art. 173, § 1º, III, da CF).

A razão desta mudança se dá porquanto as sociedades de economia mista e as empresas públicas são dotadas de personalidade jurídica de direito privado, atuando muitas vezes em um ambiente concorrencial com outras empresas que não integram a Administração Pública. Assim, ainda que sujeitas ao dever de licitar, devem fazê-lo em um regime mais ágil e menos burocrático do que o dos demais entes públicos sujeitos aos procedimentos da lei.

O aspecto central da questão relaciona-se com a capacidade da estatal de atuar e competir no mercado. Não raras vezes a submissão a processos rígidos e complexos pode tornar inviáveis tais objetivos. Os formalismos típicos das pessoas jurídicas de direito público podem afetar não apenas a vida da empresa estatal e de seus acionistas, mas, especialmente, a política pública nela personificada.

Por isso que, embora obrigadas a licitar, o procedimento deve se desenvolver de maneira diferenciada para as sociedades de economia mista e empresas públicas, em especial para não obstaculizar a capacidade de competição. Afinal, o princípio licitatório é *instrumental* para a atuação da Administração, ao passo que a eficiência é um dever elevado à categoria de *finalidade* dos agentes do Estado.

Para tanto será necessária a edição do referido estatuto jurídico ou mesmo a edição de regulamentos próprios, desde que observados os princípios que regem as licitações e contratações públicas.

O problema reside na circunstância de o estatuto jurídico próprio das empresas estatais a que se refere o art. 173, § 1º, da CF, ainda não ter sido editado, centrando-se a questão na aplicabilidade, ou não, da Lei 8.666/1993 às empresas públicas e sociedades de economia mista após o advento da Emenda Constitucional 19/1998.

Com efeito, com o advento da Emenda Constitucional 19/1998 ficou muito claro que o regime jurídico das licitações e contratações públicas das estatais não é idêntico ao da Administração direta, autarquias e fundações, o que permite conferir aplicabilidade imediata à referida emenda, para não mais incidir àquelas entidades a Lei 8.666/1993.[1]

Mas o entendimento que tem prevalecido no Tribunal de Contas da União/TCU é que até o advento da lei mencionada no art. 173, § 1º, da CF – que disciplinará sobre o regime jurídico das licitações e contratos das empresas públicas e sociedades de economia mista – continua a ser aplicável a Lei 8.666/1993. A norma seria de eficácia limitada. Não se abona o referido entendimento, porquanto desconsidera qualquer efeito produzido pela emenda constitucional, igualando situações e regimes jurídicos bastante distintos.

1. A respeito do tema Aline Paola C. B. Câmara de Almeida aduz: "As sociedades de economia mista, as empresas públicas e suas subsidiárias possuem regime diferenciado ao aplicável à Administração Pública direta, especialmente no que se refere às suas contratações. Isso porque se de um lado tais entidades integram a Administração Pública, estando, portanto, sujeitas aos seus princípios regedores, inclusive o que exige a realização de prévia licitação para a contratação, de outro há expresso reconhecimento da personalidade jurídica de direito privado, o que as coloca em patamar diferenciado, exigindo tratamento especial" ("O regime licitatório das empresas estatais", in Marcos Juruena Villela Souto, *Direito Administrativo Empresarial*, Rio de Janeiro, Lumen Juris, 2006, p. 181).

A lei que vier a disciplinar o Estatuto Jurídico das Empresas Estatais, a teor do disposto no art. 173, § 1º, II, CF. e disciplinar suas licitações deve se limitar a fixar princípios e normas com vocação mais genérica, delegando os detalhes técnicos para o regulamento simplificado, elaborado no âmbito de cada empresa, à luz da realidade de cada setor. O ideal é que esses regulamentos sejam submetidos a prévia consulta pública, permitindo que a sociedade e o mercado possam opinar, criticar e sugerir, tudo com vistas ao seu aprimoramento.

Oportuno lembrar que as sociedades de economia mista e as empresas públicas estão obrigadas a licitar apenas para suas atividades-meio. As atividades-fim não se sujeitam ao dever de licitar. Afinal, seria irrazoável que para exercer a atividade que justificou sua criação a empresa tivesse que licitar. A licitação pode, nessas hipóteses, ser prejudicial à própria capacidade competitiva da entidade, acarretando custos excessivos que reduzam sua eficiência empresarial, mormente em mercados sujeitos ao domínio concorrencial.

O mesmo se diga quanto à não incidência do dever de licitar como condição para a formação de parcerias com o setor privado, viabilizando maior agilidade para a composição de grupos voltados à competição no mercado com outras sociedades do setor privado.

Em ambos os casos o importante é valorizar o princípio da motivação, exigindo-se a devida justificação das escolhas, de modo a evitar violações aos princípios da isonomia, da impessoalidade e da moralidade.

1.5 O regime jurídico da PETROBRAS

A PETROBRAS tem seu próprio Regulamento de Licitações e Contratos, que foi editado por intermédio do Decreto 2.745, de 24.8.1998, de acordo com o disposto no art. 67 da Lei 9.478/1997. O objetivo é conferir maior celeridade às licitações, evitando a demora típica do procedimento burocrático previsto na Lei 8.666/1993, que embaraçava a capacidade de acompanhar a agilidade dos competidores na conquista de fornecedores e consumidores.

A previsão do regulamento simplificado no art. 67 da Lei 9.478/1997 caracteriza uma hipótese de deslegalização, isto é, a mudança da sede normativa de um tema, em virtude de lei. A deslegalização representa uma tendência no direito público contemporâneo. Afinal, o Legislativo, além de ter vocação para disciplinar as grandes questões políticas, por meio de atos genéricos e abstratos, não tem a proximidade nem a formação técnica para o tratamento de temas tão específicos. Este é o caso das contratações de uma empresa estatal de grande porte em setor altamente competitivo. Há aspectos técnicos e de mercado setorial que exigem disciplina específica, quer dizer, à luz da realidade da empresa e do segmento em que ela atua – o que não se afina com a vocação da lei, como norma geral e abstrata que é.

É bem verdade que o Regulamento Simplificado da PETROBRAS (bem como a própria norma legal que lhe deu motivação e amparo) foi objeto de severas críticas,[2] especialmente no que concerne à sede normativa para sua edição. No âmbito do TCU não faltaram opinamentos quanto à sua inconstitucionalidade, por indevida invasão de competência legislativa; apontou-se, ainda, a inconstitucionalidade da própria Lei do Petróleo, sob o argumento de ser inconstitucional a "delegação" (e não "deslegalização") de poderes. Há, ainda, críticas mais severas sob o argumento de que para todas as estatais ainda continuaria em vigor a Lei 8.666/1993, até que fosse editada a lei a que se refere o art. 173, § 1º, da CF.

Essa linha de argumentação, como acima afirmado, desconsidera o princípio da isonomia, que recomenda tratar igualmente os iguais e desigualmente os desiguais – desautorizando, portanto, que uma empresa estatal, especialmente em setores competitivos, seja tratada como uma autarquia ou como Município. Também desconsidera que a Emenda Constitucional 19/1998 já previu duas sedes normativas para o tema, admitindo um regime híbrido nas licitações das empresas estatais.

Em boa hora, contudo, o Supremo Tribunal Federal/STF,[3] por meio de decisão monocrática do Exmo. Min. Gilmar Mendes, acabou por acolher a tese de que

> (...) a submissão legal da PETROBRAS a um regime diferenciado de licitação parece estar justificada pelo fato de que, com a relativi-

2. Cite-se, por exemplo, trecho da Decisão 1.765/2006 do TCU, de relatoria do Min. Benjamim Zymler: "Em face de todo exposto, tem-se que a PETROBRAS, em virtude de sua natureza de sociedade de economia mista, faz parte das entidades que integram a Administração indireta. Por este motivo, e em razão de não ter sido ainda editada a lei a que se refere o art. 173, § 1º, da CF, essa empresa está no âmbito de incidência da Lei n. 8.666/1993. O parágrafo único do art. 1º dessa lei é explícito neste sentido. Em consequência, não há óbice para que o TCU efetue determinações à PETROBRAS, não devendo, portanto, prosperar a argumentação da recorrente".

3. STF, MS/MC 25.888-DF, rel. Min. Gilmar Mendes, j. 22.3.2006. Em decisão mais recente no mesmo sentido (MS 27.837, rela. Min. Carmen Lúcia, j. 20.1.2009) a mesma empresa obteve provimento liminar que suspendeu os efeitos da decisão proferida pelo TCU (Acórdão 2.115/2008) no processo TC-009.131/2003-8 (Relatório de Auditoria), garantindo, por ora, a observância de seu Regulamento Simplificado.

zação do monopólio do petróleo trazida pela Emenda Constitucional n. 9/1995, a empresa passou a exercer a atividade econômica de exploração do petróleo em regime de livre competição com as empresas privadas concessionárias da atividade, as quais, frise-se, não estão submetidas às regras rígidas de licitação e contratação da Lei n. 8.666/1993.

1.5.1 Aplicabilidade do regulamento às subsidiárias da PETROBRAS

O mesmo regime jurídico aplica-se às subsidiárias da PETROBRAS. Tal conclusão se pauta, basicamente, em três argumentos distintos, a saber: primeiramente, porque, ante uma pretensa ausência de norma, a analogia já autorizaria a aplicação do diploma que rege as licitações da controladora; em segundo lugar, porque, como controlada, não poderia se submeter a disciplina jurídica diversa da que rege a controladora, sob pena de subversão do sistema; em terceiro lugar, porque o art. 63 da Lei 9.478/1997 só mencionou a controladora porque foi editado para submetê-la a uma nova realidade, a da competição, à qual já se submetiam suas subsidiárias, que atuavam em segmentos econômicos em concorrência com outras empresas privadas.

Suas subsidiárias, embora sejam pessoas jurídicas distintas, pertencem a um mesmo grupo econômico, representando especializações das funções da controladora, criadas para as finalidades variadas previstas no citado diploma legal, visando à melhor forma de atender ao interesse público.

1.5.2 O necessário aperfeiçoamento do Decreto 2.745/1998

O fato de não se apoiar a mudança da sede normativa do tema – de modo a se retornar à disciplina legal do regulamento de licitações pela Lei 8.666/1993 – não significa dizer que o Regulamento Simplificado das Contratações da PETROBRAS seja imune a críticas.[4]

O próprio roteiro de sua elaboração, que toma de empréstimo vários dispositivos da Lei 8.666/1993, já burocratiza demasiadamente o procedimento. O Decreto 2.745/1998 não ousou nos aspectos procedi-

4. Para aprofundamento do tema ver: "Regulamento de Licitação da Petrobrás e Proposta de Modificação por Lei", artigo elaborado em conjunto com o Dr. Marcos Juruena Villela Souto, publicada no Boletim de Direito Administrativo-BDA 7, julho/2010, pp. 787-799.

mentais que poderiam conferir maior agilidade nas contratações. Seria um avanço não reproduzir as mesmas modalidades de licitação contidas na Lei 8.666/1993, em especial aquelas já ultrapassadas como a tomada de preços e o convite.

O grave, contudo, é que contém normas que vulneram princípios constitucionais, aplicáveis a qualquer processo seletivo, independentemente da natureza jurídica da entidade que o realiza.

É o que se verifica, por exemplo, do item 1.7 do decreto,[5] que confere à PETROBRAS o direito de, antes da assinatura do contrato, revogar a licitação ou recusar a adjudicação em razão da empresa que tenha revelado incapacidade técnica, administrativa ou financeira, tudo isso com base em seus critérios exclusivos e sem direito a qualquer reclamação ou, mesmo, indenização por parte do adjudicatário.

A norma cria prerrogativa incompatível com os princípios da ampla defesa e do contraditório em favor da PETROBRAS, além de violar os princípios da boa-fé e da confiança legítima. Não se nega a possibilidade de revogação da licitação. O que se destaca ser fundamental é a motivação da decisão e a garantia aos interessados do direito à ampla e prévia defesa, bem como ao contraditório. O decreto, ao revés, menciona critérios exclusivos da PETROBRAS, que, sem a devida motivação, podem acarretar a prática de arbitrariedades e a vulneração ao próprio princípio da impessoalidade, na medida em que se autoriza o afastamento de empresas em razão de incapacidade demonstrada em contratações anteriores por critérios que são pouco claros.

Os princípios da ampla e prévia defesa e do contraditório também são vulnerados nos itens 4.9 e 4.9.1 do decreto,[6] que preveem a suspensão

5. Cf. a redação do item 1.7 do Decreto 2.745/1998: "O ato de convocação da licitação conterá, sempre, disposição assegurando à PETROBRAS o direito de, antes da assinatura do contrato correspondente, revogar a licitação, ou, ainda, recusar a adjudicação a firma que, em contratação anterior, tenha revelado incapacidade técnica, administrativa ou financeira, a critério exclusivo da PETROBRAS, sem que disso decorra, para os participantes, direito a reclamação ou indenização de qualquer espécie".

6. Os itens 4.9 e 4.9.1 estão vazados nos seguintes termos: "A suspensão da inscrição será feita pela unidade encarregada do Cadastro, por iniciativa própria ou mediante provocação de qualquer unidade da PETROBRAS. O cancelamento da inscrição será determinado por qualquer diretor, ou pela diretoria da PETROBRAS no caso da letra 'b' do subitem anterior, com base em justificativa da unidade administrativa interessada"; "O ato de suspensão, ou de cancelamento, que será comunicado, por escrito, pela unidade encarregada do Cadastro, fixará o prazo de vigência e as condições que deverão ser atendidas pela firma, para restabelecimento da inscrição".

e o cancelamento da inscrição no registro cadastral da PETROBRAS mediante decisão de qualquer diretor ou da própria diretoria da empresa.

Ora, a suspensão ou cancelamento da empresa no registro cadastral é ato que interfere diretamente na condição de fornecedora da empresa, restringindo o acesso às licitações realizadas pela PETROBRAS; daí por que se torna indispensável a observância do princípio da ampla defesa e do contraditório, tendo o decreto silenciado acerca desse aspecto.

Outro gravíssimo problema do decreto refere-se à utilização indiscriminada da modalidade *convite*. Como dito, o decreto não inovou em matéria de modalidade de licitação e nos seus aspectos procedimentais. Reproduziu-se o modelo da Lei 8.666/1993, não tendo sido corrigidos os seus equívocos.

Um deles refere-se ao convite, que não tem a obrigatoriedade de ser publicado e permite que o próprio ente contratante escolha as empresas que poderão participar do certame. O convite aumenta consideravelmente a possibilidade de conluios e fraudes nas licitações. A escolha da modalidade orienta-se pelos parâmetros fixados no item 3.3 do decreto,[7] não havendo qualquer referência aos valores. Assim, sem limitação de valor e com a liberdade da PETROBRAS de convidar quem quiser, a modalidade cria severas restrições ao princípio da livre concorrência, além de possibilitar a violação ao princípio da impessoalidade (já que pode conduzir a indesejáveis privilégios para determinadas empresas que forem sistematicamente convidadas). Os acontecimentos da "Operação Lava Jato" em 2014/2015 demonstraram como o convite se mostrou pernicioso para os reais objetivos da empresa. Se não suprimido, deveria ser objeto de um necessário aperfeiçoamento.

7. Cf. a redação do item 3.3 do Decreto 2.745/1998: "Para a escolha da modalidade de licitação serão levados em conta, dentre outros, os seguintes fatores: a) necessidade de atingimento do segmento industrial, comercial ou de negócios correspondente à obra, serviço ou fornecimento a ser contratado; b) participação ampla dos detentores da capacitação, especialidade ou conhecimento pretendidos; c) satisfação dos prazos ou características especiais da contratação; d) garantia e segurança dos bens e serviços a serem oferecidos; e) velocidade de decisão, eficiência e presteza da operação industrial, comercial ou de negócios pretendida; f) peculiaridades da atividade e do mercado de petróleo; g) busca de padrões internacionais de qualidade e produtividade e aumento da eficiência; h) desempenho, qualidade e confiabilidade exigidos para os materiais e equipamentos; i) conhecimento do mercado fornecedor de materiais e equipamentos específicos da indústria de petróleo, permanentemente qualificados por mecanismos que verifiquem e certifiquem suas instalações, procedimentos e sistemas de qualidade, quando exigíveis".

Veja-se também o item 7.1.1[8] do Regulamento, que expressa a regra de que os contratos da PETROBRAS reger-se-ão pelas normas de direito privado e pelo princípio da autonomia da vontade, o que se revela adequado e consentâneo com sua condição de sociedade de economia mista sujeita a um regime de direito privado, tal qual preceitua o art. 173, § 1º, II, da CF.

Entretanto, o próprio decreto prevê uma série de prerrogativas incompatíveis com a horizontalidade de uma relação tipicamente privada, conferindo à PETROBRAS a possibilidade de utilizar cláusulas exorbitantes típicas de um contrato administrativo, e não de um contrato regido pelo direito privado.

É o que se vê, por exemplo, dos itens 7.3 e 7.3.1 do decreto, que preveem a possibilidade da aplicação de sanções ao contratado, chegando a autorizar a rescisão do contrato, em modelo que muito se aproxima das disposições da Lei 8.666/1993.

Sendo a PETROBRAS uma sociedade de economia mista que integra a Administração Pública Federal indireta, é natural que se sujeite a algumas derrogações do regime de direito privado, como, por exemplo, o dever de licitar, de realizar concurso público e de ser fiscalizada nas suas contas. Mas sua essência é de direito privado, não havendo nada que justifique a adoção de prerrogativas de direito público que transformem seus pactos em contratos administrativos.

Enfim, existe a necessidade urgente de aprimorar o procedimento de licitação da PETROBRAS e de suas subsidiárias, voltada ao aprimoramento do Decreto 2.745/1998, com vistas a garantir a competitividade da citada empresa e suas subsidiárias, com licitações mais ágeis e flexíveis, sem, contudo, vulnerar princípios fundamentais como os da ampla defesa e contraditório, motivação, razoabilidade e transparência.

Entretanto, a prioridade deveria ser a edição da lei a que se refere o art. 173, § 1º, da CF, eis que a omissão legislativa obstaculiza o exercício da atividade empresarial em regime de competição de todas as demais empresas estatais do País, tornando mais burocráticos e menos eficiente os procedimentos seletivos de contratação das empresas públicas e sociedades de economia mista.

8. O item 7.1.1 do Regulamento da PETROBRAS estabelece o seguinte: "Os contratos da PETROBRAS reger-se-ão pelas normas de direito privado e pelo princípio da autonomia da vontade, ressalvados os casos especiais, obedecerão a minutas padronizadas, elaboradas com a orientação do órgão jurídico e aprovadas pela Diretoria".

1.6 Os serviços sociais autônomos e as licitações

A Constituição Federal de 1988 dispõe sobre as entidades do Sistema "S" no seu art. 240, designando-as "entidades privadas de serviços social" e resguardando as contribuições patronais como sua fonte de receita.

Os serviços sociais autônomos são entidades privadas e que não integram a Administração Pública. Atuam no campo do fomento, eis que recebem, por delegação legal, a tarefa de promover a arrecadação das contribuições com vistas a desenvolver atividade estritamente privada mas de reconhecida importância para a sociedade. Para tanto não precisa o Estado criar uma estrutura organizacional pública, eis que nem todo o interesse público para ser implementado reclama a execução direta pelo Poder Público ou por suas entidades.

Portanto, as entidades que integram os serviços sociais autônomos (SESI, SESC, SENAI) são pessoas jurídicas de direito privado e não fazem parte da estrutura da Administração Pública Federal. A circunstância de originariamente terem sido criadas para o desenvolvimento de atividades de interesse público não tem o condão de torná-las entidades públicas, o que significa dizer que não estão submetidas aos procedimentos da Lei 8.666/1993.

Essas entidades têm seus próprios regulamentos de licitações e contratos, que, à evidência, não podem ser compreendidos e interpretados como se pessoas jurídicas de direito público fossem, porquanto contrariaria a própria gênese que justificou sua criação e sua existência.

1.6.1 As entidades do Sistema "S" como licitantes

As entidades do Sistema "S", assim como qualquer outra instituição sem fins lucrativos, podem participar de licitações públicas, prestando serviços a terceiros, desde que observados os seus limites de atuação e as suas finalidades institucionais.

Não participam de licitações com intuito lucrativo, qualificação que não impede a verificação de superávit financeiro, mas apenas a distribuição de lucros. A diferença entre as pessoas jurídicas com ou sem finalidade lucrativa, quanto ao aspecto econômico-financeiro, é a possibilidade de haver distribuição de lucros aos respectivos sócios nas que possuam finalidade lucrativa.

Note-se que o art. 6º, XV, da Lei 8.666/1993 – que define contratado como a pessoa física ou jurídica signatária de contrato com a Administração Pública – não fez qualquer restrição sobre a natureza das pessoas jurídicas, não limitando a celebração de contratos administrativos a uma determinada espécie de pessoa jurídica. Não pretendeu o legislador estabelecer qualquer restrição de ordem subjetiva, ou seja, voltada a condicionar a participação em licitação ou a celebração de contrato administrativo a determinados tipos ou categorias de pessoas jurídicas.

Ao revés, o conceito de contratado é o mais aberto e abrangente possível, deixando evidente a possibilidade de toda e qualquer pessoa jurídica, independentemente da sua natureza jurídica ou da sua finalidade, firmar contrato administrativo com os órgãos e entidades que integram a Administração Pública dos diversos entes federativos.

Essa premissa é confirmada, sob outra ótica, pela regra do art. 9º da Lei 8.666/1993, que trata das situações de vedação à participação nas licitações públicas. Com efeito, todas as vedações previstas no art. 9º da Lei 8.666/1993 têm por fundamento valorativo o princípio da moralidade, afastando a participação de pessoas jurídicas que pudessem ser favorecidas pela circunstância de elaboração do projeto básico ou executivo ou por terem em seus quadros servidor ou dirigente de órgão responsável pela licitação.

A interpretação sistemática do art. 6º, XV, combinado com o art. 9º da Lei 8.666/1993 permite concluir que o legislador não fez qualquer restrição à participação nas licitações públicas a nenhuma pessoa jurídica em razão da sua natureza, aplicando-se a regra de hermenêutica que preceitua não caber ao intérprete fazer distinção quando o legislador não o fez.

Portanto, não é livre ao administrador, no exercício de sua competência discricionária de elaborar o edital de licitação, proibir ou vedar a participação de qualquer pessoa jurídica em razão de sua finalidade ser ou não lucrativa.

O que importa para o ente público contratante é que o objeto contratual seja executado pelo licitante que apresente as melhores condições técnicas e econômicas para fazê-lo, devendo a interpretação ser a mais ampliativa possível, para permitir (e não restringir) a participação de pessoas jurídicas que demonstrem, durante o processo licitatório, capacidade para oferecer seus serviços a terceiros, ainda que sem finalidade lucrativa.

Não há no ordenamento jurídico nenhuma norma que, a pretexto de concretizar o princípio da isonomia, indique que apenas as sociedades empresárias (voltadas à obtenção do lucro) poderiam participar de licitações públicas. Ao revés, o princípio da isonomia estaria violado caso, por hipótese, as contratações públicas fossem apenas reservadas para as sociedades empresárias.

O importante é que, qualquer que seja a natureza da pessoa jurídica licitante – sociedade empresária, sociedade simples, associação ou fundação –, se atenha às suas finalidades estatutárias; limite, esse, intransponível para o exercício de qualquer atividade, independentemente de sua natureza.

A rigor, as entidades que integram o Sistema "S" colocam-se na mesma situação de outras pessoas jurídicas cuja participação em licitação sempre foi colocada em dúvida, como é o caso, em especial, das Organizações da Sociedade Civil de Interesse Público/OSCIPs e das sociedades cooperativas. As propostas de preços não devem ser equalizadas, sob pena de violar os princípios da isonomia e da legalidade, que fixaram como única hipótese de equalização admitida aquela referente à participação de licitantes estrangeiros, prevista no § 4º do art. 42 da Lei 8.666/1993.

As entidades sem fins lucrativos são incentivadas na Constituição ou na legislação para garantir condições de atuação mais equilibradas com as sociedades empresárias – cujo regime jurídico gera vantagens de outra natureza – e, em última análise, garantir sua existência como entidades fundamentais para atuar em colaboração na concretização do interesse público.

1.7 As entidades privadas que recebem recursos públicos e a incidência ou não do princípio da licitação

Questão polêmica envolve saber se a entidade privada que recebe recursos públicos é obrigada a realizar uma licitação formal na aplicação dessa verba.

Não se abona tal tese. Com efeito, a gestão privada de recursos públicos gera o dever de prestar contas (art. 70 da CF), mas não de observância da licitação formal da Lei 8.666/1993.

As entidades privadas não estão submetidas ao princípio constitucional da licitação (art. 37, XXI, da CF), até porque licitar exige manifestação estatal que é incompatível com o regime privado das entidades que recebem recursos públicos. Ademais, há um engessamento da agilidade do setor privado, contrário à própria ideia que justifica a transferência de recursos.

A entidade privada pode e deve ser instada a motivar o processo de escolha e demonstrar como buscou o menor preço. Mas isso não significa, de forma alguma, que deva seguir procedimentos e ritos formais aplicáveis apenas à Administração Pública. O importante – repita-se – é que fique demonstrado que os recursos foram aplicados corretamente por meio de prestação de contas e, via de consequência, que os princípios da economicidade e da eficiência foram atendidos.

Enfim, o agente privado recebedor de recursos públicos não precisa observar o procedimento formal da licitação previsto na Lei 8.666/1993, podendo adotar meios mais flexíveis e coerentes com sua natureza de entidade privada.

Neste sentido, parece que a Lei 13.019/2014 foi mais severa ao determinar, no art. 34, como condição para a celebração das parcerias previstas, a apresentação pelas organizações da sociedade civil de regulamento de compras e contratações, próprio ou de terceiro, aprovado pela Administração, em que se estabeleça, no mínimo, a observância dos princípios da legalidade, da moralidade, da boa-fé, da probidade, da impessoalidade, da economicidade, da eficiência, da isonomia, da publicidade, da razoabilidade e do julgamento objetivo e a busca permanente de qualidade e durabilidade.

1.8 As licitações privadas

A licitação pública é a seleção da proposta mais vantajosa para a Administração Pública, assegurada a todos os proponentes a participação em igualdade de condições. Apesar de a expressão "licitação" estar indissociavelmente vinculada às contratações públicas, é certo que sua lógica é aplicada e praticada por qualquer sociedade empresária.

A rigor, é por meio da licitação – ou qualquer outro nome que se dê ao processo seletivo feito em âmbito privado – que se busca selecionar no mercado o proponente que melhor atenda a uma determinada necessidade de uma sociedade privada.

A busca por melhores preços e por padrões de qualidade nas contratações privadas é, em um ordenamento econômico estruturado nos princípios da livre iniciativa (art. 1º, IV, c/c o art. 170, da CF) e da livre concorrência (art. 170, IV, da CF), quase uma questão de sobrevivência. Em outras palavras: a sociedade empresária que for desidiosa e antieconômica nas suas contratações corre sério risco de perder mercado e não desenvolver de forma eficiente sua atividade empresarial.

O meio e os procedimentos adotados são variáveis em razão do mercado no qual atuam, mas o fato é que a essência do princípio da licitação, ou seja, a estruturação de um processo organizado para selecionar meritoriamente a proposta mais vantajosa, é conceito inteiramente aplicável às sociedades empresárias, que poderão se autovincular em processos mais ou menos rígidos de seleção dos seus fornecedores no mercado.

As entidades privadas estão a todo tempo perseguindo a racionalização de suas atividades, redução de custos, bem como a busca de resultados. Em outros termos: o princípio da eficiência é pressuposto de sobrevivência para as entidades de direito privado, e as licitações privadas são instrumentais para a obtenção dessa eficiência.

Claro que as escolhas privadas podem e devem se mover por percepções mais subjetivas do que as escolhas públicas, cujo grau de objetividade é imposto pelo ordenamento jurídico para que se atenda aos princípios constitucionais da impessoalidade, moralidade e indisponibilidade do interesse público. Não raro essa excessiva objetividade nas contratações públicas pode acabar sendo prejudicial para a escolha mais racional e eficiente da proposta mais vantajosa, mas revela um caráter impositivo inerente à própria licitação para evitar subjetivismos, voluntarismos ou preferências pessoais.

2
Os Princípios Aplicáveis

2.1 Princípios constitucionais

2.1.1 Princípios da legalidade e da juridicidade

A Administração Pública está jungida ao princípio da legalidade. O conceito tradicional e conhecido da legalidade parte da premissa de que o administrador somente pode fazer aquilo que a lei autoriza, ao contrário dos particulares, que podem fazer tudo aquilo que a lei não proíba. Trata-se de princípio que sofre, na atualidade, um repensar, com a submissão da atividade administrativa não apenas à lei, mas ao Direito.

Modernamente a lei deixa de ser o único fundamento de validade da atividade administrativa e passa a servir de substrato para a aplicação dos princípios constitucionais, constituindo, pois, o cerne da vinculação da Administração ou dos particulares à juridicidade.[1] Nesse contexto,

1. Sobre o princípio da juridicidade ver: Paulo Otero, *Legalidade e Administração Pública: O sentido da vinculação administrativa à juridicidade*, Coimbra, Alme-

toda a nova lógica constitucional, consagrada pelo Estado Democrático de Direito, tem sua base axiológica na proteção aos direitos e garantias fundamentais, ocorrendo, assim, a superação do outrora absoluto dogma de uma preponderância cega e irrestrita do positivismo jurídico. Os valores e princípios retomam um papel de centralidade na hermenêutica jurídica.

2.1.2 Princípio da impessoalidade

O administrador público tem o dever de ser impessoal, o que significa buscar sempre atingir a finalidade pública prevista em lei, sem privilégios ou favorecimentos a qualquer pessoa ou grupo específico. A impessoalidade impede que a Administração dê precedência a quaisquer interesses outros, em detrimento dos finalísticos.

O Estado Democrático de Direito não autoriza soluções ou decisões administrativas pautadas pela vontade pessoal e subjetiva do agente público e que não estejam vinculadas à finalidade da lei. O princípio da impessoalidade veda caprichos nos atos da Administração Pública e impõe aos gestores rigorosos critérios de imparcialidade.

2.1.3 Princípio da moralidade

O princípio da moralidade, enquanto pressuposto de validade de todo ato da Administração, consubstancia-se no conjunto de regras da boa administração, sempre com a observância da ética e em respeito à finalidade a que se destina.

Obviamente, o conceito de moralidade é de extrema fluidez e subjetividade. Todavia, com a ocorrência de uma situação concreta, a constatação da sua violação pode ser plenamente facilitada diante dos elementos objetivos que a hipótese comportar.

A moralidade alcança não apenas o administrador público, mas também os licitantes. A despeito do seu caráter subjetivo – já que moral é um conceito aberto, sujeito a variações de época, de locais e de pessoas –, implica a observância de comportamento ético no transcorrer das licitações públicas. Conluios entre os licitantes e cartelizações no mercado enquadram-se como ações imorais, que devem ser banidas das licitações públicas.

dina, 2003, e Gustavo Binenbojm, *Uma Teoria do Direito Administrativo, Direitos Fundamentais, Democracia e Constitucionalização*, Rio de Janeiro, Renovar, 2006.

A mera alegação de violação à moralidade, sem sua comprovação, não se presta à anulação do ato. Afinal, a má-fé não se presume; deve, ao revés, ser comprovada.

2.1.4 Princípio da publicidade e princípio da transparência

O princípio da publicidade consiste no dever dos entes integrantes da Administração Pública de divulgar seus atos, com o escopo precípuo de assegurar/resguardar o legítimo exercício do controle externo sobre sua própria atividade. As ações administrativas, aí incluídos os atos e contratos da Administração, devem ser transparentes, visíveis a todos os interessados; sendo exemplo a obrigatoriedade de publicação do extrato dos contratos administrativos e das licitações, bem como a necessidade de os certames se realizarem sempre em sessões públicas, abertas à participação de qualquer interessado.

A publicidade é ínsita ao Estado Democrático de Direito, sendo a transparência na ação estatal um direito da sociedade e dos cidadãos, tendo sido objeto de disciplina prevista na Lei 12.527/2011 (Lei de Acesso à Informação). A melhora na governança estatal é pressuposto da concretização da transparência.

No plano das licitações e contratos administrativos é possível afirmar que, quanto maior a transparência da licitação e dos mecanismos de execução e gestão do contrato, menor é o risco de serem praticados atos de corrupção. Licitações com objetos insuficientemente descritos, com deficiência de motivação e editais e contratos mal-elaborados, tendem a afastar potenciais licitantes honestos e atrair interessados que se beneficiam exatamente dessas brechas para a prática de atos violadores do princípio da moralidade.

O ambiente de negócios no plano público deve ser o mais aberto e competitivo possível. Para tanto, a transparência é a ferramenta indispensável para que se alcancem tais objetivos e, via de consequência, se concretize o interesse público primário. Portanto, quanto mais os licitantes, os órgãos de controle, a sociedade, entendem os reais objetivos da licitação e do contrato, bem como as escolhas que foram feitas e as razões que as justificaram, mais límpido se torna o ambiente de negócios no direito da contratação pública.

Isso envolve traduzir do modo mais didático possível os aspectos técnicos, financeiros, econômicos e jurídicos da licitação/contratação, de modo a facilitar a compreensão das decisões e ações governamentais. A abertura dos dados, salvo nas hipóteses ressalvadas pelo legislador, impõe-se como uma obrigação do gestor público, tudo com vistas a concretizar o princípio da transparência.

2.1.5 *Princípio da eficiência*

Não se exige mais apenas que o administrador público aja dentro dos limites legais. É fundamental também que a ação administrativa seja eficiente e que produza resultados eficazes para a sociedade; daí a inclusão do princípio da eficiência no rol dos princípios aplicáveis à Administração Pública (art. 37 da CF).

O direito administrativo pós-moderno instituiu um novo patamar de vinculação jurídica para a Administração Pública: a realização efetiva de um resultado determinante, sendo o princípio da eficiência seu principal veículo condutor.

O que se espera do administrador público na condução dos processos de contratação pública é a obtenção de um resultado legítimo e eficiente. Não basta mais que o processo administrativo tenha sido legítimo e eficiente, se não alcançou o resultado desejado.

Outra faceta a ser destacada do princípio da eficiência é a necessidade de medir. A Administração Pública não está acostumada a trabalhar com números. Para se avançar é necessário trabalhar com estatísticas e com medições. O custo da licitação, o tempo da sua realização, a economia a ser obtida, tudo isso é de fundamental importância para que se possa avançar e conhecer os resultados das licitações, dos contratos e das decisões administrativas que os antecedem.

A ausência de medições e de estatísticas confiáveis coloca o administrador público e o próprio operador do Direito no campo das intuições e “achismos”. O advento da Tecnologia da Informação nas licitações é um excelente aliado para o conhecimento dos dados e sua posterior análise crítica.

2.1.6 *Princípio da economicidade*

Como decorrência da eficiência tem-se o princípio da economicidade, previsto no art. 70 da CF. A economicidade tem direta ligação com as licitações públicas, eis que o que se busca é a melhor relação custo-benefício nas contratações administrativas. Assim, nem sempre o menor preço pode se revelar como a melhor alternativa para a Administração Pública. É preciso que seja o menor preço dentre os bens e serviços que atinjam um padrão mínimo de qualidade previsto no edital. É o exemplo clássico de se adquirir a caneta mais barata mas que não escreve.

Economicidade não é uma simples equação de custo-benefício que considera apenas os aspectos relativos ao desembolso financeiro. Custo-benefício pode e deve levar em conta outros valores, tudo a depender das finalidades previstas na Constituição Federal e no próprio ordenamento jurídico.

A economicidade guarda direta relação com o princípio republicano, porquanto zela pelo melhor aproveitamento possível dos recursos públicos, o que também atende e instrumentaliza o interesse público primário.

Importante anotar que a economicidade não é aferível apenas no momento da licitação, mas também quando das alterações contratuais. Não pode a Administração Pública se descurar das necessárias cautelas para que a economicidade e a melhor relação custo-benefício se mantenham durante toda a relação contratual.

Claro que isso não significa desprezar o legítimo direito dos contratados à obtenção do lucro justo ao qual fazem jus, mas, sim, evitar que as alterações contratuais se constituam em ilegítimo mecanismo de aumentar arbitrariamente suas margens de lucro a partir de conformações contratuais inadequadas ou, mesmo, de assimetrias de informações na composição dos custos contratuais, que, naturalmente, ocorrem em razão do maior conhecimento do negócio pelo contratado.

2.1.7 Princípio da ampla defesa e do contraditório

O princípio do devido processo legal tornou-se a pedra angular dos sistemas jurídicos anglo-saxônicos e, por construção jurisprudencial, neles se expandiu conceitualmente para incluir a preservação substantiva das liberdades e direitos fundamentais, nele entendida a substância justa dos direitos, no sentido de que devido processo da lei não agasalha atos públicos irrealistas ou irrazoáveis.

A assim denominada cláusula do *due process of law* ostenta duas vertentes conceituais: a do devido processo legal adjetivo e a do devido processo legal substantivo.

O devido processo legal adjetivo é a garantia formal de observância de um procedimento legal, que assegura às partes, em processos administrativos ou judiciais, o direito à ampla defesa e ao contraditório, dentre outras garantias. O devido processo legal substantivo, por sua vez, está relacionado a um processo justo e razoável logo no momento da criação normativo-legislativa.

A CF, no seu art. 5º, LV, assegura aos litigantes, em processo judicial ou administrativo, e aos acusados em geral o contraditório e a ampla defesa, com os meios e recursos a ela inerentes.

A garantia do contraditório e da ampla defesa, que basicamente determina que se ouçam todas as partes envolvidas,[2] é, assim, instrumento de garantia constitucional imprescindível para a observância de uma extensa gama de liberdades e direitos fundamentais, sem a qual perderiam sua primeira linha de defesa e só poderiam ser invocados depois de, por tantas vezes, irremediavelmente violados (art. 5º, LV, CF).

Assegura-se aos licitantes e contratados o direito de rechaçar argumentos, rebater imputações, questionar a existência de fatos, comprovar situação diversa daquela que contraria seu interesse específico e ter direito à produção probatória.

O direito à ampla defesa deve ser prévio. Não pode a decisão administrativa ser tomada e depois o administrado ser apenas comunicado. O direito de apresentar defesa deve ser anterior ao processo de tomada de decisão administrativa, sob pena de se vulnerar a garantia constitucional prevista no art. 5º, LV, da CF.

2.1.8 Princípio da motivação

O Estado Democrático de Direito encontra-se alicerçado, dentre outros pilares e fundamentos valorativos, no dever dos agentes públicos de motivar suas decisões. A ausência de motivação impede o exercício do adequado controle e a fiscalização dos atos e contratos administrativos. Encontra fundamento nos incisos IX e X do art. 93 da CF.[3]

A motivação adequada e suficiente, corolário do devido processo legal, é imprescindível para o controle dos atos praticados pela Administração Pública, especialmente para aqueles de conteúdo decisório e que impliquem limitação de direitos ou aplicação de sanção ao particular.

2. "Os princípios da ampla defesa e do contraditório podem ser reduzidos ao binômio informação/reação: a parte deve ser informada da existência do processo, bem como dos atos praticados em seu curso; a informação permite à parte reagir, defendendo-se, apresentando alegações e produzindo provas" (Rafael Munhoz de Mello, *Princípios Constitucionais de Direito Administrativo Sancionador – As Sanções Administrativas à Luz da Constituição Federal de 1988*, São Paulo, Malheiros Editores, 2007, p. 229).

3. A respeito do princípio da motivação veja-se: José Carlos Vieira Andrade, *O Dever da Fundamentação Expressa de Actos Administrativos*. Coimbra, Livraria Almedina, 2007.

Motivar pressupõe explicitar as razões de fato e de direito que levaram o agente público a praticar o ato. A motivação tem direta ligação com o princípio da ampla defesa e do contraditório, eis que uma motivação deficiente, incompleta ou inconsistente sequer permite que o administrado conheça a racionalidade que orientou a decisão administrativa. É o caso de decisões que apresentem aparente motivação, como aquelas lacônicas, que apenas invocam a cláusula contratual ou dispositivo legal, sem proceder a qualquer subsunção à situação fática. É fundamental, por exemplo, tratando-se de exercício do direito constitucional de petição ou, mesmo, de interposição de recurso administrativo, que cada um dos argumentos invocados pelo administrado seja devidamente apreciado e justificado no ato decisório.

Na era da procedimentalização e das garantias dos particulares perante a Administração impõe-se a explicitação do motivo, a ser precedido do devido processo legal, no qual se permitam o conhecimento, a defesa e a contradição dos argumentos apresentados.

Enfim, o administrado que se relaciona com a Administração Pública tem o legítimo direito a uma decisão administrativa que seja pautada por motivação explícita, clara, congruente. A motivação representa a obrigatoriedade, advinda de um imperativo de legitimidade do administrador público, de informar à sociedade e às partes diretamente atingidas pelo ato administrativo os motivos deste ato.

Em tempos de um direito administrativo democrático não devem ser admitidas motivações genéricas, que apelem para "razões de interesse público", sem explicitar seu conteúdo a partir das especificidades do caso concreto. Posturas que invocam interesses públicos genéricos e sem motivação adequada e razoável representam exercício arbitrário de um "poder" que não é outorgado a qualquer órgão ou entidade pública.

No caso da aplicação das sanções, importante lembrar que é a própria Lei 9.784/1999 – que disciplina o processo administrativo –, no seu art. 50, III, que torna obrigatória a motivação, com a indicação dos fatos e dos fundamentos jurídicos nas hipóteses de imposição de sanções aos administrados. Também se deve exigir a motivação dos atos administrativos sempre que vierem a restringir direitos ou interesses dos administrados.

2.1.9 *Princípio da proporcionalidade*

O princípio da proporcionalidade determina ao administrador a adoção de meios adequados para o atingimento dos fins colimados, devendo existir uma correlação lógica e razoável entre o objetivo visado e o instrumento da ação administrativa. A observância do princípio da proporcionalidade veda o cometimento de excessos por parte do Poder Público. O sentido de proporcionalidade é o de eleição de meios adequados e necessários para a consecução do interesse público. É sinônimo, portanto, do mandamento geral da proibição de excesso.

Lembre-se que, no plano substantivo, o devido processo legal está relacionado ao princípio da proporcionalidade/razoabilidade, extraído dessa cláusula geral, sendo o principal instrumento de controle dos comandos normativos e executivos emanados do Poder Público. Por meio da proporcionalidade/razoabilidade é possível controlar o arbítrio do Legislativo e a discricionariedade dos atos do Poder Público.

A própria Lei 9.784/1999 – que disciplinou as normas gerais de processo administrativo[4] – expressamente fixou no *caput* do art. 2º, como diretriz de todo e qualquer processo administrativo, o princípio da proporcionalidade, vedando, ainda, a aplicação de sanção "em medida superior àquelas estritamente necessárias ao atendimento do interesse público" (art. 2º, parágrafo único, VI, da Lei 9.784/1999).

A proporcionalidade desdobra-se em três subprincípios, originados na Suprema Corte alemã e consagrados em nossa jurisprudência: adequação, necessidade e proporcionalidade em sentido estrito. Esses são três subprincípios instrumentais que auxiliam na análise da constitucionalidade das decisões e ações estatais: (1) *adequação*, que exige ser a medida adequada para atender ao resultado pretendido; (2) *necessidade* da medida, quando outras que possam ser mais apropriadas não estejam à disposição do agente administrativo; e (3) *proporcionalidade, no sentido estrito*, entre os inconvenientes que possam resultar da ação do agente e o resultado a ser alcançado.

Portanto, o exame de adequação importa avaliação da idoneidade da medida para produzir o resultado visado. Significa que o meio escolhido deve ser apto a atingir o fim que se pretende atingir. Já, o subprincípio da necessidade impõe meios menos gravosos do que a medida eleita para a consecução do mesmo fim. E na terceira vertente do princípio a ideia de proporcionalidade em sentido estrito, que consiste na ponderação entre o ônus imposto e o benefício trazido, a fim de se verificar a legitimidade da medida. Cuida-se da verificação da relação custo-benefício da decisão,

4. Lei 9.784/1999: "Art. 2º. A Administração Pública obedecerá, dentre outros, aos princípios da legalidade, finalidade, motivação, razoabilidade, proporcionalidade, moralidade, ampla defesa, contraditório, segurança jurídica, interesse público e eficiência".

isto é, da ponderação entre os danos causados e os resultados a serem obtidos.

É certo que a Constituição Federal, ao exigir eficiência do administrador, está a demandar a avaliação de como serão mais bem protegidos, caso a caso, os interesses públicos em jogo. O princípio da proporcionalidade é, portanto, indutor da eficiência e da economicidade, pois obriga o gestor a avaliar a razoabilidade da medida adotada, comparando-a com outras alternativas possíveis e viáveis, proporcionando uma avaliação mais objetiva e calcada na efetivação do resultado que maximize o atendimento ao interesse público.

2.1.10 Princípio da segurança jurídica

A segurança jurídica apresenta duas vertentes: a objetiva, que tem a função de garantir a estabilidade das relações jurídicas, notadamente pela proteção do direito adquirido, do ato jurídico perfeito e da coisa julgada; e a subjetiva, que se relaciona com a confiança na conduta do Estado, nos mais diferentes aspectos de sua atuação.

Se o Direito permitisse que as situações jurídicas cristalizadas pelo tempo pudessem ser desconstituídas, desconsiderando-se suas implicações práticas, a sociedade viveria em clima de total insegurança e intranquilidade.

A estabilidade das relações jurídicas é um dos valores mais importantes que se extrai da Constituição Federal e que orienta toda e qualquer sociedade civilizada. A doutrina e a jurisprudência consagram, de longa data, a segurança jurídica e a proteção de terceiros de boa-fé como princípios que, obrigatoriamente, devem ser ponderados, mesmo nas hipóteses de flagrante ilegalidade cometida.

No plano dos contratos administrativos, por exemplo, os efeitos da sua anulação podem causar mais danos do que a consolidação de uma situação jurídica estabilizada pelo tempo, em especial quando terceiros interessados, que não contribuíram para o cometimento de qualquer ato contrário à lei, podem ser atingidos em relações jurídicas regularmente constituídas, o que poderia atentar contra o princípio da confiança legítima.

Essa ponderação entre os princípios da segurança jurídica e boa-fé *versus* o princípio da legalidade é sempre delimitada pelos contornos de cada caso concreto, não se podendo, *a priori*, sustentar uma primazia absoluta de nenhum deles.

Um outro prisma importante da segurança jurídica é a coerência e coordenação entre as distintas competências distribuídas pelos órgãos e entidades públicas. A unidade da atuação administrativa é fundamental, porquanto confere segurança jurídica ao administrado, evitando ações e condutas intragovernamentais contraditórias e que se utilizam de critérios e parâmetros com valorações opostas.

Sob outro ângulo, a segurança jurídica concretiza-se a partir de marcos regulatórios e legislativos que cumpram efetivamente as suas finalidades. Para tanto é necessário que as normas sejam facilmente compreendidas, o que pressupõe clareza, objetividade e organização lógica e sistêmica na sua concepção.

A confiabilidade e a previsibilidade na ação estatal são também elementos que integram o conceito de segurança jurídica, guardando relação direta com o princípio da boa-fé, como adiante se verá.

Lembre-se, por oportuno, que a ordem jurídica em vigor protege o administrado de mudanças de interpretações jurídicas que pretendam retroagir seus efeitos. Essa garantia encontra-se expressa no art. 2º, parágrafo único, XIII, da Lei 9.784/1999 – que rege os processos administrativos em âmbito federal – e prevê expressamente "a interpretação da norma administrativa da forma que melhor garanta o atendimento do fim público a que se dirige, vedada aplicação retroativa de nova interpretação". Ressalte-se, ainda, que o art. 55 da Lei 9.784/1999 prevê a possibilidade de a própria Administração convalidar o ato administrativo que contenha defeito sanável, desde que não acarrete lesão ao interesse público nem prejuízo a terceiros.

2.1.11 Princípio da boa-fé

O princípio da *boa-fé* tutela as legítimas expectativas das partes contratantes, para garantia da estabilidade e segurança das transações. Pressupõe-se que a relação contratual seja pautada no elemento confiança, que obriga as partes a empreenderem seus melhores esforços para que ambas consigam cumprir o acordado.

No plano contratual, cada parte confia que a outra dará cumprimento ao que foi pactuado. Além dos interesses próprios de cada um dos contratantes paira um interesse comum, que deriva da finalidade coincidente das partes na execução do objeto do contrato. Em outras palavras: identifica-se um interesse solidário dos contratantes em levarem a cabo a execução do objeto contratual, até como forma de assegurar a viabilização dos seus interesses próprios.

É essa solidariedade entre as partes que as compele a buscar agir cooperativamente, e não antagonicamente, para superar obstáculos. Esta a justificativa do princípio da boa-fé objetiva, que obriga as partes a empreenderem seus melhores esforços para que ambas consigam cumprir o acordado, de modo a concluí-lo a bom termo. Essa solidariedade, no caso de relações contratuais, torna-se mais presente naqueles ajustes que pressupõem parceria e colaboração.

Em síntese: na boa-fé objetiva tem-se como regra de conduta um dever de agir de acordo com determinados padrões sociais, de correção, de lisura, de honestidade, para não frustrar a confiança da outra parte. A lealdade e a confiança realçam a finalidade do princípio, que se volta à tutela das legítimas expectativas daqueles que integram a relação administrativa.

A boa-fé "objetiva" deve ser compreendida como sendo a exigência de se considerar, na aplicação e interpretação das cláusulas contratuais, um paradigma ético de comportamento, que seja informado pelo valor da justiça social.

O Estado deve primar por resguardar os interesses de todos aqueles que com ele se relacionam e demonstram boa-fé. Isso ocorre em especial quando, em razão do comportamento negocial adotado pela Administração Pública, os particulares conduziram e consolidaram seus respectivos negócios jurídicos considerando as premissas e expectativas criadas pelo próprio ente público.

O mesmo ocorre com os particulares, que não podem obter vantagem a partir da própria torpeza, com adoção de comportamentos contrários à ordem jurídica e aos padrões éticos que se espera de quem se relaciona com a Administração Pública.

A boa-fé "subjetiva" é aquela que se relaciona "com o estado de consciência do agente por ocasião de um dado comportamento";[5] daí a necessidade de se perquirir qual a intenção do agente no momento da prática de determinado ato.

Por envolver um elemento psicológico, uma conduta humana, admite-se o caráter relativo (*iuris tantum*) da presunção de boa-fé dos atos praticados por agentes. Portanto, para que se possa afastar a boa-fé das condutas dos membros da Comissão de Licitação e dos licitantes, por exemplo, é imperioso que se comprove sua má-fé ou desonestidade.

5. Gustavo Tepedino, Heloísa Helena Barboza e Maria Celina Bodin de Moraes, *Código Civil Interpretado Conforme a Constituição da República*, 2ª ed., vol. II, Rio de Janeiro, Renovar, 2007, p. 16.

2.1.12 *Princípio do interesse público primário e secundário*

É clássica a distinção entre o interesse público primário – afeto à coletividade, e, portanto, substancialmente indisponível – e o interesse público secundário – afeto à Fazenda Pública. O que se persegue na satisfação do interesse público primário é o atendimento das atividades finalísticas do Estado e concretizadoras de direitos fundamentais, ao passo que o que se intenta alcançar na satisfação do interesse público secundário é o atendimento de atividade-meio do Estado, promovendo a maximização de suas receitas e a minimização de seus gastos.

Em outras palavras: os interesses públicos primários estão intimamente ligados aos direitos fundamentais, que, a partir da Constituição, são as próprias finalidades públicas genéricas que devem ser maximamente preservadas e perseguidas pelo Estado, perfazendo este seu objetivo maior.

O interesse público secundário é instrumental ao interesse público primário. Dito em outros termos: sem a arrecadação dos tributos e a gestão eficiente das receitas (interesse público secundário) ocorrerá o comprometimento no atendimento dos interesses públicos primários.

No entanto, é indubitável que, em caso de eventual colidência entre esses referidos valores – o substantivo e o adjetivo –, a preferência não há de ser outra que o atendimento do interesse primário.

O interesse público, na moderna concepção do direito administrativo, não é mais obrigatoriamente executado diretamente por órgãos ou entidades públicas, sendo cada vez mais comum a institucionalização de vínculos jurídicos com entidades privadas que desenvolvam atividade de elevada relevância coletiva e social.

2.1.13 *Princípio da consensualidade*

Historicamente, a imperatividade marcou a atuação do Estado – notadamente pelo monopólio do exercício do *jus imperii* no bojo de relações pautadas pela subordinação –, sob a premissa de única via para a proteção dos interesses públicos.

No direito administrativo contemporâneo o consenso vem gradativamente substituindo a atuação imperativa dos entes públicos, em especial nas relações contratuais. Daí por que em várias atividades administrativas o manejo da consensualidade se apresenta mais vantajoso do que a imposição da imperatividade, de modo que para a solução dos interesses em conflito ou potencialmente conflitivos possam ser estes legitimamente ponderados e até negociados.

A supremacia e a subordinação cedem espaço a atos de coordenação, calcados na consensualidade, que terão por objeto a composição de interesses aparentemente antagônicos. A lógica subjacente a essa linha de pensamento é no sentido de que as atividades calcadas na consensualidade atingem maior eficácia na definição da justa medida para o interesse público específico a ser atendido e preservado.[6]

Daí se afirmar que a consensualidade se revela como um instrumento de efetivo incremento da eficiência administrativa, eis que pela via da cooperação se poderá materializar o atendimento de um interesse público primário. Trata-se, pois, de uma nova visão da Administração Pública, que se legitima pelos resultados e não apenas pelo cumprimento eficaz de trâmites burocráticos.

A realização de procedimentos de manifestação de interesse, por exemplo, nas concessões, parcerias público-privadas, arrendamentos e outros tipos contratuais reflete uma maior abertura à consensualidade, incrementando espaços de negociação e diálogo com os administrados. As audiências públicas e consultas públicas, do mesmo modo, viabilizam por meio da consensualidade a busca da eficiência administrativa, despindo-se o ente público de ser o único protagonista a definir e, mesmo, impor os modos e meios de execução do interesse público.

Na era da consensualidade a negociabilidade do atendimento dos interesses públicos representa uma tônica de agilização de resultados, que, não raro, não podem ficar à espera de julgamentos de processos judiciais, a justificar a adoção de instrumentos como a mediação, a conciliação e a arbitragem nos contratos. Enfim, modernamente não parece razoável impor às partes contratuais que solucionem problemas apenas pela via judicial. Havendo espaço para o consenso, o atendimento do interesse público pode ser mais efetivo e legítimo.

A consensualidade é perceptível nos denominados "acordos substitutivos",[7] que englobam instrumentos amplamente utilizados na

6. Sobre o tema ver a lição de Patrícia Baptista, *Transformações do Direito Administrativo*, Rio de Janeiro, Renovar, 2003.

7. Diogo de Figueiredo Moreira Neto assim define o instituto: "O acordo substitutivo, instituto característico da administração pública consensual, é um ato jurídico complexo praticado entre Administração e administrado ou mesmo com outro ente público, neste caso quando esteja em situação assemelhada à do administrado, com o objeto de substituir, em determinada relação administrativa, uma conduta primariamente exigível por outra conduta secundariamente negociável, com a finalidade

prática administrativa brasileira, tais como os Termos de Ajustamento de Conduta, os Termos de Compromissos e demais figuras afins.

2.1.14 *O princípio da livre concorrência*

A livre iniciativa, fundamento da República (art. 1º, IV, da CF), tem por objetivo viabilizar o livre acesso ao mercado e, por meio da liberdade de escolha, propiciar um aprimoramento da produção e da prestação de serviços. Este é o principal fator para que se desenvolvam mecanismos de proteção da livre concorrência, evitando que esse poderoso instrumento de busca da eficiência seja frustrado por medidas ardilosas.

Na realização das licitações deve a Administração Pública se preocupar com a efetiva existência de mercados competitivos. É fundamental que sejam implementados mecanismos que defendam a existência de uma concreta competição, com o fim de preservar o mercado como cenário adequado à livre concorrência.

A licitação pode ser formalmente bem-sucedida mas materialmente viciada quando ocorre o exercício de abuso do poder econômico, em especial com a cartelização, que, não raro, ocorre em alguns segmentos econômicos. A divisão prévia de mercado entre os potenciais licitantes é um dos maiores desafios que o tema das licitações deve enfrentar, eis que impede que o interesse público seja concretizado por intermédio da contratação pública que se objetiva efetivar.

A licitação é um processo fundado na competição e tendo por premissa que a livre iniciativa não pode acolher a concorrência desleal. O aspecto ético assume fundamental importância quando em jogo o princípio da livre concorrência.

Outro problema que assume enorme proporção é a cartelização que ocorre em determinados segmentos econômicos. Por maior que seja o esforço da Administração Pública em realizar uma licitação correta e eficiente, não raro, em determinados setores, os agentes econômicos se organizam e acertam a divisão do mercado, com enorme prejuízo para o interesse público.

A cartelização consiste no ajuste entre licitantes para uma participação concertada no certame, podendo incluir a combinação quanto a preços e outras condições da proposta, com o objetivo de interferir no resultado final, frustrando-se a competitividade.

de possibilitar um melhor atendimento de interesses públicos" (*Curso de Direito Administrativo*, 16ª ed., Rio de Janeiro, GEN-Forense, 2014, p. 215).

Referida forma de ajuste encontra-se definida como crime no art. 90 da Lei 8.666/1993, nos seguintes termos: "Frustrar ou fraudar, mediante ajuste, combinação ou qualquer outro expediente, o caráter competitivo do procedimento licitatório, com o intuito de obter, para si ou para outrem, vantagem decorrente da adjudicação do objeto da licitação: (...)".

Existem várias patologias ligadas à participação em licitações que prejudicam o valor da livre concorrência e a efetiva busca da economicidade nas contratações públicas.

Alguns exemplos permitem ilustrar essa nefasta prática: (i) propostas fictícias, ou seja, um licitante que eleva artificialmente o preço para estabelecer uma falsa comparação de preços com o licitante com quem está em conluio, criando a aparência de que a proposta do seu parceiro é economicamente vantajosa para a Administração Pública; (ii) o licitante (uma empresa de fachada) que participa do certame apenas para tumultuar o procedimento, com impugnações descabidas ou, mesmo, questionamentos irrazoáveis, tudo com vistas a favorecer um terceiro (o verdadeiro licitante), que não aparece diretamente, mas que está por trás das ações de bloqueio por meio de um intermediário; (iii) a indução na pesquisa de preços, ainda na fase interna, para estimar o valor da licitação para o alto, a fim de que seu preço, quando ofertado no certame, apareça como vantajoso e econômico; (iv) a divisão de mercado entre os próprios agentes econômicos, ou seja, quando os licitantes definem previamente quem serão os participantes e quem serão os vencedores de cada licitação, criando um ambiente de falsa concorrência, mas de "cartas marcadas", porquanto quem define o vencedor não é a efetiva disputa no certame, mas uma prévia combinação entre os próprios concorrentes.

É preciso que o Sistema Brasileiro de Defesa da Concorrência/SBDC, instituído pela Lei 12.529, de 30.11.2011, e composto pelo Conselho Administrativo de Defesa Econômica/CADE e pela Secretaria de Acompanhamento Econômico, vinculada ao Ministério da Fazenda, aprimore os mecanismos de prevenção e de repressão de ilícitos anticoncorrenciais no mercado das contratações públicas.

Indispensável, também, que o SBDC seja instado a atuar pelos entes públicos toda vez que, em suas licitações, se deparar com indícios de conluios ou cartelizações em determinados segmentos econômicos.

2.1.15 Princípio da autotutela

A Administração Pública tem o dever de anular seus atos ilegais, não podendo quedar-se inerte diante de uma flagrante ilegalidade. Trata-se do princípio da autotutela, pelo qual o Poder Público deve restaurar a situação de regularidade, sob pena de responsabilidade dos seus agentes.

O princípio da autotutela está positivado no art. 53 da Lei 9.784/1999 que dispõe que "a Administração deve anular seus próprios atos, quando eivados de vício de legalidade, e pode revogá-los por motivo de conveniência ou oportunidade, respeitados os direitos adquiridos". No mesmo sentido, as Súmulas do STF 346 e 473[8] também reconhecem o poder de autotutela da Administração Pública.

O princípio da autotutela deve sempre ser aplicado de forma harmônica com os princípios da segurança jurídica, boa-fé e confiança legítima, devendo-se evitar interpretações literais que levem a indesejáveis resultados em desfavor do interesse público.

2.2 Princípios setoriais

2.2.1 Princípio da competitividade

O princípio da competitividade traduz-se na ideia de que o objetivo da licitação é sempre a busca da proposta mais vantajosa para a Administração Pública, conforme expressamente previsto no art. 3º, § 1º, I, da lei.

Os editais de licitação não podem admitir, prever, incluir ou tolerar cláusulas ou condições que comprometam ou restrinjam o caráter competitivo. Assim, devem ser evitadas cláusulas que se revelem impertinentes ou irrelevantes para o específico objeto do contrato.

A competitividade é um princípio que instrumentaliza o interesse público primário da sociedade e o interesse secundário da Administração Pública.

Sendo a finalidade precípua da licitação a obtenção da proposta mais vantajosa, o certame não pode ser maculado por exigências desarrazoadas e inconsentâneas que desfavoreçam a competição e, consequentemente, o atendimento do interesse público.

Essa limitação ilegal da competição na licitação pode ocorrer, em tese, por meio da inclusão no edital de cláusulas com exigências que

8. STF, "**Súmula 346.** A Administração Pública pode declarar a nulidade dos seus próprios atos".

STF, "**Súmula 473.** A Administração pode anular seus próprios atos, quando eivados de vícios que os tornam ilegais, porque deles não se originam direitos; ou revogá-los, por motivo de conveniência ou oportunidade, respeitados os direitos adquiridos, e ressalvada, em todos os casos, a apreciação judicial".

não sejam necessárias para a execução do objeto ou com especificações técnicas não justificadas, que restrinjam indevidamente o universo de participantes.

Importante observar que não é toda e qualquer restrição contida no edital que se revela contrária à competição, mas apenas aquelas que se qualifiquem como ilegais, desproporcionais ou imotivadas. A busca da melhor proposta, por exemplo, se dá apenas entre aqueles licitantes que revelem aptidão e condições de executar o objeto contratual. Em outras palavras: é verificar quem, dentre os qualificados, oferta o menor preço. Se uma sociedade empresária não atende aos parâmetros de qualidade fixados no edital, sua desclassificação não ofende o princípio da competitividade, desde que os requisitos estabelecidos sejam legais, proporcionais e motivados.

2.2.2 Princípio da isonomia

O conteúdo do princípio da isonomia indica que todas as pessoas que estejam na mesma posição jurídica devem receber o mesmo tratamento por parte dos entes que integram a Administração Pública. Trata-se, na verdade, de garantia constitucional ampla e abrangente, que deve nortear todos os ramos do Direito e que funciona como verdadeira mola do Estado Democrático de Direito.

A licitação funda-se a partir do valor da competição, que, entretanto, apenas é legítimo se travado em igualdade de condições entre todos os interessados capazes de satisfazer o objeto licitatório. Em outras palavras: no campo das licitações a busca da melhor proposta (princípio da competitividade) deve se dar num ambiente em que os licitantes disputem em igualdade de condições. Impõe-se um tratamento não discriminatório entre os licitantes.

A isonomia é um pressuposto de qualquer licitação. Mas isonomia significa identificar aqueles que estão em situação desigual e conferir tratamento diferenciado. É o que ocorre, por exemplo, com as empresas ou categorias diferenciadas por determinação expressa do legislador constituinte (microempresas e empresas de pequeno porte) e as cooperativas.

Mas mesmo essas hipóteses não podem decorrer da simples vontade do legislador. É preciso que a razão da discriminação seja lógica, razoável e, sobretudo, legítima, à luz da Constituição Federal. Em outras palavras: o discrímen deve estar amparado em critério lógico admitido pelo ordenamento jurídico e que conduza a um resultado que prestigie os valores que a Constituição Federal quis proteger.

2.2.3 *Princípio da vinculação ao instrumento convocatório*

O edital é a lei interna da licitação, e deve ser observado pela Administração Pública e pelos licitantes. É um princípio que decorre da legalidade, pois no edital somente podem constar cláusulas que estejam em conformidade com a lei.

Por força deste princípio, as normas do edital vinculam duplamente: (i) de um lado, o ente público e a sua Comissão de Licitação, que devem obediência ao que foi definido como regra no instrumento convocatório; (ii) de outro, os licitantes, que devem pautar sua atuação e a apresentação dos documentos e propostas conforme as cláusulas previamente estabelecidas.

Em outras palavras: uma vez fixadas as "regras do jogo", estas devem ser cumpridas e observadas tanto pela Administração Pública quanto pelo mercado, tudo com vistas a assegurar uma previsibilidade nas decisões e ações de ambas as partes, sem o quê não se concretiza o valor maior da segurança jurídica.

O edital concretiza opções legítimas do ente público. A discricionariedade administrativa significa que o administrador público pode, dentre várias alternativas postas à sua disposição pela lei, escolher aquela que melhor concretiza o interesse público. Avaliações de qualidade e preço, as possíveis técnicas a utilizar, padrões de sustentabilidade e tantas outras circunstâncias específicas de cada segmento econômico pressupõem escolhas de índole discricionária que se aperfeiçoam no momento de elaboração do instrumento convocatório.

Note-se, entretanto, que o exercício das opções discricionárias do administrador público quando elabora o edital é limitado pela obrigatória materialização dos princípios, em especial da competitividade e isonomia, permitindo que o maior número possível de licitantes participe do certame, devendo o instrumento convocatório oferecer igualdade de oportunidades para todos que estejam em condições de atender ao objeto na forma descrita. É no edital de licitação que esses valores se concretizam.

Daí por que o exame de juridicidade de qualquer licitação pública pressupõe uma análise dos seguintes pontos: (i) se o edital de licitação cumpriu com seu objetivo primário, que é a materialização dos princípios da competitividade, da isonomia, eficiência e economicidade; (ii) se as opções discricionárias do gestor atenderam aos princípios da legalidade, da proporcionalidade e da motivação.

Anote-se que o princípio da vinculação ao instrumento convocatório não se confunde com formalismo excessivo, como se verá no próximo item.

2.2.4 Princípio do procedimento formal e a vedação ao formalismo excessivo

A lei estabelece uma série de procedimentos e de diferentes formas de licitar. O princípio do procedimento formal significa que todos que participam da licitação têm o direito público subjetivo à fiel observância do procedimento como estabelecido na norma, na forma do que prescreve o art. 4º da lei. É uma decorrência do princípio constitucional do devido processo legal.

Importante observar que o procedimento formal não se confunde com formalismo excessivo, ou seja, aquele apegado a interpretações literais que desconsiderem as finalidades e objetivos do procedimento licitatório.

O formalismo moderado e desejável é aquele que resulta no melhor aproveitamento possível dos atos que integram determinado procedimento administrativo, guardando direta relação com o princípio da eficiência (a maximização na busca pelo melhor resultado possível) e com o princípio da proporcionalidade (deve-se buscar o meio menos oneroso para atingir a finalidade pública).

Nos processos administrativos devem ser observadas as formalidades essenciais à garantia dos direitos dos administrados e a adoção de formas simples, suficientes para propiciar adequado grau de certeza, segurança e respeito aos direitos do administrado, a teor do disposto no art. 2º, VIII e IX, da Lei 9.784/1999.

Isso porque o processo não é um fim em si mesmo, mas uma sequência de atos procedimentais imposta com o objetivo de atendimento a determinado interesse público. A obediência à forma deve limitar-se aos patamares suficientes para assegurar a segurança jurídica e a estabilidade das relações, pois – frise-se – a forma é instrumento, não se justificando em si mesma. No direito ADMINISTRATIVO pós-moderno, orientado pelos paradigmas da legitimidade, finalidade, eficiência e resultado, ganham especial destaque, no âmbito da procedimentalização da atividade administrativa, os instrumentos capazes de oferecer aos administrados resultados que possam ser traduzidos em um binômio composto por eficiência e segurança jurídica.

A licitação não é um torneio para ver quem melhor atende às formalidades exigidas no edital. Há um objetivo muito maior, que é a busca, no mercado, da proposta que apresente as maiores vantagens para o ente público.

O edital é o meio legítimo para proporcionar a ampliação da competição, estando o/a pregoeiro/Comissão de Licitação vinculados ao dever de buscar a seleção da proposta que, conforme as regras previstas no instrumento convocatório, melhor reflita o atendimento do interesse público em jogo.

Formalismos excessivos não têm mais lugar em uma Administração Pública de resultados, que pretenda ser eficiente e eficaz. A licitação é um instrumento, ou seja, um meio para atingir um objetivo maior, que é a consecução de um interesse público, materializado no contrato administrativo.

Note-se, por oportuno, que a Lei 11.079/2004, que instituiu as parcerias público-privadas no ordenamento jurídico pátrio, prescreveu, no inciso IV do art. 12, que o edital poderá prever a possibilidade de saneamento de falhas, de complementação de insuficiências ou, ainda, de correções de caráter formal no curso do procedimento, desde que o licitante possa satisfazer as exigências dentro do prazo fixado no instrumento convocatório. De fato, não faz o menor sentido ater-se a um rigorismo formal excessivo em detrimento da busca da melhor proposta.

Trata-se de mais um avanço da legislação decorrente de um entendimento quase consensual da doutrina e da jurisprudência no sentido de não valorizar excessivamente os aspectos formais em prejuízo do conteúdo das propostas. Será fundamental que o edital explicite a forma como essa correção deve ocorrer, a fim de evitar dúvidas na sua aplicação concreta ou, mesmo, violação ao princípio da isonomia.

A despeito de a Lei 8.666/1993 não conter regra similar àquela do art. 12, IV, da Lei 11.079/2004, não se vislumbra óbice para que o edital preveja cláusula específica admitindo a possibilidade de saneamento de falhas, de complementação de insuficiências ou, ainda, de correções de caráter formal no curso do procedimento. Os princípios da competitividade, eficiência, economicidade e juridicidade sustentam o entendimento. Ademais, existindo cláusula expressa estabelecendo previamente as hipóteses de saneamento das falhas formais, assegura-se, igualmente, a concretização do princípio da isonomia.

2.2.5 Princípio do julgamento objetivo

O julgamento das propostas nas licitações públicas deve sempre ser objetivo, vale dizer, calcado em critérios que não confiram margem de subjetividade ao julgador. Quando o critério é o menor preço fica mais simples a observância do referido princípio.

O problema se coloca quando, para julgar as propostas, analisa-se a técnica do licitante. Nestes casos é preciso estabelecer parâmetros e critérios estritamente objetivos, seguindo-se pontuação previamente definida no instrumento convocatório.

Também não é simples conciliar o julgamento objetivo nas licitações envolvendo publicidade governamental. Tanto é verdade que foi editada a Lei 12.232/2010, que estabelece normas gerais sobre licitações e contratações pela Administração Pública de serviços de publicidade prestados necessariamente por intermédio de agências de propaganda, no âmbito da União, dos Estados, do Distrito Federal e dos Municípios. Não é tarefa fácil julgar objetivamente fatores como "criatividade", que estão em jogo em licitações desta natureza.

Ademais, é noção elementar e inerente a qualquer licitação a necessidade de a elaboração da proposta ser orientada com base em itens homogêneos. A fim de que se confira concretude ao princípio do julgamento objetivo, deve-se partir da comparação de preços que são formados a partir de um mesmo objeto.

Em outras palavras: a licitação deve estar estruturada em parâmetros que permitam um julgamento objetivo e que coloquem as propostas dos licitantes em igualdade de condições. É noção elementar e inerente a qualquer procedimento seletivo a necessidade de a elaboração da proposta ser orientada com base em bens homogêneos. Em outras palavras: só é possível comparar objetivamente preços que são formados a partir de um mesmo objeto.

Há uma impossibilidade de se reduzir a um julgamento objetivo de preço objetos que não são homogêneos. Isso representa evidente violação do princípio da isonomia, já que trata igualmente situações que, além de complexas, são absolutamente distintas.

Mais recentemente foi incluído no art. 3º da Lei 8.666/1993 – introduzido pela Lei 12.349/2010 – o princípio do desenvolvimento nacional sustentável, que busca implementar outros valores nas licitações, com especial destaque para os aspectos ambientais. A ideia é que o administrador requisite apenas objetos ambientalmente sustentáveis, o que acaba por induzir as empresas a se adequarem, sob pena de não conseguirem fornecer para o Poder Público. É claro que esses requisitos devem ser motivados em cada licitação.

2.2.6 Princípio da verdade material

O princípio da verdade material consiste em um maior espaço de liberdade para que a Administração Pública tome suas decisões a partir dos fatos como se apresentam na realidade, não necessariamente se vinculando à documentação que está no procedimento licitatório. Daí poder buscar informações ou, mesmo, documentos além do que apresentado pelo particular, formando sua convicção a partir de um juízo probatório com maior amplitude.

Tratando-se de processo administrativo, a formação do juízo de convicção do administrador é orientada por uma liberdade na busca das provas bem mais ampla do que a verdade formal, que orienta os processos judiciais. Sendo a licitação um processo administrativo, não há dúvidas acerca da aplicação do princípio da verdade material.

É o caso, por exemplo, de determinado licitante que pode ser habilitado a partir de consulta pela Comissão de Licitação ou pregoeiro a um documento disponível na Internet. Mesmo que o referido documento não tenha sido oportunamente apresentado pelo licitante, parece razoável compreender que, se sua situação fática se encontra regular, pode a Comissão de Licitação ou o pregoeiro, com base no princípio da verdade material e da própria competitividade, considerá-lo habilitado.

3
A Contratação Pública como Mecanismo de Regulação

3.1 As licitações e a promoção do desenvolvimento nacional sustentável: 3.1.1 Fundamento constitucional das licitações sustentáveis – 3.1.2 Fundamentos infraconstitucionais das licitações sustentáveis – 3.1.3 A sustentabilidade e a sua compatibilidade com os princípios da competitividade, isonomia e eficiência – 3.1.4 Os espaços possíveis de delimitação da sustentabilidade nas licitações – 3.1.5 A sustentabilidade e a necessária coordenação dos entes federativos. 3.2 A Lei Complementar 123/2006 e o seu impacto nas licitações: 3.2.1 Fundamento constitucional – 3.2.2 As vantagens conferidas às microempresas e empresas de pequeno porte – 3.2.3 O tratamento diferenciado para as microempresas e empresas de pequeno porte previsto nos arts. 47 e 48 da Lei Complementar 123/2006 – 3.2.4 A necessária inclusão no edital das prerrogativas para as microempresas e empresas de pequeno porte nas licitações de grande vulto – 3.2.5 A mudança de faixa da microempresa ou empresa de pequeno porte durante a execução do contrato administrativo – 3.2.6 A adesão ao Simples Nacional. 3.3 Margem de preferência: 3.3.1 Os produtos manufaturados – 3.3.2 Serviços nacionais – 3.3.3 Decretos específicos que materializam as margens de preferência – 3.3.4 Medidas de compensação.

O recurso à contratação pública como mecanismo de implementação de outros valores constitucionais vem sendo cada vez mais utilizado no Brasil e em outros Países como ferramenta importante de intervenção estatal no domínio econômico. Marcos Juruena Villela Souto foi o primeiro autor a tratar do tema, cunhando a famosa expressão "função regulatória da licitação".[1]

A noção de proposta mais vantajosa nas licitações e nas contratações públicas foi tradicionalmente vinculada aos aspectos econômicos. Dito

1. Sobre o tema, cf. Marcos Juruena Villela Souto, *Direito Administrativo Regulatório*, Rio de Janeiro, Lumen Juris, 2002.

em outros termos: proposta mais vantajosa era aquela que gerava o menor dispêndio financeiro para o ente público.

A premissa financeira ainda é válida e importante em qualquer licitação pública, que, via de regra, leva em consideração para julgar a melhor proposta o critério de menor preço.

Mas o fato é que a concepção de proposta mais vantajosa pode comportar a incorporação de outros valores que não apenas o aspecto estritamente econômico. A contratação pública, seja pela via da licitação ou mesmo da contratação direta, passa a veicular uma dimensão axiológica mais ampla. Essa reformulação na visão tradicional do instituto das licitações e contratações administrativas deve-se à percepção do Estado de que seu poder de compra tem enorme influência e impacto no comportamento dos mercados.[2]

Portanto, a premissa é utilizar a contratação pública não apenas para adquirir bens e serviços a menor custo, mas para servir de instrumento para o atendimento de outras finalidades públicas definidas no ordenamento jurídico constitucional. Vários são os exemplos de políticas setoriais que recorrem ao poder de compra do Estado para concretizar outros valores.

A sustentabilidade, como foco na sua dimensão ambiental, é um dos conceitos incorporados às licitações públicas para dar aplicabilidade aos arts. 170, VI, e 225 da CF. No ano de 2010 o princípio do desenvolvimento nacional sustentável foi positivado no art. 3º da Lei 8.666/1993 – Lei Geral de Licitações e Contratações Públicas –, veiculado pela Lei 12.349/2010, tornando-se um vetor de observância obrigatória por todos os gestores públicos. O mesmo ocorre no Direito Europeu.[3]

2. Conforme a lição de Maria João Estorninho: "Às finalidades tradicionais da contratação pública foram se somando novas preocupações. Aos poucos, foi-se tomando consciência de que a contratação pública, a par dos seus objetivos imediatos, pode servir como instrumento de realização das mais variadas políticas públicas, nomeadamente ambientais e sociais. Em 2012, em tempos de crise, percebe-se que, mais do que nunca, as entidades públicas, enquanto entidades adjudicantes, têm a obrigação de exercer o seu poder de compra de modo social e ambientalmente responsável" (*Curso de Direito dos Contratos Públicos*, Coimbra, Livraria Almedina, 2013, p. 417).

3. Conforme leciona Cláudia Viana: "Esta jurisprudência foi devidamente tida em conta pelo legislador, que, nas Directivas 2004/18/CE e 2004/17/CE, consagra a integração da política ambiental na contratação pública, incluindo a possibilidade de utilizar critérios (factores) ambientais para efeitos de adjudicação da proposta economicamente mais vantajosa, em termos que adiante veremos com detalhe" (*Os Princípios Comunitários na Contratação Pública*, Coimbra, Coimbra Editora, 2007, p. 64).

Idêntico raciocínio orientou o tratamento diferenciado dispensado às microempresas/MEs e as empresas de pequeno porte/EPPs nas contratações públicas instituído pela Lei Complementar 123/2006, que busca concretizar os arts. 170, IX, e 179 da CF. O objetivo é evidente: utilizar o poder de compra para aumentar a participação das microempresas e empresas de pequeno porte nas contratações públicas. Isso porque tais espécies societárias foram consideradas pelo legislador constituinte originário como legítimos veículos indutores do desenvolvimento econômico e social (art. 3º, II, da CF) e da busca do pleno emprego.

Assim ocorre com a possibilidade de previsão nas contratações públicas da instituição de margens de preferências para produtos manufaturados e para serviços nacionais que atendam às normas técnicas brasileiras. A busca pela produção de tecnologia e inovação no próprio País passa a ser um vetor que orienta as contratações públicas em todos os entes da Federação e em diversos setores da economia brasileira, tudo com vistas a concretizar os arts. 218 e 219 da CF, que consagram o desenvolvimento e a autonomia tecnológica como valores que devem ser protegidos e fomentados no ordenamento jurídico pátrio.

As aquisições de bens em que se exige um conteúdo nacional mínimo pela PETROBRAS e as obras do Programa de Aceleração do Crescimento/PAC são exemplos marcantes de aproveitamento do poder de compra do Estado para o desenvolvimento da indústria nacional.[4] Essas políticas públicas vêm sendo implementadas em larga escala, ainda que intuitivo que a exigência de um *conteúdo nacional mínimo* pode elevar o preço pago pela PETROBRAS ou pela União Federal para a obtenção dos bens ou serviços necessários.

4. Lei 9.478/1997: "Art. 2º. Fica criado o Conselho Nacional de Política Energética – CNPE, vinculado à Presidência da República e presidido pelo Ministro de Estado de Minas e Energia, com a atribuição de propor ao Presidente da República políticas nacionais e medidas específicas destinadas a: (...); X – induzir o incremento dos índices mínimos de conteúdo local de bens e serviços, a serem observados em licitações e contratos de concessão e de partilha de produção, observado o disposto no inciso IX; (...)".

Decreto 7.888, de 15.1.2013: "Art. 1º. Os editais de licitação e contratos necessários à execução das ações de mobilidade urbana integrantes do Programa de Aceleração do Crescimento – PAC deverão prever a obrigatoriedade da aquisição de produtos manufaturados nacionais e serviços nacionais conforme os seguintes critérios: I – 80% (oitenta por cento), no mínimo, do valor total gasto com os produtos constantes no Anexo I deverá ser utilizado na aquisição de produtos manufaturados nacionais; e II – 100% (cem por cento) do valor total gasto com os serviços constantes no Anexo II deverá ser utilizado na aquisição de serviços nacionais".

No campo da contratação direta mencione-se, a título de exemplo, o inciso XX do art. 24 da Lei 8.666/1993, que permite a contratação direta com associação de portadores de deficiência física. Trata-se de modalidade indireta de fomento social, visto que os recursos públicos são aplicados com a finalidade de atingir um resultado indireto relevante.

Também se afigura como exemplo de função regulatória da contratação pública a hipótese de dispensa de licitação introduzida pela Lei 12.715/2012, que acrescentou o inciso XXXII ao art. 24 da Lei 8.666/1993, admitindo a contratação direta para produtos farmacêuticos e produtos para a saúde e dispositivos de apoio à saúde, considerados estratégicos para o SUS. A finalidade da norma consiste numa política de absorção de tecnologia, visto que os produtos farmacêuticos na maioria dos casos possuem patentes de invenção e segredos industriais de titularidade de empresas estrangeiros. Destarte, a ideia é que a aquisição do medicamento venha acompanhada da transferência de tecnologia da produção de medicamentos para empresas brasileiras.

Em todas essas hipóteses o interesse público primário é que orienta a contratação pública, que se transforma em veículo para o atendimento de valores axiologicamente superiores do que aqueles afetos ao interesse público secundário (instrumentais ou meramente arrecadatórios do aparelho estatal). Trata-se, a rigor, de um concurso de objetivos administrativos, quando por meio de uma única contratação se pretende atingir distintos interesses públicos.

Contudo, é preciso fixar as balizas que devem orientar o legislador e o administrador, para que não ocorra um desvirtuamento na finalidade precípua das contratações públicas, que é, em última análise, a contratação que melhor concretiza o princípio da eficiência. Para tanto, é de fundamental importância a aplicação do princípio da proporcionalidade, a fim de verificar se a licitação/contratação pública é o meio mais adequado para atingir a finalidade desejada e se não existem meios menos onerosos para o atendimento do objetivo desejado

Em outros termos: é preciso cautela, para que não ocorra um desvirtuamento da licitação, com sua transformação em um procedimento que tutela e protege os mais variados valores constitucionais mas que não cumpre sua função primária de selecionar uma proposta mais eficiente e que atenda à demanda concreta da Administração Pública.

A função regulatória da contratação pública é uma realidade e um avanço em relação à visão restrita da sua concepção apenas aos aspectos financeiros (interesse público secundário). Mas é importante alertar que existem diversos interesses que podem e devem ser protegidos e garantidos pelo Poder Público (exemplos: consumidor, meio ambiente, responsabilidade social, proteção dos deficientes, dos índios, dos menores, dos presos etc.) e que não necessariamente reclamarão sua viabilização pela via da licitação ou do contrato administrativo.

O desafio posto ao legislador e ao administrador é encontrar a justa medida na utilização da contratação pública como veículo adequado para concretizar outros valores constitucionais (princípio da proporcionalidade) e seu efetivo resultado (princípio da eficiência).

Serão abordadas três situações de função regulatória das contratações públicas: as licitações sustentáveis, a margem de preferência para produtos nacionais e as vantagens das microempresas e empresas de pequeno porte nas licitações públicas.

3.1 As licitações e a promoção do desenvolvimento nacional sustentável

Poder-se-ia conceituar uma contratação pública sustentável como sendo aquela que considera os aspectos ambientais e seus impactos sociais e econômicos em todos os estágios do processo de contratação pública. Confira-se a definição abaixo de sustentabilidade:[5]

> (...) um conceito sistêmico, relacionado com a continuidade dos aspectos econômicos, sociais, culturais e ambientais da sociedade humana. Propõe-se a ser um meio de configurar a civilização e atividade humanas, de tal forma que a sociedade, os seus membros e as suas economias possam preencher as suas necessidades e expressar o seu maior potencial no presente, e ao mesmo tempo preservar a biodiversidade e os ecossistemas naturais, planejando e agindo de forma a atingir pró-eficiência na manutenção indefinida desses ideais.

Nada obstante o conceito de sustentabilidade ultrapassar o aspecto ambiental, ainda assim é comum denominar-se por licitações "ecológicas", "verdes", "ambientais" ou "sustentáveis" aquelas que inserem práticas favoráveis ao meio ambiente nas contratações estatais, perfazendo claro exemplo do emprego do poder de compra estatal a fim de fomentar a oferta de produtos e serviços que incorporem práticas menos agressivas ao meio ambiente por parte dos fornecedores.

5. Cf. o *site*: *http//www.sustentabilidade.org.br*, acesso em 8.9.2011.

As contratações sustentáveis inserem-se no contexto da função regulatória da contratação pública. Admite-se que o Estado arque com um custo maior na aquisição de bens e serviços, mas utilizando seu poder de compra para reordenar o mercado e promover valores que são caros à sociedade, como, por exemplo, a preservação de um meio ambiente saudável para as gerações atuais e futuras (pacto intergeracional).[6]

Claro que a contratação sustentável não significa que o gestor deva se descurar do aspecto econômico/financeiro da contratação, mas tão somente que deve considerar obrigatoriamente a promoção do desenvolvimento nacional sustentável como uma das finalidades do processo de contratação pública, conforme expressamente dispõe o *caput* do art. 3º da Lei 8.666/1993, fruto da alteração promovida pela Lei 12.349/2010.

A promoção do desenvolvimento nacional sustentável passou a ser, juntamente com a isonomia e a competitividade, a tríade fundamental e valorativa de todo e qualquer processo de contratação pública.

Significa dizer que, além do atendimento da necessidade imediata do ente público, as licitações devem ser modeladas considerando os efeitos positivos que a contratação produzirá externamente na economia, no desenvolvimento local, regional e nacional, no meio ambiente, na concretização do pleno emprego e no fomento à inovação – para ficar apenas em alguns dos seus principais vetores.

O TCU expressou bem essa compreensão:[7]

> A necessidade da Administração se confundia, antes, com a utilidade do bem, ou seja, o resultado oriundo do seu uso, parâmetro que servia também como medida da vantajosidade. Agora a aquisição do bem não visa mais estritamente a atender à necessidade suprível pela utilidade que ele produz, mas também necessidades de outra ordem, relacionadas com aspectos macroeconômicos e expressamente mencionadas na lei.

Interessa, agora, examinar mais detidamente os aspectos ambientais da contratação pública sustentável. Contemplar critérios ambientais em aquisições públicas é uma tendência já consagrada em outros ordena-

6. Para aprofundamento do tema ver: "Licitações Públicas Sustentáveis", artigo elaborado em conjunto com o Dr. Leonardo Coelho Ribeiro, publicado na *Revista de Direito Administrativo-RDA* 260/231-254, Rio de Janeiro, maio/ago./2012.

7. TCU, Plenário, Acórdão 1.317/2013, rel. Min. Aroldo Cedraz.

mentos jurídicos[8] e que vem sendo cada vez mais colocada em prática no Brasil.[9]

3.1.1 Fundamento constitucional das licitações sustentáveis

A União, os Estados, Municípios e o Distrito Federal têm, conforme o art. 23, VI e VII, da CF, competência administrativa concorrente para "proteger o meio ambiente e combater a poluição em qualquer de suas formas", bem como "preservar as florestas, a fauna e a flora".

A tutela do meio ambiente ecologicamente equilibrado também encontra respaldo constitucional específico no art. 225, que impõe ao Poder Público e à coletividade o dever de defendê-lo e preservá-lo para as presentes e futuras gerações, e no art. 170, VI, que elenca como princípio da ordem econômica a "defesa do meio ambiente, inclusive mediante tratamento diferenciado conforme o impacto ambiental dos produtos e serviços e de seus processos de elaboração e prestação".

Tais dispositivos legitimam o emprego do poder de compra estatal em prol da efetivação do direito/dever de promoção do meio ambiente sustentável pelo Estado, prevendo, expressamente, a possibilidade de tratamento diferenciado a bens e serviços levando-se em consideração as implicações e impactos causados ao meio ambiente no curso dos respectivos processos produtivos.

Essas premissas constitucionais, por sua vez, são densificadas por dispositivos da legislação infraconstitucional que permitem que o administrador público se utilize de critérios de sustentabilidade ambiental quando do emprego do poder de compra estatal.

3.1.2 Fundamentos infraconstitucionais das licitações sustentáveis

No plano infraconstitucional, a Política Nacional do Meio Ambiente, instituída pela Lei 6.938/1981, já previa, em seu art. 2º, I, dentre os

8. A Comissão Europeia publicou, inclusive, um *Manual* de contratos públicos ecológicos que encontra uma versão em Português. Cf.: *http//ec.europa.eu/environment/gpp/pdf/handbook_pt.pdf*, acesso em 8.9.2011.

9. Isso porque já havia algumas iniciativas esparsas de entes federativos para assuntos pontuais envolvendo restrições de sustentabilidade ambiental a objetos contratados pela Administração Pública. Exemplos podem ser encontrados no *Guia Prático de Licitações Sustentáveis da Consultoria Jurídica da União no Estado de São Paulo/AGU* (disponível em *http//www.agu.gov.br/sistemas/site/TemplateTexto.aspx?idConteudo=138067&id_site=777*, acesso em 4.11.2011).

princípios para alcançar seus objetivos, "a ação governamental na manutenção do equilíbrio ecológico, considerando o meio ambiente como um patrimônio público a ser necessariamente assegurado e protegido, tendo em vista o uso coletivo".

Além disso, seu art. 13 dispõe, também, que o Poder Executivo incentivará as atividades voltadas ao meio ambiente, em prol da redução da degradação da qualidade ambiental, da fabricação de equipamentos antipoluidores e de outras iniciativas que propiciem a racionalização do uso de recursos ambientais.

Dentre essas iniciativas se pode destacar o incentivo à produção e instalação de equipamentos voltados à melhoria da qualidade ambiental, instituído no bojo da Política Nacional do Meio Ambiente, conforme prevê o art. 9º, IV, da Lei 6.938/1981.[10]

Desde a edição da Lei 6.938/1981, portanto, já se percebe a existência de diretrizes legislativas em prol da sustentabilidade ambiental, o que, por certo, já possibilitaria a efetivação de políticas públicas que contemplassem o emprego do poder de compra estatal para este fim.

Tudo isso se reforçou com a edição da Lei 12.187/2009, que instituiu a Política Nacional de Mudança do Clima/PNMC e arrolou dentre os instrumentos para sua efetivação "o estabelecimento de critérios de preferência nas licitações e concorrências públicas, compreendidas aí as parcerias público-privadas e a autorização, permissão, outorga e concessão para exploração de serviços públicos e recursos naturais, para as propostas que propiciem maior economia de energia, água e outros recursos naturais e redução da emissão de gases de efeito estufa e de resíduos" (art. 6º, XII).

Ato seguinte, a Política Nacional de Resíduos Sólidos/PNRS, instituída pela Lei 12.305/2010, incluiu dentre seus objetivos a "prioridade, nas aquisições e contratações governamentais, para produtos reciclados e recicláveis" e, ainda, "bens, serviços e obras que considerem critérios compatíveis com padrões de consumo social e ambientalmente sustentáveis" (art. 7º, XI, "a" e "b").

O próximo e inevitável passo estava – como de fato se deu – em consagrar o tema na Lei 8.666/1993. A Lei 12.349/2010 foi editada com tal propósito, modificando o art. 3º da Lei 8.666/1993, que passou a con-

10. Sobre o tema específico, cf.: Lilian Castro de Souza, "Política Nacional do Meio Ambiente e licitações sustentáveis", in Murilo Giordan Santos e Teresa Villac Pinheiro Barki (coords.), *Licitações e Contratações Públicas Sustentáveis*, Belo Horizonte, Fórum, 2011, pp. 103-115.

templar nos objetivos das licitações públicas, dentre outros, a promoção do desenvolvimento nacional sustentável.[11]

Importante anotar que o Regime Diferenciado de Contratações Públicas/RDC, introduzido no ordenamento jurídico pela Lei 12.462/2011, dispôs em vários dispositivos sobre as questões ligadas às licitações públicas sustentáveis.

Como se vê, dúvida não há de que a sustentabilidade ambiental se impõe como um dever do administrador/gestor nas licitações públicas. Concorda-se com Tavares Freitas quando assevera que "as licitações sustentáveis devem passar a ser vistas como obrigatórias", devendo os editais, sem exceção, "adotar critérios de concretização direta do princípio da sustentabilidade com todas as consequências significativas em matéria de qualificação técnica dos contratados".[12]

3.1.3 A sustentabilidade e a sua compatibilidade com os princípios da competitividade, isonomia e eficiência

Os critérios de sustentabilidade a serem contemplados nos certames deverão ser compatibilizados com os princípios setoriais das licitações públicas, dentre os quais se destacam os da competitividade, isonomia e eficiência.

No plano teórico não se vislumbra qualquer violação aos princípios da competitividade, da isonomia e da eficiência.

A competitividade não é um valor absoluto nas licitações, eis que sua aferição deve ser considerada após a definição do objeto pelo administrador, cuja discricionariedade não é irrestrita, senão que balizada pelo princípio da proporcionalidade.

O estudo dos mercados e dos benefícios ambientais, devidamente embasado em indispensável e motivada fundamentação técnica que ampare as restrições à competição, tem papel fundamental na averiguação de ocorrência de restrição excessiva à competição no bojo de uma licitação sustentável.

Dito em outros termos: toda restrição à competição que busque promover o valor da sustentabilidade deve estar motivada, com a demonstração de que a exigência é dotada de razoabilidade.

11. Vale lembrar, ainda, que a Lei 8.666/1993 já previa, em seus arts. 6º, IX, e 12, VII, o adequado tratamento do impacto ambiental do empreendimento nos projetos básico e executivo de obras e serviços.

12. Juarez Freitas, *Sustentabilidade: Direito ao Futuro*, Belo Horizonte, Fórum, 2011, p. 231.

Não bastam exigências vazias ou que não tenham por objetivo a produção de efetivos resultados práticos. Indispensável o dever do administrador público de formular as exigências de natureza ambiental de maneira objetiva e motivada.

Também não procede cogitar de violação ao princípio da isonomia em razão de a inclusão de critérios de sustentabilidade em licitações públicas supostamente direcionar o procedimento a determinados licitantes. Em tese, outros produtos/serviços, além daqueles ambientalmente sustentáveis, poderiam servir à mesma necessidade da Administração Pública.[13]

Mas, como já assentado, a licitação é delimitada pelo seu objeto. A Administração Pública, no exercício de sua competência discricionária, é quem define os limites daquilo que deseja contratar. É neste momento que são ponderados aspectos como preço, qualidade, rendimento, sustentabilidade ambiental e diversos outros fatores que compõem os limites do objeto do certame.

A definição do objeto é naturalmente limitadora do mercado, porquanto contém restrições que podem afastar determinados licitantes. O fundamental é que essas condicionantes do objeto sejam motivadas e razoáveis.

Portanto, o dever de observância da isonomia permanecerá existindo, mas apenas dentre aqueles que estão aptos a preencher as exigências de sustentabilidade ambiental requeridas no objeto da licitação. O que deve ser afastado é a concessão de privilégios indiscriminados a determinados licitantes ou exigências ambientais que visem a favorecer determinado grupo. Esses aspectos somente podem ser verificados à luz das especificidades do caso concreto.

A sustentabilidade é, igualmente, plenamente compatível com o princípio da eficiência. A eficiência/economicidade não se resume, necessariamente, ao menor dispêndio financeiro. Significa o dever de promover da melhor forma possível os fins sob a tutela da Administração Pública.

É possível incluir no conceito de economicidade não apenas a relação custo-benefício financeiro, mas também a ponderação de outros valores, como, por exemplo, a sustentabilidade ambiental. Muda-se o enfoque de "proposta mais vantajosa".

Essa nova visão foi consagrada expressamente na Lei 12.462, de 4.8.2011, que introduziu o Regime Diferenciado de Contratações Públi-

13. A questão é enfrentada em: Rosa Maria Meneguzzi, "Conceito de licitação sustentável", in Murilo Giordan Santos e Teresa Villac Pinheiro Barki (coords.), *Licitações e Contratações Públicas Sustentáveis*, Belo Horizonte, Fórum, 2011, pp. 29-30.

cas/RDC, quando, no art. 4º, III, explicita que uma das suas diretrizes é a "busca da maior vantagem para a Administração Pública, considerando custos e benefícios, diretos e indiretos, de natureza econômica, social ou ambiental, inclusive os relativos à manutenção, ao desfazimento de bens e resíduos, ao índice de depreciação econômica e a outros fatores de igual relevância".

Com efeito, a inserção de critérios de sustentabilidade ambiental nas aquisições públicas pode ser eficiente, inclusive sob o aspecto quantitativo da economicidade, quando se considera o ciclo de vida do produto (produção, distribuição, uso e disposição), ao qual se costuma referir sob a expressão "do berço ao túmulo", conforme explica Rachel Biderman:[14]

> Para evitar a transferência de impactos ambientais negativos de um meio ambiente para outro, e para incentivar melhorias ambientais em todos os estágios da vida do produto, é preciso que todos os impactos e custos de um produto durante todo seu ciclo de vida (produção, distribuição, uso e disposição) sejam levados em conta quando se tomam decisões de compras. A oferta economicamente mais vantajosa deve ser determinada com base nos custos econômicos e ambientais totais causados pelo produto durante toda sua vida.

Claro que a realização de licitações sustentáveis não confere um "cheque em branco" para que o administrador público promova gastos adicionais de forma inconsequente e que envolvam custos elevados e exorbitantes, mormente quando desamparado de uma sólida motivação.

Mas o dado concreto é que as contratações públicas não podem mais ignorar que a promoção do desenvolvimento nacional sustentável é um valor com peso idêntico aos da isonomia e da competitividade.

Não há uma fórmula única ou mágica para promover a sustentabilidade. Cabe aos gestores integrarem a norma no caso concreto, com as adequações e soluções que pareçam mais adequadas na justa ponderação de todos os valores que devem ser protegidos e tutelados no processo de contratação pública.

A experiência com a implementação da sustentabilidade que vai se acumulando em alguns segmentos econômicos, a certeza do resultado obtido em alguns objetos específicos, os exemplos de outros entes fede-

14. Rachel Biderman, Laura Sílvia Valente de Macedo, Mário Monzoni e Rubens Mazon (orgs.), *Guia de Compras Públicas Sustentáveis: Uso do Poder de Compra do Governo para a Promoção do Desenvolvimento Sustentável*, p. 22, disponível em *http//www.cqgp.sp.gov.br/gt_licitacoes/publicacoes/Guia-de-compras--publicas-sustentáveis* (acesso em 31.10.2011).

rativos, ou mesmo de outros Países, tendem a gradativamente sedimentar o processo de construção de parâmetros adequados de sustentabilidade no País.

3.1.4 Os espaços possíveis de delimitação da sustentabilidade nas licitações

A inserção de critérios de sustentabilidade em determinada aquisição pública encontra limitações que, se não observadas, poderão resultar em uma licitação malsucedida. Por isso, é preciso planejamento prévio para avaliar em qual dos espaços possíveis da licitação determinado requisito de sustentabilidade ambiental será exigido, consideradas as peculiaridades em jogo.

São quatro os espaços possíveis de delimitação da sustentabilidade nas licitações e contratações públicas, a seguir apresentados na sequência em que serão examinados: (i) definição do objeto; (ii) fase de habilitação; (iii) julgamento das propostas; e (iv) obrigações do contratado.

O primeiro e mais importante espaço a permitir a inserção de critérios de sustentabilidade ambiental é a fase de definição do objeto. Nesta fase o administrador público delimita a obra, serviço ou compra que pretende contratar para suprir determinada necessidade pública. Poderá o administrador, desde que tecnicamente fundamentado, inserir critérios ambientais na delimitação do objeto que pretende contratar.

Importante observar que tal fundamentação técnica não deve se valer de estudos ainda experimentais ou não aceitos amplamente pela comunidade científica, uma vez que os gastos com compras públicas não devem ser empenhados para testes ou realizados sob fundamentos duvidosos.[15]

Inserir critérios ambientais na definição do objeto é o caminho propício ao sucesso das licitações públicas sustentáveis, desde que a descrição do objeto seja motivada à luz de critérios razoáveis.

Uma possibilidade é a descrição do objeto exigir a certificação de qualidade do produto ou processo de fabricação, como já vem ocorrendo em muitos segmentos econômicos.

15. Eduardo Fortunato Bim anota que: "O Estado não pode se antecipar à ciência. A licitação sustentável não deve servir para experiências sustentáveis, e nem para confirmá-las" ("Considerações sobre a juridicidade e os limites da licitação sustentável", in Murilo Giordan Santos e Teresa Villac Pinheiro Barki (coords.), *Licitações e Contratações Públicas Sustentáveis*, Belo Horizonte, Fórum, 2011, p. 207).

A Lei 12.462, de 4.8.2011, que introduziu o RDC, consagrou de forma expressa essa possibilidade no seu art. 7º, III, quando explicitou que no caso de licitação para aquisição de bens poderá a Administração Pública "solicitar a certificação da qualidade do produto ou do processo de fabricação, inclusive sob o aspecto ambiental, por qualquer instituição oficial competente ou por entidade credenciada".

Interessante solução foi adotada na Instrução Normativa 1/2010 editada pelo Ministério do Planejamento, Orçamento e Gestão, que, no seu art. 5º, § 1º, permite a comprovação dos requisitos de sustentabilidade ambiental por meio de certificações mas admite outros meios de prova para demonstração de que o bem fornecido atende às exigências fixadas no objeto.

A exigência de certificações ambientais tem a virtude de induzir o comportamento dos agentes econômicos, que, se desejarem contratar com os órgãos públicos, precisarão demonstrar a qualidade ambiental do seu processo de fabricação.

No plano ideal, a descrição de objetos sustentáveis não deve se iniciar propriamente no momento da realização da licitação, mas em etapa anterior, e amparada em um planejamento prévio que contemple estudos técnicos e catálogos de compras e serviços.

A efetiva concretização de uma política pública que promova o desenvolvimento sustentável depende de um planejamento anterior à própria realização das licitações. É nesse momento prévio que o ente público deve consultar o mercado e todos os agentes econômicos envolvidos, permitindo, por exemplo, que aqueles que não atendam a determinados requisitos ambientais considerados indispensáveis possam deduzir seus argumentos eventualmente contrários à adoção do requisito. Daí por que a realização de consultas e audiências públicas nesta etapa pode ser importante mecanismo de legitimação da política pública implementadora do desenvolvimento sustentável nas contratações públicas.

Esse planejamento prévio é indispensável para o êxito das licitações sustentáveis, e deve considerar as especificidades e características de cada segmento econômico.

Recomendável que cada ente público tenha um órgão ou entidade que centralize esses estudos e avaliações que servirão de base e fundamento para que os demais órgãos e entidades possam realizar suas próprias licitações. Transferir a responsabilidade de descrição de critérios de sustentabilidade para cada órgão de forma isolada e sem uma coordenação não parece ser a solução mais adequada para concretizar as licitações sustentáveis.

Uma segunda possibilidade seria a inserção de critérios de sustentabilidade na fase de habilitação. A dificuldade maior de inserção de requisitos nesta etapa é que as exigências da etapa de habilitação nas licitações são previamente fixadas na Lei 8.666/1993 em um rol taxativo, o que limita bastante o espaço de exercício de competências discricionárias pelo gestor.

Os dois dispositivos que, em tese, poderiam comportar a inserção de exigências ambientais são o art. 28, V, e o art. 30, IV, da Lei 8.666/1993.

O art. 28, V, da Lei 8.666/1993 exige na habilitação jurídica ato de registro de autorização para funcionamento expedido pelo órgão competente, quando a atividade assim o exigir. Pode-se imaginar, por exemplo, que determinada empresa, para exercer uma atividade empresarial, precise de licença específica de um órgão ambiental.

O art. 30, V, da Lei 8.666/1993 prevê a possibilidade, na qualificação técnica, de exigir a prova de atendimento de requisitos previstos em leis especiais. Percebeu o legislador, corretamente, que seria impossível prever exigências de cada segmento econômico em um único diploma legal. Assim, é por meio desse dispositivo que se admite que o edital inclua exigências técnicas oriundas de outras normas, desde que, por óbvio, sejam indispensáveis para demonstrar a capacidade do licitante.

É claro que a inserção de exigências ambientais na fase de habilitação com fundamento nos referidos dispositivos depende do exame de cada circunstância concreta e da própria razoabilidade da exigência, em especial à luz do art. 37, XXI, da CF.

O que não se admite é a exigência de certificações ambientais para fins de habilitação no certame,[16] o que é repudiado – corretamente, frise-se – pela jurisprudência do TCU.[17]

Enfim, afora esses dois dispositivos legais, não se vislumbra espaço para exigências autônomas de requisitos de sustentabilidade ambiental na fase de habilitação.

Uma terceira possibilidade estaria em admitir a estipulação de requisitos ambientais no julgamento da proposta, enquanto fator diferenciado de pontuação técnica, para os casos de licitações por melhor técnica ou técnica e preço.

16. Além do fato, já exposto, de que os requisitos de habilitação são taxativos e, por isso, recebem leitura restritiva.

17. TCU, Plenário, Acórdãos 1.107/2006, 1.291/2007, 608/2008, 2.215/2008 e 381/2009.

Plenamente possível conferir preferência às propostas que produzam maiores benefícios ambientais, o que estimulará a busca pela excelência em sustentabilidade.

Como em qualquer licitação regida pelo critério técnico, indispensável que esses critérios de sustentabilidade ambiental sejam mensurados de forma objetiva, a fim de garantir a ampla competição e afastar o risco de privilégios em favor de determinados licitantes.

Quando em jogo uma proposta técnica, maior é o espaço para exigência de certificações ambientais como forma de demonstrar maior capacidade e excelência técnica do licitante.

A tendência legislativa atual é considerar esses aspectos também nas licitações de menor preço. É o que ocorre com o Regime Diferenciado de Contratações Públicas/RDC, introduzido pela Lei 12.462, de 4.8.2011, que prevê no § 1º do art. 19 que "os custos indiretos, relacionados com as despesas de manutenção, utilização, reposição, depreciação e impacto ambiental, entre outros fatores, poderão ser considerados para a definição do menor dispêndio, sempre que objetivamente mensuráveis, conforme dispuser o regulamento".

No âmbito do Estado do Rio de Janeiro, o Decreto estadual 43.629/2012 criou uma espécie de empate ficto nas licitações – similar à que ocorre com as microempresas e empresas de pequeno porte –, conferindo às empresas que detêm maior *expertise* ambiental significativa vantagem comparativa no momento do julgamento das licitações. Pelo ineditismo da proposta, transcreve-se o critério:[18]

> Art. 10. O edital poderá fixar critérios ambientais objetivos para o desempate de propostas, mediante a atribuição de pontos aos licitantes que atendam aos seguintes requisitos: I – ter promovido ou estar promovendo programas de educação ambiental em conformidade com a Política Estadual de Educação Ambiental; II – ter implementado, ou estar implementando, planos e programas voluntários de gestão ambiental, visando à melhoria contínua e ao aprimoramento ambiental, segundo diretrizes formuladas por entidades certificadoras reconhecidas no Brasil; III – ter implementado, ou estar implementando, planos e programas voluntários, em conformidade com a Política Estadual sobre Mudança do Clima; IV – não ter praticado infração administrativa ambiental estadual; V – outros requisitos fixados por ato conjunto

18. O referido critério foi inserido no decreto estadual a partir de proposta formulada pelo ilustre Procurador do Estado do Rio de Janeiro, Rodrigo Tostes de Alencar Mascarenhas.

da Secretaria de Estado de Planejamento e Gestão – SEPLAG e da Secretaria de Estado do Ambiente – SEA.

§ 1º. Entende-se por empate aquelas situações em que as propostas apresentadas sejam iguais ou até 3% (três por cento) superiores à proposta mais bem classificada.

§ 2º. O desempate se dará a favor do licitante com a maior pontuação.

§ 3º. O critério de desempate a que se refere este artigo não será aplicável quando ocorrer o empate ficto a que se refere a Lei Complementar federal n. 123/2006.

Um último espaço no qual podem e devem ser inseridas exigências de sustentabilidade ambiental encontra-se nas obrigações que serão assumidas pelo futuro contratado. A maior inovação envolve a possibilidade de vincular a remuneração do contratado a critérios de sustentabilidade ambiental.

É o que consta no art. 10 da Lei 12.462, de 4.8.2011, que introduziu o RDC, quando expressamente admitiu que "na contratação das obras e serviços, inclusive de engenharia, poderá ser estabelecida remuneração variável, vinculada ao desempenho da contratada, com base em metas, padrões de qualidade, critérios de sustentabilidade ambiental e prazo de entrega definidos no instrumento convocatório e no contrato".

Cria-se, portanto, um incentivo econômico para que o contratado seja mais eficiente sob o ângulo da sustentabilidade, o que lhe permitirá um incremento na sua remuneração. O desafio é criar parâmetros objetivos que possam aferir e determinar padrões claros e precisos dos critérios de sustentabilidade ambiental mensurados no contrato administrativo.

3.1.5 A sustentabilidade e a necessária coordenação dos entes federativos

Como o interesse público envolvido – preservação e proteção do meio ambiente – é compartilhado por todos os entes federados, uma implementação eficiente da sustentabilidade ambiental demanda a devida articulação federativa em torno dessa importante política pública.

Afinal, trata-se de uma indução ao comportamento dos mercados, devendo os entes públicos sinalizar de forma coordenada e não contraditória quais os bens e serviços que devem se submeter a novos padrões nos seus respectivos processos produtivos. O emprego desordenado e isolado da licitação pública, contendo critérios estanques de sustentabilidade ambiental, não atingirá a relevante finalidade de promover o desenvolvimento nacional sustentável na sua vertente ambiental.

3.2 A Lei Complementar 123/2006 e o seu impacto nas licitações

3.2.1 Fundamento constitucional

A Lei Complementar 123, de 14.12.2006, que instituiu o Estatuto Nacional das Microempresas e Empresas de Pequeno Porte, introduziu profundas modificações na sistemática das licitações públicas, criando, dentre outros aspectos, regras específicas para o julgamento das propostas de preços que conferem tratamento diferenciado àquelas espécies societárias.

O fundamento constitucional do mencionado diploma legal encontra-se sediado no art. 170, IX, que disciplina como princípio (diretriz) da ordem econômica o tratamento favorecido para as empresas de pequeno porte constituídas sob as leis brasileiras e que tenham sua sede e administração no País, e no art. 179, que impõe às esferas federativas o dever de dispensar tratamento jurídico diferenciado, visando a incentivá-las pela simplificação de suas obrigações administrativas, tributárias, previdenciárias e creditícias ou pela eliminação ou redução destas por meio de lei.

Trata-se, pois, de um interesse público primário de *status* constitucional, pois entendeu o constituinte originário que essas espécies societárias podem se configurar em um importante instrumento de desenvolvimento econômico e social. O meio idealizado foi, exatamente, o de se conferir tratamento diferenciado em relação às empresas de maior porte e faturamento.

A Lei Complementar 123/2006, nos aspectos que introduziram novas regras para as licitações públicas, produziu efeitos imediatos. Significa dizer que todos os entes públicos estão obrigados, a partir da entrada em vigor da norma, a adequar seus editais e contratos à nova disciplina jurídica, eis que a União, ao legislar sobre o tema, o fez no exercício da sua competência privativa, a teor do disposto no art. 22, XXVII, da CF.

Portanto, ao se editar uma lei que desiguala as microempresas e empresas de pequeno porte em vários aspectos da sua vida econômica busca-se dar concreção ao mandamento constitucional e ao próprio princípio da isonomia, cujo postulado básico é tratar igualmente os iguais e desigualmente os desiguais.

3.2.2 As vantagens conferidas às microempresas e empresas de pequeno porte

Fixadas as premissas constitucionais do tema, é possível dividir as vantagens conferidas às microempresas e empresas de pequeno porte em três categorias: (i) direito à complementação dos documentos de regularidade fiscal, quando houver alguma restrição (arts. 42-43); (ii) criação de empate ficto no julgamento das propostas de preços, com possibilidade de nova oferta da microempresa ou empresa de pequeno porte nas condições previstas em lei (arts. 44-45); e (iii) tratamento diferenciado, a depender de regulamentação de cada ente federado, com vistas a: (a) realizar licitações que só admitam a participação de microempresas e empresas de pequeno porte; (b) que seja fomentada a subcontratação destas espécies societárias; e (c) que se estabeleçam cotas em certames para aquisição de bens e serviços de natureza divisível (arts. 47-49).

Os aspectos jurídicos do diferimento da regularidade fiscal, do empate ficto e da subcontratação serão examinados no contexto do enquadramento dos respectivos temas.

3.2.3 O tratamento diferenciado para as microempresas e empresas de pequeno porte previsto nos arts. 47 e 48 da Lei Complementar 123/2006

No que diz respeito aos benefícios às microempresas e empresas de pequeno porte, as alterações promovidas pela Lei Complementar 147/2014 no Estatuto Nacional da Microempresa e Empresa de Pequeno Porte (Lei Complementar 123/2006) visaram a conferir acesso efetivo destas ao mercado.

Anteriormente a Lei Complementar 123/2006 facultava à Administração conceder tratamento diferenciado e simplificado para as microempresas e empresas de pequeno porte tendo em vista o objetivo de promover o desenvolvimento econômico e social no âmbito regional, a ampliação da eficiência das políticas públicas e o incentivo à inovação tecnológica.

A Lei Complementar 147/2014 alterou a redação do art. 47, tornando um dever das entidades da Administração direta e da indireta, Federal, Estadual e Municipal, conceder tratamento diferenciado e simplificado para as microempresas e empresas de pequeno porte objetivando a promoção do desenvolvimento econômico e social no âmbito municipal e regional, a ampliação da eficiência das políticas públicas e o incentivo à inovação tecnológica.

Portanto, a principal alteração da legislação, fruto da Lei Complementar 147/2014, foi transmudar o que era facultativo em obrigatório.

O parágrafo único do art. 47 determinou, ainda, que, enquanto não sobrevier legislação estadual, municipal ou regulamento específico de cada órgão mais favorável à microempresa e empresa de pequeno porte, deverá ser aplicada a legislação federal.

Com vistas a concretizar a determinação de conceder tratamento diferenciado e simplificado, o art. 48 da Lei Complementar 123/2006, com redação dada pela Lei Complementar 147/2014, tornou dever da Administração Pública: (i) realizar processo licitatório destinado exclusivamente à participação de microempresas e empresas de pequeno porte nos itens de contratação cujo valor seja de até R$ 80.000,00; (ii) estabelecer em certames para aquisição de bens de natureza divisível cota de até 25% do objeto para a contratação de microempresas e empresas de pequeno porte.

As licitações exclusivas para microempresas e empresas de pequeno porte visam a criar um mercado cativo até o limite de R$ 80.000,00. A opção é pelo atendimento do interesse público primário (inserção dessas espécies societárias nas contratações de pequeno vulto), e não pelo interesse público secundário (porquanto ao afastar empresas de maior porte renuncia-se, em certa medida, a uma maior competição e, por conseguinte, à obtenção de menores preços).

A Administração poderá, em relação aos processos licitatórios destinados à aquisição de obras e serviços, exigir dos licitantes a subcontratação de microempresa ou empresa de pequeno porte, podendo os empenhos e pagamentos ser destinados diretamente às microempresas e empresas de pequeno porte subcontratadas. Porém, a exigência dos licitantes de subcontratar microempresas e empresas de pequeno porte, ao revés, não é um dever, mas uma faculdade posta à disposição do administrador, não havendo mais a limitação de percentual máximo de 30%, como previsto na redação original da Lei Complementar 123/2006.

Os benefícios mencionados (licitações exclusivas, subcontratação e cota de até 25%) poderão, justificadamente, prever a prioridade de contratação para as microempresas e empresas de pequeno porte sediadas local ou regionalmente, até o limite de 10% do melhor preço válido – o que se revela como uma concretização do princípio do desenvolvimento sustentável, eis que fomenta o desenvolvimento do mercado local e regional.

Importante anotar que os benefícios previstos nos arts. 47 e 48 são inaplicáveis quando: (i) não houver um mínimo de três fornecedores competitivos enquadrados como microempresas ou empresas de pequeno porte sediados no local ou regionalmente e capazes de cumprir as exigências estabelecidas no instrumento convocatório; (ii) o tratamento diferenciado e simplificado para as microempresas e empresas de pequeno porte não for vantajoso para a Administração Pública ou representar prejuízo ao conjunto ou complexo do objeto a ser contratado; (iii) a licitação for dispensável ou inexigível, nos termos dos arts. 24 e 25 da Lei 8.666, de 21.6.1993, excetuando-se as dispensas tratadas pelos incisos I e II do art. 24 da mesma lei, nas quais a compra deverá ser feita preferencialmente de microempresas e empresas de pequeno porte, aplicando-se o disposto no inciso I do art. 48 da Lei Complementar 123/2006.

O afastamento dos benefícios previstos nos arts. 47 e 48 deve ser objeto de expressa justificativa e motivação, à luz das especificidades do caso concreto, com a efetiva demonstração da ocorrência das circunstâncias que excluem sua incidência, na forma descrita no art. 49 da Lei Complementar 123/2006. A regra é que as licitações obedeçam ao tratamento diferenciado imposto pela lei. Daí a necessidade de motivação quando isso não ocorrer.

Ressalte-se, ainda, que a Lei Complementar 147/2014 também acrescentou o § 14 ao art. 3º da Lei 8.666/1993, estabelecendo que as margens de preferência previstas em lei devem privilegiar o tratamento diferenciado e favorecido às microempresas e empresas de pequeno porte.

3.2.4 A necessária inclusão no edital das prerrogativas para as microempresas e empresas de pequeno porte nas licitações de grande vulto

Indaga-se se em licitações que envolvam contratações de grande vulto o edital estaria autorizado a não estabelecer as vantagens conferidas às microempresas e empresas de pequeno porte estabelecidas pela Lei Complementar 123/2006 – a saber: o diferimento no atendimento das obrigações relativas à regularidade fiscal e ao empate ficto.

O fundamento para essa interpretação seria o disposto no art. 49, III, da Lei Complementar 123/2006, que prevê serem inaplicáveis os arts. 47 e 48 quando "o tratamento diferenciado e simplificado para as microempresas e empresas de pequeno porte não for vantajoso para a Administração Pública ou representar prejuízo ao conjunto ou complexo do objeto a ser contratado".

Ora, de início é preciso destacar que o citado dispositivo legal aplica-se à terceira categoria das vantagens conferidas às microempresas e empresas de pequeno porte, não podendo ser invocado para as hipóteses previstas nos arts. 42 a 45 da Lei Complementar 123/2006, que cuida das situações de regularidade fiscal e do "empate ficto".

Isto, contudo, não resolve a questão, eis que remanesce a dúvida em saber se é razoável que em uma licitação que envolve, por exemplo, valores próximos a R$ 10.000.000,00 se admita a participação de microempresas e empresas de pequeno porte com o tratamento diferenciado.

Com efeito, não cabe ao edital estabelecer essa limitação quando, em verdade, o próprio legislador não o fez. Note-se que os arts. 42 e 44 da Lei Complementar 123/2006 não fazem, em nenhum momento, qualquer restrição de valor, modalidade ou critério de julgamento para a aplicação de tais benefícios. A expressão utilizada é "nas licitações públicas será assegurado", razão pela qual não se justifica que o administrador limite esse tratamento diferenciado.

Até porque, imaginando que não existisse a Lei Complementar 123/2006, o fato é que seria ilegal em qualquer licitação, por maior que fosse seu porte, limitar ou vedar a participação de microempresas ou empresas de pequeno porte. Antes da edição daquele diploma legal isso não ocorria, vale dizer, não era comum encontrar nos editais cláusulas do tipo "em razão do valor do objeto não se admite a participação de microempresas ou empresas de pequeno porte".

Se assim é, não faz sentido tornar letra morta o tratamento diferenciado conferido pelo legislador a essas espécies societárias, independentemente do vulto da licitação.

O que muito possivelmente deverá ocorrer é que, pelo próprio porte do objeto, as microempresas e empresas de pequeno porte não revelarão condições de habilitação e nem mesmo *expertise* técnica para executar o objeto contratual. Em outros termos: a própria licitação, em virtude dos seus requisitos específicos, proporcionais à complexidade do objeto, se encarregará de afastar, em alguma de suas etapas, as empresas que não apresentarem estrutura técnica e econômica para executar a prestação desejada pela Administração Pública.

O que não parece razoável é o administrador presumir essa circunstância de mercado e não incluir no edital de licitação os benefícios previstos nos arts. 42 a 45 da Lei Complementar 123/2006, que disciplinam as situações de regularidade fiscal e do "empate ficto".

3.2.5 A mudança de faixa da microempresa ou empresa de pequeno porte durante a execução do contrato administrativo

Não há nenhuma vedação legal ou, mesmo, inconveniente administrativo para que uma microempresa ou empresa de pequeno porte, durante o contrato, ultrapasse a receita bruta limitadora da sua qualificação e passe a ser empresa de grande porte. O fato de, eventualmente, ter se sagrado vencedora em razão do tratamento diferenciado da Lei Complementar 123/2006 e das vantagens comparativas nas licitações não a condena a permanecer como uma microempresa ou empresa de pequeno porte para sempre.

Ao revés, o objetivo é exatamente o oposto, ou seja, viabilizar o crescimento econômico dessas espécies societárias, o que concretiza o desenvolvimento nacional, a busca do pleno emprego e o incremento da arrecadação dos tributos.

O art. 55, XIII, da Lei 8.666/1993, que obriga o contratado a manter suas condições de habilitação e qualificação exigidas na licitação, não é, de forma alguma, impeditivo a essa mudança de faixa. O que se pretende é que a manutenção das condições de habilitação durante o contrato não coloque em risco o interesse público, o que não ocorre na hipótese ora em exame.

O que merece atenção por parte da Administração em relação ao tratamento diferenciado conferido às microempresas e empresas de pequeno porte é exatamente o oposto, ou seja, as empresas de grande porte que, dolosamente, se fracionam em pequenas empresas para tentar a obtenção desses benefícios e vantagens específicos. O legislador brasileiro, em certa medida, já foi precavido em relação ao ponto quando, no art. 3º, § 4º, da Lei Complementar 123/2006, arrolou uma série de situações que podem configurar fraude, inspirado, inclusive, no exemplo norte-americano.

3.2.6 A adesão ao Simples Nacional

Importante observar que não subsiste a obrigatoriedade de adesão ao Simples Nacional para que as sociedades empresárias sejam classificadas como microempresas ou empresas de pequeno porte, sendo certo que o mesmo se aplica à obtenção das vantagens conferidas pela Lei Complementar 123/2006.

Em outros termos: o regime de tributação não é o fator determinante para seu enquadramento para os fins de participação nas licitações públicas, mas, sim, a receita bruta obtida em cada ano-calendário e seu enquadramento nos limites fixados pelo legislador.

3.3 Margem de preferência

As alterações da Lei 8.666/1993, com o acréscimo dos §§ 5º a 12 ao art. 3º, que foram introduzidos pela Lei 12.349/2012, tiveram por objetivo inserir nos processos de contratação pública margem de preferência para produtos manufaturados e para serviços nacionais que atendam às normas técnicas brasileiras. A finalidade é estimular o mercado interno para produzir desenvolvimento e inovação tecnológica no País, o que se alinha com o art. 218 da CF.

Por esta perspectiva, são considerados outros valores agregados à contratação que não apenas o preço final da mercadoria, como a geração de emprego e renda; o efeito na arrecadação de tributos federais, estaduais e municipais; o desenvolvimento e a inovação tecnológica realizados no País; o custo adicional dos produtos e serviços e a análise retrospectiva de resultados.

Essa margem de preferência não é discricionariamente fixada em qualquer caso. O legislador estabeleceu que seus requisitos devem estar demonstrados em estudos revistos periodicamente, sempre com vistas a alcançar benefícios concretizadores de relevantes interesses públicos primários.

O efeito concreto da aplicação da margem de preferência é que se admite "pagar mais caro" pelos produtos e serviços que promovam a tecnologia e a inovação no País e que atinjam os benefícios acima referidos. Claramente se trata de uma hipótese na qual a contratação pública é utilizada como mecanismo regulatório.

Em outros termos: os §§ 5º a 12 do art. 3º da Lei 8.666/1993 autorizam a Administração Pública a privilegiar, em hipóteses de concorrência real, a aquisição de produtos e serviços nacionais mais caros que os "não nacionais" em nome do desenvolvimento nacional.[19]

3.3.1 Os produtos manufaturados

Foi a própria Lei 12.349/2010 que acrescentou no art. 6º, XVII, da Lei Geral de Licitações o conceito de *produtos manufaturados nacionais*, a saber: "produtos manufaturados, produzidos no território nacional de acordo com o processo produtivo básico ou com as regras de origem estabelecidas".

A definição legal é completada pelo Decreto 7.546/2011, que classificou como:

19. A respeito da aplicação das margens de preferências em concessões e parcerias público-privadas ver: Maurício Portugal Ribeiro e Lucas Navarro Prado, *Comentários à Lei de PPP – Parceria Público-Privada*, 1ª ed., 2ª tir., São Paulo, Malheiros Editores, 2010, p. 62.

> (...) produto que tenha sido submetido a qualquer operação que modifique a sua natureza, a natureza de seus insumos, a sua finalidade ou o aperfeiçoe para o consumo, produzido no território nacional de acordo com o processo produtivo básico definido nas Leis ns. 8.387, de 30 de dezembro de 1991, e 8.248, de 23 de outubro de 1991, ou com as regras de origem estabelecidas pelo Poder Executivo Federal, tendo como padrão mínimo as regras de origem do MERCOSUL.

Portanto, não se exige apenas a existência de um processo industrial qualquer no território brasileiro para se caracterizar um produto manufaturado nacional. Por outro lado, também não se exige que todo o processo industrial tenha ocorrido no território brasileiro.

O produto somente será considerado como manufaturado nacional se for produzido segundo um processo produtivo básico, ou segundo as regras de origem estabelecidas pelo Poder Executivo Federal, e, ainda, se tiver observado as normas técnicas brasileiras.

O Processo Produtivo Básico/PPB está previsto no art. 7º, § 8º, "b", do Decreto-lei 288/1967, que define que "o Processo Produtivo Básico é o conjunto mínimo de operações, no estabelecimento fabril, que caracteriza a efetiva industrialização de determinado produto". Originalmente o PPB era requisito necessário à obtenção de benefícios fiscais para bens produzidos na Zona Franca de Manaus. O Decreto 7.174/2010, que regulamentou as aquisições de bens e serviços de Informática no plano federal, manteve a orientação contida no Decreto 288/1967.

Portanto, o PPB consiste na descrição das técnicas, materiais e tecnologias necessários à fabricação e prestação de quaisquer bens produzidos pela indústria. Sua finalidade é evitar que produtos estrangeiros sejam maquiados em solo brasileiro com o intuito de se obter as vantagens estabelecidas em lei, como benefícios fiscais e a margem de preferência, por exemplo.

3.3.2 Serviços nacionais

Quanto ao conceito de serviços nacionais não há maiores dúvidas, visto que o critério para aferir se o serviço pode ser considerado nacional é o da localização da prestação do serviço. Assim, se houver previsão de margem de preferência a determinado serviço, a sociedade empresária que prestá-lo no País fará jus à margem de preferência.

Este critério foi adotado tanto no art. 6º, XVIII, da Lei 8.666/1993, que define como serviços nacionais os serviços prestados no País, nas condições estabelecidas pelo Poder Executivo Federal, como no art. 2º, V, do Decreto 7.546/2011, que determina como serviço nacional "o serviço prestado no País, nos termos, limites e condições estabelecidos nos atos do Poder Executivo que estipulem a margem de preferência por serviço ou grupo de serviços".

3.3.3 Decretos específicos que materializam as margens de preferência

Os §§ 5º a 9º do art. 3º da Lei 8.666/1993, acrescentados pela Lei 12.349/2010, configuram-se como normas gerais de licitação, razão pela qual sua regulamentação é de competência do Poder Executivo Federal. Portanto, não cabe aos demais entes federativos editar normas locais para regulamentar as disposições contidas nos §§ 5º a 9º.

O objetivo, como dito, foi assegurar a proteção da indústria nacional e o incentivo à pesquisa e ao desenvolvimento tecnológico em face de competidores estrangeiros, caracterizando típica hipótese de utilização da contratação como mecanismo regulatório.

O Poder Executivo Federal, no exercício de sua competência, editou o Decreto 7.546/2011, que regulamentou o disposto nos §§ 5º a 12 do art. 3º da Lei 8.666, de 21.6.1993, e instituiu a Comissão Interministerial de Compras Públicas. A teor do disposto no art. 3º, § 2º, do Decreto federal 7.546/2011, reconheceu-se o legítimo espaço para que os demais entes decidam se adotarão as margens de preferência previstas nos atos regulamentares federais.

A aplicação da margem de preferência ocorre por intermédio de regulamentos específicos e voltados para determinado produto ou setor. Atualmente a União já editou alguns decretos específicos que fixam as margens de preferência para determinados objetos.[20]

20. (a) O Decreto 7.713/2012 conferiu margem de preferência aos fármacos e medicamentos, sendo de 8% para os medicamentos nacionais que utilizem em sua formulação fármacos importados, 20% para os medicamentos nacionais que utilizem em sua formulação fármacos nacionais e insumos farmacêuticos não ativos (adjuvantes) nacionais, e de 20% com margem de preferência adicional de 5% para os medicamentos nacionais que utilizem em sua formulação biofármacos com produção tecnológica integrada no País e os biofármacos com produção tecnológica integrada no país.

(b) O Decreto 7.756/2012 estabeleceu margem de preferência de 20% aos produtos de confecções, calçados e artefatos.

(c) O Decreto 7.767/2012 fixou a aplicação da margem de preferência para aquisição de produtos médicos; a margem varia de 8% a 25%.

Portanto, a União se autovinculou nas contratações relativas à aquisição dos referidos objetos, enquanto Estados e Municípios poderão escolher se utilizam, ou não, as margens de preferência estabelecidas pela União.

3.3.4 Medidas de compensação

O § 11 do art. 3º da Lei 8.666/1993 estabelece que "os editais de licitação para a contratação de bens, serviços e obras poderão, mediante prévia justificativa da autoridade competente, exigir que o contratado promova, em favor de órgão ou entidade integrante da Administração Pública ou daqueles por ela indicados a partir de processo isonômico, medidas de compensação comercial, industrial, tecnológica ou acesso a condições vantajosas de financiamento, cumulativamente ou não, na forma estabelecida pelo Poder Executivo Federal".

As contratações de grande vulto e que ocorrem em setores muito específicos podem demandar do particular uma contraprestação que satisfaça o interesse nacional. Usualmente essa contrapartida ocorre por meio da transferência de tecnologia para produção e/ou manutenção dos bens adquiridos.

A medida de compensação consiste em um benefício adicional que a Administração Pública exige como requisito para a contratação. No caso de o licitante se recusar a cumprir a medida de compensação, terá sua proposta desclassificada. Em igual sentido, se durante a execução do contrato não cumprir com as medidas de compensação configurará inadimplemento do contrato, cabendo à Administração adotar as providências cabíveis.

(d) O Decreto 7.810/2012 estabeleceu a aplicação de margem de preferência de 20% para aquisição de papel-moeda para impressão.

(e) O Decreto 7.812/2012 prevê a aplicação de margem de preferência de 20% nas aquisições de veículos para vias férreas.

(f) O Decreto 7.816/2012 determinou a aplicabilidade de margem de preferência de 14% a 17% nas aquisições de caminhões, furgões e implementos rodoviários.

(g) O Decreto 7.843/2012 determinou a fixação de margem de preferência para aquisição de disco para moeda.

(h) O Decreto 7.840/2012 estabelece a margem de preferência de 20% para aquisição de perfuratrizes e patrulhas mecanizadas.

(i) O Decreto 7.903/2013 determinou a aplicabilidade de margem de preferência de 15% com margem de preferência adicional de 10% para equipamentos de Tecnologia da Informação e Comunicação.

Certo é que as medidas de compensação geram um custo que, obviamente, será refletido no valor da proposta do particular, razão pela qual devem ser exigidas quando o benefício gerado propiciar uma vantagem ao interesse público nacional.

O Decreto 7.546/2011, no art. 2º, III, considerou que as medidas de compensação industrial, comercial ou tecnológica são todas as práticas compensatórias estabelecidas "como condição para o fortalecimento da produção de bens, do desenvolvimento tecnológico ou da prestação de serviços, com a intenção de gerar benefícios de natureza industrial, tecnológica ou comercial concretizados, entre outras formas, como: a) coprodução; b) produção sob licença; c) produção subcontratada; d) investimento financeiro em capacitação industrial e tecnológica; e) transferência de tecnologia; f) obtenção de materiais e meios auxiliares de instrução; g) treinamento de recursos humanos; h) contrapartida comercial; ou i) contrapartida industrial".

Por força dos princípios da legalidade e da vinculação ao instrumento convocatório, todas as medidas de compensação devem estar expressamente previstas no edital, conforme disposto no art. 6º do Decreto 7.546/2011.

Compete à Comissão Interministerial de Compras Públicas/CI-CP elaborar proposições normativas referentes às medidas de compensação tecnológica, industrial, comercial ou de acesso a condições vantajosas de financiamento, bem como acompanhar e avaliar a evolução e a efetiva implantação das margens de preferência e medidas de compensação no processo de compras públicas.

4
Objetos da Licitação

4.1 Obras e serviços de engenharia: 4.1.1 Projeto básico e projeto executivo – 4.1.2 O gerenciamento das obras públicas – 4.1.3 Regimes de execução – 4.1.4 Orçamento detalhado em planilhas – 4.1.5 A necessária razoabilidade dos órgãos de controle na aferição da composição dos custos das obras – 4.1.6 Critério de aceitabilidade de preços unitários e o jogo de planilhas – 4.1.7 Benefícios e Despesas Indiretas/BDI – 4.1.8 O descabimento da fixação do BDI pela Administração Pública – 4.1.9 A fixação de teto no edital para o BDI – 4.1.10 A exclusão do Imposto sobre a Renda de Pessoa Jurídica/IRPJ e da Contribuição Social sobre o Lucro Líquido/CSSL. 4.2 Serviços. 4.3 Compras: 4.3.1 A escolha da marca – 4.3.2 Marca e similar – 4.3.3 Padronização – 4.3.4 A utilização do cartão de crédito corporativo como forma de pagamento nas compras públicas. 4.4 Alienações.

4.1 Obras e serviços de engenharia

Obra é todo contrato que envolve a construção, reforma, fabricação, recuperação ou ampliação, realizada por execução direta ou indireta (art. 6º, I, da Lei 8.666/1993). Na obra busca-se um resultado final, de natureza estática. Exemplo de obra pública é a construção de uma escola ou de um hospital.

Já, no serviço de engenharia não há propriamente uma transformação material, como ocorre na obra. Essa é a principal diferença entre os dois objetos. Lucas Rocha Furtado explica que "será obra o contrato que crie nova materialidade, o mesmo não sendo verificado nos serviços. Assim, no caso de um edifício que necessite de reforma, como será criado novo aspecto material, será licitada e contratada a execução de obra. Ao contrário, na conservação (serviço) não será criado nenhum aspecto material visualmente novo".[1]

1. Lucas Rocha Furtado, *Curso de Licitações e Contratos Administrativos*, 2ª ed., Belo Horizonte, Fórum, 2011, p. 648.

O custo é outro critério que pode ser utilizado para diferenciar obras e serviços de engenharia. Se o custo de mão de obra for superior ao custo de material, pode ser um indicativo de que se trata de serviço. Já, se o custo de material for superior ao de mão de obra sinaliza-se para uma obra, e não serviço.

Mas fato é que existem situações em que há uma zona cinzenta, não sendo a definição legal contida no art. 6º, I e II, da Lei 8.666/1993 suficiente para delimitar adequadamente o campo das obras e dos serviços de engenharia.

4.1.1 Projeto básico e projeto executivo

Toda obra e todo serviço de engenharia pressupõem, prévia e obrigatoriamente, a elaboração de um projeto básico (art. 6º, IX, da Lei 8.666/1993) e de um projeto executivo (art. 6º, X, da Lei 8.666/1993). O objetivo destes projetos é detalhar adequadamente todos os aspectos técnicos e econômicos da obra que se pretende realizar. É inegável que o objetivo teleológico da norma é o dever da Administração Pública de municiar os potenciais interessados com todos os dados e elementos imprescindíveis à contratação, de modo que sejam devidamente avaliados: a possibilidade técnica da execução do objeto, seu custo, o prazo e a forma de execução.

Nas contratações regidas pela Lei 8.666/1993, ao contrário do que ocorre nas parcerias público-privadas e na contratação integrada, prevista no RDC, o projeto básico deve obrigatoriamente ser elaborado pela Administração Pública.

O projeto básico é um elemento da maior importância em uma obra pública, e deve atingir um nível de precisão adequado. A Resolução CONFEA-361/1991 determina, em seu art. 3º, "f", que o projeto básico deve "definir as quantidades e os custos de serviços e fornecimentos com precisão compatível com o tipo e porte da obra, de tal forma a ensejar a determinação do custo global da obra com precisão de mais ou menos 15% (quinze por cento)".

O TCU, por intermédio da Súmula 261, fixou o entendimento de que a revisão do projeto básico não pode transfigurar o seu objeto:

> Em licitações de obras e serviços de engenharia, é necessária a elaboração de projeto básico adequado e atualizado, assim considerado aquele aprovado com todos os elementos descritos no art. 6º, inciso IX, da Lei n. 8.666, de 21 de junho de 1993, constituindo prática ilegal

a revisão de projeto básico ou a elaboração de projeto executivo que transfigurem o objeto originalmente contratado em outro de natureza e propósito diversos.

Indispensável, ainda, saber quem é o responsável pela elaboração do projeto básico e, consequentemente, por sua assinatura, como forma de evidenciar sua autoria e, se for o caso, atribuir as responsabilidades cabíveis. O projeto básico precisa, ainda, ser aprovado pela autoridade competente, como determina o art. 7º, § 2º, I, da Lei 8.666/1993.

O projeto executivo, por sua vez, pressupõe o detalhamento técnico da execução da obra. A teor do que dispõe o art. 7º, II, da Lei 8.666/1993, o projeto executivo é, igualmente, elemento indispensável para a realização de qualquer obra pública, e deve ser elaborado de acordo com o disposto no art. 6º, X, da Lei 8.666/1993. Sua não elaboração pode tornar nula a contratação.

O projeto executivo pode ser elaborado concomitantemente pelo contratado, a teor da autorização expressa prevista nos arts. 7º, § 1º, e 9º, § 2º, da Lei 8.666/1993. Contudo, essa elaboração do projeto executivo pelo contratado deve ser considerada excepcional e objeto de motivação específica, eis que o ideal é que a Administração Pública invista previamente na elaboração dos projetos, diminuindo as incertezas e reduzindo a possibilidade de o contratado assumir o controle técnico da execução da obra, o que pode ocorrer no caso de o projeto básico ser subjetivo, impreciso e vago. Termos aditivos em excesso nas obras públicas, via de regra, guardam relação com um planejamento deficiente.

Em outras palavras: a transferência para o particular da tarefa de elaborar o projeto executivo alarga sobremaneira o poder de direção técnica que o contratado exerce sobre a obra, o que pode facilitar uma indesejável manipulação dos insumos a serem empregados na fase de execução do contrato, em especial por meio de sucessivos termos aditivos; daí as indispensáveis justificativa e motivação no processo administrativo demonstrando que, no caso concreto, essa delegação se faz necessária ou, mesmo, se revela mais acertada.

Os projetos básico e executivo, a teor do disposto no art. 12 da Lei 8.666/1993, devem obedecer a requisitos como segurança, funcionalidade e adequação ao interesse público, economia na execução, conservação e operação, a possibilidade de emprego de mão de obra, materiais, tecnologia e matérias-primas existentes no local para execução, conservação e operação, facilidade na execução, conservação e operação, sem prejuízo da durabilidade da obra, adoção das normas técnicas, de saúde e de segurança do trabalho adequadas e impacto ambiental.

Na ausência de corpo técnico qualificado no seio da Administração Pública para elaborar os projetos básico e executivo, pode ser realizada licitação específica para contratação de sociedades empresárias cujo ramo de atuação consiste na elaboração de tais projetos. Trata-se de opção que pode incrementar a eficiência e assegurar a qualidade necessária para a posterior licitação da execução da obra.

O autor do projeto básico e executivo não pode participar da licitação, a teor do disposto no art. 9º, I, da Lei 8.666/1993 – vedação, essa, que não se estende às parcerias público-privadas e às concessões, cuja lógica é diversa. Mas pode o autor do projeto básico funcionar como consultor ou técnico, auxiliando a Administração nas funções de fiscalização, supervisão e gerenciamento da execução da obra, a teor do disposto no § 1º do art. 9º da Lei 8.666/1993.

Sobreleva notar que o grande problema das obras públicas no Brasil reside exatamente na elaboração de projetos básicos e executivos inconsistentes e tecnicamente deficientes. A concepção de projetos bem estruturados tecnicamente é fundamental para o sucesso de uma obra pública. De nada adianta o gestor acelerar essa etapa e executar uma obra defeituosa ou, mesmo, mais demorada.

Projetos mal-elaborados acarretam obras inacabadas ou, mesmo, superfaturadas, com nefastas consequências nos custos e prazos de execução do empreendimento. Em matéria de obras públicas o pior cenário é sua não conclusão, com recursos empregados sem que a sociedade possa ter o retorno dos investimentos realizados – tanto que a Lei de Responsabilidade Fiscal repudia os "esqueletos" (art. 45).

4.1.2 O gerenciamento das obras públicas

É muito comum em algumas obras públicas a celebração de um contrato de gerenciamento, que tem por finalidade a contratação de profissional que possa auxiliar o contratante na gestão e fiscalização do empreendimento.[2] Contrata-se um terceiro tecnicamente especializado

2. Como ensina Hely Lopes Meirelles (*Licitação e Contrato Administrativo*, 15ª ed., São Paulo, Malheiros Editores, 2010, pp. 417-418:

"O gerenciamento é, pois, atividade técnica de mediação entre o patrocinador da obra e seus executores, visto que o profissional ou a empresa gerenciadora não executa materialmente o empreendimento, mas propicia sua execução, indicando os meios mais eficientes e econômicos para sua realização. (...).

para auxiliar e fornecer subsídios aos fiscais e gestores do contrato para que possam exercer adequadamente suas funções. Não se trata de terceirização ilegal, porquanto o particular apenas apoia o ente público na sua tarefa fiscalizatória.

O gerenciamento de obras é considerado serviço técnico profissional especializado, a teor do que dispõe o art. 13, IV, da Lei 8.666/1993, o que já afasta a utilização da modalidade *pregão*, aplicável exclusivamente aos serviços comuns.

Adequada a orientação fixada pelo TCU[3] no sentido de que nos contratos de gerenciamento deve ser incluída cláusula que preveja a diminuição ou supressão da remuneração da contratada quando a obra tiver seu ritmo retardado ou, mesmo, paralisado. Trata-se de cláusula que induz a eficiência da gerenciadora, que não se beneficia de eventuais atrasos ou paralisações da execução da obra, mantendo idêntica remuneração.

Faz todo sentido a inserção desta cláusula condicionante, já que se a obra for paralisada ou apresentar um ritmo mais lento não parece razoável continuar a remunerar o gerenciador do mesmo modo. Trata-se de contrato conexo e que se encontra atrelado e dependente da evolução na consecução da obra. Assim como o próprio contrato de obra pública, o gerenciamento é um contrato por escopo, eis que vinculado à entrega de um resultado específico.

4.1.3 Regimes de execução

As obras e os serviços de engenharia são orientados pelo seu respectivo *regime de execução*. Esse regime tem por objetivo definir previamente os critérios aplicáveis à apuração do valor a ser pago ao contratado pela execução da obra. O regime de execução refere-se, portanto, à *forma de apuração do valor* devido ao contratado, e não propriamente à *forma*

"(...). Daí por que consideramos atribuições do gerenciador as atividades de *programação*, *supervisão*, *consultoria*, *controle* e *fiscalização* de todo o empreendimento gerenciado, (...).

"(...). O gerenciador é, assim, o condutor do empreendimento na sua globalidade."

3. TCU, Acórdão 1.136/2004: "9.1.1 Nos contratos de supervisão, fiscalização e gerenciamento de obras financiadas com recursos federais por meio de convênios ou outro instrumento congênere, faça inserir cláusulas que prevejam a diminuição ou supressão da remuneração da contratada nos casos, ainda que imprevistos, de enfraquecimento do ritmo das obras ou de paralisação total, respectivamente, de forma a se manter o equilíbrio econômico-financeiro dos referidos contratos durante todo o período de execução do empreendimento". No mesmo sentido, cf. o Acórdão 90/2001.

de execução do objeto da obra, que deve ser definida para a elaboração dos projetos, o básico e o executivo.

No plano dos contratos administrativos regidos pela Lei 8.666/1993 são admitidos quatro regimes de execução distintos: (1) empreitada por preço global; (2) empreitada por preço unitário; (3) tarefa; e (4) empreitada integral. Esses regimes estão definidos no art. 6º, VIII, "a", "b", "d" e "e", da Lei 8.666/1993. Para as contratações regidas pelo RDC, importante lembrar a previsão da contratação integrada.

A escolha do regime de execução da obra não é discricionária, mas dependente da possibilidade técnica, ou não, de o contratante definir o objeto de forma completa e precisa. A opção pelo regime de execução da obra depende de condições objetivas, que devem ser claramente determinadas no momento da licitação.

4.1.3.1 *Empreitada por preço global*

Tem-se *empreitada por preço global*, segundo a definição constante do art. 6º, VIII, "a", da Lei 8.666/1993, quando *a execução da obra ou do serviço ocorre por preço certo e total*. A empreitada por preço global é o regime de execução adequado para as situações nas quais o contratante tem condições de definir previamente todas as quantidades dos itens e insumos necessários à execução da obra.

Com a definição clara e precisa do objeto e dos encargos que serão atribuídos ao empreiteiro torna-se viável ao contratado elaborar preço certo e total para a execução da obra em sua integralidade. Há, pois, direta correlação entre a possibilidade de prévia quantificação dos itens que integram a obra e sua forma de remuneração, como previsto no próprio art. 47 da Lei 8.666/1993.

A empreitada por preço global tem, portanto, como pressuposto o conhecimento pleno do objeto pelo ente contratante, permitindo aos licitantes identificar todos os elementos técnicos e informações necessários e indispensáveis à composição e formação do seu preço.

Um aspecto importante a destacar é o fato de que, por ser a empreitada por preço global, a especificação dos preços unitários não se torna dispensável, ou seja, ainda que a remuneração seja por preço certo e determinado, a fiscalização e a medição das etapas da obra mesmo assim são igualmente necessárias e importantes.

No contrato de obras regido pela empreitada por preço global também existe partilha de riscos. O fato de essa modalidade contratual ter como pressuposto a definição completa e precisa do objeto da obra bem como a remuneração se dar por preço certo e determinado não permite concluir que todos os riscos são transferidos ao contratado, como, por exemplo, a ocorrência de fatos supervenientes que acarretem circunstâncias imprevistas no momento da celebração do contrato. Na empreitada por preço global atribuem-se os riscos operacionais ao empreiteiro apenas no limite das circunstâncias de fato conhecidas pelas partes, informadas pela contratante e estabelecidas como premissa do contrato.

4.1.3.2 *Empreitada por preço unitário*

Nem sempre, contudo, será possível ao contratante definir previamente os quantitativos a serem executados, por faltarem "os elementos e informações necessários"; para essas hipóteses o regime de preço unitário é o mais indicado, já que a remuneração se orienta por uma medida-padrão definida, de modo que o pagamento vai sendo realizado de acordo com as quantidades efetivamente medidas.

Dito em outros termos: se os elementos técnicos, em razão das características da obra, não puderem ser conhecidos previamente, mas apenas durante sua execução, é curial que se imponha a opção pela empreitada por preço unitário.

Assim, enquanto no preço global é viável determinar no momento da realização da licitação as quantidades dos insumos que serão necessárias para a realização da obra e subsequente possibilidade de contratar a execução do objeto por preço certo e total, no preço unitário, ao revés, não se sabe no momento da licitação o quantitativo de insumos necessários à realização da obra; daí o preço ser fixado não considerando o total, mas as unidades determinadas, conforme ensina Renato Geraldo Mendes:[4]

> A análise deve considerar o seguinte: é possível definir antecipadamente qual será o efetivo encargo do futuro contratado, no seu aspecto qualitativo e quantitativo? Se a resposta for afirmativa, o regime indicado é o de empreitada por preço global. Já, se a resposta for negativa, ou seja, se não souber antecipadamente qual será a quantidade do efetivo encargo do contratado, o regime deve ser o de empreitada por preço unitário. (...).
>
> Diferentemente da empreitada global, na empreitada por preço unitário o preço final (certo e total) não é apurado exclusivamente na

4. Renato Geraldo Mendes, *O Regime Jurídico da Contratação Pública*, Curitiba, Zênite, 2008, pp. 142-143.

própria licitação, mas pela conjugação de dois momentos distintos (licitação e execução do contrato).

Na licitação se conhece o preço certo por unidade de medida adotada, e na execução do contrato, a quantidade da medida adotada. Multiplicando a quantidade (apurada por ocasião do contrato) e o preço da unidade de medida (apurada por ocasião da licitação), temos o preço certo e total.

Tratando-se, por exemplo, de obra de reforma é maior a possibilidade de se adotar a empreitada por preço unitário, porquanto poderá o contratado se deparar com situações que não foram previstas nos projetos técnicos. Tanto por isso que o limite de alteração para reforma é de 50%, e não apenas de 25%, como previsto no art. 65, § 1º, da Lei 8.666/1993.

Mesmo na empreitada por preço unitário. Também é importante salientar que a estimativa dos itens e insumos realizada pela Administração Pública – quando da elaboração do orçamento detalhado em planilhas que expressem a composição de todos os custos unitários (art. 7º, § 2º, II, da Lei 8.666/1993) – não pode se distanciar muito daquilo que foi projetado e estimado nos projetos básico e executivo.

Lembre-se que o próprio art. 7º, § 4º, da Lei 8.666/1993 prevê que é vedada a inclusão, no objeto da licitação, do fornecimento de materiais e serviços sem previsão de quantidades ou cujos quantitativos não correspondam às previsões reais do projeto básico ou executivo.

A circunstância de a empreitada ser por preço unitário não confere um "cheque em branco" que possa acarretar uma execução em quantidades totalmente díspares em relação ao que foi estimado no orçamento. Lembre-se que existe um referencial definido pela Resolução CONFEA-361/1991.

A instrumentalização do pagamento entre aqueles itens medidos a mais e os itens medidos a menos deve ocorrer por meio de termo aditivo, conforme a orientação do egrégio TCU:

> (...) as alterações na vigência do termo pactuado e nos quantitativos previstos, sem a devida formalização de termo aditivo, devem ser rechaçadas por esta Corte de Contas.[5]
>
> (...) se abstenha de efetuar alterações ou adequações de serviços contratados, à revelia de instrumento formal de aditamento, em obediência ao art. 60 da Lei n. 8.666/1993, alertando quanto à possibili-

5. TCU, Plenário, Acórdão 1.801-27/2010, rel. Min. Walmir Campelo.

dade de responsabilização pelos descumprimentos que eventualmente vierem a ser verificados.[6]

Fundamental é que essas variações estejam devidamente comprovadas e justificadas sob o aspecto técnico, com a formalização ocorrendo por meio dos aditamentos que retratem o momento de execução da obra.

Apesar de se tratar de tema polêmico, em virtude de o regime de preços ser o unitário,[7] essas variações de quantidade devem ser contabilizadas como alteração de contrato, incidindo o limite a que se refere o art. 65, § 1º, da Lei 8.666/1993. Afinal, ainda que seja um acréscimo sobre itens meramente estimados (por se tratar de preço unitário), o percentual referido na norma incide sobre o valor inicialmente atualizado.

A consequência da não submissão dessa variação de quantidades (própria do regime unitário) aos limites de valor previstos na norma poderia tornar o contrato sem qualquer parâmetro, violando o espírito da lei, que foi, exatamente, o de criar condicionantes ao valor inicialmente pactuado entre as partes, o que prestigia o próprio princípio da licitação.

É preciso, ainda, que nos termos aditivos fique retratada a razão da alteração (mera variação de estimativa, alteração unilateral do projeto, itens ou serviços novos), não só para facilitar a compreensão do que se está modificando, mas para saber a natureza da mudança e o regime jurídico aplicável.

O pagamento fica vinculado às medições atestadas pela fiscalização. A medição nada mais é do que a verificação pelos fiscais dos quantitativos dos serviços efetivamente executados, e que determina o valor a ser pago quando o regime de empreitada é o de preço unitário. Por isso que a fiscalização deve ser contemporânea à própria execução da obra. A medição, por sua vez, é um importante instrumento da fiscalização, já que determina o que foi executado e, via de consequência, quanto será pago.

6. TCU, Plenário, Acórdão 1.751-36/2007, rel. Min. Ubiratan Aguiar.

7. V., a propósito, a posição de Renato Geraldo Mendes: "Para que possamos falar em acréscimo, é preciso que a quantidade tenha sido, na fase de planejamento da contratação, definida como certa. No entanto, como esclarecemos acima, na empreitada por preço unitário a quantidade é incerta. Logo, não há como acrescer o incerto ou indefinido. Quanto seria, por exemplo, 10% sobre um objeto não quantificado? Seria algo impreciso, e o acréscimo pressupõe, na sua essência, uma quantidade precisa. Essencialmente, seria o mesmo que calcular 10% de zero. Assim a possibilidade de acréscimo estaria reservada para os demais regimes, notadamente o da empreitada por preço global" (*O Regime Jurídico da Contratação Pública*, cit., p. 153).

4.1.3.3 *Empreitada integral*

A empreitada integral compreende o regime de execução que contempla todas as etapas da obra, serviços e instalações, como, por exemplo, a reforma de um prédio público que inclua não apenas a obra, mas o sistema de refrigeração, segurança, elevadores etc.

É frequente ouvir a expressão *turn key* para se referir a este regime de execução, pois o propósito é que após a entrega do empreendimento pronto cabe à Administração apenas "virar a chave" para dispor do objeto em sua plenitude.

A responsabilidade pela execução da obra é assumida pelo contratado até o momento da entrega do empreendimento pronto ao contratado, salvo nos casos de circunstâncias imprevistas no momento da avença entre as partes ou de imprecisão de quantitativos e de inexatidão do projeto.

Devem ser atendidos todos os requisitos técnicos e legais para utilização da construção em condições de segurança estrutural e operacional e com as características adequadas às finalidades para que foi contratada, sob pena de o contratado responder pela inexecução do objeto.

Egon Bockmann Moreira e Fernando Vernalha Guimarães[8] apontam as vantagens e desvantagens dessa espécie de regime de execução:

> (...). Assim, esta espécie de contratação traz *vantagens* (eficiência, redução dos prazos, precisão no preço, negócio unitário etc.) e *desvantagens* (custos do edital e projetos, necessidade do domínio de várias técnicas, risco da utilização de equipamentos mais baratos e técnicas que transfiram o risco, menor possibilidade de alterações no projeto etc.). (...).

Um aspecto fundamental, e que se relaciona diretamente com a empreitada integral, é a delimitação da subcontratação, eis que diversos serviços ou parcelas do objeto deverão ser executados por terceiros especializados. Cabe ao edital e ao contrato estabelecerem previamente essas situações.

4.1.3.4 *Tarefa*

Tarefa ocorre quando se ajusta mão de obra para pequenos trabalhos por preço certo, com ou sem fornecimento de materiais.

8. Egon Bockman Moreira e Fernando Vernalha Guimarães, *Licitação Pública: a Lei Geral de Licitação – LGL e o Regime Diferenciado de Contratações – RDC*, 2ª ed., São Paulo, Malheiros Editores, 2015, pp. 241-242.

4.1.4 Orçamento detalhado em planilhas

As obras e serviços de engenharia somente podem ser licitados quando, dentre outros requisitos, existir orçamento detalhado em planilhas que expressem a composição de todos os seus custos unitários, a teor do que dispõe o art. 7º, § 2º, II, da Lei 8.666/1993.

Sobre o tema, o TCU, por intermédio da Súmula 258, fixou o seguinte entendimento: "As composições de custos unitários e o detalhamento de encargos sociais e do BDI integram o orçamento que compõe o projeto básico da obra ou serviço de engenharia, devem constar dos anexos do edital de licitação e das propostas das licitantes e não podem ser indicados mediante uso da expressão 'verba' ou de unidades genéricas".

Também se revela indispensável a previsão dos recursos orçamentários que assegurem o pagamento das obrigações decorrentes das obras ou serviços a serem executados (art. 7º, § 2º, da Lei 8.666/1993).

Como bem assevera Cláudio Sarian Altounian,[9] o orçamento apresenta duas funções importantes: (i) serve como parâmetro para a Administração fixar os critérios de aceitabilidade de preços globais e unitários no edital; (ii) funciona como referência no exame das propostas de preços dos licitantes.

Sucede que, em matéria de obra pública, a forma de apurar o custo dos insumos é bem diversa da que ocorre em outros contratos, como na prestação de serviços e na aquisição de bens. Em relação a esses objetos é muito comum que a Administração Pública recorra a uma pesquisa com os fornecedores, com vistas a obter uma média de mercado que sirva de referência para fixação do valor a ser reservado no orçamento. Isso se dá em virtude de o objeto não guardar maiores complexidades, o que permite a elaboração de uma estimativa de custos baseada nas informações prestadas pelo próprio mercado.

Tal não ocorre com as obras públicas.[10] Na esfera federal, por exemplo, as obras públicas devem observar sistemas oficiais de referência de

9. Cláudio Sarian Altounian, *Obras Públicas. Licitação, Contratação, Fiscalização e Utilização*, 2ª ed., Belo Horizonte, Fórum, 2010, p. 163.

10. O TCU, no Acórdão 1.087/2007-PL, determinou que "utilize, nas licitações para obras e serviços de engenharia, os sistemas oficiais de referência de preços, a exemplo do SINAPI/CEF, mencionado expressamente no art. 115 da Lei n. 11.439/2006, *de forma a se evitar consultas prévias de preços de mercado junto a empresas que poderão participar do certame*, com prejuízos ao princípio constitucional da isonomia, citado no art. 3º da Lei n. 8.666/1993, assegurando-se a igualdade de condições a todos os concorrentes, prevista no inciso XXI do art. 37 da CF/1988" (os grifos não são do original).

preços, como o SINAPI, mantido e divulgado, na Internet, pela Caixa Econômica Federal, e, no caso de obra e serviços rodoviários, a tabela do Sistema de Custos de Obras Rodoviárias/SICRO.

A obrigatoriedade de orientar os custos das obras públicas federais por sistemas de referência de preços vem sendo reiteradamente expressa na Lei de Diretrizes Orçamentárias, estendendo para os demais entes públicos que utilizem recursos federais.

A jurisprudência do egrégio TCU considera que "os preços medianos constantes do Sistema Nacional de Pesquisa de Custos e Índices da Construção Civil/SINAPI são indicativos dos valores praticados no mercado e, portanto, há sobrepreço quando o preço global está injustificadamente acima do total previsto no SINAPI".[11]

Quando o custo não estiver previsto no SINAPI, devem ser buscadas outras fontes de referência, como outros sistemas de custos, revistas de editoras especializadas, referências de custos de outros órgãos públicos.

Os custos fixados por esses sistemas referenciais de preços gozam de presunção de legitimidade em relação à sua adequação aos valores de mercado, não sendo razoável esperar que o agente público responsável pela realização da licitação seja obrigado a certificar se o valor está alinhado aos parâmetros de mercado.

4.1.5 A necessária razoabilidade dos órgãos de controle na aferição da composição dos custos das obras

A aplicação cega e irrestrita desses sistemas de composição de custos demanda extrema razoabilidade dos órgãos de controle. O maior equívoco é desconsiderar as especificidades de cada obra e conferir tratamento idêntico para objetos distintos. Por isso a necessária cautela por parte dos órgãos de controle, para não utilizarem indexadores e padrões de referência de obras incomparáveis.

Um exemplo permite compreender o equívoco na utilização do mesmo padrão de formação de custos ao se comparar obras distintas. Uma obra portuária revela especificidades que não podem ser comparadas a uma obra comum, eis que, em razão das evidentes dificuldades de se trabalhar na água e não na terra, acaba por demandar a formação de um sistema de custos diferenciados, inclusive no que se refere aos próprios insumos componentes da obra.

11. TCU, Acórdão 618/2006, *apud* Cláudio Sarian Altounian, *Obras Públicas. Licitação, Contratação, Fiscalização e Utilização*, cit., 2ª ed., p. 165.

4.1.6 Critério de aceitabilidade de preços unitários e o jogo de planilhas

Em matéria de licitação para obra pública faz-se indispensável a fixação de critério de aceitabilidade dos preços unitários em cada um dos itens, na forma do que prevê o inciso X do art. 40 da Lei 8.666/1993.

Mesmo que a licitação se oriente pelo critério de menor preço global, não há nenhum impedimento a que sejam fixados critérios de aceitabilidade também dos preços unitários, tudo com vistas a evitar que o contratado possa, futuramente, manejar esses preços em desfavor da Administração Pública, naquilo que se convencionou denominar de "jogo de planilhas".[12]

O TCU já consolidou o entendimento acerca da necessidade de fixação de critérios de aceitabilidade dos preços unitários assentando que:[13]

> (...) se não houver a devida cautela com o controle de preços unitários, uma proposta aparentemente vantajosa para a Administração pode se tornar um mau contrato. Esse controle deve ser objetivo e se dar por meio da prévia fixação de critérios de aceitabilidade dos preços unitários e global, tendo como referência os valores praticados no mercado e as características do objeto licitado.

O jogo de planilhas é bem descrito na jurisprudência do TCU:[14]

> (...) a experiência da fiscalização de obras públicas demonstra que são correntes situações como a descrita, que envolvem a conjugação dos seguintes fatores: má qualidade do projeto básico; falta de definição de critérios de aceitabilidade de preços unitários, contratação

12. Marcus Vinicius Campitelli explica a mecânica do "jogo de planilhas": "Em outras palavras, o jogo de planilha ocorre quando uma proposta orçamentária contém itens com valores acima e abaixo do preço de mercado simultaneamente, que no somatório da planilha se compensam, totalizando um valor global abaixo do valor de mercado, atendendo momentaneamente ao interesse público. Porém, essa proposta pode se tornar onerosa para o contratante caso ocorram modificações contratuais de quantitativos que aumentem os itens supervalorizados e diminuam os itens subvalorizados, fazendo como que os itens com sobrepreço prevaleçam em relação à totalidade da proposta, desequilibrando as suas condições originais, fazendo com que o valor global da obra contratada passe a ficar com valor global acima do de mercado concorrencial, perdendo-se a vantagem ofertada originalmente" (*Medidas para Evitar o Superfaturamento Decorrente dos Jogos de Planilha em Obras Públicas*, dissertação de Mestrado em Estruturas e Construção Civil, Brasília, UnB, setembro/2006).

13. TCU, Plenário, Decisão 253/2002, voto, rel. Min. Marcos Vilaça, Brasília, 27.3.2002, *DOU* 7.4.2002.

14. TCU, Plenário, Decisão 1.054/2001, voto, rel. Min. Augusto Sherman Cavalcanti, Brasília, 11.12.2001, *DOU* 3.4.2002.

de proposta de menor preço global, compatível com a estimativa da Administração, mas com grandes disparidades nos preços unitários, alguns abaixo dos preços de mercado – justamente os de maiores quantitativos no projeto básico – e outros muito acima dos preços de mercado, de pouca importância no projeto básico; e, finalmente, o aditamento do contrato com o aumento dos quantitativos dos itens de preços unitários elevados e a diminuição dos quantitativos dos itens de preços inferiores.

A inclusão de cláusula no edital que fixe um critério de aceitabilidade dos preços unitários pode se revelar como importante instrumento para coibir um rearranjo dos insumos na fase de execução da obra, que acaba por eliminar a vantagem econômica inicialmente obtida durante a licitação.

O TCU, por intermédio da Súmula 259, entende que essa fixação dos critérios de aceitabilidade dos preços unitário e global é obrigatória: "Nas contratações de obras e serviços de engenharia, a definição do critério de aceitabilidade dos preços unitários e global, com fixação de preços máximos para ambos, é obrigação e não faculdade do gestor".

Na opinião de Cláudio Sarian Altounian[15] esse critério pode aceitar variação de preços unitários em até 10% superior ao estimado no orçamento-base, mas que estabeleça como referencial máximo o preço global fixado pela Administração.

Em relação aos itens novos – não previstos na planilha orçamentária – é importante a previsão de cláusula que demonstre a composição de custos específica para cada item novo, a fim de que fique explicitada sua adequação à realidade de mercado.

4.1.7 Benefícios e Despesas Indiretas/BDI

Existem dois grandes grupos de custos que incidem em qualquer obra pública: os custos diretos, que são aqueles que se referem diretamente aos serviços e materiais empregados na obra e que são medidos, no caso dos serviços, em razão da quantidade consumida; e os custos indiretos, que são aqueles que envolvem as despesas indiretas e o próprio lucro do contratado. A essa parcela de custos convencionou-se denominar de BDI, ou seja, as despesas que não se relacionam diretamente com a execução do objeto contratado.

15. Cláudio Sarian Altounian, *Obras Públicas. Licitação, Contratação, Fiscalização e Utilização*, cit., 2ª ed., p. 168.

Normalmente o BDI se traduz em um percentual que incide sobre o custo direto para se alcançar o preço final.

Nem sempre há consenso sobre se determinada parcela deve ser inserida como custo direto ou indireto. Mas uma diretriz adequada é incluir no BDI apenas os itens que só possam ser mensurados por meio de percentual. Isso tem por objetivo evitar "indesejáveis impactos que eventuais termos aditivos possam acarretar no preço final da obra sem que aumento nos custos indiretos, de fato, tenha ocorrido".[16]

É sob essa ótica que são comumente mencionados como exemplos de BDI as despesas financeiras, a administração central, a COFINS e o PIS, o ISS, os seguros. Essa é a orientação fixada no egrégio TCU, como se verifica, por exemplo, do Acórdão 325/2007.

Tem-se, por outro lado, afastado do cálculo do BDI a incidência do Imposto de Renda Pessoa Jurídica/IRPJ e da Contribuição Social sobre o Lucro Líquido/CSSL, a administração local, as taxas e emolumentos, ferramentas e equipamentos, conforme jurisprudência sedimentada no próprio TCU.

4.1.8 O descabimento da fixação do BDI pela Administração Pública

Não cabe à Administração fixar o valor do BDI, devendo o edital indicar apenas as parcelas que irão compor esses custos. É tarefa dos licitantes, nas suas respectivas planilhas orçamentárias, detalhar como esses custos serão dimensionados.

A fixação prévia do BDI pode restringir a obtenção de uma proposta mais vantajosa para a Administração Pública; afinal, nessa parcela de custos, o licitante, se for mais eficiente, pode reduzir o valor final da obra com vistas a se sagrar vencedor do certame.

Em outras palavras: se uma das parcelas do BDI é o lucro, parece contraditório que o próprio edital fixe previamente esse valor. Se isso ocorre, a competição se limita apenas aos custos diretos, equalizando os custos indiretos para todos os licitantes.

Não existe um percentual razoável e uniforme para fixação do BDI. Cada objeto pode revelar uma formação de custos distinta e com peculiaridades próprias. A fixação do BDI pela própria Administração Pública viola, a um só tempo, os princípios da competitividade e da livre iniciativa, porquanto se imiscui nos custos indiretos inerentes a cada lici-

16. TCU, Plenário, razões do Relatório do Acórdão 325/2007.

tante. É exatamente por meio do BDI que os licitantes e suas propostas se distinguem, sendo razoável presumir que os mais eficientes apresentarão despesas indiretas mais reduzidas. Fixar previamente o BDI no edital implica aniquilar a competição entre as propostas e as empresas.

4.1.9 A fixação de teto no edital para o BDI

Se parece incongruente com as próprias finalidades da licitação fixar o BDI no edital, não se vislumbra o mesmo óbice para que o instrumento convocatório fixe tão somente um teto para o BDI. Essa é uma medida que, devidamente amparada em estudos técnicos, pode ser tida como benéfica para o interesse público.

A previsão de teto para o BDI tem amparo legal no próprio art. 40, X, da Lei 8.666/1993, que autoriza a fixação de preço máximo no edital.

4.1.10 A exclusão do Imposto sobre a Renda de Pessoa Jurídica/ IRPJ e da Contribuição Social sobre o Lucro Líquido/CSSL

Não cabe incluir nos orçamentos de referência das licitações, em especial das obras, os valores relativos aos tributos diretos do Imposto sobre a Renda de Pessoa Jurídica/IRPJ e da Contribuição Social sobre o Lucro Líquido/CSLL, cujo encargo não pode ser transferido a terceiros.

O TCU já teve a oportunidade de consolidar a matéria por intermédio da Súmula 254, vazada nos seguintes termos:

> O IRPJ – Imposto de Renda Pessoa Jurídica – e a CSLL – Contribuição Social sobre o Lucro Líquido – não se consubstanciam em despesa indireta passível de inclusão na taxa de Bonificações e Despesas Indiretas – BDI do orçamento-base da licitação, haja vista a natureza direta e personalística desses tributos, que oneram pessoalmente o contratado.

4.2 Serviços

O contrato de prestação de serviços será abordado especificamente no capítulo das terceirizações.

4.3 Compras

Compra é toda aquisição remunerada de bens para fornecimento de uma só vez ou parceladamente.

As compras devem, sempre que possível, atender ao princípio da padronização (art. 15, I, da Lei 8.666/1993). A ideia é eleger, por meio de processo administrativo prévio, determinados modelos ou mesmo marcas, a fim de obter maior racionalização nos custos administrativos. É muito utilizado para compra de veículos em grande escala. Seria antieconômico comprar carros de diferentes marcas e modelos, pois acarretaria maiores custos de manutenção, de reposição de peças etc. A escolha do modelo, entretanto, não pode ser subjetiva, devendo se pautar por critérios de ordem técnica, previamente justificados no processo administrativo.

Outra recomendação nas compras públicas é a utilização, sempre que viável, do Sistema de Registro de Preços/SRP (art. 15, II, da Lei 8.666/1993).

O SRP se constitui em moderna ferramenta de racionalização das compras e serviços da Administração Pública, sempre com vistas a concretizar o princípio da economicidade.

Busca-se fazer uma grande licitação pública (admitindo-se apenas as modalidades concorrência ou pregão) com diversos itens diferentes e de várias unidades orçamentárias. Os preços ficam registrados, podendo a Administração adquirir o produto ao longo do ano de acordo com sua necessidade. Não há obrigatoriedade de contratação por parte da Administração Pública. Cada ente federativo poderá regulamentar o registro de preços por meio de decreto.

As compras devem ser subdivididas em tantas parcelas quantas necessárias para aproveitar as peculiaridades do mercado, visando sempre à economicidade.

Registre-se que uma boa requisição do objeto evita a aquisição de produtos de baixa qualidade; daí a importância de que as requisições sejam centralizadas em órgão que possua *expertise* técnica para definir padrões mínimos de qualidade, evitando que a Administração adquira bens que não atendem aos objetivos desejados.

A exigência de amostras também se revela como mecanismo adequado para evitar a aquisição de bens de baixa qualidade, já que o produto é testado antes de finalizada a licitação.

Outro mecanismo possível é a exclusão das marcas que não atenderam às necessidades da Administração, com previsão expressa nos futuros processos licitatórios da sua não admissão. Para tanto é necessário que se dê direito a prévia e ampla defesa em processo administrativo próprio.

4.3.1 A escolha da marca

A vedação de escolha de marca se faz presente na Lei 8.666/1993: implicitamente no art. 3º, § 1º, I, que, instituindo o princípio da universalidade, veda a previsão nos instrumentos convocatórios de cláusulas ou condições que restrinjam ou frustrem o caráter competitivo da licitação ou que estabeleçam preferências ou distinções injustificadas; e explicitamente, no art. 15, § 7º, I, relativo às compras.

Todavia, esta vedação não pode ser encarada como absoluta, já que é objetivo da licitação a busca da proposta mais vantajosa para a Administração Pública. O que se deve repudiar, deste modo, é a escolha imotivada da marca.

O TCU, por intermédio da Súmula 270, assentou idêntico entendimento: "Em licitações referentes a compras, inclusive de *softwares*, é possível a indicação de marca, desde que seja estritamente necessária para atender a exigências de padronização e que haja prévia justificação".

A escolha de uma marca se traduz em uma exceção, razão pela qual deve sempre ser baseada em justificativas detalhadas e que atendam aos princípios da motivação e da transparência dos atos administrativos.

Mas se apenas um determinado bem atende às necessidades do órgão ou entidade pública, inexiste qualquer óbice legal à expressa indicação da marca. É óbvio que esta possibilidade somente é viável diante de uma justificativa técnica sólida, calcada em parâmetros estritamente objetivos, devendo ser afastado qualquer tipo de motivação genérica e subjetiva, o que certamente viciaria qualquer contratação.

4.3.2 Marca e similar

É muito comum os editais mencionarem a marca mas admitirem a apresentação de similar, ou seja, uma marca distinta mas que apresente as mesmas características e padrões de qualidade da marca utilizada como referência.

É o caso, por exemplo, de uma obra pública composta por vários insumos. Nada impede que sejam adotadas uma ou mais marcas como referência em cada item, a fim de que, a um só tempo, se fixe o padrão de qualidade desejado. Para que não ocorra restrição à competitividade devem ser admitidas expressamente marcas similares.

4.3.3 Padronização

A padronização é um princípio a orientar as compras efetuadas pela Administração Pública. Ao se adotar um padrão, um modelo, uma marca, busca-se atender aos princípios da eficiência e da economicidade, racionalizando a atuação administrativa, a teor do que dispõe o art. 15, I, da Lei 8.666/1993.

Note-se que, de acordo com o *caput* do dispositivo, o legislador sinalizou para a necessidade de as compras, sempre que possível, atenderem ao princípio da padronização, de sorte que se trata de possibilidade que deve sempre ser considerada pela Administração Pública. Aliás, desde que viável, torna-se imperativo para o administrador adotá-la.

Resta saber, deste modo, qual o procedimento correto para padronizar determinada marca, já que em hipótese alguma pode a escolha se dar através de critérios subjetivos e pouco transparentes.

O procedimento habitual da padronização é a abertura de um processo administrativo, que designará uma comissão que elaborará um estudo ou parecer técnico no qual fiquem comprovadas as vantagens da adoção de uma única marca.

Caso se conclua favoravelmente pela adoção da marca, deve ser o processo encaminhado à autoridade superior para promover a padronização, o que deve ser feito através de publicação no *Diário Oficial*, como condição de eficácia para produzir seus efeitos externamente. A divulgação da marca padronizada atende também aos princípios da publicidade, moralidade e transparência.

Ultrapassada a primeira questão, da própria padronização da marca, deve-se verificar se há, ou não, necessidade de realização de licitação para aquisição dos bens. Isto porque o fato de a marca já estar definida não significa necessariamente que só exista no mercado um único fornecedor. Se vários forem os fornecedores far-se-á obrigatória a realização de licitação.

Assim, após definida a padronização da marca, deve ser verificado junto ao mercado se existe mais de um fornecedor daquele bem, situação que acarretará a necessidade de realização de licitação. Caso contrário, ou seja, na hipótese de existir exclusividade na comercialização, a contratação poderá ser efetuada com fundamento no art. 25, I, da Lei 8.666/1993, eis que inviável será a competição.

O processo de padronização não só deve ser precedido de motivação como, ainda, deve assegurar o direito de participação e de ampla defesa dos demais interessados – porque terão excluídos os seus direitos de participar da licitação.

Em outras palavras: o administrador público não pode escolher determinado produto ou marca de forma subjetiva.

A padronização deve ser desenvolvida com absoluta transparência, com consulta aos vários fornecedores e/ou competidores no mercado, demonstrando-se as vantagens e desvantagens de cada marca, para, ao final, fixar-se a padronização, com publicação no *Diário Oficial* para produção de efeitos externos (inclusive o de propiciar a impugnação do ato que por ela decidir).

Como a padronização pode vir a criar óbices à participação dos particulares nos procedimentos licitatórios, restringindo, sobretudo, a competitividade dos certames, indispensável assegurar o direito de defesa aos interessados que se verão excluídos do direito de licitar, evitando a criação de uma indesejável reserva de mercado para determinados fornecedores, totalmente desconforme com o ordenamento jurídico pátrio.

4.3.4 A utilização do cartão de crédito corporativo como forma de pagamento nas compras públicas

A utilização do cartão de crédito corporativo como meio de pagamento de algumas despesas públicas pode ser uma legítima e eficiente forma de racionalizar a atuação dos gestores públicos. Mas, diante dos escândalos ocorridos no passado, algumas cautelas devem ser cogitadas.

A questão não se resolve com a vedação da utilização do cartão de crédito corporativo pelos órgãos e entes públicos, mas com o necessário aprimoramento das regras que disciplinam sua utilização e controle. Esse enfoque parece o mais adequado, eis que o cartão de crédito corporativo pode ser importante instrumento concretizador do princípio da eficiência.

Não há nenhum óbice de ordem jurídica para sua utilização pelos entes públicos, o que não significa que as normas federais, estaduais e municipais instituidoras do cartão de crédito corporativo não devam primar por um maior controle no seu uso e transparência nas prestações de contas.

Ora, com o avanço das comunicações e a intensificação das relações de consumo ao redor do mundo, a sociedade tem experimentado uma necessidade crescente de adaptação a esse cotidiano veloz e dinâmico. Foi neste contexto que surgiu o cartão de crédito, cujo principal objetivo é conferir maior agilidade e praticidade às relações econômicas, substituindo, com vantagens, o pagamento por meio de moeda corrente ou, mesmo, cheques, em determinadas ocasiões.

O cartão de crédito caracteriza-se por ser um meio utilizado para efetivar relações econômicas (como, por exemplo, a compra e venda e a prestação de serviços), com a particularidade de o pagamento se dar em momento diferido e a pessoa distinta do vendedor.

Para melhor compreensão do sistema é preciso assentar a existência de três figuras distintas: o usuário/titular do cartão, que é o consumidor, e fará, portanto, uso do cartão de crédito como meio de pagamento; o emissor – no caso, a instituição que administra o cartão e que se responsabiliza junto ao vendedor pelos créditos assumidos pelo titular; e o próprio fornecedor, que é o sujeito que vende um bem ou serviço ao titular e se remunera junto ao emissor do cartão.

Apesar da sua ampla utilização nas operações comerciais, cabe lembrar que o cartão de crédito é negócio jurídico atípico e que não tem previsão na legislação, a despeito de algumas tentativas de sua regulamentação.

Em um primeiro momento utilizado por pessoas físicas, o cartão de crédito passa cada vez mais a ser utilizado pelas sociedades empresárias do setor privado, sendo esse um mercado em franca expansão.

Essa tendência alcança também as pessoas jurídicas de direito público, eis que a utilização do cartão de crédito pela Administração Pública se revela em consonância com as normas de direito administrativo e de direito financeiro.

Sendo uma ferramenta de gestão largamente utilizada pelas pessoas jurídicas de direito privado, nada obsta à sua adoção no âmbito da Administração Pública. Aliás, é o próprio art. 15, III, da Lei 8.666/1993 que determina que as compras, sempre que possível, deverão submeter-se às condições de aquisição e pagamento semelhantes às do setor privado.

As vantagens e os benefícios para a Administração Pública com a utilização do cartão de crédito são registrados por Eduardo Fayet:[17] (i) maior controle no pagamento de despesas, principalmente sobre os gastos em viagem; (ii) redução de recursos empregados no fornecimento de documentos para a realização das despesas e respectivas prestações de contas; (iii) redução de custos e de lançamentos de movimentações financeiras na conta-corrente de relacionamento da entidade; (iv) controle sobre as autorizações de despesas com aquisições, reduzindo o risco de uso indevido, uma vez que permite que o pagamento somente seja efetuado desde que haja autorização prévia de utilização de recursos financeiros (empenho emitido); (v) aumento do poder de barganha do Estado nas compras; (vi) facilidade na aquisição de bens e serviços através da rede de estabelecimentos comerciais afiliados no País; (vii) inibir a utilização dos

17. Eduardo Fayet, "Cartão corporativo e as compras da Administração Pública", *Revista Zênite – Informativo de Licitações e Contratos/ILC* 128/955, Curitiba, Zênite, outubro/2004.

cartões em gastos não compatíveis com as necessidades da respectiva entidade da Administração Pública; (viii) desburocratização do processo de prestação de contas das aquisições efetuadas com o cartão; (ix) compras à distância – possibilidade de adquirir bens e serviços em estabelecimentos autorizados e credenciados, por telefone e/ou Correio; (x) simplificação no processo de prestação de contas aos órgãos de controle, como o TCU.

Todos esses aspectos conduzem ao raciocínio de que o princípio da eficiência poderá ser maximizado com a utilização do cartão de crédito pela Administração Pública, desde que observados os limites e controles indispensáveis à sua boa gestão. Sob a ótica de uma Administração de resultados, o cartão de crédito pode se revelar – se bem utilizado – importante instrumento de desburocratização, porquanto pode conferir maior agilidade ao administrador público na consecução das suas funções.

Sob outro ângulo, o cartão de crédito corporativo não viola o princípio da licitação, eis que se apresenta como uma forma de pagamento, ou seja, um meio pelo qual a Administração Pública contratante se relaciona com os prestadores de serviços e fornecedores de bens por intermédio do emissor do cartão (a instituição financeira).

Em outras palavras: a licitação será exigível, ou não, independentemente da forma utilizada pela Administração Pública para efetivar o pagamento ao contratado. A cautela a ser observada pelos agentes públicos refere-se à necessidade de imposição de limites e controles internos que tenham por objetivo evitar o risco de eventual fracionamento, com a utilização do cartão de crédito para pequenos valores que, somados, poderiam reclamar a realização de prévio procedimento licitatório.

Também não se vislumbra violação ao processamento das despesas públicas e à sistemática orçamentária do ordenamento jurídico pátrio. Ao contrário, uma das principais formas de utilização do cartão de crédito é no regime de adiantamento, cuja base legal é o art. 68 da Lei 4.320/1964.

O adiantamento consiste na entrega de numerário a determinado servidor, por meio de conta a ser aberta em seu nome, a fim de que possa efetivar aquisições despidas de maiores formalidades, observadas as hipóteses de seu cabimento previstas na legislação específica. É o caso, por exemplo, de despesas miúdas de pronto pagamento ou, mesmo, extraordinárias ou urgentes. Trata-se de matéria de natureza financeira, a ser regulada no âmbito de cada ente.

Portanto, o cartão de crédito pode se configurar – desde que previsto na respectiva normatização de cada ente – como mais um meio posto à disposição do administrador para efetivar o regime de adiantamento, aderindo, pois, à sistemática legal já existente.

Importante assinalar que o art. 60, parágrafo único, da Lei 8.666/1993 prescreve ser "nulo e de nenhum efeito o contrato verbal com a Administração, salvo o de pequenas compras de pronto pagamento, assim entendidas aquelas de valor não superior a 5% (cinco por cento) do limite estabelecido no art. 23, inciso II, alínea 'a', desta Lei, feitas em regime de adiantamento".

Logo, o limite máximo para a utilização do regime de adiantamento é de R$ 4.000,00, o que alcança, da mesma forma, o uso do cartão de crédito corporativo quando utilizado para fins de adiantamento, não obstante paire dúvida acerca da natureza de norma geral do referido dispositivo legal.

No que diz respeito às etapas da despesa pública (empenho, liquidação e pagamento) também não há óbice legal, eis que traz o benefício de diferir a data do pagamento, permitindo, como regra, a verificação da regular liquidação.

Não parece, do mesmo modo, que a contratação de uma instituição financeira para viabilizar a utilização de um cartão de crédito por uma pessoa jurídica de direito público se sujeite aos limites impostos às operações de crédito, previstos nos arts. 29, III, e 30 a 33 da Lei Complementar 101/2000. Para os fins estritos da Lei de Responsabilidade Fiscal/LRF, o objetivo primordial foi o de evitar que os entes públicos assumam compromissos financeiros e contraiam créditos que possam comprometer sua gestão fiscal.

Não é esse o caso do cartão de crédito, que, além de ter sua utilização limitada pelo orçamento, se destina a ser apenas um meio de pagamento de algumas despesas públicas rotineiras – via de regra, de pequenos valores – que não têm o condão de repercutir nas contas públicas e na prudência fiscal objetivada pela Lei de Responsabilidade Fiscal. Não se trata, aqui, de obtenção de crédito para a assunção de novas despesas, mas, sim, para gastos rotineiros que não se relacionam com as atividades finalísticas do Estado.

A instituição financeira deve ser contratada, como regra, por meio de prévio procedimento licitatório, eis que se trata de um mercado amplamente competitivo. A disputa no certame pode ser muito benéfica para os entes públicos, que poderão obter condições mais vantajosas em diversos aspectos, tudo a ser devidamente modelado no edital.

Dependendo da concepção e da formatação do negócio, o contratado poderá extrair elevados benefícios econômicos indiretos, como, por exemplo, o percentual a ser recebido diretamente dos estabelecimentos comerciais.

A lógica seria semelhante à utilizada para licitar a escolha da instituição financeira responsável pela gestão da folha de pagamento. Sendo esse um ativo economicamente rentável, pode ser ofertada sua exploração pelo mercado, que pagaria por esse direito. Esse critério também tem sido adotado na contratação de serviços de confecção e entrega de cartões magnéticos de vales-refeição. É claro que a adoção desse critério depende de uma definição prévia da modelagem, com vistas a identificar se o serviço a ser licitado se enquadra no conceito de um ativo economicamente rentável.

Enfim, pode-se cogitar da utilização do cartão de crédito nas hipóteses de adiantamento, compra de passagens aéreas, reserva de hotéis, locomoção e outras situações concretas nas quais fique demonstrado que essa forma de pagamento conferirá maior eficiência e transparência no processamento da despesa pública.

Como cautela, e para maior controle, seu uso não deve ser indiscriminado, senão reservado a alguns agentes públicos que tenham competência para ordenar despesas, o que viabiliza um maior controle na sua utilização. Outro cuidado consiste em vedar ou, no mínimo, restringir o saque em moeda corrente, considerando que esse foi um dos maiores problemas no passado, conforme detectado pelo TCU.[18]

Tudo, entretanto, depende da regulamentação de cada ente público, já que a Lei 8.666/1993 não tratou do cartão de crédito corporativo como forma de pagamento nas aquisições públicas.

4.4 Alienações

As alienações envolvem toda a transferência de domínio dos bens da Administração Pública. Somente podem ser alienados os bens dominiais, ou seja, aqueles bens que não estão afetados a uma finalidade pública.

A alienação de um bem público subordina-se à existência de interesse público devidamente justificado e a prévia avaliação (art. 17 da Lei 8.666/1993).

Quando os bens forem imóveis será necessário autorização legislativa, para os órgãos da Administração direta e entidades autárquicas e fundacionais. Esta autorização legislativa poderá ser, conforme o caso, genérica ou específica (para cada imóvel). A ideia, aqui, é evitar dilapidação do patrimônio público pelo chefe do Poder Executivo, que passa

18. V. sobre o tema os Acórdãos 1.783/2004, 1246/2005, 230/2006 e 470/2007.

a depender de aquiescência do legislador, conferindo legitimidade ao procedimento.

Em todos os casos será necessária a realização de avaliação prévia e licitação na modalidade *concorrência*, salvo nas hipóteses em que a licitação é dispensada (art. 17, I, da Lei 8.666/1993).

No caso dos bens móveis torna-se necessária a realização de avaliação prévia e de licitação, excetuadas as hipóteses em que a licitação é dispensada (art. 17, II, da Lei 8.666/1993) ou, mesmo, inexigível.

Quando a licitação for realizada, sagrar-se-á vencedor da licitação o licitante que ofertar o maior lance ou oferta, partindo sempre do valor mínimo fixado na avaliação prévia.

5

As Modalidades de Licitação e o Sistema de Registro de Preços/SRP

5.1 Conceito e funcionalidade

As modalidades de licitação podem ser conceituadas como as diferentes formas e procedimentos de licitar. A cada modalidade corresponde uma maneira distinta de a Administração Pública atuar.

Cada interesse público pode reclamar uma forma de licitar distinta. Essa é a *ratio* das modalidades de licitação, ou seja, uma estrutura procedimental afeta ao perfil do objeto que se pretende contratar – o que envolve distintas características e técnicas de execução, a exigirem diferentes tipos de procedimentos.

Adilson Abreu Dallari[1] sustenta, com razão, que as modalidades se distinguem não apenas pelos aspectos procedimentais (maior ou menor publicidade, prazos, critérios de julgamento etc.), mas também pela direta relação com o objeto a ser executado.

O próprio legislador define as possibilidades de cabimento de cada uma delas, razão pela qual sua escolha é vinculada aos parâmetros já definidos na norma. Não raro essa opção encerra um excessivo engessamento do gestor, porquanto fica excessivamente preso a uma forma rígida de licitar. Nesse aspecto, o Regime Diferenciado de Contratação/RDC revela-se como um diploma legal que confere maior espaço para o exercício da discricionariedade do gestor, que pode adequar a forma de licitar às necessidades de cada situação concreta.

Desde o Decreto-lei 200/1967 – diploma legal que regia, anteriormente, a sistemática das licitações e contratos administrativos – foram assentadas cinco modalidades de licitação distintas, a saber: concorrência, tomada de preços, convite, concurso e leilão.

Basicamente, a utilização das modalidades sempre se orientou por dois critérios: (i) o valor estimado da contratação, hipótese em que seriam cabíveis a concorrência, a tomada de preços ou o convite; (ii) a natureza do objeto, nos casos do concurso e do leilão, que apresentam, na sua forma de licitar, profundas diferenças para as modalidades consideradas tradicionais.

Com o advento da Lei 8.666/1993 foram mantidos as mesmas modalidades e os mesmos critérios de eleição, como se pode verificar no art. 22. Posteriormente, a Lei Geral de Telecomunicações (Lei 9.472/1997) instituiu duas modalidades voltadas às contratações da ANATEL: o pregão, para contratação de bens e serviços comuns, e a consulta, para aqueles bens e serviços que não se caracterizam como comuns.

A Lei 9.986/2000 estendeu a aplicabilidade das referidas modalidades às demais agências reguladoras; e, em seguida, a Lei 10.520/2002 tornou a modalidade *pregão* norma geral de licitação, dada sua eficiência e os resultados obtidos.

1. Adilson Abreu Dallari, *Aspectos Jurídicos da Licitação*, 4ª ed., São Paulo, Saraiva, 1997, pp. 69-75.

Passa-se a explicitar as principais características das referidas modalidades.

5.2 Concorrência

5.2.1 Conceito

A concorrência é a modalidade de licitação entre quaisquer interessados que, na fase inicial de habilitação preliminar, comprovem possuir os requisitos mínimos de qualificação exigidos no edital para execução do seu objeto, na forma do que preceitua o art. 22, § 1º, da Lei 8.666/1993.

Os leigos costumam tratar concorrência e licitação como sinônimos, quando, a rigor, a concorrência é apenas uma espécie do gênero licitação.

5.2.2 Cabimento

A concorrência é a modalidade de licitação reservada para as contratações de grande expressão econômica. Segundo o disposto no art. 23, para as obras e serviços de engenharia deve ser adotada obrigatoriamente quando o valor for acima de R$ 1.500.000,00. Para compras e demais serviços deve ser utilizada obrigatoriamente quando o valor for acima de R$ 650.000,00.

Independentemente do valor, a concorrência deve ser utilizada quando o objeto da licitação for uma compra ou alienação de bem imóvel (ressalvado o disposto no art. 19 da Lei 8.666/1993), nas concessões de direito real de uso e nas licitações internacionais.

Mesmo em valores inferiores (de tomada de preços ou convite) a concorrência poderá ser adotada. Será uma opção discricionária (e não obrigatória) do administrador, que poderá eleger a modalidade mais complexa para aquela situação (art. 23, § 4º, da Lei 8.666/1993).

5.2.3 Características

A concorrência é uma modalidade caracterizada pela universalidade, ou seja, admite a participação de qualquer interessado, sem qualquer espécie de restrição, desde que preencha as condições previstas no edital de licitação.

Por se tratar de licitação que envolve valores de grande vulto, os prazos nas concorrências são mais dilatados e seu procedimento tende a ser mais complexo.

A concorrência pressupõe uma fase de habilitação prévia, na qual se verifica, antes do exame da proposta de preços ou da técnica do licitante, sua qualificação para contratação.

A ideia é evitar que a Administração Pública se aventure e contrate com um licitante que não seja regularmente constituído (habilitação jurídica), que esteja em situação irregular perante o Fisco (regularidade fiscal), que não apresente condições técnicas de executar o objeto (capacidade técnica) e que não revele capacidade financeira e econômica para desempenhar suas obrigações (qualificação econômico-financeira).

5.2.4 A participação de apenas um licitante nas concorrências

O fato de apenas uma empresa ter participado do certame não pode induzir a qualquer conclusão no sentido de que o edital seria restritivo. Com efeito, dentre as modalidades licitatórias arroladas no art. 22 da Lei 8.666/1993 e no art. 1º da Lei 10.520/2002 (pregão) a concorrência é a que de maneira mais efetiva possibilita a participação de potenciais interessados nos certames públicos.

O art. 22, § 1º, da Lei 8.666/1993 confere às licitações realizadas na modalidade concorrência um caráter universal e aberto. Significa dizer que em uma concorrência pública não há número mínimo ou máximo de licitantes que devam participar do certame.

A única modalidade que reclama o número mínimo de três propostas válidas é o convite, a teor do disposto no art. 22, § 3º, da Lei 8.666/1993, consoante já decidiu o Superior Tribunal de Justiça/STJ.[2]

E essa condicionante legal justifica-se por uma razão muito simples: o convite é modalidade licitatória com publicidade menos ampla, posto que nem a publicação do certame em jornal é obrigatória. Daí a correta interpretação em condicionar a validade da licitação regida sob a modalidade convite à apresentação de três propostas válidas.

Não é o que ocorre na licitação na modalidade concorrência, que deve, obrigatoriamente, ser publicada no *Diário Oficial* do ente público que a realiza e em jornal de grande circulação, na forma prevista no art. 21 da Lei 8.666/1993.

Além de não existir, como visto, nenhuma vedação legal para que se adjudique o objeto à única empresa que tenha participado da concor-

2. STJ, 2ª Turma, REsp 884.988-RS, rela. Min. Eliana Calmon, *DJU* 17.6.2009.

rência, diversas circunstâncias, inclusive de mercado, podem ensejar essa situação. Incide, na hipótese, o princípio da presunção de legitimidade dos atos administrativos, em especial se nenhuma empresa questionou em sede administrativa ou judicial o edital ou mesmo quando o instrumento convocatório foi previamente aprovado pelo Tribunal de Contas.

Portanto, *a priori*, o fato de apenas uma sociedade empresária participar da concorrência e se sagrar vencedora não tem o condão de macular a licitude do certame, a menos que se comprove que houve conluio, cartelização ou qualquer outra forma de exercício abusivo do poder econômico. Em tais hipóteses a licitação deverá ser anulada.

5.3 Tomada de preços

5.3.1 Conceito

A tomada de preços é uma modalidade de licitação entre os interessados devidamente cadastrados ou que atenderem a todas as condições exigidas para cadastramento até o terceiro dia anterior à data do recebimento das propostas, observada a necessária qualificação, na forma do que prescreve o art. 22, § 2º, da Lei 8.666/1993.

A rigor, com o advento do pregão não se vislumbra mais a necessidade da manutenção das modalidades tomada de preços e convite, que poderiam ser suprimidas do ordenamento jurídico.

5.3.2 Cabimento

A tomada de preços é a modalidade de licitação reservada para as contratações de valores intermediários. Segundo o disposto no art. 23 da Lei 8.666/1993, será obrigatória para as obras e serviços de engenharia quando o valor for até de R$ 1.500.000,00. Para compras e demais serviços será adotada obrigatoriamente quando o valor for até de R$ 650.000,00.

Poderá ser utilizada quando o valor se situar nos limites do convite, conforme opção discricionária (e não obrigatória) do administrador (art. 23, § 4º, da Lei 8.666/1993).

5.3.3 Características

A principal característica diferenciadora da tomada de preços para a concorrência, além dos valores, era a fase de habilitação. Enquanto na concorrência havia uma fase de habilitação prévia, na tomada de preços somente podiam participar os licitantes cadastrados. Este era o regime adotado no antigo Decreto-lei 2.300/1986, revogado pela atual Lei 8.666/1993.

O cadastro significa que os documentos de habilitação não são apresentados na sessão pública, perante a Comissão, mas previamente em um órgão cadastral que emitirá um certificado dando conta de que o licitante, no período delimitado, está em condições de contratar com a Administração Pública. A vantagem do cadastro é que a fase de habilitação se torna muito mais simples, eis que em vez de se apresentar diversos documentos é apresentado um único certificado, previamente emitido pelo registro cadastral.

A nova sistemática da tomada de preços admitiu não apenas a participação dos licitantes cadastrados, mas também de todos aqueles que "atenderem a todas as condições exigidas para cadastramento até o terceiro dia anterior à data do recebimento das propostas". É preciso que o edital defina como se dará o ingresso dos licitantes não cadastrados "até o terceiro dia anterior", sob pena de acarretar insegurança jurídica à Comissão de Licitação e aos próprios licitantes.

A tomada de preços, a pretexto de ampliar a competitividade, praticamente se igualou à modalidade concorrência quando permitiu a possibilidade de participação dos não cadastrados. Na prática, o que se vê é que a fase de habilitação na tomada de preços se aproxima bastante da habilitação da concorrência, eis que os não cadastrados também podem participar do certame. A regra de atendimento de todas as condições exigidas para o cadastramento até o terceiro dia anterior à data do recebimento das propostas é confusa e pouco esclarece, gerando insegurança jurídica aos licitantes e aos próprios órgãos julgadores.

Registre-se que o sistema de cadastro vem sendo largamente utilizado nas diversas esferas administrativas. No âmbito federal foi adotado o Sistema de Cadastramento Unificado de Fornecedores/SICAF, instituído pela Instrução Normativa MARE-05, de 21.7.1995, e atualmente regulamentado pelo Decreto 3.722/2001.

5.4 Convite

5.4.1 Conceito

O convite é a modalidade de licitação entre interessados do ramo pertinente ao seu objeto, cadastrados ou não, escolhidos e convidados em número mínimo de três pela unidade administrativa, a qual afixará, em local apropriado, cópia do instrumento convocatório e o estenderá aos demais cadastrados na correspondente especialidade que manifestarem seu interesse com antecedência de até 24 horas da apresentação das propostas, na forma do que prescreve o art. 22, § 3º, da Lei 8.666/1993.

5.4.2 Cabimento

O convite é a modalidade de licitação indicada para as contratações de menor vulto. Segundo o disposto no art. 23 da Lei 8.666/1993, será obrigatória para as obras e serviços de engenharia quando o valor for de até R$ 150.000,00. Para compras e demais serviços será adotada obrigatoriamente quando o valor for de até de R$ 80.000,00.

A licitação na modalidade convite é destinada às contratações de menor porte. O que orienta a escolha dessa modalidade é o valor estimado para a contratação, e não a natureza do objeto. Por envolver valores não tão elevados, os prazos na modalidade convite são mais reduzidos, sendo a modalidade de licitação mais ágil em relação às demais.

5.4.3 Características

O convite, como o próprio nome já sinaliza, implica a ideia de que a Administração Pública "convida" ou "chama" determinados licitantes para comparecerem ao certame. Os licitantes são literalmente "convidados" pela Administração Pública, desde que atuem no ramo pertinente ao objeto da licitação.

Podem participar do convite todos aqueles que foram convidados (sejam cadastrados ou não) e todos aqueles cadastrados (ainda que não convidados) que manifestarem interesse em participar com antecedência de até 24 horas da apresentação das propostas.

O convite somente pode ser consumado se houver um número mínimo de três convidados. Tem, no entanto, prevalecido no âmbito do egrégio TCU a interpretação de que não basta convidar três licitantes, sendo necessário que sejam apresentadas três propostas válidas na licitação. Por intermédio do Verbete 248 da Súmula do TCU restou uniformizado o entendimento de que, "não se obtendo o número legal mínimo de três propostas aptas à seleção, na licitação sob a modalidade convite, impõe-se a repetição do ato, com a convocação de outros possíveis interessados, ressalvadas as hipóteses previstas no § 7º do art. 22 da Lei n. 8.666/1993".

O objetivo é evitar fraudes, eis que o convite abre maior possibilidade de conluio, principalmente em Municípios pequenos, em que há maior contato entre os fornecedores e os integrantes da Administração Pública.

Essa construção jurisprudencial decorre de não ser obrigatória a publicação do aviso de edital na modalidade convite. Foi uma forma de minorar os riscos de ampla participação que decorrem da limitação à publicidade que deriva do procedimento da modalidade.

Nada obsta, contudo, a que o órgão ou entidade publique o aviso, o que certamente confere maior visibilidade e transparência ao processo licitatório, culminando por promover a ampliação do universo de competidores, atendendo ao princípio da competitividade.

Quando não for alcançado o número mínimo de três licitantes (ou, conforme a outra interpretação que tem prevalecido, de três propostas válidas) o convite deverá ser repetido, salvo se ficar devidamente comprovado que há limitação de mercado ou manifesto desinteresse dos convidados (art. 22, § 7º, da Lei 8.666/1993).

Para evitar que sejam convidados sempre os mesmos licitantes, determina a Lei 8.666/1993, no seu art. 22, § 6º, que a cada novo convite, realizado para objeto idêntico ou assemelhado, é obrigatório o convite a, no mínimo, mais um interessado.

A fase de habilitação no convite tende a ser menos complexa do que nas modalidades vistas anteriormente. Isto porque há uma presunção relativa de que a Administração Pública, ao convidar determinado licitante, já verificou previamente sua idoneidade e sua capacidade para contratar. Tanto isto é verdade que o art. 32, § 1º, da Lei 8.666/1993 autoriza o administrador a dispensar, no todo ou em parte, os documentos de habilitação nos casos de convite, o que deve ser utilizado com certa parcimônia pelo administrador público, sob pena de colocar em risco a futura execução do contrato.

Enfim, a premissa é que o ente contratante convide licitantes que desenvolvam atividades que guardem pertinência com o objeto da contratação e considerados, previamente, idôneos para fins de uma futura contratação – presunção, essa, relativa, e que, portanto, admite prova em contrário.

5.4.4 Uma crítica necessária

O convite acaba por permitir maior espaço para a fraude. A não publicação do convite (o objetivo é economizar recursos, eis que a divulgação do aviso é onerosa) acarreta mais problemas do que propriamente soluções, especialmente quando se adota a interpretação literal e equivocada de que basta convidar três licitantes, desconsiderando a interpretação sistemática da norma, no sentido de serem necessárias três propostas válidas, e que já se encontra placitada pelo STJ e pelo TCU.

A modalidade convite também foi, em grande parte, a causadora dos diversos problemas verificados nas contratações da PETROBRAS, porquanto confere um poder discricionário excessivo para convidar os licitantes, gerando espaços para corrupção e restrições à participação das demais sociedades empresárias.

O mesmo ocorre em Municípios de menor porte, que ainda utilizam com bastante frequência essa modalidade, não raro descumprindo a correta orientação do STJ e do TCU no sentido de que o convite é válido apenas com três propostas válidas.

Por isso que uma eventual reforma da legislação deveria extinguir a modalidade convite, mormente depois da efetiva concretização do princípio da eficiência por intermédio da modalidade pregão.

5.5 Concurso

5.5.1 Conceito

Concurso é a modalidade de licitação entre quaisquer interessados para escolha de trabalho técnico, científico ou artístico mediante a instituição de prêmios ou remuneração aos vencedores, conforme critérios constantes de edital publicado na Imprensa Oficial com antecedência mínima de 45 dias, na forma do que prescreve o art. 22, § 4º, da Lei 8.666/1993.

A utilização da modalidade concurso pode se dar, por exemplo, para a elaboração de projetos básico e executivo nas obras públicas, projetos arquitetônicos, escolha de símbolos ou qualquer outro que se enquadre como sendo um trabalho de cunho técnico, científico ou artístico.

Oportuno registrar que o concurso, modalidade de licitação, não se confunde com concurso público, procedimento seletivo para o provimento de cargos e empregos públicos.

A principal diferença entre o concurso e as demais modalidades de licitação é o momento da execução dos serviços. Nas demais modalidades a execução do serviço se dá após a realização do procedimento licitatório; no concurso o licitante deverá apresentar antes da licitação o projeto técnico/científico concluído, para avaliação da entidade contratante.

5.5.2 Cabimento

O concurso, ao contrário das demais modalidades, não é definido em razão da sua expressão econômica, mas, sim, em razão do seu objeto. É preciso que seja um trabalho de natureza técnica, científica ou artística.

Devem preferencialmente ser licitados sob a modalidade concurso os trabalhos relativos a estudos técnicos, planejamentos, projetos básicos ou executivos, pareceres, perícias, avaliações em geral, assessorias ou consultorias técnicas, auditorias financeiras ou tributárias, a fiscalização, supervisão ou gerenciamento de obras ou serviços, patrocínio ou defesa de causas judiciais ou administrativas, o treinamento e aperfeiçoamento de pessoal e a restauração de obras de arte e bens de valor histórico, conforme disciplinam o art. 13 e seus incisos da Lei 8.666/1993.

5.5.3 Características

O concurso tem suas regras definidas em regulamento (e não em edital) próprio, não havendo uma definição prévia do seu procedimento na Lei 8.666/1993.

No regulamento deverão estar indicados a qualificação exigida dos participantes, as diretrizes e formas de apresentação do trabalho, as condições de realização do concurso e os prêmios a serem concedidos (art. 52, § 2º, da Lei 8.666/1993).

O julgamento do concurso deve ser efetivado por uma comissão especial integrada por pessoas de reputação ilibada e reconhecido conhecimento da matéria (art. 51, § 5º, da Lei 8.666/1993). O licitante vencedor do concurso recebe um prêmio ou remuneração, conforme definido no regulamento, devendo ceder os direitos patrimoniais do trabalho realizado a fim de que a Administração Pública possa utilizá-lo de acordo com o previsto no regulamento do concurso ou no ajuste para sua celebração (art. 111 da Lei 8.666/1993).

Assim como o convite, poderá ter a documentação da fase de habilitação dispensada no todo ou em parte.

5.6 Leilão

5.6.1 Conceito e cabimento

Leilão é a modalidade de licitação entre quaisquer interessados para a venda de bens móveis inservíveis para a Administração ou de produtos legalmente apreendidos ou penhorados, ou para alienação de bens imóveis, prevista no art. 19 da Lei 8.666/1993, a quem oferecer maior lance, igual ou superior ao valor da avaliação, na forma do que prescreve o art. 22, § 5º, da Lei 8.666/1993.

Seu cabimento já está disciplinado no próprio conceito, que arrola as situações em que deve ser adotado o leilão. Pode, ainda, ser utilizado para a venda de bens móveis, observados os parâmetros fixados no art. 17, § 6º, da Lei 8.666/1993.

5.6.2 Características

O leilão destina-se àquelas hipóteses em que a Administração pretende vender seus bens dominicais. Sagra-se vencedor da licitação aquele que ofertar o maior lance, observado o valor mínimo fixado na avaliação prévia realizada pela Administração (art. 53, § 1º, da Lei 8.666/1993).

O leilão pode ser cometido a leiloeiro oficial ou a servidor designado pela Administração Pública (art. 53 da Lei 8.666/1993), sendo certo que os bens arrematados serão pagos à vista ou no percentual estabelecido no edital, não inferior a 5%. Assim como o concurso, não tem seu procedimento definido na Lei 8.666/1993. Poderá ter os documentos da fase de habilitação dispensados no todo ou em parte, conforme ocorre com o convite e o concurso.

5.7 Pregão

5.7.1 Conceito e aspectos gerais

O pregão foi introduzido como modalidade de licitação para a União por intermédio da Medida Provisória 2.026, de 4.5.2000. Após algumas polêmicas acerca da sua amplitude apenas para um ente federativo – eis que modalidade é norma geral de licitação –, a referida medida provisória foi convertida na Lei 10.520, de 17.7.2002, que estendeu a modalidade para os demais entes federativos.

Como notório, a partir de então o pregão passou a ser a modalidade mais utilizada no direito administrativo brasileiro, em especial porque suas inovações – adiante enumeradas – permitiram o atendimento do princípio da economicidade, com uma brusca redução dos valores empregados nas aquisições de bens e prestação de serviços pelos órgãos e entidades públicos, revelando-se uma modalidade que concretiza o princípio da eficiência (art. 37, *caput*, da CF).

E essa eficiência foi alcançada em função de três alterações substanciais que modificaram profundamente a sistemática convencional de licitar: (i) a inversão das fases, julgando primeiramente a proposta de preços e somente depois abrindo o envelope da documentação de habilitação, o que reduziu drasticamente o grau de litigiosidade nos certames; (ii) a introdução de uma fase de lances verbais, como forma de fomentar o atendimento do princípio da competitividade; (iii) a otimização da sessão pública, com a manifestação da intenção de recorrer só sendo admitida ao final da sessão; essa circunstância permite, a princípio, que se saiba quem é o licitante vencedor ao seu término.

Tais inovações consideraram, ainda, a preocupação com a celeridade do procedimento, que não era obtida mesmo na contratação de bens e serviços sem qualquer complexidade.

Essa eficiência somente foi alcançada porque o legislador, inteligentemente, soube vincular a adoção do pregão para a aquisição de bens e prestação de serviços considerados comuns. Significa dizer que a escolha da modalidade independe do valor, mas se encontra diretamente vinculada à natureza do objeto.

Portanto, o pregão é eficiente, célere e econômico, porque somente podem ser licitados sob essa modalidade os bens e serviços comuns e que não exigem, para tutela do interesse público, estruturas procedimentais licitatórias mais complexas.

Não adiantaria, por exemplo, estender a modalidade pregão para todo e qualquer objeto, eis que, como dito, há uma direta relação entre a estrutura procedimental de cada modalidade e o atendimento do interesse público revelado pelo objeto de cada certame.

5.7.2 Bens e serviços comuns

O pregão é cabível para a aquisição de bens e serviços comuns, cuja definição vem expressa no parágrafo único do art. 1º da Lei 10.520/2002: "Consideram-se bens e serviços comuns, para os fins e efeitos deste artigo, aqueles cujos padrões de desempenho e qualidade possam ser objetivamente definidos pelo edital, por meio de especificações usuais no mercado".

Ao contrário das demais modalidades (concorrência, tomada de preços e convite), cujo critério de escolha é o valor, no pregão o que define sua escolha é a natureza do objeto, ou seja, se o serviço ou bem é caracterizado como comum. Assim, é possível ter um pregão de valores elevados ou reduzidos, sendo indiferente o valor da licitação para a utilização do pregão.

Apesar de o dispositivo ter estabelecido os parâmetros do que sejam bens e serviços comuns, a norma é dotada de certo grau de indeterminação, o que se mostra como técnica adequada para a hipótese, pois permite que sejam avaliadas as características e as especificidades do objeto em cada caso concreto.

Bens e serviços comuns são aqueles que estão disponíveis no mercado e que não guardam nenhuma especificidade ou característica que os torne singularizáveis. Dito em outros termos: são aqueles bens e serviços que não reclamam, na sua descrição, nenhuma adaptação ou adequação para o atendimento da necessidade do ente público. A demanda da Administração coincide com a usual disponibilidade do bem ou do serviço no mercado. Daí a utilização da expressão "por meio de especificações usuais no mercado".

A descrição do bem ou do serviço comum no termo de referência permite a rápida compreensão dos agentes econômicos acerca do que se está pretendendo licitar, porquanto identificável no mercado que aquela necessidade pública é conhecida e guarda compatibilidade com os modos de produção e de fornecimento dos bens e serviços usualmente adotados.

Bem ou serviço comum não quer dizer necessariamente que sejam singelos ou simples. Podem até apresentar complexidade técnica, mas se a forma de execução é homogênea e envolve uma técnica conhecida por todos no mercado é possível adotar o pregão. O egrégio TCU já consolidou essa linha de entendimento no Acórdão 2.658/2007, do Plenário, quando ficou estabelecido que, a despeito da complexidade do objeto, o serviço pode ser considerado comum para fins de adoção da modalidade pregão.

5.7.3 Riscos na equivocada escolha da modalidade pregão

A escolha equivocada da modalidade pregão em objetos que não se enquadram como sendo "bens ou serviços comuns" pode produzir graves prejuízos, tanto para a Administração Pública contratante como para o mercado.

Veja-se, por exemplo, que um dos princípios que orientam os pregões é o da celeridade. E isso somente é viável porque, tratando-se de bens e serviços comuns e que não requeiram adaptações no seu fornecimento, é factível abreviar os prazos para a realização do certame. É o caso do prazo mínimo entre a publicação do aviso e o início da sessão pública, que é de oito dias úteis (art. 4º, V, da Lei 10.520/2002).

Ora, esse lapso temporal – bastante curto em relação às modalidades concorrência e tomada de preços – pode ser insuficiente para a preparação de propostas que requeiram detalhamento maior ou, mesmo, que decorram de uma especificação que não reflita os padrões usuais do mercado para o fornecimento do bem ou do serviço.

Bens e serviços incomuns, singulares ou que revelem características tais que os qualifiquem como sendo ou bens ou serviços por encomenda não podem ser licitados na modalidade pregão, na exata medida em que, a pretexto de atingir celeridade e eficiência, não atenderão ao interesse público que se pretende concretizar.

Existe também o risco de inadimplemento contratual. Se o serviço ou bem não se caracteriza como sendo comum e mesmo assim o gestor – a pretexto de se beneficiar das vantagens procedimentais do pregão – insiste na sua utilização, é possível que a segurança da contratação seja maculada, sagrando-se vencedor um licitante que não ostenta as qualificações técnicas necessárias para executar o objeto contratual.

O pregão é modalidade de licitação extremamente eficiente quando o bem ou serviço efetivamente se classificam como sendo comuns. Não é à toa que é a modalidade mais utilizada atualmente.

Mas sua eficiência não pode ser pretexto para o uso indiscriminado da modalidade, mormente em objetos singulares, incomuns ou, mesmo, que comportem diferentes soluções tecnológicas, o que violaria, a um só tempo, os princípios da eficiência e economicidade, podendo trazer graves prejuízos ao atendimento do interesse público, eis que não necessariamente a licitação estará selecionando a melhor proposta.

Daí por que a prudência recomenda que em casos em que não haja certeza absoluta do enquadramento do bem ou serviço como sendo comum não deve ser adotada a modalidade pregão.

5.7.4 Hipóteses de não cabimento do pregão

Não se sujeitam à modalidade pregão, por expressa determinação legal, as contratações de obras, as locações imobiliárias e as alienações em geral, porque escapam do conceito de bens e serviços comuns.

Também não se enquadram como serviços comuns aqueles incomuns, singulares, dotados de peculiaridades que escapem das usuais especificações do mercado.

Se existe uma variabilidade de prestação de acordo com a proposta de cada licitante, mormente no que diz respeito às diversas soluções que os licitantes apresentarão, a modalidade pregão já se revela inadequada, eis que não se trata de serviço comum.

5.7.5 *O pregão e o seu cabimento para serviços de engenharia e para as concessões de uso de bens públicos*

Nos serviços de engenharia, desde que qualificados como comuns, já vem sendo admitida a utilização da modalidade pregão, como restou decidido pelo próprio TCU por intermédio da Súmula 257: "O uso do pregão nas contratações de serviços comuns de engenharia encontra amparo na Lei n. 10.520/2002".

Também não se vislumbra nenhum impedimento para a utilização do pregão para a concessão remunerada dos bens públicos, já que a lógica é a mesma, mas apenas inversa, ou seja: o que interessa é o maior valor a ser ofertado. Não há incongruência ou, mesmo, impossibilidade de utilizar o pregão para essas hipóteses, como, aliás, já restou consignado pelo próprio TCU (*Informativo* 209).

5.7.6 *O critério de julgamento: menor preço*

No pregão o único critério de julgamento admitido é o de menor preço, como dispõe expressamente o art. 4º, X, da Lei 10.520, de 17.7.2002. Não há possibilidade de o julgamento levar em conta o critério da "técnica", razão pela qual não se aplicam ao pregão os tipos "melhor técnica" ou "técnica e preço", previstos nos arts. 45, § 1º, II e III, e 46 da Lei 8.666/1993.

O menor preço como único critério de julgamento faz todo sentido quando se trata de bens e serviços comuns, que, por não guardarem qualquer complexidade técnica, podem ser valorados facilmente pelo mercado, que não encontra dificuldades para orçar os custos envolvidos.

5.7.7 *O pregão negativo*

Admite-se também que o critério de julgamento no pregão seja o maior desconto, naquilo que se convencionou denominar de *pregão negativo*. Enquanto no menor preço é a Administração quem arca com o valor a ser pago ao licitante vencedor, aqui a mecânica é a mesma, com a diferença de que se sagra vencedor quem oferece o maior desconto.

É o que ocorre, por exemplo, na contratação de serviços de confecção e entrega de cartões magnéticos de vales-refeição. No caso, o contratado poderá extrair benefícios econômicos indiretos, como, por exemplo, o percentual a ser recebido diretamente dos estabelecimentos comerciais.

O fundamento, em ambas as situações, é o princípio da economicidade, não havendo nenhuma razão para afastar o pregão, desde que caracterizado o serviço como sendo comum. Daí a possibilidade de se fixar como critério de julgamento uma taxa de desconto negativa em percentual.

5.7.8 As quatro características relevantes do pregão

Sinteticamente, podem ser resumidas quatro características da modalidade pregão que tornaram a modalidade bastante eficiente:

(a) A inversão da fase de habilitação, examinando apenas os documentos do licitante vencedor. Trata-se do sistema de pós-habilitação, e que gera maior eficiência e celeridade, tornando-o menos suscetível a questionamentos administrativos e judiciais, mormente porque as maiores polêmicas residem na fase de habilitação. É uma tendência a ser cada vez mais utilizada nas licitações públicas. O sistema de habilitação prévia das modalidades tradicionais revela-se anacrônico e ineficiente.

(b) A possibilidade de oferecimento de lances durante a sessão atende ao princípio da competitividade, estimulando a concorrência entre os participantes. Assim, ao contrário das demais modalidades, a proposta inicial de preço é apenas o início da disputa, eis que a partir dela serão ofertados lances pelos licitantes na sessão pública.

(c) A otimização da fase recursal, concentrando a possibilidade de interposição de recurso administrativo apenas ao final do procedimento, o que, a um só tempo, preserva o direito de ampla defesa dos licitantes e torna o pregão mais célere.

(d) O julgamento do pregão também deixa de ser tarefa da Comissão de Licitação (órgão colegiado) e passa a ser função do pregoeiro (órgão singular), que conta com uma equipe de apoio para lhe dar suporte técnico-administrativo. Deve ser designada pessoa que integre o quadro do órgão ou entidade que promove a licitação, salvo quando não dispuser de servidor qualificado para atuar na função, situação que justifica, em caráter excepcional, a designação de pessoa estranha aos quadros da Administração

5.8 Pregão presencial

O pregão presencial ocorre quando a disputa pelo fornecimento de bens ou serviços comuns é feita em sessão pública, por meio de propostas escritas e lances verbais. Diz-se "presencial" porque a disputa se dá em sessão pública que conta com a participação dos representantes das sociedades empresárias.

5.8.1 Procedimento

As principais distinções do procedimento no pregão ocorrem na fase externa, que está toda prevista no art. 4º da Lei 10.520, de 17.7.2002.

A convocação dos interessados se dá por meio de publicação em aviso (que contém informações como objeto, local e data da licitação) em *Diário Oficial* do respectivo ente da Federação e facultativamente por meio eletrônico. Entre essa divulgação e a data da realização do pregão é preciso observar o prazo mínimo de oito dias úteis – tempo, este, considerado razoável pelo legislador para que os licitantes possam preparar sua documentação de habilitação e sua proposta de preços.

5.8.2 Credenciamento

No dia, hora e local designados inicia-se a sessão pública para recebimento das propostas, devendo o interessado, ou seu representante, identificar-se e, se for o caso, comprovar a existência de necessários poderes para formulação de propostas e para a prática de todos os demais atos inerentes ao certame. É a fase do credenciamento, a fim de verificar quem poderá se manifestar na sessão do pregão. Aquele que não estiver presente ou não contar com representante credenciado poderá participar do certame, mas sem direito a se manifestar na sessão.

A etapa do credenciamento, prevista no art. 4º, VI, da Lei 10.520/2002, tem por escopo, única e exclusivamente, verificar se as pessoas que se declaram como representantes dos licitantes têm poderes para fazê-lo, especialmente para o oferecimento de lances orais e interposição de recursos. Enquanto no credenciamento o que se busca é apenas a identificação das pessoas que podem se manifestar na sessão pública, na habilitação o que se pretende é a verificação da aptidão e qualificação do licitante para executar o objeto, sendo exigida, no pregão, apenas do licitante vencedor. São, portanto, etapas completamente distintas.

O credenciamento não é obrigatório, mas a omissão do licitante pode causar sérios prejuízos à sua participação, já que não poderá manifestar a intenção de recorrer ou, mesmo, oferecer lances verbais. Mas nada impede que, mesmo sem exercer essas faculdades, a proposta ofertada seja a mais vantajosa. Portanto, para a Administração Pública não há qualquer prejuízo em admitir a participação de licitante que não tenha sido previamente credenciado.

5.8.3 *Declaração de cumprimento dos requisitos de habilitação*

Aberta a sessão, os interessados ou seus representantes apresentarão declaração dando ciência de que cumprem plenamente os requisitos de habilitação e entregarão os envelopes contendo a indicação do objeto e do preço oferecido, procedendo-se à sua imediata abertura e à verificação da conformidade das propostas com os requisitos estabelecidos no instrumento convocatório.

Esta declaração, do próprio licitante, funciona como uma habilitação provisória, calcada no princípio da boa-fé dos participantes. Com isso evita-se a abertura dos documentos de habilitação de cada um dos licitantes e passa-se diretamente ao exame da proposta de preços.

No caso dos pregões, a declaração de habilitação preliminar deve refletir a situação fiscal da microempresa e da empresa de pequeno porte, apontando, se for o caso, a existência de débito, para fins de atendimento do disposto na Lei Complementar 123/2006.

5.8.4 *Julgamento e fase de lances*

Abertas as propostas de preços, o pregoeiro verificará o autor da oferta de valor mais baixo e os das ofertas com preços até 10% superiores àquela, que poderão fazer novos lances verbais e sucessivos até a proclamação do vencedor. A ideia foi fazer uma espécie de "corte", de modo que na fase de lances verbais participarão apenas os licitantes que se enquadrem na faixa de variação de 10% da proposta escrita de menor valor.

Caso não sejam apresentadas no mínimo três ofertas nas condições acima definidas, poderão os autores das melhores propostas, até o máximo de três – independentemente de estarem acima da faixa dos 10% –, oferecer novos lances verbais e sucessivos, quaisquer que sejam os preços oferecidos.

Iniciada a fase de lances verbais, dentre os classificados conforme os critérios estabelecidos anteriormente, os licitantes começam a disputar oralmente, sendo a etapa encerrada quando um lance não é superado por outros.

O pregoeiro, então, ordenará as propostas mais bem classificadas e examinará a aceitabilidade da proposta de menor preço. Esta aceitabilidade envolve dois aspectos: o primeiro é verificar se o preço está dentro da reserva orçamentária e da estimativa de preços feita pela própria Administração; o segundo é examinar se a proposta é exequível, ou seja, se seu valor não está tão baixo a ponto de comprometer a futura execução do contrato.

Após, o pregoeiro iniciará a abertura do envelope contendo a documentação de habilitação apenas do licitante vencedor, que, caso esteja de acordo com o edital, será declarado vencedor.

Caso a oferta não seja aceitável ou a documentação de habilitação não esteja em conformidade com o edital, o pregoeiro examinará as ofertas de preços e de qualificação dos demais licitantes na ordem de classificação, até a apuração de uma que atenda ao edital.

5.8.5 Negociação

A intenção do procedimento de negociação (previsto no art. 4º, XVII, da Lei 10.520/2002) é adequar o preço oferecido pelo licitante mais bem classificado, após a fase de lances, à estimativa feita pela Administração contratante e a melhora da proposta inicialmente formulada.

Por se tratar de procedimento que deve primar pela *consensualidade*, não há que se falar na obrigatoriedade de o licitante vencedor aceitar a proposta do pregoeiro quando da instauração da fase de negociação. Mas deve o pregoeiro sempre tentar a negociação com vistas a reduzir o preço final, não devendo ser uma avaliação discricionária e casuística, sob pena de esvaziar o atendimento do interesse público na obtenção da proposta mais vantajosa.

O parâmetro de preço que baliza a negociação é o valor estimado pela Administração, estando limitado o pregoeiro pela reserva financeira e orçamentária que foi fixada na fase interna da licitação.

Não obstante a negociação esteja expressamente prevista na legislação do pregão, razoável interpretar que não há nenhum impedimento jurídico para que seja adotada nas demais modalidades, o que concretiza os princípios da economicidade, eficiência e consensualidade. O importante de qualquer negociação com o licitante colocado em primeiro lugar é que seja pública e transparente, sob pena do risco de desvirtuar dos seus reais objetivos.

5.8.6 *Planilha de custos*

É uma decorrência natural da mecânica do pregão que a proposta inicial seja reduzida e, com isso, a planilha de custos que a embasava seja modificada, para se adequar ao novo valor final. A planilha de composição de custos é mero instrumento de acompanhamento da formação do preço, e não fator de julgamento, que se dá pela escolha do menor lance. Mas pode também ser instrumento para demonstrar que a proposta é inexequível ou, mesmo, incompleta.

5.8.7 *A etapa recursal*

Quando o pregoeiro declarar o licitante vencedor, todos poderão manifestar imediata e motivadamente a intenção de recorrer, quando lhes será concedido o prazo de três dias para apresentação das razões de recurso, ficando os demais licitantes desde logo intimados a apresentar contrarrazões em igual número de dias, que começarão a correr do término do prazo do recorrente.

A falta da manifestação imediata e motivada do licitante importará decadência do direito de recurso e adjudicação do objeto da licitação pelo pregoeiro ao vencedor. Não basta a simples manifestação da intenção de recorrer. Deve o licitante explicitar as razões que justificam a interposição do recurso. Daí a necessidade de que seus representantes credenciados estejam tecnicamente preparados para poder avaliar todas as possíveis alternativas de questões que poderão ser objeto de recurso.

Quando o licitante manifesta sua intenção de recorrer na sessão pública mas não apresenta, no prazo exigido pelo art. 4º, XVIII, da Lei 10.520/2002 (de três dias), suas razões recursais por escrito, não se afigura como interposto o recurso. O recurso é interposto com a apresentação das razões escritas. A manifestação da intenção de recorrer não se confunde com a própria interposição do recurso. Foi o próprio legislador que estabeleceu a distinção.

A manifestação da intenção de recorrer tem por finalidade assegurar que seu direito não seja fulminado pelo instituto da decadência, ou seja, pela extinção do seu direito potestativo de recorrer.

O tema é polêmico, e pode comportar mais de uma interpretação razoável – como, por exemplo, admitir que a interposição das razões escritas é facultativa e que a Administração Pública tem o dever de julgar a partir das razões deduzidas na manifestação da intenção de recorrer. O importante é verificar como o edital disciplinou a forma de apresentação do recurso e qual foi a interpretação adotada.

5.9 *Pregão eletrônico*

Pregão eletrônico é a modalidade de licitação que se desenvolve em sessão pública à distância. Enquanto o pregão presencial ocorre em um ambiente real, com a presença física da pessoa que conduz o feito e dos representantes dos licitantes, o pregão eletrônico tem todos os seus atos praticados em um ambiente virtual viabilizado por meio do uso da Internet e de Tecnologia da Informação.

Quando a Administração Pública Federal direta, os fundos especiais, as autarquias, as fundações públicas, as empresas públicas, as sociedades de economia mista e as demais entidades controladas direta ou indiretamente pela União realizarem licitação para a aquisição de bens e serviços comuns, será imperativo que o façam na modalidade de pregão, tendo preferência na sua modalidade o pregão eletrônico, conforme dispõe o art. 4º do Decreto 5.450/2005, que regulamenta a matéria no âmbito federal.

5.9.1 A tecnologia a serviço da licitação, e não o contrário

Quando adotou a forma eletrônica, pretendeu o legislador aumentar a competição, permitindo que todo e qualquer licitante credenciado pudesse participar de qualquer licitação pública. O pregão eletrônico encurtou distâncias (qualquer empresa, mesmo situada em outra localidade, tem facilidade em participar), quebrou cartéis em diversos segmentos econômicos e viabilizou um incremento da competição e, via de consequência, no atendimento do próprio princípio da economicidade.

Mas a principal característica dessa modalidade é que a tecnologia deve servir à ampliação da competição no mercado, e não se tornar restritiva à participação dos agentes econômicos nos negócios públicos. Deve ser evitada, a todo custo, a criação de obstáculos técnicos que dificultem e limitem a participação das empresas, sob pena de grave prejuízo ao interesse público, já que os objetivos da licitação não se concretizam. Enfim, a tecnologia é que deve servir a licitação, e não o contrário.

5.9.2 Procedimento do pregão eletrônico

O pregão eletrônico ocorrerá por meio de sistema que promova a comunicação pela Internet, devendo-se sempre prezar pela eficiência e segurança do ambiente virtual em que transcorrerá o procedimento licitatório. A lei, buscando essa maior segurança e eficiência para o procedimento, definiu que o sistema deve ser dotado de recursos de criptografia e autenticação.

O pregão será conduzido pelo órgão ou entidade promotor da licitação, recebendo apoio técnico e operacional da Secretaria de Logística e Tecnologia da Informação do Ministério do Planejamento, Orçamento e Gestão, que será o provedor do sistema eletrônico para os órgãos que integrem o Sistema de Serviços Gerais/SISG. Esse sistema de provedor, mantido pela Administração Pública Federal, poderá ter seu uso cedido, por meio de celebração de termo de adesão, aos órgãos e entidades da União, Estados e Municípios.

A lei determina que o pregoeiro, os membros da equipe de apoio, os licitantes e a autoridade competente do órgão promotor da licitação sejam previamente credenciados junto ao provedor do sistema. No momento do credenciamento eles receberão uma chave de identificação e senha, pessoal e intransferível, que permitirá seu acesso ao sistema eletrônico do pregão. A chave de identificação e a senha poderão ser usadas em qualquer pregão eletrônico, perdendo sua validade somente se canceladas a pedido do interessado ou pelo seu descredenciamento junto ao SICAF. Em razão disto, a perda da senha ou a quebra de seu sigilo devem ser imediatamente informadas ao provedor do sistema, a fim de que seja imediatamente bloqueada.

São de responsabilidade exclusiva do licitante qualquer transação ou danos decorrentes do uso da sua chave e senha, mesmo que executado por terceiros. O credenciamento junto ao provedor do sistema pressupõe a presunção de capacidade técnica do licitante para participar das transações inerentes ao pregão eletrônico.

O procedimento transcorrerá por meio do sistema eletrônico. Os licitantes participam da sessão pública, em tempo real, através da Internet, usando suas chaves de identificação e senha.

Todos os atos ocorridos (apresentação de propostas, troca de mensagens entre o pregoeiro e os licitantes, encaminhamento de lance, publicação de avisos de abertura e de fechamento da sessão etc.) serão devidamente registrados no sistema e passíveis de serem acompanhadas por todos os licitantes.

O pregoeiro tem o dever, na condução do certame, de avisar previamente aos licitantes, via sistema (*chat*), eventual suspensão temporária dos trabalhos, assim como a data e os horários previstos para reabertura da sessão, evitando surpresas que possam macular a licitude do pregão eletrônico bem como os princípios da publicidade e isonomia.

A autoridade competente, obedecendo às atribuições do seu próprio regimento ou estatuto, dará início à fase preparatória. Nesta fase, além de tomar todas as providências necessárias para definir o objeto da licitação, definirá o edital e designará o pregoeiro e sua equipe. O pregoeiro e sua equipe de apoio devem necessariamente ser servidores do órgão ou entidade promotora da licitação ou de órgão ou entidade do SISG.

A fase externa do pregão eletrônico terá início com a convocação dos interessados por meio de publicação de avisos no *Diário Oficial da União*, meio eletrônico na Internet e jornais de grande circulação, conforme dispõe o art. 17 do Decreto 5.450/2002.

Obedecendo ao disposto no edital, os licitantes deverão, no prazo, apresentar suas propostas, que poderão ser retiradas ou substituídas até a abertura da sessão pública.

Seguindo o previsto no edital, o pregoeiro dará abertura à sessão pública na Internet, verificando as propostas apresentadas e classificando as que estiverem em conformidade com os requisitos do edital. Como regra, as empresas devem apresentar suas propostas sem qualquer identificação ou timbre, evitando o conhecimento prévio dos participantes. Essa prática dificulta a formação de cartéis nos pregões. A desclassificação de propostas deverá ser justificada e registrada no sistema pelo pregoeiro.

As propostas classificadas participarão da fase competitiva, que consiste no encaminhamento de lances sucessivos, que serão feitos através do próprio sistema. Tem-se admitido, como regra, que a empresa apresente lance menor do que o último por ela apresentado. Em outras palavras: a empresa não precisa obrigatoriamente reduzir o valor do menor lance registrado. Pode tentar reduzir seu próprio lance, para tentar se classificar em segundo ou terceiro lugar.

Durante toda a sessão os licitantes serão informados, em tempo real, do valor do menor lance registrado, sendo, porém, vedada a identificação do licitante. O sistema eletrônico avisará do fechamento da fase de lances alguns minutos antes de este ocorrer, sendo, então, automático o encerramento da recepção dos lances.

Encerrada a etapa dos lances, o pregoeiro poderá encaminhar, pelo sistema, contraproposta ao licitante que apresentou o menor preço, visando a obter proposta melhor. A negociação será acompanhada por todos os demais licitantes e tem como finalidade a obtenção de preços mais vantajosos para a Administração Pública

Vedada é também a utilização de *softwares*-"robôs" – programas de computador utilizados para dar lances automáticos praticamente instantaneamente após cada oferta dada por um concorrente, garantindo, assim, que seu usuário possua sempre o lance mais baixo.

O TCU já entendeu (Plenário, Acórdão 2601/2011) que a utilização de tais programas configura afronta ao princípio da isonomia, pois confere vantagem competitiva indevida em relação aos demais concorrentes. O Projeto de Lei 2.631/2011, em trâmite no Congresso Nacional, pretende expressamente afastar tais práticas dos pregões eletrônicos.

O pregoeiro, então, classificará a proposta quanto à compatibilidade de preços e verificará a habilitação do licitante, declarando o vencedor, o que abre prazo para os recursos dos demais licitantes, que deverão se manifestar prontamente quanto ao interesse em recorrer da decisão do pregoeiro.

O que demanda aperfeiçoamento é o sistema de recursos no pregão eletrônico. A exigência de manifestação motivada do licitante durante a sessão pública é razoável no pregão presencial, já que há o acompanhamento direto de todos os atos que ocorreram durante a sessão. Tal não ocorre no pregão eletrônico, o que dificulta sobremaneira a possibilidade de o licitante se manifestar motivadamente na sessão, já que não tomou conhecimento de todos os atos que ocorreram durante a realização da sessão. Há evidente limitação ao exercício do princípio da ampla e prévia defesa.

O mesmo ocorre com certos formulários eletrônicos com número determinado de caracteres, o que acaba por limitar o exercício do direito de recorrer dos licitantes.

5.10 A licitação por meio das Bolsas de Mercadorias

A realização de procedimento licitatório por meio de Bolsas de Mercadorias ainda não se consolidou como meio usualmente utilizado pela Administração Pública. Sua sede legal encontra-se prevista nos §§ 2º e 3º do art. 2º da Lei 10.520/2002:

> § 2º. Será facultado, nos termos de regulamentos próprios da União, Estados, Distrito Federal e Municípios, a participação de Bolsas de Mercadorias no apoio técnico e operacional aos órgãos e entidades

promotores da modalidade de pregão, utilizando-se de recursos de Tecnologia da Informação.

§ 3º As bolsas a que se referem o § 2º deverão estar organizadas sob a forma de sociedades civis sem fins lucrativos e com a participação plural de corretoras que operem sistemas eletrônicos unificados de pregão.

Confira-se o conceito das Bolsas de Mercadorias:[3]

> As Bolsas de Mercadorias e Futuros são associações privadas civis, sem finalidade lucrativa, com objetivo de efetuar o registro, a compensação e a liquidação, física e financeira, das operações realizadas em pregão ou em sistema eletrônico. Para tanto, devem desenvolver, organizar e operacionalizar um mercado de derivativos livre e transparente, que proporcione aos agentes econômicos a oportunidade de efetuarem operações de *hedging* (proteção) ante flutuações de preço de *commodities* agropecuárias, índices, taxas de juros, moedas e metais, bem como de todo e qualquer instrumento ou variável macroeconômica cuja incerteza de preço no futuro possa influenciar negativamente suas atividades. Possuem autonomia financeira, patrimonial e administrativa e são fiscalizadas pela Comissão de Valores Mobiliários.

Claro que a utilização da sistemática da Bolsa de Mercadorias não pode conduzir a uma transferência total do encargo de licitar, de modo a acarretar uma espécie de "terceirização da função de licitar". Como expresso no dispositivo legal mencionado, o limite da atuação das Bolsas de Mercadorias é o apoio técnico e operacional aos órgãos e entidades que promovem as licitações, remanescendo com a Administração Pública as tarefas primordiais, tais como a definição do objeto e a elaboração das minutas de edital e contrato.

Outro aspecto relevante é que a adoção das Bolsas de Mercadorias no âmbito da Administração Pública, a teor do que dispõe o § 2º do art. 2º da Lei 10.520/2002, depende de regulamentação, o que significa dizer que não podem os entes federativos iniciar licitações sem que a matéria esteja disciplinada no âmbito de sua competência.

O legislador foi prudente, eis que se trata de nova forma de licitar, e que altera profundamente a sistemática convencional do desenvolvimento dos certames públicos. Atende-se, ainda, ao princípio da publicidade, pois se dá ciência ao mercado das novas condições e formatos de licitar

3. Informação obtida no sítio oficial do Banco Central do Brasil (disponível em *http//www.bcb.gov.br/pre/composicao/bmf.asp*, acesso em 20.8.2008).

desenvolvidos no âmbito da unidade federativa que optar por este procedimento.

Com a edição de regulamento (por meio de decreto do chefe do Poder Executivo local) será possível definir as hipóteses em que se poderá utilizar a Bolsa de Mercadorias, em que medida esse apoio técnico e operacional se efetivará, como se dará a relação jurídica entre os licitantes e as corretoras, quem arcará com os custos da corretagem e outros aspectos que porventura se façam necessários para o melhor detalhamento da nova sistemática.

A participação dos licitantes se dá, como regra, mediante prévia vinculação a uma das corretoras que operam na Bolsa de Mercadorias. Buscou-se, com a introdução dessa nova forma de licitar e com a intermediação de corretoras, aderir a uma metodologia já testada em outros mercados. A lógica é que as corretoras angariem o maior número de licitantes, o que, em tese, aumentaria a competitividade. Mas é inegável que se acrescenta ao certame a figura das corretoras, que, certamente, serão remuneradas, ainda que essa relação seja direta entre o fornecedor e o corretor.

Enfim, a sistemática de licitar por meio de Bolsas de Mercadorias pode ser uma inovação bastante benéfica para o setor público, eis que pode se constituir em importante mecanismo de desburocratização, utilizando não apenas os recursos de tecnologia, mas técnicas de compra e venda já testadas em outros mercados que podem produzir economia para os cofres públicos, sem desrespeitar os princípios fundamentais da competitividade e isonomia.

No entanto, é fundamental que essa forma de licitar seja precedida de prévio regulamento, que definirá as hipóteses de seu cabimento, seu procedimento bem como as demais questões que gravitam sobre o tema, em especial no que diz respeito à participação e à remuneração das corretoras.

Ainda em relação à participação de corretoras, um ponto fundamental refere-se à sua remuneração. O fundamento legal para essa cobrança seria, a princípio, o art. 5º, III, da Lei 10.520/2002:

> Art. 5º. É vedada a exigência de: (...); III – pagamento de taxas e emolumentos, salvo os referentes a fornecimento do edital, que não serão superiores ao custo de sua reprodução gráfica, e aos custos de utilização de recursos de Tecnologia da Informação, quando for o caso.

Uma das formas cogitadas para estabelecer a remuneração das corretoras é a fixação de um percentual sobre a operação realizada. Daí surgir a questão da definição da base de cálculo sobre a qual será calculada a remuneração da corretora. Poderia, em tese, ser sobre a estimativa do valor fixado pela Administração ou mesmo sobre o lance vencedor, tudo a depender da regulamentação de cada ente.

Sendo um ou outro critério, o fato é que a remuneração da corretora pode alcançar valores elevados, a depender da magnitude da licitação. E o fato de Esta remuneração ser cobrada diretamente do licitante vencedor não afasta a possibilidade – bastante plausível – de que esse valor será repassado à Administração Pública, o que pode se tornar prejudicial ao interesse público, como sustentam Gabriela Verona Pércio e Gabriel Guy Léger:[4]

> Com efeito, é regra de mercado que a taxa de corretagem seja livremente pactuada entre o cliente e a corretora, cabendo, nestes casos, toda sorte de negociações. Ora, se a pretensão é aproveitar a metodologia proporcionada pelo mercado privado, não há como admitir que, quando aplicada pela Administração Pública, seja feita de forma menos interessante aos particulares. Seria uma contradição à intenção de aproximar o setor público do privado, visando a auferir as vantagens que ele proporciona, móvel que originou a inovação legal. De outra parte, não há possibilidade de participação do pregão senão por intermédio das corretoras. Assim, o particular que não se dispuser a pagar o percentual exigido não participará do certame, restando reduzida a gama de potenciais competidores. E, se o fizer, considerará no seu preço uma estimativa suficiente para cobrir seus custos, o que vem em detrimento da escolha da proposta mais vantajosa, do princípio da economicidade e dos propósitos do próprio pregão. Também desponta, em princípio, incompatível com a atividade de corretagem a redução do preço a ser recebido pelo cliente (licitante vencedor). É certo que o objetivo final, neste caso, será o alcance do contrato, mas também é certo que, quanto menor for o valor pago pelo cliente à Administração, menor será o valor recebido pela corretora, gerando claro conflito de interesses.

5.11 Uma proposta inovadora: o placar eletrônico

A lógica que orienta a contratação pública é o Estado ir ao mercado e não o mercado ir ao Estado. Tudo isso gera custos e demanda de uma movimentação expressiva da máquina pública. A proposta, pioneiramente

4. Gabriela Verona Pércio e Gabriel Guy Léger, "Pregão eletrônico com utilização de tecnologia de Bolsas de Mercadorias – Cobrança de taxa", *Revista Zênite – Informativo de Licitações e Contratos/ILC* 140/873, Ano XII, Curitiba, Zênite, outubro/2005.

sugerida por Marcos Juruena Villela Souto,[5] é a de uma bolsa permanente de contratação pública, denominada de "placar eletrônico". Confira-se:

> Um "placar eletrônico" substituiria, com vantagens, tanto o cadastro de fornecedores como o Sistema de Registro de Preços e, ainda, o próprio procedimento formal. Aliás, o "efeito carona" no Sistema de Registro de Preços, já reconhecido no Decreto 2.743/1998, admite que outros órgãos e entidades, não integrantes do Sistema, possam se valer da ata contendo os preços registrados. O "placar eletrônico" ficaria permanentemente aberto, provocando a constante movimentação de fornecedores, para os mais diversos itens, sem necessidade de todos os atos da fase interna e externa, incluindo os infindáveis recursos e liminares. Mais que isso, não só a Administração como todos os consumidores se beneficiariam de tal postura.

Diversos aspectos procedimentais merecem ser pensados e aprimorados para tornar a proposta factível, mas a ideia seria uma espécie de "licitação permanente", próxima a um "registro de preços eletrônico" sempre aberto aos licitantes, que poderiam alimentar constantemente seus preços no sistema. Afina-se esse mecanismo com as contratações de bens comuns e rotineiros. É claro que licitações que envolvam objetos mais complexos não se encaixam no modelo.

Enfim, inverte-se a lógica, para que os operadores econômicos procurem o Estado, e não o contrário. A proposta eliminaria custos com publicações, elaborações de editais, pesquisas de preços, pareceres jurídicos, sendo o valor da concorrência concretizado e avaliado a partir de um sistema permanentemente aberto. Seria indispensável condicionar a participação apenas às empresas cadastradas, bem como a elaboração de um catálogo uniformizado dos itens e serviços mais comuns e corriqueiros, foco principal da proposta do placar eletrônico.

5.12 O Sistema de Registro de Preços/SRP

5.12.1 Conceito

O registro de preços é um sistema (não é modalidade de licitação) que visa a uma racionalização nos processos de contratação de compras públicas e de prestação dos serviços. Sua finalidade precípua é maximi-

5. Marcos Juruena Villela Souto, "Licitações e controle de eficiência: repensando o princípio do procedimento formal à luz do 'placar eletrônico'", in Alexandre Santos de Aragão e Floriano de Azevedo Marques Neto (coords.), *Direito Administrativo e seus Novos Paradigmas*, Belo Horizonte, Fórum, 2008, p. 568.

zar o princípio da economicidade, permitindo à Administração Pública celebrar o contrato administrativo na exata medida e no momento de sua necessidade, sempre precedido de licitação, qualquer que seja o valor efetivo a ser praticado em cada situação específica.[6]

Por meio de uma licitação (na modalidade concorrência ou pregão), reúnem-se diversas unidades orçamentárias distintas, com os preços registrados em ata, de modo que o fornecedor é convocado na medida da conveniência dos órgãos que integraram a licitação.

A racionalidade do SRP está amparada na economia de escala. Com o maior número possível de órgãos e entidades participando de uma mesma licitação, cada um com suas necessidades, o quantitativo demandado aumenta, permitindo que os fornecedores ofereçam preços menores – o que certamente não ocorreria se cada órgão ou entidade realizasse isoladamente sua própria licitação.

As vantagens oferecidas pela contratação no SRP envolvem a supressão da multiplicidade de licitações, eliminando a burocracia e os custos, propiciando maior rapidez da contratação e ampliação do prazo de validade das propostas. Tudo isso sem necessidade de uma requisição rígida do objeto, que pode se pautar numa estimativa (e não definição precisa) de quantidades e qualidades, não sendo necessária a prévia dotação orçamentária.

Ademais, a existência de preços registrados não obriga a Administração a contratar, facultando-se a realização de licitação específica para a aquisição pretendida, assegurada preferência ao fornecedor registrado em igualdade de condições, a teor do disposto no § 4º do art. 15 da Lei 8.666/1993.

Com os preços registrados em ata, os futuros contratos administrativos serão celebrados na medida da necessidade dos órgãos, o que atende a diversas situações corriqueiras na Administração Pública, que não tem como precisar exatamente o quantitativo da sua demanda. A licitação não se exaure com uma única contratação. A Administração se valerá dos preços registrados tantas vezes quantas o desejar e for conveniente (dentro dos limites estabelecidos no ato convocatório).

Não tem, por exemplo, como saber previamente a quantidade de combustível que será utilizada pela frota da Polícia ou, mesmo, o quantitativo de remédios que serão utilizados em determinado hospital público.

6. Sobre o tema ver: Sidney Bittencourt, *Licitação de Registro de Preços: Comentários ao Decreto n. 7.892, de 23 de janeiro de 2013, alterado pelo Decreto n. 8.250, de 23 de maio de 2014*, 4ª ed., Belo Horizonte, Fórum, 2014.

Para demandas como essas a metodologia do SRP apresenta-se extremamente vantajosa, porquanto concretiza o interesse público e os princípios da eficiência e economicidade.

No SRP as palavras-chave devem merecer atenção específica, a saber: a noção de "Sistema", que envolve a articulação entre órgãos e entidades, a exigir, portanto, ação coordenada e permanente interação; a noção de "Registro", que permite a realização de uma só licitação para vários contratos e várias unidades; e a noção de "Preço", que fixa um critério objetivo de seleção.

5.12.2 Cabimento

O art. 15 da Lei 8.666/1993 estabelece que as compras, sempre que possível, deverão ser processadas por meio de Sistema de Registro de Preços. Mas atualmente o registro de preços também é bastante utilizado para serviços, sendo, em alguns casos, admitido também para serviços de engenharia. É o caso, por exemplo, da manutenção e conservação de instalações prediais, ou qualquer outro que a execução do objeto seja rotineira. O Decreto 7.892, de 23.1.2013, regulamentou a matéria no plano federal. Cada ente federado dispõe de autonomia para disciplinar a sistemática e o perfil do registro de preços, observadas as normas gerais impostas pela Lei 8.666/1993.

As hipóteses de cabimento do registro de preços encontram-se arroladas no art. 3º do Decreto federal 7.892/2013: (i) quando, pelas características do bem ou serviço, houver necessidade de contratações frequentes; (ii) quando for conveniente a aquisição de bens com previsão de entregas parceladas ou contratação de serviços remunerados por unidade de medida ou em regime de tarefa; (iii) quando for conveniente a aquisição de bens ou a contratação de serviços para atendimento a mais de um órgão ou entidade, ou a programas de governo; (iv) quando, pela natureza do objeto, não for possível definir previamente o quantitativo a ser demandado pela Administração.

Pela intelecção da lei e do decreto é possível extrair que a decisão de acolher ou não o SRP é discricionária. Não fosse isso, não teria a lei se valido da expressão "sempre que possível", no *caput* do art. 15; ou o decreto do verbo "poderá", no *caput* do art. 3º.

Contudo, ainda que de índole discricionária, a decisão de não adotar o SRP deve ser motivada e justificada; afinal, se a lei e o decreto não a tornaram obrigatória, fato é que criaram legítima preferência pelo Sistema, que para ser refutada depende de decisão administrativa que revele as desvantagens da sua adoção no caso concreto.

A matéria será examinada a partir da normatização federal, já que, como regra, a disciplina no plano estadual ou municipal costuma observar a dinâmica estabelecida pela União. Mas é claro que existem pontos e aspectos que podem assumir feições distintas.

5.12.3 Os atores públicos no SRP

O registro de preços é composto, no plano da Administração Pública, por três espécies de órgãos e entidades que assumem distintas funções.

O órgão gerenciador – órgão ou entidade da Administração Pública –, responsável pela condução do conjunto de procedimentos para registro de preços e gerenciamento da ata de registro de preços dele decorrente. É quem realiza a licitação e consulta os demais órgãos e entidades acerca das suas necessidades.

A teor do art. 5º do Decreto federal 7.892/2013, cabem ao órgão gerenciador as seguintes atribuições: (i) registrar sua intenção de registro de preços no Portal de Compras do Governo Federal; (ii) consolidar informações relativas à estimativa individual e total de consumo, promovendo a adequação dos respectivos termos de referência ou projetos básicos encaminhados para atender aos requisitos de padronização e racionalização; (iii) promover os atos necessários à instrução processual para o procedimento licitatório; (iv) realizar pesquisa de mercado para identificação do valor estimado da licitação e consolidar os dados das pesquisas de mercado realizadas pelos órgãos e entidades participantes, inclusive nas hipóteses previstas nos §§ 2º e 3º do art. 6º; (v) confirmar junto aos órgãos participantes sua concordância com o objeto a ser licitado, inclusive quanto aos quantitativos e termo de referência ou projeto básico; (vi) realizar o procedimento licitatório; (vii) gerenciar a ata de registro de preços; (viii) conduzir eventuais renegociações dos preços registrados; (ix) aplicar, garantidos a ampla defesa e o contraditório, as penalidades decorrentes de infrações no procedimento licitatório; (x) aplicar, garantidos a ampla defesa e o contraditório, as penalidades decorrentes do descumprimento do pactuado na ata de registro de preços ou do descumprimento das obrigações contratuais, em relação às suas próprias contratações; (xi) autorizar, excepcional e justificadamente, a prorrogação do prazo previsto no § 6º do art. 22 do decreto, respeitado o prazo de vigência da ata, quando solicitada pelo órgão não participante.

O órgão participante é o órgão ou entidade da Administração Pública que participa dos procedimentos iniciais do SRP e integra a ata de registro de preços. As funções do órgão participante também não devem ser relegadas, como se nenhum esforço dele coubesse que não o de se "aproveitar" da licitação alheia.

Destarte, se não é o responsável pela realização e condução da licitação, compete-lhe manifestar interesse em participar do registro de preços, providenciando o encaminhamento ao órgão gerenciador de sua estimativa de consumo, local de entrega e, quando couber, cronograma de contratação e respectivas especificações ou termo de referência ou projeto básico.

Conforme previsto no art. 6º do Decreto federal 7.892/2013, cabe, ainda, ao órgão participante: (i) garantir que os atos relativos à sua inclusão no registro de preços estejam formalizados e aprovados pela autoridade competente; (ii) manifestar junto ao órgão gerenciador, mediante a utilização da intenção de registro de preços, sua concordância com o objeto a ser licitado, antes da realização do procedimento licitatório; (iii) tomar conhecimento da ata de registros de preços, inclusive de eventuais alterações, para o correto cumprimento de suas disposições.

Importante observar que, uma vez celebrado o contrato que tenha decorrido de ata de registro de preços, eventual aplicação de penalidade por descumprimento daquilo que foi pactuado na ata de registro de preços ou, mesmo, descumprimento das obrigações contratuais é de competência do órgão participante, e não do órgão gerenciador, a teor do disposto no § 1º do art. 6º do Decreto federal 7.892/2013.

O órgão ou entidade não participante, mais conhecido como "carona", é aquele que, não tendo participado dos procedimentos iniciais da licitação, faz adesão à ata de registro de preços. Ao tema se voltará mais adiante.

A implementação do SRP exige dos órgãos e entidades da Administração a adequação ao roteiro da fase interna inerente a qualquer contratação. Tal medida é importante para fins de demonstrar a vantagem da adoção do SRP em relação ao critério normal de contratação de "proposta firme", vale dizer, com garantia de contratação.

No SRP há uma tripla fase interna, que se desenvolve tanto no "órgão gerenciador" como nos "órgãos participantes" e nos "órgãos não participantes", de modo que todos são responsáveis pela requisição do objeto, estimativa do valor e aprovação da despesa. Isso exige constante pesquisa de mercado, para demonstrar a legitimidade da opção, bem como de cada contratação, e até a própria preservação do registro (ou, ao revés, o cancelamento da ata).

É sabido que há órgãos mais organizados, estruturados e bem aquinhoados na definição das dotações orçamentárias e outros que não dispõem das mesmas qualificações. O risco calculado para um órgão pode não acontecer para outro, mas todos pagam pela média, e isso deve ser considerado no exame da vantagem (ou não) da adoção do SRP.

5.12.4 A ata de registro de preços

A ata de registro de preços é o documento vinculativo, obrigacional, com característica de compromisso para futura contratação, em que se registram os preços, fornecedores, órgãos participantes e condições a serem praticadas, conforme as disposições contidas no instrumento convocatório e propostas apresentadas. A ata configura ato preliminar que pode ou não resultar em posterior contratação administrativa. Não se confunde, pois, com o contrato administrativo que dela pode advir.

A disciplina da ata de registro de preços vem expressa no art. 12 do Decreto federal 7.892/2013.

O prazo de validade da ata de registro de preços não será superior a 12 meses, incluídas eventuais prorrogações, conforme o limite previsto no inciso III do § 3º do art. 15 da Lei 8.666/1993. Configurando ato preliminar, e não um contrato, é vedado efetuar acréscimos nos quantitativos fixados pela ata de registro de preços, inclusive o acréscimo de que trata o § 1º do art. 65 da Lei 8.666/1993, a teor do disposto no § 1º do art. 12 do Decreto federal 7.892/2013.

Essas regras não se estendem aos contratos administrativos que são celebrados a partir da ata de registro de preços. A racionalidade da ata é completamente distinta da do contrato que dela decorre.

Com efeito, a vigência dos contratos decorrentes do SRP será definida nos instrumentos convocatórios e observará o regramento do art. 57 da Lei 8.666/1993; e poderão ser objeto das alterações quantitativas e qualitativas a que se refere o art. 65 da Lei 8.666/1993. Devem, contudo, ser assinados no prazo de validade da ata de registro de preços.

A ata de registro de preços implicará compromisso de fornecimento nas condições estabelecidas, após cumpridos os requisitos de publicidade, sendo certo que a recusa injustificada de fornecedor classificado em assinar a ata ensejará a aplicação das penalidades legalmente estabelecidas, na forma estabelecida no art. 14 do Decreto federal 7.892/2013.

5.12.5 A utilização da ata de registro de preços por órgão ou entidade não participante ("caronas")

Após muita crítica da doutrina e do TCU,[7] o Decreto federal 7.892/2013 estabeleceu um regime especial para aqueles órgãos e entidades que não participaram do registro de preços se beneficiarem do Sistema. São os denominados órgãos aderentes ou "caronas", cujo regramento vem expresso no art. 22 do Decreto federal 7.892/2013.

A norma federal autorizou, expressamente, aqueles que não participaram do certame para o registro de preços a realizar suas contratações com os fornecedores registrados, mas estabeleceu várias condições para a contratação ser levada a efeito.

A primeira delas é a demonstração da vantagem. Este requisito deve ser observado pelo órgão não participante, com realização de pesquisa de mercado para avaliar se, no caso concreto, não seria mais adequada a realização de uma licitação ou a simples adesão.

A segunda é dirigida ao órgão gerenciador, que pode anuir ou não com a adesão solicitada. Após a autorização do órgão gerenciador, o órgão não participante deverá efetivar a aquisição ou contratação solicitada em até 90 dias, observado o prazo de vigência da ata.

O preenchimento da terceira condição cabe ao fornecedor registrado, que deve avaliar a possibilidade de contratar com órgãos que não participaram da ata, sem qualquer prejuízo para os órgãos participantes. O Sistema avançou, na medida em que expressamente fixou o que já era intuitivo: deve o fornecedor verificar se as obrigações futuras que foram assumidas também não correm risco de inadimplemento em relação aos órgãos participantes e ao órgão gerenciador.

Contudo, a alteração que mais impactou as contratações do órgão não participante do registro de preços foi a previsão de limites. Estes limites referem-se ao quantitativo registrado na ata e ao quantitativo-limite para cada órgão não participante.

Cada órgão não participante poderá contratar no limite máximo de "100% (cem por cento) dos quantitativos dos itens do instrumento convocatório e registrados na ata de registro de preços para o órgão gerenciador e órgãos participantes", a teor do art. 22, § 3º, do Decreto 7.892/2013. Sendo assim, suponha-se que o quantitativo total do item registrado, contemplando o órgão gerenciador e todos os órgãos participantes, seja

7. TCU, Plenário, Acórdão 1.487/2007.

500. Este é o quantitativo total que um órgão não participante poderá adquirir, no máximo: 500 unidades.

A outra limitação é direcionada ao órgão gerenciador. Deve o instrumento convocatório prever que "o quantitativo decorrente das adesões à ata de registro de preços não poderá exceder, na totalidade, ao quíntuplo do quantitativo de cada item registrado na ata de registro de preços para o órgão gerenciador e órgãos participantes, independente do número de órgãos não participantes que aderirem", conforme disposto no art. 22, § 4º, do Decreto 7.892/2013. Ou seja: se, por um lado, cada órgão não participante pode aderir com, no máximo, 100% dos quantitativos registrados, de outro, o órgão gerenciador deve preservar o limite do quíntuplo do quantitativo registrado, para que este não seja superado pelos demais órgãos não participantes.

A ausência de limites na adesão das atas pelos órgãos não participantes, como ocorria na normatização revogada, incorria em uma perda da economia de escala, já que, quanto maior a estimativa de quantitativos no registro de preços, maior a possibilidade de obtenção de vantagens no preço ofertado pelos fornecedores.

No mais, a União Federal adotou posicionamento mais restritivo e proibiu a adesão às atas de registro de preços realizadas pelos Estados, Municípios ou Distrito Federal, mas autorizou que estes entes e suas entidades aderissem às atas realizadas no seu âmbito.

O procedimento de adesão de órgão não participante não pode levar à equivocada conclusão de que o planejamento é desimportante nas licitações e que os órgãos podem assumir comportamentos oportunistas de "esperar" as melhores condições para serem "caronas" em outras licitações. A adesão a atas pelos órgãos não participantes é uma inovação que pode contribuir para eficiência nas contratações públicas, mas não produzir o efeito contrário de afastar o dever de planejamento a que todo gestor público está sujeito.

5.12.6 A licitação para registro de preços

A licitação para registro de preços será realizada na modalidade de concorrência, do tipo menor preço, ou na modalidade de pregão; e será sempre precedida de ampla pesquisa de mercado, conforme preceitua o art. 7º do Decreto federal 7.892/2013.

A regra é o menor preço, mas o julgamento por técnica e preço, na modalidade concorrência, poderá ser excepcionalmente adotado, a critério do órgão gerenciador e mediante despacho fundamentado da autoridade máxima do órgão ou entidade, na forma prevista no § 1º do art. 7º do Decreto federal 7.892/2013.

Como o registro de preços não é uma contratação "firme", não é necessário indicar, na licitação, a dotação orçamentária, que somente será exigida para a formalização do contrato ou outro instrumento hábil, o que significa exceção à regra prevista no art. 14 da Lei 8.666/1993.

O art. 9º do Decreto federal 7.892/2013 estabelece que o edital de licitação para registro de preços observará o disposto nas Leis 8.666/1993 e 10.520/2002 e contemplará, no mínimo: (i) especificação ou descrição do objeto, que explicitará o conjunto de elementos necessários e suficientes, com nível de precisão adequado para a caracterização do bem ou serviço, inclusive definindo as respectivas unidades de medida usualmente adotadas; (ii) estimativa de quantidades a serem adquiridas pelo órgão gerenciador e órgãos participantes; (iii) estimativa de quantidades a serem adquiridas por órgãos não participantes, observado o disposto no § 4º do art. 22, no caso de o órgão gerenciador admitir adesões; (iv) quantidade mínima de unidades a ser cotada, por item, no caso de bens; (v) condições quanto ao local, prazo de entrega, forma de pagamento, e nos casos de serviços, quando cabível, frequência, periodicidade, características do pessoal, materiais e equipamentos a serem utilizados, procedimentos, cuidados, deveres, disciplina e controles a serem adotados; (vi) prazo de validade do registro de preços; (vii) órgãos e entidades participantes do registro de preços; (viii) modelos de planilhas de custo e minutas de contratos, quando cabível; (ix) penalidades por descumprimento das condições; (x) minuta da ata de registro de preços como anexo; e (xi) realização periódica de pesquisa de mercado para comprovação da vantajosidade.

Após o encerramento da etapa competitiva, os licitantes poderão reduzir seus preços ao valor da proposta do licitante mais bem classificado, sendo certo que a apresentação de novas propostas não prejudicará o resultado do certame em relação ao licitante mais bem classificado.

Isso porque, segundo dispõe o art. 11 do Decreto federal 7.892/2013, serão registrados os preços e quantitativos do licitante mais bem classificado durante a fase competitiva, mas também será incluído na ata o registro dos licitantes que aceitarem cotar os bens ou serviços com preços iguais aos do licitante vencedor na sequência da classificação do certame, excluído o percentual referente à margem de preferência, quando o objeto não atender aos requisitos previstos no art. 3º da Lei 8.666/1993.

Esse registro tem por objetivo a formação de cadastro de reserva no caso de impossibilidade de atendimento pelo primeiro colocado da ata, nas hipóteses previstas nos arts. 20 e 21 do Decreto federal 7.892/2013.

5.12.7 A revisão e o cancelamento dos preços registrados

A teor do disposto no art. 17 do Decreto federal 7.892/2013, os preços registrados poderão ser revistos em decorrência de eventual redução dos preços praticados no mercado ou de fato que eleve o custo dos serviços ou bens registrados, cabendo ao órgão gerenciador promover as negociações junto aos fornecedores, observadas as disposições contidas na alínea "d" do inciso II do *caput* do art. 65 da Lei 8.666/1993.

Na forma do art. 18 do Decreto federal 7.892/2013, quando o preço registrado se tornar superior ao preço praticado no mercado por motivo superveniente, o órgão gerenciador convocará os fornecedores para negociarem a redução dos preços aos valores praticados pelo mercado. Os fornecedores que não aceitarem reduzir seus preços aos valores praticados pelo mercado serão liberados do compromisso assumido, sem aplicação de penalidade.

De outro lado, quando o preço de mercado se tornar superior aos preços registrados e o fornecedor não puder cumprir o compromisso, o órgão gerenciador, na forma do disposto no art. 19 do Decreto federal 7.892/2013, poderá: (i) liberar o fornecedor do compromisso assumido, caso a comunicação ocorra antes do pedido de fornecimento, e sem aplicação da penalidade se confirmada a veracidade dos motivos e comprovantes apresentados; (ii) convocar os demais fornecedores para assegurar igual oportunidade de negociação. No caso de não obter êxito nas negociações, o órgão gerenciador deverá proceder à revogação da ata de registro de preços, adotando as medidas cabíveis para obtenção da contratação mais vantajosa.

Conforme prevê o art. 20 do Decreto federal 7.892/2013, o registro do fornecedor será cancelado quando: (i) descumprir as condições da ata de registro de preços; (ii) não retirar a nota de empenho ou instrumento equivalente no prazo estabelecido pela Administração, sem justificativa aceitável; (iii) não aceitar reduzir seu preço registrado na hipótese deste se tornar superior àqueles praticados no mercado; (iv) sofrer a sanção prevista nos incisos III ou IV do *caput* do art. 87 da Lei 8.666/1993 ou no art. 7º da Lei 10.520/2002.

A expressão "cancelamento" do registro de preços não é tecnicamente adequada. O decreto mistura hipóteses de revogação e anulação.

Melhor seria um tratamento que observasse as formas de extinção das licitações e dos contratos administrativos. De qualquer modo, a despeito do equívoco terminológico, fundamental a observância dos princípios constitucionais do contraditório e da ampla e prévia defesa.

5.12.8 O desfazimento do contrato administrativo celebrado em bases firmes para aderir ao SRP

Não raro a Administração Pública cogita rescindir contrato administrativo celebrado em bases firmes, a pretexto de aderir à ata de registro de preços que se revele mais vantajosa. Não se abona essa postura.

O desfazimento do vínculo contratual pode ter como origem o inadimplemento de uma das partes (a chamada rescisão), a vontade das partes em extinguir o vínculo (resilição), que pode ser bilateral, por meio do distrato, ou por meio de denúncia unilateral da Administração Pública, quando o ajuste não for mais conveniente e oportuno em virtude de razões de interesse público, ou quando ocorrer fato superveniente, estranho à vontade das partes, que impeça a execução contratual (resolução).

A dissolução do vínculo contratual calcada na obtenção de preço mais vantajoso para o ente contratante – que se utiliza de registro de preços alheio – não se enquadra em nenhuma situação da qual se possa atribuir culpa à contratada.

O único enquadramento possível seria a hipótese prevista no art. 78, XII, da Lei 8.666/1993, que poderia, quando muito, dar ensejo à Administração Pública de denunciar unilateralmente o contrato, se bem demonstrada a vantagem caracterizadora do interesse público, mas que produziria como consequência o direito do contratado a uma indenização pelos prejuízos causados, a teor do disposto no art. 79, § 2º, da Lei 8.666/1993.

A existência de menor preço, registrado em ata de órgão gerenciador, não seria causa razoável a justificar a extinção do vínculo, eis que a busca pela economicidade não pode aniquilar os princípios da boa-fé e da confiança legítima de quem se dispõe a contratar com a Administração Pública.

Portanto, se tal prática prevalecer, o cenário será de absoluta insegurança jurídica no mercado de fornecedores da Administração Pública Federal, pois bastará a existência de um preço menor em algum registro de preços para a “carona” se viabilizar, violando-se legítimos direitos de terceiros de boa-fé, que se organizaram – e incidiram em custos – para bem atender à Administração (custos, esses, que deverão ser legitimamente indenizados, demonstrando a flagrante violação à economicidade).

A consequência será óbvia: o aumento de riscos desta natureza acarretará a elevação dos preços, pois o mercado saberá que a qualquer momento o vínculo poderá ser extinto no caso de aparecer uma ata com condições economicamente mais vantajosas.

A lógica na formação do preço final é totalmente distinta em um contrato administrativo celebrado em "bases firmes" (com a definição prévia de quantitativo) e em um contrato celebrado como decorrência do SRP. Legítimo que se reconheça o direito do contratado que assumiu custos e tem a legítima expectativa de prosseguimento da execução contratual.

Será, no entanto, adequada a postura da Administração Pública contratante, e alinhada com o princípio da economicidade, se o valor do preço registrado for menor do que o preço do contrato "em bases firmes", somado ao que é devido a título indenizatório ao contratado, consoante os critérios previstos no art. 79, § 2º, da Lei 8.666/1993.

5.12.9 O exame jurídico nos registros de preços

Como decorrência do controle interno da legalidade dos atos da Administração Pública, revela-se indispensável o parecer jurídico nas contratações decorrentes de registros de preço, independentemente de ser o órgão gerenciador participante ou não participante.

Mesmo nos casos em que a contratação decorrente de registro de preços não reclamar instrumento contratual entende-se como necessária a manifestação do órgão jurídico. Isso porque existem outros aspectos (que não apenas o exame do contrato) que devem ser analisados pelo órgão jurídico, como é o caso da justificativa, pesquisa de preços, autorização para a realização de despesa, reserva orçamentária e vigência da ata. Afinal, no caso dos órgãos participantes e não participantes estar-se-á validando uma licitação realizada externamente.

6
A Participação de Consórcios nas Licitações

6.1 Conceito e objetivo. 6.2 Os consórcios e a discricionariedade administrativa. 6.3 Número de participantes no consórcio. 6.4 Requisitos legais para a formação de consórcios. 6.5 Alteração na composição dos consórcios.

6.1 Conceito e objetivo

À luz do art. 278 da Lei de Sociedades por Ações/LSA, pode-se conceituar *consórcio* como "agrupamento contratual de sociedades empresárias, sem personalidade jurídica, que tem por objetivo a execução de empreendimento determinado". Apesar de agrupadas, cada uma das sociedades empresárias consorciadas conserva sua própria personalidade jurídica e sua autonomia,[1] pois o contrato de consórcio não se confunde com um contrato social.

Dito em outros termos: a constituição de um consórcio não cria uma nova pessoa jurídica, mas tão somente disciplina direitos e obrigações dos seus participantes em uma associação coordenada e temporária de interesses para desenvolvimento de determinada atividade empresarial comum. Nas palavras de Arnoldo Wald, "o consórcio é, pois, um multiplicador de atividades que assegura uma nova faixa de atuação para o consorciado".[2]

No plano do direito público admite-se a formação de estruturas consorciais para empreendimentos de grande vulto, como obras ou prestação de serviços públicos.

1. Maria Cristina Vidotte Blanco Tarrega, *Associações Consorciais*, Barueri/SP, Manole, 2004, p. 99.

2. Arnoldo Wald, "Consórcios bancários", in *Estudos e Pareceres de Direito Comercial, Problemas Comerciais e Fiscais da Empresa Contemporânea*, 1ª Série, São Paulo, Ed. RT, 1972, p. 175.

Isso porque, a depender do objeto contratado, uma única sociedade empresária pode não ser capaz de atender de modo satisfatório ao interesse público em jogo, sendo necessário conferir aos licitantes a oportunidade de reunirem suas estruturas e conhecimento técnico para executar de forma escorreita o objeto licitado.

O consórcio pressupõe a existência de um objeto predeterminado, a demandar a reunião de capital e *expertise* das sociedades empresárias envolvidas, compreendendo a associação de dois ou mais licitantes para executar determinado objeto contratual que, isoladamente, não teriam condições de realizar. É, na verdade, uma soma de esforços entre sociedades empresárias direcionada única e exclusivamente ao atendimento de um contrato; daí ser eventual, já que com o cumprimento do objeto o consórcio não mais se justifica.

Importante notar que a Lei 8.666/1993 admite, em seu art. 33, III, a apresentação dos documentos exigidos nos arts. 28 a 31 por parte de cada consorciado, fixando, para efeito de qualificação técnica, o somatório dos quantitativos de cada consorciado e, para efeito de qualificação econômico-financeira, o somatório dos valores de cada consorciado, na proporção de sua respectiva participação. Pode a Administração estabelecer, ainda, para o consórcio, um acréscimo de até 30% dos valores exigidos para licitante individual, inexigível este acréscimo para os consórcios compostos, em sua totalidade, por micro e pequenas empresas, assim definidas em lei.

6.2 Os consórcios e a discricionariedade administrativa

A participação de consórcio em uma licitação depende de disposição expressa no instrumento convocatório, que deverá disciplinar as regras específicas. A matéria revela natureza discricionária, cabendo ao contratante avaliar se, no caso concreto, os consórcios servirão como instrumento para o incremento da competitividade e para a própria realização do objeto.

Muito embora a opção por permitir ou vedar a participação de consórcios revele índole discricionária, é importante anotar que essa discricionariedade não pode se confundir com arbitrariedade. É preciso verificar, em cada caso, se a vedação ou autorização para formação de consórcios é benéfica, ou não, ao interesse público; daí a necessidade, em qualquer caso, da motivação da opção eleita.

Em determinadas situações a participação dos consórcios pode ampliar a competição e o universo dos participantes, eis que as pequenas e médias empresas podem se associar para competir com as grandes empresas. Em outras hipóteses, entretanto, a participação de consórcios pode induzir a uma associação entre sociedades empresárias que poderiam competir isoladamente, sendo o consórcio um instrumento redutor da competitividade.

Essa análise é casuística, devendo ser acompanhada de motivação específica que considere as especificidades do segmento econômico no qual se insere o objeto da licitação e as vantagens e desvantagens na participação ou vedação dos consórcios.

6.3 Número de participantes no consórcio

Também é discricionária a limitação do número de participantes do consórcio. A regra, *a priori*, é que o edital não invada a liberdade das sociedades empresárias de se associarem.

Apenas em hipóteses excepcionais, e amparadas em motivação razoável, é que se pode admitir a restrição ao número de componentes do consórcio, como, por exemplo, uma obra de elevada complexidade na qual admitir número ilimitado de empresas consorciadas dificultaria a própria execução do objeto, bem como seu próprio acompanhamento e fiscalização, ou mesmo no caso em que a restrição privilegie a competitividade do certame, porquanto pode induzir a formação de maior número de consórcios que participarão da licitação ofertando suas propostas. Aqui, ao revés, a não limitação do número de consorciados é que poderia acarretar o risco de violar a competitividade.

Mas toda essa análise é casuística e depende de motivação à luz das especificidades do objeto e do próprio segmento econômico.

6.4 Requisitos legais para a formação de consórcios

No setor público a formação de consórcios para participação em licitações sujeita-se a uma série de condicionantes e requisitos previstos no art. 33 da Lei 8.666/1993 e no art. 19 da Lei 8.987/1995, no caso das concessões de serviços públicos.

Assim, é necessária a apresentação de compromisso público ou particular de constituição de consórcio, subscrito pelos consorciados, a indicação da empresa-líder para assumir sua representação e a apresentação da documentação de habilitação de cada um dos consorciados. No caso de consórcio de empresas brasileiras e estrangeiras a liderança caberá, obrigatoriamente, à empresa brasileira, conforme determina o § 1º do art. 33 da Lei 8.666/1993.

São, ainda, fixadas limitações e restrições voltadas à proteção do interesse público, como o impedimento de participação de sociedade empresária consorciada, na mesma licitação, por meio de outro consórcio ou isoladamente, bem como a fixação de responsabilidade solidária dos integrantes do consórcio pelos atos praticados, tanto na fase de licitação quanto na de execução do contrato.

Apenas após sagrarem-se vencedoras do certame as sociedades empresárias comprometidas devem obrigatoriamente efetivar a constituição e registro do consórcio.

No consórcio não há a constituição de nova empresa, mantendo todos os consorciados sua própria personalidade jurídica. Aliás, para efetiva participação na licitação o consórcio sequer necessita estar formado, bastando a apresentação de compromisso de sua constituição. Sua formalização e seu registro somente ocorrerão caso se sagre vencedor do certame.

Observe-se que, em matéria de concessões de serviços públicos, o art. 20 da Lei 8.987/1995 admitiu a possibilidade de o poder concedente determinar que os consórcios se constituam em sociedade antes de celebrar o contrato de concessão. É o que se convencionou denominar *Sociedade de Propósito Específico*/SPE, ou seja, uma sociedade empresária que tem por único objeto a prestação do serviço público disciplinado em sede contratual. O objetivo é segregar riscos, evitando que a execução do serviço público seja contaminada por eventuais problemas financeiros das sócias da SPE.[3]

A responsabilidade dos integrantes do consórcio é solidária, permitindo, assim, ao ente contratante exigir de qualquer dos consorciados o

3. Henrique Bastos Rocha explica: "A importância da constituição da SPE está relacionada à segregação da atividade empresarial relativa ao empreendimento específico, que é o seu objeto social, das atividades desenvolvidas pelas sociedades sócias da SPE" ("A Sociedade de Propósito Específico nas parcerias público-privadas", *Revista de Direito da Associação dos Procuradores do Novo Estado do Rio de Janeiro* 17/274, Rio de Janeiro, Lumen Juris, 2006). No mesmo sentido, leciona Egon Bockmann Moreira: "As SPEs destinam-se basicamente à dissociação de parcela do patrimônio daqueles que as integram, permitindo a efetiva separação dos ativos e dos riscos envolvidos em determinado negócio" ("Breves notas sobre a atividade empresarial concessionária", *Revista de Direito da Procuradoria-Geral (Edição Especial)*, Rio de Janeiro, Procuradoria-Geral do Estado do Rio de Janeiro, 2012, p. 102. Também: Maurício Portugal Ribeiro e Lucas Navarro Prado, *Comentários à Lei de PPP – Parceria Público-Privada*, 1ª ed., 2ª tir., São Paulo, Malheiros Editores, 2010, p. 244.

adimplemento das obrigações assumidas. Como regra, é designada uma empresa-líder, que assume a tarefa de representar legalmente o consórcio no certame e na própria execução do contrato, visando a conferir maior operacionalidade funcional à realização do objeto.

As obrigações dos demais consorciados, individualmente considerados, deverão também estar expressamente consignadas no compromisso de constituição, sendo certo que, em decorrência de um postulado de ordem moral, é vedada a participação de uma mesma empresa em mais de um consórcio.

6.5 Alteração na composição dos consórcios

O legislador foi bastante minucioso em relação aos requisitos e condicionantes legais para a participação de consórcios nas licitações. O mesmo não ocorre em relação à alteração da composição do consórcio durante a execução do contrato. O tema não foi objeto de disciplina específica na Lei 8.666/1993 e nem na Lei 8.987/1995.

A questão envolve saber se a omissão do legislador implica vedação implícita para que a composição do consórcio seja alterada.

Com efeito, a partir do momento em que o contrato tem sua execução iniciada vigora a premissa de mutabilidade que orienta a lógica dos contratos administrativos, pouco importando a natureza jurídica do contratado, se sociedade empresária isolada ou consórcio. O que precisava ser disciplinado pelo legislador era, de fato, sob que condições e requisitos os consórcios poderiam participar de licitações públicas, já que, evidentemente, ostentam situação jurídica distinta das sociedades que participam de certames isoladamente.

Entretanto, quando o contrato administrativo é celebrado o consorciado é um contratado como outro qualquer, sujeito ao desenvolvimento de uma atividade empresarial dinâmica, estando o contrato sujeito a alterações objetivas e subjetivas.

O que importa para o ente público, independentemente de alterações na estrutura societária do contratado, é que o contrato seja executado. As circunstâncias fáticas, econômicas e sociais do momento da realização da licitação não se perpetuam, o que justifica alterações no contrato, sempre com vistas à execução do objeto da maneira que melhor concretize o interesse público, o que pode abranger modificações no aspecto subjetivo do contrato.[4]

4. Marçal Justen Filho leciona em idêntico sentido: "Se a modificação da identidade do particular não pode ser imposta compulsoriamente, outra é a situação quando

Daí por que não se abona interpretação que não admita a alteração da composição do consórcio por ausência expressa de autorização legal, o que seria um retrocesso a um positivismo cego, que não mais vigora no direito administrativo pós-moderno.

A cautela indispensável por parte do ente público encerra avaliar se eventual alteração da composição societária do consórcio violou o princípio da licitação, com sua alteração se movendo por objetivos ilegítimos e ilícitos.

Daí ser necessário que o ente público aquiesça com a modificação da composição do consórcio, avaliando, à luz das especificidades do caso concreto, se a alteração subjetiva proposta é pautada por uma conduta ética e orientada pelo princípio da boa-fé e se não há risco para a execução do contrato – ou seja: se a nova composição do consórcio viabiliza uma escorreita consecução do objeto e que concretize o princípio da eficiência. Para tanto será necessário averiguar se a nova sociedade empresária atende aos requisitos de habilitação exigidos no momento da licitação e se está apta a desempenhar as obrigações a que se propõe.

derivar da autonomia ou de outras peculiaridades inerentes à iniciativa privada. Pode tornar-se necessário ou conveniente para os participantes alterarem sua estrutura ou a organização empresarial. Isso conduziria à pretensão de modificação (direta ou indireta) da identidade do particular contratado pela Administração Pública. O que se defende é a ausência de contradição insuperável entre essa modificação e o regime de direito público. A substituição do particular não representa infração a qualquer espécie de vínculo psicológico ou de confiança. Admitir-se-á ou rejeitar-se-á a substituição do sujeito segundo critérios objetivos e tendo em vista os princípios norteadores da atividade administrativa, tal como acima delineado" (*Teoria Geral das Concessões de Serviço Público*, São Paulo, Dialética, 2003, p. 534).

7
Procedimentos na Licitação

7.1 Fase interna: 7.1.1 Conceito – 7.1.2 A importância da fase interna e o indispensável planejamento – 7.1.3 Requisição do objeto – 7.1.4 A divisão do objeto por itens – 7.1.5 As dificuldades na requisição do objeto e a necessária profissionalização de uma carreira voltada para a contratação pública – 7.1.6 Aprimoramentos na requisição dos objetos – 7.1.7 Estimativa do valor – 7.1.8 A obrigatoriedade ou não de divulgação da estimativa – 7.1.9 Aprovação prévia da despesa – 7.1.10 Ausência de Lei Orçamentária aprovada – 7.1.11 Autorização do ordenador de despesas – 7.1.12 O descabimento de uma responsabilidade absoluta e irrestrita da autoridade superior – 7.1.13 A responsabilidade dos agentes públicos nas contratações públicas – 7.1.14 A Comissão de Licitação. Funções e apoio – 7.1.15 Comissões de Licitação nas entidades da Administração Pública indireta – 7.1.16 Elaboração das minutas de edital e contrato – 7.1.17 A assinatura do edital – 7.1.18 Análise jurídica do edital e do contrato – 7.1.19 Os parâmetros de responsabilização dos advogados públicos – 7.1.20 Os requisitos do art. 16 da Lei de Responsabilidade Fiscal/LRF – 7.1.21 O descumprimento do art. 16 da LRF e as suas consequências – 7.1.22 Limitações impostas pelo art. 42 da LRF e pelo art. 73 da Lei Eleitoral. 7.2 Fase externa: 7.2.1 Conceito – 7.2.2 A realização de audiência pública – 7.2.3 Publicação do aviso e o prazo mínimo para a realização da licitação – 7.2.4 A publicidade é do edital, e não de todos os atos da fase interna – 7.2.5 Impugnação e pedido de esclarecimento – 7.2.6 A utilização do recurso como extemporâneo meio de impugnação ao edital – 7.2.7 Início da sessão pública – 7.2.8 A fase de habilitação – 7.2.9 Abertura das propostas – 7.2.10 A declaração de elaboração independente da proposta – 7.2.11 Cláusula de aceitação dos termos do edital – 7.2.12 Os tipos de licitação – 7.2.13 Julgamento das propostas – 7.2.14 A destruição dos envelopes – 7.2.15 Apresentação de recurso – 7.2.16 Homologação – 7.2.17 Adjudicação – 7.2.18 Anulação e revogação da licitação – 7.2.19 A invalidação apenas dos atos insuscetíveis de aproveitamento.

A condução de um processo de licitação pública reclama uma série de cautelas por parte da entidade contratante. Esse zelo no gerenciamento de qualquer procedimento licitatório decorre da obrigatoriedade da observância dos princípios constitucionais da moralidade, isonomia, publicidade, legalidade e eficiência, aos quais que se encontram adstritos todos os gestores públicos, a teor do art. 37 da CF.

O instrumento convocatório, peça-chave de qualquer processo licitatório, deve ser elaborado com vistas a ampliar ao máximo a competição entre os licitantes que se revelarem capacitados para executar o objeto, com o fim de obtenção das melhores condições contratuais para a entidade contratante.

É possível entrever em toda e qualquer licitação uma divisão elementar e marcante entre as fases interna e externa do certame.

7.1 Fase interna

7.1.1 Conceito

A fase interna é a sequência de atos preparatórios internos de cada órgão ou entidade para a realização da licitação. Diz-se interna porque até então os atos praticados se desenvolvem no estrito âmbito do órgão ou entidade administrativa.

Esta fase não está disciplinada na Lei 8.666/1993, razão pela qual pode ser sistematizada de forma diversa no âmbito de cada órgão ou entidade. Passa-se a examinar cada uma das etapas dessa fase interna, lembrando que os documentos que deverão instruir o processo administrativo estão previstos no art. 38 da Lei 8.666/1993.

A fase interna abrange os atos preparatórios das licitações e, de um modo geral, deve observar a seguinte ordenação de atos: (i) requisição do objeto; (ii) estimativa do valor; (iii) autorização da despesa; (iv) elaboração do edital, convite ou instrumento de contratação direta; (v) análise jurídica do instrumento; (vi) publicação na Imprensa Oficial.

7.1.2 A importância da fase interna e o indispensável planejamento

A maior parte dos problemas do processo de contratação pública encontra-se na fase interna do certame, etapa na qual a Administração Pública formata o objeto, estima o preço, reserva a verba orçamentária e elabora o edital. Dificilmente uma licitação será bem-sucedida se a fase interna não for bem estruturada. Para tanto, fundamental é o adequado planejamento do sistema de contratação pública.

Toda licitação deve ser antecedida pela elaboração de um calendário no âmbito de cada órgão ou entidade, com um cronograma definido das licitações que serão realizadas, com os contratos administrativos em vigor, com a estimativa de prazos e ações administrativas distribuídas pelos respectivos agentes públicos competentes para implementá-las.

O ideal é que este calendário seja implementado por meio de um sistema informatizado, o que propiciará maior eficiência na sua consecução e no seu controle. Tal planejamento está diretamente ligado ao orçamento destinado ao órgão ou entidade, bem como às demais condicionantes fixadas na Lei Orçamentária, na Lei de Diretrizes Orçamentárias e no Plano Plurianual. Também é importante, nesse momento, a distribuição de competências entre os agentes públicos, sob pena de não se conseguir apurar responsabilidade na hipótese de omissão ou desídia.

Em outros termos: não se deve começar a pensar no processo de contratação quando a necessidade pública surge ou, como é muito comum, esperar o prazo do contrato administrativo em vigor se esgotar para iniciar os procedimentos de uma nova licitação. Enfim, tudo isso envolve planejamento prévio e organização administrativa.

7.1.3 Requisição do objeto

Este é o momento inicial de qualquer licitação pública, e seguramente o mais importante. É quando surge a necessidade de a Administração adquirir um bem (compra), executar um serviço, realizar obra, ou quando ela decide por alienar um bem. Como visto anteriormente, cada um destes objetos será disciplinado por regras próprias previstas na Lei 8.666/1993.

O objeto deve ser descrito de forma a ampliar o máximo possível o universo de licitantes, com a necessária ponderação entre os aspectos técnico, financeiro e econômico e os parâmetros de qualidade desejados e que efetivamente atendam às demandas da Administração Pública. Encerra a requisição do objeto uma competência discricionária, que, entretanto, se sujeita aos princípios da razoabilidade, economicidade, eficiência e motivação, devendo guardar adequação com a realidade do mercado no qual o referido objeto se insere.

É uma etapa de fundamental importância, eis que é a partir da descrição do objeto que os demais atos do certame serão praticados. A requisição do objeto deve ser elaborada pelos técnicos da Administração que conheçam suas especificidades, de modo a proceder à sua caracterização, buscando a máxima qualidade possível na sua descrição.

A caracterização do objeto não pode se confundir com individualização. O que se pretende evitar é que apenas um licitante atenda aos requisitos previstos no objeto. Ora, se o interesse público exigir a individualização do objeto, a Administração Pública pode e deve contratar diretamente, não sendo necessário que se formalize uma licitação nesses casos. Fundamental, no entanto, é motivar a decisão administração, explicitando as razões técnicas da individualização.

7.1.4 A divisão do objeto por itens

As conhecidas licitações por itens ocorrem quando são reunidos vários objetos em apenas um certame. Um exemplo permite melhor compreensão. Imagine-se a realização de licitação para compra de material hospitalar ou, mesmo, de vários gêneros alimentícios. Militaria em desfavor da economicidade e da eficiência licitar cada item isoladamente. Daí a reunião no mesmo processo administrativo de diversos itens distintos, mas que integram um mesmo gênero.

Cada item compõe um objeto autônomo e uma licitação distinta, mas cuja reunião em um único processo tem por único objetivo a praticidade e a economicidade na realização do certame. A marcha processual de cada item pode ser diversa e ocorrer em momentos temporais diversos. Um objeto, por exemplo, pode ter sido adjudicado para o único interessado, e outro pode comportar recursos e disputas entre os licitantes. Um item não precisa ficar obstado, à espera do resultado do outro. Aliás, essa é uma das grandes vantagens da licitação por itens: o procedimento pode prosseguir em relação a um item mesmo que o outro tenha sido suspenso para julgar um recurso. Assim, não necessariamente a licitação se encerra no mesmo momento para cada um dos itens.

Também, como regra, os licitantes podem participar e oferecer propostas para mais de um item, o que privilegia o princípio da competitividade. Qualquer restrição que limite esse direito deve ser justificada e amparada em motivação razoável.

7.1.5 As dificuldades na requisição do objeto e a necessária profissionalização de uma carreira voltada para a contratação pública

Quando a requisição do objeto e a elaboração dos termos de referência são produzidas de forma inconsistente e em descompasso com a realidade do mercado, ou mesmo sem retratar a efetiva necessidade da Administração Pública, a licitação estará fadada ao insucesso.

Não raro os servidores que têm a competência para requisitar os bens e serviços desconhecem o funcionamento de cada mercado e a técnica que o orienta. É pouco provável que esse grupo de servidores conheça profundamente padrões de qualidade de canetas, material de escritório, produtos de limpeza, serviços de Informática e tantos outros que compõem as necessidades administrativas corriqueiras e as mais complexas.

Como regra, não há critérios técnicos para essas requisições, e cada órgão funciona como uma "ilha" administrativa, sendo obrigado a buscar subsídios na Internet ou trocando informações com outros órgãos (e servidores). Este procedimento acarreta enorme assimetria de informações em relação ao mercado, correndo-se o risco de requisitar um serviço ou um bem com baixo padrão de qualidade.

Apesar da importância que as contratações públicas assumem no seio da Administração Pública brasileira, não há uma carreira estruturada para atender a essa importante demanda. A regra é que os servidores atuantes nessa área pertençam a outras carreiras ou, mesmo, sejam cedidos temporariamente para auxiliar em alguma etapa do processo de contratação pública, como ocorre com os pregoeiros ou membros de Comissão de Licitação.

Atuar no processo de contratação pública exige formação multidisciplinar, com conhecimento em várias áreas de atuação, como, por exemplo, Direito, Economia e Administração. Uma das causas das dificuldades administrativas no setor de compras públicas é exatamente a falta de profissionalização do servidor público, que, não raro, não ingressou no setor público para desenvolver esse tipo de atividade, mas acaba sendo obrigado, por força das circunstâncias, a atuar em alguma etapa do processo de contratação pública.

É indispensável para o incremento da eficiência do processo de contratação pública um corpo técnico qualificado, a profissionalização na gestão e uma remuneração compatível com as responsabilidades assumidas por esses servidores.

7.1.6 Aprimoramentos na requisição dos objetos

Os objetos mais corriqueiros e comuns deveriam ser objeto de centralização por um órgão técnico com *expertise* em suprimentos. Trata-se de matéria afeta, via de regra, aos órgãos incumbidos da gestão e planejamento.

Ademais, a requisição dos objetos deveria ser conteúdo de catálogos eletrônicos de padronização, consistentes em um sistema informatizado, de gerenciamento centralizado, destinado a permitir a padronização dos itens a serem adquiridos pela Administração Pública.

Uma salutar novidade foi prevista na Lei 12.462/2011, que instituiu o Regime Diferenciado de Contratações/RDC, quando estabeleceu como procedimento auxiliar a elaboração de catálogos eletrônicos de padronização, o que deve ser estendido como diretriz obrigatória para todos os entes federativos, independentemente do regime jurídico adotado. Esse é um aperfeiçoamento legislativo necessário.

A racionalização na padronização do objeto e na definição de parâmetros mínimos de qualidade é medida essencial que se impõe, preferencialmente centralizada em um órgão com *expertise* em gestão, sempre admitindo, por óbvio, que o órgão realizador da licitação possa ter alguma flexibilidade para adaptação a uma necessidade específica que desborde do padrão fixado.

Outro ponto fundamental é a necessária aproximação das requisições de objeto com os padrões de qualidade fixados pelo Sistema Nacional de Metrologia, Normalização e Qualidade Industrial/SINMETRO – sistema constituído por entidades públicas e privadas que exercem atividades relacionadas com metrologia, normalização, qualidade industrial e certificação da conformidade.

O SINMETRO foi instituído pela Lei 5.966/1973 com uma infraestrutura de serviços tecnológicos capaz de avaliar e certificar a qualidade de produtos, processos e serviços por meio de organismos de certificação, rede de laboratórios de ensaio e de calibração, organismos de treinamento, organismos de ensaios de proficiência e organismos de inspeção, todos acreditados pelo Instituto Nacional de Metrologia, Qualidade e Tecnologia/INMETRO.

Apoiam este sistema os organismos de normalização, os laboratórios de metrologia científica e industrial e de metrologia legal dos Estados. Essa estrutura está formada para atender às necessidades da indústria, do comércio, do governo e do consumidor.

O SINMETRO[1] está envolvido em muitas atividades relacionadas ao Programa Brasileiro de Qualidade e Produtividade/PBQP, voltado para

1. Entre as organizações que compõem o SINMETRO, mencionem-se as seguintes: Conselho Nacional de Metrologia, Normalização e Qualidade Industrial/ CONMETRO e seus Comitês Técnicos, INMETRO, Organismos de Certificação Acreditados (Sistemas da Qualidade, Sistemas de Gestão Ambiental, Produtos e Pessoal), Organismos de Inspeção Acreditados, Organismos de Treinamento Acreditados, Organismo Provedor de Ensaio de Proficiência Credenciado, Laboratórios Acreditados – Calibrações e Ensaios/RBC/RBLE, Associação Brasileira de Normas

a melhoria da qualidade de produtos, processos e serviços na indústria, comércio e Administração Federal.

Atualmente ainda é muito raro o intercâmbio entre órgãos e entidades públicas com esses sistemas de qualidade, o que contribui para a aquisição de bens e produtos que não atendem às necessidades administrativas em um grau de eficiência desejável. Espera-se, assim, que cada vez mais ocorra uma aproximação dos governos com esses sistemas de qualidade.

O TCU já teve a oportunidade de fixar o entendimento (*Informativo* 197) de que "é legítima a exigência de certificação, comprovando que o objeto licitado está em conformidade com a norma da Associação Brasileira de Normas Técnicas (ABNT), de forma a garantir a qualidade e o desempenho dos produtos a serem adquiridos pela Administração, desde que tal exigência esteja devidamente justificada nos autos do procedimento administrativo".

7.1.7 Estimativa do valor

Após a descrição do objeto a ser licitado, é preciso saber seu custo no mercado. Para isso é necessário que a Administração realize pesquisa de preços entre os fornecedores. A praxe administrativa é que sejam consultadas no mínimo três empresas, para que posteriormente se obtenha a média entre os preços propostos.

Não há, no entanto, disciplina legal sobre o tema, ficando a matéria a critério de cada órgão ou entidade. Esta pesquisa de preços, no caso de compras e serviços, deve estar formalizada no processo administrativo, para garantir a transparência da sua realização.

A pesquisa de preços com base na cotação de três propostas revela-se não raro como mecanismo infrutífero para aferir o real preço de mercado do bem ou dos serviços, porquanto é muito comum que as sociedades empresárias manipulem esses valores no momento da cotação. Trata-se de prática que pode configurar abuso do poder econômico caso demonstrada a intenção de fraudar e manipular os preços na licitação.

Também as sociedades empresárias não se sentem confortáveis em abrir seus preços ainda no momento preliminar da licitação, o que dificulta a obtenção das referidas cotações para o alcance da média de preços.

Daí por que podem ser considerados como legítimos mecanismos de aferição de preços no mercado pesquisas em provedores oficiais (caso

Técnicas/ABNT, Institutos Estaduais de Pesos e Medidas/IPEMs e Redes Metrológicas Estaduais.

do *Comprasnet*), pesquisas publicadas em mídia especializada, sítios eletrônicos especializados ou de domínio amplo, portais oficiais de referenciamento de custos ou, mesmo, pela comparação com contratações similares de outros entes públicos.

Uma alternativa interessante seria a Administração Pública contratar com instituições especializadas cadastros de preços atualizados daqueles bens e serviços rotineiramente objeto de contratação, bem como o desenvolvimento de um sistema que viabilizasse a comunicação entre o cadastro de preços dos entes federativos. A sistematização das informações em um banco de dados centralizado já seria suficiente para que a Administração Pública pudesse ao menos utilizar como base os preços dos serviços e produtos adquiridos em outras contratações, o que já ocorre no plano federal (Instrução Normativa MPOG-05/2014).

O cenário atual é extremamente prejudicial para as compras públicas, porque cada órgão ou entidade faz sua licitação apartada, ignorando os preços e valores alcançados pelos outros órgãos que integram a mesma estrutura administrativa, o que pode implicar disparidades na contratação do mesmo objeto, em claro desserviço aos princípios da economicidade e eficiência.

A estimativa de preços apresenta três funções importantes: (i) define a modalidade de licitação, a partir dos limites de valor previstos no art. 23 da Lei 8.666/1993 para cada uma delas – salvo nos casos de pregão, quando a modalidade é definida em razão da natureza do objeto, e não em razão do valor; (ii) serve de parâmetro objetivo de classificação das propostas e aferição de sua exequibilidade, sendo inaceitáveis os valores que ficarem acima do estipulado nas pesquisas; (iii) fundamenta a posterior verificação da existência de recursos orçamentários para o pagamento das despesas da contratação.

Importante registrar que no caso de obras e serviços de engenharia os custos serão definidos após a realização dos projetos básico e executivo.

7.1.8 A obrigatoriedade ou não de divulgação da estimativa

Dúvida que sempre existiu envolve saber se é obrigatória a divulgação aos licitantes do orçamento estimado na fase interna, em especial nas licitações envolvendo prestação de serviços e aquisição de bens.

Ora, a divulgação da pesquisa de preços da fase interna da licitação pode prejudicar a formação de preços nos certames, elevando-os a valores muito próximos dos máximos aceitáveis, o que seria prejudicial à competitividade nos certames.

Anote-se, por exemplo, que a Lei 12.462, de 4.8.2011 – que instituiu o Regime Diferenciado de Contratação/RDC –, determina, no seu art. 6º, que o orçamento previamente estimado para a contratação será tornado público apenas e imediatamente após o encerramento da licitação, sem prejuízo da divulgação do detalhamento dos quantitativos e das demais informações necessárias para a elaboração das propostas.

A lógica desse "sigilo" é privilegiar o princípio da competitividade, evitando que os licitantes elevem artificialmente os preços propostos a partir do prévio conhecimento dos valores estimados. O tema, contudo, é bastante controvertido, cabendo registrar que os órgãos de controle vêm sustentando a obrigatoriedade dessa divulgação nas modalidades tradicionais regidas pela Lei 8.666/1993, admitindo sua facultatividade quando se tratar de pregão.

7.1.9 Aprovação prévia da despesa

Após a estimativa de preços torna-se fundamental proceder à reserva da verba no orçamento. Importante observar que a sistemática das contratações administrativas sempre esteve diretamente vinculada à previsão e à existência de recursos orçamentários. A Lei 8.666/1993 consagra esta premissa ao estabelecer, no seu art. 7º, § 2º, III, que as obras e serviços somente podem ser licitados quando houver previsão de recursos orçamentários que assegurem o pagamento das obrigações decorrentes de obras ou serviços a serem executados no exercício financeiro em curso.

O art. 14 do mesmo diploma legal fixa a mesma premissa para as compras, prescrevendo a necessária indicação dos recursos orçamentários para seu pagamento, sob pena de nulidade do ato e responsabilidade de quem lhe tiver dado causa.

Mas nem sempre foi assim. O Decreto-lei 2.300/1986 – diploma legal que tratava do tema das licitações e contratos e que foi revogado pelo art. 126 da Lei 8.666/1993 – estabelecia como requisito nas licitações apenas a prévia elaboração do projeto básico. A previsão de recursos orçamentários era postergada para o momento da contratação.[2]

2. Jessé Torres Pereira Jr. explica: "O art. 6º do revogado Decreto-lei 2.300/1986 obrigava a existência de previsão orçamentária apenas para a contratação, vinculando a licitação tão só à prévia elaboração do projeto básico. Em consequência, a Administração, autorizada que estava a licitar sem dispor de recursos orçamentários, defrontava-se, volta e meia, com arguições embaraçosas quanto à suposta precipitação com que se atirava a realizar prélios licitatórios sem a certeza de que viria a contar com recursos financeiros para contratar a empresa adjudicatária, o que provocava

De fato, não fazia sentido que a Administração Pública iniciasse procedimento licitatório do qual participassem vários interessados para, ao final, concluir que não havia recursos suficientes para efetivação da contratação. Daí por que, de acordo com a sistemática instituída pela Lei 8.666/1993, a ausência de indicação de recursos orçamentários na fase interna da licitação pode ensejar a nulidade do certame, com a necessária apuração e eventual responsabilização dos servidores que deram causa a tal situação.

Ressalve-se, por oportuno, que a reserva de recursos orçamentários não significa a disponibilidade efetiva dos recursos financeiros, que somente ocorrerá no momento do pagamento ao contratado.

7.1.10 Ausência de Lei Orçamentária aprovada

Problema muito comum nos contratos administrativos ocorre quando o prazo do contrato ultrapassa o exercício financeiro e depende de aprovação da Lei Orçamentária do ano subsequente para a liberação das verbas. A descontinuidade na execução do objeto entre um exercício financeiro e outro por questões orçamentárias é indesejável, e deve ser objeto de preocupação dos gestores de contratos administrativos.

A regra nos contratos administrativos é que sua duração fique adstrita à vigência dos respectivos créditos orçamentários, a teor do que dispõe expressamente o *caput* do art. 57 da Lei 8.666/1993. Sucede que são vários os contratos e as situações nas quais sua execução ultrapassa um mesmo exercício financeiro. Se assim não fosse, estar-se-ia a condenar os entes públicos a não desenvolverem projetos de longo prazo, o que se constituiria em verdadeiro absurdo.

Isso ocorre com frequência, por exemplo, nas obras públicas, sendo muito comum a contratação de um empreendimento cuja execução ultrapassa a vigência do crédito orçamentário. Nessas hipóteses há necessidade de previsão no Plano Plurianual, como determinam expressamente o § 1º do art. 167 da CF e o inciso I do art. 57 da Lei 8.666/1993.

Ocorre que nem sempre a Lei Orçamentária do ano subsequente é aprovada no prazo esperado, o que causa sérios transtornos na execução das obras públicas. O problema pode ser objeto de enfrentamento por diversos ângulos.

suspeições, frustrações e, não raro, polêmica sobre o direito ao contrato" (*Comentários à Lei das licitações e Contratações da Administração Pública*, 5ª ed., Rio de Janeiro, Renovar, 2002, p. 124).

A solução que tem sido adotada é a inclusão nas Leis de Diretrizes Orçamentárias de dispositivo legal determinando a prorrogação do orçamento anterior, na proporção de 1/12 (um doze avos) das dotações, até que o novo venha a ser publicado.[3]

7.1.11 *Autorização do ordenador de despesas*

O ordenador de despesas é o agente que será responsável pelo edital e pelo contrato. Pode ser a autoridade máxima do órgão (exemplos: ministro, secretário de Estado, presidente da autarquia) ou outro agente público que receba esta delegação de competência.

A licitação, para ter prosseguimento, necessita da autorização do ordenador de despesa; afinal, será ele o responsável pelo certame.

7.1.12 *O descabimento de uma responsabilidade absoluta e irrestrita da autoridade superior*

Tem prevalecido no âmbito das Cortes de Contas o entendimento de que a autoridade superior (ordenador ou autorizador de despesa) é responsável por todos os atos praticados na licitação ou mesmo durante a execução do contrato administrativo.

3. Ricardo Lobo Torres, *Tratado de Direito Constitucional Financeiro e Tributário*, 3ª ed., vol. V ("O Orçamento na Constituição"), Rio de Janeiro, Renovar, 2008, pp. 314-315. Confira-se o entendimento do autor: "E se o orçamento não for votado até o início do exercício financeiro seguinte? A Constituição Federal é omissa a respeito do assunto. Mas a recusa de aprovação do orçamento, como dizia Stourm, é um verdadeiro suicídio do Estado, de modo que se deve procurar resolver o problema. Duas são as soluções adotadas pelo direito constitucional positivo: a prorrogação do orçamento do ano anterior ou a aplicação do orçamento constante do projeto de lei ainda não aprovado. A primeira solução – prorrogar o orçamento em vigor – adotaram-na as nossas Constituições de 1934 (art. 50, § 5º) e de 1946 (art. 74). Algumas Constituições estrangeiras trilham o mesmo caminho: a da Espanha (art. 143, 4); a da República Federal da Alemanha (arts. 110, 4 e 111), que enumera taxativamente as despesas que podem ser feitas provisoriamente pelo Executivo, autorizando, assim, um orçamento de urgência (*Nothaushalt*); a da França (art. 147), regulamentada pela Lei Orgânica Relativa às Leis de Finanças de 2001 (art. 45); não aprovada a Lei de Finanças do ano, o governo remeterá projeto à Assembleia solicitando autorização para continuar a perceber os impostos existentes. A outra solução – considerar aprovado o projeto de orçamento – esposaram-na as nossas Cartas autoritárias de 1937 (art. 72, 'd') e 1967/1969 (art. 66). Parece-nos que, com a redemocratização do País, a solução que melhor se coaduna com a nova ordem constitucional é a que recomenda, no caso excepcional de não ser votado a tempo, a prorrogação do orçamento anterior, como têm feito as Leis de Diretrizes Orçamentárias".

Importante notar que a autoridade superior não pratica todos os atos que levam à contratação. Ao revés, recebe os atos prontos para uma decisão, à luz de uma série de procedimentos preparatórios, muitos deles técnicos e financeiros. A autoridade não pode ser responsabilizada por não conhecer ou não desconfiar dos detalhes técnicos e financeiros, especialmente quando o processo de contratação pressupõe a divisão de atribuições entre as unidades administrativas e entre autoridades, com competência e conhecimento para tanto.

Afinal, processo é um conjunto encadeado de atos. O processo licitatório visa à contratação. Envolve toda a estrutura administrativa e financeira da entidade contratante; há, pois, diferentes estruturas, competências, rotinas e cronogramas até se chegar ao atendimento das necessidades da entidade.

Em outras palavras: o gestor e a autoridade responsável pela unidade recebem o processo com um conjunto de atos previamente praticados, no âmbito da especialidade de cada unidade e de cada autoridade, sendo legítimo presumir válidos tais atos.

Portanto, confiar nos agentes que atuaram no âmbito interno da contratação não representa ato de desídia, dolo, culpa, má-fé, erro grosseiro, intenção de lesar ou fraude. Em outras palavras: agem as autoridades envolvidas no procedimento com base na presunção de que os órgãos encarregados atuam de boa-fé, pelo quê não podem ser chamadas a responder por eventual frustração dessa presunção.

Destarte, a atuação de cada agente público no processo parte do pressuposto de que o ato antecedente é legítimo e de que os fatos nele invocados são verazes, até restar evidenciada qualquer circunstância que ilida essa presunção.

É evidente – e não poderia ser diferente – que existe uma divisão interna de competências no âmbito de cada estrutura administrativa, a fim de que as matérias sejam examinadas por especialistas nas suas respectivas áreas. A autoridade superior, a quem cabe tomar a decisão final, baseia-se nos atos praticados pelos técnicos de cada setor, não sendo crível cogitar de revisão de cada um dos atos praticados, seja porque tal medida inviabilizaria a escorreita continuidade das atividades administrativas, seja pela ausência de competência técnica para adentrar o mérito dos atos praticados.

Portanto, soa absolutamente irrazoável imputar à autoridade superior este dever "revisional" de todos os atos praticados em qualquer esfera e este dever de cautela absoluto – quase que como uma desconfiança generalizada dos atos praticados por cada um dos seus subordinados.

Ignora-se que exista alguma estrutura organizacional (seja na esfera pública ou privada) que funcione sob a lógica da revisão de cada um dos atos praticados pelo agente imediatamente superior, mormente quando se trata de atos de natureza técnica e que, portanto, reclamam *expertise* própria dos agentes por eles responsáveis.

Note-se que a não ser assim, instaurar-se-ia o caos no setor público, pois a cada momento a autoridade – temendo vir a ser "responsabilizada" mais à frente – teria que presumir aprioristicamente a fraude e a ilicitude de tudo que a antecedeu e, consequentemente, se veria compelida a refazer ou a confirmar todos os dados e informações lançados nos autos.

Tem-se que não seria possível, e nem mesmo desejável, que cada agente público que intervém no processo chamasse a si, de forma irrestrita, a responsabilidade de rever e retificar (ou ratificar) todos os atos pretéritos do feito. Isso emperraria a Administração, em detrimento do atendimento do interesse público. Bem ao contrário, à luz do princípio da eficiência (art. 37, *caput*, da CF), cumpre a cada agente da Administração Pública desempenhar com zelo, qualidade e rapidez a tarefa que lhe toca, de acordo com a norma de competência pertinente.

Enfim, se os agentes públicos retornassem, eternamente, ao começo de tudo, o resultado prático de tal inversão de princípios seria, inevitavelmente, a completa paralisação da Administração Pública, com graves prejuízos ao atendimento do interesse público primário e ao princípio da eficiência.

A prevalecer o entendimento de que a autoridade, cercada dos mecanismos de controle, pode ser responsabilizada pessoalmente, sem prova de culpa ou dolo específico, mas tão somente pela prática do ato, será cada vez mais difícil o convencimento das pessoas de bem a assumirem cargos de chefia no setor público, em especial quando as funções envolverem ordenar ou autorizar despesas.

7.1.13 A responsabilidade dos agentes públicos nas contratações públicas

Os agentes públicos que atuam nos processos de contratação pública sujeitam-se, na atual quadra, a vários riscos de responsabilização pelos órgãos de controle, em especial os membros de Comissão de Licitação e pregoeiros.

Contudo, entende-se que alguns parâmetros devem ser considerados para fins de apuração de responsabilidade dos agentes públicos que atuam nas licitações e na gestão dos contratos administrativos.

Em primeiro lugar, é absolutamente indispensável considerar as circunstâncias do caso concreto. Soluções genéricas e uniformizadas que promovam a responsabilização absoluta dos agentes públicos, sem uma avaliação dos fatos e adequada ponderação dos princípios, podem levar a injustas penalizações.

Necessário perquirir em que medida a ação ou a omissão do agente público contribuiu para eventual dano ao Erário, avaliando sua atuação a partir de condutas pautadas na boa ou má-fé. É indispensável o aprofundamento acerca do elemento volitivo do servidor, não podendo ser indiferente ao aplicador da norma se agiu com dolo ou não, para fins de imposição da sanção.

Em outros termos: o grau de reprovabilidade da conduta do agente bem como a gravidade do dano que possa ter causado ao interesse público (valor maior que se pretende resguardar) devem ser considerados nos processos administrativos punitivos.

Devem ser igualmente avaliadas as condições subjetivas do agente público, como, por exemplo, seus antecedentes funcionais ou qualquer ato que pudesse comprometer sua probidade, e se o agente público se beneficiou ou se locupletou a partir de eventual ilícito praticado.

Sob outro ângulo, não podem os órgãos de controle desconsiderar as circunstâncias fáticas da época da conduta do agente público. Não raro a decisão mais correta a ser tomada fica mais fácil de ser visualizada no momento do controle *a posteriori*.

Enfim, a autoridade punitiva não é mera aplicadora formal da lei. É imperioso que se examine circunstancialmente todos os elementos fáticos e parâmetros acima cogitados antes de se imputar responsabilidades aos agentes públicos que atuam nos processos de contratação pública.

Importante anotar, ainda, que os atos dos agentes públicos que atuam nos processos de contratação pública são dotados de presunção de legitimidade e veracidade. Tal *presunção*, atributo comum a todos os atos administrativos, explica-se em razão da própria finalidade última do Estado – atender aos interesses públicos –, da qual se infere a exigência lógica e pragmática de que seus atos se considerem "emitidos com observância da lei"[4] e, não menos importante, que se presumam "verdadeiros os fatos alegados pela Administração",[5] *até prova em contrário*.

4. Maria Sylvia Zanella Di Pietro, *Direito Administrativo*, 13ª ed., São Paulo, Atlas, 2001, p. 182.

5. Idem, ibidem.

7.1.14 A Comissão de Licitação. Funções e apoio

A Comissão de Licitação é o órgão que julgará as propostas e examinará os documentos de habilitação. O ato da nomeação dos seus membros deve também constar no processo. Atente-se para o fato de que no caso do pregão não se fala em Comissão, mas na figura do pregoeiro e da sua equipe de apoio.

A Lei 8.666/1993 fixa os parâmetros funcionais das comissões julgadoras das licitações públicas. Segundo o inciso XVI do art. 6º, a Comissão de Licitação, seja permanente ou especial, tem a precípua função de receber, examinar e julgar todos os documentos e procedimentos relativos às licitações e ao cadastramento de licitantes.

É indiscutível, portanto, que é a Comissão de Licitação que emitirá o juízo final de valor quanto à documentação apresentada pelos licitantes, seja na fase de habilitação, seja no que se refere ao julgamento das propostas técnicas ou de preço.

De outro lado, pode a Comissão de Licitação, visando ao interesse na correção da decisão administrativa, valer-se de auxílio técnico para garantir a consecução dos interesses juridicamente protegidos pelo julgamento adequado dos documentos apresentados. É absolutamente comum e natural que isso ocorra.

Neste sentido, a busca do auxílio encerra um poder-dever de bem julgar, produzindo o máximo de eficiência à ação dos agentes da Administração. Este mecanismo visa a subsidiar a Comissão de Licitação de informações técnicas para realizar o adequado julgamento das propostas dos licitantes.

7.1.15 Comissões de Licitação nas entidades da Administração Pública indireta

Constitui prerrogativa dos administradores das entidades que integram a Administração indireta decidir quanto à estruturação de suas Comissões de Licitação bem como aos aspectos remuneratórios dos seus integrantes. A constituição das Comissões de Licitação, indicação de pregoeiros e equipes de apoio constituem atos de gestão de cada uma das entidades.

A contrario sensu, significa dizer que não pode a Administração direta determinar a composição da Comissão de Licitação de uma entidade da Administração indireta. Fazê-lo impositivamente significa interferir na autonomia das entidades vinculadas. O limite de controle é o da tutela administrativa, não se sujeitando a ingerências indevidas que escapem do controle finalístico a que se submetem.

Nada impede, contudo, que um membro da Administração Pública direta participe da Comissão de Licitação de uma entidade vinculada. Porém isto não poderá decorrer de ato impositivo, mas de consenso que decorra, também, de ato de vontade dos dirigentes da entidade vinculada.

7.1.16 Elaboração das minutas de edital e contrato

O passo seguinte é a elaboração da minuta do edital (que deve observar o roteiro previsto no art. 40 da Lei 8.666/1993) e da minuta do contrato (que deve observar o roteiro previsto no art. 55 da Lei 8.666/1993).

Como em várias licitações as cláusulas são as mesmas, o ideal é que sejam elaboradas minutas-padrão para conferir uniformidade aos certames e para otimizar o tempo dos agentes públicos. Normalmente estas minutas-padrão são elaboradas pelos órgãos jurídicos (exemplos: Procuradorias do Estado, do Município, Advocacia-Geral da União).

As minutas-padrão concretizam o princípio da eficiência, eis que otimizam o trabalho da Administração, e o da isonomia, evitando que se dê tratamento diferenciado em cada edital.

Quando se cogita da padronização de minutas e editais deve-se ter em mente que não se trata de mera reprodução da lei. A elaboração de editais e contratos deve ser orientada por maior detalhamento e aperfeiçoamento, solucionando problemas recorrentes. Questões polêmicas devem, tanto quanto possível, ser dirimidas nos editais e contratos, incorporando os entendimentos jurídicos consolidados dos órgãos ou mesmo as orientações dos Tribunais de Contas incontroversas. Tudo isso contribui para incrementar a segurança jurídica para os licitantes e para a própria Administração Pública.

Quando a licitação comportar maiores detalhamentos (principalmente de natureza técnica) poderá ser elaborado edital adaptado às especificidades do caso concreto.

7.1.17 A assinatura do edital

Importante averiguar o agente público responsável pela assinatura do edital. A praxe administrativa admite que seja o pregoeiro/presidente da Comissão de Licitação ou a autoridade superior. O entendimento mais adequado parece sinalizar que a autoridade superior seja a responsável pela licitação, o que pressupõe a assinatura do edital.

Observe-se que dentre as atribuições da Comissão de Licitação, previstas no art. 6º, XVI, da Lei 8.666/1993, encontram-se as funções de receber, examinar e julgar todos os documentos e procedimentos relativos às licitações e ao cadastramento dos licitantes, não tendo sido prevista competência para assinatura do edital.

Ora, o edital reflete o posicionamento da Administração Pública estadual sobre as regras que nortearão o certame, e deve guardar simetria, em termos de competência, com o contrato administrativo. Daí se sustentar que quem assina o contrato também deverá assinar o edital – o que significa dizer que se responsabiliza, como autoridade máxima, pelas decisões e posições assumidas na licitação e no termo contratual.

A autoridade superior, na qualidade de responsável pela licitação e pelo subsequente contrato administrativo, deve participar ativamente das etapas do certame, não sendo razoável que sua atuação se limite à simples homologação do certame.

Mas cabe alertar que em vários entes públicos a praxe administrativa é o pregoeiro ou mesmo o presidente da Comissão de Licitação assinar o edital. A despeito de não se abonar a tese, o fato é que o tema não vem sendo objeto de maiores questionamentos, invocação de nulidade ou, mesmo, irregularidade nas licitações.

7.1.18 Análise jurídica do edital e do contrato

Ao final da fase interna faz-se necessário que o órgão jurídico analise as minutas de edital e contrato (art. 38, VI, e parágrafo único, da Lei 8.666/1993), além de todos os demais atos praticados até o momento. O objetivo, aqui, é sanar eventuais falhas cometidas na instrução do processo, evitando que a licitação seja frustrada em momento posterior. Trata-se de importante e obrigatória etapa do controle preventivo de legalidade e juridicidade no processo de contratação pública, cujo objetivo é sanar os vícios e falhas cometidos na fase interna.

Em sede de controle jurídico não cabe ao parecerista adentrar a valoração dos critérios técnicos, políticos, econômicos e financeiros dos respectivos agentes públicos competentes, sob pena de desvirtuar os limites da sua própria atuação profissional, sempre balizada por critérios e parâmetros jurídicos.

Em outros termos: a elaboração do *parecer jurídico*, que exerce a função primordial de controle interno da legalidade, deve cumprir seu mister, examinando detalhadamente todos os aspectos de natureza jurídica do processo administrativo da contratação pública, observados os espaços de competência discricionária reservados aos agentes políticos e as atribuições e *expertises* das demais áreas técnicas, que, por óbvio, escapam de uma apreciação estritamente jurídica.

A circunstância de o processo de contratação pública ser multidisciplinar, a exigir do advogado público – e de todos os outros agentes públicos com distintas formações – permanente interação e troca de conhecimentos, para a melhor compreensão das questões relevantes, não o torna corresponsável ou partícipe indireto de atos que não lhe compete praticar e para o qual sequer foi investido.

Os órgãos jurídicos devem se manifestar não apenas nas licitações, mas também nos processos de contratação direta. Se para a regra é indispensável o controle interno de legalidade exercido pelo advogado público, com muito mais razão o parecer jurídico deve ser exigido na exceção, ou seja, nas hipóteses de contratação direta.

Os pareceres jurídicos devem examinar concretamente os documentos que integram o processo administrativo, evitando-se manifestações sintéticas com despachos de mera concordância e que não demonstrem a efetiva análise que deve ser empreendida pelo parecerista. Nada obsta a que para situações corriqueiras e repetitivas o parecer também obedeça a um mesmo padrão, desde que sempre examinados concretamente os documentos de cada processo e eventuais singularidades do caso concreto.

7.1.19 Os parâmetros de responsabilização dos advogados públicos

O parecer jurídico a que se refere o art. 38, parágrafo único, da Lei 8.666/1993 é obrigatório mas não vinculante ao gestor. A despeito de interpretações jurídicas que enxergam uma responsabilidade solidária dos pareceristas por todos os atos praticados durante o processo de contratação pública, acolhe-se o entendimento no sentido de que eventual responsabilização do advogado público deve se limitar às hipóteses de erro grosseiro ou má-fé.

Afinal, responsabilizar o advogado público pela emissão de opiniões técnicas, em especial quando amparado em interpretação razoável, doutrina ou, mesmo, jurisprudência (ainda que não pacificada), é torná-lo solidário com atos que escapam do seu conhecimento e domínio técnico.

7.1.20 Os requisitos do art. 16 da Lei de Responsabilidade Fiscal/LRF

Com o advento da Lei Complementar 101, de 4.5.2000 – Lei de Responsabilidade Fiscal/LRF –, houve o acréscimo de outras exigências envolvendo a compatibilidade com o sistema orçamentário e que devem constar da fase interna das licitações.

É o que se depreende do art. 16 da LRF, que estabeleceu que, se a licitação envolver a criação, expansão ou aperfeiçoamento de ação governamental que acarrete aumento de despesa, a fase interna deverá conter dois novos documentos: (i) a estimativa do impacto orçamentário-financeiro no exercício em que deva entrar em vigor e nos dois subsequentes; (ii) declaração do ordenador da despesa de que o aumento tem adequação orçamentária e financeira com a Lei Orçamentária Anual e compatibilidade com o Plano Plurianual e com a Lei de Diretrizes Orçamentárias.

O objetivo do dispositivo – como, de resto, da própria Lei de Responsabilidade Fiscal – foi o de evitar a ocorrência de despesas que pudessem comprometer o equilíbrio orçamentário, além de explicitar a necessidade do planejamento como premissa e diretriz nas despesas públicas.

Sucede que, apesar de o § 4º do citado art. 16 prescrever que tais requisitos se constituem em condição prévia para empenho e licitação de serviços, fornecimento de bens ou execução de obras, fato é que não são todas as licitações e contratações que reclamarão a exigência de tais documentos.

Mas o § 4º do art. 16 da LRF não deve ser interpretado isoladamente, senão a partir dos parâmetros fixados no *caput* do dispositivo, eis que ali se encontra o núcleo do comando normativo. Em outros termos, significa dizer que os documentos arrolados nos incisos I (estimativa do impacto orçamentário-financeiro no exercício em que deva entrar em vigor e nos dois subsequentes) e II (declaração do ordenador de despesa de que o aumento tem adequação orçamentária e financeira com a Lei Orçamentária Anual e compatibilidade com o Plano Plurianual e com a Lei de Diretrizes Orçamentárias) somente podem ser exigidos quando restar demonstrado que ocorreu criação, expansão ou aperfeiçoamento de uma ação governamental que tenha gerado aumento de despesa.

Necessário estabelecer os parâmetros da despesa pública que se enquadra como sendo uma "ação governamental". O entendimento que tem prevalecido é no sentido de que as despesas ordinárias, rotineiras e habituais não se enquadram como ações governamentais, como já teve a oportunidade de decidir o TCU:

> Portanto, na linha do entendimento doutrinário citado, entendo que as despesas ordinárias e rotineiras da Administração Pública, já previstas no orçamento, destinadas à manutenção das ações governamentais preexistentes, prescindem da estimativa de impacto orçamentário-financeiro de que trata o art. 16, I, da LRF. (...).
>
> Volto a frisar, porém, que não são todas as licitações que geram criação, expansão ou aperfeiçoamento da ação governamental e que muito menos geram aumento de despesa, e, portanto, não é qualquer licitação que se subsume à aplicação do art. 16 da Lei Complementar n. 101/2000.[6]

Nesta ordem de reflexões, é razoável sustentar que a ideia de ação governamental está diretamente ligada à finalidade institucional do órgão ou entidade contratante. Importante delimitar a distinção entre criação, expansão e aperfeiçoamento de ação governamental.

A criação de ação governamental revela o desenvolvimento de um novo programa ou projeto. Imagine-se, por exemplo, um programa de apoio ao pequeno agricultor criado em função de uma nova demanda social.

A expansão sugere o aumento "quantitativo" de uma contratação já existente. Seria o caso de um programa que oferecesse leite na escola, cujos contornos originais seriam mantidos, mas que passaria também a atender a outras regiões que não estavam previstas na concepção inicial.

O aperfeiçoamento sinaliza para um aumento "qualitativo" da ação governamental implementada. Assim, um programa de governo que inicialmente oferecia remédios em casa passa também a englobar o médico de família, modificando sua feição original.[7]

Mas é preciso, ainda, que este processo de contratação gere aumento de despesa. Significa dizer que a criação, expansão ou aperfeiçoamento de ação governamental que venham a ser acrescidas à execução orçamentária do exercício vigente é que deverão atender ao disposto nos incisos I e II do art. 16 da LRF.

6. TCU, Acórdão 1.256/2004, rel. Min. Augusto Sherman Cavalcanti.

7. Buscou-se aqui utilizar os conceitos já existentes de alteração "quantitativa" e "qualitativa", mencionados no art. 65, I, "a" e "b", da Lei 8.666/1993. No mesmo sentido é a lição de Luciano Ferraz: "No *caput* do art. 16 está previsto que a criação (assunção de nova obrigação), a expansão (aumento quantitativo) ou o aperfeiçoamento (aumento qualitativo) da ação governamental deverão ser acompanhados de (...)" (*Lei de Responsabilidade Fiscal. Abordagens Pontuais*, Belo Horizonte, Del Rey, 2000, p. 165).

Demais disso, fica claro que deve ser um processo de contratação que não se esgota naquele exercício financeiro, eis que se assim fosse não haveria razão para exigir estimativa do impacto orçamentário-financeiro no exercício e nos dois subsequentes. Evidencia, portanto, uma ação de efeito prolongado, e que se estende por mais de um exercício financeiro.

As despesas consideradas irrelevantes também não necessitam da comprovação das exigências previstas no art. 16 da LRF, a teor do § 3º do próprio dispositivo. A fixação da despesa irrelevante será fornecida pela Lei de Diretrizes Orçamentárias.

Entende-se que se o caso concreto comportar dúvida razoável em relação à aplicabilidade, ou não, do art. 16 da LRF –vale dizer, se não houver certeza quanto ao fato de o objeto da contratação se enquadrar, ou não, nos parâmetros fixados nesse diploma legal – sugere-se, como medida de prudência, que o gestor atenda aos requisitos legais, a fim de prevenir eventuais responsabilizações.

Esses requisitos serão obrigatórios também nos processos de contratação direta (por dispensa ou inexigibilidade), desde que se configure a hipótese do *caput* do art. 16 da LRF; afinal, nada justificaria seu afastamento pelo simples fato de não se realizar procedimento licitatório.

Sendo ou não o caso de atendimento do art. 16 da LRF, parece salutar que na fase interna de todas as contratações administrativas conste justificativa atestando o cabimento, ou não, da exigência. Tal medida atende ao princípio da motivação e facilita a compreensão dos órgãos de controle, conferindo maior transparência à atuação administrativa.

A estimativa a que se refere o inciso I do art. 16 da LRF deve ser acompanhada das premissas e metodologias de cálculo, a teor do que dispõe o § 2º. A ideia, aqui, é descrever o método e os critérios utilizados para elaborar a estimativa, razão pela qual deve ser um documento claro e motivado, a fim de permitir que se faça aferição de razoabilidade acerca das suas conclusões.

Como o próprio nome já sinaliza, a estimativa envolve certa projeção de futuro, não se podendo imaginar que sempre corresponderá rigorosamente ao que ocorrerá na realidade. Daí cogitar-se de que tal estimativa considere a formulação de várias hipóteses e cenários, de modo a considerar as possíveis variáveis de impacto orçamentário nos futuros exercícios financeiros. Isto não autoriza, por óbvio, que seja um documento elaborado em bases irreais e despido de critérios técnicos.

Deverá ser um documento elaborado por agente dotado de conhecimento técnico para elaborá-lo, mais se aproximando da competência dos órgãos financeiros e de contabilidade. Não parece ser ato de competência do ordenador de despesas, eis que se assim fosse teria o legislador expressamente estabelecido, como fez na hipótese do inciso II do art. 16 da LRF.

O segundo documento a ser produzido é a declaração do ordenador de despesa de que o aumento tem adequação orçamentária e financeira com a Lei Orçamentária Anual e compatibilidade com o Plano Plurianual e com a Lei de Diretrizes Orçamentárias.

O significado do que seja "adequação com a Lei Orçamentária Anual" é dada pelo próprio § 1º, I, do art. 16 da LRF, ao prescrever que será "a despesa objeto de dotação específica e suficiente, ou que esteja abrangida por crédito genérico, de forma que somadas todas as despesas da mesma espécie, realizadas e a realizar, previstas no programa de trabalho, não sejam ultrapassados os limites estabelecidos para o exercício".

Do mesmo modo, o § 1º, II, do art. 16 definiu que será compatível com o Plano Plurianual e a Lei de Diretrizes Orçamentárias a despesa que se conforme com as diretrizes, os objetivos e prioridades e metas previstos nesses instrumentos e não infrinja qualquer de suas disposições.

Especial cautela deve ser conferida às restrições normalmente contidas na Lei de Diretrizes Orçamentárias, que não raro vedam a destinação de recursos em diversas situações. Esta é uma averiguação mais fácil do que a de compatibilidade com o Plano Plurianual, eis que suas diretrizes e metas são, no mais das vezes, dotadas de caráter genérico e podem dificultar o cotejo para fins de atendimento da norma citada.

Daí ser correta a linha de interpretação adotada por Jorge Ulisses Jacoby Fernandes no sentido de que a norma deve ser lida considerando compatível com o Plano Plurianual, no que couber.[8]

7.1.21 O descumprimento do art. 16 da LRF e as suas consequências

O art. 15 da LRF considerou não autorizadas, irregulares e lesivas ao patrimônio público a geração de despesa ou assunção de obrigação que não atenda ao disposto nos arts. 16 e 17.

A primeira preocupação que surge é a de saber se esta é uma presunção absoluta (que decorreria de uma interpretação acentuadamente literal) ou relativa (fruto de uma interpretação teleológica).

8. Jorge Ulisses Jacoby Fernandes, *Responsabilidade Fiscal na Função de Ordenador de Despesas, na Terceirização de Mão de Obra e na Função do Controle Administrativo*, Brasília, Brasília Jurídica, 2001, p. 36.

Na primeira exegese poder-se-ia dizer que o simples descumprimento do art. 16 acarretaria a nulidade da contratação e a apuração de responsabilidade do gestor público, independentemente de lesão ou prejuízo ao Erário. A própria lei já teria atribuído a consequência jurídica desejada ao não atendimento do requisito legal.

Na segunda exegese poder-se-ia considerar lesivo ao Erário apenas no caso de se confirmar que o não atendimento do art. 16 da LRF decorreu de irresponsabilidade na assunção da obrigação – comprometendo a diretriz de prudência fiscal desejada pelo legislador – e causando efetivo prejuízo ao Erário. Esta segunda linha de interpretação parece mais adequada, porquanto seria contrário ao próprio interesse público anular uma contratação que não provocou nenhum dano ao Erário em razão de uma irregularidade de ordem estritamente formal. Trata-se da aplicação do princípio *pas de nullité sans grief*.

Observe-se que a omissão do ordenador de despesa na emissão da declaração de sua competência não foi tipificada como crime pela Lei 10.028, de 19.10.2000 – que criminalizou diversas condutas previstas na Lei de Responsabilidade Fiscal –, o que não afasta a possibilidade do seu enquadramento como ato de improbidade administrativa, em especial no art. 10, IX e X, da Lei 8.429, de 2.6.1992, podendo acarretar responsabilização na esfera cível e administrativa.

7.1.22 Limitações impostas pelo art. 42 da LRF e pelo art. 73 da Lei Eleitoral

As licitações sofrem restrições quando ocorrem no período das eleições. A Lei de Responsabilidade Fiscal e a Lei Eleitoral criam limitações para os gestores realizarem procedimentos licitatórios com vistas a, respectivamente, não comprometer o equilíbrio orçamentário do sucessor e não interferir na realização das eleições.

A LRF veda que titulares de poder ou órgão referidos no seu art. 20 assumam compromissos nos últimos oito meses de mandato sem lastro financeiro, conforme expressamente previsto no art. 42.

A vedação legal a que se refere o art. 42 da LRF decorre do princípio de responsabilidade na gestão fiscal, cuja finalidade é a manutenção do equilíbrio das contas públicas, evitando a prática lesiva da contração de elevadas despesas no fim do mandato, comprometedoras da gestão financeira dos entes públicos pelo agente político sucessor.[9]

9. O descumprimento da obrigação legal acarreta graves consequências para o agente político, com repercussões na esfera penal e no campo da improbidade

Ademais, pelos *princípios democrático* e *da legitimidade*, impõe-se que as despesas sejam limitadas ao mandato do atual chefe do Executivo, sob pena de se comprometer o recebimento de receitas futuras com o atual programa político (conflito intergeracional), posto que destinadas ao atendimento de programas a serem executados por futuros governos.

Oportuno registrar que a análise das restrições aplicáveis depende do exame dos tipos de obrigações de despesas que o agente público pretende contrair dentro dos últimos oito meses de mandato e da disponibilidade de caixa a ser deixada para honrar o pagamento das parcelas a vencer nos exercícios seguintes.

Sempre houve grande divergência a respeito de qual ato da Administração Pública deve ser considerado para fim das restrições do art. 42 da LRF. Resumidamente, três entendimentos distintos podem ser extraídos da interpretação do referido dispositivo legal: (a) só poderia ser considerada contraída a obrigação no momento da sua liquidação com base nos arts. 62 e 63 da Lei 4.320/1964;[10] (b) o próprio empenho, ato pelo qual é criada a obrigação de pagamento, deve ser considerado para fins de interpretação do art. 42 da LRF;[11] (c) o próprio contrato é o ato que deve ser considerado para fins de interpretação do art. 42 da LRF.

Adota-se aqui o entendimento de que o ato da autoridade que estabelece direitos, obrigações e responsabilidades das partes, criando obrigação de pagamento, é o contrato administrativo. Com efeito, a obrigação é efetivamente contraída no momento da formalização do contrato administrativo.

Tratando-se, contudo, de tema que comporta mais de uma interpretação razoável, é importante observar se a Lei de Diretrizes Orçamentárias do ente público tratou do tema, bem como conhecer a orientação do Tribunal de Contas competente.

administrativa, a teor do disposto no art. 359-C do CP, bem como no art. 10, IX, da Lei 8.429/1992. A Lei 8.429/1992 prevê o seguinte: "Art. 10. Constitui ato de improbidade administrativa que causa lesão ao Erário qualquer ação ou omissão, dolosa ou culposa, que enseje perda patrimonial, desvio, apropriação, malbaratamento ou dilapidação dos bens ou haveres das entidades referidas no art. 1º desta Lei, e notadamente: (...); IX – ordenar ou permitir a realização de despesas não autorizadas em lei ou regulamento; (...)".

10. Neste sentindo: J. Teixeira Machado Jr. e Haroldo da Costa Reis, "A Lei 4.320 comentada", *apud* Clayton Arruda de Vasconcelos, *Art. 42 da Lei de Responsabilidade Fiscal: Aspectos Controversos*, Brasília, 2010 (disponível em *www.portal2.tcu.gov.br/portal/pls/portal/docs/2054778.PDF*, acesso em 13.2.2014, p. 11).

11. Este entendimento já prevaleceu no TCU, como se extrai do Acórdão 2.354/2007 (Processo 002.798/2007-0), Plenário, rel. Min. Ubiratan Aguiar.

Para as despesas relativas à obrigação prevista no Plano Plurianual cuja duração se estenda além de um exercício deve ser providenciado o empenho das despesas que ocorrerem no exercício e disponibilidade financeira para o pagamento de tal valor. O pagamento, nestes casos, pode ocorrer no mesmo ano ou no seguinte, com os recursos deixados em caixa.[12]

Já, as obrigações de despesa não previstas no Plano Plurianual ou que não sejam preexistentes e essenciais à manutenção da Administração são dívidas novas, que impactam o orçamento e as disponibilidades de caixa futuros, e, por isso, os valores de tais despesas devem ser deixados integralmente em caixa no último dia do ano do mandato.

Parece razoável compreender que o art. 42 da LRF é aplicável apenas aos agentes políticos cujos mandatos se encerram no referido exercício. Um exemplo permite compreender a questão: o art. 42 é inaplicável aos Municípios quando as eleições ocorrem apenas no plano federal e estadual. O suporte fático que fundamenta a norma é a circunstância de o agente político estar no último ano de mandato, não fazendo sentido estender seu campo de abrangência para toda e qualquer eleição.

Outra regra limitadora da atuação governamental é a expressa no art. 73, VI, "a", da Lei 9.504/1997, proibindo aos agentes públicos, servidores ou não, que nos três meses que antecedem o pleito realizem transferência voluntária de recursos da União aos Estados e Municípios e dos Estados aos Municípios, sob pena de nulidade de pleno direito, ressalvados os recursos destinados a cumprir obrigação formal preexistente para execução de obra ou serviço em andamento e com cronograma prefixado e os destinados a atender a situações de emergência e calamidade pública.

A não observância da vedação legal de transferência voluntária de recursos nos três meses que antecedem o pleito pode acarretar a suspensão imediata da conduta vedada e sujeitar os responsáveis a multa, que pode variar de 5.000 a 100.000 UFIRs, conforme prescreve o § 4º do art. 73 da Lei 9.504/1997.

A finalidade da norma é evitar que essas transferências de recursos criem vantagens eleitorais para os agentes políticos que estiverem no exercício dos mandatos, afetando a isonomia nos pleitos eleitorais. Por-

12. Entendimento expresso no Processo 300.469-1/01 e aprovado pelo Conselho Superior de Administração do Tribunal de Contas do Estado do Rio de Janeiro em sessão administrativa extraordinária realizada em 12.3.2002. Este entendimento permanece sendo adotado pelo TCE/RJ, como se depreende do voto proferido nos autos do Processo 215.993-3/13, de relatoria do Cons. Júlio L. Rabello.

tanto, o que se pode depreender é que o referido dispositivo legal busca resguardar: (i) a igualdade entre os candidatos; (ii) o uso de recursos públicos para fins de favorecimento de algum candidato.

Importante ressaltar que o Tribunal Superior Eleitoral/TSE tem entendimento no sentido de que tal vedação não se estende aos casos em que a execução das obras já foi iniciada fisicamente.[13]

Note-se também que a vedação se circunscreve às *transferências voluntárias*, cuja definição legal vem expressa no art. 25 da LRF como sendo "a entrega de recursos correntes ou de capital a outro ente da Federação, a título de cooperação, auxílio ou assistência financeira, que não decorra de determinação constitucional, legal ou os destinados ao Sistema Único de Saúde".

A expressão "transferência voluntária" engloba, portanto, os repasses de recursos financeiros entre os entes federativos, que podem ser instrumentalizados por meio de convênios ou contratos de repasse, com a finalidade de executar objetos de interesse comum, inclusive obras e serviços.

Como a literalidade da expressão indica, a "transferência voluntária" depende do elemento volitivo de um ente federativo no repasse de recursos financeiros em regime de cooperação, auxílio ou assistência financeira.

A obtenção de financiamento não se enquadra no conceito de transferência voluntária, pois neste caso o ente público não recebe a verba em regime de cooperação ou auxílio, sem a obrigação de devolução em momento posterior. Trata-se de operação financeira na qual a instituição financiadora fornece recursos para o ente público com vistas a executar um objeto específico – por exemplo, uma obra pública.

7.2 Fase externa

7.2.1 Conceito

A fase externa inicia no momento em que a Administração leva ao conhecimento de terceiros sua intenção de celebrar um contrato, com a publicação do edital, dando aos interessados ciência da instauração da licitação e concitando-os a formularem uma proposta de preço. Passa-se ao exame das principais etapas da fase externa.

13. TSE, Acórdãos 25.324, de 7.2.2006, rel. Min. Gilmar Mendes; 21.908, de 31.8.2004, rel. Min. Peçanha Martins; 22.284, de 29.6.2006, rel. Min. Carlos Eduardo Caputo Bastos.

7.2.2 *A realização de audiência pública*

O art. 39 da Lei 8.666/1993 determina que nas licitações ou para um conjunto de licitações simultâneas (aquelas com objetos similares e com realização prevista para intervalos não superiores a 30 dias) ou sucessivas (aquelas em que, também com objetos similares, o edital subsequente tenha data anterior a 120 dias após o término do contrato resultante da licitação antecedente) de valor estimado superior a 100 vezes o limite previsto no art. 23, I, "c", deverá a autoridade responsável realizar audiência pública.

O objetivo é permitir que todos os interessados (licitantes ou não) tenham o direito de se manifestar e acessar todas as informações pertinentes ao certame.

A audiência deve ser realizada com antecedência mínima de 15 dias úteis da data prevista para a publicação do edital e divulgada, com a antecedência mínima de 10 dias úteis de sua realização, pelos mesmos meios previstos para a publicidade da licitação.

Essa ferramenta permite a construção de uma relação dialógica com os operadores econômicos e com a própria sociedade, concretizando o princípio republicano e viabilizando a participação dos administrados, o que legitima e confere transparência às opções eleitas pelo gestor.

Apesar de a lei fixar a obrigatoriedade apenas nos casos de elevada expressão econômica e no patamar determinado no referido dispositivo legal, não há vedação para que a autoridade competente promova discricionariamente a realização de audiência pública mesmo em valores inferiores, tudo com vistas a conferir legitimidade e transparência à contratação, devendo observar os prazos fixados na lei.

A não realização de audiência pública quando obrigatória é, como regra, causa de nulidade da licitação, eis que suprime um direito fundamental dos cidadãos e da sociedade, de acesso e discussão prévia sobre as decisões políticas, sociais, econômicas, financeiras e jurídicas contidas em licitações de grande porte.

As sugestões e críticas direcionadas às minutas de edital e contrato não são vinculantes. Dito em outros termos: remanesce um espaço discricionário para o gestor avaliar sobre o acolhimento, ou não, das contribuições que recebe por intermédio da consulta pública.

O que não pode é o cidadão, a instituição ou, mesmo, o operador econômico não terem uma resposta motivada sobre as razões do não acolhimento das suas contribuições. É decorrência do princípio da motivação a explicitação das razões de eventual rejeição das contribuições, sob pena de a finalidade da audiência pública restar inteiramente esvaziada.

A consequência lógica do acolhimento da sugestão formulada na audiência pública é a necessária modificação na minuta do edital e do contrato.

7.2.3 Publicação do aviso e o prazo mínimo para a realização da licitação

Quando a audiência pública não é obrigatória (o que é a regra na maior parte das licitações) a fase externa começa a partir da publicação do aviso do edital nos meios oficiais de divulgação. É a partir dessa divulgação que os potenciais licitantes e a sociedade em geral ficam cientes do interesse da Administração Pública em licitar determinado objeto.

O aviso do edital contém um resumo das principais informações sobre a licitação, como seu objeto, data da realização da licitação, local no qual o edital poderá ser adquirido. Este aviso deverá ser publicado no *Diário Oficial* da respectiva unidade da Federação e em jornal de grande circulação, na forma do regramento previsto no art. 21 da Lei 8.666/1993.

Entre a data da publicação do aviso e a data de realização da sessão pública de recebimento dos envelopes deve, obrigatoriamente, ser observado um prazo mínimo fixado pelo legislador. Esse prazo mínimo tem por objetivo permitir que os licitantes se preparem adequadamente para participar do certame, reunindo os documentos de habilitação, formulando suas propostas de preços, e, quando admitida a participação em consórcio, a coordenação entre as empresas interessadas em participar do certame, com o somatório das suas forças e *expertises*.

Esse prazo é variável de acordo com a complexidade do objeto e da própria modalidade, o que não passou despercebido pelo legislador, que no art. 21 da Lei 8.666/1993 fixou esse prazo mínimo considerando a natureza da modalidade e o critério de julgamento da licitação.

Entretanto, após a publicação do edital nos meios oficiais de divulgação é muito comum que a Administração Pública perceba a necessidade de alterar suas cláusulas quando a sessão pública já tem data designada.

Esse legítimo direito da Administração Pública de corrigir algum item ou cláusula que esteja em desacordo com a ordem jurídica em vigor decorre do seu poder de autotutela ou, mesmo, do exercício de sua competência discricionária para reexaminar os aspectos de conveniência e oportunidade acerca das características da licitação descritas no edital.

Quando essas alterações ocorrem após a publicação do edital é possível distinguir duas situações: (i) se as modificações não afetarem o direito dos interessados em participar da licitação, a data da licitação pode ser mantida, não sendo necessário reabrir o prazo mínimo entre a publicação do edital e a sessão pública; (ii) se as modificações afetarem diretamente o direito dos interessados, repercutindo em aspectos como a habilitação ou a formulação das suas propostas, o edital deve ser republicado e reaberto, com novo prazo mínimo a contar da publicação das alterações do edital, designando-se nova data da sessão pública.

O objetivo de novo prazo mínimo é viabilizar que os potenciais licitantes possam, em tempo razoável, avaliar e conhecer os novos termos do edital, elaborar sua proposta de preços e preparar sua documentação de habilitação, tudo com vistas a que participe da licitação o maior número possível de concorrentes.

A não observância de novo prazo mínimo viola os princípios da isonomia, competitividade e legalidade e é causa de nulidade da licitação.

O princípio da isonomia é violado na exata medida em que se cria um privilégio injustificável para as empresas que, eventualmente, sejam menos afetadas por essas alterações posteriores e que poderão, via de consequência, se apresentar na sessão designada com expressiva vantagem comparativa. Ao revés, as empresas mais afetadas pelas alterações podem até ser alijadas da licitação, pelo pouco tempo para refazer suas propostas ou, mesmo, para reordenar sua documentação de habilitação. O princípio da competitividade é violado em razão da potencial restrição à participação de licitantes, inibindo a desejável concorrência. O princípio da legalidade é violado em razão da expressa disposição legal que determina a reabertura do prazo, consoante prescreve o art. 21, § 4º, da Lei 8.666/1993.

7.2.4 A publicidade é do edital, e não de todos os atos da fase interna

A exigência da legislação é a divulgação do edital, e não de todos os atos que o antecedem e compõem a fase interna do certame. A publicidade é formalizada por meio da publicação do extrato do edital no *Diário Oficial*.

Não há obrigatoriedade legal que induza o dever da Administração Pública de disponibilizar a fase interna da licitação a todos os licitantes, eis que esses atos contêm documentos que, caso conhecidos pelos potenciais interessados antes da realização do certame, podem comprometer o objetivo de seleção da proposta mais vantajosa.

A posição ora adotada não viola o princípio da transparência, eis que os licitantes devem ter conhecimento de toda a instrução do processo, mas no momento oportuno, que, certamente, não é durante a realização do certame. Trata-se de aplicação similar à do orçamento sigiloso no Regime Diferenciado de Contratação/RDC.

No caso de um determinado licitante, seja pela via administrativa ou judicial, obter cópia de todos ou de algum documento da fase interna, o mesmo direito deve ser estendido aos demais, sob pena de violação ao princípio da isonomia.

7.2.5 Impugnação e pedido de esclarecimento

Com o conhecimento do edital abre-se a possibilidade de os licitantes, se assim desejarem, impugná-lo ou elaborar pedido de esclarecimento. De outro modo, na impugnação o licitante manifesta sua discordância em relação ao edital e aponta eventual vício detectado nos seus termos. No pedido de esclarecimento não há propriamente uma irresignação do licitante, mas uma dúvida que pretende ver esclarecida pela Administração Pública.

Convém salientar que qualquer cidadão poderá, também, impugnar o edital. A diferença é que neste caso o pedido deverá ser protocolado em até cinco dias úteis antes da data fixada para a abertura dos envelopes de habilitação, ao passo que para os licitantes o prazo será até o segundo dia útil que anteceder a realização da sessão pública (art. 41, §§ 1º e 2º, da Lei 8.666/1993). Caso não seja observado o prazo o licitante decairá do direito de realizar a impugnação. Atente-se para o fato de que, apesar de a lei mencionar a expressão "decadência", trata-se de verdadeira preclusão administrativa.

O correto é que a Administração responda às impugnações e pedidos de esclarecimentos antes de iniciar a sessão, dando-se ciência a todos os demais licitantes das suas respostas. Se a Administração Pública acolher alguma impugnação, deverá elaborar novo edital e proceder a nova publicação do aviso.

O pedido de esclarecimento serve para dirimir dúvidas e interpretar normas editalícias, não se confundindo com a impugnação – esta, sim, destinada à irresignação contra os termos do ato convocatório. O fundamento legal do pedido de esclarecimento encontra-se no art. 40, VIII, da Lei 8.666/1993, que prevê como cláusula do edital o dever da Administração de fornecer elementos, informações e esclarecimentos relativos à licitação.

O prazo para o pedido de esclarecimento não foi expresso na Lei 8.666/1993, razão pela qual entende-se que, por analogia, deve ser idêntico ao prazo para impugnação ao edital, a saber, o segundo dia útil anterior à data fixada para abertura dos envelopes. O importante é o edital fixar com clareza as regras e prazos para que os licitantes possam exercitar seu legítimo direito de provocar a Administração Pública para solução de dúvidas ou, mesmo, questionamentos.

A resposta ao pedido de esclarecimentos e a própria impugnação são vinculantes, com a interpretação acolhida obrigando a Administração e os próprios licitantes. Nesse sentido já decidiu o STJ no REsp 198.665-RJ, ao determinar que "a resposta de consulta a respeito de cláusula do edital de concorrência pública é vinculante, desde que a regra assim explicitada tenha sido comunicada a todos os interessados ela adere ao edital".

É preciso apenas cautela com a resposta. Caso a interpretação dada configure mudança de cláusula (ainda que de forma tácita) será necessária a modificação do edital, com posterior republicação e reabertura do prazo mínimo. O que não pode é a Administração, na resposta à impugnação ou ao pedido de esclarecimento, modificar o edital por via transversa. Em outras palavras: o esclarecimento dado pela Administração não tem o condão de alterar os termos do edital, mas apenas o de indicar a interpretação correta entre as possíveis, sendo indispensável sua divulgação, para ciência dos demais interessados.

A impugnação ao edital é uma etapa de fundamental importância para os licitantes, já que é o momento adequado para os questionamentos e dúvidas que interfiram na sua participação.

O edital deve prever, ainda, a possibilidade de impugnação por *e-mail* ou *fac-símile*, com posterior remessa da versão escrita. São meios ágeis e seguros para comunicações à distância, facilitando o relacionamento com os licitantes que se situam em outras localidades.

7.2.6 A utilização do recurso como extemporâneo meio de impugnação ao edital

Um dos princípios que regem as licitações é o do procedimento formal, traduzido na ideia conceitual de que em um certame público têm-se vários atos encadeados e que o início de uma fase só pode ocorrer após o término da etapa anterior. Este é o conceito de *procedimento*.

E é exatamente com base neste princípio que há previsão expressa de uma fase para impugnação do edital ou, mesmo, para solicitação de pedidos de esclarecimentos, oportunidade conferida aos licitantes bem como a qualquer cidadão para exercer o controle externo sobre os atos da Administração Pública.

O recurso administrativo não pode ser utilizado de forma transversa pelos licitantes como meio extemporâneo de impugnação. A impugnação tem por objetivo questionar a legalidade da cláusula em tese. O recurso administrativo tem por objetivo irresignação contra uma decisão específica da Comissão de Licitação ou do pregoeiro que afetou diretamente os interesses de determinado licitante.

Essa postura é repudiada pelo ordenamento jurídico, que expressamente menciona a "decadência" do direito de impugnar o edital, não podendo essa posterior comunicação ter efeito de recurso, como disposto na parte final do § 2º do art. 41 da Lei 8.666/1993. A rigor, como dito, trata-se de preclusão, e não de decadência.

Essa preclusão não tem o condão de afastar a incidência do princípio da autotutela, porquanto pode a Administração anular seus próprios atos independentemente de provocação. Também não afasta o direito subjetivo do administrado de questionar a legalidade do edital. Apoia essa premissa o direito constitucional de petição, que pode ser exercido a qualquer tempo. Entretanto, nesses casos seu requerimento não pode ser recebido e processado como impugnação, em especial quando o faz de modo extemporâneo.

7.2.7 *Início da sessão pública*

Na data designada a Comissão receberá os licitantes e abrirá primeiramente os documentos de habilitação (lembre-se que no pregão ocorre o inverso). Os licitantes têm acesso aos documentos dos seus concorrentes, sendo muito comum que uns rubriquem os documentos dos outros.

A Comissão poderá examinar os documentos de habilitação na própria sessão ou poderá suspender a sessão para examiná-los reservadamente.

7.2.8 *A fase de habilitação*

7.2.8.1 *Conceito*

A habilitação é o momento no qual a Administração Pública verifica as condições dos proponentes e se preenchem os requisitos para celebrar um futuro contrato administrativo. Não se examina nesta etapa a proposta do licitante, mas apenas os requisitos definidos no edital em relação às condições pessoais dos licitantes; afinal, não pode a Administração se aventurar a contratar sem um mínimo de segurança. Em outras palavras: na fase de habilitação apenas as condições subjetivas do licitante são verificadas, a fim de aferir se aquele concorrente possui capacidade para a execução do objeto.

A fase de habilitação deve se limitar à verificação da capacidade do licitante de honrar os compromissos assumidos na execução contratual, repudiando-se outros requisitos que importem ofensa ou restrição à competitividade.

Toda e qualquer exigência na fase de habilitação deve se pautar pelo disposto no art. 37, XXI, da CF, que admite apenas as "exigências de qualificação técnica e econômica indispensáveis à garantia do cumprimento das obrigações". As questões relativas à interpretação da fase de habilitação devem tomar como ponto de partida o referido dispositivo constitucional.

A fase de habilitação é, portanto, instrumental, cujo único objetivo é verificar se o proponente preenche as condições expressamente previstas na legislação e no instrumento convocatório. Estas exigências não podem estar em descompasso com o objeto, sob pena de se utilizar esta etapa para fins estranhos aos da própria licitação.

7.2.8.2 *A fase de habilitação nos contratos de atribuição*

Os contratos de atribuição são aqueles ajustes nos quais a entidade pública não tem qualquer dispêndio financeiro, mas, ao revés, recebe recursos do contratado em razão da utilização de um bem público. São exemplos os contratos de concessão e permissão de uso ou mesmo de patrocínio/exposição de marcas ou produtos em órgãos públicos.

Nas licitações que antecedem os contratos de atribuição razoável presumir que a fase de habilitação deverá ser mais enxuta, possivelmente limitando-se apenas às exigências relativas à habilitação jurídica e à regularidade fiscal. É claro que apenas a situação concreta pode delinear os lindes das exigências, mas, a princípio, a fase de habilitação será mais singela do que nos contratos nos quais o ente público assume a posição de tomador do serviço ou de uma obra pública.

Explica-se: as exigências de qualificação técnica e econômico-financeira destinam-se a resguardar os entes públicos em relação à capacidade dos licitantes de executar o contrato. O foco é a preocupação com o conhecimento técnico e com a saúde financeira das sociedades empresárias.

Ora bem, nos contratos de atribuição é o particular quem paga para ter o direito de explorar um bem. Portanto, como regra, não interessa aos entes públicos adentrar a capacidade técnica ou mesmo o fôlego financeiro dos licitantes, eis que o futuro contratado não executará qualquer obra ou serviço, não sendo tais exigências indispensáveis à garantia do contrato, conforme prevê o art. 37, XXI, da CF.

O importante é que o contrato estabeleça que o não pagamento do valor devido suspende o direito de explorar o bem ou mesmo da veiculação publicitária em caso de patrocínio, o que assegura a proteção do interesse público em jogo.

Um exemplo permite compreender a questão. Imagine-se uma licitação cujo objeto seja a permissão de uso para a utilização de camarotes em um estádio de futebol. Não parece fazer sentido exigir dos potenciais licitantes a apresentação de atestados técnicos, balanços financeiros, índices contábeis. Basta que o instrumento contratual estabeleça que se o permissionário não pagar o valor devido o uso do bem será retomado pelo ente público.

7.2.8.3 *A habilitação e os princípios da proporcionalidade, motivação e competitividade*

A licitação é um procedimento de seleção da proposta mais vantajosa dentre licitantes que demonstrem aptidão para executar o objeto específico de uma contratação. Significa dizer, em outros termos, que as exigências contidas no edital em relação aos documentos de habilitação e que avaliam parâmetros como qualidade, preço, experiência, saúde financeira das sociedades empresárias, regularidade com o Fisco, impõem, naturalmente, restrições à competição no certame, eis que nem todas estarão aptas a atendê-los.

Não há qualquer ilegalidade em tais exigências. A competitividade não é um princípio absoluto, e comporta restrições no momento em que se delineia o objeto e na própria fase da habilitação. O que interessa para a Administração Pública é contratar com aqueles que demonstrem aptidão e capacidade para executar o objeto, com vistas a atender ao interesse público. O que o ordenamento jurídico não comporta são exigências imotivadas ou violadoras dos princípios que incidem sobre as licitações públicas.

Para evitar restrições irrazoáveis à competição, dois princípios são fundamentais no momento de definir os requisitos da fase de habilitação: motivação e proporcionalidade.

A motivação, porque exigências técnicas e econômicas devem ser justificadas no processo administrativo, demonstrando a racionalidade das opções eleitas pelo administrador e permitindo que os licitantes possam, com conhecimento das razões invocadas, solicitar esclarecimentos ou, mesmo, discordar da forma ou do conteúdo dessas exigências.

Tal motivação é indispensável porque a Lei de Licitações não especifica com exatidão em quais hipóteses poderão ser exigidos tais documentos – em razão da impossibilidade fática de previsão de todas as situações.

Por este motivo, deve o Poder Público demonstrar a razoabilidade das exigências formuladas, tudo com vistas a demonstrar a proporcionalidade entre essas condições subjetivas e a indispensável garantia do cumprimento das obrigações. Se o edital fixar exigências despropositadas e desnecessárias, estar-se-á violando o princípio da competitividade.

Inegável que há uma direta correlação entre o objeto a ser contratado e as exigências técnicas e econômicas formuladas, a justificar que objetos complexos, a princípio, comportem uma fase de habilitação mais elaborada, ao contrário do que ocorre com os objetos mais singelos e de simples execução, que demandarão um grau de exigência menor nessa etapa.

Se, de um lado, é preciso reconhecer que há discricionariedade do administrador na fixação dos requisitos de habilitação (em especial as exigências relativas à qualificação técnica e econômico-financeira), de outro, não é menos exato que esta discricionariedade está sujeita à incidência dos princípios da legalidade, razoabilidade, economicidade, eficiência e, principalmente, do interesse público. Além disso, esta discricionariedade está condicionada às especificidades e eventuais complexidades do objeto da licitação.

Os requisitos de habilitação foram definidos no art. 27 da lei, e são os seguintes: habilitação jurídica, regularidade fiscal e trabalhista, qualificação técnica, qualificação econômico-financeira e cumprimento do disposto no inciso XXXIII do art. 7º da CF.

7.2.8.4 Habilitação jurídica

Os requisitos da habilitação jurídica estão previstos no art. 28 da Lei 8.666/1993. O objetivo é verificar se os licitantes foram regularmente constituídos e estão aptos a adquirir direitos e obrigações.

Se o licitante for pessoa física, deverá apresentar cédula de identidade. Se for empresa individual, deverá apresentar seu registro comercial.

Deverá, ainda, ser apresentado o ato constitutivo, estatuto ou contrato social em vigor, devidamente registrado, tratando-se de sociedades comerciais; e, no caso de sociedade por ações, acompanhado de documentos de eleição de seus administradores. No caso das sociedades civis, deverá ser apresentada a inscrição do ato constitutivo, acompanhado de documentos de eleição de seus administradores.

Se for empresa estrangeira, deverá ser apresentado decreto de autorização e ato de registro para funcionamento expedido pelo órgão competente.

Estas exigências devem ser adaptadas às novas regras do Código Civil acerca da matéria.

A documentação de habilitação jurídica não comporta espaço para o exercício da discricionariedade administrativa. Sua disciplina pertence ao ramo do direito civil e do comercial, cabendo à Comissão de Licitação verificar, em especial no caso das pessoas jurídicas, se sua constituição ocorreu de forma regular e de acordo com as normas aplicáveis.

7.2.8.4.1 O cotejo do objeto social do licitante e o objeto da licitação

A habilitação jurídica tem, também, o objetivo de permitir que o órgão julgador verifique a compatibilidade da atividade do licitante com o objeto da licitação, afastando potenciais interessados que não demonstrem qualquer pertinência entre o objeto licitado e sua atividade econômica.

Não há como afastar aquelas empresas que ostentam objeto social muito amplo. O princípio da liberdade de iniciativa econômica permite o desenvolvimento de quaisquer atividades. Mas a exigência de atestados técnicos que demonstrem experiência no ramo do objeto da licitação pode se configurar em legítima barreira à entrada de aventureiros ou meros intermediários, que, a rigor, não são especializados ou vocacionados para exercer nenhuma atividade.

7.2.8.4.2 O descabimento de exigência de procuração com poderes específicos

Não cabe ao edital exigir, como documento de habilitação jurídica, a apresentação de procuração apresentada pelos licitantes e que contenha poderes específicos para receber citação e notificação judicial e extrajudicial.

O rol de documentos que podem demonstrar a habilitação jurídica dos licitantes está taxativamente descrito no art. 28 da Lei 8.666/1993, e nele não consta qualquer exigência de procuração, pelo quê se poderia, de pronto, afastar a exigência deste documento como condicionante da habilitação, ou não, dos licitantes, sob pena de violação ao princípio da legalidade.

Sobre o tema o STJ já decidiu que "os arts. 27 e 28 da Lei n. 8.666/1993 não permitem que o Estado condicione a habilitação de licitante, à apresentação de procuração *ad judicia*".[14]

A rigor, a lei não exigiu a procuração como condição de habilitação jurídica por uma razão bastante singela: não é o instrumento de mandato o meio adequado para averiguar se a pessoa jurídica existe e se é apta a adquirir direitos e obrigações. Com efeito, são os documentos exigidos no art. 28 da Lei 8.666/1993 que denotam a capacidade jurídica dos licitantes.

A procuração serve aos fins internos da licitação, permitindo que os licitantes designem um interlocutor para agir em seu nome durante os trabalhos e sessões presididas pela Comissão de Licitação. Adicione-se, ainda, que não há qualquer prejuízo que remotamente possa ser vislumbrado para a Administração Pública no fato de na procuração apresentada por um licitante não constarem poderes para receber notificação judicial ou extrajudicial e citação. Tal exigência configuraria grave afronta à regra constitucional expressa no art. 37, XXI, o qual prescreve que somente podem ser feitas exigências de habilitação nos editais de licitação que sejam "indispensáveis à garantia do cumprimento das obrigações".

7.2.8.4.3 Matriz e filial

Problema recorrente nas licitações públicas é a participação de matriz e filial. Não raro o licitante é a matriz e a documentação de habilitação refere-se à filial, ou vice-versa.

Matriz e filial não são pessoas jurídicas distintas. Com efeito, uma mesma pessoa jurídica pode possuir diversos estabelecimentos, ainda que, para fins tributários, cada qual apresente sua própria situação de regularidade.

O dado concreto é que a Comissão de Licitação e o pregoeiro se orientam pelo número do CNPJ a fim de identificar os documentos de

14. STJ, 1ª Seção, MS 5.281/1997, rel. Min. Demócrito Reinaldo, j. 12.11.1997, *DJU* 9.3.1998.

habilitação dos licitantes. O STJ[15] já teve a oportunidade de decidir que, se é a filial que executará o objeto, será exigível a comprovação de sua regularidade fiscal, não bastando apenas a da matriz. O argumento utilizado é que o domicílio tributário das pessoas jurídicas de direito privado, em relação aos atos ou fatos que dão origem à obrigação, é o de cada estabelecimento – art. 127, II, do CTN.

7.2.8.5 *Regularidade fiscal*

Os requisitos de regularidade fiscal estão previstos no art. 29 da Lei 8.666/1993. O objetivo é evitar que o ente público contrate com quem está em situação irregular perante o Fisco. Não se trata de meio indireto de cobrança de tributo, mas exigência que interfere diretamente na licitação, pois o proponente que não recolhe os tributos regularmente poderá, em tese, apresentar uma proposta de menor valor, o que violaria o princípio da isonomia.

7.2.8.5.1 Certidões negativas e certidões positivas com efeito de negativas

Em nenhum momento a lei exige "certidões negativas", cujo resultado final seria uma ausência absoluta de débitos. O que o legislador pretendeu foi verificar a regularidade da situação fiscal dos licitantes. Isso quer dizer que o licitante pode participar de um certame ainda que seja devedor de algum tributo. No entanto, é preciso demonstrar a situação de regularidade daquele débito, o que se dá, por exemplo, na hipótese de um parcelamento ou da própria suspensão da exigibilidade da dívida por decisão administrativa ou judicial. Não foi à toa que o legislador utilizou a expressão "regularidade fiscal", e não "quitação", que implicaria ausência de débitos.

Devem ser aceitas, apenas como exemplos, situações que declarem a suspensão da exigibilidade do crédito tributário – como moratória, parcelamento, depósito integral do débito; reclamações e recursos nos termos das leis reguladoras do processo tributário administrativo; a concessão de medida liminar em mandado de segurança, a concessão de medida liminar ou de tutela antecipada em outras espécies de ação judicial e o próprio parcelamento.

15. STJ, 1ª Turma, REsp 900.604-RN (2006/0244780-4), rel. Min. Francisco Falcão, j. 15.3.2007, *DJU* 16.4.2007 p. 178.

A matéria já foi, inclusive, objeto da Súmula 283 do TCU, vazada nos seguintes termos: "Para fim de habilitação, a Administração Pública não deve exigir dos licitantes a apresentação de certidão de quitação de obrigações fiscais, e sim prova de sua regularidade".

7.2.8.5.2 Prova de inscrição no cadastro e as condições de contribuinte

Se o licitante for pessoa física deverá provar a inscrição no Cadastro de Pessoas Físicas/CPF; se for pessoa jurídica, deverá provar a inscrição no Cadastro Nacional de Pessoas Jurídicas/CNPJ. Deverá, ainda, ser exigido que os licitantes comprovem suas condições de contribuintes estaduais ou municipais, se for o caso. A regra não desperta maiores controvérsias.

7.2.8.5.3 A necessidade de definição das certidões de regularidade com as Fazendas

Devem os licitantes demonstrar a prova de regularidade com a Fazenda Federal, Estadual e Municipal do domicílio ou sede do licitante, ou outra equivalente, na forma da lei.

É preciso que o edital defina exatamente qual a certidão que espera ser apresentada. A indefinição das certidões no edital gera insegurança jurídica para os licitantes e para a própria Comissão de Licitação, pois não há prévia definição das certidões que deverão ser apresentadas no dia da abertura dos envelopes. Devem ser afastadas as cláusulas que são imprecisas, vagas e genéricas e que afetam diretamente o direito subjetivo dos licitantes de conhecerem previamente o entendimento do contratante acerca das certidões que deverão ser apresentadas.

7.2.8.5.4 Os tributos exigidos nas certidões de regularidade

Questão polêmica reside em saber a extensão dos tributos exigidos na regularidade fiscal.

Uma primeira interpretação considera que se o objeto da licitação, por exemplo, é a prestação de serviços, sua exigência de regularidade fiscal deve ser restrita ao Imposto sobre Serviços de Qualquer Natureza/ISS, não sendo razoável excluir o licitante por eventual débito de Imposto Predial e Territorial Urbano/IPTU. O fundamento para essa corrente seria o disposto no art. 193 do CTN,[16] que sugere, na sua parte final, que apenas os tributos relativos à atividade poderiam ser exigidos.

Uma segunda corrente, que vem sendo majoritariamente aceita em todos os entes federados, entende que deve ser exigida a regularidade de todos os tributos com as respectivas Fazendas, eis que a preocupação é que o futuro contratado seja capaz de executar o objeto do contrato, o que poderia ser dificultado no caso da existência de débitos e reiterados inadimplementos no pagamento dos tributos devidos. O inadimplemento poderia, inclusive, prejudicar a isonomia na formulação das propostas, na medida em que um licitante que seja um contumaz devedor de tributos pode, em tese, apresentar uma proposta de preços mais competitiva.

Revendo o posicionamento anterior e ao ângulo da proteção do interesse público e da própria segurança da contratação, essa interpretação é a que melhor se coaduna com as finalidades cogitadas pelo legislador.

7.2.8.5.5 As exigências de regularidade com a Seguridade Social e com o FGTS

Deverá, ainda, ser apresentada prova de regularidade relativa à Seguridade Social e ao Fundo de Garantia do Tempo de Serviço/FGTS. O art. 195, § 3º, da CF estabelece que "a pessoa jurídica em débito com o sistema da Seguridade Social, como estabelecido em lei, não poderá contratar com o Poder Público nem dele receber benefícios ou incentivos fiscais ou creditícios". O objetivo da norma é evitar que os devedores da Seguridade Social sejam beneficiados com a contratação por entes públicos e recebam recursos públicos.

Não parece incidir a vedação quando o ente público não desembolsa recursos na qualidade de contratante. É o que ocorre nos contratos de atribuição, como as concessões e permissões de uso. Aqui o ente público recebe do concessionário ou permissionário determinado valor para que esse tenha o direito de explorar o bem público em caráter privativo.

Não obstante a questão ensejar polêmica, entende-se, com amparo em uma interpretação teleológica, que quando o art. 195, § 3º, da CF explicitou a regra da vedação da contratação com o Poder Público pretendeu

16. CTN: "Art. 193. Salvo quando expressamente autorizado por lei, nenhum departamento da Administração Pública da União, dos Estados, do Distrito Federal, ou dos Municípios, ou sua autarquia, celebrará contrato ou aceitará proposta em concorrência pública sem que o contratante ou proponente faça prova da quitação de todos os tributos devidos à Fazenda Pública interessada, relativos à atividade em cujo exercício contrata ou concorre".

limitar ou restringir as situações de contratação apenas aos ajustes que envolvam desembolso financeiro do ente público.

7.2.8.5.6 O diferimento na comprovação da regularidade fiscal das microempresas e empresas de pequeno porte

Os arts. 42 e 43 da Lei Complementar 123/2006 estabeleceram a possibilidade de a comprovação da regularidade fiscal das microempresas e empresas de pequeno porte somente ser exigida para efeito de assinatura do contrato.

O objetivo foi permitir que as microempresas e empresas de pequeno porte possam participar das licitações públicas mesmo que algum documento relativo à regularidade fiscal (art. 29 da Lei 8.666/1993) não atenda aos requisitos do edital, facultando-se sua regularização em momento anterior à assinatura do contrato.

A comprovação de regularidade fiscal das microempresas e empresas de pequeno porte somente será exigida para efeito de contratação, e não como condição para participação na licitação.

Anote-se, contudo, que por ocasião da sua participação no procedimento licitatório as microempresas e empresas de pequeno porte não ficam isentas de apresentar os documentos relativos à regularidade fiscal, mesmo quando em débito e a certidão seja positiva. A Comissão de Licitação e o pregoeiro devem ter o prévio conhecimento de que a microempresa ou empresa de pequeno porte está participando da licitação enquadrada na hipótese dos arts. 42 e 43 da Lei Complementar 123/2006. No caso dos pregões a declaração de habilitação preliminar deve refletir a situação fiscal da microempresa e da empresa de pequeno porte, apontando, se for o caso, a existência de débito.

A legislação não autoriza a não apresentação dos documentos de regularidade fiscal pelas microempresas e empresas de pequeno porte, senão sua apresentação, como todos os demais licitantes. A diferença é que não será inabilitada no caso de a certidão ser positiva, podendo regularizar sua situação até a assinatura do contrato. Trata-se de uma vantagem concreta nas licitações, e que não alcança as demais espécies societárias.

No caso de restrição na comprovação da regularidade fiscal, ou seja, caso apresentem uma certidão positiva ou, mesmo, qualquer irregularidade perante uma das Fazendas, assegura-se à microempresa ou à empresa de pequeno porte o prazo de cinco dias úteis, prorrogável por igual período, a critério da Administração Pública, para a regularização da documentação, pagamento ou parcelamento do débito e emissão de eventuais certidões negativas ou positivas com efeitos de negativas, conforme previsto no art. 43, com a redação dada pela Lei Complementar 147/2014.

Essa prorrogação tem índole discricionária, e não vinculada, mas cada ente pode regulamentar e se autovincular na opção da prorrogação. Nas licitações realizadas pela União, por exemplo, a prorrogação deverá ser sempre concedida pela Administração quando requerida pelo licitante, a não ser que exista urgência na contratação ou prazo insuficiente para o empenho, devidamente justificados, a teor do disposto no art. 4º, § 3º, do Decreto 6.204/2007, que regulamenta o tema na órbita federal.

O prazo de cinco dias úteis se inicia no momento em que o proponente (a microempresa ou empresa de pequeno porte) for declarado vencedor do certame, sendo certo que a consequência para a não regularização da documentação no referido prazo é a decadência do direito à contratação, sem prejuízo das sanções previstas no art. 81 da Lei 8.666/1993, facultando-se à Administração convocar os licitantes remanescentes, na ordem de classificação, para a assinatura do contrato, ou revogar a licitação.

A declaração do vencedor acontecerá no momento imediatamente posterior à fase de habilitação no caso do pregão, conforme estabelece o art. 4º, XV, da Lei 10.520/2002, e no caso das demais modalidades de licitação no momento posterior ao julgamento das propostas, aguardando-se os prazos de regularização fiscal para a abertura da fase recursal.

Pelos limites traçados pelo legislador, não é possível sanear os documentos de qualificação econômico-financeira, de qualificação técnica ou jurídica, mas tão somente de regularidade fiscal – e, frise-se, restrito às microempresas e empresas de pequeno porte.

Mas isso se aplica apenas às licitações. Não têm as microempresas ou empresas de pequeno porte o direito de se cadastrar, por exemplo, no SICAF estando em débito com o Fisco. O tratamento diferenciado conferido pelo legislador limita-se às licitações e não alcança os cadastros. Para se cadastrar a microempresa e a empresa de pequeno porte, como qualquer outra espécie societária, deverão demonstrar sua regularidade com as respectivas Fazendas e tributos.

7.2.8.6 *Regularidade trabalhista*

Além da comprovação de regularidade fiscal, a Lei 12.440/2011 acrescentou ao *caput* do art. 29 a necessidade de comprovação da regularidade trabalhista. Para tanto, o licitante deverá provar, por meio de certidão negativa, que não tem débitos pendentes perante a Justiça do Trabalho em seu nome.

O TCU (Plenário, Acórdão 1.054/2012) destacou que a certidão se destina a contribuir para reduzir ou, mesmo, afastar eventuais condenações subsidiárias com fundamento no Enunciado 331 do TST, haja vista que com seu cumprimento poderia ser afastada a *culpa in vigilando* da Administração Pública contratante na omissão do seu dever de fiscalizar o cumprimento dos encargos trabalhistas.

7.2.8.7 *Qualificação técnica*

A exigência de qualificação técnica está prevista no art. 30 da Lei 8.666/1993. O objetivo é evitar que a Administração Pública se aventure a contratar licitante que não detenha os conhecimentos técnicos necessários para executar o objeto. A extensão das exigências técnicas dependerá da complexidade do objeto a ser contratado, não sendo obrigatório que o edital contemple todas as exigências previstas na norma.

Logo, é curial que o objetivo da exigência da qualificação técnica é verificar se o licitante possui aptidão, conhecimento, equipamento e experiência para executar o objeto contratual.

Busca-se proteger o valor "segurança", eis que seria inadmissível que a Administração Pública colocasse em risco a segurança de pessoas, obras e bens, aventurando-se a contratar com licitante desqualificado e desprovido de experiência e técnica para desenvolver o objeto do ajuste.

A importância do tema é tão elevada que ganhou *status* constitucional quando, no art. 37, XXI, é dito que somente serão permitidas as exigências de qualificação técnica e econômica indispensáveis à garantia do cumprimento da obrigação.

Se, de um lado, é de se reconhecer que há discricionariedade do administrador na fixação de tais requisitos, de outro, não é menos exato que esta discricionariedade está sujeita à incidência dos princípios da razoabilidade, economicidade e, principalmente, eficiência.

A Administração deve sempre ter como norte o dispositivo constitucional (art. 37, XXI), ou seja, as condições de habilitação devem ser analisadas em estrita consonância com a necessidade de garantia das obrigações contratuais. Note-se, desde já, que o procedimento licitatório visa à vantajosidade, que dentre seus atributos possui a segurança de contratar com pessoa que efetivamente detém condições de realizar a obra com os critérios e com a experiência necessários para tanto.

Ressalte-se aqui que os requisitos para a demonstração da capacidade técnica são de três níveis, a saber: a capacidade genérica ou legal, a capacidade específica e a capacidade operativa.

7.2.8.7.1 Capacidade genérica

A capacidade genérica é a demonstração da aptidão para o exercício da atividade, e é comprovada mediante prova da inscrição no registro ou inscrição na entidade profissional competente. Assim, por exemplo, se o objeto tratar de uma obra de engenharia, deverá a sociedade empresária estar inscrita no CREA. No caso de o licitante ser sediado ou domiciliado em outro Estado da Federação será necessário exigir o visto do CREA, mas tão somente no momento da assinatura do contrato, e não quando da realização da licitação, conforme correta orientação do TCU.[17]

Não havendo qualquer conselho que fiscalize a atividade, a exigência simplesmente não se faz obrigatória. É muito comum, por exemplo, que o Conselho Regional de Administração provoque órgãos e entidades públicas para que os editais considerem como obrigatório o registro de atividades como Limpeza, Vigilância e Informática.

Calca-se em interpretação bastante ampliativa das atividades sujeitas à sua fiscalização. Com efeito, parece irrazoável considerar que as sociedades empresárias que atuam nesses ramos se sujeitem à obrigatoriedade de inscrição no Conselho Regional de Administração, porquanto não parece haver base legal para tanto.

Nesse sentido tem sido a orientação da jurisprudência do TCU,[18] que explicita a desnecessidade de registro no Conselho Regional de Administração das sociedades empresárias que atuam no ramo da Vigilância, mas cuja lógica deve ser empregada também para as atividades de Limpeza e de Informática.

7.2.8.7.2 Capacidade específica

A capacidade específica envolve a experiência e a estrutura para o atendimento do objeto pelo licitante; a prova é feita mediante atestados

17. TCU, Plenário, Decisão 348/1999, rel. Min. Benjamin Zymler, Brasília, 9.6.1999, *apud* Cláudio Sarian Altounian, *Obras Públicas. Licitação, Contratação, Fiscalização e Utilização*, Belo Horizonte, Fórum, 2007, p. 149.

18. Sobre a atividade de Vigilância, v.: TCU, 2ª Câmara, Acórdão 2.308/2007, rel. Min. Aroldo Cedraz; TCU, Plenário, Acórdãos 1.449/2003 e 116/2006, rel. Min. Substituto Augusto Sherman Cavalcante.

de desempenho da atividade compatível em quantidades e prazos com o objeto da licitação e relação elaborada pelo próprio licitante indicando as instalações e aparelhamento técnico adequado e disponível para a realização do objeto. Nesta espécie de capacidade técnica verifica-se a possibilidade e a experiência da licitante – pessoa jurídica – em bem prestar o objeto do futuro contrato. A capacidade específica divide-se em capacidade técnico-profissional e capacidade operacional.

7.2.8.7.2.1 A capacitação técnico-profissional

Deverá também demonstrar a capacitação técnico-profissional, vale dizer, do profissional que será responsabilizado pelo objeto, demonstrando que possui em seu quadro permanente profissional de nível superior ou outro devidamente reconhecido pela entidade competente detentor de atestado de responsabilidade técnica por execução de obra ou serviço de características semelhantes, limitadas estas exclusivamente às parcelas de maior relevância e valor significativo do objeto da licitação, vedadas as exigências de quantidades mínimas ou prazos máximos. Assim, por exemplo, em uma obra de engenharia, o engenheiro responsável necessitará comprovar que dispõe de atestado de execução de obras semelhantes.

Em relação à capacidade técnico-profissional não deve o edital fixar quantitativos mínimos, eis que expressamente vedado na Lei 8.666/1993 (art. 30, § 1º). Apenas em casos excepcionais e devidamente justificados é que, em tese, se poderia admitir a cobrança de tais quantitativos.

Quando o art. 30, § 1º, I, menciona a expressão "quadro permanente" não obrigou, por óbvio, que sua comprovação se desse única e exclusivamente por meio de vínculo celetista. Não há dúvida de que as sociedades empresárias têm liberdade de definir como se relacionam com os profissionais alocados em determinado contrato de prestação de serviço, ainda que o contratante seja um ente público.

Admitir apenas o vínculo celetista viola o princípio constitucional da livre iniciativa e da competitividade, restringindo a forma pela qual a empresa organiza seus fatores de produção. O que interessa para a Administração contratante não é a natureza do vínculo com o técnico, mas que ele efetivamente se responsabilize pelo contrato e esteja em condições de prestar o serviço quando da execução do contrato.

Essa tem sido a orientação do TCU (Acórdão 2.297/2005, rel. Min. Benjamin Zymler), devendo o edital admitir outras formas de comprovação, tais como contrato de prestação de serviços, estatuto ou contrato social que comprove a eventual condição de sócio do profissional ou, ainda, outras formas admitidas pela legislação em vigor. Em outras palavras: os vínculos empregatício ou societário não são exclusivos, admitindo-se como comprobatório do vínculo o contrato de prestação de serviços regido pela legislação civil ordinária.

Parece descabido exigir que para demonstração da qualificação técnico-profissional os contratos de prestação de serviços com os profissionais sejam registrados no cartório de títulos e documentos. Não há previsão legal para tal exigência. O referido registro presta-se tão somente a conferir publicidade ao instrumento contratual.

7.2.8.7.2.2 Capacidade operacional

A capacidade operacional busca averiguar a aptidão dos licitantes para a execução do objeto, demonstrando que possuem experiência em serviços e obras semelhantes. É exigência voltada para a pessoa jurídica. O licitante deverá demonstrar que já executou objeto semelhante, compatível com as características, quantidades e prazos exigidos no edital, o que poderá ser feito por meio de atestados fornecidos por pessoas jurídicas de direito público ou privado, devidamente registrados nas entidades profissionais competentes. O objetivo é verificar a experiência anterior do licitante na execução de objeto semelhante ao que se vai contratar, evitando que a Administração contrate com pessoas despidas dos conhecimentos técnicos necessários.

7.2.8.7.3 As exigências de quantitativos mínimos

A interpretação literal do art. 30, § 1º, I da Lei 8.666/1993 no sentido de vedar de forma absoluta a exigência de quantidades mínimas na demonstração da capacidade operacional não se revela a mais adequada. As quantidades mínimas podem servir como importante parâmetro para a avaliação da experiência pretérita da sociedade empresária. O que se deve verificar é se as quantidades mínimas exigidas no edital são compatíveis com o objeto do certame, atendendo ao princípio da proporcionalidade. Em outros termos: esses quantitativos devem levar em conta a premissa de que só é razoável exigir aquilo que é estritamente indispensável ao cumprimento das obrigações, consoante dispõe o art. 37, XXI, da CF, sob pena de restrição indevida da competição.

A prática administrativa tem admitido a exigência de quantitativos mínimos com vistas a verificar se a experiência do licitante se encontra adequada ao porte do objeto, o que justifica uma motivação específica e a observância do princípio da proporcionalidade.

Um critério sugerido pelo TCU tem sido o de não se exigir comprovação de experiência em percentual superior a 50% dos quantitativos a executar (Acórdãos 2.215/2008, 1.284/2003 e 2.088/2004). Nada obsta a que em determinado item se entenda necessária a verificação de experiência superior. Contudo, faz-se indispensável a justificativa da respectiva área técnica, demonstrando a razoabilidade da exigência.

Também em relação à capacidade técnico-profissional e à capacidade operacional cabe lembrar que os atestados a serem exigidos devem, como regra, se limitar as parcelas de maior relevância e valor significativo do objeto da licitação. Essa tem sido a orientação do TCU (Acórdão 2.088/2004).

A possibilidade de exigência de quantitativos mínimos na capacidade técnico-operacional já foi, inclusive, objeto da Súmula 263 do TCU. Confira-se:

> Para a comprovação da capacidade técnico-operacional das licitantes, e desde que limitada, simultaneamente, às parcelas de maior relevância e valor significativo do objeto a ser contratado, é legal a exigência de comprovação da execução de quantitativos mínimos em obras ou serviços com características semelhantes, devendo essa exigência guardar proporção com a dimensão e a complexidade do objeto a ser executado.

7.2.8.7.4 Número de atestados

Não cabe ao edital fixar quantitativos de atestados para serem apresentados pelos concorrentes (máximos ou mínimos), sob pena de violação ao princípio da competitividade. É possível que o licitante, por meio de um único atestado, demonstre que executou anteriormente o objeto de modo apropriado. Esta premissa visa, justamente, a atender ao primado da competição.

Eventual fixação de quantitativos é exceção a ser devidamente justificada no processo administrativo, com a demonstração inequívoca da razoabilidade da exigência como forma de atendimento ao interesse público em jogo. Daí por que o ideal é o edital não adentrar a fixação de número de atestados, permitindo maior flexibilidade ao licitante na demonstração de sua experiência.

7.2.8.7.5 Origem dos atestados

Não há qualquer vedação no ordenamento jurídico à apresentação de atestados emitidos pela própria entidade que realiza a licitação. Isso se dá por uma razão muito simples: o que se objetiva é verificar a experiência e a *expertise* do licitante no objeto a ser licitado. Qualquer restrição seria violadora dos princípios da competitividade e da isonomia, seja por afastar potenciais licitantes, seja por criar situação desigual e desfavorável para quem já prestou serviço para o ente contratante.

Nada obsta, também, a que a experiência do licitante seja comprovada a partir de contratos privados. Se compatíveis com o objeto da licitação, não há por que não serem aceitos. Até porque não há qualquer restrição na lei que induza a conclusão de que a experiência do licitante deva ser obtida apenas a partir de contratos administrativos.

7.2.8.7.6 Somatório de atestados

Problema mais complexo envolve saber se é viável o somatório de atestados para demonstração da experiência do licitante.

Essa é uma questão que somente pode ser resolvida à luz das especificidades do objeto. Em alguns casos o somatório amplia a competição, e deve ser admitido. Mas, dependendo das características técnicas do objeto, o somatório não servirá para demonstrar a experiência e a capacidade do licitante, o que poderia colocar em risco a segurança da contratação. Assim, é no exame do caso concreto que se poderá averiguar a viabilidade, ou não, de se admitir o somatório de quantitativos no edital. O fundamental é que, admitindo-se ou não, exista uma justificativa técnica no processo administrativo embasando a decisão.

7.2.8.7.7 O descabimento das exigências de certificação voluntária na fase de habilitação

Não cabe na etapa de habilitação exigir certificações de qualificação voluntária, tais como PBQP-H ou ISO 9001. Ora, a empresa pode possuir experiência naquele objeto mas não ter se certificado. Ademais, sua exigência viola o princípio da legalidade, já que não há base normativa para sua inclusão na fase de habilitação.

Nada obsta a que esses certificados sejam exigidos na fase de exame das propostas técnicas (quando a licitação se orientar pelo critério de melhor técnica ou técnica e preço).

7.2.8.7.8 Capacidade operativa

A capacidade operativa vem a ser a disponibilidade da mão de obra e bens alocados pelo licitante para a execução do contrato, como as exigências mínimas relativas às instalações de canteiros, máquinas, equipamentos e pessoal técnico especializado, considerados essenciais para o cumprimento do objeto da licitação.

A prova da capacidade operativa será atendida mediante a apresentação de relação explícita e da declaração formal da sua disponibilidade, conforme preceitua o § 6º do art. 30 da Lei 8.666/1993.

Por vezes se exige no edital a formação de uma equipe técnica. Trata-se de exigência prevista no art. 30, § 6º, da Lei 8.666/1993 e que permite identificar, por exemplo, quem serão os profissionais responsáveis pelo projeto e os seus executores.

Tratando-se de serviço técnico profissional especializado essa é uma imposição que deve estar prevista no edital ou mesmo no contrato, ficando a contratada obrigada a garantir que os referidos integrantes realizem pessoal e diretamente os serviços objeto do contrato, conforme prevê, expressamente, o art. 13, § 3º, da Lei 8.666/1993.

7.2.8.7.9 Vistoria

Poderá ser exigida, ainda, comprovação fornecida pelo órgão licitante de que recebeu os documentos e tomou conhecimento de todas as informações e das condições locais para o cumprimento das obrigações objeto da licitação. É o caso, por exemplo, de uma vistoria no local da obra ou da prestação do serviço.

A exigência da visita técnica como documento de qualificação técnica decorre da necessidade de garantir a segurança da contratação e do conhecimento prévio do objeto pelos potenciais interessados. Em determinadas obras e serviços seria um risco contratar com licitante que não conhecesse o local da execução do objeto, razão pela qual, desde que devidamente motivado pela respectiva área técnica, esse documento deve ser considerado obrigatório.

Tornar facultativa a vistoria quando a área técnica do órgão entende que o conhecimento do local é imprescindível para formulação de uma proposta pode implicar assunção de um risco para a Administração contratante, mormente quando se está diante de execução de obra ou objeto com elevada complexidade.

Dito em outros termos: a depender do objeto da licitação, a vistoria, na qual os licitantes tenham a oportunidade de conhecer fisicamente o local da sua execução, pode ser elemento indispensável para a formulação da proposta e para a própria segurança da contratação. Daí a importância da avaliação da respectiva área técnica para identificar o grau de conhecimento necessário à correta e segura participação dos proponentes na licitação.

Uma alternativa possível seria, ao menos, a apresentação de declaração do licitante no sentido de que conhece as peculiaridades do local do objeto, pelo quê assume a responsabilidade por eventuais problemas na sua execução.[19] É claro que essa alternativa não é tão segura quanto a própria realização da vistoria, mas confere, no mínimo, alguma segurança para a Administração Pública.

Importante observar que a jurisprudência do TCU vem se firmando no sentido contrário ao que ora se afirma, considerando facultativa a vistoria técnica, a fim de não restringir a competição.[20] A premissa, com a qual não se concorda, é que a visita ao local de execução da obra é um direito subjetivo do interessado, e não necessariamente uma obrigação que pode ser imposta pela Administração Pública.

Outra questão importante é saber se pode o edital exigir que a vistoria seja feita por determinado profissional. Assim, por exemplo, se a vistoria for de uma obra, o edital poderia exigir que o representante do interessado fosse um engenheiro. Desde que justificada sua pertinência, a exigência parece dotada de razoabilidade, porquanto busca garantir que a vistoria do licitante será realizada por profissional que detenha capacidade para compreender os aspectos técnicos da obra. Preserva-se a segurança da própria obra, evitando a contratação de empresa que não avaliou corretamente seus aspectos técnicos.

Não se ignoram argumentos contrários a esse entendimento e que se baseiam na restrição da competição. Mas, se for justificada tecnicamente, deve prevalecer a segurança da contratação, sob pena de a vistoria ser aparente e não atingir seus reais objetivos.

19. "Atende ao art. 30, inciso III, da Lei n. 8.666/1993, sem comprometer a competitividade do certame, conforme art. 3º, § 1º, inciso I, do citado dispositivo legal, a substituição de atestado de visita por declaração formal assinada pelo responsável técnico, sob as penalidades da lei, de que tem pleno conhecimento das condições e peculiaridades inerentes à natureza dos trabalhos, assumindo total responsabilidade por esse fato e informando que não o utilizará para quaisquer questionamentos futuros que ensejem avenças técnicas ou financeiras com o órgão licitador" (TCU, Plenário, Acórdão 1.174/2008).

20. "A exigência de vistoria que onere de forma desnecessária a participação de interessados em procedimento licitatório caracteriza restrição ao caráter competitivo da licitação, de que trata o art. 3º da Lei n. 8.666/1993, ensejando, por isso, a nulidade do procedimento" (TCU, 2ª Câmara, Acórdão 874/2007).

O que deve ser evitado é a previsão no edital de visitas técnicas coletivas, obrigando os interessados a comparecer na mesma data e no mesmo horário. Deve ser conferido um prazo razoável (ou seja, que não seja extremamente exíguo) para que os interessados agendem suas visitas isoladamente. A visita técnica coletiva pode ser um facilitador, provocado pela própria Administração Pública, da cartelização da licitação, o que vai de encontro ao princípio da moralidade.

7.2.8.7.10 Requisitos previstos em lei especial

Há determinados objetos que se sujeitam a regulação específica e ao atendimento de requisitos previstos em lei especial. A interpretação da lei deve ser mais ampla, o que significa que não deve ser compreendida apenas no seu aspecto formal. As deliberações e resoluções das agências reguladoras, por exemplo, podem constituir-se em exigências inseridas na fase de habilitação, desde que guardem pertinência com a natureza e os objetivos dessa etapa da contratação pública. O mesmo pode ocorrer com exigências de licenças ambientais, quando estas configurarem condição prévia para que a sociedade empresária possa executar o objeto do futuro contrato.

Deverá o edital explicitar a prova de atendimento de requisitos previstos em lei especial. Assim, por exemplo, se uma licitação para compra de medicamentos exige registro na ANVISA, será necessário que o edital estabeleça tal exigência, incorporando a previsão da lei especial no instrumento convocatório. Afinal, é condição obrigatória para a compra de qualquer medicamento seu registro na ANVISA.

Importante diferenciar os diversos documentos (alvarás, licenças, autorizações) que podem ser necessários para o desenvolvimento das atividades econômicas, mas que não necessariamente são exigíveis na fase de habilitação. Isso porque a exigência desses documentos, que se inserem no exercício do poder de polícia profissional e que se referem ao próprio exercício da atividade, não raro é considerada ilegal, por ausência de previsão expressa na lei ou por violar o princípio da competitividade. Trata-se de exame que depende da análise casuística da natureza da exigência.

Como regra, documentos comprobatório de propriedade, apresentação de laudos e licenças de qualquer espécie devem ser exigidos apenas do vencedor da licitação ou mesmo como obrigação contratual. Na condição de licitantes, deve ser exigida apenas a declaração de disponibilidade ou, mesmo, que reúne condições de apresentá-los oportunamente.

7.2.8.7.11 A vedação de localização prévia

Como regra, não devem ser impostas aos licitantes exigências de localização prévia para determinada infraestrutura, imóvel ou mesmo equipamento a ser utilizado futuramente no contrato, na forma do disposto no § 6º do art. 30 da Lei 8.666/1993. Novamente, as reservas quanto a esse tratamento são manifestadas principalmente quando se observa sua ocorrência para fins de habilitação, diante da restrição legal, como citada.[21]

No entanto, o próprio TCU tem admitido a imposição de localização geográfica como condição para a execução contratual, desde que se revele necessária para atender ao interesse público e à luz de uma motivação razoável.[22]

Em essência, o que se extrai como interpretação da norma é que a delimitação geográfica para organizar as atividades da contratada somente pode ser imposta pela entidade administrativa contratante diante de uma real necessidade para execução do objeto contratual, e não como um documento de habilitação, mas como um requisito prévio a ser exigido do licitante vencedor e antes da assinatura do contrato.

7.2.8.7.12 A vedação de propriedade

Quando indispensável, o documento comprobatório da posse ou da propriedade dos bens deve ser apresentado apenas pelo licitante vencedor. O que importa à entidade contratada é que apenas o futuro contratado (e não todos os licitantes) demonstre ter à sua disposição, no momento da formalização do ajuste, a posse/propriedade de determinado bem que seja indispensável ao adimplemento das suas obrigações. Funciona aqui a mesma lógica cogitada em relação à exigência da localização prévia.

Com efeito, não seria razoável exigir que os licitantes adquirissem a propriedade ou se comprometessem com a posse de um imóvel apenas para assegurar sua participação em um procedimento licitatório. Essa é a inteligência do § 6º do art. 30 da Lei 8.666/1993. Seria um ônus demasiado e desproporcional imposto aos licitantes e restritivo ao princípio

21. TCU, Plenário, Acórdão 1.495/2009.

22. De forma exemplificativa, o Acórdão 26/2007 do Plenário da Corte de Contas da União: "Somente pode ser exigida da futura contratada a existência de estrutura física na localidade onde os serviços serão prestados, a exemplo de fábrica de *software*, quando tecnicamente justificável e se necessário para garantir a qualidade no atendimento à contratante, em vista da natureza complexa do objeto da licitação".

da competitividade. A assunção de custos significativos antes mesmo da contratação, voltados apenas para assegurar o êxito na fase habilitatória, tenderia a inibir alguns dos potenciais interessados; portanto, com o efeito indesejado de restringir a competição.

Aliás, o TCU, por intermédio da Súmula 272, já teve a oportunidade de explicitar que "no edital de licitação, é vedada a inclusão de exigências de habilitação e de quesitos de pontuação técnica para cujo atendimento os licitantes tenham de incorrer em custos que não sejam necessários anteriormente à celebração do contrato".

É o que pode ocorrer também com documentos comprobatórios de qualificação ambiental, que, se for o caso, devem ser exigidos apenas do licitante vencedor ou como obrigação do contratado. Do licitante poderá ser exigida na fase de habilitação, no máximo, declaração de que atende aos requisitos caso seja considerada vencedor do certame.

7.2.8.7.13 A exigência de experiência anterior

Ainda para a comprovação da capacidade operacional, visando a analisar a *expertise* do licitante para executar o objeto, questão polêmica reside em saber se é viável o edital estabelecer a comprovação de experiência anterior, considerando a vedação prevista no § 5º do art. 30 da Lei 8.666/1993.

Necessárias a compatibilização e a interpretação sistemática entre o que determina o inciso II do art. 30 e o § 5º, porquanto possível a exigência de demonstração da experiência temporal do licitante desde que razoável à luz do objeto licitado, com motivação explícita no processo administrativo.

O TCU em mais de uma oportunidade[23] reputou possível a exigência temporal de experiência mínima no mercado, compreendendo-a compatível com a Lei de Licitações, "já que o tempo de atuação é critério relevante para avaliar a solidez do futuro fornecedor e, com isso, assegurar boa execução do objeto".[24]

23. TCU, Plenário, Acórdão 1.214/2014, e 2ª Câmara, Acórdão 1.408/2014.

24. Cf. TCU, Plenário, Acórdão 2.939/2010, em especial o voto do Relator, que deixou consignado: "(...). 7. Em segundo lugar, por se tratar de serviços de natureza contínua, que podem se estender por longo período, a exigência temporal de experiência mínima no mercado do objeto também é, em princípio, compatível com o dispositivo legal há pouco mencionado, já que o tempo de atuação é critério relevante para avaliar a solidez do futuro fornecedor e, com isso, assegurar a boa execução do objeto".

Realmente, a exigência de período mínimo de execução da atividade, considerada de maior relevância, a princípio, tem sido aceita,[25] desde que estabelecida por parâmetro razoável diante do objeto contratual. E, apesar de a redação do dispositivo legal comportar interpretações distintas quanto à condição de experiência anterior, sua maior objeção, no que se refere à dimensão temporal, refere-se à sua ocorrência em determinada época, como por exemplo, nos últimos cinco anos.[26]

O objetivo da vedação foi, evidentemente, evitar restrições à competição. Mas as circunstâncias do caso concreto podem sinalizar para sua razoabilidade. É o caso, por exemplo, da existência de tecnologia desenvolvida e pretendida pela Administração Pública disponível a partir de determinada época. Fundamental é que, em razão do seu caráter excepcional, a exigência seja objeto de motivação técnica consistente, que explicite a correlação da exigência com o atendimento do interesse público.

7.2.8.7.14 A necessária motivação dos documentos exigidos na qualificação técnica

Os documentos de qualificação técnica devem ser motivados no processo administrativo, na forma da orientação do egrégio TCU:[27]

> (...) na elaboração de editais de licitação com recursos públicos federais, ao inserir exigência de comprovação de capacidade técnica (art. 30 da Lei n. 8.666/1993), seja sob o aspecto técnico-profissional ou técnico-operacional, consigne no respectivo processo, expressa e publicamente, os motivos dessa exigência, e demonstre, tecnicamente, que os parâmetros fixados são necessários, suficientes e pertinentes ao objeto licitado, assegurando-se de que a exigência não implicará restrição do caráter competitivo do certame.

Trata-se de medida salutar, que confere transparência e legitimidade ao processo licitatório, facilitando, inclusive, a defesa administrativa ou mesmo judicial em caso de eventual impugnação do edital. Essa motivação cabe aos órgãos técnicos, que devem se responsabilizar pelo conteúdo das exigências, demonstrando sua razoabilidade à luz do objeto a ser licitado.

25. TCU, 2ª Câmara, Acórdão 1.408/2014.

26. TCU, Plenário, Acórdãos 769/2013 e 827/2014.

27. TCU, Acórdão 1.524/2006, rel. Min. Walton Alencar Rodrigues, Brasília, 23.8.2006, *apud* Cláudio Sarian Altounian, *Obras Públicas. Licitação, Contratação, Fiscalização e Utilização*, cit., p. 157.

7.2.8.7.15 A transferência de tecnologia e o trespasse da *expertise* técnica

Situação que tem ocorrido com alguma frequência nas licitações públicas é a apresentação de atestados técnicos por parte dos licitantes frutos de contratos de transferência de tecnologia previamente celebrados. A empresa cedente transfere o conhecimento, o método, o *know-how*, o treinamento e assistência técnica para a empresa cessionária. Transfere, assim, o conjunto de seus conhecimentos em determinada área para o cessionário.

Acontece muito com empresas estrangeiras que detêm o conhecimento de determinada tecnologia e transferem para uma empresa nacional por meio desta avença.

O contrato de transferência de tecnologia é expressamente admitido pelo ordenamento jurídico e se traduz em valioso instrumento para o aperfeiçoamento do conhecimento e da evolução tecnológica que se deseja. O que deve ser averiguado, à luz das especificidades do caso concreto, é se o contrato tem efetivamente o objetivo primordial de transferir a tecnologia, o que pode, inclusive, ocorrer no campo das reestruturações societárias e empresariais. O importante é que não haja dúvidas acerca das garantias necessárias de que o objeto será adequadamente executado sem riscos para o atendimento do interesse público.

Esse contrato tem sido muito utilizado por sociedades empresárias que integram o mesmo grupo econômico, sendo prejudicial ao próprio princípio da competitividade afastar, *a priori*, concorrentes que participem dando as garantias necessárias de que a experiência e a *expertise* desenvolvidas estarão a serviço do objeto contratual e representam mera organização personificada de atividades empresariais.

Mas um ponto merece advertência sobre o tema. É preciso redobrada cautela para examinar se esse contrato de transferência de tecnologia não será utilizado para viabilizar, por via transversa, a participação do cessionário em virtude de problemas do cedente nos seus próprios documentos de habilitação, hipótese que poderia caracterizar simulação. Dito em outros termos: o contrato de transferência de tecnologia ou de *know-how* não pode ser mero simulacro de cessão de atestados ou de experiência para determinado licitante.

Outro aspecto que deve ser considerado é se o contrato é assinado entre as partes e estas permanecem em estado de inércia, ou seja, o contrato que nunca foi colocado em prática pelos contratantes mais se assemelha a um protocolo de intenções. Deste não resulta nenhuma transferência concreta, mas apenas um arranjo formal para viabilizar a participação em licitações.

A celebração de um contrato de transferência de tecnologia não torna o cessionário, como que num passe de mágica, apto a participar de licitações com base em uma experiência que não é sua. Não é incomum que por vezes esses contratos de transferência de tecnologia sejam utilizados como "fachada" apenas para viabilizar o "empréstimo de atestados" entre as empresas do mesmo grupo, como forma de contornar eventual vício nos documentos de habilitação do cedente. Em hipóteses tais não deve o contrato de transferência de tecnologia ser aceito nas licitações, porquanto encerra verdadeira fraude.

7.2.8.7.16 A vedação de exigências de amostra na fase de habilitação

A exigência de amostras ou, mesmo, apresentação de laudos de ensaios técnicos que venham a demonstrar a qualidade do produto ou do bem se revela como importante mecanismo para averiguar a qualidade do bem, qualificando-se como relevante ferramenta para concretizar o princípio da eficiência.

Entretanto, não se trata de exigência afeta à fase de habilitação, podendo ser exigida apenas do licitante provisoriamente classificado em primeiro lugar, o que se coaduna com a eficiência e a celeridade das licitações. Exigir amostra na fase de habilitação de licitantes cujas propostas podem não se configurar como as mais vantajosas milita em desfavor da eficiência e da razoabilidade, sequer havendo base legal que a suporte.

7.2.8.8 *Qualificação econômico-financeira*

A verificação da qualificação econômico-financeira como condição de habilitação prévia, na forma do que prescreve o art. 31 da Lei 8.666/1993, tem por finalidade examinar se a saúde financeira do licitante é suficiente para executar o objeto contratual; afinal, não pode a Administração Pública se aventurar em contratar com pessoa que não revele capacidade econômica suficiente.

Portanto, os requisitos econômico-financeiros a serem exigidos dos licitantes variam de acordo com o vulto do objeto do certame, ou seja, com sua complexidade e expressão econômica. Não faz sentido para um objeto singelo exigir qualificação econômica excessiva, do mesmo modo que é frágil o edital que não exija requisitos econômicos sólidos quando o objeto for complexo.

Esta é inteligência do art. 37, XXI, da CF na sua parte final, quando disciplina que "somente permitirá as exigências de qualificação técnica e econômica indispensáveis à garantia do cumprimento das obrigações". Para aferir esta capacidade econômica o legislador colocou à disposição dos administradores várias ferramentas distintas, conforme se depreende do art. 31 e §§ da Lei 8.666/1993: (a) balanço patrimonial e demonstrações contábeis do último exercício;[28] (b) certidão negativa de falência ou recuperação judicial; (c) garantia; (d) índices contábeis que comprovem a boa situação financeira da empresa; (e) capital social mínimo ou patrimônio líquido mínimo; (f) relação dos compromissos assumidos pelos licitantes que importem diminuição da capacidade operativa ou absorção de disponibilidade financeira.

A inclusão e o grau de tais exigências no edital dependem das circunstâncias do objeto a ser licitado e da sua forma de execução, bem como das características do próprio mercado.

7.2.8.8.1 Balanço

A função do balanço é retratar a realidade econômica da sociedade empresária, somente produzindo efeitos após o cumprimento das formalidades legais às quais se submete.

Portanto, sem a observância dos requisitos arrolados em lei o balanço não apresenta nenhum valor jurídico, e, via de consequência, não poderá ser utilizado como instrumento hábil para retratar a vida econômica da sociedade comercial. Claro que as exigências formais do balanço não podem ser confundidas com posturas excessivamente formalistas e que desvirtuem as reais finalidades a serem atingidas com a licitação.

O prazo para aprovação do balanço patrimonial e demais demonstrações contábeis é aquele estabelecido no art. 1.078 do CC, ou seja, até o quarto mês seguinte ao término do exercício social. Logo, se a licitação ocorrer depois dessa data caberá à Comissão de Licitação exigir a apresentação dos documentos contábeis que se refiram ao exercício imediatamente anterior.

28. Sobre o tema, vale conferir a lição de Diógenes Gasparini, "Qualificação econômico-financeira: balanço patrimonial e demonstrações contábeis", *Boletim de Licitações e Contratos/BLC* maio/1995, São Paulo, NDJ, pp. 210-219.

7.2.8.8.2 A participação de sociedades empresárias recém-constituídas

O art. 31, I, da Lei 8.666/1993 exige para a comprovação da idoneidade financeira dos licitantes a apresentação do balanço patrimonial e demonstrações contábeis do último exercício social, o que, em tese, inviabilizaria a participação de empresas formadas recentemente, já que não poderiam cumprir tal exigência.

Deste modo, faz-se necessário compreender a noção acerca do regime legal das demonstrações financeiras, que consistem em informações quantificadas sobre o patrimônio da empresa. No que tange ao balanço, o Código Comercial dispõe apenas genericamente, no seu art. 10, n. 4. Levando-se em conta também que o Decreto 3.708, de 10.1.1919, que trata da constituição de sociedades por quotas de responsabilidade limitada, é silente acerca do assunto, aplicar-se-á, *in casu*, a Lei 6.404/1976, ou seja, a Lei de Sociedade por Ações/LSA, que é a única a trazer em seu bojo disposições específicas sobre as demonstrações financeiras.

Nesse passo, a Lei 6.404/76, que regula as sociedades por ações, no seu art. 176 elenca os tipos de demonstrações financeiras a serem elaborados pela diretoria das empresas. Efetivamente, o que se objetiva por meio destas demonstrações é conhecer a verdadeira situação patrimonial da sociedade. Assim, o balanço reflete a situação financeira no momento em que é levantado, ao passo que as demais demonstrações expressam as mutações ocorridas no patrimônio durante período que termina na data do balanço.

Note-se, porém, que, ao se reportar a esta documentação, o legislador fez uma ressalva, mencionando a expressão "já exigíveis e apresentados na forma da lei". O cerne da questão reside em determinar quando é que esta documentação será passível de ser exigida.

Daí por que é preciso retornar ao art. 176 da Lei 6.404/1976, que dispõe que "encerrado o exercício social" a diretoria deverá mandar elaborar aquelas demonstrações financeiras. Logo, a obrigatoriedade da apresentação da documentação se dá apenas ao cabo do exercício social, que normalmente tem a duração de 12 meses.

Remarque-se: de acordo com o diploma legal supracitado, somente com o término do exercício social será possível exigir a comprovação da saúde financeira da empresa.

A rigor, o que pretendeu o legislador do atual diploma legal das licitações ao vedar a substituição daquela documentação por balancetes ou balanços provisórios foi estabelecer tal proibição exclusivamente para aquelas empresas já constituídas há mais de um ano e que, portanto, estariam compelidas a apresentar a documentação relativa à qualificação econômico-financeira. A vedação cabe apenas nesta hipótese.

Porém, isto não significa que as empresas recém-constituídas estariam dispensadas da apresentação de qualquer tipo de documentação relativa à qualificação econômico-financeira. É preciso que elas também comprovem sua idoneidade financeira, cabendo, nesta hipótese, a substituição por balancetes ou balanços provisórios. Aí a vedação do art. 31, I, da Lei 8.666/1993 não incide (posto que seu balanço de exercício ainda não é exigível).

Em verdade, o balancete traduz-se em um balanço parcial, que reflete o estado das contas devedoras e credoras, sendo organizado periodicamente (mensalmente).

E surgirão através destes balancetes elementos necessários para a verificação, no caso de empresas recém-constituídas, da possibilidade de estarem elas habilitadas ou não, financeiramente, a participar do procedimento licitatório.

É elementar que não se pode exigir da empresa mais do que aquilo que ela legalmente deveria ter. Isto nada mais é que uma ilação do princípio da legalidade, segundo o qual "ninguém é obrigado a fazer ou deixar de fazer alguma coisa senão em virtude de lei". Em suma: fere o bom-senso interpretação diversa, que terminaria por afastar as empresas novas do pleito licitatório, ignorando o princípio da competitividade.

Não se pode admitir que um excesso de formalismo, resultante de interpretação equivocada do dispositivo, viole um dos princípios basilares da licitação, frustrando o caráter competitivo inerente a todo certame.

É preciso que se dê oportunidade às novas empresas de participar imediatamente das licitações, desde que a apresentação dos balancetes ou dos balanços provisórios comprove sua boa situação financeira, dentro dos critérios prefixados no edital.

7.2.8.8.3 Índices contábeis

Em relação aos índices contábeis (art. 31, § 1º, da Lei 8.666/1993), que, caso exigidos, devem ser justificados no processo administrativo (§ 5º do art. 3º da Lei 8.666/1993), comumente são previstos os índices de liquidez geral, corrente e de endividamento.[29]

29. Jessé Torres Pereira Jr., *Comentários à Lei de licitações e Contratações da Administração Pública*, 4ª ed., Rio de Janeiro, Renovar, 1997, p. 237. Confiram-se os

Questão polêmica reside em saber se podem os editais de licitação conter cláusulas que permitam aos licitantes uma flexibilização do índice de liquidez. Dito em outros termos: pressupõe examinar se é possível admitir que o licitante que apresenta índice de liquidez menor do que o exigido no edital pode, alternativamente, demonstrar que possui capital social ou patrimônio líquido mínimo, ou mesmo exigir-se a garantia da proposta.

Existe relativa margem de discricionariedade para o gestor definir tais critérios. O importante é que se assegure a solidez na execução do contrato, razão pela qual as opções eleitas devem estar justificadas no processo administrativo pelas respectivas áreas técnicas competentes.

A Lei 8.666/1993 fixou um limite máximo de exigências, deixando ao administrador, em cada situação concreta, defini-las à luz da situação específica. Trata-se, pois, de tema de reserva administrativa. Caso o índice de liquidez, por si só, não seja suficiente para demonstrar a capacidade econômico-financeira, o licitante poderá demonstrar por outros meios (capital social, patrimônio líquido ou garantia), afigurando-se como alternativa juridicamente viável que assegura a execução do objeto e prestigia o princípio da competitividade. Todavia, é necessário que, no caso concreto, seja atestado se é financeiramente consistente e justificável do ponto de vista de assegurar o atendimento ao interesse público, consubstanciado na execução do objeto do contrato.

Afinal, a análise da capacidade econômica dos licitantes decorre de exame conjunto de uma série de fatores, que vão desde as características do objeto, do perfil do mercado e dos aspectos financeiros próprios de cada licitante. A avaliação conjugada de diversos fatores da situação financeira e econômica dos licitantes pode se revelar mais eficiente e eficaz do que o exame de um indicador isolado.

O que importa para a Administração Pública é que o conjunto de exigências formuladas no edital relativas à qualificação econômico-

comentários do autor sobre os índices: "(a) liquidez corrente, que mede a solvência da empresa; quanto maior, melhor; a média saudável do setor de construção civil, por exemplo, é de R$ 4,51, o que significa que para cada Real de dívida a curto prazo existem R$ 4,51 no ativo circulante; (b) liquidez geral, que mede a capacidade da empresa para saldar as suas dívidas a curto e longo prazo, fazendo uso de recursos disponíveis no ativo circulante e realizável a longo prazo; quanto maior, melhor; a média do setor de construção civil situa-se em R$ 2,80, o que significa que para cada Real de dívida a curto e longo prazo existem R$ 2,80 no ativo circulante mais o realizável a longo prazo; (c) endividamento, que indica o nível de comprometimento do capital próprio com o de terceiro; quanto maior, melhor; a média do setor da construção civil gira em torno de 0,34".

-financeira dos licitantes atinja o objetivo de reduzir eventuais riscos de insolvência ou, mesmo, de não cumprimento do contrato por motivos financeiros.

Portanto, acolhe-se o entendimento de que é juridicamente possível, em determinadas situações concretas, e no juízo discricionário do administrador, a adoção alternativa da exigência do capital social ou patrimônio líquido mínimo dos licitantes que não atingirem o índice de liquidez previsto no edital. Fundamentais, no entanto, serão a justificação e a motivação desta opção no processo administrativo da licitação, demonstrando que se trata da alternativa de índole financeira que, a um só tempo, resguarda o interesse público e incrementa a competitividade no certame.

A exigência, ou não, dos índices contábeis, e em que medida, é matéria que escapa às atribuições do órgão responsável pelo exame jurídico.

7.2.8.8.4 Certidão negativa de falência e recuperação judicial

A certidão negativa de falência ou recuperação judicial expedida pelo Distribuidor da sede da pessoa jurídica, ou de execução patrimonial, expedida no domicílio da pessoa física, também é documento a ser apresentado nesta etapa.

O objetivo é averiguar a capacidade financeira do licitante de executar o objeto contratual. A premissa é que uma sociedade empresária em estado falimentar não será capaz de adimplir suas obrigações, o que pode colocar em risco o atendimento do interesse público.

7.2.8.8.5 A possibilidade de participação de licitantes em recuperação judicial

Questão que pode despertar polêmica reside em saber se as sociedades empresárias que estejam em processo de recuperação judicial podem participar de licitação. Isso porque o art. 52, II, da Lei 11.101/2005 prevê que o juiz deferirá o processamento da recuperação judicial e determinará a dispensa da apresentação de certidões negativas para o devedor exercer suas atividades, exceto para contratação com o Poder Público.

Não se abona interpretação estritamente literal do referido dispositivo legal, já que o objetivo final da recuperação judicial é a preservação da empresa, dos empregos e do pagamento aos credores, o que poderia ser esvaziado caso a sociedade empresária ficasse impedida de disputar o mercado dos contratos públicos. A depender do ramo de atuação da sociedade empresária, afastar essa possibilidade pode significar o próprio fracasso da recuperação judicial e a impossibilidade do equacionamento da sua situação financeira.

Essa orientação, inclusive, é a que vem prevalecendo no STJ,[30] ou seja, a de que a Lei de Falências deve ser objeto de exegese teleológica e que confira operacionalidade à recuperação judicial. O TCU expressou idêntico entendimento:[31]

> 1.5.1 Dar ciência à Superintendência Regional do DNIT no Estado do Espírito Santo que, em suas licitações, é possível a participação de empresa em recuperação judicial, desde que amparada em certidão emitida pela instância judicial competente, que certifique que a interessada está apta econômica e financeiramente a participar de procedimento licitatório nos termos da Lei n. 8.666/1993.

Note-se que o TCU recomenda a apresentação de certidão do juízo competente para processamento e julgamento da recuperação que ateste a aptidão econômica e financeira da sociedade empresária para participação da licitação.

Importante lembrar que o art. 80, § 2º, da Lei 8.666/1993 admite expressamente a manutenção de contratos com empresas em concordata, o que deve ser estendido ao instituto da recuperação judicial, sucedâneo do regime da concordata.

Ora, se existe autorização legal para que uma sociedade empresária em recuperação judicial mantenha contrato com o ente público, com mais razão deve-se admitir a possibilidade da sua participação nas licitações públicas.

É claro que, estando a contratada em processo de recuperação judicial, é dever do contratante assumir uma postura mais ativa na fiscalização, com a demonstração de que a execução do contrato não está sendo comprometida em virtude da circunstância de o contratado estar em recuperação judicial.

Enfim, a continuidade de contratos com sociedades empresárias que se encontrem em recuperação judicial somente pode ser admitida

30. STJ, 2ª Turma, AgR na MC 23.499, rel. Min. Mauro Campbell Marques, j. 18.12.2014, *DJU* 19.12.2014.

31. TCU, 2ª Câmara, Acórdão 8.271/2011, Processo 020.996/2011-0, rel. Min. Aroldo Cedraz.

no caso de o objeto estar sendo satisfatoriamente executado, sob pena de subversão ao atendimento do interesse público primário.

7.2.8.8.6 Garantia de proposta

O art. 31, III, c/c o § 2º, da Lei 8.666/1993 estabelece a possibilidade de ser exigida garantia na fase de habilitação (qualificação econômico-financeira). No entanto, esta garantia deve ser limitada a 1% do valor estimado do objeto da contratação, cabendo ao licitante a prerrogativa de optar por uma das modalidades de garantia previstas no § 1º do art. 56 da Lei 8.666/1993.

A garantia na etapa de habilitação não se confunde com a garantia que o contratado (e não o licitante) deverá apresentar quando do início do contrato, e que se encontra disciplinada no art. 56 da Lei 8.666/1993. Essa garantia não pode ser exigida na modalidade pregão, e vem sendo comumente reservada às licitações de grande porte, sob pena de restrição à competição.

A garantia de proposta não deve ser exigida em data anterior à realização da licitação, eis que prevista expressamente como requisito da fase de habilitação, devendo ser apresentada com os demais documentos referentes a essa etapa. Exigir a garantia em momento anterior à realização do certame é ilegal, eis que pode frustrar a competitividade ao permitir o conhecimento prévio dos efetivos participantes na licitação.

Em outras palavras: o procedimento correto é a apresentação da garantia de proposta em conjunto com os demais documentos de habilitação no respectivo envelope. Evita-se que a Administração Pública tenha conhecimento dos participantes do certame antes da sessão pública.

Certo é que exigência de depósito com valor referente à garantia de proposta em data anterior à realização do certame viola os princípios da competitividade, da isonomia e da proporcionalidade, em sua vertente "necessidade", pois a exigência se afigura desnecessária à garantia do contrato.[32]

7.2.8.8.7 Capital mínimo ou patrimônio líquido

Poderá também ser exigido capital mínimo ou patrimônio líquido que não exceder a 10% do valor estimado da contratação.

32. Esse entendimento encontra amparo na jurisprudência do STJ (2ª Turma, REsp 1.018.107-DF, rel. Min. Mauro Campbell Marques, j. 2.6.2009) e no TCU (Plenário, Acórdão 2.923/2010, Acórdão 2.993/2009 e Acórdão 2.095/2005).

O § 2º do art. 31 da Lei 8.666/1993 dispõe que:

> (...) nas compras para entrega futura e na execução de obras e serviços, poderá estabelecer, no instrumento convocatório da licitação, a exigência de capital mínimo ou de patrimônio líquido mínimo, ou ainda as garantias previstas no § 1º do art. 56 desta Lei, como dado objetivo de comprovação da qualificação econômico-financeira dos licitantes e para efeito de garantia ao adimplemento do contrato a ser ulteriormente celebrado.

Das três alternativas indicadas no § 2º do art. 31, compete à Administração Pública eleger, discricionariamente, uma, para fim de comprovação da qualificação econômico-financeira pelos licitantes. Note-se que se poderá fixar exigência alternativa (capital social mínimo ou patrimônio líquido mínimo), não se admitindo a cumulação destes ou, mesmo, exigência em conjunto com a garantia, sob pena de restrição aos princípios da competitividade e da proporcionalidade, conforme já teve a oportunidade de decidir o STJ.[33]

Esse entendimento já foi, inclusive, objeto da Súmula 275 do TCU: "Para fins de qualificação econômico-financeira, a Administração pode exigir das licitantes, de forma não cumulativa, capital social mínimo, patrimônio líquido mínimo ou garantias que assegurem o adimplemento do contrato a ser celebrado, no caso de compras para entrega futura e de execução de obras e serviços".

7.2.8.9 *Os cadastros*

Os cadastros devem ser criados no âmbito dos órgãos e entidades da Administração Pública, em especial quando realizam frequentemente licitações. É o caso do Sistema de Cadastramento Unificado de Fornecedores/SICAF no plano federal. Trata-se de excelente opção para racionalizar a apresentação da documentação de habilitação. Uma vez cadastrado, o licitante comparece apenas com o certificado cadastral, que o habilita a participar de várias licitações, concretizando os princípios da eficiência e da economicidade.

Esses registros cadastrais, a teor do disposto no § 1º do art. 34, devem estar permanentemente abertos aos interessados, devendo ser objeto de atualização periódica, para fins de verificação da manutenção das condições de habilitação.

33. STJ, 1ª Turma, REsp 822.337-MS, rel. Min. Francisco Falcão, j. 1.6.2006.

O certificado cadastral não substitui necessariamente todos os documentos. Existem exigências que são específicas para determinada licitação e que reclamam a apresentação da documentação no próprio certame. Via de regra, o certificado cadastral substitui os documentos de habilitação jurídica e regularidade fiscal, podendo alcançar documentos de qualificação técnica e econômico-financeira que se mostrem invariáveis, como é o caso, por exemplo, do balanço.

A emissão do certificado cadastral é ato vinculado, ou seja, uma vez demonstrado que atende aos requisitos fixados na normatização de cada ente, tem o interessado direito subjetivo à sua obtenção.

Não podem as licitações, em qualquer das suas modalidades, condicionar ou limitar a participação apenas aos licitantes previamente cadastrados. Essa exigência não foi expressamente prevista em lei.

A propósito do tema, o TCU, por intermédio da Súmula 274, fixou o correto entendimento de que "é vedada a exigência de prévia inscrição no Sistema de Cadastramento Unificado de Fornecedores/SICAF para efeito de habilitação em licitação".

7.2.8.10 *A exigência relativa ao menor*

Deverá o licitante demonstrar que atende ao disposto no inciso XXXIII do art. 7º da CF, que proíbe o trabalho noturno, perigoso ou insalubre a menores de 18 e de qualquer trabalho a menores de 16 anos, salvo na condição de aprendiz, a partir de 14 anos.

Tal exigência foi introduzida pela Lei 9.854/1999 e é de duvidosa constitucionalidade, pois se trata de exigência estranha aos objetivos e finalidades da fase de habilitação.

7.2.8.11 *A excepcional dispensa dos documentos de habilitação*

A fase de habilitação apresenta duas características marcantes: (i) revela-se como o meio necessário para garantir a segurança da contratação, evitando que a Administração Pública se relacione com pessoas que não revelam aptidão técnica ou solidez financeira; (ii) apresenta-se como etapa instrumental do processo licitatório, o que significa dizer que não pode ser interpretada como um fim em si mesma. Presta-se a servir como instrumento para o atendimento de uma finalidade maior, ou seja, uma contratação eficiente.

A questão que se coloca é saber se poderia o administrador público fazer uma ponderação entre a dispensa na apresentação dos documentos de habilitação e a concretização de interesses públicos relevantes.

Em situações excepcionais deve-se abrir espaço para a ponderação do gestor. Os casos mais comuns envolvem hipóteses de inexigibilidade de licitação, quando apenas um agente econômico se qualifica como apto a desenvolver determinado objeto mas apresenta problemas na sua documentação de habilitação.

A ponderação envolve o risco e os prejuízos que poderiam advir da não contratação. Isto porque, se de um lado se encontra a necessidade de apresentação de documentação para verificar a idoneidade do fornecedor, de outro há o atendimento do interesse público.

Mesmo nos casos em que a exigência decorre de norma constitucional, como é a hipótese do art. 195, § 3º, da CF, o TCU[34] já reconheceu a possibilidade de contratar empresas estatais prestadoras de serviços públicos que estejam inadimplentes junto à Seguridade Social. Confira-se trecho da referida decisão:

> 21. Não pode a Administração Pública deixar de atender às necessidades fundamentais da coletividade e dos indivíduos, com mais razão ainda quando os usuários dos serviços públicos ditos essenciais forem entidades ou órgãos da própria Administração, cuja atividade repercute em toda a sociedade. E, no caso sob análise, em que o usuário dos serviços é um órgão da cúpula do Poder Judiciário – STJ –, que tem jurisdição em todo o País e, como consequência, suas decisões alcançam repercussão nacional, é imperioso que os serviços públicos sejam fornecidos a contento e de forma ininterrupta. (...).
>
> 23. Mostra-se evidente que, na hipótese da contratação direta de um ente estatal fornecedor de serviço público essencial, na forma de monopólio, efetuada por um órgão da Administração, os fins legais acima descritos não serão alcançados. Aqui, impõe-se um interesse público maior, consubstanciado na boa e regular prestação jurisdicional, a qual quedaria prejudicada caso estivesse o órgão da Justiça proibido de contratar as empresas estatais fornecedoras de serviço público essencial, sob regime de monopólio, inadimplentes com o INSS e o FGTS. Ressalte-se que, nesta situação, em que inexiste a possibilidade de contratar-se terceiros, não há outra alternativa viável a não ser a contratação daquelas empresas, como bem destacado pela ilustre Representante do *Parquet* especializado (fls. 11/13).

A decisão revela a possibilidade do afastamento de uma formalidade essencial, ainda que de índole constitucional, com vistas ao atendimento de um interesse público maior, em hipótese típica de ponderação de

34. TC-004.389/96-4 *apud Boletim de Licitações e Contratos/BLC* novembro/2003, São Paulo, NDJ, p. 775.

normas jurídicas. É o reconhecimento da natureza instrumental da fase de habilitação.

Não raro essas situações decorrem de posições monopolistas de determinado agente econômico, enquadráveis como hipóteses de inexigibilidade de licitação, mas que devem ser consideradas excepcionais e interpretadas com extrema cautela pelo gestor.

Indispensável a demonstração, no caso concreto, dos riscos e danos para o atendimento do interesse público se a contratação não for efetivada. O fundamental é o reconhecimento do legítimo espaço para que o gestor avalie e pondere sobre a alternativa que melhor concretizará o interesse público.

7.2.8.12 *Uma crítica necessária à fase de habilitação prévia*

Uma inovação oriunda da modalidade pregão e que se pretende ver estendida às outras modalidades é a inversão das fases de habilitação e julgamento das propostas, podendo a Administração abrir primeiramente as propostas de preços dos licitantes e apenas examinar os documentos de habilitação do participante que tiver apresentado o menor preço.

Trata-se de modificação importantíssima e que, se introduzida como regra no ordenamento jurídico pátrio, propiciará elevado ganho de eficiência no desenvolvimento das licitações públicas. Afinal, é sabido que a fase de habilitação é prodigiosa em polêmicas jurídicas, técnicas e econômicas, o que atrasa a conclusão do certame, em razão dos diversos recursos administrativos e judiciais interpostos nesta etapa.

Essa inversão das fases reflete uma nova visão do instituto da licitação, o qual durante muito tempo foi compreendido e interpretado com um viés excessivamente formalista e burocratizado, que não mais se coaduna com o modelo de Estado Gerencial e com uma Administração Pública de Resultados.

O objetivo primordial da licitação é a busca da proposta mais vantajosa. Nada mais razoável e lógico que a proposta seja examinada de início. Não faz sentido, sob nenhuma perspectiva pela qual se analise a questão, perder tempo com o exame de documentos de habilitação jurídica, regularidade fiscal e qualificação técnica e econômica de um licitante que, mais à frente, pode acabar por apresentar proposta totalmente descompassada do interesse público.

Não se vislumbra nenhum impedimento na inversão das fases mesmo para as obras públicas. Isso porque não raro se argumenta que privilegiar o preço poderia colocar em risco a segurança da obra, então, contratando com uma empresa que oferece valor inferior mas que pode não estar plenamente habilitada para executá-la.

Ora, cabe ao edital fixar os requisitos mínimos de habilitação que assegurem a segurança e a eficiência na execução da obra. Portanto, se o instrumento convocatório assim o fizer e a Comissão de Licitação exigir do primeiro colocado o cumprimento dos documentos necessários, não há que se falar em "risco para segurança da obra". Se o licitante não demonstrar o atendimento aos requisitos de habilitação, será obrigação da Comissão de Licitação inabilitá-lo.

Algumas leis estaduais, como a de São Paulo, de n. 13.121/2008, que modificou a Lei 6.544/1989, e a da Bahia, Lei 9.433/2005, inverteram a fase de habilitação.

Foi proposta no ano de 2008 a ADI 4.116-9 pela Central Brasileira de Serviços/CEBRASSE, questionando a Lei 13.121/2008 do Estado de São Paulo, que teria incluído a possibilidade de inversão da fase de habilitação. O fundamento é que a norma violaria a competência da União para editar normas gerais sobre licitações e contratações, conforme prevê o art. 22, XXVII, da CF, já que o procedimento seria norma geral. Todavia, a ação direta de inconstitucionalidade não foi conhecida pelo STF, em razão da ilegitimidade ativa da CEBRASSE.

Dado concreto é que se trata de tendência que vem sendo acolhida pelo legislador, autorizando-se, por exemplo, que na concessão comum (art. 18-A da Lei 8.987/1995) e nas parcerias público-privadas – concessões patrocinadas e administrativas (art. 13 da Lei 11.079/04) – o administrador possa inverter as fases, assim como no Regime Diferenciado de Contratações/RDC, que fixou o exame prévio das propostas como regra (art. 12 da Lei 12.462/2011).

Até licitações de maior grau de complexidade, como as que envolvem as concessões comuns, patrocinadas e administrativas, já admitem a inversão de fases. Não há razão para as obras públicas se afastarem dessa importante alteração procedimental. Registre-se que nas licitações regidas pelo RDC será exigida a apresentação dos documentos de habilitação apenas do licitante vencedor (sistema de pós-habilitação), exceto no caso da inversão de fases,[35] como explicitado no art. 14 da Lei 12.462/2011.

35. Quando o inciso III do art. 14 da Lei 12.462/2011 menciona "inversão de fases" quer se referir ao modelo tradicional, ou seja, com a apresentação da documentação de habilitação de todos os licitantes e exame de documentação apenas dos licitantes habilitados. No entanto, frise-se, essa não é a regra do RDC.

7.2.8.13 *A pré-qualificação: conceito, procedimento e características*

O art. 114 da Lei 8.666/1993 prescreve que "o sistema instituído nesta Lei não impede a pré-qualificação de licitantes nas concorrências, a ser procedida sempre que o objeto da licitação recomende análise mais detida da qualificação técnica dos interessados". O § 1º do referido dispositivo legal estabelece que a adoção do procedimento de pré-qualificação será feita mediante proposta da autoridade competente, aprovada pela imediatamente superior, sendo certo que o § 2º determina que na pré-qualificação serão observadas as exigências da lei relativas à concorrência, à convocação dos interessados, ao procedimento e à análise da documentação.

Portanto, a pré-qualificação é procedimento que somente pode ser adotado na modalidade concorrência, desde que o objeto do certame exija análise mais aprofundada da qualificação técnica dos interessados. Não é, pois, procedimento corriqueiro, para ser utilizado em qualquer hipótese.

Tanto isto é verdade que o § 1º do dispositivo legal acima transcrito exige, expressamente, aprovação da autoridade superior (ordenador de despesa) como requisito prévio para adoção do procedimento de pré-qualificação. A decisão da autoridade deve ser, necessariamente, motivada, considerando a excepcionalidade e as peculiaridades do procedimento.

Busca-se com a pré-qualificação destacar a qualificação técnica em procedimento próprio e apartado, para que se verifiquem tão somente os documentos que demonstrem que o interessado detém condição para participar em futura licitação, não se cogitando do exame de qualquer proposta de natureza comercial. É na licitação subsequente, na modalidade concorrência, que as propostas serão ofertadas.

Conforme disciplina o § 2º do art. 114 da Lei 8.666/1993, a pré-qualificação deve observar as exigências da concorrência, o que significa dizer que deve ser um procedimento formal, objeto de instrumento convocatório próprio, devidamente publicado na forma e prazos do art. 21 da Lei 8.666/1993, com definição prévia do seu objeto, prazo para entrega da documentação, abertura em sessão pública dos documentos e julgamento objetivo efetivado por Comissão de Licitação composta de, no mínimo, três membros.

Segundo Hely Lopes Meirelles[36] é possível a exigência na pré-qualificação dos demais documentos da fase de habilitação, como, por

36. Hely Lopes Meirelles, *Licitação e Contrato Administrativo*, 15ª ed., São Paulo, Malheiros Editores, 2010, p. 122.

exemplo, os que envolvam capacidade jurídica, regularidade fiscal e qualificação financeira dos licitantes. Mas é claro que as exigências de índole técnica que assumem maior relevo na pré-qualificação devem ser objeto de investigação mais profunda.

Destaque-se que a pré-qualificação não afasta necessariamente a fase de habilitação preliminar nas licitações, que pode ser prevista, se for o caso, para verificar se perduram as condições anteriormente examinadas no procedimento preparatório.

Vale mencionar, de outro lado, decisão do TCU[37] que entendeu ser desnecessária na fase de pré-qualificação a prévia definição dos recursos orçamentários, considerando sua natureza de procedimento preparatório e prévio da própria licitação.

Isto não pode significar, à evidência, que a pré-qualificação não contenha o mínimo indispensável de informações e detalhes que permitam aos licitantes saber do que se trata o futuro certame, sob pena de afronta aos princípios da boa-fé e da transparência.

7.2.8.13.1 Vantagens e desvantagens da pré-qualificação

A pré-qualificação fixa um direito de participação na licitação em favor dos que foram nela identificados, definindo-se um padrão de qualidade mínima a ser atendido na competição a ser realizada.

Com efeito, a realização de pré-qualificação, nas hipóteses cabíveis e tecnicamente justificadas, pode trazer diversas vantagens para a Administração, como, por exemplo, sondar o mercado, identificando se as condições definidas para a participação na licitação a ser realizada despertam interesse e procura por parte das empresas do ramo. Isso reduz o risco de que a licitação venha a ser deserta.

Se não há pré-qualificados não se perde tempo em promover um procedimento licitatório sobre objeto complexo, o que, além do custo financeiro, ainda exige investimento em tempo. A Administração, diante do desinteresse, tem a oportunidade de refletir sobre as condições exigidas, sobre questionamentos e impugnações formulados em face do edital, de modo a não se frustrar a competição por força de exigências demasiadas ou ilegais.

37. TCU, Decisão 876/2000, publicada em 27.10.2000, *apud* Toshio Mukai, "Teoria e prática: Concorrência. Edital de pré-qualificação das licitantes. Características deste procedimento TCU", *Boletim de Licitações e Contratos/BLC* 7/430, São Paulo, NDJ, julho/2001.

Outra grande vantagem é reconhecer no mercado as sociedades empresárias dotadas de maior aptidão técnico-financeira para realizar o objeto que será proposto no edital da licitação, de modo a fixar esse padrão de qualidade para a futura competição – sempre lembrando que a pré-qualificação não é a licitação em si mesma.

De outro lado, costuma-se apontar como um aspecto crítico o fato de que, adotada a pré-qualificação, os concorrentes passariam a ter ciência uns dos outros antes mesmo da apresentação de suas propostas. Assim, tomando-se, por exemplo, um mercado sofisticado, onde poucas sociedades empresárias competem e se conhecem de longa data, sabendo umas da participação das outras, poderiam formular os valores de suas propostas, sem que possam ser forçadas ao aprimoramento pela presença de novos atores no mercado.

7.2.8.13.2 A participação de terceiros não pré-qualificados

Questão polêmica reside em saber se terceiros não pré-qualificados poderiam participar da futura licitação. A interpretação mais óbvia é a que considera a pré-qualificação como uma antecipação da fase de habilitação, eis que é por seu intermédio que se define o conjunto de legitimados a participar do procedimento licitatório. Assim, terceiro não pré-qualificado não poderia participar do certame.

Mas outra linha possível de interpretação seria considerar a pré-qualificação como identificação de qualificação de licitantes para uma futura licitação, o que não implica, necessariamente, que terceiros não pré-qualificados não pudessem vir a se integrar ao grupo de futuros licitantes, desde que atendido o nível de qualificação fixado no procedimento, tudo com vistas a uma saudável ampliação responsável da competição.

A Administração Pública poderia admitir ao certame aqueles que comprovem atender ao nível de aferição definido na pré-qualificação, o que não implicaria dizer que deveriam ter, obrigatoriamente, participado da pré-qualificação; até porque o mercado pode mudar, e novos agentes nele adentrarem ou surgir um interesse que não havia no momento da pré-qualificação. O importante é que a competição seja ampla, observando-se a realidade do mercado no momento de sua realização. No caso da pré-qualificação, essa segunda linha de interpretação, muito embora menos óbvia, é a que mais privilegia o princípio da competitividade.

Poder-se-ia utilizar como analogia a premissa das modalidades de tomada de preços, que admite que não cadastrados que atendam a todas as condições exigidas para cadastramento até o terceiro dia anterior à data do recebimento das propostas possam participar da licitação; e do convite, que admite a participação dos cadastrados não convidados. O legislador pretendeu claramente privilegiar a ampliação da competição, estendendo o universo de participantes.

Certo é que essa é uma questão que deve estar explicitamente prevista no procedimento da pré-qualificação. Dito em outros termos: trata-se de disciplina que deve ser regulada no próprio procedimento de pré-qualificação, com a permissão ou não de que terceiros não pré-qualificados, desde que atendidos os requisitos do procedimento, participem da futura licitação. Ambas as soluções são admissíveis, cabendo ao procedimento de pré-qualificação fixar os limites de participação na futura licitação, a saber: se apenas os pré-qualificados podem participar ou se será admitida a participação de terceiros não pré-qualificados mas que demonstrem ter atendido aos requisitos técnicos previstos no procedimento de pré-qualificação.

7.2.8.14 *Julgamento da habilitação*

Examinados os documentos de habilitação de todos os licitantes, a Comissão procederá ao seu julgamento, considerando aqueles que atenderam aos termos do edital habilitados e inabilitando os que apresentaram os documentos em desconformidade com os parâmetros fixados no instrumento convocatório, devolvendo seus envelopes de propostas de preços fechados.

Divulgado o resultado da habilitação, abre-se a possibilidade de os licitantes recorrerem da decisão. Se todos os licitantes forem inabilitados, poderá a Administração Pública conferir novo prazo para que apresentem nova documentação, escoimada das causas que levaram à sua inabilitação (art. 48, § 3º, da Lei 8.666/1993).

7.2.9 Abertura das propostas

Ultrapassada a fase de habilitação e julgados os eventuais recursos, passa-se à abertura do envelope da proposta de preços e, se for o caso, do envelope da proposta técnica. A abertura das propostas também deve se realizar em sessão pública.

Para julgar a proposta e selecionar o melhor licitante será necessário que o edital tenha definido o tipo de licitação, ou seja, qual o critério de julgamento que deverá ser considerado pela Comissão (art. 45 da Lei 8.666/1993).

Lembre-se, por oportuno, que após a fase de habilitação não cabe desistência da proposta, salvo por motivo justo decorrente de fato superveniente e aceito pela Comissão de Licitação, a teor do disposto no art. 43, § 6º, da Lei 8.666/1993.

7.2.10 A declaração de elaboração independente da proposta

Outra exigência nas licitações públicas que tem sido incluída nos editais é a declaração de elaboração independente da proposta. A ideia da referida declaração é obrigar o licitante a declarar não ter mantido contato com concorrente e nem discutido sua proposta ou de outrem com qualquer participante ou potencial participante de licitação em qualquer fase.

Se houver, posteriormente, documentos que comprovem troca de *e-mails* ou correspondências com concorrentes, poderá o declarante ser processado por falsidade ideológica, além de formação de cartel.

A declaração é obrigatória nas licitações da Administração Federal, conforme disposição da Instrução Normativa MPOG/SLTI-2/2008, e tem sido adotada por outros entes federativos. A exigência da declaração é adotada por outros Países e vem sendo sugerida pela Organização para Cooperação e Desenvolvimento Econômico/OCDE, sendo que para as contratações de obras e serviços referentes à Copa de 2014 e às Olimpíadas de 2016 foi incluída como uma das metas estabelecidas pela Estratégia Nacional de Combate a Cartéis/ENACC.

Essa declaração deve constar como anexo da proposta comercial nas modalidades tradicionais (concorrência, tomada de preços e convite) e ser apresentada no momento da abertura da sessão pública apenas na modalidade pregão. Não se cuida de documento afeto à fase de habilitação.

7.2.11 Cláusula de aceitação dos termos do edital

É muito comum a exigência em editais de declaração de aceitação e submissão a todos os termos e condições do edital, pretendendo sinalizar que todos os licitantes aceitam as regras fixadas. Essa declaração deve ser interpretada com restrições e não ser utilizada para limitar indevidamente o direito do licitante de expressar suas posições sobre as normas do edital, eis que a referida declaração não pode ter o condão de inibir a fase de impugnação ou mesmo o pedido de esclarecimento. Em outros termos: o licitante pode não se conformar com a resposta dada pela Administração e mesmo assim ter o legítimo direito de participar da licitação. A simples assinatura da declaração não pode ter como consequência o enfraquecimento do seu direito de postulação perante os órgãos e entes públicos.

7.2.12 Os tipos de licitação

Os tipos de licitação, que serão estudados a seguir, são: (i) menor preço; (ii) melhor técnica; (iii) técnica e preço; e (iv) maior lance ou oferta.

7.2.12.1 *Menor preço*

A regra geral das licitações no Brasil é a do tipo menor preço, que leva em consideração o preço como único fator de julgamento. Classificam-se as propostas de acordo com o preço apresentado. Sagra-se vencedor o licitante que apresentar a proposta de menor preço. No caso de empate a classificação se fará, obrigatoriamente, por sorteio em ato público (art. 45, § 2º, da Lei 8.666/1993).

A Comissão de Licitação examinará se a proposta está adequada aos aspectos formais (o que não significa que deva ser excessivamente formalista) previstos no edital e materiais (se o valor está abaixo daquele que foi reservado no orçamento e se a proposta não é inexequível, ou seja, tão reduzida que possa colocar em risco a própria execução do contrato – art. 48, II, e §§ 1º e 2º, da Lei 8.666/1993).

7.2.12.1.1 A adequação do preço ao valor de mercado e os órgãos de controle

A avaliação da adequação de um preço ao valor de mercado é questão essencialmente econômica. Os critérios e parâmetros que se destinam a essa verificação dependem de uma série de condicionantes, como, por exemplo, o segmento econômico no qual o preço se encontra inserido, as características específicas da contratação, o local de execução do objeto, as condições e circunstâncias econômicas que gravitam em torno daquele contrato, os preços unitários dos insumos (o que inclui a própria mão de obra envolvida) e outros aspectos que influem na definição do preço e na sua adequação aos parâmetros de mercado.

Mas se, de um lado, esses critérios revelam um conteúdo econômico, por outro, é preciso que exista um marco definindo os parâmetros que o órgão controlador utilizará para considerar um preço como alinhado, ou não, ao mercado. É esse marco que torna o referencial previamente conhecido pelas autoridades controladas.

Se assim não for cria-se um ambiente de absoluta insegurança jurídica; o controlado não pode desconhecer os critérios que o controlador utilizará para avaliar se o preço praticado em determinado contrato está, ou não, adequado aos parâmetros de mercado.

O conceito de contratação antieconômica não pode ser aleatório e posterior à contratação. O princípio da economicidade não pode ser genericamente invocado como vulnerado quando despido de fundamentação concreta e previamente conhecida. Como todo princípio, sua vocação é de abstração e de uma valoração axiológica que depende de parametrização à luz de cada situação específica e de cada segmento econômico.

7.2.12.1.2 Superfaturamento

Superfaturamento pressupõe um preço abusivo, ou seja, manifestamente superior à tendência central (mediana ou média) praticada pelo mercado ou incompatível com os preços fixados pelo próprio contratante, com demonstração de lesão ao Erário. Pode também se concretizar quando ocorre o pagamento por quantidades superiores àquelas efetivamente executadas.

Não procede equiparar oscilação de preço normal no mercado ao conceito de superfaturamento. Sua nota característica, como dito, é a lesão ao Erário decorrente de um preço comprovadamente superior ao praticado no mercado ou a artifícios contratuais, como o jogo de planilhas nas obras públicas, que manipulem os preços e o próprio objeto do contrato a favor de interesses escusos do contratado, não raro contando com o concurso ilegal e imoral de agentes públicos que funcionam como facilitadores e beneficiários de atos de corrupção.

7.2.12.1.3 Preço inexequível

O conceito de oferta inexequível está diretamente relacionado à sua insuficiência econômica para o desenvolvimento do objeto contratado. Essa avaliação deve ser realizada de acordo com os elementos técnicos oferecidos pelo próprio licitante, anexos à sua proposta de preço.

O art. 48 da Lei 8.666/1993 estabelece que as propostas com preços considerados inexequíveis devem ser desclassificadas. Portanto, as propostas de preços elaboradas em valores que não sejam suficientes para assegurar os custos de produção não devem ser classificadas para as próximas etapas.

Duas são as preocupações que gravitam em torno de preços muito reduzidos e completamente destoantes dos valores de mercado praticados pelos outros licitantes: (i) o risco de o contratado não executar o objeto contratual de forma satisfatória, já que a apresentação de valores irrisórios pode inviabilizar o cumprimento de sua prestação; e (ii) a utilização desse mecanismo para frustrar o valor da livre concorrência, maculando a premissa da justa competição que deve nortear toda e qualquer licitação.

O exame da exequibilidade da proposta de preços é um dever da Comissão de Licitação e do pregoeiro, que, no atendimento aos princípios da eficiência e da economicidade, devem zelar para que o contrato a ser celebrado não corra o risco de ser executado de modo inadequado, inviabilizando o atendimento do interesse público tutelado.

Mas, além do risco da não execução do objeto, a cautela no exame da exequibilidade dos preços por parte do órgão julgador relaciona-se com a necessidade de evitar prática ilícita de algumas empresas que "mergulham" seus preços para, durante a execução contratual, pleitear a revisão das bases econômicas do ajuste, com sucessivos pleitos de aditivos.

Em outras palavras: uma empresa oferta preço muito reduzido para se sagrar vencedora da licitação e, no momento da execução contratual, consegue restabelecer os preços de mercado, em flagrante violação aos princípios da moralidade, isonomia e competitividade. O preço muito abaixo do mercado também pode indicar sonegação fiscal ou, mesmo, a entrega de um bem ou serviço com qualidade muito aquém daquela desejada pela Administração Pública.

Por isso que o § 2º, II, do art. 40 da Lei 8.666/1993 estabelece como um dos anexos do edital de licitação o orçamento estimado em planilhas de quantitativos e preços unitários, a fim de permitir que a composição dos custos seja efetivamente demonstrada. A análise da composição dos custos dos insumos e sua coerência com os valores de mercado é fundamental para que a Comissão de Licitação ou o pregoeiro possam averiguar se a proposta com valor excessivamente reduzido e completamente fora dos parâmetros de mercado se enquadra na hipótese prevista no § 3º do art. 44 da Lei 8.666/1993, que veda preços irrisórios ou de valor zero, incompatíveis com o custo dos insumos. Claro o repúdio do legislador a preços artificiais e desconformes com os valores praticados no mercado, tudo com vistas a tutelar a premissa da justa competição, que deve orientar toda e qualquer licitação.

Salvo no caso de obras e serviços de engenharia, quando o legislador definiu um critério dotado de maior objetividade para aferir a exequibilidade dos preços ofertados, a teor do disposto no § 1º do art. 48 da Lei 8.666/1993, nos demais objetos esse exame depende das características específicas de cada segmento econômico.

Mas mesmo esse critério específico de inexequibilidade de obras e serviços de engenharia não deve ser considerado absoluto, e sim apenas uma presunção relativa, conforme já assentou o TCU na Súmula 262: "O critério definido no art. 48, inciso II, § 1º, alíneas 'a' e 'b', da Lei n. 8.666/1993 conduz a uma presunção relativa de inexequibilidade de preços, devendo a Administração dar à licitante a oportunidade de demonstrar a exequibilidade da sua proposta".

Não se vislumbra óbice jurídico para que o administrador público, em licitações que não sejam de obras e serviços de engenharia, adote no edital o critério previsto no § 1º do art. 48 da Lei 8.666/1993, sendo recomendável sua expressa motivação, com a demonstração da pertinência do critério para o objeto licitado.

Mas o fato é que não tem sido comum que os editais definam um limite mínimo de preço, diante, exatamente, da dificuldade em precisar o comportamento do mercado em todas as situações. Até porque, via de regra, os licitantes conhecem mais os custos do negócio do que a própria Administração Pública, o que sempre torna difícil a demonstração de efetiva inexequibilidade. Dito em outros termos: nem sempre se trata de tarefa simples averiguar no caso concreto a exequibilidade das propostas, haja vista a natural assimetria de informações e de conhecimento da composição de custos, que pende a favor dos licitantes.

Mas é dever da Comissão de Licitação e do pregoeiro, diante de um preço muito inferior ao dos outros licitantes ou, mesmo, de preços praticados pelos demais entes federativos para o mesmo objeto, baixar em diligência, para que o licitante demonstre a viabilidade econômica da sua proposta. Essa é uma preocupação relevante em qualquer licitação, eis que preços muito reduzidos e flagrantemente abaixo dos parâmetros de mercado podem acarretar a impossibilidade de o contrato ser executado, desatendendo aos interesses da entidade contratante responsável pelo certame.

Mais complexo é atribuir à Comissão de Licitação ou ao pregoeiro o dever de adentrar os custos tributários das propostas formuladas pelos licitantes, já que essa é matéria afeta à estrutura administrativa e de composição de custos de cada sociedade empresária.

7.2.12.1.4 Preços irrisórios e a livre concorrência

Os efeitos maléficos da oferta de preços irrisórios nas licitações públicas não se circunscrevem apenas ao certame ou ao ente federativo que a realizou. Podem também produzir consequências que interferem diretamente no mercado, atingindo o valor da livre concorrência, constituindo abuso do poder econômico, constitucionalmente vedado.

A Administração Pública, ao contratar licitante que pratica ato contrário aos princípios da livre iniciativa e da livre concorrência, apesar de inicialmente obter vantagem econômica, poderá futuramente enfrentar situação conflituosa: dependerá exclusivamente do contratado, que, por dominar o mercado, aumentará, a seu sabor, seus preços.

Esta prática desleal é, a rigor, uma burla tanto ao procedimento licitatório em que participa – já que o verdadeiro objetivo do licitante não é ganhar aquele certame – quanto à livre concorrência, uma vez que tem por finalidade a dominação do mercado em longo prazo. Há, portanto, direta relação entre preço inexequível e abuso do poder econômico, como a prática de *dumping* com vistas a posterior dominação do mercado.

Diante de indícios ou de suspeitas de que os preços praticados na licitação são artificiais, com objetivos que podem infringir a ordem econômica, é dever do servidor público provocar a atuação dos órgãos competentes e do Sistema de Defesa da Concorrência, contribuindo na apuração dos cartéis que atuam nas licitações públicas.

7.2.12.1.5 O empate ficto e o tratamento diferenciado para as microempresas e empresas de pequeno porte

Os arts. 44 e 45 da Lei Complementar 123/2006 estabelecem critérios de desempate que asseguram tratamento diferenciado para as microempresas e empresas de pequeno porte. O legislador criou um empate fictício, considerando como sendo iguais as propostas apresentadas pelas microempresas e empresas de pequeno porte até 10% superiores à proposta mais bem classificada. Na modalidade pregão o intervalo será de até 5% superior ao melhor preço apresentado.

Trata-se, portanto, de mecanismo artificial de equiparação determinado pelo legislador, cujo objetivo é permitir que as microempresas e empresas de pequeno porte possam reduzir o valor final apresentado pelo primeiro colocado e se sagrarem vencedoras do certame.

Para tanto, poderá a microempresa ou a empresa de pequeno porte mais bem classificada apresentar proposta de preço inferior àquela considerada vencedora do certame, situação em que será adjudicado em seu favor o objeto licitado.

Mas é possível que mais de uma microempresa ou empresa de pequeno porte se enquadre na faixa percentual de equiparação fictícia. Nesse caso, se a microempresa ou empresa de pequeno porte mais bem classificada não ofertar proposta inferior àquela considerada vencedora do certame, as demais microempresas e empresas de pequeno porte que se enquadrem no referido percentual serão convocadas na ordem classificatória para o exercício do mesmo direito.

Lembre-se que no caso de pregão a microempresa ou empresa de pequeno porte mais bem classificada será convocada para apresentar nova proposta no prazo máximo de cinco minutos após o encerramento dos lances, sob pena de preclusão. Nas demais modalidades não houve a fixação desse prazo, de modo que caberá ao edital ou à legislação específica regulamentar o prazo em que essa nova proposta, ou esse novo lance, da microempresa ou empresa de pequeno porte poderá ser ofertada.

Questão relevante é saber se no pregão o direito de preferência das microempresas e empresas de pequeno porte deve ser exercido antes ou depois da fase de negociação. Como se sabe, foi introduzida no pregão uma fase específica de negociação, que possibilita ao pregoeiro convocar o primeiro colocado e tentar a obtenção de alguma redução do preço.

Ora, o direito de preferência deve ser exercido antes da fase de negociação, sob pena de o primeiro colocado, propositadamente, negociar valores que afastem as microempresas e empresas de pequeno porte das faixas que asseguram o empate ficto, esvaziando seu direito de exercer a faculdade conferida nos arts. 44 e 45 da Lei Complementar 123/2006.

Outro aspecto a destacar é que, se ocorrer equivalência dos valores apresentados pelas microempresas e empresas de pequeno porte que se encontrem nos intervalos estabelecidos nos §§ 1º e 2º do art. 44 dessa lei complementar, será realizado sorteio entre elas, para que se identifique aquela que primeiro poderá apresentar nova oferta.

Caso as microempresas e empresas de pequeno porte favorecidas pela equiparação artificial determinada pelo legislador não utilizem sua faculdade de apresentar proposta mais reduzida do que a do licitante mais bem classificado, o objeto licitado será adjudicado em favor da proposta originalmente vencedora do certame.

Essa equiparação artificial não se aplica no caso de a proposta mais bem classificada já ter sido ofertada por uma microempresa ou empresa de pequeno porte – o que faz todo sentido, eis que, nessa hipótese, o objetivo do legislador de maior inserção das microempresas e empresas de pequeno porte nas contratações públicas já terá sido atingido. A regra somente incide quando a proposta mais bem classificada é de uma empresa que não se qualifica como sendo microempresa ou empresa de pequeno porte.

7.2.12.1.6 A impossibilidade de oferta de contraproposta pela empresa de grande porte

É vedado à empresa de grande porte oferecer contraproposta. Com efeito, a finalidade da norma foi a de conferir tratamento diferenciado às microempresas e empresas de pequeno porte (arts. 170, IX, e 179 da CF), e não a de criar regramento que acirre a competição entre os licitantes.

Registre-se, por oportuno, que o princípio da competitividade estará sendo atendido, pois, no caso de a microempresa ou empresa de pequeno porte formular proposta menor, já estará a Administração Pública desembolsando menos recursos orçamentários, o que atenderá, a um só tempo, aos princípios da competitividade e da economicidade (art. 70 da CF).

O que não pode é o princípio da competitividade se tornar o fundamento valorativo da Lei Complementar 123/2006, pois se estaria desvirtuando da premissa constitucional que orienta a interpretação da norma. Em outras palavras: o que quis o legislador foi, em condições de empate (ou de equiparação ficta das propostas), conferir tratamento diferenciado para as microempresas e empresas de pequeno porte. Nada além disso!

De mais a mais, a interpretação que confere maior peso ao princípio da competitividade na ponderação com os valores protegidos nas normas constitucionais vai de encontro à prevalência do interesse público primário (da sociedade) sobre o interesse público secundário (do Erário). O menor desembolso de recursos públicos é interesse público secundário, ao passo que os valores que informam a atuação das microempresas e empresas de pequeno porte se traduzem em interesses públicos primários.

Some-se a esses argumentos o fato de que admitir uma "contraproposta" da empresa de grande porte viola os princípios da legalidade e do procedimento formal, eis que não há previsão desta etapa na Lei Complementar 123/2006.

7.2.12.1.7 O descabimento da prerrogativa do empate ficto nas alienações e nas licitações do tipo melhor técnica e técnica e preço

A criação de uma sistemática diferenciada nas licitações públicas para as microempresas e empresas de pequeno porte busca concretizar um interesse público primário, vale dizer, utilizar essas empresas como meio para atingir a finalidade pública de desenvolvimento econômico e social e a busca do pleno emprego.

Para tanto criou-se uma espécie de "empate ficto", com faixas de referência em relação ao menor preço ofertado, como forma de permitir às microempresas e empresas de pequeno porte a oportunidade de formular lance inferior. Com isso, essas sociedades conquistam um volume maior de negócios com o Poder Público e concretizam os valores constitucionais que justificaram o tratamento diferenciado conferido pelo legislador constitucional originário. Este deve ser o critério norteador para definir as hipóteses nas quais serão aplicáveis os novos dispositivos.

Um exemplo de situação que não exigiria a inserção de cláusulas que consagrem o regime diferenciado para as microempresas e empresas de pequeno porte é a hipótese dos editais de licitação para alienação de bens públicos.

Em um contrato de compra e venda no qual o Poder Público pretende alienar um bem dominial que integra seu patrimônio não se identifica, a princípio, nenhuma razão a justificar o tratamento diferenciado disciplinado pela Lei Complementar 123/2006.

Isto porque nesta hipótese não se está a cogitar do desenvolvimento de nenhuma atividade econômica por parte da microempresa e da empresa de pequeno porte, o que justificaria o tratamento diferenciado conferido pelo legislador. Não se identifica na aquisição de um imóvel a *ratio* para aplicação da Lei Complementar 123/2006.

Hipótese distinta seria no caso, por exemplo, de uma concessão ou permissão de uso de um bem público, eis que se estaria diante de ajuste voltado para o desenvolvimento da atividade econômica da microempresa ou empresa de pequeno porte.

Outro ponto, ainda em relação a esse tema das microempresas, envolve saber se esse tratamento diferenciado se aplica às licitações de melhor técnica e técnica e preço. Quanto à questão da fase de saneamento dos documentos de regularidade fiscal, é indiferente o critério de julgamento (se menor preço ou técnica e preço), pelo quê não há dúvidas acerca da sua aplicabilidade.

Em relação ao empate ficto, os arts. 44 e 45 da Lei Complementar 123/2006 mencionam sempre a expressão "preço inferior", o que torna complexa a compatibilização com o procedimento específico dos critérios que envolvem a técnica e que estão previstos no art. 46 da Lei 8.666/1993.

Ademais, como se julga também o fator técnica, os benefícios conferidos pela Lei Complementar 123/2006 não teriam o condão de produzir os efeitos desejados. A licitação ganharia em complexidade, sem atingir, necessariamente, os resultados desejados pelo legislador.

As licitações do tipo melhor técnica e técnica e preço, por levarem em consideração, também, propostas técnicas, apresentam sistemática e dinâmica próprias, que, pela sua natureza, se revelam incompatíveis com a aplicação do direito de preferência às microempresas e empresas de pequeno porte na contratação, na forma prevista pela Lei Complementar 123/2006.

A aplicabilidade do critério do empate ficto se dá apenas nas licitações que envolvem menor preço. Essa, inclusive, foi a opção na esfera federal, que restringiu esses critérios apenas para as licitações que envolvam o menor preço, a teor do disposto no art. 5º do Decreto 6.204/2007.

7.2.12.2 *Melhor técnica e técnica e preço*

As contratações públicas admitem, como forma de concretizar o interesse público, outros parâmetros de avaliação que não o menor preço. Por vezes o objeto da licitação poderá demandar exame técnico mais apurado. Nestas hipóteses, além do envelope da proposta de preços, será também apresentado envelope contendo a proposta técnica.

Será o caso de aplicação do tipo melhor técnica e técnica e preço no caso de serviços de natureza predominantemente intelectual (art. 46 da Lei 8.666/1993) e, em caráter excepcional, no fornecimento de bens e execução de obras ou prestação de serviços de grande vulto (art. 46, § 3º, da Lei 8.666/1993).

Nas licitações que envolvam o julgamento de proposta técnica a entidade contratante deve se valer de critérios técnicos e científicos que avaliem, por meio de parâmetros objetivos de julgamento, a possibilidade de o licitante prestar o serviço em nível diferenciado de "qualidade" – o que, por certo, considera a sua *expertise* em determinado segmento de mercado –, antes de efetuar a contratação.

O procedimento do tipo melhor técnica está previsto no § 1º, I, II, III e IV, do art. 46 da Lei 8.666/1993; e o do tipo técnica e preço encontra-se descrito no § 2º, I e II, do art. 46 da Lei 8.666/1993.

A proposta técnica pode ser pontuada de acordo com os pesos conferidos aos critérios previamente definidos no edital (como a capacitação e a experiência do proponente, a qualidade técnica da proposta, compreendendo metodologia, organização, tecnologias e recursos materiais a serem utilizados nos trabalhos, e a qualificação das equipes técnicas), o que significa dizer que não necessariamente se sagra vencedor aquele que ofereceu o menor preço.

Por vezes a Administração Pública pretende averiguar a melhor técnica disponível no mercado e deve pontuar, a partir de parâmetros objetivos, a metodologia que melhor se ajusta ao interesse público. Mesmo nessas hipóteses não pode o julgamento pautar-se por critérios subjetivos que confiram qualquer margem de discricionariedade para a Comissão. O julgamento é ato vinculado.

7.2.12.2.1 A discricionariedade na eleição dos fatores de julgamento

A eleição dos critérios de pontuação técnica nas licitações do tipo técnica e preço ou mesmo melhor técnica revela índole discricionária.

A legislação não define – nem deveria – os fatores de julgamento a serem adotados para as licitações em que são exigidas propostas técnicas. O legislador não teria, mesmo, a capacidade de antecipar tantas variáveis a serem consideradas nos certames e, a partir disso, esgotar todas as hipóteses de aspectos técnicos para fins de pontuação.

Em situações como essas cumpre à Administração Pública realizar a integração casuística, em cada certame, da forma mais adequada, com o escopo de definir como será valorada a melhor técnica na execução do objeto contratual, tudo com vistas à satisfação da finalidade pública específica do objeto contratual.

Todavia, é possível ainda discutir a validade de uma decisão administrativa intrinsecamente adequada para atender ao interesse público caso venha a se revelar comparativamente menos eficiente do que outra que esteja igualmente à disposição da Administração Pública.

Isto ocorre porque a decisão administrativa também se vincula aos princípios aplicáveis à Administração Pública, que, por certo, limitam a discricionariedade em prol de comandos que primam, entre outros fatores, pela maior eficiência e pela melhor concretização do interesse público. Claro que apenas os contornos do caso concreto é que poderão indicar se a competência discricionária na eleição dos fatores técnicos foi bem exercida e adequada ao atendimento do interesse público.

7.2.12.2.2 A distribuição de pesos nas propostas

É adequado verificar, casuisticamente, a importância efetiva de cada fator para bem escolher o licitante mais adequado a executar o contrato. Em última análise, o peso da proposta técnica deverá ser proporcional à demanda que o objeto contratual apresenta pela capacidade intelectual da contratada em conceber (e, se for o caso, também implementar) soluções para as necessidades administrativas.

Não é extraordinária, inclusive, a atribuição de peso maior para a proposta técnica em relação à proposta de preço em licitações por técnica e preço. A questão tem sido destacada, de forma recorrente, para análise dos órgãos de controle.

Tem prevalecido no âmbito do TCU e nas semelhantes Cortes estaduais o entendimento no sentido de que a fixação de peso inferior para a proposta econômica exige justificativas especiais, tendo em vista que poderia acarretar contratação a preços desvantajosos e diminuir a competitividade.[38] De uma forma geral, observa-se que a distribuição de peso 7 para a proposta técnica e de peso 3 para a proposta econômica figura no limite da aceitabilidade pelas Cortes de Contas.

Observe-se que o art. 20, § 2º, da Lei federal 12.462/2011 – Regime Diferenciado de Contratações/RDC – determinou o limite de 70% para o peso da proposta técnica nas licitações por técnica e preço. Essa norma tem âmbito de aplicação restrito, mas contribui para revelar que o sistema jurídico reconhece que esse tipo de ponderação não desvirtua a busca pela economicidade.

7.2.12.2.3 O julgamento objetivo

Uma preocupação nas licitações que envolvem o julgamento da técnica é o necessário grau de objetividade que o edital deve estabelecer na definição dos critérios e parâmetros de avaliação. O exame da técnica não admite critérios subjetivos que confiram à Comissão de Licitação espaços de discrição administrativa. O julgamento é ato vinculado.

Por isso, não parece razoável admitir que fatores e expressões como "grau de compreensão", "consistência", "compatibilidade", "coerência", "adequação" e "conhecimento" sejam avaliados por parâmetros subjetivos e de forma casuística pela Comissão de Licitação. É preciso que os licitantes e a própria Comissão de Licitação conheçam previamente os documentos que permitirão avaliar o grau de objetividade necessário às propostas técnicas apresentadas no certame. Critérios que dão margem a subjetivismos e que não contemplam parâmetros claros e objetivos de aferição desnaturam a própria essência da licitação.

Nas licitações de melhor técnica ou técnica e preço deve-se prever uma etapa recursal própria para a proposta técnica e outra para a proposta

38. TCU, Plenário, Acórdãos 1.782/2007, 2.080/2007, 526/2013 e 3.139/2013.

de preços, o que prestigia os princípios da ampla defesa e do procedimento formal.[39]

Os tipos melhor técnica e técnica e preço são aplicáveis exclusivamente às modalidades de concorrência, tomada de preços e convite, que se distinguem em razão do procedimento da forma de licitar e do valor estimado para a contratação. Diferem do pregão (presencial ou eletrônico) na medida em que este sempre se orienta pelo critério de menor preço, não havendo possibilidade de o julgamento levar em conta o critério da "técnica".

7.2.12.2.4 A aplicação do tipo técnica e preço para a contratação de bens e serviços de Informática

O art. 45, § 4º, da Lei 8.666/1993 estabelece que para a contratação de bens e serviços de Informática será adotado obrigatoriamente o tipo de licitação técnica e preço. Duas observações importantes: (i) não se trata de norma geral, porquanto seria ingerência indevida na gestão dos demais entes federados; (ii) o dispositivo não deve ser interpretado literalmente.

Ora bem, para a aquisição de bens e serviços de Informática já padronizados no mercado poderá a Administração Pública Estadual adotar a licitação do tipo menor preço. Essa praxe é amplamente adotada nas contratações públicas. Militaria em desfavor da eficiência e da razoabilidade impor um critério de julgamento claramente inadequado para bens e serviços comuns, cuja descrição é facilmente conhecida no mercado e que têm no menor preço o critério que melhor se ajusta ao atendimento do interesse público. Se não há necessidade de aferir a técnica, o critério econômico pode ser o mais indicado para o atendimento do interesse público.

Nada impede que objetos mais sofisticados e dependentes de avaliação de índole intelectual sejam licitados a partir do critério da técnica e preço. Mas o que não se pode é considerar esse critério como absoluto para toda e qualquer contratação na área de Informática.

39. Essa é a orientação do TCU: "9.2 Determinar à Rede Ferroviária Federal S.A. – RFFSA, com fulcro no art. 250, inciso II, do RITCU, que, *nas próximas licitações dos tipos 'melhor técnica' e 'técnica e preço', exija que a proposta técnica seja apresentada em envelope distinto da proposta de preço, de modo a possibilitar, num primeiro momento, a classificação das propostas técnicas, com a subsequente abertura de prazo para recursos e, posteriormente, a abertura da proposta de preços, consoante previsto no art. 46 da Lei n. 8.666/1993*)" (grifos nossos).

7.2.12.3 *Maior lance ou oferta*

Nos casos de alienação de bens ou concessão de direito real de uso sagra-se vencedor quem ofertar o maior valor pelo bem, ao contrário do que ocorre no menor preço, quando o objetivo é o menor desembolso possível de recursos orçamentários.

7.2.13 Julgamento das propostas

Abertas as propostas e observado o tipo de licitação, será feita a classificação das propostas pela Comissão de Licitação, registrando os licitantes que tiveram suas propostas desclassificadas. As propostas que não atenderem ao aspecto formal e/ou ao aspecto material da licitação serão desclassificadas.

Declarar-se-á o licitante vencedor e os demais classificados na ordem crescente.

7.2.14 A destruição dos envelopes

Cláusula muito comum nos editais é aquela que prevê a possibilidade de destruição dos envelopes nas licitações públicas quando não tenha havido recurso contra a decisão ou mesmo após sua denegação.

Essas cláusulas fundamentam-se nos princípios da razoabilidade e da eficiência, eis que, se a empresa não se interessa em retirar seus próprios envelopes, não parece adequado transferir ao ente público o ônus da sua guarda.

Recomendável, contudo, que eventual cláusula editalícia apenas autorize a destruição dos envelopes após o encerramento da licitação, devendo, ainda, afastar essa possibilidade quando a licitação estiver sendo objeto de questionamento judicial.

Em qualquer hipótese, fundamental para a destruição dos envelopes que esteja caracterizada a recusa (manifesta ou tácita) dos licitantes em retirar seus próprios envelopes.

7.2.15 Apresentação de recurso

O recurso poderá ser apresentado pelo licitante caso não se conforme com o resultado da habilitação ou do julgamento das propostas. O regramento do recurso encontra-se previsto no art. 109 da Lei 8.666/1993, sendo certo que nestas duas hipóteses o recurso tem efeito suspensivo (impedindo que a decisão que adjudica ao vencedor da licitação produza efeitos jurídicos imediatos).

O prazo do recurso é variável de acordo com a modalidade, devendo ser dado igual prazo para que os demais licitantes possam apresentar suas contrarrazões. O recurso deverá ser dirigido à autoridade superior, por intermédio da que praticou o ato recorrido, a qual poderá reconsiderar sua decisão, no prazo de cinco dias úteis, ou, nesse mesmo prazo, fazê-lo subir, devidamente informado (art. 109, § 4º, da Lei 8.666/1993).

Se for exercido o juízo de retratação pela autoridade que praticou o ato, produz-se nova decisão, devendo ser reaberto o prazo para novo recurso, e não fazer subir o recurso original, sob pena de se suprimir o direito daquele que foi afetado pela nova decisão de apresentar suas razões de recurso, o que vulneraria o princípio constitucional da ampla e prévia defesa.

A matéria é polêmica, cabendo registrar que o TCU já se manifestou em sentido contrário entendendo que "o único sentido deste novo recurso seria levar a matéria à análise da segunda instância. O mais célere e coerente com o interesse público é elevar, de imediato, a matéria à autoridade superior".[40]

Na contagem do prazo do recurso exclui-se o dia do início e inclui-se o do vencimento, a teor do que dispõe o art. 110 da Lei 8.666/1993, sendo certo que o prazo somente se inicia quando os autos do processo estejam com vista franqueada ao interessado (§ 5º do art. 109).

A *reformatio in pejus* (agravar a situação do recorrente) é cabível nos recursos administrativos, já que, pelo princípio da autotutela, a Administração pode a qualquer momento (por iniciativa própria ou provocada) anular seus atos. Fundamental é a observância do contraditório e da ampla defesa – tese, essa, acolhida no art. 64, parágrafo único, da Lei 9.784/1999, que trata do processo administrativo federal –, de modo que se ocorrer gravame à situação do recorrente este deverá ser cientificado, para que formule suas alegações antes da decisão.

Registre-se que existem ainda duas outras espécies de recurso: a representação (art. 109, II), que apresenta natureza residual (cabe quando a hipótese não for de recurso hierárquico, cuja previsão é taxativa), e o pedido de reconsideração (art. 109, III), cabível na hipótese de aplicação da declaração de inidoneidade.

40. TCU, Plenário, Acórdão 1.788/2003.

Se não há decisão contrária aos interesses do licitante recorrente, não cabe a interposição de recurso administrativo, em virtude do requisito prévio da demonstração do interesse em recorrer.

7.2.15.1 *Efeito suspensivo*

Não raro é necessário que o recurso administrativo tenha o condão de suspender a eficácia da decisão administrativa que se pretende ver reformada, a fim de preservar direitos do administrado. O efeito suspensivo, quando não expressamente previsto na lei, deve ser examinado pelo administrador a partir de uma razoável ponderação entre a não concessão de efeito suspensivo ao recurso administrativo e os prejuízos que a decisão pode acarretar ao administrado.

Lembre-se que a Lei 9.784/1999 prevê a possibilidade de exceção à regra geral – de que os recursos não terão efeitos suspensivos – quando houver justo receio de prejuízo de difícil ou incerta reparação decorrente da execução. Portanto, o efeito suspensivo é cabível quando (i) existir previsão legal expressa ou (ii) quando o órgão julgador competente considerar que a execução imediata da decisão administrativa atacada pelo administrado possa causar prejuízo de difícil ou incerta reparação.

Na hipótese de atribuição legal de efeito suspensivo a recurso administrativo é dever do órgão competente para julgar o recurso suspender a execução do ato administrativo impugnado no momento do conhecimento do recurso. Não há, aqui, exercício de qualquer competência de índole discricionária.

Nas hipóteses em que couber recurso administrativo com efeito suspensivo não se concederá mandado de segurança, a teor do disposto no art. 5º, I, da Lei 12.016/2009.[41]

7.2.15.2 *Os recursos administrativos e o saneamento das omissões meramente formais*

Existe uma tendência, que vem se consolidando na própria jurisprudência, no sentido de reconhecer maior autonomia para que a Comissão de Licitação ou mesmo o pregoeiro possam sanar as omissões meramente formais que não afetem a substância da proposta.

41. Nesse sentido se posiciona a jurisprudência do STF: MS 32.525-DF, rel. Min. Teori Zavascki, *DJe* 12.5.2014; 1ª Turma, AgR no MS 32.530, rel. Min. Roberto Barroso, *DJe* 11.12.2013; 2ª Turma, AgR no MS 28.855, rela. Min. Carmen Lúcia, *DJe* 19.2.2012.

O fundamento para essa atuação é o princípio da verdade material, que confere ao administrador maior liberdade na obtenção das provas e na formação do seu convencimento acerca dos documentos, diferentemente da sistemática que rege o processo judicial, orientada pelo princípio da verdade formal.

Imagine-se, por exemplo, um licitante que não apresenta, por mero lapso, determinada certidão de regularidade fiscal, mas o pregoeiro, ao acessar o sistema, identifica que a empresa está regular. Pelo princípio da verdade material não parece irrazoável a decisão administrativa por meio da qual o pregoeiro considera a empresa habilitada, o que, saliente-se, privilegiaria o princípio da competitividade, o norte maior das licitações públicas.

7.2.15.3 *Uma tendência na fase recursal das licitações*

Outro ponto importante da fase recursal é sua otimização em apenas uma etapa. Não atende ao princípio da eficiência o modelo da Lei 8.666/1993, que admite uma fase recursal para a etapa de habilitação e outra para o julgamento das propostas. Este formato torna a licitação mais demorada e, portanto, custosa, ao passo que com a otimização da fase recursal apenas ao final do procedimento concilia-se a garantia do pleno direito de defesa dos licitantes com o princípio da eficiência no procedimento licitatório. Essa otimização é possível quando ocorre a inversão da fase de habilitação, permitindo a concentração da etapa recursal no momento final do certame.

7.2.16 Homologação

Após o julgamento dos recursos (caso sejam interpostos) passa-se à fase da homologação, que é o momento no qual a autoridade superior (ordenador de despesas) examinará todos os atos praticados no processo e, estando em conformidade com a lei e o edital, homologará o certame, o que significa dizer que aquiesce com todos os atos praticados.

Por força do princípio da autotutela, se a Administração detectar vício na licitação poderá anular o certame; ou, devido a motivos de conveniência e oportunidade, entendendo que a licitação não se revela mais útil, poderá revogar o certame, observados os parâmetros fixados no art. 49 e §§ da Lei 8.666/1993.

7.2.17 Adjudicação

Homologado o certame, passa-se à última fase, denominada de adjudicação. Esta etapa consiste na garantia da Administração de que, se o objeto for contratado, será com o licitante vencedor. Isto porque não há uma obrigatoriedade de a Administração celebrar o contrato. Mas, se o fizer, será com aquele que se sagrou vencedor no certame.

O adjudicatário (o licitante vencedor) sujeita-se às penalidades previstas no edital caso não assine o contrato no prazo e nas condições fixadas (art. 64 da Lei 8.666/1993).

7.2.18 Anulação e revogação da licitação

A licitação pode ser anulada quando identificado vício insanável. A declaração de nulidade de um procedimento licitatório pressupõe a existência de um vício de legalidade, isto é, alguma violação direta ou indireta ao ordenamento jurídico.

Mesmo no caso de constatação de vício a licitação pode ser convalidada. Para tanto faz-se necessário que não ocorra lesão ao interesse público nem ao interesse de terceiros, bem como o defeito deve ser sanável. A decisão de anular ou não o certame deve sempre ser temperada com os princípios da segurança jurídica e da boa-fé, tudo a depender das especificidades da situação concreta e da própria gravidade do vício detectado.

Dito em outros termos: quando a Administração se depara com ato que não se conforma com a norma jurídica, em respeito ao princípio da legalidade ela pode anulá-lo, mas mesmo assim se admite a existência de situações em que o interesse público recomenda a aplicação da sanatória ou convalidação do ato praticado, como melhor alternativa à anulação ou declaração de sua inexistência. A sanatória expunge o vício e salva para a validade plena o ato administrativo irregular. Relativamente à eficácia da medida, como regular efeito da sanatória, a convalidação se opera *ex tunc*, retroagindo à data da ilegalidade, sendo o mesmo o efeito, com mais razão, nos casos de mera irregularidade formal.

A rigidez do princípio da legalidade deve se harmonizar com a estabilidade das relações jurídicas, com a boa-fé de terceiros e outros valores indispensáveis à consecução de um Estado Democrático de Direito.

De qualquer modo, no desfazimento dos atos administrativos devem ser respeitados os direitos adquiridos. Trata-se de mais um reconhecimento do primado do princípio da segurança jurídica. Daí se entender que a Administração tem a *faculdade* e não o *dever* de anular os atos ilegais.

Outro aspecto a ser sopesado na anulação dos atos administrativos é a inexistência de nulidade diante da ausência de prejuízo, seja fático ou jurídico, postulado que permeia e rege todos os sistemas jurídicos civilizados, sintetizado no brocardo francês *pas de nullité sans grief* – "não há nulidade sem prejuízo" –, assentado tanto na doutrina quanto na jurisprudência pátria.

As mesmas premissas aplicam-se no caso de anulação de contratos administrativos.

Na revogação não existe vício, mas apenas motivos de conveniência e oportunidade. É necessária a demonstração da ocorrência de fato superveniente devidamente comprovado, que se traduz no elemento *motivo*. Em uma interpretação sistemática da norma, é possível entender como autorizador da revogação fato que não tenha sido superveniente, mas que só foi conhecido pela autoridade superior posteriormente.

É cabível cogitar de indenização, no caso de revogação, apenas ao adjudicatário, e não a todos os licitantes; afinal, havia uma expectativa de direito na contratação. Esse ressarcimento, por óbvio, limita-se aos custos com que o licitante arcou para participar do certame, não alcançando os lucros cessantes, como já decidiu o STJ.[42]

O fundamental, em ambos os casos, é a observância do princípio da ampla e prévia defesa, devendo os licitantes ser notificados antes da decisão e informados dos motivos que levaram a Administração Pública ao desfazimento do certame, a teor do que dispõe o § 3º do art. 49 da Lei 8.666/1993.[43]

7.2.19 A invalidação apenas dos atos insuscetíveis de aproveitamento

Outro ponto importante, que decorre da bem-sucedida experiência do pregão, é a possibilidade de invalidação apenas dos atos insuscetíveis de aproveitamento. A ideia é otimizar o princípio da economia processual, aproveitando os atos e etapas da licitação que não foram contaminados pela nulidade. Mais uma vez busca-se acelerar a tramitação do procedimento licitatório, evitando que todo o certame tenha de ser repetido, quando, em verdade, grande parte dos atos poderia ser aproveitada (como a fase interna, por exemplo).

42. STJ, MS 12.047/2007.

43. Sobre o tema ver: Edgar Guimarães, *Responsabilidade da Administração Pública pelo desfazimento da licitação*, Belo Horizonte, Fórum, 2013.

A despeito de não estar prevista norma expressa na Lei 8.666/1993, como ocorre com o pregão, não se vislumbra nenhum óbice para que os agentes públicos invalidem apenas os atos insuscetíveis de aproveitamento, o que pode ser feito com fundamento nos princípios da autotutela e da economia processual. A juridicidade, vinculação do administrador ao Direito e não apenas à lei, embasa o posicionamento.

8
Contratação Direta

8.1 A natureza instrumental da licitação e o dogma do princípio. 8.2 As distintas hipóteses de contratação direta. 8.3 A alienabilidade de bens públicos e a licitação dispensada: 8.3.1 Regime jurídico dos bens públicos – 8.3.2 Características dos bens públicos – 8.3.3 Instrumentos de utilização dos bens públicos por particulares – 8.3.4 O regime privado na utilização dos bens das sociedades de economia mista e empresas públicas – 8.3.5 O prazo nos contratos de delegação de uso e a sua não vinculação às regras orçamentárias – 8.3.6 As distintas funcionalidades das concessões de uso – 8.3.7 Autonomia dos entes públicos – 8.3.8 Conceito de licitação dispensada – 8.3.9 As hipóteses de licitação dispensada para bens imóveis – 8.3.10 A alienabilidade dos bens públicos e seus requisitos – 8.3.11 Dação em pagamento – 8.3.12 Doação de bem imóvel – 8.3.13 A licitação dispensada na doação com encargo e a interpretação extensiva para os contratos de delegação de uso – 8.3.14 Permuta – 8.3.15 Investidura – 8.3.16 A utilização dos bens públicos como instrumento de fomento – 8.3.17 O cabimento da inexigibilidade para os contratos de delegação de uso – 8.3.18 As hipóteses de licitação dispensada para bens móveis. 8.4 Dispensa de licitação: 8.4.1 Conceito – 8.4.2 Dispensa em razão do valor – 8.4.3 Dispensa em situação de emergência – 8.4.4 Licitação deserta – 8.4.5 Licitação frustrada – 8.4.6 Dispensa para contratar com entidades da Administração Pública – 8.4.7 Dispensa em razão de segurança nacional – 8.4.8 Dispensa para locação de imóvel – 8.4.9 Dispensa para complementação de contrato – 8.4.10 Instituição brasileira de pesquisa, ensino e desenvolvimento institucional – 8.4.11 A contratação direta para fornecimento ou suprimento de energia elétrica e gás natural – 8.4.12 Contratação das subsidiárias – 8.4.13 Transferência de tecnologia. 8.5 Inexigibilidade de licitação: 8.5.1 Conceito – 8.5.2 Fornecedor exclusivo – 8.5.3 Notória especialização – 8.5.4 Contratação de profissional do setor artístico – 8.5.5 Outras hipóteses não previstas em lei: o credenciamento e a contratação de professores e instrutores. 8.6 Formalização da contratação direta: 8.6.1 Noção geral – 8.6.2 Requisitos formais – 8.6.3 A razão da escolha do fornecedor – 8.6.4 Justificativa do preço – 8.6.5 A verificação dos documentos de habilitação – 8.6.6 O controle da legalidade nas contratações diretas – 8.6.7 A ratificação da contratação direta – 8.6.8 O chamamento público prévio nos casos de inexigibilidade – 8.6.9 Os riscos e consequências jurídicas das contratações diretas que podem ser reputadas ilegais.

8.1 A natureza instrumental da licitação e o dogma do princípio

O art. 37, XXI, da CF explicita a regra de que o procedimento licitatório é impositivo para a Administração Pública direta e indireta de qualquer dos Poderes da União, dos Estados, do Distrito Federal e dos Municípios.

Mas é a própria norma constitucional que reconhece que nem sempre a licitação é o caminho para atender ao interesse público, quando expressamente prevê que, "ressalvados os casos especificados na legislação, as obras, serviços, compras e alienações serão contratados mediante processo de licitação pública".

A essência da contratação direta é, exatamente, a constatação de que o interesse público pode ser atendido por outros modos, revelando a natureza instrumental da licitação. Não é um fim em si mesma, mas um meio para concretização de outros valores, materializados na consecução do contrato administrativo.

Por óbvio, o princípio licitatório, como qualquer outro, notadamente os de natureza formal, tem caráter relativo e cede perante a concorrência de princípios que expressem valores substantivos fundamentais a serem satisfeitos. Em outros termos: este princípio formal, como qualquer outro da mesma categoria, não vale *per se*, mas, em todos os casos, como um instrumento para o atendimento de princípios de natureza substantiva relevantes. E é o próprio ordenamento jurídico que consagra tais superiores valores substantivos, como a proteção à vida e à saúde, a dignidade da pessoa humana, a educação, a segurança – e tantos outros –, tal como aceitos e vivenciados pelas sociedades pluralistas pós-modernas do século XXI.

Para concretizar esses valores o Estado utiliza, dentre outros instrumentos, o instituto do contrato administrativo, como um dos mecanismos para atender às demandas e necessidades coletivas, coordenando esforços conjuntos do Poder Público e da sociedade.

São, em última análise, os valores substantivos os que prioritariamente devem ser tutelados e protegidos pela Administração Pública e que determinam e condicionam a forma como a contratação administrativa se desenvolverá e não o contrário, sob pena de absoluta subversão da sua natureza instrumental. Como dito, esse reconhecimento está expresso no próprio art. 37, XXI, da CF, que prevê o afastamento da licitação nas hipóteses determinadas pelo legislador e comumente denominadas de contratação direta.

Daí por que encerra enorme equívoco forçar a realização da licitação quando não é cabível ou mesmo quando não se revelar o instrumento mais adequado para a satisfação do interesse público. No setor público ocorre com bastante frequência a preferência por realizar licitação ainda quando evidente sua inviabilidade, seja por proporcionar maior segurança aos gestores frente aos órgãos de controle, seja por conferir aparência de legalidade ao processo de contratação pública. São licitações ilegais, porquanto não encerram uma disputa efetiva e concreta no mercado, eis que abertas por razões estranhas à essência do princípio constitucional meritório da seleção da proposta mais vantajosa para o atendimento do interesse público.

Por vezes a licitação não é viável, pois envolve bens ou serviços incomparáveis ou mesmo porque é necessário conferir maior grau de discricionariedade administrativa ao gestor no atendimento do interesse público. As hipóteses de contratação direta são, naturalmente, dotadas de uma percepção mais subjetiva no processo racional de escolha do contratado, e não há nisso nenhuma violação à ordem jurídica.

As escolhas nos processos de contratação direta devem estar pautadas por critérios de eficiência, economicidade e moralidade e devem estar motivadas no processo administrativo para demonstrar a razoabilidade intrínseca na racionalidade utilizada pelo gestor, permitindo o necessário controle externo da sua juridicidade. Mas ainda assim são dotadas de grau de discricionariedade inexistente nas escolhas que decorrem do processo licitatório. Aliás, é exatamente essa maior dose de subjetividade que poderá ser o fiel da balança na concretização do interesse público e na efetivação de uma contratação balizada pelo princípio da eficiência.

O dogma da licitação como único caminho viável para o atendimento ao interesse público e a desconfiança permanente dos gestores (levando-os a adotar cada vez mais posturas conservadoras e protetivas da sua situação pessoal) não têm se revelado como o melhor caminho para evitar imoralidades e improbidades praticadas no campo das contratações públicas. Os sucessivos escândalos bem demonstram que é preciso mudar a cultura e a prática no Brasil.

O contrário, frise-se, também não pode ocorrer. Quando o objeto for licitável e a busca da melhor proposta no mercado se revelar como o caminho adequado para a concretização do interesse público, não pode o gestor transmudar ou forçar o processo de contratação direta para eleição de preferências pessoais ou subjetivas.

Os contornos concretos de cada situação é que delinearão a melhor forma de contratação, seja por meio de licitação ou diretamente. O importante é que em qualquer caso a motivação seja explícita, congruente e razoável, demonstrando que a opção eleita é a que melhor concretiza o atendimento do interesse público.

8.2 As distintas hipóteses de contratação direta

A definição das hipóteses de contratação direta foi reservada ao legislador ordinário, a quem coube o papel de definir as situações nas quais a licitação não se faz obrigatória.

Daí o reconhecimento de que em algumas situações a licitação pode ser objeto de dispensa (quando há possibilidade de competição mas o administrador, na sua competência de integrar a norma, entende que o interesse público será mais bem atendido com a contratação direta) ou de inexigibilidade (quando há inviabilidade fática de competição), e a licitação dispensada (vocacionada à utilização dos bens públicos no caso de destinatários certos).

Por óbvio que a não realização da licitação não significa desatendimento aos princípios da isonomia, economicidade, publicidade, razoabilidade, moralidade, eficiência e motivação. Na contratação direta devem estar atendidos todos estes princípios que informam a atuação da Administração Pública.

Serão examinadas as situações de licitação dispensada (art. 17 da Lei 8.666/1993), as principais hipóteses de dispensa de licitação (art. 24 da Lei 8.666/1993) e de inexigibilidade de licitação (art. 25 da Lei 8.666/1993).

8.3 A alienabilidade de bens públicos e a licitação dispensada

8.3.1 Regime jurídico dos bens públicos

O ordenamento jurídico pátrio estabelece um regime jurídico próprio para disciplinar os bens públicos.[1] A adoção desse regime específico decorre da necessidade de estabelecer princípios e regras adequados que zelem pelo atendimento ao interesse público – neste caso, mais especificamente, pelo patrimônio público.

1. CC: "Art. 98. São públicos os bens do domínio nacional pertencentes às pessoas jurídicas de direito público interno; todos os outros são particulares, seja qual for a pessoa a que pertencerem".

Na gestão dos bens públicos a Administração goza de algumas prerrogativas previstas em lei, mas também se sujeita a condições especiais para a prática de determinados atos. Essas delimitações têm por objetivo que o gestor público se paute pela observância dos princípios aplicáveis à Administração Pública. Se confrontadas com o regime jurídico aplicável à gestão do patrimônio privado, essas condições normalmente podem ser tratadas como restrições às formas de usar, gozar e dispor dos bens.

Basta mencionar o princípio da finalidade pública – aplicável a todo e qualquer ato administrativo – para entender que a destinação dada aos bens públicos deve atender ao interesse público, gerando proveito à coletividade.

Todavia, esse compromisso pode ser concretizado de diferentes formas, existindo, por isso, discricionariedade no trato da questão, podendo o gestor promover escolhas que observem o regime jurídico aplicável e os princípios incidentes.

Os bens destinados ao uso comum do povo ou à execução de serviço público – denominados estes últimos como bens de uso especial – vinculam-se a interesses públicos específicos. Isso ocorre mediante o ato administrativo denominado "afetação".

Admite-se, ainda, uma terceira categoria de bens públicos sob o prisma de sua destinação: a dos bens dominicais. Segundo o art. 99, III, do CC, os bens dominicais "constituem o patrimônio das pessoas jurídicas de direito público, como objeto de direito pessoal, ou real, de cada uma dessas entidades".

Na realidade, os bens dominicais são aqueles que não estão diretamente vinculados a uma atividade pública, sendo, por isso, classificados como desafetados. Temporariamente pode ocorrer de alguns desses bens não terem realmente qualquer tipo de aproveitamento, à espera de alguma condição mais favorável.

Todavia, impõe-se ao gestor, na administração do bem, maximizar sua utilização, com vistas a produzir os maiores e melhores benefícios à população. A demora em conferir algum destino para bem público imóvel, sem justificativa para tanto, colide com o compromisso que o Estado Brasileiro possui com o desenvolvimento econômico e social e até mesmo com o cumprimento da função social da propriedade.

8.3.2 Características dos bens públicos

Os bens públicos apresentam como características a inalienabilidade (não podem ser alienados aos particulares, salvo a hipótese dos bens dominicais e desde que observados os requisitos previstos no art. 17 da Lei 8.666/1993), a impenhorabilidade (não é admitida a penhora de bens públicos, sendo o regime de execução contra a Fazenda Pública regrado pelo sistema constitucional do pagamento via precatório – art. 100 da CF), a não oneração (não podem ser utilizados como garantia sobre coisa alheia) e a imprescritibilidade (não podem ser objeto de usucapião).

8.3.3 Instrumentos de utilização dos bens públicos por particulares

Os bens públicos podem ser utilizados pelos administrados, dependendo da finalidade, por meio dos seguintes títulos: autorização de uso, permissão de uso, concessão de uso, cessão de uso e concessão de direito real de uso.

A autorização de uso caracteriza-se por ser ato unilateral, revestido de caráter discricionário, em que a Administração confere ao particular a utilização de determinado bem público por curto espaço de tempo. É ato precário, que pode ser revogado pelo Poder Público a qualquer tempo, ou prorrogado, também conforme critérios de conveniência e oportunidade. A autorização de uso não se confunde com as modernas autorizações de serviços públicos ou de atividades econômicas, que, conforme a legislação, podem ser vinculadas e permanentes.

A permissão de uso ostenta natureza contratual, em especial se fixada com prazo determinado. Ao contrário do que ocorre com a autorização, que envolve apenas o interesse do particular, na permissão existe também um interesse público envolvido.

A concessão de uso não é precária e nem constitui ato unilateral da Administração. Ao contrário, é verdadeiro contrato administrativo (ato bilateral), no qual o Poder Público outorga ao particular poderes de exploração do bem, conforme os termos e condições ajustados. No entanto, como contrato administrativo, pode ser desfeita unilateralmente pelo poder concedente.

A cessão de uso é cabível nas hipóteses em que o beneficiário da utilização do bem for entidade pública, sendo modalidade de colaboração entre entes públicos.

A concessão de direito real de uso, segundo definição do Decreto-lei 271, de 28.2.1967, em seu art. 7º,[2] é direito real sobre coisa alheia,

2. O art. 7º do Decreto-lei 271, de 28.6.1967, dispõe o seguinte: "Art. 7º. É instituída a concessão de uso de terrenos públicos ou particulares remunerada ou gratuita,

de caráter resolúvel, instituída para fins específicos de urbanização, industrialização, edificação, cultivo da terra, aproveitamento sustentável das várzeas, preservação das comunidades tradicionais e seus meios de subsistência ou outras modalidades de interesse social em áreas urbanas.

Pode ser instituída sobre imóveis públicos ou particulares, de forma gratuita ou remunerada, por tempo certo ou indeterminado. A utilização do bem por um particular não está vinculada a um mero interesse privado, mas a uma atividade de interesse social que vincula a atuação do concessionário. Lembre-se que a Lei 11.481, de 31.5.2007, acrescentou o inciso XII ao art. 1.225 do CC, com o objetivo de incluir a concessão de direito real de uso no rol taxativo de direito reais.

Não fica ao alvedrio do concessionário a destinação do bem outorgado. Antes, este será obrigado a atender à finalidade previamente estipulada na lei autorizativa, isto é, o contrato de concessão de direito real de uso deve resguardar o interesse público que orientou a discricionariedade do legislador ao conceder esse direito ao particular.

8.3.4 O regime privado na utilização dos bens das sociedades de economia mista e empresas públicas

As sociedades de economia mista e as empresas públicas regem-se pelo regime de direito privado, salvo algumas derrogações de direito público, como, por exemplo, a necessidade de realização de licitação (para suas atividades-meio), concurso público e a submissão ao controle dos Tribunais de Contas.

Logo, seus bens são privados,[3] sendo certo que devem recorrer à locação quando pretenderem transferir o uso dos seus bens para terceiros. A regra é o regime contratual de direito privado, sob pena de indevida e inadequada confusão entre os distintos regimes jurídicos.

Apenas em caráter excepcional, e desde que presentes razões de interesse público, é que se pode cogitar da utilização dos contratos de direito público para o trespasse do seu uso para terceiros, o que pode ocorrer, por

por tempo certo ou indeterminado, como direito real resolúvel, para fins específicos de regularização fundiária de interesse social, urbanização, industrialização, edificação, cultivo da terra, aproveitamento sustentável das várzeas, preservação das comunidades tradicionais e seus meios de subsistência ou outras modalidades de interesse social em áreas urbanas" (redação dada pela Lei 11.481/2007).

3. Cf. Marcos Juruena Villela Souto, *Direito Administrativo da Economia*, 3ª ed., Rio de Janeiro, Lumen Juris, 2003, pp. 109-110.

exemplo, no caso das sociedades de economia mista e empresas públicas prestadoras de serviços públicos.

8.3.5 O prazo nos contratos de delegação de uso e a sua não vinculação às regras orçamentárias

Importante observar em todo e qualquer contrato administrativo o prazo de vigência. A legislação brasileira impede o contrato por tempo indeterminado (art. 57, § 3º, da Lei federal 8.666/1993). Todavia, nos contratos em que não há despesa pública a realizar (como ocorre, por exemplo, com as concessões de uso e concessões de direito real de uso) são inaplicáveis os prazos máximos admitidos no art. 57 da Lei federal 8.666/1993.

Significa dizer que esses contratos podem ter prazos compatíveis com a utilização do imóvel e não vinculados ao período máximo de 60 meses previsto na Lei 8.666/1993. Não raro as legislações de cada ente federado estabelecem prazos máximos para a utilização dos bens públicos, o que deve ser verificado em cada caso concreto.

8.3.6 As distintas funcionalidades das concessões de uso

O contrato de concessão envolvendo o uso de bem público pode ter como finalidade o atendimento da vocação pública (afetação) do bem (interesse público primário) ou a mera produção de renda para o Erário (interesse público secundário).

No contrato de uso de bem afetado a Administração define os objetivos de interesse público para a exploração do bem, de acordo com sua finalidade pública; no contrato simples, voltado à produção de renda, o particular é livre para fixar os critérios de utilização e de afetação (privada) – observadas, por óbvio, as normas urbanísticas e a legislação em vigor.

É possível sustentar que no primeiro caso há uma concessão de uso qualificada – ou contrato de exploração –, e no segundo uma concessão de uso simples; o primeiro caso é típico de bens afetados a uma finalidade pública; o segundo, para bens dominicais que não se pretenda, pelo contrato, afetar ao uso comum ou especial.

A *concessão de uso qualificada* é típica de bens destinados a concretizar certa finalidade pública. A entidade administrativa elegerá a função social para a qual o bem deverá contribuir, normalmente convergindo para execução de serviço público por particular ou então com sua política para a atividade de fomento. A adoção da concessão de uso, em detrimento da exploração direta, decorrerá da avaliação de índole discricionária do gestor de que o resultado desejado poderá ser mais bem concretizado pelo aporte de recursos privados que alavanquem determinado setor relevante para o atendimento das finalidades públicas.

A *concessão de uso simples* seria aquela na qual a Administração Pública sequer define a destinação específica da utilização privativa do bem, deixando à livre iniciativa (ou à liberdade individual) resolver a questão. O particular será livre para fixar os critérios de utilização e de afetação (privada) – observadas, por óbvio, as normas urbanísticas e a legislação em vigor.

Ocorre, por exemplo, em casos de concessões e permissões de uso remuneradas, nos quais o particular desenvolve uma atividade econômica apenas a seu benefício (exemplo: exploração de restaurantes, parque de diversões, cantinas e tantos outros que tipificam apenas o interesse próprio do particular).

Nas *concessões de uso simples*, ao contrário do que ocorre nas *concessões de uso qualificadas*, não há um interesse público primário vinculado à utilização do bem, mas apenas um interesse público secundário, que se volta a definir o vencedor da licitação a partir do maior lance ou outorga pelo direito de explorar exclusivamente o bem público por determinado período.

Assim, como o contrato de concessão de uso é ato administrativo (bilateral), deve ter, além do motivo – constatação da necessidade de gerir eficientemente o bem público, buscando alternativas à gestão pública –, uma finalidade – proporcionar o atendimento da vocação do bem afetado ou produzir renda num bem não afetado. A finalidade orienta a correta interpretação do contrato.

A concessão de uso deve maximizar o aproveitamento do bem, atendendo aos princípios da eficiência, economicidade e subsidiariedade, tanto em relação às utilidades geradas para a sociedade (interesse público primário) quanto em relação ao menor investimento – ou maior retorno financeiro – para o Poder Público (interesse público secundário).

O que é fundamental observar é que a satisfação do interesse arrecadatório (secundário) sempre será condicionada à definição do Poder Público em relação ao interesse (primário) da sociedade na fruição do bem. Na prática, quanto maior o investimento atribuído ao concessionário no contrato de concessão, maior será a necessidade de retorno financeiro para amortização desses investimentos. Esse retorno financeiro pode ser proveniente dos usuários do bem – prioritariamente – ou do Poder Público.

Não existe regra jurídica ou econômica a determinar, em tese, se o Poder Público deve atribuir ao concessionário a obrigação de realizar um investimento vultoso ou modesto no bem público. A quantia a ser investida dependerá sempre das funcionalidades que o Poder Público entender importantes para o bem concedido, para o máximo proveito da sociedade.

O que importa é que a definição de tais funcionalidades se refletirá diretamente no montante a ser aportado, devendo, então, ser prevista a origem dos recursos para a amortização dos investimentos do concessionário.

Modernamente, em toda e qualquer concessão (uso ou serviço público) o foco tem sido a multiplicação das funcionalidades da infraestrutura ou da atividade pública, a fim de aumentar a gama de usuários aptos a produzir renda para o concessionário, em benefício do menor aporte possível de recursos públicos, o que privilegia toda a sociedade.

8.3.7 Autonomia dos entes públicos

Cabe a cada entidade federada, no âmbito da sua autonomia política, administrativa e financeira, a gestão dos seus bens públicos. Significa dizer que em matéria de administração dos seus bens públicos a disciplina normativa rege-se também pela lei de cada ente estatal (princípio federativo), que, via de consequência, dispõe de uma margem de liberdade para disciplinar a forma de alienação dos seus bens, que não se circunscreve apenas às situações previstas na Lei 8.666/1993.

Entender o contrário, restringindo o direito dos demais entes federativos de legislar sobre o próprio patrimônio, implica violar o princípio federativo. Esse, aliás, é o fundamento da ADI 927-3, que reconheceu expressamente essa legítima esfera de exercício de competências normativas pelos Estados e Municípios.

Se assim não for estar-se-á admitindo uma indevida ingerência na gestão pública dos bens estaduais e municipais pelo legislador federal, vulnerando a autonomia de cada entidade federada. A União detém competência constitucional para editar normas gerais, que, todavia, não podem descer a detalhes que afrontem os espaços de competência dos demais entes políticos.

O mesmo não se aplica às hipóteses de dispensa de licitação e inexigibilidade, porquanto normas de caráter geral que não podem ser elastecidas pelos demais entes federados.

8.3.8 Conceito de licitação dispensada

A licitação dispensada é aquela aplicável nos casos de alienação dos bens públicos (dominicais). O art. 17 da Lei 8.666/1993 dispõe que a alienação de bens da Administração Pública se subordina à existência de interesse público devidamente justificado (matéria discricionária), aplicando-se como regra a realização de licitação para os bens imóveis (concorrência) e bens móveis.

Sucede que o próprio legislador elegeu algumas situações em que o destinatário do bem é certo, tornando sem razão a realização de licitação. As hipóteses são taxativas, não podendo, como regra, ser criadas novas situações de licitação dispensada.

Na concorrência para a venda de bens imóveis a fase de habilitação limitar-se-á à comprovação do recolhimento de quantia correspondente a 5% da avaliação (art. 18 da Lei 8.666/1993). Como aqui o que pretende a Administração Pública é transferir o domínio de um bem público, não faz sentido exigir todos aqueles requisitos constantes da fase de habilitação previstos nos arts. 28 a 31 da Lei 8.666/1993.

Já, para a venda de bens móveis avaliados, isolada ou globalmente, em quantia não superior ao limite previsto no art. 23, II, "b", da Lei 8.666/1993 a Administração poderá admitir o leilão (§ 6º do art. 17 da Lei 8.666/1993).

8.3.9 As hipóteses de licitação dispensada para bens imóveis

As hipóteses de licitação dispensada para bens imóveis estão previstas no inciso I do art. 17 da Lei 8.666/1993 e dependem de autorização legislativa para os órgãos da Administração direta e entidades autárquicas e fundacionais, e para todos, inclusive as entidades paraestatais, dependerá de avaliação prévia.

O art. 17, I, da Lei 8.666/1993, ao tratar dos bens imóveis, prevê que a licitação seja dispensada nas hipóteses excepcionais configuradas ao longo da lei.

Advirta-se, desde já, que os preceitos da Lei 8.666/1993 que tratam dos contratos sobre bens públicos pecam em muitos aspectos da técnica legislativa, a começar pelo fato de na seção intitulada "Das Alienações" serem tratados contratos de naturezas distintas, como o aforamento e a concessão de direito real de uso.

8.3.10 A alienabilidade dos bens públicos e seus requisitos

Como se sabe, os bens públicos submetem-se a um regime jurídico especial, o que os torna impenhoráveis, não sujeitos a usucapião e a oneração e inalienáveis. Essa última característica – inalienabilidade – é relativa, já que, se atendidos determinados requisitos, os bens públicos podem ser alienados.

Essas condições foram genericamente previstas no art. 17 da Lei 8.666/193, que reclama a existência de interesse público justificado, avaliação prévia, autorização legislativa e licitação na modalidade concorrência. A alienação de qualquer bem público depende, primeiramente, de sua desafetação, ou seja, retirar a destinação pública específica do bem, o que o enquadraria na categoria de bem dominical.

Anote-se que o Código Civil destaca para o bem dominical a alienabilidade, que vem a ser a disposição máxima que o proprietário tem em relação a determinado bem (art. 101). Pela lógica jurídica segundo a qual quem pode o mais pode o menos, por certo já seria admissível utilizar o dispositivo para legitimar a alternativa de submeter o bem à utilização de terceiro, mediante ato ou contrato que lhe confira o uso privativo, sem incorrer em transferência do domínio.

Não bastasse isso, tal possibilidade é expressamente mencionada nos arts. 17 a 19 da Lei federal 8.666/1993. Apesar de a referência inicial ser à alienação, que, no rigor técnico, envolve a transferência da propriedade, os referidos dispositivos disciplinam também a respeito de outros direitos instituídos sobre os bens das entidades administrativas, como os contratos que apenas atribuem o uso do bem, sem transferência do domínio.

8.3.10.1 *A autorização legislativa*

A exigência de autorização legislativa, como um dos requisitos impostos pela Lei 8.666/1993, tem por fundamento o controle do patrimônio público. A aquiescência do Poder Legislativo é uma forma de controle dos atos do Poder Executivo, evitando que a decisão de alienar um imóvel público se concentre em apenas um Poder, com risco de prejuízo ao interesse público. Em outros termos: a exigência de lei autorizativa se traduz em clara medida de controle prévio sobre o ato administrativo, demonstrando a preocupação especial que existe em relação ao exercício da prerrogativa, pela autoridade pública, no sentido de dispor dos imóveis públicos.

Não é tema pacífico saber se essa autorização legislativa é genérica ou específica para cada imóvel. Essa questão pode ser objeto de descrição do legislador, que pode controlar com maior (autorização legislativa específica para determinado imóvel, hipótese em que a lei se qualifica como sendo de efeitos concretos) ou menor (autorização legislativa genérica) intensidade a gestão do patrimônio público. Para cada ente federativo remanesce competência para disciplinar sobre a gestão do seu patrimônio e definir, portanto, se a autorização será genérica ou específica.

A não edição de lei autorizativa pode acarretar a imputação de nulidade do negócio jurídico, com a consequente apuração de responsabilidade das autoridades administrativas. Essa lei encerra ato materialmente administrativo, ainda que formalmente legislativo, já que não se cuida de comando genérico e abstrato.

8.3.10.2 *Avaliação prévia*

A exigência de avaliação prévia sobre o potencial valor de mercado do imóvel é indispensável e se constitui em um dos requisitos obrigatórios para a alienação dos bens públicos.

Note-se que o simples fato de a avaliação ser impositiva não torna obrigatório que a celebração do contrato ocorra com caráter oneroso. Se o contrato vier a ser oneroso, em condições normais, a avaliação prévia servirá como parâmetro para sopesar a adequação econômica da remuneração contratual, eis que se sagrará vencedor da licitação quem oferecer o maior lance ou oferta pelo direito de explorar privativamente o imóvel, na forma prevista no art. 45, IV, da Lei 8.666/1993.

Não havendo caráter oneroso, tal informação, ainda assim, será oportuna para que os membros do Poder Legislativo bem como a sociedade possam examinar se o interesse público que justifica a gratuidade do contrato merece prosperar em detrimento da receita patrimonial que seria gerada com a exploração do bem a preço de mercado.

8.3.11 Dação em pagamento

A dação em pagamento – instituto de direito privado, disciplinado nos arts. 356 a 359 do CC –, que possibilita à Administração entregar um bem imóvel que lhe pertence para solucionar débito junto a terceiros, é também hipótese de licitação dispensada, a teor do disposto no art. 17, I, "a", da Lei 8.666/1993.

8.3.12 Doação de bem imóvel

A doação é ato de liberalidade no qual a Administração Pública doa um bem imóvel para outro órgão ou entidade da Administração Pública de qualquer ente da Federação (art. 17, I, "b", da Lei 8.666/1993, com redação conferida pela Lei 11.952/2009). Trata-se de contrato disciplinado nos arts. 538 e 564 do CC.

Pecam também alguns desses dispositivos por terem invadido competência dos entes federativos estaduais e municipais, como, de forma liminar, já reconheceu o STF no julgamento da ADI 927-3.

O argumento central da decisão do STF no julgamento da ADI 927-3[4] foi o princípio federativo, porquanto não poderia uma norma geral limitar a doação apenas para entes públicos – o que significa dizer, *a contrario sensu*, que poderiam os demais entes (Estados, Municípios e Distrito Federal) admitir a doação para pessoas jurídicas de direito privado, tendo em vista sua autonomia político-administrativa para dispor sobre seus bens.

A doação deve estar amparada em razões de interesse público para evitar a dilapidação do patrimônio público, devendo ser objeto de controle por parte do Poder Legislativo. Daí ser fundamental a motivação que justifica a doação.

8.3.13 A licitação dispensada na doação com encargo e a interpretação extensiva para os contratos de delegação de uso

A teor do disposto no art. 17, § 4º, da Lei 8.666/1993, a doação com encargo (para o donatário) será licitada, devendo constar do seu instrumento os encargos, prazo de cumprimento e cláusula de reversão, sob pena de nulidade do ato, sendo dispensada a licitação no caso de interesse público devidamente justificado.

4. "*Ementa:* Constitucional – Licitação – Contratação administrativa – Lei n. 8.666, de 21.6.1993. I – Interpretação conforme dada ao art. 17, I, 'b' (doação de bem imóvel) e art. 17, II, 'b' (permuta de bem móvel), para esclarecer que a vedação tem aplicação no âmbito da União Federal (...). Trecho do voto do relator: 'Empresto, pois, interpretação conforme à Constituição ao citado dispositivo – art. 17, I, 'b': a expressão – 'permitida exclusivamente para outro órgão ou entidade da Administração Pública, de qualquer esfera de governo' – *somente tem aplicação no âmbito do governo central, vale dizer, no âmbito da União Federal*'" (STF, Tribunal Pleno, MC na ADI 927-3, rel. Min. Carlos Velloso, j. 3.11.1993, *DJU* 11.11.1994, p. 30.635, *EMENT.* VOL-01766-01 PP-00039) (grifos nossos).

Razoável presumir que, se o administrador pode dispensar a licitação no caso de doação, que encerra transferência do domínio do bem para um terceiro, com mais razão deve-se admitir a dispensa no caso de mera delegação do uso dos bens, como nas hipóteses, por exemplo, de concessão de uso ou concessão real de uso. Afinal, quem pode o mais pode o menos. Muito embora não esteja explicitamente prevista na lei a hipótese de dispensa nos casos de mera transferência do uso do bem, possível admitir sua efetivação a partir de uma interpretação sistemática e teleológica da norma.

Em outras palavras: se para a doação com encargo, que resulta na alienação do imóvel público (ainda que condicionada), admite-se a figura da licitação dispensada, diante de especial interesse público, seria totalmente incongruente negá-la para a concessão de uso.

Além da lógica jurídica segundo a qual quem pode o mais pode o menos, aplicável para resolver lacunas de nosso ordenamento jurídico, a negativa, aqui, por falta de previsão específica sobre licitação dispensada seria totalmente irrazoável, criando um direito administrativo assistemático e incoerente.

8.3.14 Permuta

A permuta, que se encontra disciplinada no art. 533 do CC, se dá quando a Administração troca um imóvel por outro, que atenda às suas necessidades, conforme os requisitos do inciso X do art. 24 da Lei 8.666/1993.

8.3.15 Investidura

A investidura, outra hipótese de licitação dispensada, vem definida no próprio § 3º do art. 17 da Lei 8.666/1993.

Têm-se, ainda, as hipóteses de venda a outro órgão ou entidade da Administração Pública, de qualquer esfera de governo, e alienação, concessão de direito real de uso, locação ou permissão de uso de bens imóveis construídos, destinados e efetivamente utilizados no âmbito de programas habitacionais de interesse social por órgãos ou entidades da Administração Pública especificamente criados para esse fim.

8.3.16 A utilização dos bens públicos como instrumento de fomento

O fomento é um modo de intervenção estatal na economia que utiliza técnicas de indução para atrair os particulares para o exercício de determinadas atividades que possam produzir benefícios à sociedade. É, por natureza, não coercitivo e se vale de instrumentos de persuasão e convencimento para que os particulares atuem em determinado setor que se revele importante para o atendimento de públicos interesses.[5]

Os estímulos positivos ao desenvolvimento de atividades empresariais concretizadoras de interesses públicos primários podem se materializar por diversos mecanismos de concessão de vantagens aos agentes econômicos privados. Não cabe aqui mencioná-los todos, mas apenas destacar como mais usuais o fomento fiscal (renúncias a tributação condicionadas ao investimento), financeiro (concessão de financiamento por instituições financeiras oficiais a taxas de juros subsidiadas, menores que as praticadas no mercado) ou por aportes diretos (de bens ou recursos públicos no projeto privado).

Aqui, importa mencionar a utilização dos bens públicos como mecanismo de fomento. É muito comum que os entes públicos, para atrair grandes investimentos e, via de consequência, gerar desenvolvimento econômico e social, incremento nos empregos e, mesmo, aumento na arrecadação dos tributos, se utilizem dos bens públicos para atração de investimentos na formação de parcerias que sejam benéficas para o atendimento do interesse público.

Cogita-se, para essa finalidade, utilizar os contratos de concessão de direito real de uso e concessão de uso. Nesses casos, esses ajustes podem ser denominados como contratos de fomento, espécie de contrato administrativo, e objeto de classificação por Marçal Justen Filho e Eduardo Ferreira Jordão,[6] que os distinguem do *contrato de colaboração*, pelo qual a Administração contrata a aquisição de bens ou serviços, regido pela

5. A respeito de fomento, são pertinentes as considerações de José Vicente Santos Mendonça ("Uma teoria do fomento público: critérios em prol de um fomento público democrático, eficiente e não paternalista", *Revista de Direito da Procuradoria Geral do Estado do Rio de Janeiro* 65/115-176, 2010).

6. Os autores definem o *contrato de fomento* da seguinte forma: "O contrato de fomento corresponde a instrumento de implantação de uma política pública. Nele, o interesse público que determina a contratação reside nos benefícios indiretos decorrentes da execução de alguma atividade (nas suas 'externalidades positivas') – e não na atividade em si. Por isso mesmo, a Administração tem menor ingerência sobre como a atividade será desempenhada, e o particular tem maior liberdade para executá-la de acordo com os seus critérios empresariais. O Poder Público meramente estimula a execução de um empreendimento privado, que remanesce totalmente privado e cuja configuração segue nas mãos do particular. Essas diferenças explicam por que o regime jurídico aplicável aos contratos de fomento não é o mesmo que se aplica aos contratos administrativos em sentido estrito" (Marçal Justen Filho e Eduardo Ferreira Jordão, "A contratação administrativa destinada ao fomento de atividades privadas de

Lei 8.666/1993, e do *contrato de delegação*, pelo qual a Administração delega a prerrogativa de prestação de serviços públicos ou de interesse geral, regido pela Lei 8.987/1995.

Apesar de a referida classificação não ser exaustiva das espécies de contratos administrativos, é suficiente para demonstrar que o regime jurídico do contrato de fomento distingue-se dos regimes jurídicos dos contratos de colaboração e delegação, uma vez que nos contratos de fomento o interesse público que determina a contratação reside nas externalidades positivas (efeitos indiretos) de um empreendimento empresarial privado, e não em prestações diretas à Administração (contratos de colaboração) ou prestações diretas a usuários de serviços públicos (contratos de delegação).

8.3.17 O cabimento da inexigibilidade para os contratos de delegação de uso

A depender da situação concreta, a realização de licitação pode ser contrária à própria viabilização da parceria e do objetivo de fomento. Por vezes o empreendimento proposto por determinado grupo econômico revela uma singularidade e benefícios que não podem ser comparáveis por meio de licitação formal. Retoma-se a ideia de que a licitação é essencialmente instrumental e não tem a exclusividade de ser o único meio para a concretização dos interesses públicos.

Daí não se vislumbrar óbice legal para que, atendidos os requisitos de singularidade da parceria e comprovação dos benefícios para a sociedade, a utilização/alienação de bens públicos para determinado particular se concretize por intermédio de inexigibilidade de licitação, aplicando-se o disposto no *caput* do art. 25 da Lei 8.666/1993.

Afinal, é a própria CF que, no seu art. 37, XXI, ressalva que até mesmo as alienações, nos casos especificados na legislação, podem comportar exceção à regra da licitação. Portanto, a utilização/alienação para terceiros dos bens públicos pode comportar hipóteses de inviabilidade de competição que acarretem a inexigibilidade de licitação, mormente porque vinculadas a situações fáticas que não estão necessariamente previstas de forma taxativa na lei.

Essas premissas reforçam-se nos casos em que o contrato assume a função de fomentar determinada atividade.

interesse coletivo", *Revista Internacional de Contratos Públicos* 01, fevereiro/2013, disponível em *www.direitodoestado.com.br*, acesso em 4.8.2015).

Com isso não se quer dizer que podem os entes públicos praticar liberalidades com o patrimônio público que caracterizem favorecimentos ou preferências pessoais que violem os princípios da isonomia e da impessoalidade. O fomento pressupõe vinculação direta com o planejamento da ação estatal, com a transparência na ação do gestor e com a motivação clara e congruente que explicite a racionalidade do processo decisório a justificar a utilização de um bem público como mecanismo de fomento.

Portanto, na hipótese de um empreendimento assumir características tão singulares que tornem inviável a licitação, é imprescindível que fique demonstrada a conexão entre a atividade que se deseja fomentar por meio da utilização de bens públicos e os objetivos de atendimento de interesse público primário e secundário que promovam valores constitucionalmente protegidos.

Nada impede que a inexigibilidade cogitada seja objeto de prévio debate com a sociedade por intermédio de consulta pública. Toda e qualquer medida que promova a transparência é salutar, permitindo que outros agentes privados saibam da intenção na cessão/alienação de um bem público para fins de fomento e possam também propor parcerias e novos empreendimentos. A consulta pública, em hipóteses como essas, não configura obrigação imposta ao gestor, mas pode ser instrumento de ampliação da transparência, com a divulgação prévia do interesse em ceder o bem público para determinado particular. A lógica ora proposta seria similar ao que ocorre nos procedimentos de manifestação de interesse, muito utilizados nas parcerias público-privadas e nas concessões.

Importante registrar que o particular não é obrigado a assumir a tarefa fomentada pelo Estado, mas se o faz, e se compromete a realizar um empreendimento e aportar recursos em determinada atividade econômica, deve o ente público se precaver e utilizar – aí, sim – mecanismos coercitivos para o adimplemento da parceria na forma convencionada.

O fato é que a gestão dos bens públicos comporta importante espaço para que Estados e Municípios possam legislar com maior liberdade e disciplinar a partir de critérios racionais e lógicos como os bens públicos podem ser utilizados como legítimos instrumentos de fomento. Daí ser razoável cogitar de leis de fomento editadas nos respectivos espaços de competência dos entes públicos, que disciplinem os diversos mecanismos de indução e estímulos positivos para que os agentes econômicos possam aderir aos projetos de relevante interesse público concretizadores dos valores constitucionais.

A edição de leis dessa natureza confere maior segurança jurídica aos investidores, vincula a atuação estatal a prévio planejamento e evita o maior risco inerente à atividade do fomento – a saber, a violação ao princípio da isonomia –, que pode ser utilizado indevidamente, com a transmudação da legítima atividade estatal do fomento público em benefícios indevidos e ilegítimos para determinados agentes privados, sem critérios de racionalidade e explicitação adequada dos motivos e dos benefícios que serão produzidos para a sociedade.

8.3.18 As hipóteses de licitação dispensada para bens móveis

As hipóteses de licitação dispensada para bens móveis estão previstas no inciso II do art. 17 da Lei 8.666/1993, dependendo igualmente de avaliação prévia e de licitação, dispensada nos casos abaixo elencados.

A doação e a permuta, aplicando-se, via de consequência, as mesmas observações feitas no item anterior. Na hipótese de permuta foi suspensa a eficácia da expressão "permitida exclusivamente entre órgãos ou entidades da Administração Pública", quanto aos Estados, Distrito Federal e Municípios, por liminar deferida na referida ADI 927-3.

Outras duas hipóteses são a venda de ações, que poderão ser negociadas em Bolsa, observada a legislação específica, e a venda de títulos, também na forma da legislação pertinente. Nestes dois casos há um processo seletivo natural decorrente da legislação e da própria essência do mercado de capitais e valores mobiliários.

Registre-se, por derradeiro, as situações de licitação dispensada relativas à venda de bens produzidos ou comercializados por órgãos ou entidades da Administração Pública em virtude de suas finalidades e a venda de materiais e equipamentos para outros órgãos ou entidades da Administração Pública sem utilização previsível por quem deles dispõe.

8.4 Dispensa de licitação

8.4.1 Conceito

A dispensa de licitação, prevista no art. 24 da Lei 8.666/1993, envolve um juízo discricionário do administrador, que, diante da situação concreta, opta pela não realização do certame, por entender que o interesse público será mais bem atendido sem licitação.

São hipóteses nas quais a competição é plenamente viável e que, em tese, comportariam a realização de prévio procedimento licitatório, mas em que, diante das especificidades do caso concreto, se confere ao administrador público a possibilidade de dispensar a licitação formal, sempre com vistas a atingir uma finalidade pública ou outros valores que norteiam a atividade administrativa.

O art. 24 da lei arrola taxativamente diversas situações de dispensa de licitação, razão pela qual não se pode cogitar de outra hipótese que não esteja previamente tipificada na norma. Como exceção à regra de licitar, a interpretação deve ser precipuamente restritiva.

Como são muitas as hipóteses de dispensa, serão examinadas aqui apenas as mais relevantes e que ocorrem com maior frequência no âmbito das diversas esferas administrativas.

8.4.2 Dispensa em razão do valor

Quando o valor da contratação não for muito elevado admite-se a contratação direta, sem a necessidade de realização de licitação. Os limites estão previstos nos incisos I e II do art. 24 da Lei 8.666/1993, não podendo ultrapassar o patamar de 10%, no caso de obras e serviços de engenharia, do limite previsto na alínea "a" do inciso I do art. 23 (R$ 150.000,00), e para outros serviços e compras do limite previsto na alínea "a" do inciso II do art. 23 (R$ 80.000,00). Esses valores estão bastante desatualizados, e mereceriam, com urgência, um aumento do limite.

O objetivo do legislador foi o de atender ao próprio princípio da economicidade, pois seria irrazoável que o gasto com a realização do procedimento seletivo fosse maior do que o da própria contratação.

O percentual será de 20% para compras, obras e serviços contratados por consórcios públicos, sociedade de economia mista, empresa pública e por autarquia ou fundação qualificada, na forma da lei, como agências executivas (art. 24, § 1º, da Lei 8.666/1993).

A cautela em relação às contratações diretas em razão do valor refere-se à possibilidade de fracionamentos que desvirtuem a essência da norma. Por isso que o limite deve considerar o exercício financeiro (anual).

O fato de a contratação direta decorrer do pequeno valor não inibe que sejam celebrados termos aditivos que, eventualmente, acresçam o valor original. O momento que antecede a celebração do contrato não se confunde com o momento da sua execução. Se ocorre um fato superveniente e que se revela justificável, não há por que diferenciar um contrato em razão de ter sido licitado ou não. Presumir a fraude e criar vedações que não decorrem da lei é interpretar a norma a partir da desconfiança e da má-fé, o que não tem se mostrado a melhor opção. As fraudes devem ser coibidas e reprimidas no caso concreto, mas não como uma vedação genérica que penaliza o bom gestor.

A Lei Complementar 123/2006, com a alteração da Lei Complementar 147/2014, estabeleceu no art. 49, IV, uma preferência para as microempresas e empresas de pequeno porte no caso das contratações decorrentes dos incisos I e II do art. 24 da Lei 8.666/1993.

8.4.3 Dispensa em situação de emergência

8.4.3.1 *Conceito e finalidade*

A contratação emergencial, prevista no inciso IV do art. 24 da Lei 8.666/1993, é instrumento posto à disposição do administrador público com vistas a garantir fundamentalmente o direito à vida e à incolumidade das pessoas e a proteção ao patrimônio público e privado. Essa é, portanto, a precípua finalidade que vincula e legitima a atuação do gestor público que necessita utilizar a contratação emergencial: a concretização dos valores substantivos positivados pelo legislador, que, mesmo que não fossem explicitados em lei, poderiam ser extraídos direta e mandatoriamente da Constituição Federal.

A convivência numa sociedade civilizada seria impossível sem a garantia aos seus membros de um mínimo de segurança de que certo núcleo fundamental de interesses e direitos será invariavelmente respeitado e protegido. Cabe ao Estado, como organização juspolítica da sociedade, declarar quais são esses interesses e direitos que devem ser por ele assegurados, bem como estabelecer os instrumentos necessários para sua efetivação.

Foi exatamente isso que o legislador fez ao disciplinar a contratação emergencial, vinculando-a e condicionando-a à concretização dos valores substantivos positivados na legislação ordinária e na Constituição Federal.

A lógica da contratação emergencial justifica-se a partir da natural incompatibilidade entre a situação de urgência e o tempo gasto com a realização do procedimento seletivo, que pode ser prejudicial ao atendimento do interesse público. É preciso demonstrar que a não realização da licitação é a melhor alternativa para o atendimento da situação de caráter emergencial.

8.4.3.2 *A indeterminação do conceito de emergência, os seus distintos graus e o cumprimento das formalidades legais*

O conceito de *emergência* é indeterminado, a ser valorado exclusivamente pelo administrador público, que deve observar os princípios da eficiência, economicidade proporcionalidade e moralidade. É evidente que as especificidades do caso concreto podem tornar a situação objetiva, passando o conceito a se situar na zona de certeza positiva ou na zona de certeza negativa, hipóteses que autorizam a manifestação do órgão jurídico acerca da própria situação emergencial.

Não é difícil perceber que existem distintos graus de emergência abarcados pela textura aberta e abstrata do art. 24, IV, da Lei 8.666/1993.

É possível considerar, por exemplo, que a hipótese de existirem elevadores quebrados em determinado prédio público configura situação emergencial, mormente se ali for um local que receba, diariamente, número razoável de pessoas.

Também é viável considerar que a ausência de remédios indispensáveis à realização de cirurgias em pacientes doentes é, igualmente, situação que reclama atuação urgente do gestor, dispensando-se a licitação.

Assim, a ocorrência de um desastre natural pode justificar a decretação de estado de calamidade pública, configurando situação fática que justifica a dispensa de licitação com vistas à contratação direta em caráter emergencial.

Todas as situações como as narradas acima podem ser enquadradas pelo gestor público, no exercício de sua prudente discricionariedade administrativa, como hipóteses de dispensa de licitação, na forma prevista no art. 24, IV, da Lei 8.666/1993.

Mas, indague-se: será que o grau de urgência se mostra idêntico nas hipóteses acima aventadas?

No primeiro exemplo, a despeito de se tratar de situação que pode não comportar a realização de uma licitação formal, não há iminente risco de vida para as pessoas. Há o desconforto na utilização de escadas, a impossibilidade de pessoas com dificuldades de locomoção chegarem aos seus destinos, mas não há risco de vida para as pessoas que utilizam aquele prédio público.

No segundo exemplo já se está a cuidar de uma emergência com maior gravidade, eis que a demora na aquisição dos medicamentos pode impedir que os doentes sejam operados, colocando, a depender da situação, vidas em risco.

Distintamente, no terceiro exemplo a catástrofe já ocorreu. O prejuízo à segurança das pessoas e dos bens já está caracterizado. Vidas foram perdidas e tantas outras estão a esperar uma ação imediata do Poder Público, que, para tanto, precisa do concurso de empresas disponíveis nas mais variadas áreas de atuação.

Portanto, à luz do princípio da isonomia, será razoável pressupor que as formalidades exigidas no art. 26, parágrafo único, da Lei 8.666/1993 hão de ser cumpridas do mesmo modo e na mesma intensidade nos três exemplos? As providências formais – de abertura de processo administrativo prévio, cotação de preços e formalização imediata de instrumento contratual – podem, nas três hipóteses, receber idêntico cumprimento?

Parece claro que, razoavelmente, há uma direta relação entre o grau de urgência e o cumprimento das formalidades. Assim, quanto maior a urgência, mais flexíveis devem ser as exigências formais, sob pena de se sobrepor a forma à finalidade – ou, dito em outros termos, subjugar valores fundamentais constitucionalmente tutelados à forma prescrita na legislação ordinária para hipóteses comuns.

8.4.3.3 *O prazo do contrato e a questão da sua prorrogação*

O prazo máximo de um contrato celebrado em decorrência de situação emergencial é de 180 dias, vedada sua prorrogação. A ideia, aqui, é evitar a perpetuação de tais contratos, que devem durar o tempo necessário para sanar a situação de urgência, procedendo-se à posterior contratação por meio de regular procedimento licitatório.

Dois aspectos importantes devem ser destacados.

O primeiro é que a prorrogação é vedada para estender o prazo além dos 180 dias mas admissível no caso de o prazo ter sido inferior e a situação emergencial ainda persistir. Assim, por exemplo, nada obsta a que o contrato decorrente da emergência seja celebrado por 90 dias e prorrogável por mais um determinado período, desde que devidamente justificado e demonstrada de forma inequívoca a manutenção da situação emergencial. O que o legislador pretendeu – repita-se – foi criar um limite temporal para essas contratações, evitando a extensão do prazo além daquele fixado em lei. Por isso a possibilidade de ocorrer prorrogação nesses contratos, desde que observado o prazo máximo de 180 dias.

O segundo aspecto refere-se à circunstância de o contrato se encerrar e mesmo assim a situação emergencial persistir. Nesses casos a solução mais adequada é a celebração de novo contrato emergencial ou mesmo, excepcionalmente, sua prorrogação, como já teve a oportunidade de decidir o TCU:[7]

> Ora, se os bens contratados são necessários para o atendimento da situação emergencial e essa situação emergencial ainda persiste, o interesse público demanda que a execução contratual continue após o prazo legal para serem adequadamente tutelados os bens jurídicos que a contratação sem licitação buscou preservar. (...).
>
> Assim, sob essa ótica, não haveria óbices legais para que fosse extrapolado o limite de 180 dias de que trata o inciso IV do art. 24 da Lei n. 8.666/1993, pois o fundamento jurídico da contratação sem licitação seria outro.

O objetivo do prazo máximo de 180 dias para os contratos emergenciais é evitar a eternização desses ajustes, que devem durar estritamente o tempo necessário para sanar a situação de calamidade.

Na hipótese de a situação emergencial persistir mesmo após o decurso do prazo de 180 dias não há outra solução senão a de prorrogar o contrato ou, mesmo, celebrar novo contrato emergencial. Ambas as soluções levam a resultados idênticos.

8.4.3.4 *A contratação emergencial decorrente da falta de planejamento*

Parcela expressiva das contratações emergenciais decorre, lamentavelmente, da falta de planejamento na ação estatal. Uma vez constatada a situação emergencial, razoável compreender como possível a contratação com fundamento no art. 24, IV, da Lei 8.666/1993, eis que, independentemente da causa, a realização de licitação pode ser prejudicial ao atendimento de valores substantivos.

Mas nesses casos impõe-se o imediato dever de apurar a responsabilidade dos gestores ou dos agentes públicos que agiram com desídia, porquanto atuaram com falta de zelo no trato da coisa pública.

8.4.3.5 *Os limites objetivos da contratação emergencial*

Cabe lembrar, ainda, que existe um limite objetivo na contratação com fundamento no art. 24, IV, da Lei 8.666/1993. Com efeito, esse con-

7. TCU, Plenário, Acórdão 3.238/2010, rel. Min. Benjamin Zymler, *DOU* 14.10.2010.

trato não pode se prestar a disciplinar outras situações que não aquelas estritamente ligadas à situação emergencial. Em outras palavras: sob o manto da situação emergencial não podem ser inseridas aquisições ou, mesmo, serviços que poderiam perfeitamente ser objeto de uma licitação. É o caso, por exemplo, do teto de uma delegacia que se encontra em situação precária. É possível a contratação para consertar o teto, mas não para viabilizar a reforma integral da delegacia, o que deve ser efetivado por meio do procedimento licitatório.

8.4.3.6 *A contratação emergencial decorrente de desastres naturais*

Os desastres naturais provocam verdadeiras catástrofes nas cidades e nas vidas das pessoas. A triste consequência, não raro, é a morte de cidadãos e de integrantes das equipes de resgate, além da destruição de prédios, casas, construções e plantações, com diversas vias urbanas e rurais interditadas e o tráfego interrompido. A população, em geral, sofre com os sistemas de abastecimento de água e energia prejudicados, bem como com problemas nos sistemas de transporte e comunicações.

Tragédias decorrentes de desastres naturais ocorrem, infelizmente, em várias regiões do País, ensejando providências imediatas dos gestores públicos, como a contratação emergencial prevista no art. 24, IV, da Lei 8.666/1993.

É preciso verificar, nessas hipóteses, como é possível conciliar uma atuação estatal eficiente que privilegie a vida das pessoas com o cumprimento das formalidades legais.[8]

Ora, desastres naturais e grandes catástrofes não podem receber do intérprete e aplicador das normas tratamento idêntico ao de demandas quotidianas e rotineiras do setor público e, mesmo, ao de demandas que sejam emergenciais porém não relacionadas a risco à vida e periclitação de outros direitos fundamentais das pessoas.

Um exame que seja orientado por critérios de razoabilidade indica que uma interpretação meramente literal da legislação, desvinculada do princípio da instrumentalidade dos procedimentos das contratações públicas e dos valores irradiados pela Constituição Federal, levaria a

8. Para aprofundamento do tema ver: "Desastres Naturais e as Contratações Emergenciais", artigo elaborado em conjunto com o Dr. Diogo de Figueiredo Moreira Neto, publicado *Revista de Contratos Públicos* 7/21-52, Edição CEDIPRE, janeiro-abril/2013.

consequências juridicamente inaceitáveis, tais como o descumprimento do dever de socorro à vida, que seria imputável ao gestor público e às sociedades empresárias capazes de iniciar uma execução imediata de obras e serviços, em meio ao caótico estado de emergência e de calamidade pública defrontado.

A razão está em que a utilização dos mesmos parâmetros e critérios do processo ordinário de contratação ou dos mesmos modelos de controle em casos nos quais, inevitavelmente, se está diante da impossibilidade do atendimento literal das formalidades exigidas pela lei pode levar, com alta probabilidade, a resultados desastrosos, com perdas de vidas humanas, superpondo valores instrumentais, válidos mas obviamente secundários, a valores substanciais e primários, por isso postos sob a alta proteção principiológica constitucional.

Será factível pressupor que, para dar imediato início a urgentes serviços de resgate de soterrados, remoção de entulhos, atendimento médico, compra de medicamentos e de mantimentos, desobstrução de vias e realocação imediata de moradores desabrigados, obrigue-se o gestor a providenciar a prévia abertura de processo administrativo para promover a cotação de preços, convocando três empresas, tudo isso enquanto o cataclismo natural reclama mais e mais vítimas?

Ora, a escolha da sociedade empresária a ser contratada em regime de emergência nos casos de grandes catástrofes naturais nem sempre poderá se submeter exclusivamente a critérios econômicos, nem aguardar uma coleta formal de orçamentos com três interessados.

Essa formalização nos processos de contratação direta, assentada na doutrina e na jurisprudência pátrias, é possível de ser viabilizada quando se está diante de uma urgência que não coloca a vida das pessoas e o patrimônio público em risco – o que, evidentemente, não é o caso dos grandes desastres naturais.

Outros critérios podem e devem nortear a escolha das sociedades empresárias em situações de emergência decorrentes de catástrofes naturais, e que deveriam ser explicitados pela legislação apenas como forma de conferir maior segurança jurídica aos agentes públicos e sociedades empresárias privadas envolvidas nessas situações drásticas e que reclamam imediata e pronta atuação coordenada.

Pode-se cogitar, por exemplo, de contratação de sociedades empresárias que estejam mais próximas da tragédia e que tenham maior facilidade de disponibilidade de mobilização de mão de obra e equipamentos para um rápido e eficiente atendimento. Trata-se de critério racional e ajustado à realidade dos fatos.

Com efeito, privilegiar o critério exclusivamente econômico na escolha do contratado não pode ser, em hipóteses de catástrofes naturais, sinônimo de "proposta mais vantajosa". A prevalecer essa linha de entendimento estar-se-ia conferindo maior peso ao interesse público secundário em detrimento do interesse público primário.

Com isso, por óbvio, não se está a argumentar que o Poder Público pode, diante de uma situação emergencial decorrente de calamidade pública, pagar preços acima do mercado ou superfaturados. É inaceitável o locupletamento ilícito de verbas públicas por agentes públicos ou empresas privadas, sendo mais reprovável quando isso ocorre em um contexto de desastres naturais que acarretam perdas de milhares de vidas.

Nos casos em que o serviço se inicia imediatamente por força do perigo iminente de dano à vida das pessoas e do patrimônio público e privado, a pesquisa de preços, ainda que elaborada em momento posterior, tem como principal objetivo verificar se o preço cobrado está alinhado aos parâmetros de mercado, afastando-se o risco de preços exorbitantes ou superfaturados.

Será factível pressupor que o início da execução dos serviços possa aguardar a formalização do contrato e extrair da ausência de prévio contrato formal uma nulidade absoluta?

Será factível obrigar, em contexto de calamidade pública, que uma contratação de obra ou serviço de engenharia seja precedida da confecção de projeto básico e de projeto executivo, tal como determina o art. 7º da Lei 8.666/1993? Será que a contenção de uma encosta, que põe em risco iminente as vidas de moradores e de agentes públicos bem como as propriedades públicas e privadas, poderá aguardar tanto tempo?

Situações de calamidade pública e de desastres naturais que atingem elevadas proporções reclamam, em verdade, tanto do gestor público como das sociedades empresárias que se mostram preparadas para serem contratadas emergencialmente, ações imediatas, muitas delas até imprevisíveis em circunstâncias de normalidade, voltadas a garantir a vida dos cidadãos, mesmo que postergando formalidades correntes, como as referentes à contratação e à justificativa do preço.

Correta a percepção de Marçal Justen Filho[9] quando identifica pontos de convergência entre situações extremamente urgentes e o instituto da requisição, expressamente previsto no art. 5º, XXV, da CF, cuja dicção prevê que, "no caso de iminente perigo público, a autoridade competente

9. Marçal Justen Filho, *Comentários à Lei de Licitações e Contratos Administrativos*, 15ª ed., São Paulo, Dialética, 2012, p. 348.

poderá usar da propriedade particular, assegurada ao proprietário indenização ulterior, se houver dano".

Foi a própria Constituição Federal que reconheceu que em situações de iminente perigo público se autoriza uma intervenção na propriedade privada, com a indenização apurada apenas em momento posterior. O instituto da requisição pressupõe a premissa conceitual e axiológica de que em situações de perigo iminente a forma é instrumental ao atendimento da finalidade pública.

Em atenção ao princípio da eficiência, na requisição, a ação deve anteceder a formalização, sob pena de não se atingir o resultado desejado, aqui compreendido como o afastamento da situação de perigo iminente. Idêntico raciocínio pode e deve ser aplicável às situações de emergência, previstas no art. 24, IV, da Lei 8.666/1993, especialmente quando se apresentarem com extrema gravidade, tal como ocorre em grandes catástrofes e desastres naturais.

Nesses casos, o papel do intérprete, diante da norma dotada de abstração e generalidade, é identificar a diferença de gravidade das situações de urgência que podem ocorrer no mundo dos fatos a partir de critérios lógicos e racionais, e não interpretar os dispositivos da Lei 8.666/1993 de forma mecânica e literal, desprezando por completo o contexto fático em que se inserem.

Diante do conjunto de circunstâncias especiais que gravitam em torno das contratações emergenciais, talvez fosse necessária a edição de um Regime Urgente de Contratações/RUC, especificamente voltado a todas essas complexidades e especificidades que os desastres naturais exigem dos gestores públicos em matéria de contratação pública.

A utilização, tomando um exemplo, de cartões de crédito corporativos, tão largamente utilizados para outras finalidades em vários setores da Administração Pública, poderia ser uma válida alternativa para a compra dos produtos mais necessários ao atendimento imediato da população, conferindo, a um só tempo, maior agilidade ao gestor público e a possibilidade do controle de economicidade pelos órgãos competentes a partir dos gastos efetivamente realizados na fatura apresentada.

Um ponto fundamental deve, porém, ser ressalvado: qualquer eventual interpretação possível de se extrair nesse contexto não poderá implicar, jamais, abono de comportamentos ilícitos, fraudes ou malversação dos recursos públicos. Repudia ao Direito e à Moral que em um contexto de desastre natural agentes públicos e empresas privadas possam se beneficiar de fraudes e verbas públicas desviadas, locupletando-se com a desgraça alheia.

É, portanto, dever dos órgãos de controle apurar e punir com rigor comportamentos que denotem superfaturamento ou recebimento por serviços não prestados – o que não pode, em hipótese alguma, ser equiparado a questões atinentes à formalização dos processos de contratação direta que possam decorrer de interpretações literais em desarrazoado descompasso com a realidade.

8.4.4 Licitação deserta

Quando na licitação não acudir nenhum interessado e o certame não puder, justificadamente, ser repetido sem prejuízo à Administração, poderá ser efetivada contratação direta, desde que mantidas as condições estabelecidas no edital da licitação realizada. Esta é disciplina do art. 24, V, da Lei 8.666/1993, conhecida na doutrina como "licitação deserta", ou seja, aquela que não desperta o interesse de nenhum licitante.

8.4.5 Licitação frustrada

Licitação frustrada é aquela na qual há o comparecimento de licitantes mas as propostas apresentadas consignam preços manifestamente superiores aos praticados no mercado nacional ou incompatíveis com os fixados pelos órgãos oficiais competentes. Desde que seja observada a regra do § 3º do art. 48 da Lei 8.666/1993 poderá ser efetivada a contratação direta, por valor não superior ao constante do registro de preços. É o que prescreve o inciso VII do art. 24 da Lei 8.666/1993.

8.4.6 Dispensa para contratar com entidades da Administração Pública

Quando na estrutura da Administração Pública existir entidade que tenha fim específico criada em data anterior à vigência da *Lei Geral de Licitações e Contratos* e que ofereça preços contratado compatíveis com os praticados no mercado, poderá o Poder Público contratar diretamente com ela.

A norma autoriza, portanto, a dispensa de licitação quando o bem ou serviço seja produzido por órgão ou entidade da própria Administração Pública, em razão de uma descentralização administrativa.

Explica-se: se um ente público cria uma entidade para executar determinado serviço ou produzir um bem é porque entendeu, *a priori*, ser esta a melhor opção de atendimento ao interesse público e do próprio princípio da eficiência, não sendo razoável que se instaure licitação quando existe na própria estrutura administrativa uma entidade criada especificamente para atender a esta determinada finalidade pública; daí ser possível estabelecer direta ligação entre esta hipótese de dispensa de licitação com a ideia de descentralização administrativa.

O que a norma não parece autorizar é uma hipótese genérica de dispensa de licitação com qualquer entidade que integre a Administração Pública de qualquer das esferas da Federação.

Frise-se que o tema não é pacífico, valendo o registro de outra linha de interpretação razoável e bem fundamentada, mas que admite a extensão da dispensa para órgãos independentemente da esfera federativa a que pertençam, seja porque não existiria prejuízo para o interesse público, seja porque o inciso VIII do art. 24 utilizou a expressão "Administração Pública", que, a teor do disposto no art. 6º, XI, da Lei 8.666/1993, apresenta um conteúdo mais amplo.

Mais complexo, contudo, é quando essas entidades atuam no exercício de atividades econômicas em domínio concorrencial. Nesses casos a cautela deve ser ainda maior, para que se evite a criação indevida de reservas de mercado por meio de excessiva discricionariedade conferida ao gestor, que possa vulnerar os princípios constitucionais da livre iniciativa e da livre concorrência.

Somente as pessoas jurídicas de direito público interno é que poderão fazer uso desta norma, a teor do que dispõe expressamente o art. 24, VIII, da Lei 8.666/1993.

8.4.7 Dispensa em razão de segurança nacional

Quando houver a possibilidade de comprometimento da segurança nacional, nos casos estabelecidos em decreto do Presidente da República, ouvido o Conselho de Defesa Nacional, poderá ocorrer a dispensa de licitação, na forma do que prescreve o inciso IX do art. 24 da Lei 8.666/1993.

A ideia, aqui, é preservar a segurança nacional, mormente se a publicidade decorrente da realização da licitação puder colocar em risco tal valor.

Razoável, a partir de uma interpretação sistemática e teleológica da norma, compreender que os Estados podem contratar diretamente com base no referido dispositivo quando envolvidas hipóteses de contratação de bens e serviços que coloquem em risco a segurança pública.

8.4.8 Dispensa para locação de imóvel

Do exame do inciso X do art. 24 da Lei 8.666/1993 identificam-se três os requisitos para a efetivação da dispensa de licitação: (i) a locação deve ter por objetivo o atendimento das finalidades precípuas da Administração; (ii) a escolha está condicionada aos aspectos de instalação e localização; (iii) o preço deve estar compatível com o valor de mercado, sendo obrigatória a realização da avaliação prévia.

Todos esses requisitos devem estar justificados no processo administrativo, demonstrando que a escolha é a que melhor concretiza o interesse público. Claro que existe um espaço de discricionariedade administrativa reservado ao gestor para escolhas dessa natureza, que, contudo, se sujeitam aos controles de razoabilidade e economicidade dos órgãos de controle externo.

A hipótese mais se assemelha a uma inexigibilidade, eis que a escolha é condicionada às características específicas de determinado imóvel, que se apresenta como a alternativa que atende aos objetivos da Administração Pública.

8.4.8.1 *O* built to suit

Outra modelagem jurídica admitida no âmbito dos contratos administrativos é o *built to suit*, negócio jurídico no qual o locatário contrata a construção de um imóvel por encomenda e de acordo com suas necessidades de instalação, com a posterior locação do imóvel por determinado período.

Trata-se de contrato atípico e que vem sendo utilizado pontualmente por entidades públicas como alternativa à obra pública e à locação tradicional, com variações de formatos jurídicos e conteúdo econômico.

A figura dos contratos de *built to suit* foi incluída pela Lei 12.744/2012 na Lei de Locações (Lei 8.245/1991), dispondo que, a teor do art. 54-A:

> (...) na locação não residencial de imóvel urbano na qual o locador procede à prévia aquisição, construção ou substancial reforma, por si mesmo ou por terceiros, do imóvel então especificado pelo pretendente à locação, a fim de que seja a este locado por prazo determinado, prevalecerão as condições livremente pactuadas no contrato respectivo e as disposições procedimentais previstas nesta Lei.

Discute-se se esse modelo contratual poderia ser enquadrado como hipótese de dispensa de licitação com fundamento no art. 24, X, da Lei 8.666/1993.

O TCU, por meio do Acórdão do Plenário 1.301/2013, reconheceu a legalidade de a Administração Pública efetuar contratações de locação sob medida de imóvel a ser construído de acordo com parâmetros mínimos estabelecidos por órgão ou entidade da Administração Pública, inclusive através de dispensa de licitação, com fulcro no art. 24, X, da Lei 8.666/1993.

Alguns requisitos foram fixados pelo referido acórdão, a saber: (i) que o terreno onde será construído o imóvel seja de propriedade do particular que será o futuro locador; (ii) a Administração Pública demonstre claramente que as necessidades de instalação e de localização condicionam a escolha de determinado imóvel; (iii) o preço da locação se mostre compatível com o valor de mercado, segundo avaliação prévia, bem assim que a junção do serviço de locação com a eventual execução indireta de obra apresente economia de escala; (iv) caracterização da efetiva necessidade do novo imóvel, com demonstração de que o imóvel até então porventura em uso não atende mais ao interesse público e de que não comporta readequação; (v) comprovação da inexistência de imóveis disponíveis no âmbito da Administração Pública Federal, Estadual, Distrital ou Municipal; (vi) fundamentação da decisão pela locação sob medida baseada em estudos técnicos, pareceres e documentos comprobatórios que justifiquem tal opção contratual, incluindo a necessidade de se demonstrar que, comprovada a impossibilidade de suprir a demanda por outras formas, a utilização da locação sob encomenda mostra-se inequivocamente mais favorável economicamente do que a realização de reforma ou adequação em imóvel alugado sob a forma convencional.

8.4.9 Dispensa para complementação de contrato

Se um contrato de obra, serviço ou fornecimento for objeto de rescisão contratual, poderá seu remanescente ser contratado diretamente com os demais licitantes classificados, desde que aceitas as mesmas condições oferecidas pelo vencedor. A ideia, aqui, é aproveitar a licitação que foi realizada, chamando os demais licitantes classificados, pela ordem, no certame anterior.

8.4.10 Instituição brasileira de pesquisa, ensino e desenvolvimento institucional

As instituições brasileiras incumbidas regimental ou estatutariamente da pesquisa, ensino ou do desenvolvimento institucional ou ainda a instituição dedicada à recuperação social do preso poderão ser contratadas diretamente, desde que comprovem inquestionável reputação ético-profissional e não tenham fins lucrativos. É o que determina o inciso XIII do art. 24 da Lei 8.666/1993.

O art. 24, XIII, fomentou a proliferação destas entidades sem fins lucrativos, que são, na maior parte das vezes, contratadas sem licitação. O objeto "desenvolvimento institucional" é muito amplo, e pode comportar as mais diversas atividades. Deve-se ter cautela com as subcontratações que geralmente ocorrem nestes tipos de dispensa, servindo estes contratos, em várias ocasiões, como forma de fornecimento de mão de obra por via transversa.

É fundamental, preliminarmente, compreender a finalidade da norma, vale dizer, a razão pela qual a lei autorizou esta hipótese de dispensa de licitação. A *ratio* do dispositivo encontra-se no art. 218 da CF, que estabelece o dever do Estado de promover e incentivar o desenvolvimento científico, a pesquisa e a capacitação tecnológica.

Poderá o administrador ceder espaço ao princípio da licitação para fomentar o desenvolvimento científico, a pesquisa e a capacitação tecnológica, cabendo, a teor do disposto no art. 218, § 4º, da CF, à lei (*in casu*, a Lei 8.666/1993) esta função de estimular as entidades que atuam nestes segmentos.

Portanto, o fato de existir competição não autoriza a concluir que a licitação seja obrigatória, eis que, se presentes os requisitos do art. 24, XIII, da Lei 8.666/1993 e atendidos os pressupostos do art. 26, parágrafo único, do mesmo diploma legal, como a razão da escolha do fornecedor e a justificativa do preço, está o administrador autorizado por lei a exercer sua competência discricionária à luz das especificidades do caso concreto, desde que esta alternativa se revele como a que melhor atende ao interesse público. O elemento motivador do art. 24, XIII, não é a competitividade.

Sucede que, sob o manto da discricionariedade, este dispositivo vem sendo utilizado de forma indevida, gerando a criação de um mercado permeado de instituições criadas com objetos amplos e que não possuem a necessária especialização para a prestação e a execução dos serviços. Daí a necessidade de se aprofundar nos requisitos legais que autorizam esta espécie de contratação direta e agir o gestor com redobrada cautela.

O art. 24, XIII, da Lei 8.666/1993 arrola três requisitos distintos para a contratação ser efetivada com base nesta norma.

O primeiro deles é que a instituição contratada tenha por finalidade – prevista no seu regimento ou estatuto – pesquisa, ensino, desenvolvimento institucional[10] ou recuperação social dos presos. Ocorre que não basta que exista uma previsão genérica no estatuto ou no regimento. Deve existir um nexo entre o objeto da contratação e a especialização da entidade contratada, ou seja, um vínculo de pertinência entre o objeto da licitação e a *expertise* da entidade, que confira racionalidade e congruência à motivação decisória que afasta a licitação.

Correta, portanto, a orientação do TCU que, por intermédio da Súmula 250, fixou o seguinte entendimento:

> (...) a contratação de instituição sem fins lucrativos, com dispensa de licitação, com fulcro no art. 24, inciso XIII, da Lei n. 8.666/1993 somente é admitida nas hipóteses em que houver nexo efetivo entre o mencionado dispositivo, a natureza da instituição e o objeto contratado, além de comprovada a compatibilidade com os preços de mercado.

Infelizmente, o que tem ocorrido em algumas contratações fundamentadas no art. 24, XIII, é que a instituição não tem na sua estrutura

10. Sobre o alcance da expressão "desenvolvimento institucional" o TCU já assentou: "A jurisprudência desta Corte tem decidido reiteradamente que a contratação direta com base no inciso XIII do art. 24 depende não apenas de a entidade contratada preencher os outros requisitos exigidos na lei, mas também de haver estreita correlação entre o objeto contratado e atividades de pesquisa, ensino e desenvolvimento institucional. Como a dispensa é exceção à regra geral da licitação, ambas previstas na Constituição, entendo que o conceito de 'desenvolvimento institucional' deve receber interpretação restritiva, vez que as exceções, segundo as normas básicas de hermenêutica, interpretam-se restritivamente. Assim, não deve o referido termo ser entendido como qualquer atividade que promova melhoria no desempenho das organizações, sob pena de inconstitucionalidade da interpretação em sentido contrário. Nesse sentido, a interpretação mais aceitável, que se tem consolidado neste Tribunal, está associada a 'alguma forma de ação social que tenha sido constitucionalmente especificada como de interesse do Estado', conforme se expressou o Min. Guilherme Palmeira, sintetizando o entendimento, ao proferir o voto-condutor da Decisão 30/2000 – Plenário. Ademais, existem decisões expressas do Tribunal, desde 1997, afirmando que não é admissível contratação direta, com fundamento no inciso XIII do art. 24, para contratação de serviços ordinários de Informática, conforme ressaltou a instrução (fls. 69 – Decisões ns. 657/1997, 830/1998, 252/1999 e 361/1999 – todas do Plenário) (...)" (TCU, Plenário, Processo 002.510/2002-0, Acórdão 427/2002, *apud* Jorge Ulisses Jacoby Fernandes, ***Vade Mecum*** *de Licitações e Contratos: Legislação Selecionada e Organizada com Jurisprudência, Notas e Índices*, 6ª ed., Belo Horizonte, Fórum, 2013, pp. 348-349.

pessoal qualificado para executar o objeto do contrato e acaba por promover indiscriminada subcontratação para a consecução do seu escopo. Não raro, algumas instituições, em atuação claramente patológica, funcionam como meras intermediadoras de mão de obra, o que desvirtua a finalidade da norma.

Deve, pois, a Administração Pública contratante cercar-se de todas as cautelas para verificar se a instituição possui estrutura e material humano para executar o objeto do contrato. É razoável, ainda, que no próprio contrato seja expressamente vedada a subcontratação (ou admitida em situações excepcionais, como no apoio de terceiros para partes não relevantes para o objeto da contratação), como forma de evitar a proliferação de instituições que apenas se utilizam de objetos sociais amplos já visando às futuras contratações com entes públicos sem licitação.

Lembre-se, ainda, que a instituição deverá ser brasileira, o que afasta a possibilidade de contratação com instituições estrangeiras. A norma é, também, inaplicável às pessoas físicas.

O segundo requisito previsto na norma é que o contratado detenha inquestionável reputação ético-profissional. Na lição de Marçal Justen Filho,[11] deve ser inquestionável a capacitação para o desempenho da atividade objetiva. Exigem-se as virtudes éticas relacionadas direta e necessariamente com o perfeito cumprimento do contrato. Caberá ao autorizador ou ordenador de despesas reconhecer a notoriedade da instituição contratada (assumindo os riscos daí decorrentes), o que deve ser feito, preferencialmente, por meio de prova documental e elementos consistentes que apontem nessa direção.

Já, o terceiro requisito é que a instituição não tenha fins lucrativos, o que pode ser facilmente comprovado por meio do exame do seu estatuto.

O importante é que o procedimento da contratação seja transparente, devidamente documentado e motivado, com o atendimento de todos os requisitos objetivos previstos na Lei 8.666/1993, demonstrando-se as vantagens da opção pela contratação direta com fundamento no art. 24, XIII, em relação à realização da licitação.

8.4.11 A contratação direta para fornecimento ou suprimento de energia elétrica e gás natural

A Lei 8.666/1993 autoriza a contratação direta de fornecedor de energia, dispensando a licitação em seu art. 24, XXII; o dispositivo veio

11. Marçal Justen Filho, *Comentários à Lei de Licitações e Contratos Administrativos*, 11ª ed., São Paulo, Dialética, 2005, p. 253.

à baila em meio a um conjunto de reformas da Administração com o intuito de assegurar celeridade e agilidade nas negociações para a obtenção de tal insumo, nem sempre compatíveis com o formalismo inerente ao procedimento licitatório.

Trata-se de norma decorrente do processo de abertura do setor à competição, no qual, com a dissociação entre as atividades que outrora se constituíam como monopólio natural (geração, transmissão e distribuição), se passou a estimular a concorrência entre os agentes que atuam no segmento de geração de energia elétrica.

Tal vertente da desverticalização para a ampliação da competição é uma das diretrizes de política pública energética, de modo a que sejam fomentadas a segurança do suprimento e a modicidade tarifária, notadamente no campo de sua geração.[12]

O objeto da norma é, nesse contexto, permitir constantes negociações com os agentes que atuam nesse segmento, de maneira a se atingir a melhor proposta no que tange a preços, condições de pagamento e qualidade da energia fornecida.

8.4.12 Contratação das subsidiárias

As empresas públicas e sociedades de economia mista poderão contratar diretamente suas subsidiárias, desde que o preço seja compatível com o praticado no mercado. É a regra contida no inciso XXIII do art. 24 da Lei 8.666/1993.

O primeiro requisito que se impõe para essa hipótese de contratação direta demanda que a contratação a ser realizada pela estatal (seja empresa pública ou sociedade de economia mista) seja compatível com os preços praticados no mercado; afinal, tal hipótese de dispensa de licitação não poderia legitimar contratações superfaturadas, em benefício de entidades controladas.

O segundo requisito necessário para a realização dessa contratação é a relação de pertinência entre o serviço a ser prestado ou os bens a serem alienados ou adquiridos e o objetivo institucional ou social das referidas entidades.

12. Tanto é verdade que a própria Lei 9.074/1995 previu, expressamente, a existência de três agentes com atuação nesse segmento: concessionários de serviço público, autoprodutores e produtores independes de energia, todos concorrendo entre si; tudo com vistas a reduzir os riscos e as ameaças de racionamento.

Trata-se de requisito exigido pela jurisprudência administrativa do TCU, que visa a preservar o interesse público específico (delimitado previamente na lei autorizativa) justificador da criação de uma empresa estatal (modalidade de intervenção direta e excepcional do Estado no domínio econômico). A consequência prática de tal requisito é a impossibilidade de subcontratação total do objeto de avença celebrada com a estatal controladora de suas subsidiárias ou controladas.

Sobre o tema o TCU editou a Súmula 265, vazada nos seguintes termos: "A contratação de subsidiárias e controladas com fulcro no art. 24, inciso XXIII, da Lei n. 8.666/1993 somente é admitida nas hipóteses em que houver, simultaneamente, compatibilidade com os preços de mercado e pertinência entre o serviço a ser prestado ou os bens a serem alienados ou adquiridos e o objeto social das mencionadas entidades".

A exigência de prévia licitação para as contratações das empresas estatais (prevista no art. 173, § 1º, III, da CF) não pode ser burlada pela utilização de entidades "intermediadoras"[13] (nesse particular, as sociedades subsidiárias ou controladas).

Registre-se, ainda, que essa hipótese de dispensa de licitação não abrange a contratação de sociedades subsidiárias ou controladas de outras empresas estatais[14] (como, por exemplo, a contratação direta de subsidiárias de uma sociedade de economia mista por determinada empresa pública).

O ponto mais importante, no entanto, para que se configure essa hipótese de contratação direta é o exercício do poder de controle societário da empresa estatal sobre a sociedade privada, já que participações minoritárias não caracterizam a existência de típicas sociedades subsidiárias ou controladas. Isto porque a configuração do controle societário atrai o regime de controles publicistas para essas entidades, inclusive o dever de licitar (consoante o disposto no art. 1º, parágrafo único, da Lei 8.666/1993).

13. Com bem ressalta Marçal Justen Filho: "Resta claro, então, que não se pode admitir a mitigação da regra constitucional de exigência de procedimento licitatório por meio do expediente de valer-se de entidades intermediadoras" (*Comentários à Lei de Licitações e Contratos Administrativos*, 14ª ed., São Paulo, Dialética, 2010, p. 344).

14. Nesse sentido Jorge Ulisses Jacoby Fernandes: "Uma empresa pública só pode, com fundamento nesse dispositivo, contratar com sua subsidiária ou controlada. Idem para uma sociedade de economia mista. Não pode, portanto, contratar as subsidiárias umas das outras" (*Contratação Direta sem Licitação: Dispensa de Licitação, Inexigibilidade de Licitação, Comentários às Modalidades de Licitação, Inclusive o Pregão, Procedimentos Exigidos para a Regularidade da Contratação Direta*, 7ª ed., Belo Horizonte, Fórum, 2008, p. 510).

8.4.13 Transferência de tecnologia

A hipótese plasmada no inciso XXXII do art. 24 da Lei 8.666/1993 autoriza o Poder Público a dispensar o processo seletivo nas contratações em que houver transferência de tecnologia de produtos estratégicos para o Sistema Único de Saúde/SUS (Lei 8.080/1990), inclusive por ocasião da aquisição destes produtos durante as etapas de absorção tecnológica.

Com efeito, o contrato de transferência de tecnologia é o ajuste por meio do qual "um concedente transmite a um adquirente direitos patrimoniais sobre bens imateriais juridicamente protegidos, mediante a imposição de determinados limites ao seu exercício".[15] A essência do contrato está na transferência de um bem imaterial.

A Lei de Inovações Tecnológicas (Lei 10.973/2004) regulamenta os arts. 218 e 219 da CF, estabelecendo *medidas de incentivo à inovação e à pesquisa científica e tecnológica*. A referida lei estabelece uma série de instrumentos de fomento à inovação tecnológica no setor público e na aérea privada, destacando-se dentre eles os *contratos de transferência de tecnologia* e os *acordos de parceria*.

Os *contratos de transferência de tecnologia* e os *acordos de parceria* devem ser celebrados por meio de uma Instituição Científica Tecnológica/ICT que, nos termos da lei, é órgão ou entidade da Administração Pública que tenha por missão institucional, dentre outras, executar atividades de pesquisa básica ou aplicada de caráter científico ou tecnológico.

O *contrato de transferência de tecnologia* tem como objeto o fornecimento de tecnologia e o licenciamento para outorga de direito de uso ou exploração de criação desenvolvida pela ICT e pode ser celebrado a título exclusivo e não exclusivo.

Nos casos de celebração de *contrato de transferência de tecnologia* a licitação é dispensável, sendo necessária, contudo, a publicação de edital nos casos em que a transferência da tecnologia ou o licenciamento forem realizados de forma *exclusiva*, tendo em vista o princípio da publicidade, previsto no art. 37 da CF.

No entanto, mesmos nos casos em que a transferência de tecnologia ou o licenciamento não ostentem exclusividade e se deem por contratação direta não está a ICT isenta de respeitar a igualdade de oportunidade das empresas interessadas e os princípios que regem a Administração Pública.

15. João Marcelo de Lima Assafim, *A Transferência de Tecnologia no Brasil*, Rio de Janeiro, Lumen Juris, 2005, p. 102.

8.5 Inexigibilidade de licitação

8.5.1 Conceito

A CF excepcionou o princípio geral das licitações no art. 37, XXI. A inexigibilidade ocorrerá quando, por quaisquer motivos, fáticos ou jurídicos, se possa caracterizar a inviabilidade de competição – circunstância, esta, que caberá ao administrador declarar, aplicando motivadamente a exceção legal. É pressuposto da inexigibilidade de licitação a impossibilidade de competição.

Trata-se do reconhecimento de que existem determinadas situações fáticas que não comportam disputa por meio de critérios estritamente objetivos, ou mesmo quando se reconhece uma singularidade tão evidente em uma modelagem contratual, na qual se identifica que o interesse público somente poderá ser atendido por intermédio da contratação direta.

Note-se que a valoração da inviabilidade de competição revela um *espaço de discricionariedade* inerente ao exercício das competências do administrador público. Natural que assim o seja, porquanto é exatamente essa maior discrição administrativa que permite ao gestor ponderar e sopesar os interesses públicos primários e secundários em jogo.

As hipóteses de inexigibilidade foram arroladas no art. 25 da Lei 8.666/1993. Ao contrário do que ocorre com a dispensa de licitação, cujas hipóteses são taxativas, na inexigibilidade as situações são meramente exemplificativas – o que significa dizer que podem existir outras situações de inviabilidade de competição não previstas na lei.

8.5.2 Fornecedor exclusivo

A primeira situação de inexigibilidade encontra-se descrita no inciso I do art. 25 da Lei 8.666/1993 e envolve a aquisição de materiais, equipamentos ou gêneros que só possam ser fornecidos por produtor, empresa ou representante comercial exclusivo. Se somente uma empresa pode fornecer o produto, não há razão para instauração da licitação.

Esta exclusividade deverá ser comprovada no processo administrativo por meio de atestado fornecido pelo órgão de registro do comércio do local em que se realizaria a licitação ou a obra ou o serviço, pelo sindicato, federação ou confederação patronal ou, ainda, pelas entidades equivalentes.

Cautela igualmente recomendável reside na verificação por parte da Administração Pública da carta de exclusividade ou documento similar apresentado pela sociedade empresária. É imprescindível que fique inequivocamente demonstrada a veracidade das afirmações ali contidas

Enfim, é preciso muita cautela com essa comprovação formal, porquanto podem ser emitidos certificados e atestações que não correspondam à realidade, induzindo a uma exclusividade inexistente. O TCU, por intermédio da Súmula 255, fixou o correto entendimento de que, "nas contratações em que o objeto só possa ser fornecido por produtor, empresa ou representante comercial exclusivo, é dever do agente público responsável pela contratação a adoção das providências necessárias para confirmar a veracidade da documentação comprobatória da condição de exclusividade".

O âmbito de aplicação do art. 25, I, é restrito às aquisições (compras), não alcançando a prestação de serviços. Tratando-se de hipótese de contratação direta – que configura exceção à regra da licitação –, sua interpretação deve ser restritiva, e não extensiva, afastando-se, pois, a possibilidade de sua aplicação para outros objetos que não o das compras.

Frise-se, no entanto, que o fato de esta fundamentação jurídica não ser aplicável aos serviços não significa afastar a possibilidade, em tese, da declaração de inexigibilidade, posto que, se ficar demonstrada a inviabilidade de competição no caso de serviços, poderá ser invocado o *caput* do art. 25 da Lei 8.666/1993. A inexigibilidade, ao contrário da dispensa, é meramente exemplificativa.

Atestada essa premissa, parece fundamental o esclarecimento acerca da existência, ou não, de produto similar no mercado, vale dizer, se existem outros equipamentos ou produtos disponíveis de outras marcas que poderiam, do mesmo modo, atender aos interesses da Administração Pública. Deve o ente público socorrer-se de estudos e pesquisas para se certificar da correção da sua opção.

A licitação será exigível, também, se existir mais de uma empresa comercializando um bem, ainda que produzido por uma única empresa.

8.5.3 Notória especialização

Os requisitos cumulativos para configuração desta hipótese são: (i) contratação de serviços técnicos enumerados no art. 13; (ii) de natureza singular; (iii) com profissionais ou empresas de notória especialização.

A presença simultânea dos três requisitos já foi, inclusive, objeto da Súmula 252 do TCU: "A inviabilidade de competição para a contratação de serviços técnicos, a que alude o inciso II do art. 25 da Lei n.

8.666/1993, decorre da presença simultânea de três requisitos: serviço técnico especializado, entre os mencionados no art. 13 da referida lei, natureza singular do serviço e notória especialização do contratado".

Portanto, será inexigível na contratação de profissionais ou empresas de notória especialização, considerados aqueles cujo conceito no campo de sua especialidade, decorrente de desempenho anterior, estudos, experiências, publicações, organização, aparelhamento, equipe técnica, ou de outros requisitos relacionados com suas atividades, permita inferir que seu trabalho é essencial e indiscutivelmente o mais adequado à plena satisfação do objeto do contrato. É o que consta no inciso II e no § 1º do art. 25 da Lei 8.666/1993.

São, portanto, aqueles profissionais que se destacam no seu segmento. A notória especialização é um emblema subjetivo, eis que relacionado à pessoa do contratado. Trata-se de conceito jurídico indeterminado, a ser integrado pelo administrador, cuja caracterização se dá em função de qualidades essenciais do executor do serviço, que o diferenciam no mercado.

Consiste na *expertise*, desenvolvida por profissional ou por empresa, que os coloca em patamar diferenciado dos demais concorrentes. Sua nomeada, fama ou notoriedade, como averba a Lei 8.666/1993, não é a calcada em casuísmos ou subjetivismos, mas, significativamente, na prática e vivência que abonou ao executor de determinado serviço o reconhecimento de seus pares.

A notória especialização pressupõe reputação e habilitação superiores, que objetivamente transcendem a pura imputação da Administração Pública e que autorizam o profissional a receber o timbre da notória especialização.

A notoriedade, como se afirmou, envolve conceito jurídico indeterminado singularizável em determinada hipótese, mas não se exige que somente uma pessoa possa ser classificada como tal. A rigor, podem atuar no mercado outros profissionais que executem o mesmo serviço (que é singular) e que tenham também notória especialização na sua área de atuação, e nem por isso a licitação se impõe.

Outro requisito legal impõe que o serviço técnico enumerado no art. 13 da Lei 8.666/1993 seja singular. Sob este específico aspecto o legislador não conferiu qualquer margem de discricionariedade ao administrador, selando os serviços enquadráveis em norma fechada, de modo que nenhuma outra categoria, ainda que de serviço técnico profissional assemelhável, possa ser considerada "especializada" para os fins excepcionadores dessa norma.

E esse serviço técnico previsto no art. 13 da Lei 8.666/1993 deve ser singular. A singularidade do serviço envolve a noção de algo incomum, que escapa de padrões preconcebidos. As características intrínsecas do objeto contratado não possibilitam sua comparação, eis que não se trata de um serviço-padrão ou, como se diz, "de prateleira", disponível no mercado. Essa singularidade deva ser atributo especial do serviço, não guardando, portanto, qualquer relação imediata com o contratado.

Em suma: o serviço pode ser considerado singular quando suas características envolvam peculiaridades tais, que o tornem distinto dos realizados rotineiramente, a saber: quando refuja ao geral e costumeiro e se considere individualizada a tarefa de prestá-lo. Singular não quer dizer único, mas invulgar e incomum. É o que pode ocorrer, por exemplo, quando o produto ou serviço que se pretende adquirir não é conhecido e se pretende que o contratado (em razão da sua notória especialização) elabore o diagnóstico do problema e desenvolva a solução adequada e voltada às especificidades do contratante.

Quanto ao preço, seja porque se trata de serviço singular, seja porque executado em caráter personalíssimo, é tarefa complexa pretender cotejar os valores propostos com o de outros potenciais executantes.

Se o serviço é singular, significa que não há similar no mercado, não havendo, por consequência, mecanismos hábeis à comparação de preços de serviços heterogêneos.

As consultas de preços, que permitem confrontação com os valores de mercado, são factíveis nas situações de contratação direta em que já se saiba, de antemão, o serviço que será prestado ou o bem a ser entregue.

Daí por que parece razoável que o preço seja justificado considerando os valores cobrados pelo próprio proponente em outros ajustes cujo objeto seja semelhante.

Sob outro ângulo, não resta dúvida de que contratação desta natureza revela um espaço de discricionariedade inerente ao exercício das competências do administrador público. Diante de circunstâncias concretas o gestor opta pela não realização do certame por entender que o interesse público será mais bem atendido pelo profissional cuja qualificação seja incontestavelmente reconhecida e que detenha notoriedade em sua área de especialização. O TCU já teve a oportunidade de decidir que:[16]

16. *Apud* Jorge Ulisses Jacoby Fernandes, ***Vade Mecum*** *de Licitações e Contratos: Legislação Selecionada e Organizada com Jurisprudência, Notas e Índices*, Belo Horizonte, Fórum, 2004, p. 389.

> A existência de outros profissionais que possam prestar o serviço não basta para retirar singularidade. A Lei n. 8.666/1993, ao definir notória especialização, em seu art. 25, § 1º, deixou elevado grau de discricionariedade ao administrador, na medida em que lhe confere a competência de inferir que seu trabalho é essencial e indiscutivelmente o mais adequado à plena satisfação do objeto do contrato. O controle, portanto, deve ser no âmbito da razoabilidade, evitando interpretações flagrantemente abusivas, infundadas e até fraudulentas do permissivo legal. A não ser diante de casos em que fique flagrante e desenganadamente caracterizada interpretação abusiva do art. 25 da Lei das Licitações, deve o Tribunal respeitar a opção adotada pelo administrador.[17]

Um aspecto importante do enquadramento legal da notória especialização é que a configuração em separado de cada uma das três condições acima referidas não é suficiente para a caracterização legal da inexigibilidade de licitação. Ainda que devam ser analisadas individualmente, estará na conjugação de todos os elementos a caracterização que permitirá o enquadramento na hipótese de contratação direta. Um requisito é diretamente dependente do outro, de modo a que se completem com perfeição.

Como regra, deve ser vedada a subcontratação nesses casos; afinal, se o móvel da contratação é a busca por profissional notoriamente especializado – que pressupõe como um dos requisitos uma equipe técnica dotada de *expertise* naquela atividade –, não faz o menor sentido admitir que outros profissionais sejam subcontratados para executar o objeto do ajuste, o que encontra respaldo no próprio art. 13, § 3º, da Lei 8.666/1993.

Aliás, o ideal é que a equipe técnica seja apresentada antes da celebração do contrato, com o fito de verificar a experiência pessoal dos profissionais que serão alocados ao projeto. Enfim, tratando-se de serviço técnico profissional especializado, deve o contratado garantir que os integrantes do seu corpo técnico realizarão pessoal e diretamente os serviços objeto do contrato, conforme estatui o art. 13, § 3º, da Lei 8.666/1993.

Observe-se que esta hipótese de inexigibilidade não poderá ser utilizada para os serviços de publicidade e divulgação, por expressa vedação contida na referida norma.

8.5.4 *Contratação de profissional do setor artístico*

A contratação de profissional do setor artístico é também hipótese de inexigibilidade de licitação, na forma do que dispõe o art. 25, III, da Lei

17. TCU, 1ª Câmara, Processo 928.806/1998-7, Acórdão 4.101/2001, *DOU* 7.8.2001, p. 52.

8.666/1993. Não há como estabelecer parâmetros objetivos de comparação neste setor, eis que a essência de tal avaliação é estritamente subjetiva.

Poderá ser contratado diretamente ou por empresário exclusivo, desde que consagrado pela crítica especializada ou pela opinião pública. Recomendável que na instrução do processo seja exigida a cópia do contrato de exclusividade do artista com o empresário, devidamente registrado em cartório.

8.5.5 Outras hipóteses não previstas em lei: o credenciamento e a contratação de professores e instrutores

Podem existir outras hipóteses de inexigibilidade não previstas na Lei 8.666/1993 e que assim serão consideradas com fundamento no *caput* do art. 25 da Lei 8.666/1993. Cabe mencionar duas muito comuns no dia a dia da Administração Pública.

É o caso do credenciamento, ou seja, quando o interesse público é concretizado por uma pluralidade de fornecedores, e não apenas por um. A alternativa de contratação de mais de um licitante é viável quando o próprio objeto contratual admite sua execução por meio de vários interessados, ou seja, quando o atendimento do interesse público não é viabilizado com apenas um único contratado, mas por uma pluralidade deles. No credenciamento não há interesse que justifique a Administração Pública restringir o número de contratados.

No sistema de credenciamento elabora-se um regulamento (similar ao próprio edital) no qual constam as condições indispensáveis para a contratação, dando-se ampla publicidade (nos moldes contidos no art. 21, I a III, da Lei 8.666/1993), para que os interessados possam dele tomar conhecimento. Em regra, após prévia pesquisa de mercado, estima-se o preço a ser pago, com os interessados que preencherem as condições previstas no regulamento aprovado pela autoridade competente, a ele anuindo; daí, aliás, a desnecessidade de celebração de vários contratos. Assegura-se, em consequência, observância do princípio constitucional da isonomia, além da satisfação da necessidade da Administração.

Inobstante não exista lei específica sobre o credenciamento, o TCU já se manifestou favoravelmente a este procedimento, conforme as Decisões TC-016.171/1994, publicada no *DOU* em 27.3.1995, e TC-016.171/1994, publicada no *DOU* em 28.12.1995.

Outro exemplo frequente é o da contratação de professores e instrutores para ministrar cursos e palestras. Não raro a escolha dos palestrantes se orienta por critérios que não se sujeitam a parâmetros estritamente objetivos. O interesse público em hipóteses como estas não é atendido por uma "prestação-padrão" que se encontra disponível no mercado e sujeita, portanto, a uma seleção prévia via licitação calcada em critérios objetivos. Há aqui direta vinculação do objeto (o desenvolvimento de uma atividade acadêmica) com a pessoa do palestrante, o que torna a decisão discricionária do administrador na contratação inviável de ser viabilizada por licitação.

8.6 Formalização da contratação direta

8.6.1 Noção geral

A contratação direta não significa o abandono dos princípios constitucionais que informam a atuação da Administração Pública. Ao revés, as escolhas nos processos de contratação direta devem estar pautadas por critérios de eficiência, economicidade, moralidade, e devem estar motivadas no processo administrativo, para demonstrar a razoabilidade intrínseca na racionalidade utilizada pelo gestor, permitindo o necessário controle externo da sua juridicidade.

Como é de conhecimento convencional, mesmo nos casos de contratação direta não está livre o administrador para escolher o contratado por critérios subjetivos ou se afastar dos parâmetros de eficiência e economicidade. Essa é a inteligência do art. 26, parágrafo único e incisos, da Lei 8.666/1993.

Desde que essa escolha seja orientada por parâmetros de razoabilidade, não cabe aos órgãos de controle se imiscuir nos limites de atuação privativa do administrador. Em outras palavras: diante de circunstâncias concretas, o gestor pode optar pela não realização do certame por entender que o interesse público será atendido a partir de uma contratação direta ou, mesmo, pela inviabilidade na definição de critérios objetivos de disputa.

O art. 26 da Lei 8.666/1993 explicita que a regra é que estas hipóteses de contratação direta sejam devidamente justificadas e devem ser comunicadas dentro de três dias à autoridade superior, para ratificação e publicação na Imprensa Oficial, no prazo de cinco dias, como condição para eficácia dos atos.

8.6.2 Requisitos formais

A forma é a exteriorização do ato administrativo, absolutamente necessária para assegurar a plena publicidade, sindicabilidade e estabilidade das relações jurídicas. Não obstante, a forma está diretamente ligada à finalidade do ato administrativo, elemento densamente informado pela necessidade de legitimação do agir administrativo – pois a legitimidade é princípio fundamental, que, a par da legalidade e da licitude, conforma a juridicidade de todo o agir do Estado.

Fixada essa premissa, importa anotar que o processo administrativo que formaliza a contratação direta deverá ser instruído com os seguintes elementos, mencionados no parágrafo único do art. 26 da Lei 8.666/1993: (i) caracterização da situação emergencial ou calamitosa que justifique a dispensa (requisito aplicável fundamentalmente à hipótese do art. 24, IV, da Lei 8.666/1993); (ii) a razão da escolha do fornecedor ou executante (sempre que possível deve ser feita pesquisa de mercado, com vistas a buscar uma proposta que seja economicamente mais vantajosa ou tecnicamente mais adequada, conforme o caso); (iii) a justificativa do preço (evidentemente que o fato da não realização da licitação não autoriza que o valor pago seja superior ao de mercado); (iv) e documento de aprovação dos projetos de pesquisa aos quais os bens serão alocados (requisito, este, a ser cumprido quando for o caso).

8.6.3 A razão da escolha do fornecedor

A razão da escolha do fornecedor (ligada diretamente à própria situação ensejadora da contratação direta) deve estar motivada e bem descrita no processo administrativo.

A escolha pode se dar por diversas razões (técnicas, econômicas, subjetivas, profissionais, procedimental) e guarda direta relação com a própria hipótese de contratação direta que a fundamenta. As circunstâncias da escolha do contratado em uma inexigibilidade assumem feições distintas de uma contratação por emergência, que por sua vez tem outra causa quando se trata de uma contratação decorrente de licitação deserta.

O importante é que seja demonstrada a racionalidade no processo de escolha do contratado, que, ainda que dotada de maior grau de discricionariedade, é balizada pelos princípios da razoabilidade, eficiência, motivação e impessoalidade. Escolhas essencialmente subjetivas e despidas de motivos concretos e razoáveis podem importar desvio de finalidade.

8.6.4 Justificativa do preço

A justificativa do preço constitui requisito indispensável para a formalização adequada do processo de contratação direta, não podendo, por óbvio, os preços ofertados pelo contratado se situar fora dos padrões de mercado, sob pena de violação aos princípios da economicidade e da eficiência.

O fato de não se realizar licitação não exime os gestores de recursos públicos de prestarem as contas dos valores gastos. É fundamental que se obedeça ao princípio da economicidade (art. 70 da CF), de modo a evitar que a contratação, mesmo que afastada a licitação, esteja despida de qualquer critério objetivo quanto ao preço pago.

O critério econômico (menor valor) é o que prepondera, mas não de forma absoluta. Existem hipóteses em que o gestor poderá demonstrar que o menor valor cotado não é o que melhor atende ao interesse público, o que, evidentemente, demandará um reforço na sua argumentação. Aqui também existe direta relação com a própria natureza da causa ensejadora da contratação direta.

8.6.5 A verificação dos documentos de habilitação

Apesar de a Lei 8.666/1993 não o mencionar expressamente, parece evidente que deverá a Administração Pública, no momento da formalização do processo de contratação direta, verificar as condições de habilitação necessárias, sob pena de colocar em risco a própria segurança da contratação.

8.6.6 O controle da legalidade nas contratações diretas

Parece razoável, ainda, considerar que os órgãos jurídicos se manifestem nos processos de contratação direta, como forma de exercer o controle de legalidade, o que pode ser inferido de uma interpretação teleológica do art. 38 da Lei 8.666/1993.

Não parece obrigatório o parecer jurídico apenas nas hipóteses de contratação direta de pequeno valor, previstas no art. 24, I e II, da Lei 8.666/1993. Isso se justifica pela imposição de um custo de instrução processual que poderia ser superior ao próprio valor da contratação, tornando desproporcional e antieconômico um controle que pode se tornar mais oneroso do que o próprio valor da contratação.

O que se sustenta é que, a depender do volume de contratações diretas e do seu baixo valor, a oitiva obrigatória da assessoria jurídica pode acarretar custos excessivos no exercício da atividade de controle e movimentação desnecessária da máquina administrativa, em especial se a matéria for de baixa complexidade jurídica.

O mesmo raciocínio aplica-se para os casos de inexigibilidade que se insiram nos limites da dispensa em razão do valor, como é o caso de inscrição em cursos, seminários e renovação de periódicos – típicas situações de inexigibilidade.

Outra cautela que resguarda qualquer prejuízo ao interesse público seria a elaboração de pareceres padronizados em cada uma dessas situações concretas (cursos, seminários e renovação de periódicos), nos quais seriam fixados os requisitos e formalidades a serem observados em cada caso, cabendo ao gestor seu cumprimento ou mesmo por provocação da assessoria jurídica apenas em caso de dúvida.

Mas essa é uma questão que pode ser disciplinada no âmbito da organização de cada órgão ou entidade pública, não havendo nenhum óbice para que o gestor, no âmbito da sua competência, opte pela obrigatoriedade do parecer em todos os casos de contratação direta.

8.6.7 A ratificação da contratação direta

O art. 26 da Lei 8.666/1993 estabelece a necessária justificação das hipóteses de contratação direta mencionadas no *caput*, bem como a comunicação, no prazo de três dias, à autoridade superior, para ratificação e publicação na Imprensa Oficial no prazo de cinco dias, como condição para a eficácia dos atos.

A ratificação é ato equivalente à homologação nas licitações, e significa a aquiescência da autoridade superior ao processo de contratação direta.

A Lei 8.666/1993 utilizou a expressão "autoridade superior". Utilizou, de modo correto, expressão genérica, já que, se definisse o agente competente para a prática de determinados atos administrativos, tal qual homologação, adjudicação ou mesmo ratificação, estaria invadindo esfera de competência dos demais entes federativos e se afastando da sua natureza de norma geral. A matéria é, portanto, de competência de cada ente, nos limites das suas atribuições.

A autoridade superior para fins de ratificação de dispensa ou inexigibilidade e mesmo de homologação e adjudicação das licitações públicas no âmbito das empresas públicas e sociedades de economia mista é, como regra, o dirigente integrante da entidade responsável pelo contrato.

Isso porque a criação das entidades conceituadas como paraestatais envolve opção política de descentralização, já que são dotadas de personalidade jurídica própria, o que significa capacidade de contrair direitos e obrigações; ao contrário do que ocorre com o fenômeno da desconcentração, que envolve a criação dos órgãos, despidos de personalidade jurídica própria. Nas hipóteses de descentralização prevalece a ideia de vinculação entre a entidade criada e a Administração direta, em uma relação de tutela. Já, nas hipóteses de desconcentração prevalece uma relação de subordinação, sujeita aos rigores hierárquicos da Administração Pública.

A tutela deve se ater aos limites previstos na lei; sendo esta omissa, descabe cogitar de competência dos órgãos ou agentes da Administração direta para a prática de atos de ratificação, homologação, anulação e revogação das entidades integrantes da Administração indireta.

8.6.8 O chamamento público prévio nos casos de inexigibilidade

Cabe uma última consideração sobre a formalização do processo de contratação direta – ainda que não se apresente como obrigatória, por não estar expressamente prevista em lei – a cogitação de se realizar chamamento público antes de concretizar o processo de inexigibilidade.

Explica-se. O direito administrativo pós-moderno encontra na transparência um de seus pilares. Cada vez mais a legitimidade no exercício de competências discricionárias do gestor público está condicionada à transparência, eis que permite à sociedade conhecer previamente a racionalidade das escolhas públicas, em especial naquelas hipóteses que envolvam temas cuja repercussão impacta mais diretamente a vida dos indivíduos.

A ideia é que antes da concretização da inexigibilidade seja feito um chamamento público para permitir que seja efetivamente avaliada a inviabilidade de competição, admitindo a manifestação de outros interessados e fazendo uma espécie de "teste prévio" acerca da efetiva impossibilidade de estabelecer um procedimento concorrencial.

A vinculação entre o chamamento público e a contratação por inexigibilidade tem, por exemplo, disciplina específica no campo da atuação da Agência Nacional de Telecomunicações/ANATEL, como se depreende do disposto no art. 91, § 3º, da Lei 9.472/1997 – Lei Geral de Telecomunicações/LGT.

É claro que esse chamamento não se revela obrigatório e muito menos indicado para todas as hipóteses de inexigibilidade, mas pode ser considerado como uma alternativa pelo gestor nos casos em que considerar necessário avaliar se, de fato, a competição é efetivamente inviável, permitindo que outros agentes econômicos se manifestem, e até mesmo os órgãos de controle, acerca da sua valoração privativa sobre a inviabilidade de competição.

Nada obsta, também, a que o chamamento público ou mesmo uma disputa informal sejam cogitados para as hipóteses de dispensa de licitação, o que privilegia os princípios da eficiência, economicidade e impessoalidade.

8.6.9 Os riscos e consequências jurídicas das contratações diretas que podem ser reputadas ilegais

Importante examinar as consequências jurídicas decorrentes da contratação direta, por dispensa ou inexigibilidade de licitação, quando ocorrer fora das hipóteses legais ou sem a observância das formalidades previstas na Lei 8.666/1993.

Como esclarecido, o fato de não se realizar prévia licitação não autoriza que tais contratações diretas sejam efetivadas sem a observância das formalidades legais previstas no art. 26 da Lei 8.666/1993 e dos princípios aplicáveis, como os da eficiência, economicidade, impessoalidade, razoabilidade, publicidade e competitividade.

Portanto, os agentes públicos e os contratados devem estar atentos para dois pontos fundamentais: o primeiro é se, de fato, a hipótese comporta enquadramento em uma situação de dispensa (dentre aquelas taxativamente arroladas no art. 24 da Lei 8.666/1993) ou de inexigibilidade (quando as situações fáticas arroladas no art. 25 da Lei 8.666/1993 são meramente exemplificativas); o segundo é se foram observadas as formalidades legais previstas no art. 26 da Lei 8.666/1993, em especial no que se refere à razão da escolha do fornecedor e à justificativa do preço (que deverá estar orientado) pelos parâmetros de mercado.

A não observância intencional destes requisitos pode acarretar consequências na esfera penal da empresa, a teor do disposto no art. 89 da Lei 8.666/1993. Claro que, para tanto, deve restar configurado o dolo, já que a mera irregularidade não deve ser considerada como crime.

O sujeito ativo do crime é o agente público[18] que dispensa ou efetiva inexigibilidade fora das hipóteses legais ou sem a observância das forma-

18. Para os fins da Lei 8.666/1993 e segundo seu art. 84, "considera-se servidor público, para os fins desta Lei, aquele que exerce, mesmo que transitoriamente ou sem remuneração, cargo, função ou emprego público".

lidades previstas em lei. O sujeito passivo do delito é a pessoa jurídica (União, Estados, Municípios, Distrito Federal ou suas entidades da Administração indireta) que sofreu os prejuízos da contratação direta ilegal.

O particular que se beneficiou da contratação direta por dispensa ou inexigibilidade nas hipóteses descritas no *caput* do art. 89 da Lei 8.666/1993 também incorre na mesma pena de detenção de três a cinco anos. Observe-se que, para cometer o delito, a contratada deverá ter "comprovadamente concorrido para a consumação da ilegalidade".

É preciso também cautela no que se refere ao enquadramento dessas hipóteses como crime. As hipóteses de inexigibilidade de licitação, em especial aquelas não descritas na lei, não raro se concretizam a partir de premissas mais subjetivas, porquanto nem sempre haverá como fazer uma subsunção do fato de uma forma tão precisa ou analítica. Existe um espaço de valoração do administrador público que deve ser preservado.

Ninguém pode trabalhar tranquilo, no setor público ou privado, sob o risco de, não sendo acolhida uma interpretação razoável sobre um conceito jurídico indeterminado, vir a ser processado cível ou criminalmente. A só existência de um processo contra pessoas de bem já é um dano irreparável.

Daí a necessidade de demonstração da presença do dolo (vontade de produzir o resultado) para tipificação do crime. O STJ tem orientado suas decisões no sentido de que os tipos penais da Lei 8.666/1993 só podem ser puníveis quando a ação for dolosa e se ocorrer prejuízo à Administração. Confiram-se alguns julgados:

> Criminal – Procedimento licitatório – Julgamento das contas pelo Tribunal de Contas – Regularidade – Elemento subjetivo – Denúncia – Rejeição. 1. O entendimento pretoriano é no sentido de que a falta de observância das formalidades à dispensa ou à inexigibilidade do procedimento licitatório de que trata o art. 89 da Lei n. 8.666/1993 apenas será punível "quando acarretar contratação indevida e retratar o intento reprovável do agente". "Se os pressupostos da contratação direta estavam presentes, mas o agente deixou de atender à formalidade legal, a conduta é penalmente irrelevante".[19]
>
> Processo penal – Rejeição da denúncia – Dispensa de licitação (art. 89 da Lei n. 8.666/1993). 1. O tipo descrito do art. 89 da Lei de Licitação tem por escopo proteger o patrimônio público e preservar o princípio da moralidade, mas só é punível quando produz resultado danoso. 2. É penalmente irrelevante a conduta formal de alguém que

19. Brasil, STJ, Corte Especial, AP 323-CE, rel. Min. Fernando Gonçalves, j. 5.10.2005, *DJU* 13.2.2006, p. 642.

desatende ás formalidades da licitação quando não há consequência patrimonial para o órgão público. 3. O dolo genérico não é suficiente para levar o administrador à condenação por infração à Lei de Licitações. 4. Prática de padronização de mobiliários ou equipamentos que não afasta a exigência de licitação, mas não se configura como crime, senão quando ocasiona dano ao Erário.[20]

Ação penal – Denúncia – Recebimento – Licitação – Ausência – Requisitos legais – Art. 89 da Lei n. 8.666/1993. 1. Ausentes elementos mínimos de prova capazes de configurar a presença do tipo do art. 89 da Lei n. 8.666/1993, que requer o dolo, não há como dar início à ação penal. 2. Denúncia rejeitada.[21]

Processo penal – Licitação – Dispensa – Denúncia – Rejeição – Falta de justa causa. 1. O entendimento dominante no STJ é no sentido de que o crime do art. 89 da Lei n. 8.666, de 1993, somente é punível quando produz resultado danoso ao Erário. 2. Cabe realçar ainda que, uma vez atestada a regularidade das contas e, *ipso facto*, da gestão, nela incluídas as transações envolvendo a necessidade ou dispensa de licitação, sob o exclusivo prisma do art. 89, não haverá justa causa para ação penal, quando nada pela ausência do elemento mínimo culpabilidade que viabiliza seja alguém submetido a um processo criminal, dada a falta de probabilidade ainda que potencial de uma condenação. Não se pode deixar de lado o entendimento de que somente a intenção dolosa tem relevância para efeito de punição. 3. Denúncia rejeitada.[22]

Além das consequências penais, cabe lembrar que a contratação direta ilegal pode gerar efeitos jurídicos nas esferas civil e administrativa, com a necessidade de reparação dos danos causados e, ainda, com a possibilidade de a empresa ser punida em sede administrativa, como, por exemplo, a impossibilidade de participar de futuras licitações, no caso da aplicação das sanções previstas no art. 87, III e IV, da Lei 8.666/1993.

Existe também o risco da propositura de ação civil de improbidade administrativa, eis que o art. 10, VIII, da Lei 8.429, de 2.6.1992, prescreve que constitui ato de improbidade administrativa causador de lesão ao Erário frustrar a licitude de processo licitatório ou dispensá-lo indevidamente (o que parece, aqui, alcançar a hipótese de inexigibilidade).

As sanções para estas situações (algumas aplicáveis apenas aos agentes públicos) podem alcançar o ressarcimento integral do dano, perda dos

20. Brasil, STJ, Corte Especial, AP 261-PB, rela. Min. Eliana Calmon, j. 2.3.2005, *DJU* 5.12.2005, p. 197.

21. Brasil, STJ, AP 281-RR, rel. Min. Carlos Alberto Menezes Direito, j. 6.4.2005, *DJU* 23.5.2005, p. 118.

22. Brasil, STJ, Corte Especial, AP 375, rel. Min. Fernando Gonçalves, j. 5.4.2006, *DJU* 24.4.2006, p. 340.

bens ou valores acrescidos ilicitamente ao patrimônio, perda da função pública, suspensão dos direitos políticos de cinco a oito anos, pagamento de multa civil de até duas vezes o valor do dano ao Erário e proibição de contratar com o Poder Público ou receber benefícios ou incentivos fiscais ou creditícios, direta ou indiretamente, ainda que por intermédio de pessoa jurídica da qual seja sócio majoritário, pelo prazo de cinco anos, a teor do disposto no art. 12, II, da mencionada Lei 8.429/1992.

No entanto, cabe destacar que a Lei de Improbidade Administrativa foi concebida para reprimir as pessoas físicas que exerçam funções públicas e que, no exercício de tais misteres, causem prejuízos ao Erário ou obtenham benefícios indevidos em razão de sua conduta; atinge, ainda, o particular que se beneficie desta conduta indevida do agente administrativo. Isto porque sobre ela se pode apurar a falta de boa-fé ou desonestidade. Este é o elemento distintivo da conduta em relação à mera irregularidade.

Em suma: para fins de responsabilização devem estar demonstradas a existência de prejuízo ao Erário e a vontade de produzir o resultado danoso. Afinal, não se pode desconsiderar que existem situações (não são todas) que podem comportar mais de uma interpretação razoável, além de substratos fáticos de matrizes tão complexas que não podem ser desconsiderados pelos órgãos de controle.

PARTE II

CONTRATOS ADMINISTRATIVOS

9. Aspectos Gerais dos Contratos Administrativos. 10. Equilíbrio Econômico-Financeiro. 11. Cláusulas Exorbitantes. 12. A Estrutura do Contrato Administrativo.

9
Aspectos Gerais dos Contratos Administrativos

9.1 Conceito e classificação

Os contratos administrativos são ajustes celebrados entre um ente público e um particular com vistas à consecução de um interesse público ou, mesmo, de atividades administrativas inerentes ao funcionamento da Administração Pública. Submetem-se a regime jurídico próprio, que permite a utilização das cláusulas exorbitantes, as quais seriam consideradas ilícitas em uma relação contratual privada. A presença das cláusulas exorbitantes se dá em função da supremacia do interesse público sobre o interesse privado.

Regem-se os contratos administrativos pelas suas cláusulas e preceitos de direito público, aplicando-lhes, supletivamente, os princípios da teoria geral dos contratos e as disposições de direito privado.

Nos contratos cada parte tem interesse próprio, a motivar sua presença em um dos polos da relação. O contratado persegue o justo lucro, obrigando-se, em contrapartida, a executar a contento o objeto do ajuste. O contratante tem por objetivo a satisfação da sua necessidade, obrigando-se a pagar o preço proposto na licitação.

Todavia, acima e além desses interesses próprios de cada um dos contratantes paira um interesse comum a lhes reger as relações contratuais de modo mais amplo. Ele deriva da finalidade comum, traduzida no interesse solidário dos contratantes em levarem a cabo a execução do objeto contratual, até como forma de assegurar a viabilização dos seus interesses próprios. É, portanto, a ideia-força da boa-fé objetiva que obriga as partes a empreenderem seus melhores esforços para que ambas consigam cumprir o acordado, de modo a concluí-lo a bom termo.

9.2 A contratualização da gestão pública

A contratualidade da atividade administrativa significa uma transmutação da Administração Pública imperativa para uma Administração Pública consensual, na qual a atividade negocial com os particulares passa a assumir papel de grande relevância, bem como ascende de importância a recíproca confiança que devem merecer entes do Estado e da sociedade.

Logo, consenso e confiança são expressões que se completam, para viabilizar que o contrato seja satisfatoriamente cumprido e, mais, no intuito de permitir que outros venham a ser celebrados, ampliando a desejável parceria entre o Estado e o mercado.

Várias políticas públicas têm nos arranjos contratuais de longo prazo sua principal expressão. As parcerias público-privadas e as concessões de serviços públicos são exemplos típicos de contratualização da gestão pública, com decisões políticas e de modelagem jurídica que extrapolam o período de mandato do governante, a justificar que o processo de contratação seja pautado por uma relação dialógica com a sociedade e com o mercado, legitimando as opções realizadas. O tema da instrumentalização das políticas públicas por meio de contratos administrativos guarda direta relação com o princípio democrático e com o princípio do desenvolvimento sustentável.

9.3 A consensualidade e a boa-fé na gestão e execução dos contratos administrativos

A consensualidade é uma tendência do direito administrativo do século XXI.[1] Ocorre que hoje poucos são os espaços conferidos ao gestor

1. Cf. as palavras de Diogo de Figueiredo Moreira Neto: "Como reflexo das novas relações juspolíticas entre Estado e sociedade, a consensualidade passa a ser uma forma privilegiada de administrar interesses públicos nas relações entre Administração e administrados, como marca de muitos novos institutos, em que a flexibilidade, a

para negociar *ex post* com o contratado, em especial naquelas relações jurídicas duradouras e de longo prazo.

Novos mecanismos devem ser considerados para flexibilizar a rigidez que norteia a elaboração dos contratos, com isso modificando a premissa quase que absoluta de que indisponibilidade do interesse público é sinônimo de vedação de negociação e de arbitrabilidade. É o caso, por exemplo, dos contratos de patrocínio quando o particular celebra parceria com o ente público para financiar ou, mesmo, doar um bem em troca da divulgação da sua marca, o que é benéfico para o interesse público, porquanto implica significativa economia de recursos públicos. Desde que atendido o princípio da isonomia, arranjos contratuais dessa natureza são admitidos e se inserem no contexto de uma desejável consensualidade e parceria entre os setores público e privado.

Conferir flexibilidade ao gestor, para negociar de forma transparente e motivada boas soluções para resolver problemas que surjam no decorrer da relação contratual, é, com certeza, mais eficaz do que a absoluta rigidez que impera na prática administrativa e que presta um desserviço ao interesse público, sempre partindo da premissa da má-fé.

Essa estrutura legislativa não provou ser acertada. Os casos de corrupção continuaram a assolar o País e os gestores sérios ficam impedidos de concretizar os princípios da eficiência e da economicidade. Como toda atividade administrativa, a negocial se sujeita aos controles institucionais, internos e externos, bem como aos parâmetros de moralidade, economicidade, eficiência e resultado.

Mas a negociação e a busca da consensualidade pressupõem a inauguração de uma nova era. Exposto em outros termos: é indispensável uma mudança de mentalidade e de postura de parte a parte. A visão que ainda prevalece no seio da Administração Pública e dos próprios contratados é que, sendo os interesses opostos, devem as partes ser inimigas em todas as situações. A lógica é a do antagonismo, e não a da cooperação, solidariedade e boa-fé. Arbitragem, mediação e cláusulas mais abertas à negociação são instrumentos que podem viabilizar esse novo cenário no seio da contratação pública.

É preciso fixar novas bases nas relações contratuais firmadas entre os entes públicos e os contratados. Pautar os respectivos comportamen-

negociação, o uso criterioso da discricionariedade, o exercício da ponderação entre interesses, valores e direitos, e sobretudo a motivação dão a tônica pragmática e democrática do pós-modernismo" (*Curso de Direito Administrativo*, 16ª ed., Rio de Janeiro, GEN-Forense, 2014, p. 420).

tos pelo princípio da boa-fé é de fundamental importância para tutelar as legítimas expectativas geradas entre as partes, o que contribui para garantir a necessária estabilidade e a segurança jurídica nas relações contratuais travadas.

9.4 O descabimento de um regime jurídico único para os contratos administrativos

O regime e o tratamento uniformes para todos os contratos administrativos é outro tema bastante questionado nos dias de hoje. Carlos Ari Sundfeld e Jacintho Arruda Câmara[2] ponderam, com razão, que é necessário compreender e aceitar a heterogeneidade dos regimes jurídicos dos contratos no Brasil, que é, por vezes, distorcida na prática, para se cogitar de um único regime jurídico a todo e qualquer contrato administrativo.

De fato, é bastante complexo uniformizar todas as relações contratuais em um único diploma normativo. Cada contrato tem sua própria lógica econômica, sendo irreal pretender subjugar toda e qualquer relação contratual às regras rígidas e inflexíveis da Lei 8.666/1993. Como já mencionado, essa parece ser uma tendência, eis que vários diplomas legais têm surgido com adequações às realidades de mercado que os orientam.

9.5 A conformação da discricionariedade no contrato

É praxe que os contratos reproduzam a letra da lei. É preciso maior cuidado com a redação dos contratos, desse modo, aproveitando os aspectos que se sujeitam a uma padronização mas adequando o contrato à realidade da situação em concreto.

Um dos objetivos fundamentais do contrato é conferir segurança jurídica aos contratantes. Entretanto, para isso é indispensável que a discricionariedade conferida pelo legislador ao administrador público seja conformada em cada relação contratual.

Um exemplo do que ora se afirma são as cláusulas sancionatórias, as quais deveriam estipular gradações das penalidades e condutas reprováveis que pudessem conferir um mínimo de previsibilidade para o particular no curso da relação contratual. A discricionariedade da lei deve

2. Carlos Ari Sundfeld e Jacintho Arruda Câmara, "Uma crítica à tendência de uniformizar com princípios o regime dos contratos públicos", *Revista de Direito Público da Economia* 41/11, Belo Horizonte, Fórum, janeiro-março/2013.

ser conformada no contrato para fins de concretização do princípio da segurança jurídica.

9.6 A mutabilidade dos contratos administrativos

Os contratos administrativos são mutáveis por natureza. Essa característica se explica, em parte, pela vinculação desses ajustes ao atendimento de interesses públicos, em especial aqueles definidos como primários.

Nos contratos de concessão de serviços públicos, por exemplo, essa mutabilidade é mais evidente, já que são ajustes celebrados com prazos de longa duração. As circunstâncias em que se contrata a concessão, existentes, portanto, por ocasião da sua outorga, obviamente não se cristalizarão e perdurarão durante toda a execução do contrato.

O engessamento na execução do contrato, mormente tratando-se de contratos com longos prazos de duração, atentaria contra a finalidade pública almejada, pois não atenderia, em nenhuma medida, à concepção de uma prestação eficiente do serviço público, que está sujeito a permanente evolução.[3]

Portanto, é esta normal instabilidade das circunstâncias originais que dita a constante necessidade de adequação e de permanente releitura do contrato à luz das variantes econômicas, sociais, políticas, administrativas ou mesmo tecnológicas que vão se delineando no decorrer de sua execução.

Disso resulta consolidar-se na doutrina alienígena[4] e na nacional[5] o conceito de mutabilidade como fenômeno próprio das formas de prestação dos serviços públicos e idiossincrásico aos contratos administrativos,

3. "Le principe de mutabilité contractuelle suppose que le contrat de délégation puisse évoluer" (Jean-François Lanchaume, Claudie Boiteau e Hélène Pauliat, *Grands Services Publics*, 2ª ed., Paris, Dalloz, 2000, p. 240).

4. A seu respeito: "Il postule que le service public soit constamment en mesure de s'adapter aux changements et évolutions pouvant affecter le service public dans un but de satisfaction de l'intérêt general" (Jean-Paul Markus, "Les principes généraux du Droit, du principe d'adaptabilité au principe de mutabilité", *RFDA* maio-junho/2001, Paris, Dalloz, p. 591).

5. "Um dos traços característicos do contrato administrativo é a sua mutabilidade (...)" (Maria Sylvia Zanella Di Pietro, *Curso de Direito Administrativo*, 23ª ed., São Paulo, Atlas, 2010, p. 276). Também Caio Tácito: "Por essa forma, a obrigação pactuada adquire um teor dinâmico e flexível, dentro do âmbito e da finalidade do contrato administrativo, de forma a garantir a continuidade do serviço público e a plena satisfação do interesse coletivo" (*Temas de Direito Público*, vol. 1, Rio de Janeiro, Renovar, 1997, p. 619).

pois que, em última análise, tais pactos existem para atender ao interesse público tal como realmente se apresenta, e não a uma ficção anacrônica.

A mutabilidade é inerente aos contratos, não sendo razoável cristalizar e tornar excessivamente rígidos os instrumentos contratuais, mormente diante das diversas contingências futuras que podem acometer a execução das obrigações durante o prazo do ajuste.

9.6.1 A mutabilidade objetiva e subjetiva

A mutabilidade dos contratos administrativos é expressamente reconhecida pelo legislador pátrio e pode ser examinada sob a ótica objetiva e subjetiva.

No plano objetivo implica a possibilidade de alteração do objeto pela própria Administração, com vistas à sua adequação aos interesses públicos, que, por natureza, não são estáticos. É o que expressamente preceitua o art. 65, no inciso I, "a" e "b", da Lei 8.666/1993, que admite a alteração unilateral do objeto quantitativamente e qualitativamente.

Essa adequação deve se dar, primeiramente, no campo dos encargos, com vistas a permitir que o objeto seja executado com os padrões de qualidade fixados na licitação e que atendam à necessidade pública a que se propôs. A partir dessa definição da alteração dos encargos é que se define a necessidade de alteração dos preços, tudo com vistas a preservar o equilíbrio econômico-financeiro do contrato. É claro que essas alterações do objeto, como adiante se verá, devem ter motivação específica e ser amparadas nas normas que as autorizam, com a observância dos limites fixados na lei, para impedir a desnaturação do objeto ou, mesmo, a violação ao princípio da licitação.

No campo das concessões de serviços públicos – disciplinadas pela Lei 8.987/1995 – há norma com a mesma finalidade, a saber, o art. 23, V, que prescreve como cláusula essencial do contrato de concessão aquela relacionada às previsíveis necessidades de futura alteração e expansão do serviço. O fundamento da previsão legislativa é o atendimento do interesse público primário, que pode se modificar ao longo da execução contratual.

No plano subjetivo admite-se a alteração subjetiva das partes contratantes, o que se deve à circunstância de que a atividade empresarial, assim como o interesse público, não é estática e está igualmente sujeita a constantes mutações.

O desenvolvimento da atividade empresarial é, por natureza, dinâmico, e não poderia o legislador, ou mesmo o ente público contratante, ignorar essa circunstância do mundo real pelo simples fato de se estar diante de um contrato administrativo.

Afinal, se, de um lado, se busca tutelar um interesse público, de outro, há o desenvolvimento pelo parceiro privado de uma atividade que se orienta pela busca do lucro justo, o que é absolutamente legítimo em um Estado regido pelo princípio da livre iniciativa.

E – insista-se – essa atividade empresarial está sujeita a diversas modificações que não poderiam ser engessadas sob a simples justificativa de o contratado ter formalmente assumido obrigações em um contrato administrativo.

Interpretação restritiva, que admita que a celebração de um contrato administrativo tenha o condão de produzir efeitos como o de impedir alterações societárias, fusões, incorporações, associações com terceiros, seria flagrantemente inconstitucional, por se tratar de interferência indevida e desproporcional no regime privado das sociedades empresárias.

Não foi por outra razão que o legislador reconheceu a possibilidade de serem promovidas diversas alterações subjetivas nas relações jurídicas submetidas a um regime jurídico de direito público.

É o caso, por exemplo, da subcontratação total ou parcial, ou mesmo da associação do contratado com outrem, cessão ou transferência, total ou parcial, bem como fusão, cisão ou incorporação, previstas nos arts. 72 e 78, VI, da Lei 8.666/1993. A condição imposta pelo legislador foi que essas alterações subjetivas estivessem expressamente previstas no edital e no contrato.

O mesmo ocorreu na legislação específica que disciplinou as concessões de serviços públicos (Lei 8.987/1995). Foram admitidas expressamente a transferência da concessão ou do controle societário da concessionária, a subconcessão e a subcontratação de terceiros para o desenvolvimento de atividades inerentes, acessórias ou complementares ao serviço concedido, bem como a implementação de projetos associados. Adicionalmente, o ordenamento jurídico pátrio admite a possibilidade de assunção do contrato de concessão pela entidade financiadora. Trata-se do chamado *step-in right*, mais uma exceção que permite a alteração no polo subjetivo do contrato.

Todas essas categorias de alteração subjetiva no polo passivo da relação contratual de direito administrativo decorrem do dinamismo da atividade empresarial e da impossibilidade de o contrato administrativo produzir efeitos que extrapolem os limites do ajuste e que interfiram no legítimo direito das sociedades empresárias de se reorganizarem ou de se associarem.

É claro que, sob o ângulo do contratante público, esse legítimo direito de alterações inerente à atividade empresarial do contratante privado deve ser compatibilizado com a observância dos princípios que informam a atuação da Administração Pública, devendo avaliar se há indícios de violação ao princípio da licitação no caso de uso ilegítimo e indevido dessas alterações de índole subjetiva.

9.7 Contrato administrativo e contrato da Administração

Quando a Administração Pública figura em um dos polos de um contrato não necessariamente se está diante de um *contrato administrativo*, cuja característica principal é a presença de cláusulas exorbitantes que outorgam poderes e prerrogativas que não seriam admitidos em um contrato regido pelo direito privado. O regime jurídico é, em regra, de direito público, aplicando-se supletivamente os princípios da teoria geral dos contratos e as disposições do direito privado, tal qual disciplina o art. 54 da Lei 8.666/1993.

É possível, no entanto, que em alguns contratos a Administração Pública ostente posição jurídica de igualdade em relação ao particular contratado, despindo-se das prerrogativas inerentes aos contratos administrativos. São os chamados *contratos privados da Administração*. Aqui se aplica, ao revés, o regime jurídico dos contratos privados, com a observância de algumas formalidades indispensáveis e inerentes a qualquer contrato que envolva a Administração Pública, como é o caso, por exemplo, das cláusulas orçamentárias.

A diferença é que nos contratos privados da Administração o Poder Público ostenta posição jurídica de igualdade em relação à contraparte, não se constituindo uma relação assimétrica. São exemplos os contratos de seguro, de financiamento, de locação em que o Poder Público seja locatário, quando a Administração Pública for usuária de um serviço público, na forma explicitada no art. 62, § 3º, da Lei 8.666/1993, que deixa claro que a aplicação do disposto nos arts. 55 e 58 a 61 será apenas "no que couber".

A principal diferença entre o contrato administrativo e o contrato da Administração está na existência das chamadas cláusulas exorbitantes, que outorgam poderes e prerrogativas de direito público, inadmissíveis em um contrato da Administração. Esta premissa é fundamental, especialmente, em relação à aplicação do art. 58, que trata das cláusulas exorbitantes. Tais cláusulas são, via de regra, incompatíveis com os contratos da Administração nos quais a alteração unilateral, por exemplo, pode ensejar o total rompimento do equilíbrio contratual a ponto de inviabilizá-lo, afastando a incidência do art. 54 da Lei 8.666/1993, que remete a matéria à teoria geral dos contratos.

9.8 O regime contratual das empresas estatais

Por expressa determinação constitucional (art. 173, §§ 1º e 2º), as empresas estatais submetem-se ao regime próprio das empresas privadas, o que permite inferir que celebram contratos nos moldes adotados no setor privado, o que lhes desautoriza o uso de prerrogativas de Estado ou cláusulas exorbitantes em temas econômicos de seus contratos.

Dito em outros termos: os contratos celebrados por empresas estatais não devem ser considerados contratos administrativos, porquanto, nos termos da CF, art. 173, §§ 1º, II, e 2º, realizam negócios jurídicos despidos da supremacia do poder de império inerente aos entes públicos.

Tal fenômeno decorre da própria personalidade jurídica de direito privado das sociedades de economia mista e empresas públicas exploradoras de atividades econômicas, que lhes impõe regime distinto do das demais entidades da Administração Pública.

9.9 A contratação com terceiros

O art. 2º da Lei 8.666/1993 estabelece que "as obras, serviços, inclusive de publicidade, compras, alienações, concessões, permissões e locações da Administração Pública, quando contratadas com terceiros, serão necessariamente precedidas de licitação, (...)".

Ora, não podem ser considerados terceiros as entidades que integram a própria estrutura do ente público. Logo, autarquias, sociedades de economia mista, empresas públicas e fundações não podem ser consideradas propriamente terceiros a serem contratados pelo ente público que as criou. A técnica utilizada nessas relações interadministrativas é a da descentralização, e não a contratual.

Coerente com a regra do art. 2º da Lei 8.666/1993, são as hipóteses de contratação direta previstas no art. 24, VIII e XVI, que dispensam a licitação para casos que envolvam a desconcentração ou a descentralização das atividades na própria estrutura administrativa.

9.10 A aplicabilidade do Código de Defesa do Consumidor nas relações contratuais públicas

A viabilidade jurídica de o Estado, na qualidade de contratante, se enquadrar no conceito de consumidor previsto no art. 2º do Código de Defesa do Consumidor/CDC é tema que desperta aguda polêmica.

Como se sabe, o art. 2º prescreve que "consumidor é toda pessoa física ou jurídica que adquire ou utiliza produto ou serviço como destinatário final". A questão, portanto, gira em torno da interpretação desta norma juntamente com o regime especial que orienta as contratações administrativas. A matéria não é nova, e já foi objeto de estudos na doutrina brasileira.

Para uma parcela respeitável da doutrina[6] o Estado não poderia ser enquadrado no conceito de consumidor por duas razões: a primeira é que, para que possa ser considerado consumidor, deve existir uma vulnerabilidade entre consumidor e fornecedor, ou seja, um desequilíbrio na relação de consumo, consoante prevê o art. 4º, I, do CDC. Esta vulnerabilidade não ocorreria quando o Estado contrata, eis que se encontra sujeito a regime jurídico próprio que o coloca em posição de supremacia em face do contratado; a segunda razão é que, por força deste regime jurídico peculiar, é o Estado quem define a prestação a ser executada pelo particular, assim como as condições contratuais que disciplinarão a relação jurídica; ou seja: o Estado tem o poder de requisitar e descrever o objeto contratual.

Em sentido oposto, para outra corrente doutrinária o Código de Defesa do Consumidor seria aplicável ao Estado por três razões fundamentais: a primeira é que o art. 2º do CDC não fez qualquer distinção ao mencionar

6. Pedro Paulo Cristofaro, "Limites do campo de incidência da Lei 8.078, de 11.9.1990. O Código de Defesa do Consumidor e os investidores ou poupadores", *RF* 323/132. Cf. a lição do referido autor: "Assim, o Estado, quando contrata, como 'destinatário final', o fornecimento de bens ou serviços o faz mediante normas próprias de direito administrativo que lhe outorgam uma proteção específica que não se superpõe, sob pena de implantar-se incontrolável confusão, àquela que a Lei 8.078/1990 dispensa aos 'consumidores'. O Estado adquire bens e serviços das empresas privadas, mas o faz em condições próprias e peculiares que o protegem – ou devem protegê-lo desde que os administradores sejam diligentes, como é de seu dever –, melhor do que são protegidos os destinatários do Código de Defesa do Consumidor. O Estado (refiro-me às pessoas jurídicas de direito público, não às empresas estatais que se submetem às normas de direito privado – CF de 1988, art. 173, § 1º) pode ser fornecedor (v. arts. 4º, VII, 6º, X, e 22 da Lei 8.078/1990, este último quando o serviço é prestado diretamente pelo Poder Público). Jamais será, porém, 'consumidor', colocado sob a proteção da Lei 8.078/1990. Aliás, essa proteção certamente desfavoreceria o Estado, limitando-lhe o poder de autotutelar seus interesses".

a expressão "pessoa jurídica", de modo que, se a lei não fez distinção, não caberia ao intérprete fazê-la e afastar do conceito as pessoas jurídicas de direito público; a segunda é que, por força do art. 54 da Lei 8.666/1993, os contratos administrativos regem-se pelos preceitos de direito público mas são aplicáveis, supletivamente, as normas de direito privado, o que autorizaria a utilização do Código de Defesa do Consumidor quando o Estado fosse consumidor; a terceira é que mesmo na relação contratual regida predominantemente pelo direito público há uma vulnerabilidade técnica dos servidores da Administração Pública em relação ao conhecimento e a *expertise* do fornecedor.[7]

Como se vê, a matéria é polêmica, estando as duas correntes amparadas por argumentos jurídicos consistentes. A linha adotada pela segunda corrente, que entende aplicável o Código de Defesa de Consumidor às contratações administrativas firmadas pelos entes públicos, é a que ora se acolhe.

No entanto, preliminarmente, é preciso identificar duas situações de contratação pública nas quais a polêmica, salvo melhor juízo, não se aplica, sendo indiscutível a incidência do Código de Defesa do Consumidor.

A primeira é que nem sempre quando o Estado contrata se coloca em posição de supremacia, podendo fazer uso das cláusulas exorbitantes. É o caso, conforme já assentado, dos contratos privados celebrados pela Administração Pública, nos quais as partes se encontram em igualdade de

7. Leon Frejda Szklarowsky, "O Código de Proteção e Defesa do Consumidor e os contratos administrativos", *Boletim de Licitações e Contratos/BLC* agosto/1999, São Paulo, NDJ, pp. 377-380. Cf. a lição do autor: "Sem dúvida, aplica-se o Código de Proteção e Defesa do Consumidor, ainda que se trate de contrato administrativo, quando a contratante é a Administração, no sentido que lhe dá a Lei 8.666/1993, sendo ela consumidora ou usuária porque adquire ou utiliza produto ou serviço, como destinatária final. A lei não faz distinção entre as pessoas jurídicas que adquirem bens ou usufruem serviços. Não há por que se lhes negar a proteção do CPDC, já que o Estado consumidor ou usuário é a própria sociedade representada ou organizada. (...). Não se alegue que a Administração, gozando das benesses da lei especial, a que se submetem os contratos administrativos, não necessita do agasalho do Código. Realmente, o art. 76 da Lei 8.666/1993 dispõe que a Administração rejeitará, no todo ou em parte, a obra, o fornecimento ou o serviço executado contrariamente aos termos do contrato, ensejando assim a rescisão, com as consequências contratuais, legais e regulamentares. Não obstante, basta cotejar os dois diplomas legislativos para concluir que nem todas as situações previstas no Código estão relacionadas na Lei de Licitações e Contratos e vice-versa. (...). Aliás, o art. 54 expressamente indica, com precisão matemática, que os contratos administrativos regem-se pelas suas cláusulas e pelos preceitos de direito público e de direito privado e, ainda, pela teoria geral dos contratos, numa harmônica constelação".

condições, aplicando-se predominantemente as normas de direito privado, a teor do que dispõe o art. 62, § 3º, da Lei 8.666/1993.

As normas de direito público que se aplicam nestes contratos são, em regra, as relativas à forma da qual a Administração Pública não pode se afastar (exemplo: cláusulas orçamentárias). Estando o ente público a celebrar contrato privado, não parece razoável cogitar da não incidência do Código de Defesa do Consumidor.

A segunda situação acima referida envolve as entidades que integram a Administração Pública mas que ostentam personalidade jurídica de direito privado. É o caso, por exemplo, das empresas públicas e sociedades de economia mista que exploram atividades econômicas (art. 173, § 1º, da CF), que se sujeitam ao regime jurídico das normas de direito privado, ainda que parcialmente derrogado por algumas normas de direito público.

Contudo, mesmo em relação aos demais contratos administrativos regidos pela Lei 8.666/1993 e dotados da supremacia estatal que autoriza a utilização das cláusulas exorbitantes[8] o Código de Defesa do Consumidor deve ser aplicado. Dentre os argumentos invocados pretende-se, aqui, desenvolver com mais cuidado o da vulnerabilidade técnica.

Com efeito, o fato de a Administração Pública ter a possibilidade de definir o objeto da licitação não ilide a circunstância fática de que os bens, serviços e obras adquiridos são aqueles que se encontram disponíveis no mercado e, portanto, sujeitos às caracterizações e descrições usualmente praticadas pelos fornecedores desses objetos.

Em outras palavras: na requisição do objeto (momento inicial de qualquer contratação pública) não há espaço para descrições que se afastem das práticas do mercado, sob pena de a licitação se tornar fracassada, já que não haveria fornecedor para aquele produto ou serviço.

Assim, a circunstância de o ente público requisitar o objeto não faz com que se adquiram bens e serviços diferentes do setor privado e nem torna o Estado um contratante privilegiado. Em regra, as necessidades são as mesmas, e o mercado também. Esta prerrogativa não coloca a Administração Pública em posição distinta da dos demais consumidores, eis que – repita-se – a descrição do objeto não poderá se afastar das regras de mercado.

8. O dogma da supremacia estatal e a prevalência absoluta do interesse público sobre o interesse privado vêm sendo revisitados na doutrina brasileira. Sobre o tema sugere-se a leitura de Diogo de Figueiredo Moreira Neto, "O futuro das cláusulas exorbitantes nos contratos administrativos", *Revista de Direito da Associação dos Procuradores do Novo Estado do Rio de Janeiro* XVIII/3-22 ("Parcerias Público-Privadas"), Rio de Janeiro, Lumen Juris, 2006.

Outro aspecto a ser ponderado, ainda em relação a esta vulnerabilidade técnica, é que a Administração Pública compra bens das mais variadas espécies, o que inclui desde lápis até equipamentos de Informática, e necessita de serviços de natureza distinta, desde o mais simples (limpeza) até o mais sofisticado (desenvolvimento de um *software*).

Não seria razoável criar a expectativa de que um órgão ou entidade pública, por mais bem aparelhado que seja, disponha de servidores e técnicos que conheçam profundamente todos os objetos a serem adquiridos.

Há, evidentemente, uma assimetria de informações técnicas, que coloca o fornecedor do produto ou do serviço presumidamente em posição privilegiada em relação ao ente público, até mesmo em relação à evolução tecnológica, que torna os produtos e serviços constantemente sujeitos a novas especificações e detalhamentos técnicos.

Numa perspectiva prática, o que se vê é que a Administração Pública, como regra, não tem necessitado recorrer ao Código de Defesa do Consumidor. Isto porque as ferramentas postas à sua disposição e previstas na Lei 8.666/1993 têm se demonstrado satisfatórias.

Se um bem, por exemplo, é entregue fora das especificações técnicas, pode o contrato ser unilateralmente rescindido, na forma do que dispõe o art. 78 da Lei 8.666/1993, e ainda ser aplicada uma sanção administrativa, também unilateral, ao contratado.

Afinal, a Administração Pública tem o dever de não receber o bem ou o serviço executado em desacordo com o contrato e fora das especificações técnicas, a teor do disposto no art. 76 da Lei 8.666/1993.

Lembre-se também que a Administração Pública pode fiscalizar unilateralmente a execução do contrato, sendo o contratado obrigado a reparar, corrigir ou substituir às suas expensas o objeto do contrato em que se verificarem vícios, defeitos ou incorreções resultantes da execução ou de materiais empregados, na forma do que preceitua o art. 69 do citado diploma legal.

No entanto, à luz das circunstâncias do caso concreto, e quando os instrumentos da Lei 8.666/1993 não forem satisfatórios, será possível a aplicação do Código de Defesa do Consumidor aos entes públicos, mormente quando se depararem com a ocorrência de vícios no fornecimento de produtos ou serviços.

De todo modo, considerando que se trata de tema que comporta mais de uma interpretação razoável, é recomendável, por precaução e por cautela, que o eventual acolhimento da tese que entenda aplicável o Código de Defesa do Consumidor aos entes públicos conste expressamente do edital e do contrato (ou ainda do processo administrativo que origina a contratação direta).

A expressa previsão nos instrumentos convocatório e contratual assegura aos licitantes o direito de questionar a interpretação acolhida, atendendo-se ao princípio da segurança jurídica. O edital não deve apenas se limitar a reproduzir os dispositivos legais, mas, sim, acolher as interpretações da Administração Pública em assuntos controversos, visando a garantir o direito ao contraditório e à ampla e prévia defesa dos administrados.

9.11 Características dos contratos administrativos

Os contratos administrativos são bilaterais, comutativos, onerosos, formais, personalíssimos, têm a presença de cláusulas exorbitantes e são precedidos de licitação pública, embora existam exceções.

São bilaterais, pois ambas as partes têm obrigações decorrentes do ajuste. São comutativos, pois há equivalência das prestações. São onerosos, já que as prestações das partes são avaliáveis economicamente. São formais, sendo indispensável um revestimento externo e escrito (os contratos verbais são considerados nulos, salvo os de pequenas compras de pronto pagamento feitas em regime de aditamento – art. 60, parágrafo único, da Lei 8.666/1993). São precedidos de licitação pública, salvo nas hipóteses de dispensa e inexigibilidade de licitação (arts. 24 e 25 da Lei 8.666/1993).

Outra característica dos contratos administrativos é sua mutabilidade, eis que seu objeto está afeto ao atendimento de determinado interesse público, que é, por natureza, sujeito a variações. Essa mutabilidade foi expressamente reconhecida no art. 65 da Lei 8.666/1993, que disciplina acerca das alterações contratuais, tudo com vistas a conferir maior flexibilidade a esses ajustes e sua adequação ao princípio da realidade. De nada adianta um instrumento contratual que se encontre em descompasso com o mundo dos fatos.

Embora sejam aplicáveis ao contrato administrativo a teoria geral dos contratos e as características destes decorrentes, tais como bilateralidade, onerosidade e comutatividade, esta espécie comporta tratamento diferenciado, ostentando algumas peculiaridades próprias. Limitações de conteúdo e forma e a posição da Administração Pública, sempre com um *status* privilegiado com relação ao contratado, acarretando a desigualdade de partes, são características essenciais do contrato administrativo.

O poder de supremacia que a Administração exerce no contrato é instrumentalizado por meio das "cláusulas exorbitantes", que ultrapassam o limite do direito comum, tais como a faculdade de alterar o objeto ou prazos contratuais, fiscalizar a contratação ou extinguir o negócio jurídico pactuado, ocupar provisoriamente os bens vinculados à execução (até substituí-los ou adquiri-los mediante justo pagamento) – tratamentos que jamais poderiam ser empregados nos contratos submetidos ao direito privado.

9.12 Principais contratos administrativos

Contrato de obra pública: é aquele no qual a Administração Pública contrata a execução de determinada obra, com a remuneração do particular advindo dos próprios cofres públicos, sendo que a definição de obra é prevista no art. 6º, I, da Lei 8.666/1993.

Contrato de concessão de serviço público: é ajuste por meio do qual o poder concedente (ente público) transfere para o concessionário (empresa privada) a realização, por sua conta e risco, de um serviço público. Diferentemente do que ocorre nos contratos administrativos regidos pela Lei 8.666/1993, nas concessões os investimentos cabem ao concessionário, que se remunerará por meio do pagamento de tarifa a ser arcada pelos usuários. Sua sede constitucional é o art. 175 da Carta Magna e sua definição encontra-se no art. 2º, II, da Lei 8.987/1995, como sendo "a delegação de sua prestação, feita pelo poder concedente, mediante licitação, na modalidade concorrência, à pessoa jurídica ou consórcio de empresas que demonstre capacidade para o seu desempenho, por sua conta e risco e por prazo determinado".

Concessão de serviço público precedida da execução de obra pública: é aquele no qual a Administração Pública (poder concedente) delega a terceiros a execução de serviço público que, para ser prestado, depende da prévia realização de obra pública. O concessionário é remunerado pela exploração econômica da obra/serviço. Assim como na concessão de serviço público, a remuneração advém da cobrança de tarifa dos usuários e de receitas alternativas, sendo igualmente aplicável a Lei 8.987/1995. O foco principal continua sendo a prestação de um serviço público, que depende, contudo, da execução prévia de uma obra pública. É o caso, por exemplo, da modernização de uma ferrovia. Para que o serviço público de transporte ferroviário seja prestado será necessária a execução prévia de obras na estrutura existente.

Concessão de obra pública: é o contrato administrativo no qual o poder concedente transfere ao concessionário a execução de uma obra, sendo a remuneração do parceiro privado advinda de um preço pago pelos usuários/consumidores da infraestrutura. O objeto é autônomo e independente da prestação de qualquer serviço público. Note-se, por oportuno, que o art. 1º, *caput*, da Lei 8.987/1995 faz menção não apenas aos serviços públicos, mas também às obras públicas, indicando tratar os conceitos de obras e serviços como objetos distintos. Assim, na concessão de obra o concessionário será responsável pelos investimentos necessários para sua execução, podendo posteriormente explorar comercialmente a infraestrutura construída. Tanto a concessão de serviço público precedida de obra pública como a concessão pura de obra pública (sem a prestação de qualquer serviço público adjacente) encontram fundamento no inciso III do art. 2º da Lei 8.987/1995.

Contrato de concessão de uso do bem público: é aquele que delega ao particular a exploração remunerada de um bem público para uma finalidade específica por meio de instrumento contratual. A opção por concessão de uso decorre da dimensão do negócio, e a existência de um contrato traz um caráter de estabilidade à outorga e segurança para um melhor investimento por parte do concessionário.

Contrato de prestação de serviços: é aquele no qual a Administração Pública contrata a prestação de um serviço a ser executado pelo particular, recebendo este remuneração direta dos cofres públicos. A definição dos serviços é prevista no art. 6º, II, da Lei 8.666/1993. Este é o contrato que alberga a técnica da terceirização, oriunda do direito privado.

Contrato de compra e venda: é aquele no qual a Administração Pública adquire determinado bem para sua utilização, podendo seu fornecimento ser integral ou parcelado. A definição de compra é prevista no art. 6º, III, da Lei 8.666/1993.

9.13 Os contratos atípicos

As necessidades públicas nem sempre são satisfeitas a partir das espécies contratuais disciplinadas em lei. Não raro os entes públicos se deparam com situações fáticas que reclamam arranjos contratuais que não encontram disciplina exaustiva na lei.

Daí por que não se vislumbra nenhum óbice jurídico a que aos entes públicos seja conferida uma liberdade contratual ampla, desde que observados os limites constitucionais e legais impostos pelo ordenamento jurídico. O importante é a demonstração analítica de que o modelo contratual atípico é o que melhor se ajusta ao atendimento do interesse público e que a conformação do seu conteúdo, no legítimo exercício da autonomia contratual, não vai de encontro a nenhuma norma jurídica.

A complexidade das situações e desafios que o gestor encontra no dia a dia nem sempre encontra correspondência nos tipos contratuais previstos em lei. É, portanto, juridicamente viável que os entes públicos celebrem contratos atípicos, o que encontra fundamento também no princípio da juridicidade, que permite uma conformação da atuação estatal não apenas com a lei, mas com o Direito.

10
Equilíbrio Econômico-Financeiro

10.1 Conceito e fundamento constitucional. 10.2 Equilíbrio econômico-financeiro e partilha de riscos. 10.3 A preservação do equilíbrio econômico-financeiro e os seus distintos instrumentos: 10.3.1 Reajuste – 10.3.2 Repactuação – 10.3.3 Atualização monetária – 10.3.4 Revisão. 10.4 Os diversos mecanismos de recomposição do equilíbrio econômico financeiro. 10.5 Cláusulas regulamentares e cláusulas econômicas.

10.1 Conceito e fundamento constitucional

Todo contrato existe em função de uma operação econômica, sendo, pois, instrumento de circulação de riquezas. Daí por que garantir o equilíbrio da relação contratual representa forma de assegurar toda uma complexa gama de relações, sejam jurídicas, econômicas e mesmo sociais, e não simplesmente proteger as partes contratantes.

A ideia de equilíbrio econômico-financeiro do contrato parte dessa concepção, podendo ser compreendido como a equivalência entre os encargos oriundos da execução do objeto e a retribuição devida ao contratado. O equilíbrio econômico-financeiro é premissa essencial dos contratos, impondo a equivalência entre as prestações executadas por uma das partes e a contrapartida obrigacional expressa em valor assumida pela outra.

Desde sua formulação, na sua execução e também na sua interpretação, *os contratos administrativos não podem ensejar o enriquecimento ilícito* de uma das partes. Uma relação contratual economicamente equilibrada corporifica, no caso, a própria justiça contratual. Para que o contrato seja justo as prestações deverão guardar entre si nível razoável de proporcionalidade. O desequilíbrio entre as prestações das partes contratantes configura a *onerosidade excessiva*, rechaçada também pelo art. 478 do CC.

O equilíbrio econômico-financeiro é delineado no momento em que o particular oferta sua proposta e esta é aceita pela Administração (seja na licitação, como a proposta vencedora, seja na contratação direta, observados os requisitos do art. 26, parágrafo único, da Lei 8.666/1993). Isso porque é no momento da licitação que a Administração define um conjunto de encargos que devem ser executados pelo particular. Para tanto, cada licitante examina e avalia esse conjunto de obrigações e oferece determinado preço, que inclui os custos e o percentual de lucro a que faz jus.

A manutenção do equilíbrio econômico-financeiro do contrato é a principal garantia do contratante e do contratado. As cláusulas econômicas que envolvem preço, pagamento, condições de pagamento, não podem ser alteradas unilateralmente. Logo, toda vez que algum fato externo ocasionar o desequilíbrio no ajuste devem as partes buscar seu restabelecimento nos moldes originalmente pactuados.

Trata-se de garantia consubstanciada no art. 37, XXI, da CF, que prevê expressamente que as condições efetivas da proposta devem ser mantidas nos termos da lei. Por sua vez, a Lei 8.666/1993, no seu art. 58, § 1º, prescreve que as cláusulas econômico-financeiras e monetárias não poderão ser alteradas sem prévia concordância do contratado.

Sucede que ao longo da execução contratual vários incidentes podem ocorrer, produzindo consequências diretas na manutenção desse equilíbrio. Daí a necessidade de previsão de alguns mecanismos capazes de restabelecer a equação financeira quando esta estiver desbalanceada.

Na hipótese de as condições estabelecidas pela proposta do contratado, apresentada no momento da licitação, não serem mantidas, a defasagem financeira acumulada fatalmente provocará o perecimento da equação econômica contratual, o que não deve ser consentido, sob pena de abalar as bases de confiabilidade dessas contratações com a Administração Pública.

Realmente, quando obrigações contratuais, refletidas em um valor monetário, tornam-se excessivamente onerosas, ascendendo a níveis intoleráveis para uma das partes, o contrato merece ser reavaliado, de modo a reencontrar o equilíbrio econômico-financeiro originalmente firmado. Em uma relação contratual nenhuma das partes pode ser compelida a realizar um esforço acima do razoável e em descompasso com as obrigações assumidas no ajuste.

Essa garantia é tanto do contratado como do contratante. Explica-se: um contrato desequilibrado em favor da Administração pode acarretar como principal consequência – além dos prejuízos que o contratado será injustamente obrigado a arcar – risco à eficiente execução do objeto, posto que o particular poderá ter maiores dificuldades em manter suas prestações nos padrões de qualidade e eficiência nos moldes inicialmente pactuados (e, até mesmo, a própria estabilidade da sociedade empresária contratada), o que, evidentemente, não atenderá ao interesse público tutelado.

É, portanto, dever das partes a permanente busca pela manutenção do equilíbrio econômico-financeiro inicialmente pactuado, seja para que os direitos dos contratantes sejam preservados, seja para buscar o atendimento de um interesse comum e superior, que é a execução adequada do objeto contratual.

Trata-se, pois, de garantia que envolve a certeza de que haverá reciprocidade econômica entres as obrigações pactuadas – encargos e remuneração – durante a vigência da relação contratual, ou seja: as vantagens e as obrigações devem compensar-se para formar a contrapartida entre os benefícios prováveis e os prejuízos previsíveis.

O sistema de equilíbrio econômico-financeiro desestimula o desejo de impor ao contratado o ônus de arcar com os efeitos negativos de todo e qualquer evento no serviço/atividade prestado(a) por ele, o que geraria elevação relevante dos custos de transação.

Aplicável à hipótese, pois, a teoria dos custos de transação, cuja base conceitual aponta no sentido de que a proposta econômica oferecida pelo parceiro privado (consubstanciando, assim, uma decisão empresarial) reflete uma avaliação sobre todos os custos – diretos e indiretos – necessários à obtenção da vantagem econômica buscada.

Isso significa que o preço praticado por um empresário traduz não apenas o custo de insumos, mão de obra e outros fatores da produção. Também abrange verbas destinadas a compensar eventos futuros e previsíveis. Mais ainda: a própria insegurança sobre a evolução dos fatos futuros traduz-se nos preços.

Assim, a previsão de mecanismos de reequilíbrio nos contratos administrativos revela-se indispensável, porquanto: (a) concede segurança quanto à continuidade da execução e à conclusão satisfatória do objeto, ampliando a possibilidade de concretização do interesse público perseguido pela contratação, já que o eventual desequilíbrio significativo põe em risco a qualidade e o próprio adimplemento da obrigação; (b) permite a obtenção de propostas mais vantajosas (em atendimento à economicidade), pela diminuição de contingenciamentos que os licitantes projetarão sobre as propostas econômicas, a fim de lidar com riscos futuros; e (c) concede garantia ao contratado contra a maior mutabilidade dos contratos administrativos, notadamente a capacidade de alteração unilateral do contrato pela Administração Pública contratante.

Portanto, a proteção conferida pelo ordenamento jurídico ao núcleo da equação econômico-financeira nos contratos administrativos tem como objetivo reduzir os custos das contratações públicas, beneficiando a coletividade.

A equação econômico-financeira constitui, pois, inadversável direito das partes, valendo destacar que mesmo nos contratos administrativos, nos quais há uma supremacia do Poder Público sobre o particular, materializada nos privilégios ou prerrogativas inerentes às então denominadas cláusulas exorbitantes, há que se respeitar a intangibilidade das cláusulas econômico-financeiras.

10.2 Equilíbrio econômico-financeiro e partilha de riscos

Partilha de riscos não é premissa apenas das concessões administrativas e patrocinadas. Todo e qualquer contrato pode ser um instrumento de compartilhamento de riscos.[1] A Lei 8.666/1993 não fixou uma moldura rígida de partilha de riscos e de equilíbrio econômico-financeiro, havendo espaço para interpretar que os riscos sejam compartilhados em todo e qualquer contrato, tal qual ocorre com as parcerias público-privadas.

Há, pois, direta relação entre a economia do contrato e a divisão de riscos que pode ser feita no próprio instrumento contratual. Trata-se de um aspecto econômico que apenas foi explicitado para determinado contrato (as parcerias público-privadas), o que não significa que não possa ser considerada uma diretriz para outros contratos, inclusive aqueles regidos pela Lei 8.666/1993.

O compartilhamento de riscos deve ser concebido a partir de uma alocação dos riscos para a parte que melhor puder gerenciá-lo. Trata-se de premissa que pode tornar os contratos administrativos menos sujeitos a

1. Marcos Juruena Villela Souto ensina que: "Hoje é reconhecido nos escritos especializados que nos contratos dá-se um compartilhamento de riscos entre os contratantes, e mais, que essa peculiaridade solidária, muito mais presente nos contratos que exigem grandes investimentos e têm sua implementação desenvolvida em longo prazo, gera profundas consequências econômicas e jurídicas. Com efeito, é em função desse risco que cada parte confia que a outra dará cumprimento ao que foi pactuado" (*Direito Administrativo em Debate*, Rio de Janeiro, Lumen Juris, 2004, p. 486).

precificações excessivas dos agentes econômicos e que acabam por gerar majorações indevidas dos seus custos.

Nos contratos que exigem grandes investimentos e têm sua implementação desenvolvida em longo prazo – como é o caso, por exemplo, das parcerias público-privadas – o compartilhamento de riscos entre as partes é uma realidade.

A mutabilidade contratual está, portanto, intimamente atrelada à teoria do equilíbrio econômico-financeiro dos contratos e à própria lógica de atribuição de riscos no contrato.

Aline Paola Correa Braga Câmara de Almeida assevera que o compartilhamento dos riscos está entre um dos requisitos para o sucesso dos contratos de concessão de serviços públicos:[2]

> O compartilhamento dos riscos deve ser uma diretriz fundamental nos contratos de concessão de serviços públicos, cabendo a estes prever, objetivamente, os riscos e a definição do parceiro que arcará com cada um deles, além de estabelecer mecanismos que atenuem estes riscos e que possam, eventualmente, minorar os seus efeitos.

A exposição da Administração a riscos conhecidos e gerenciáveis é uma das vertentes do dever de probidade administrativa, com reflexos nas noções de economicidade e de eficiência. Em suma: o correto manejo dos riscos representa o atendimento do dever de boa administração.

10.3 A preservação do equilíbrio econômico-financeiro e os seus distintos instrumentos

As formas permissivas de reequilíbrio dos contratos administrativos, que têm por objetivo a preservação do valor inicialmente avençado, tendo em vista distintos fatos que ensejam o rompimento da equação econômico-financeira, são, basicamente, o reajuste, a repactuação, a atualização monetária e a revisão, cabendo distingui-las. Apesar de não se confundirem nos seus pressupostos e fundamentos, todos os referidos instrumentos têm o mesmo objetivo: preservar o valor real das propostas ofertadas em momento pretérito.

É preciso, então, delimitar o alcance de aplicabilidade destes quatro instrumentos.

2. Aline Paola Correa Braga Câmara de Almeida, *As Tarifas e as Demais Formas de Remuneração dos Serviços Públicos*, Rio de Janeiro, Lumen Juris, 2009, p. 54.

10.3.1 Reajuste

A prática de reajuste de preços foi criada em razão de um persistente regime inflacionário que sempre alterava os custos de produção, com a consequente queda do verdadeiro valor da moeda. Entenda-se, portanto, que com o reajuste fixado no contrato não se tem uma real elevação do seu valor, que permanece o mesmo da época da contratação, ocorrendo tão somente uma adequação do valor prestacional em face de nova realidade econômica.

O reajuste representa a definição de uma cláusula móvel de preços, pactuada entre as partes, de forma a refletir a variação do custo de produção do bem, por meio da aplicação de um índice *setorial* previamente fixado.

A adoção de índices gerais de inflação – especialmente aqueles voltados a medir a alteração do custo de vida das famílias – como critério de reajuste anual deve se limitar às hipóteses em que forem representativos quanto à variação dos custos do contrato. O que se espera é a utilização de índices específicos para cada setor, a fim de melhor refletir a variação dos preços dos insumos necessários à execução do objeto. A utilização de índices gerais deve ser excepcional, e apenas quando demonstrado que não existe um índice específico ou setorial que reflita as oscilações do segmento econômico no qual se insira o objeto a ser licitado.

10.3.1.1 *A periodicidade anual do reajuste e a proteção da proposta*

Como notório, com o advento do "Plano Real" a economia brasileira passou por um processo de estabilização monetária que permitiu a introdução de regra que autoriza a concessão do reajuste após o período de 12 meses; afinal, neste novo cenário de estabilidade, a corrosão inflacionária que incide sobre a moeda não justifica mais a adequação dos preços a cada mês de execução contratual.

Atualmente a matéria é tratada na Lei 10.192, de 14.2.2001, com a sistemática adotada de proteger a proposta apresentada pelo licitante:[3]

3. Vale o registro de que nem sempre foi assim. A Medida Provisória 542, de 30.6.1994, que foi convertida na Lei 9.069/1995, prescrevia que o reajuste deveria ser computado a partir da data da contratação. A modificação se deu com o advento da Medida Provisória 1.171, de 27.10.1995, que dispôs que a periodicidade se contaria a partir da data da proposta ou do orçamento a que essa se referir.

> Art. 2º. É admitida estipulação de correção monetária ou de reajuste por índices de preços gerais, setoriais ou que reflitam a variação dos custos de produção ou dos insumos utilizados nos contratos de prazo de duração igual ou superior a 1 (um) ano.
>
> § 1º. É nula de pleno direito qualquer estipulação de reajuste ou correção monetária de periodicidade inferior a 1 (um) ano. (...).
>
> Art. 3º. Os contratos em que seja parte órgão ou entidade da Administração Pública direta ou indireta da União, dos Estados, do Distrito Federal e dos Municípios serão reajustados ou corrigidos monetariamente de acordo com as disposições desta Lei, e, no que com ela não conflitarem, da Lei n. 8.666, de 21 de junho de 1993.
>
> § 1º. A periodicidade anual nos contratos de que trata o *caput* deste artigo será contada a partir da data-limite para apresentação da proposta ou do orçamento a que essa se referir.

O direito ao equilíbrio econômico-financeiro encontra-se garantido e preservado, na medida em que o prazo inicial para o reajuste conta-se a partir da data da apresentação da proposta, e não da assinatura do contrato. Neste sentido, a legislação citada encontra-se em estrita consonância com o comando constitucional – o qual determina que sejam mantidas as condições efetivas da proposta – e com o próprio art. 40, XI, da Lei 8.666/1993.

De fato, se assim não fosse estar-se-ia não apenas descumprindo a norma constitucional, como penalizando o contratado, que ficaria com o período entre a formulação da sua proposta e a assinatura do contrato descoberto e sem nenhuma proteção que lhe garantisse a manutenção do valor original.

A formação dos custos inerentes ao preço a ser ofertado se dá quando da formulação da proposta na licitação, ou seja, quando o licitante tem o domínio e o conhecimento dos custos e demais insumos relevantes para que componha seu preço no certame.

Observe-se que a adoção de sistemática distinta da atual induziria a uma lógica perversa de majoração dos preços ofertados, eis que o licitante, já sabedor de que o reajuste somente se iniciaria a contar da assinatura do contrato, possivelmente embutiria este risco no momento da elaboração da sua proposta.

Não há sobre o tema espaço para exercício de discricionariedade administrativa. Será ilegal cláusula editalícia ou contratual que discipline que o reajuste se inicia a contar da data da assinatura do contrato, e não da apresentação da proposta ou do orçamento a que esta se referir.

10.3.1.2 *A possibilidade de reajuste dos preços nos contratos administrativos com prazo de duração inferior a um ano*

A questão posta em exame é a seguinte: poderia o reajuste incidir mesmo nos casos em que o contrato administrativo apresente prazo de duração inferior a um ano?

Respeitadas eventuais opiniões em contrário, a resposta parece ser positiva. Isto porque, se a periodicidade anual conta-se a partir da data da apresentação da proposta ou do orçamento a que esta se referir, decorridos 12 meses desta data o reajuste será devido, ainda que o contrato tenha prazo inferior a um ano.

Imagine-se, por exemplo, um contrato de obra pública cujo prazo de execução é de 10 meses. Se a proposta é apresentada em abril, mas o contrato é assinado apenas em setembro, como negar ao contratado o direito de em abril do ano subsequente ter o direito de reajuste assegurado?

Ora, a Lei 10.192, de 14.2.2001, trata de normas financeiras aplicáveis aos contratos em geral, sejam públicos ou privados. Sucede que os contratos públicos apresentam sistemática distinta da dos contratos privados, já que são, como regra, precedidos de licitação pública. E não se ignora que entre a data da apresentação da proposta no certame e a da assinatura do contrato pode decorrer tempo suficiente que desatualize o valor real originariamente ofertado.

Daí o legislador – frise-se, inteligentemente – ter permitido o reajuste, observada a periodicidade anual, a partir da data da apresentação da proposta, pouco importando, nos casos dos contratos administrativos, que seu prazo de duração seja inferior a um ano.

O que importa, pois, para os contratos públicos para fins de reajuste é a ideia de periodicidade anual, e não de prazo de duração dos contratos.

Assim, no exercício da sua competência discricionária, e à luz dos contornos da hipótese concreta, pode o gestor incluir nos editais de licitação e nas minutas dos contratos administrativos a previsão de reajuste mesmo nos casos dos contratos com prazo inferior a um ano, salvo nas hipóteses de compra para entrega imediata, assim entendidas aquelas com prazo de entrega até 30 dias da data prevista para apresentação da proposta, a teor do que dispõe expressamente o § 4º, I, do art. 40 da Lei 8.666/1993.

10.3.1.3 *O termo inicial do reajuste: a data da apresentação da proposta ou do orçamento a que esta se referir*

Examinando a matéria sob a perspectiva dos citados dispositivos da Lei 8.666/1993 e da própria Lei 10.192, de 14.2.2001, percebe-se que o legislador admitiu dois marcos iniciais para início da contagem do prazo de reajuste: (i) o da data da apresentação da proposta; (ii) ou do orçamento a que esta se referir. Relevante notar que estes marcos se aplicam também nos casos de contratos oriundos de dispensa ou inexigibilidade de licitação.

O primeiro marco refere-se à data da apresentação da proposta, que é a data da entrega dos envelopes, que deve vir expressamente indicada no edital, consoante previsão expressa do *caput* do art. 40 da Lei 8.666/1993.

O segundo, ou seja, do orçamento a que a proposta se referir, configura-se quando a proposta é entregue numa data mas faz expressa referência a um orçamento anterior e pretérito, que seria o momento no qual os custos foram formados. Quando a proposta explicita este orçamento, fazendo expressa referência, este passa a ser o marco inicial para fins de reajuste.

É bem verdade que o próprio edital pode estabelecer este marco, elegendo como prazo de referência da formação dos custos das propostas o prazo, por exemplo, de 30 dias antes da data da realização da licitação. A ideia, nesta situação, é conferir uniformidade às propostas, evitando que cada uma tenha um prazo de referência distinto. Os licitantes já saberão, portanto, o mês de referência para formar seus preços e a própria data-base do reajustamento contratual.

O ideal é que o edital e o contrato explicitem a data-base para cômputo do período de reajuste, a fim de evitar insegurança jurídica ao órgão ou entidade contratante e ao próprio contratado. Dito em outros termos: deve o edital explicitamente fixar o marco temporal do reajuste, ou seja, se a partir da data da apresentação da proposta ou do orçamento a que essa se referir. A simples reprodução do dispositivo legal pode gerar controvérsias entre as partes no momento de aplicação do reajuste.

Observe-se que se conta o início do reajuste incluindo o mês da data da apresentação da proposta ou, se for o caso, do orçamento a que se referir. Assim, hipoteticamente, se a data-limite da apresentação da proposta foi o mês de setembro/2015, tem-se que o primeiro mês corresponde a setembro/2015, pelo quê em setembro/2016 poderá o contrato ser reajustado.

10.3.1.4 *A prorrogação do prazo de validade da proposta*

Questão que pode sugerir controvérsia em relação ao termo inicial para cômputo do reajuste se dá quando o licitante prorroga o prazo de validade de sua proposta. Como se sabe, decorridos 60 dias da data da entrega das propostas sem convocação para contratação, ficam os licitantes liberados dos compromissos assumidos, conforme determina o § 3º do art. 64 da Lei 8.666/1993. Logo, caso o edital não estabeleça de modo diverso, as propostas terão prazo de validade de 60 dias.

Assim, o problema reside em saber se o licitante, ao prorrogar o prazo de validade da sua proposta, reconheceu ser este prazo a nova data-base para cômputo do reajuste.

A princípio parece tratar-se de questões distintas. Com efeito, ao prorrogar o prazo de validade da sua proposta o licitante sinaliza que está disposto a iniciar a execução do contrato com o mesmo valor ofertado na data da realização do certame. Reconhece que no período entre a realização do certame e a assinatura do contrato não ocorreu nenhum fato que ocasionou o desequilíbrio econômico da sua proposta.

No entanto, isto não quer dizer que tenha se modificado o prazo inicial para cômputo do reajuste. A prorrogação da validade da proposta demonstra a intenção do licitante de executar o objeto ajustado pelo mesmo valor inicialmente ofertado, não implicando renúncia automática, de sua parte, do seu direito subjetivo de que o reajuste seja computado da data de apresentação da proposta ou do orçamento a que esta se referir; afinal, como dito, os custos (insumos e mão de obra) foram orçados nessas datas, e não na data da prorrogação da proposta.

De mais a mais, a dicção legal é muito clara, sendo certo que tanto o art. 40, XI, da Lei 8.666/1993 quanto o art. 3º, § 1º, da Lei 10.192/2001 prescrevem expressamente que o prazo para contagem do reajuste se inicia da "data da apresentação da proposta ou do orçamento a que esta se referir". A prorrogação da validade da proposta não tem, deste modo, o condão de modificar a regra legal, salvo se o licitante expressamente aquiescer com esta nova situação e, portanto, com a nova data para que se inicie o cômputo do reajuste.

Tanto é verdade que por esta razão se nega ao licitante o direito de reajustar sua proposta antes de assinar o contrato. Com efeito, a proteção do seu direito já está assegurada e ocorrerá quando decorridos os 12 meses a que se refere a legislação aqui citada.

10.3.1.5 *A necessária fixação do índice do reajuste no edital e no contrato*

O índice eleito para fins de reajuste deve ser, como já dito, setorial, de modo a refletir a variação dos custos (insumo e mão de obra) naquele determinado segmento de mercado. Tais índices devem ser oficiais. Somente no caso de não existir um índice que reflita a variação dos custos do objeto contratual é que se admitirá a escolha de um índice geral.

Questão polêmica é saber se o reajuste poderia ser aplicado mesmo no caso de não ter sido expressamente previsto no edital e no contrato administrativo.

Sem prejuízo de outras linhas de interpretação que acolham orientação diversa, parece incabível a concessão de reajuste na hipótese de omissão nos instrumentos convocatório e contratual. Isto porque, se o edital e o contrato nada previram, parte-se da premissa de que o preço a ser ofertado é irreajustável e que o licitante já incluiu na sua proposta de preços a não incidência de reajuste no valor original.

Nem se diga que o particular será prejudicado com a não previsão de cláusula de reajuste no edital e no contrato, eis que não é obrigado a participar do certame, sendo-lhe, inclusive, facultado impugnar os termos do edital, conforme prescreve o art. 41, § 2º, da Lei 8.666/1993.

Ora, se não impugna o edital e se sagra vencedor da licitação, com a subsequente celebração do contrato administrativo, é porque aquiesceu com os termos avençados, sendo defeso ao contratado invocar o desequilíbrio do contrato, seja por meio de pleito de reajuste ou, por via transversa, por pleito de revisão.

Caso fosse concedido o reajuste, estar-se-ia violando, a um só tempo, os princípios da isonomia e da vinculação ao instrumento convocatório; da isonomia porque outros licitantes eventualmente não participaram do certame em razão, justamente, de o edital e o contrato não preverem cláusula de reajuste; da vinculação ao instrumento convocatório porque não ocorreu nenhum fato superveniente que justificasse a alteração do contrato e do edital. A falta de previsão do reajuste não é motivo novo, mas fato já conhecido desde o início da realização da licitação.

Não parece, pois, que a previsão de cláusula de reajuste seja obrigatória, nem mesmo por força de uma interpretação literal dos arts. 40, XI, e 55, III, da Lei 8.666/1993. Isto porque a matéria se insere nos direitos disponíveis, que são livremente pactuados pelas partes.

Diversa é a situação quando o edital e o contrato estabelecem a possibilidade de reajuste mas não definem o índice a ser aplicado. Neste caso, salvo melhor juízo, a matéria é negocial, podendo o problema ser solucionado por meio de consenso entre as partes, com a eleição de um índice que reflita a variação dos custos do objeto contratual. Ao contrário da situação anterior, já se sabe de antemão que haverá o reajuste, razão pela qual se entende que a omissão dos instrumentos convocatório e contratual pode ser sanada por meio de aditivo a ser celebrado entre os contratantes.

Também não impede a aplicação do reajuste o fato de a cláusula estar prevista no edital ou no contrato. Dito em outros termos: não parece indispensável que a concessão do reajuste esteja necessariamente prevista nos dois: edital e contrato. Com efeito, seja no edital ou no contrato, o fato é que os licitantes terão tido, oportunamente, ciência da incidência do reajuste.

Importante, ainda, lembrar que o tema é bastante polêmico, assim como parcela expressiva da doutrina compreende que o direito ao reajuste independe de qualquer previsão no edital ou no contrato, porquanto decorre do mandamento constitucional que assegura o direito ao equilíbrio econômico-financeiro do contrato.

10.3.1.6 *A aplicação do índice de reajuste*

No reajuste, ao contrário do que ocorre na repactuação, há uma presunção de que o índice eleito reflete a variação inflacionária ocorrida no período, pelo quê sua aplicação não demanda maiores complexidades. Não é necessário, como na repactuação, que se proceda à demonstração analítica da variação dos componentes dos custos do contrato.

A aplicação do índice de reajuste sequer reclama termo aditivo. A própria Lei 8.666/1993, no § 8º do art. 65, determina que a variação do valor contratual para fazer face ao reajuste poderá ser registrada por simples apostila, dispensando a celebração de aditamento. Isso porque não há qualquer inovação a justificar um termo aditivo pactuado entre as partes bilateralmente. O apostilamento pode ser formalizado por um termo circunstanciado ou uma simples anotação no contrato ou no próprio processo administrativo.

Importante observar como o contrato disciplinará o procedimento para a aplicação do reajuste. A lei é omissa a respeito, razão pela qual a matéria deve ser regulada no instrumento contratual.

Revendo posicionamento anteriormente firmado, não se vislumbra óbice para que o edital e o contrato explicitem que a aplicação do índice será automática, pois se trata de direito subjetivo do contratado e que foi expressamente assegurado como mecanismo de preservação do equilíbrio econômico-financeiro do contrato.

Mas o contrato pode também explicitar que a provocação do reajuste deve ser do contratado. Nesses casos o ideal é que o contrato explicite que o pleito deverá ser deduzido com uma antecedência mínima do prazo final dos 12 meses, a fim de que, como dito, os cálculos possam ser confirmados pelos órgãos técnicos do ente contratante. O ideal é que o edital e o contrato estabeleçam estes prazos, como forma de explicitar a postura que se espera do contratado, bem como as consequências no caso do seu não cumprimento.

Anote-se que não raro, para fins de prorrogação do prazo contratual, um dos aspectos negociados entre as partes é exatamente a renúncia do reajuste. O contratado pode abrir mão do seu direito subjetivo ao reajuste como forma de tornar seu preço mais atrativo no momento da decisão da Administração Pública sobre se realiza nova licitação ou se prorroga o contrato em vigor.

É prudente lembrar que o valor do reajuste não poderá ser pago à vista. Os valores reajustados serão pagos na exata medida em que a parcela do objeto ainda não executada for sendo prestada, de acordo com as regras previstas para execução do contrato e com seu cronograma financeiro.

10.3.1.7 *A modificação do índice de reajuste*

Caso o índice de reajuste não mais reflita a variação inflacionária, nada obsta a que as partes, de comum acordo, ajustem novo índice que expresse a variação daquele específico segmento de mercado. Com efeito, a previsão do índice de reajuste no contrato é uma presunção relativa de que as perdas inflacionárias serão recompostas, mas não se qualifica como uma presunção absoluta.

Se assim não for, a aplicação de um índice desconectado da realidade de mercado acaba por desequilibrar o contrato, gerando, possivelmente, enriquecimento sem causa para um dos contratantes. Nesse caso, o reajuste não serve à sua principal finalidade, que é preservar o equilíbrio econômico-financeiro do contrato; ao revés, passa a ser a causa do desequilíbrio.

Mas é pressuposto dessa alteração a demonstração e motivação das razões supervenientes que acarretaram essa necessidade de alteração do índice, comprovando que entre a realização da licitação e a execução do contrato ocorreu modificação capaz de alterar a lógica econômica da relação inicialmente estabelecida. Sem essa demonstração corre-se o risco de violação aos princípios da isonomia e da vinculação ao instrumento convocatório.

10.3.2 Repactuação

A repactuação, por sua vez, foi introduzida no ordenamento jurídico por intermédio do Decreto 2.271, de 7.7.1997, e da Instrução Normativa MARE-18/1997, alcançando apenas os contratos administrativos que tenham por objeto serviços contínuos no âmbito da esfera federal. Portanto, Estados e Municípios estão fora da incidência dos referidos atos normativos, o que não significa dizer que não possam, por atos próprios, acolher sistemática semelhante.

Assim como o reajuste, a repactuação visa a recompor as perdas inflacionárias que ocorrem no período de 12 meses. A diferença é que, enquanto no reajuste se adota um índice setorial, na repactuação deverá ser apresentada pelo contratado demonstração analítica da variação dos componentes dos custos do contrato, devidamente justificada, conforme prescreve o art. 5º do citado decreto.

Caberá, então, à Administração contratante examinar se a variação dos custos apresentada está de acordo com o mercado. É dever do órgão/entidade analisar detalhadamente as planilhas apresentadas pelo contratado, de modo a verificar se a recomposição das perdas inflacionárias foi aplicada corretamente em cada um dos insumos que compõem o custo do contrato.

10.3.2.1 *O impacto dos dissídios coletivos nos contratos administrativos*

Não raro há questionamentos dos contratados pleiteando o reequilíbrio econômico-financeiro dos contratos quando da ocorrência dos dissídios, que acabam por impactar os custos dos contratos nos quais a mão de obra é fator preponderante.

Esta hipótese, como regra, não é de revisão contratual, eis que o dissídio é evento previsível, partindo da premissa de que o licitante, quando da formulação de sua proposta, teria embutido esse risco. O STJ[4] já teve a oportunidade de firmar entendimento no sentido de que o aumento salarial a que está obrigada a contratada por força de dissídio coletivo não é fato ensejador da revisão contratual.

Somente seria admissível a revisão se o dissídio estabelecesse um índice fora dos padrões normais (distanciado do índice de reajuste – geral ou setorial – previsto no contrato), acarretando onerosidade excessiva para uma das partes. Neste caso estar-se-ia diante de um fato previsível, mas de consequências incalculáveis, conforme dispõe o art. 65, II, "d", da Lei 8.666/1993.

Contudo, no plano federal o impacto dos dissídios, acordos e convenções coletivas foi classificado como repactuação. É o que se verifica por meio da Instrução Normativa 2, de 30.4.2008, alterada pela Normativa 3, de 15.10.2009, editadas pelo Ministério do Planejamento, Orçamento e Gestão.

O problema foi corretamente solucionado, reconhecendo-se a data do dissídio como marco temporal para a readequação dos custos do contrato, além de atestar a possibilidade de ter duas datas distintas para fins de adequação dos preços, uma relativa aos custos dos insumos e outra relativa aos custos da mão de obra.

Em outras palavras: o contratado fará jus ao reajuste após um ano da data da celebração do acordo ou convenção coletiva ou da prolação da decisão no dissídio, que será considerado o termo *a quo* para contagem do direito ao reajuste. Os preços dos demais insumos que não se relacionam com a mão de obra devem ser reajustados segundo o índice inflacionário previsto no contrato, tendo como termo *a quo* a data da apresentação da proposta ou do orçamento a que esta se refira.

Essa solução parece mais condizente com o atendimento do equilíbrio econômico-financeiro do contrato, pois admite o realinhamento dos custos em datas que retratam sua efetiva variação. Ademais, elimina a insegurança jurídica decorrente da discussão da necessidade, ou não, de consideração pelo licitante do impacto do futuro dissídio na sua proposta.

Caso essa solução não tenha sido adotada expressamente pelo ente público e quando os índices decorrentes do dissídio são aqueles razoavelmente esperados, apenas recompondo as perdas inflacionárias, a hipótese

4. Brasil, STJ, 2ª Turma, REsp 382.260-RS, rela. Min. Eliana Calmon, j. 3.12.2002, *DJU* 19.12.2002, p. 357. Em igual sentido: REsp 134.797-DF, 411.101-PR e 382.260-RS, recurso especial provido).

será de reajuste. Neste passo, considerando que o reajuste salarial concedido a determinada categoria é conhecido anteriormente, inclusive já se sabendo a data-base em que ocorrerá, é razoável presumir que o licitante, ao formular sua proposta, já ponderou e avaliou todos os aspectos financeiros envolvidos. Assim, o reajuste deverá ocorrer apenas ao cabo de um ano da data da apresentação da proposta ou do orçamento a que esta se referir, quando, então, poderá ser majorado o valor da mão de obra.

Esta presunção é aplicável nos casos em que o edital é omisso em relação à superveniente ocorrência de dissídios coletivos e não tenha adotado o instrumento da repactuação. Nesta hipótese recomenda-se que o particular, entre a publicação do edital e a realização da licitação, deduza pedido de esclarecimento acerca da matéria, a fim de que se explicite a data em que será aplicado o reajuste, inclusive no que se refere ao insumo mão de obra.

10.3.3 Atualização monetária

Em linhas gerais, a atualização monetária incide sobre os atrasos de pagamento, sendo mera recomposição do valor da moeda. Incide a partir da data final do período de adimplemento de cada parcela até a data do efetivo pagamento, a teor do disposto no art. 40, XIV, "c", da Lei 8.666/1993.

Portanto, a atualização monetária, assim como o reajuste, também visa a manter o valor nominal do contrato, compensando-se genericamente os efeitos da inflação; daí a utilização de índices gerais, e não setoriais. Com efeito, a partir do momento que o contrato é executado, perde sentido indexar o valor por índices setoriais. O atraso no pagamento pressupõe uma dívida de valor, a ser atualizada pelos índices gerais de inflação.

10.3.4 Revisão

A revisão dos preços, também chamada de "recomposição", não visa a ajustar os valores da época da contratação para os da atualidade, mas, sim, modificar o valor expresso no contrato a partir de fatores ora imprevisíveis, ora previsíveis, mas de consequências incalculáveis. São exemplos os casos de força maior, caso fortuito ou fato do príncipe. Diogo de Figueiredo Moreira Neto ensina, com propriedade, que o reajuste atinge apenas o preço, com a finalidade de reequilibrá-lo.[5] Já, a revisão

5. Diogo de Figueiredo Moreira Neto, *Curso de Direito Administrativo*, 14ª ed., Rio de Janeiro, Forense, 2005, p. 171.

pode incidir sobre quaisquer cláusulas contratuais, como as que ajustem objeto, prazo e outras condições.

A revisão implica a ocorrência de um fato extraordinário e superveniente que desequilibra excessivamente a relação de equivalência entre os encargos do contratado e a remuneração, impondo o restabelecimento da equação econômica posta no início da relação contratual. Independe, pois, de previsão expressa no edital e no contrato, podendo ocorrer a qualquer momento, não estando vinculada a qualquer índice de preço.

Trata-se da aplicação da teoria da imprevisão, que autoriza a revisão do preço do contrato quando as condições e circunstâncias da época em que foi celebrado o ajuste não mais persistirem. A teoria da imprevisão deve ser compreendida como uma exceção à regra de cumprimento obrigatório dos contratos, ou seja, uma ressalva, justificada, da obediência ao *pacta sunt servanda*. Verifica-se, portanto, que a teoria da imprevisão seria uma leitura moderna, já que consubstanciada na alteração do contrato, e não somente na extinção da referida cláusula *rebus sic stantibus*, traduzindo-se na modificação do estado de fato do momento da contratação por onerosidade excessiva, de modo a propiciar a alteração contratual.

A teoria da imprevisão está intimamente atrelada ao princípio do equilíbrio econômico das prestações contratuais. Afinal, o aumento da onerosidade para uma das partes modifica a balança da equação inicialmente pactuada.

Considerando que o vínculo contratual se subordina à manutenção das condições existentes ao tempo de sua formação, modificadas tais condições ou constatado que as premissas que fundamentaram a contratação não eram verdadeiras, por circunstâncias supervenientes e imprevisíveis, não pode prevalecer o inicialmente pactuado, justificando-se, alternativamente, a *adequação contratual*.

10.3.4.1 *A teoria das áleas e a moderna partilha de riscos*

Não é qualquer desequilíbrio na equação financeira que terá o poder de alterar o contrato, já que os riscos econômicos inerentes a qualquer atividade não deverão ser considerados, vez que tais expectativas deveriam ter sido introduzidas nos preços. Assim, a chamada *álea ordinária*, constituindo encargo previsível e consequentemente suportável, não poderá servir de base para a teoria da imprevisão, uma vez considerada ônus usual decorrente da contratação.

Apenas a *álea extraordinária*, ou seja, a que cause onerosidade excessiva a uma das partes, enseja a revisão do ajuste, desde que presentes os requisitos de imprevisibilidade do fato ou, ainda que previsíveis, sejam os fatos de extensão incalculável, conforme disciplina o art. 65, II, da Lei 8.666/1993. Trata-se de comprovação a ser feita em cada caso concreto.

Outrora a teoria das *áleas*, acima referida, era suficiente para explicar e justificar os riscos, incertezas e imprevisibilidades que poderiam advir durante a execução do contrato. Como dito, a *álea ordinária* era atribuída ao contratado, eis que vinculada aos riscos inerentes a qualquer atividade empresarial. A *álea extraordinária*, seja *administrativa* (aquela que decorre de uma ação estatal, como é o caso da alteração unilateral, fato da administração ou fato do príncipe) ou *econômica* (decorrente de circunstâncias exógenas ao contrato e da própria vontade das partes), ensejaria o reequilíbrio econômico-financeiro do contrato, recaindo sobre o contratante o dever de promover os ajustes necessários para reposicionar o equilíbrio entre as prestações inicialmente estabelecidas entre as partes.

A percepção contemporânea do tema é a de que à teoria das *áleas*, abstratamente considerada, deveria ser acrescida uma *partilha de riscos* definida objetivamente no instrumento contratual, o que já é uma realidade nos contratos de parceria público-privada e mesmo nas concessões comuns.

Compreenda-se *risco* como evento incerto mas de possível concretização, e, portanto, dotado de alguma previsibilidade. No plano contratual, para ser qualificável como risco, deve admitir mensuração e objetivação que permitam medir certos elementos da realidade. A avaliação do risco (*risk assessment)* e a previsão das medidas preventivas ou atenuadoras dos seus efeitos integram a moderna gestão contratual do risco (*risk management*). Se a circunstância se encontra no domínio da absoluta imprevisibilidade já não mais se trata de risco,[6] mas de incerteza.

O contrato deve traçar os limites entre a *álea ordinária* e a *álea extraordinária*. Essa delimitação nada mais é do que uma partilha de riscos que contribui para o incremento da segurança jurídica, evitando que as partes entrem em litígio sobre qual risco é inerente ao próprio negócio e o que extrapola do previsível e se transmuda em extraordinário.

6. Carla Amado Gomes pondera que, "quando o risco ultrapassa os limites do imaginável, já estaremos ou perante um caso de força maior, gerador de impossibilidade de cumprimento do contrato (cf. o art. 801º do CC), ou no domínio da teoria da imprevisão e da consequente alteração de circunstância, facto que pode levar à modificação do contrato ou à sua rescisão (cf. o art. 437º do CC)" ("Subsídios para um quadro principiológico dos procedimentos de avaliação e gestão do risco ambiental", *Revista Jurídica do Urbanismo e do Ambiente* 17/38, Coimbra, Livraria Almedina, 2002).

Compreende-se que essa partilha de riscos pode integrar qualquer contrato administrativo, inclusive os regidos pela Lei 8.666/1993. É claro que contratos mais complexos, como as concessões patrocinadas ou administrativas, reclamam definição mais objetiva e completa dos riscos assumidos por cada parceiro. Mas a conclusão é que mesmo contratos mais simples podem ensejar a inclusão de cláusulas delimitadoras dos respectivos espaços entre a *álea ordinária* e a *álea extraordinária.*

O próprio contrato administrativo pode promover a distribuição e a alocação dos riscos entre as respectivas partes contraentes, respeitando a diretriz de que essa divisão não deve ser aleatória, mas deferente à premissa de que os riscos devem ser alocados para a parte que melhor puder gerenciá-los.

10.3.4.2 *Fato do príncipe e fato da administração*

Podem gerar o direito à revisão o fato do príncipe, caracterizado por ser um ato geral do Poder Público atingindo, reflexamente, a economia do contrato ou impedindo sua plena execução; ou o fato da administração, quando o próprio ente contratante pratica um ato ou mesmo se omite sobre uma providência material que lhe cabia, afetando direta e especificamente a economia do contrato.

Embora inconfundíveis, o fato da administração e o fato do príncipe podem produzir os mesmos efeitos, a saber: a revisão do contrato ou, mesmo, sua extinção.

10.3.4.3 *Variação cambial*

Note-se que a álea ordinária ou empresarial, presente em qualquer tipo de negócio jurídico, não enseja a revisão do contrato. Logo, circunstâncias previsíveis, imprevisíveis de resultados contornáveis ou de pequenos reflexos econômicos, devem ser suportadas pelo contratado. Somente a álea extraordinária ocasiona o reequilíbrio econômico-financeiro do contrato, seja ela oriunda da Administração (alteração unilateral, fato do príncipe e fato da administração) ou econômica (oriunda de circunstâncias externas ao contrato e às partes).

A variação cambial, quando excessiva, configura hipótese de revisão contratual, pois constitui fato extraordinário e superveniente à celebração do contrato, ensejando desequilíbrio exorbitante à equação econômico-financeira da avença. Portanto, situa-se na álea extraordinária econômica, via de consequência, afeta à teoria da imprevisão.

Nada impede – aliás, é de todo recomendável – que o próprio contrato defina o limite do que seria uma variação cambial situada na álea ordinária ou na álea extraordinária. É o caso de as partes partilharem os riscos nos contratos indexados em moeda estrangeira. Definir o que é *álea ordinária* ou *extraordinária* é sempre muito casuístico quando o próprio contrato não delimita objetivamente os respectivos campos de incidência.

Em todo caso, a revisão será cabível desde que demonstrada a ocorrência dos seguintes requisitos: (i) a variação cambial foi previsível de consequências incalculáveis; (ii) gerou onerosidade excessiva para o contratado. O parâmetro a ser considerado é o valor do Dólar no início da execução do contrato e sua variação para o momento da revisão, com a comprovação de como essa alteração impactou diretamente os custos do contrato.

Em certa medida, a variação cambial é sempre fato previsível no ambiente negocial de contratos indexados em moeda estrangeira. Daí, o que se torna efetivamente relevante é a comprovação de que a variação cambial afetou a comutatividade e o equilíbrio contratual, com consequências graves e incalculáveis para uma das partes, gerando onerosidade excessiva.

Pode e deve o contratado adotar medidas de precaução em relação aos riscos inerentes a esses contratos indexados em moeda estrangeira, como a celebração de contrato de *hedge* (contrato de proteção), em razão da própria previsibilidade do evento de variação cambial.

10.4 Os diversos mecanismos de recomposição do equilíbrio econômico financeiro

A balança do desequilíbrio pode pender para quaisquer das partes, mas, de fato, o mais comum, no plano das contratações públicas, são situações que geram necessidade de recomposição da economia original do contrato a favor do contratado. Até porque as alterações unilaterais impostas pelos entes públicos constituem a causa mais frequente de desequilíbrio contratual.

Importa, então, examinar algumas formas que podem viabilizar o restabelecimento do equilíbrio original.

O mecanismo tradicional de recomposição, como já anotado, se dá com a revisão do preço ajustado, conforme preceitua o art. 65, II, "d", da Lei 8.666/1993. É a aplicação da teoria da imprevisão, cuja base teórica advém do direito privado. Claro que a revisão pode ser mais ampla e alcançar outras cláusulas contratuais, mas o mais comum é o simples realinhamento do preço pactuado.

Mas existem outras formas de recomposição do equilíbrio econômico-financeiro do contrato mais específicas, como é o caso, por exemplo, da simples indenização pelos prejuízos causados, da supressão de encargos do contratado ou mesmo da prorrogação do prazo contratual.

A alternativa da simples indenização pelos prejuízos causados em função do desequilíbrio econômico não apresenta maiores controvérsias, bastando que as partes estabeleçam os prazos de pagamento das importâncias devidas, reorganizando o ajuste. É preciso, no entanto, a demonstração efetiva do dano e da inequívoca assunção do risco pela parte responsável pela indenização.

Na utilização do meio de supressão de encargos do contratado deve ser evitada a mudança na natureza do contrato ou mesmo eventual prejuízo na sua execução e no atendimento das suas finalidades originais.

Outra opção para restabelecer o equilíbrio econômico-financeiro seria a alteração do cronograma físico-financeiro do contrato quando houver modificação no modo de fornecimento, a teor do disposto no art. 65, II, "b", da Lei 8.666/1993.

Poderiam, portanto, as partes, por mútuo acordo, ajustar novo cronograma físico-financeiro do contrato, o que é admitido também nas hipóteses de impedimento, paralisação ou sustação do ajuste, como se depreende do § 5º do art. 79 da Lei 8.666/1993. Mister que as partes reconheçam, justifiquem e motivem as razões que levaram ao impedimento, à paralisação ou sustação do contrato durante determinado período, decorrentes de fato da administração.

A extensão do prazo contratual pela via da prorrogação pode ser também um mecanismo de recomposição das bases originais do contrato, desde que, na hipótese, o próprio contratado não tenha dado causa ao desequilíbrio econômico-financeiro. Afinal, a ninguém é dado o direito de extrair proveito da sua própria torpeza (*nemo turpitudinem suam allegare potest*).

Em qualquer cenário, é fundamental, em primeiro lugar, o reconhecimento expresso de ambas as partes de que o contrato, nesse momento de sua execução, restou desequilibrado, com sua exata quantificação. Nesta etapa deverão ser arrolados todos os fatos supervenientes que, no curso do contrato, afetaram a intangibilidade da equação econômico-financeira. É fundamental uma descrição detalhada de todos estes acontecimentos, como forma de atendimento ao princípio da motivação.

Fundamental, também, a identificação do causador do desequilíbrio, ou seja, se foi a própria Administração Pública, o contratado ou uma causa estranha à vontade das partes. É claro que, na hipótese de o contratado ter dado causa ao desequilíbrio, em razão de inadimplemento ou qualquer outra deficiência na execução do contrato, não cabe à Administração Pública suportar o prejuízo, sob pena de enriquecimento sem causa do particular.

A discricionariedade na escolha do mecanismo mais adequado de recomposição do reequilíbrio deve se pautar pela observância dos *princípios da proporcionalidade*, *da transparência* e *da motivação*. Exposto em outros termos: deve-se demonstrar que a solução adotada é a menos onerosa comparativamente com as demais, ponderando custos e benefícios, bem como as diversas variáveis que estão em jogo. É certo que dependerá, em todas as situações, da aquiescência do contratado.

10.5 Cláusulas regulamentares e cláusulas econômicas

Os contratos administrativos dividem-se em dois tipos de cláusulas, a saber: as cláusulas regulamentares, de serviço ou de execução e as cláusulas econômicas.

As cláusulas de execução englobam o conjunto de obrigações definidas pela Administração Pública, de modo a atender ao interesse público específico que justifica a contratação. Dada a mutabilidade do interesse público, tais cláusulas admitem alteração unilateral pela Administração, de modo a manter constante adequação com o interesse a ser atendido.

Representa tal possibilidade a verdadeira prerrogativa da Administração, que caracteriza a derrogação do regime privado e criação de uma disciplina jurídica diferenciada para as contratações em que o Poder Público é parte. Daí se falar em contrato administrativo, e não, simplesmente, em contrato.

De outro lado, as cláusulas econômicas fixam a equação econômico-financeira do contrato, calculada a partir da proposta formulada pela contratada, que leva em consideração os custos e benefícios definidos na relação contratual. Estas não admitem alteração unilateral.

Em outros termos: se é certo que no contrato administrativo a Administração tem o direito de alterar unilateralmente as cláusulas de execução, não é menos exato que o mais importante direito que tem o particular nessa relação é o de ter preservada essa equação econômico-financeira, a qual se traduz na impossibilidade de alteração unilateral das cláusulas econômicas que a estabelecem.

11
Cláusulas Exorbitantes

11.1 Conceito. 11.2 Alteração unilateral. 11.3 Alterações qualitativas: 11.3.1 A alteração qualitativa e a incidência dos limites legais – 11.3.2 A adequação dos preços dos serviços e itens novos. 11.4 Alterações quantitativas: 11.4.1 A vedação da metodologia de compensação entre acréscimos e supressões. 11.5 Rescisão unilateral, resolução e resilição. 11.6 Incorporação, fusão e cisão e o seu impacto nos contratos administrativos. 11.7 Fiscalização unilateral e a gestão dos contratos. 11.8 Sanções nos contratos administrativos: 11.8.1 A autonomia da Administração para previsão de sanções nos contratos administrativos – 11.8.2 Vinculação ao instrumento contratual – 11.8.3 O princípio da proporcionalidade na aplicação das sanções administrativas – 11.8.4 O processo administrativo sancionador e o direito à ampla e prévia defesa – 11.8.5 A culpabilidade e o prejuízo na aplicação das sanções administrativas – 11.8.6 A possibilidade de aplicação das sanções administrativas aos licitantes – 11.8.7 A possibilidade de aplicação das penalidades administrativas em razão de fatos ocorridos em outros contratos: os princípios da oficialidade e da verdade material no processo administrativo sancionador – 11.8.8 A teoria da desconsideração da personalidade jurídica e a possibilidade de aplicação das sanções aos sócios, controladores e administradores – 11.8.9 Efeitos da Lei Anticorrupção nas sanções da Lei 8.666/1993. 11.9 Exceção de contrato não cumprido: 11.9.1 A alternativa da redução das obrigações contratuais – 11.9.2 Da inexistência de relação de causalidade entre a falta de pagamento e prestação ineficiente por parte do contratado – 11.9.3 Do descabimento da invocação da exceção de contrato não cumprido para cobrança de débitos antigos – 11.9.4 As cláusulas exorbitantes e a sua utilização indiscriminada em todos os contratos administrativos.

11.1 Conceito

As cláusulas exorbitantes são aquelas que seriam consideradas ilícitas no âmbito do direito privado, pois colocam uma das partes em supremacia em relação à outra, mas que no contrato administrativo são plenamente possíveis. São exorbitantes porque excedem o que normalmente é admitido nos contratos privados.

Justificam-se em razão de a Administração atuar em nome do interesse geral, sendo mera decorrência do basilar princípio da supremacia do interesse público sobre o interesse privado, que informa e norteia todos os institutos do direito administrativo. Ainda que não escritas nos contratos, são plenamente aplicáveis.

As principais cláusulas exorbitantes mencionadas no art. 58 da lei, adiante examinadas, são as seguintes: (i) alteração unilateral do contrato; (ii) rescisão unilateral; (iii) fiscalização unilateral da sua execução; (iv) aplicação de sanções motivadas pela inexecução total ou parcial do ajuste; (v) a inoponibilidade integral da exceção de contrato não cumprido por parte do contratado.

11.2 Alteração unilateral

A alteração unilateral do contrato, que, obviamente, seria ilícita em um contrato privado, em um contrato administrativo é plenamente possível. Isto se dá porque o interesse público é mutável, variável. Sendo assim, a Administração Pública precisa dispor de instrumentos que possibilitem adequar à dinâmica do interesse público.[1]

Entretanto, um contrato administrativo somente pode ser alterado unilateralmente quando ocorrer fato superveniente que justifique sua alteração. Demais disso, não são todas as cláusulas contratuais que são passíveis de alteração unilateral pela Administração, mas apenas as cláusulas regulamentares ou de serviço, que são aquelas que disciplinam sobre a execução do objeto do contrato. Como dito, as cláusulas econômicas – que são aquelas que se relacionam com a remuneração do particular – somente podem ser alteradas com a expressa concordância do contratado (art. 58, § 1º, da Lei 8.666/1993).

11.3 Alterações qualitativas

As alterações unilaterais podem ser qualitativas (art. 65, I, "a", da Lei 8.666/1993), assim compreendidas aquelas nas quais existe a necessidade de modificação do projeto ou das especificações, para melhor adequação técnica aos seus objetivos. Busca-se permitir que a Administração

1. Sobre o tema ver: Fernando Vernalha Guimarães, *Alteração Unilateral do Contrato Administrativo*, São Paulo, Malheiros Editores, 2003.

Pública utilize as mais modernas técnicas durante a execução contratual. O importante é que as eventuais alterações não descaracterizem o objeto inicialmente pactuado.

Seu objetivo, por exemplo, é permitir que o advento de uma nova tecnologia ou mesmo a ocorrência de circunstâncias fáticas supervenientes se qualifiquem como causas autorizadoras e legitimadoras da modificação do objeto contratual com vistas ao atendimento do interesse público, que é naturalmente dinâmico.

11.3.1 A alteração qualitativa e a incidência dos limites legais

Questão polêmica envolve o tema sobre a incidência ou não dos limites estipulados no art. 65, § 1º, da Lei 8.666/1993 nas alterações qualitativas de contrato administrativo.

Como visto, a mutabilidade é uma das principais características dos contratos administrativos, traduzida na possibilidade de alteração e rescisão unilateral do ajuste para fins de atendimento do interesse público (art. 58, I, da Lei 8.666/1993). É, portanto, uma prerrogativa (dever-poder) conferida ao administrador público, decorrente dos princípios da supremacia e da indisponibilidade do interesse público.

Mais especificamente em relação às alterações contratuais, sua disciplina encontra-se sediada no art. 65 do Estatuto das Licitações. O inciso I trata da alteração qualitativa do objeto, ao passo que o inciso II cuida da sua alteração quantitativa. As regras sobre os limites destas alterações encontram-se previstas nos §§ 1º e 2º do citado artigo.

Assim, deve-se indagar, preliminarmente, se os limites previstos no § 1º do art. 65 da Lei 8.666/1993 se aplicam às hipóteses de alteração qualitativa. A matéria, após bastante polêmica, foi muito bem examinada pelo TCU, que, por intermédio da Decisão do Plenário 215/1999, assim se posicionou:

> (...) que nas hipóteses de alterações consensuais, qualitativas e excepcionalíssimas de contratos de obras e serviços, é facultado à Administração ultrapassar os limites (...), observados os princípios da finalidade, da razoabilidade e da proporcionalidade, além dos direitos patrimoniais do contratante privado, desde que satisfeitos cumulativamente os seguintes pressupostos: I – não acarretar para a Administração encargos contratuais superiores aos oriundos de uma eventual rescisão contratual por razões de interesse público, acrescidos aos custos da elaboração de um novo procedimento licitatório;

> II – não possibilitar a inexecução contratual, à vista do nível de capacidade técnica e econômico-financeira do contratado; III – decorrer de fatos supervenientes que impliquem dificuldades não previstas ou imprevisíveis por ocasião da contratação inicial; IV – não ocasionar a transfiguração do objeto originalmente contratado em outro de natureza e propósito diversos; V – ser necessárias à completa execução do objeto original do contrato, à otimização do cronograma de execução e à antecipação dos benefícios sociais e econômicos decorrentes; VI – demonstrar-se – na motivação do ato que autorizar o aditamento contratual que extrapole os limites legais mencionados na alínea "a", *supra* – que as consequências da outra alternativa (a rescisão contratual, seguida de nova licitação e contratação) importam sacrifício insuportável ao interesse público primário (interesse coletivo) a ser atendido pela obra ou serviço, ou seja, gravíssimas a esse interesse; inclusive quanto à sua urgência e emergência; (...).

Parece razoável o entendimento de que as alterações unilaterais, ainda que qualitativas, se submetam, como regra, aos limites do § 1º do art. 65 da Lei 8.666/1993. Isto porque quando o contratado elabora sua proposta para participar de um processo licitatório deve saber que ficará obrigado a eventuais acréscimos unilaterais do objeto até determinado limite máximo, sob pena de onerá-lo excessivamente e o contrato administrativo se tornar verdadeira aventura para o particular.

Portanto, eventual alteração qualitativa acima dos limites previstos em lei somente poderá se efetivar no caso de existir consenso entre as partes, dependendo, assim, da aquiescência do particular.

Mas pergunta-se: bastaria o acordo mútuo para que as alterações qualitativas pudessem superar os limites previstos na norma? A resposta parece ser negativa, sendo preciso também que a alteração qualitativa decorra de uma situação excepcional e superveniente ao contrato, como, por exemplo, circunstâncias imprevisíveis, imprevistas, ou até mesmo o advento de uma tecnologia mais avançada, sob pena de burla aos princípios norteadores da licitação, da isonomia e da moralidade.

Outro aspecto a ser considerado é a impossibilidade de realização de nova licitação, ou seja, quando se constata que um novo procedimento licitatório acabaria por gerar graves prejuízos ao interesse público. Inegável que tal decisão se insere no juízo discricionário e privativo do administrador público, a merecer motivação da autoridade administrativa competente, observados, na sua inteireza, os princípios da economicidade, razoabilidade e moralidade.

Torna-se indispensável, ainda, a elaboração de uma análise e de justificativa técnica adequadas às especificidades do caso concreto, com a comprovação de que a alteração contratual qualitativa não poderia ter sido dimensionada na fase anterior à contratação, em especial no projeto básico, a fim de que se possa configurar a situação de excepcionalidade e superveniência.

Lembre-se que o projeto básico, cuja definição se encontra prevista no art. 6º, IX, da Lei 8.666/1993, pressupõe ser elaborado com nível de precisão adequado, contendo, dentre outros elementos, "soluções técnicas globais e localizadas, suficientemente detalhadas de forma a minimizar a necessidade de reformulação ou de variantes durante as fases de elaboração do projeto executivo e de realização das obras e montagem".

Todavia, cumpre observar que, no campo das obras públicas em especial, não raro o projeto básico é elaborado genericamente, sem uma descrição detalhada, contrariando o art. 6º, IX, da Lei 8.666/1993, o que pode contribuir para o incremento à celebração de termos aditivos e a alterações qualitativas do objeto – o que, é claro, se apresenta como um desvirtuamento dos objetivos previstos na legislação.

As alterações qualitativas encontram limites no próprio objeto, que não pode ser desconfigurado ou, mesmo, transformado a ponto de desnaturar sua conformação original. A modificação radical do objeto pode violar o princípio da isonomia, porquanto transmuda completamente a licitação original e vulnera o direito subjetivo dos demais concorrentes de participar do certame; daí a necessidade de restar demonstrada a ocorrência de fato superveniente ocorrido durante a execução do contrato.

Por isso que o recomendável é que as alterações qualitativas que eventualmente superem os limites legais observem os requisitos previstos na referida orientação do TCU, a demandar justificativas técnicas e ponderação dos gestores acerca do atendimento do interesse público à luz dos contornos do caso concreto. Os requisitos cogitados na Decisão 215/1999 não ostentam índole jurídica, cabendo ao órgão da Advocacia pública, no máximo, o controle da razoabilidade no seu atendimento.

Enfim, mesmo as alterações unilaterais qualitativas do objeto do contrato se submetem, como regra, aos limites impostos no § 1º do art. 65 da Lei 8.666/1993, com vistas a preservar o princípio da licitação. Logo, eventual alteração qualitativa acima de tais limites depende da expressa concordância do contratado.

Mas estas alterações qualitativas acima dos limites dependem, entretanto, da ocorrência de circunstâncias excepcionais e supervenientes – sob pena de burla aos princípios da licitação, isonomia e moralidade – e da comprovação (princípio da motivação) de que a realização de nova licitação acarretará grave prejuízo ao interesse público, com a efetiva demonstração de que os razoáveis parâmetros e requisitos traçados no *leading case* do TCU foram observados.

11.3.2 A adequação dos preços dos serviços e itens novos

Os preços dos eventuais serviços e itens novos devem ser parametrizados pelos preços referenciais da Administração vigentes à época da licitação, conforme orientação do TCU, naquilo que se convencionou denominar de "método do desconto", com vistas a assegurar que o termo aditivo não venha a ensejar perda da vantajosidade para o ente público contratante. Devem ser mantidos não apenas os descontos obtidos na licitação, mas os preços de referência e o BDI vigentes na data do orçamento-base, na forma prevista no Decreto federal 7.983, de 8.4.2013.

A lógica é que na celebração dos aditivos contratuais deve ser mantido o desconto proporcional ofertado pela contratada em relação ao valor total estimado pela Administração. Trata-se de importante orientação para evitar o "jogo de planilhas", mas cuja aplicação prática deve sempre considerar as especificidades de cada situação concreta e do próprio mercado, já que o substrato fático pode levar, em situações excepcionais, à necessária ponderação de outros princípios e valores.

11.4 Alterações quantitativas

As alterações contratuais unilaterais podem ser qualificadas também como quantitativas (art. 65, I, "b", da Lei 8.666/1993) quando o objeto do ajuste permanece inalterado mas o contratado fica obrigado a aceitar, nas mesmas condições contratuais, os acréscimos e supressões que se fizerem nas obras, serviços ou compras.

O § 1º do art. 65 da Lei 8.666/1993 impõe limites para estas alterações contratuais de até 25% do valor inicial atualizado do contrato, e no caso particular de reforma de edifício ou de equipamento até o limite de 50% para seus acréscimos. Ao contrário do que ocorre com as alterações qualitativas, não há exceção na aplicação das alterações quantitativas, que sempre se submeterão aos referidos percentuais.

Compreenda-se valor inicial atualizado do contrato na sua dimensão global, e não considerando cada item isoladamente.

Apenas as supressões resultantes de acordo celebrado entre os contratantes podem ultrapassar estes limites (art. 65, § 2º, II, da Lei 8.666/1993). Lembre-se, ainda, que pode haver mais de um termo aditivo visando ao acréscimo, desde que a soma dos aditamentos não ultrapasse o limite legal, sob pena de violação do princípio da licitação.

11.4.1 A vedação da metodologia de compensação entre acréscimos e supressões

Para efeito de observância dos limites de alterações contratuais previstos no art. 65 da Lei 8.666/1993 a Administração deve considerar as reduções ou supressões de quantitativos de forma isolada, afastando a metodologia de aplicação da compensação, porquanto essa forma de calcular os aditivos pode transfigurar o objeto e violar o próprio princípio da licitação.

A questão envolvendo a vedação da metodologia de cálculo das alterações contratuais que recorra à compensação entre acréscimos ou supressões de quantitativos já foi examinada pelo TCU, que tem posicionamento consolidado no sentido de coibir essas compensações,[2] devendo o cálculo dos acréscimos e supressões, para fins de observância do art. 65, § 1º, da Lei 8.666/1993, ser considerado isoladamente, o que implica vedação a qualquer compensação.

Assim, não pode um contrato administrativo ser objeto de acréscimo em 50% e de supressão em 30%, compensando-se os percentuais para se chegar a uma alteração final de 20%, que, em tese, estaria submetida ao limite do art. 65, § 1º, da Lei 8.666/1993. Acréscimos e supressões devem ser considerados isoladamente e calculados sobre o valor original do contrato, aplicando-se individualmente os limites legais de alteração.

O objetivo é evitar que as alterações contratuais, as quais utilizam o método da compensação entre acréscimos e supressões, resultem na transfiguração do objeto, com a modificação dos itens licitados, gerando um descompasso entre o que foi licitado e o que foi executado.

O tema é especialmente relevante para as contratações de obra pública, cuja prática sempre admitiu essa compensação como forma de remediar licitações mal estruturadas. Não raro a necessidade de aditivos dessa natureza decorre da falta de projetos básico e executivo bem estruturados e fruto de um planejamento que permita executar a obra a partir daquilo que efetivamente foi delineado nos respectivos projetos. De fato, projetos mal elaborados, vagos e imprecisos geram como consequência a necessidade de sucessivas alterações contratuais, que podem transmudar radicalmente os itens e insumos da obra.

2. TCU, Acórdãos 749/2010, 2.819/2011 e 3.105/2013, todos do Plenário.

Portanto, essa limitação na compensação do cálculo dos aditivos tem o didático efeito de fomentar o planejamento nas licitações, com a elaboração, no campo das obras públicas, de projetos básico e executivo tecnicamente bem estruturados, que reflitam efetivamente o que será executado.

11.5 Rescisão unilateral, resolução e resilição

O art. 78 da Lei 8.666/1993 elenca as situações que podem ensejar a rescisão contratual, seja por culpa do contratado – incisos I a XI –, seja por culpa da Administração – incisos XIII a XVI – ou, ainda, em função de denúncia para atender ao interesse público – inciso XII – ou em função de resolução de pleno direito em decorrência de caso fortuito ou força maior – inciso XVII.

Importa, preliminarmente, estabelecer a distinção entre rescisão, resolução e resilição.

A *rescisão* ocorre quando há o inadimplemento de uma das partes. Em regra, gera direito à indenização, pois traz prejuízo à outra parte. O inadimplemento representa o reconhecimento da imprestabilidade da prestação, de modo a justificar a extinção do contrato. Se o contrato é mantido, o caso pode ser de mora ou de cumprimento inadequado de uma obrigação, o que exige a oportuna anotação, direito de defesa e sanção para cada falta. Os incisos I a XI do art. 78 poderiam ser todos resumidos numa única situação, qual seja, o descumprimento do contrato pelo contratado, a ensejar a possibilidade de rescisão unilateral.

A *resolução* ocorre em decorrência de fato externo à própria execução do contrato que o impede de ter seu término contratual normal. Como exemplos citem-se a morte de um contratado, caso fortuito e força maior. Sendo assim, o contrato resolve-se pela impossibilidade do seu cumprimento.

A *resilição* ocorre quando as partes simplesmente não mais desejam prosseguir no contrato. Pode ser unilateral (por meio da denúncia) e bilateral (hipótese tradicionalmente conhecida como distrato).

Somente o ente público pode rescindir unilateralmente o contrato. Ao particular, em caso de inadimplemento da Administração, cabe buscar a rescisão em juízo, na forma do que preceitua o art. 79, III, da Lei 8.666/1993.

Assim, fica claro que nem todas as situações descritas no citado art. 78 da Lei 8.666/1993 podem ser enquadradas como rescisão. Exemplo típico é a ocorrência de caso fortuito ou de força maior (inciso XVII), ou mesmo a extinção do vínculo em virtude de razões de interesse público (inciso XII).

É de fundamental importância que na extinção do contrato seja assegurado ao contratado o direito ao contraditório e à ampla e prévia defesa (art. 78, parágrafo único, da Lei 8.666/1993), cabendo à Administração Pública explicitar formalmente os motivos que acarretaram a rescisão do ajuste (princípio da motivação).

A depender da complexidade do processo administrativo unilateral de rescisão, pode ser necessária a abertura de prazos para produção de provas, o que deve ser objeto de exame casuístico à luz das especificidades de cada situação concreta. Devem ser aplicadas, supletivamente, as normas e regras das respectivas leis de processo administrativo de cada ente, como forma de suprir eventuais omissões legislativas específicas da Lei Geral de Licitações e Contratos Administrativos.

Após a rescisão do contrato o contratado tem direito à interposição de recurso administrativo no prazo de cinco dias úteis, sem efeito suspensivo, que, entretanto, poderá ser requerido e deferido pela autoridade competente motivadamente e presentes razões de interesse público. É o que se depreende do art. 109, I, "e", c/c § 2º, da Lei 8.666/1993.

11.6 Incorporação, fusão e cisão e o seu impacto nos contratos administrativos

A incorporação, a fusão e a cisão são técnicas de reorganização societária previstas na Lei 6.404, de 15.12.1976. Em uma interpretação estritamente literal do art. 78, VI, da Lei 8.666/1993, se nem o edital ou o contrato disciplinarem expressamente sobre as consequências jurídicas de uma eventual incorporação celebrada, deveria ocorrer a imediata rescisão do ajuste.

No entanto, a norma deve ser interpretada conforme a Constituição, buscando-se alcançar sua finalidade (interpretação teleológica), sob pena de ser inquinada de inconstitucional.

O art. 54 da Lei 8.666/1993 disciplina que os contratos administrativos regulam-se pelos preceitos de direito público, aplicando-se-lhes, supletivamente, as disposições de direito privado. Como visto, na teoria geral dos contratos, rescisão e resolução constituem formas distintas de extinção dos contratos. Enquanto a rescisão envolve inadimplemento de uma das partes, causando lesão à outra e, via de consequência, gerando direito à indenização, na resolução a extinção do ajuste se dá de pleno direito por força de fatos alheios à execução do contrato, não ensejando dever de reparação.

No entanto, o art. 78 da Lei 8.666/1993 arrolou nos seus diversos incisos hipóteses de rescisão e de resolução, conferindo a elas efeitos jurídicos idênticos. O inciso VI da citada norma é hipótese típica de resolução, não podendo acarretar, por óbvio, as consequências previstas no art. 79, I, c/c o art. 80, da Lei 8.666/1993.

Demais disso, a exigência de que estas formas de reestruturação empresarial (fusão, cisão e incorporação) devam ser expressamente admitidas no edital e no contrato parece violar o princípio fundamental estruturante da livre iniciativa (art. 1º, IV, da CF), na medida em que um contrato celebrado com a Administração Pública não pode limitar ou, mesmo, restringir o legítimo direito das sociedades de se organizarem livremente. A vida negocial da empresa não pode ficar pendente de autorização de qualquer autoridade administrativa.

Portanto, a ausência de previsão expressa no edital e no contrato acerca da admissão da incorporação, cisão ou fusão não pode ter o condão de acarretar a imediata rescisão do ajuste, já que, se assim o fosse, restaria frustrado o princípio da livre iniciativa.

É preciso, ainda, captar a finalidade da norma. Com efeito, não parece difícil apreender o objetivo perseguido pelo legislador, qual seja: evitar qualquer espécie de fraude ao princípio da licitação (art. 37, XXI, da CF).

Os contratos administrativos, como regra, devem ser executados pelo licitante vencedor, que percorreu com êxito todas as etapas do procedimento formal de contratação. O art. 50 da Lei 8.666/1993 é reflexo desta característica intrínseca dos contratos administrativos.

Mas o referido dispositivo legal não pode conduzir a conclusão de que, *a priori*, toda e qualquer mudança no polo passivo da relação contratual se constitua em fraude à licitação, não obstante seja imperioso que o administrador público atue com a maior cautela possível, na proteção do interesse público. A dinâmica empresarial não poderia ficar engessada a partir de relações firmadas pela sociedade empresária com a Administração Pública.

Nesta linha, é preciso verificar dois aspectos importantes: (i) a ocorrência de algum indício de má-fé, com vistas a burlar a licitação realizada; (ii) se, no caso concreto, a cisão, fusão ou incorporação podem comprometer a execução do contrato administrativo.

Indispensável, ainda, a verificação das condições de habilitação da empresa que sucedeu a contratada. O não atendimento de qualquer requisito previsto no instrumento convocatório é causa suficiente para rescisão do contrato.

Demais disso, deve restar comprovado que a incorporação não gerará qualquer prejuízo ao interesse público e que a continuidade do ajuste é a melhor opção para o ente público (matéria de competência discricionária).

11.7 Fiscalização unilateral e a gestão dos contratos

A Administração Pública tem o poder-dever de fiscalizar o contrato a fim de verificar se o particular está executando corretamente o ajuste. O art. 67 da Lei 8.666/1993 estabeleceu que esta fiscalização pode ocorrer por meio da figura do fiscal, ao quem compete anotar em registro próprio todas as ocorrências relacionadas com a execução do contrato, determinando o que for necessário à regularização das faltas ou defeitos observados.

A escolha dos fiscais deve recair sobre agentes públicos com boa reputação ético-profissional e que tenham conhecimento técnico especializado sobre o tema.

O fiscal tem o dever de conhecer as regras do contrato (técnicas, jurídicas e econômicas), com a obrigação de notificar a autoridade superior sobre a necessidade de realização de futuros aditivos contratuais ou quaisquer outros aspectos que possam influenciar a boa gestão do contrato.

A elaboração de relatórios periódicos é medida que se apresenta como concretizadora do princípio da eficiência, com as anotações próprias e concomitantes ao que ocorre durante a execução do contrato. O egrégio TCU já decidiu que a fiscalização do contrato deve ser contemporânea à execução do objeto:[3]

> O TCU determinou ao Ministério da Saúde que, quanto à gestão dos contratos, orientasse o gestor do contrato, a que se refere o art. 67 da Lei n. 8.666/1993, sobre a importância do atesto das notas fiscais contemporaneamente à execução do contrato, evitando-se o atesto de serviços não concluídos ou com data retroativa.

No exercício deste poder, cabe à Administração Pública orientar o contratado, com a explicitação das normas e diretrizes acerca dos seus objetivos; proceder, quando for o caso, à intervenção, assumindo o objeto do contrato quando o contratado não está dando fiel cumprimento ao que

3. TCU, 1ª Câmara, Acórdão 1.442/2006.

foi pactuado. Eventual paralisação ou retardamento na execução do ajuste não deve prejudicar o interesse público envolvido; daí a possibilidade de o administrador, como medida de urgência, recorrer à intervenção e proceder, quando for o caso, à interdição do contrato, paralisando sua execução em caso de descumprimento do que foi pactuado.

Em razão do princípio da segregação das funções, é recomendável que as atividades de fiscalização e supervisão do contrato sejam realizadas por agentes públicos diversos, o que favorece o controle e a segurança do procedimento de liquidação de despesa, conforme orientação do TCU (v. *Informativo* 213). O mesmo ocorre com os agentes públicos que atuam na licitação e os que atuam na gestão do contrato. São atividades distintas, e que não devem ser, salvo em situações excepcionais, executadas pelo mesmo agente público.

Não há qualquer impedimento legal para que a Administração Pública terceirize as funções de apoio à fiscalização do contrato. É o que ocorre, por exemplo, no contrato de gerenciamento de obra pública, cuja principal atribuição do contratado é apoiar os órgãos e entes públicos na função de fiscalizar, gerir e fornecer informações técnicas necessárias que possam subsidiar as atribuições do gestor e do fiscal. Claro que existe um núcleo que não pode ser terceirizado, como é o caso das decisões que envolvam poder de império do fiscal/gestor.

O fiscal e o gestor do contrato devem se envolver com o processo de contratação pública desde o início da fase de planejamento. Se sua atuação se limitar apenas ao início da execução do contrato, muito provavelmente não compreenderá aspectos e decisões importantes que antecederam o início da execução do ajuste.

Muito importante que a Administração Pública, por intermédio do gestor (cujas funções são mais amplas do que as do fiscal, que se limita aos contratos em que atua diretamente), mantenha controle individualizado dos contratos, permitindo que o acompanhamento e sua execução sejam os mais transparentes possível. Sistemas informatizados podem ser bastante úteis para auxiliar no desempenho dessa relevante função.

O controle dos prazos, das alterações contratuais, da atuação do contratado, a comunicação com os órgãos de controle e a remessa com a antecedência necessária para a atuação de outros órgãos, como a assessoria jurídica, ou mesmo para decisões administrativas da autoridade superior, são condutas e ações que, dentre tantas outras, se esperam de um gestor eficiente. O ideal é que essas normas sejam objeto de detalhamento em atos normativos de cada ente federado, com vistas a uniformizar a atuação dos gestores e fiscais, em especial considerando a circunstância de que a Lei 8.666/1993 não dedicou maior atenção ao tema.

Indispensável, ainda, é a capacitação dos servidores que ficarão responsáveis por essas atribuições. As funções de gestão e fiscalização dos contratos são extremamente importantes, e devem ser confiadas aos agentes públicos que apresentem conhecimento específico para exercer tais tarefas. Para tanto, esses profissionais devem ser permanentemente treinados e remunerados adequadamente, para que possam desempenhar com eficiência suas relevantes atribuições.

11.8 Sanções nos contratos administrativos

A conduta infracional praticada pelo licitante ou pelo contratado poderá desencadear a aplicação das penalidades previstas no art. 87 da Lei 8.666/1993, a saber: advertência, multa, suspensão temporária de participação em licitação e impedimento de contratar com a Administração, por prazo não superior a dois anos, e declaração de inidoneidade para licitar ou contratar com a Administração Pública.

O regime das sanções a que são sujeitos os licitantes é integralmente previsto na legislação para ilícitos relativos à fase licitatória, em que ainda não existe relação contratual, enquanto as sanções a que são sujeitos os contratantes (licitantes vencedores que já firmaram o respectivo contrato) têm seu conteúdo e hipóteses de aplicação detalhados no contrato para o caso de inadimplemento contratual.

11.8.1 A autonomia da Administração para previsão de sanções nos contratos administrativos

No sistema da Lei 8.666/1993 as sanções que podem ser previstas nos contratos administrativos para o caso de inadimplemento contratual já estão previstas em lei, o que diminui a autonomia da Administração na definição das sanções contratuais.

Não obstante, respeitadas as espécies de sanção previstas em lei, a Administração detém um espaço de autonomia para definir na minuta de contrato alguns aspectos das sanções, como, por exemplo, o valor ou percentual das sanções pecuniárias e a correlação entre as hipóteses de inadimplemento e as sanções aplicáveis.

Essa autonomia também é condicionada por princípios gerais de direito administrativo e de direito contratual, com destaque para o princípio da proporcionalidade, devendo-se correlacionar as sanções mais graves, como a rescisão contratual (rescisão-sanção), com as hipóteses de inadimplemento mais graves, que afetem de forma significativa o cumprimento das principais prestações contratuais; ao passo que as hipóteses de inadimplemento menos graves e sanáveis devem ser correlacionadas às sanções pecuniárias que permitam ao contratante corrigir sua conduta, sem comprometer a continuidade da execução do contrato.

11.8.2 Vinculação ao instrumento contratual

A assinatura do contrato vincula as partes (Administração e particular) ao instrumento contratual e, logicamente, ao regime de sanções previsto no contrato, dentro do espaço de autonomia contratual exercido pela Administração.

É recomendável, portanto, que os contratos estabeleçam, com a possível precisão, as situações de conduta irregular e suas respectivas sanções. Se não é possível o contrato esgotar todas as hipóteses (o que é intuitivo), faz-se necessário arrolar as principais infrações e suas consequentes sanções, podendo-se levar em consideração, por exemplo, as experiências pretéritas e as principais infrações que se deseja evitar, o que pode variar significativamente em razão do objeto contratual.

Esse detalhamento produz dois efeitos práticos importantes: (i) reduz a margem de subjetividade do administrador na aplicação das sanções (evitando a desproporcionalidade na aplicação das sanções, que pode ser controlada judicialmente); (ii) cria padrões comparativos de gravidade de condutas, o que pode facilitar na aplicação de sanções para as infrações previstas em lei mas não previstas no contrato, cuja aplicação é admissível não como consequência direta do inadimplemento contratual, mas como consequência da violação de normas legais, caracterizando-se como sanções administrativas não condicionadas pelo instrumento contratual.

As cláusulas contratuais que tratam das penalidades devem descrever minimamente as condutas que acarretarão as sanções que serão impostas ao contratado. Em outras palavras: não mais se admitem previsões genéricas e despidas de maior detalhamento nos instrumentos contratuais.

Essa evolução revela-se importante para conferir segurança jurídica a quem se relaciona com a Administração Pública, que não pode ficar à mercê de interpretações unilaterais que possam ensejar a aplicação de sanções despidas de razoabilidade. O contrato não deve ser genérico e impreciso, outorgando ao contratante grande margem de subjetividade para a aplicação de sanções por inadimplemento contratual, o que poderia transmudar-se para arbitrariedade.

É indispensável que o administrado não se relacione com a Administração Pública sem o mínimo de previsibilidade em relação aos comportamentos. A outra parte no contrato deve saber o conteúdo mínimo das condutas consideradas reprováveis e ensejadoras de alguma sanção.

11.8.3 O princípio da proporcionalidade na aplicação das sanções administrativas

Como já examinado, ensina a doutrina que o princípio da proporcionalidade/razoabilidade desdobra-se em três elementos: (i) a adequabilidade da medida para atender ao resultado pretendido; (ii) a necessidade da medida, quando outras que possam ser mais apropriadas não estejam à disposição do agente administrativo; e (iii) a proporcionalidade, no sentido estrito, entre os inconvenientes que possam resultar da medida e o resultado a ser alcançado.

A Lei 9.784/1999 – que disciplinou as normas gerais de processo administrativo no País – expressamente fixou no *caput* do art. 2º, como diretriz de todo e qualquer processo administrativo, o princípio da proporcionalidade, vedando, ainda, a aplicação de sanção "em medida superior àquelas estritamente necessárias ao atendimento do interesse público" (art. 2º, parágrafo único, VI, da Lei 9.784/1999), consagrando a vedação de excessos, que já vinha assentada em sede jurisprudencial pelo STF.[4]

No campo do direito administrativo sancionador, as cláusulas contratuais devem estabelecer sanções que sejam proporcionais aos inadimplementos contratuais cometidos.

A proporcionalidade/razoabilidade é um princípio geral de Direito que introduz em qualquer ramo do Direito uma premissa de justiça, posto que é nele que devem ser encontradas as balizas e os métodos equânimes e uniformizantes destinados justamente a evitar distorções, excessos e incongruências na aplicação das normas, em especial aquelas afetas ao direito administrativo sancionador.[5]

4. STF, QO na MC na ADI 2.551-MG, rel. Min. Celso de Mello, j. 2.4.2003: "A atividade legislativa está necessariamente sujeita à rígida observância de diretriz fundamental, que, encontrando suporte teórico no princípio da proporcionalidade, veda os excessos normativos e as prescrições irrazoáveis do Poder Público. O princípio da proporcionalidade, nesse contexto, acha-se vocacionado a inibir e a neutralizar os abusos do Poder Público no exercício de suas funções, qualificando-se como parâmetro de aferição da própria constitucionalidade material dos atos estatais".

5. Nesse sentido é a jurisprudência cristalizada no STF. Por todos, cf. trecho da ementa do HC 107.082-RS: "A justiça não tem como se incorporar, sozinha, à concreta situação das protagonizações humanas, exatamente por ser ela a própria

É dever do administrador público verificar a natureza da conduta praticada e seu grau de reprovabilidade à luz dos princípios que informam a atuação daqueles que se relacionam com a Administração Pública ou que manejam recursos públicos.

Atos dolosos, praticados com evidente má-fé e com o objetivo de locupletamento ilícito, merecem apenamento condizente com a gravidade da conduta e do comportamento praticado. Cabe ao administrador, no exercício do seu poder punitivo, valorar essa ilicitude e aplicar a penalidade coerente e proporcional à infração cometida.

Cabe, portanto, ao aplicador da norma sancionatória cominar as penalidades conforme a razão, de maneira moderada (atuando nos limites e parâmetros delimitados em lei), equilibrada (levando em consideração a lesividade e a reprovabilidade da conduta do agente infrator) e harmônica (ou seja, observando as outras sanções já aplicadas em casos similares), para que sejam proporcionais e racionais.[6]

No plano das licitações e contratos administrativos, a autoridade superior, responsável pela aplicação de penalidades administrativas, deve, analisando as especificidades do caso concreto, aferir a gravidade e a reprovabilidade da infração dos contratados, para fins de gradação da penalidade a ser aplicada. Também no caso de inadimplemento nos contratos administrativos, nas infrações leves/médias devem ser aplicadas as penas de advertência e de multa; nas infrações graves e gravíssimas, diversamente, devem ser aplicadas as penas de rescisão do contrato (rescisão-sanção) bem como sanções com efeitos extracontratuais, cujo fundamento direto é a lei, como suspensão temporária de participar de licitação e a declaração de inidoneidade.

Não há necessidade de que sejam percorridas todas as sanções até chegar à penalidade mais grave. Dito em outros termos: se a infração praticada for gravíssima, pode o gestor declarar rescindido o contrato e aplicar, após o devido procedimento administrativo, a declaração de ini-

resultante de uma certa cota de razoabilidade e proporcionalidade na historicização de valores positivos (os mencionados princípios da liberdade, da igualdade, da segurança, do bem-estar, do desenvolvimento etc.). Daí que falar do valor da justiça é falar dos outros valores que dela venham a se impregnar por se dotarem de um certo *quantum* de ponderabilidade, se por este último termo (ponderabilidade) englobarmos a razoabilidade e a proporcionalidade no seu processo de concreta incidência" (2ª Turma, rel. Min. Ayres Britto, *DJe* 25.4.2012).

6. Para aprofundamento do tema ver: "A principiologia no Direito Administrativo Sancionador", artigo elaborado em conjunto com o Dr. Diogo de Figueiredo Moreira Neto, publicado na *Revista Brasileira de Direito Público-RBDP*, Belo Horizonte, ano 11, n. 43 out.-dez./2013, pp. 9-27.

doneidade, sem que esteja obrigado a ter advertido ou, mesmo, multado o contratado em momento anterior.

Enfim, é dever do gestor, ao aplicar determinada penalidade administrativa, realizar um juízo de equidade/proporcionalidade entre a gravidade da conduta praticada pelo contratado e a espécie de sanção a ser aplicada – balizamento, esse, que, para o caso de inadimplemento contratual, deve ter seu conteúdo mínimo regulado no próprio instrumento contratual.

11.8.4 O processo administrativo sancionador e o direito à ampla e prévia defesa

É obrigatório que antes da aplicação de qualquer penalidade o licitante/contratado seja previamente notificado, a fim de que exerça seu legítimo direito de ampla e prévia defesa, sendo-lhe conferido o prazo de cinco dias úteis para apresentação das suas razões, a teor do disposto no § 2º do art. 87 da Lei 8.666/1993.

Não pode a penalidade, por mais grave que tenha sido a infração praticada, ser aplicada sem o direito à prévia defesa. Caso isso ocorra o processo administrativo sancionador estará maculado por nulidade absoluta e insanável.

A depender da complexidade do processo administrativo sancionador, pode ser necessária a abertura de prazos para produção de provas, o que deve ser objeto de exame casuístico à luz das especificidades de cada situação concreta. Devem ser aplicadas, supletivamente, as normas e regras das respectivas leis de processo administrativo de cada ente, como forma de suprir eventuais omissões legislativas específicas da Lei Geral de Licitações e Contratos Administrativos.

Após a aplicação das sanções administrativas de advertência, multa e suspensão temporária de participação em licitação, o licitante/contratado tem direito à interposição de recurso administrativo no prazo de cinco dias úteis, sem efeito suspensivo, que, entretanto, poderá ser requerido e deferido pela autoridade competente motivadamente e presentes razões de interesse público. É o que se depreende do art. 109, I, "f", c/c o § 2º, da Lei 8.666/1993.

A aplicação da declaração de inidoneidade, por envolver infrações gravíssimas, pressupõe um prazo maior de defesa, a saber, de 10 dias (§ 3º do art. 87 da Lei 8.666/1993), bem como um recurso específico, denominado de pedido de reconsideração, cujo prazo também é de 10 dias úteis da intimação do ato (art. 109, III, da Lei 8.666/1993).

11.8.5 A culpabilidade e o prejuízo na aplicação das sanções administrativas

Importante também, para a aplicação das sanções mais graves, aferir o grau de culpabilidade – elemento subjetivo da conduta –, que pode se materializar pela presença de dolo ou culpa grave. Para tanto pode o gestor público se utilizar dos parâmetros previstos nos incisos do art. 88 da Lei 8.666/1993, que definem graus de culpabilidade diferenciados para as condutas praticadas pelos administrados e que podem servir de norte interpretativo para a aplicação da suspensão temporária de participar de licitação e a declaração de inidoneidade.

Outro elemento importante para fins de aplicação de penalidade administrativa refere-se aos prejuízos sofridos pelo ente público. É da essência do direito administrativo sancionatório não só a aferição dos espectros subjetivos da conduta do sancionado, como também dos efeitos danosos gerados pela infração.

11.8.6 A possibilidade de aplicação das sanções administrativas aos licitantes

O *caput* do art. 87 da Lei 8.666/1993 menciona que a aplicação das sanções se efetivará em face dos "contratados", o que poderia induzir, em uma interpretação literal, que aos licitantes não poderia ser imposta qualquer penalidade. Outro argumento favorável a esta tese seria o de que normas que restrinjam direitos não podem ser interpretadas extensivamente, pelo quê os destinatários seriam apenas os que já celebraram contrato com a Administração Pública, e não todo e qualquer licitante.

Não se abona essa linha de entendimento, devendo prevalecer, na hipótese, interpretação sistemática e teleológica de que o licitante, ao manifestar vontade de contratar com o Poder Público e apresentar uma proposta, estabelece relação jurídica com a Administração Pública no âmbito do procedimento licitatório que, apesar de não ser ainda uma relação contratual, o sujeita às penalidades previstas diretamente em lei, devendo, desde já, observância aos princípios previstos no art. 37, *caput,* da CF e no art. 3º da Lei 8.666/1993, em especial ao da moralidade, e a todas as regras aplicáveis ao procedimento licitatório.

Anote-se, como premissa básica, que os princípios que informam o procedimento licitatório alcançam a Administração Pública e os particulares que com ela desejam contratar. Logo, a prática de atos durante o curso do procedimento licitatório que violem estes princípios – como, por exemplo, a apresentação de documento falso ou qualquer outro ilícito contra a ordem jurídica em vigor – pode ser objeto de aplicação de sanção administrativa por parte da Administração Pública, sob pena de esta, ao se omitir, estar agindo na contramão dos parâmetros e padrões de legalidade e eficiência que lhe são exigidos.

Lembre-se, ainda, que os incisos II e III do art. 88 da Lei 8.666/1993 tipificam condutas típicas de licitantes, e não de uma relação já contratualizada, admitindo, por exemplo, a aplicação da suspensão do direito de licitar e a declaração de inidoneidade aos licitantes que tenham praticado atos ilícitos visando a frustrar os objetivos da licitação ou que não demonstrem possuir idoneidade para contratar com a Administração Pública em virtude de atos ilícitos praticados.

Evita-se também, no caso de punição com base nas penalidades previstas nos arts. 87, III e IV, da Lei 8.666/1993, que licitante inidôneo se habilite a contratar com outros órgãos e entidades integrantes da Administração Pública, ficando impossibilitado temporariamente de participar de futuros certames.

11.8.6.1 *Advertência*

A advertência deve ser prevista no contrato nos casos em que a infração cometida pelo contratado for enquadrada como falta leve, assim compreendida aquela de baixo potencial lesivo ao interesse público mas que, de qualquer modo, configura uma infração ou descumprimento de alguma obrigação contratual.

11.8.6.2 *Multas*

A multa administrativa deve ser prevista no contrato para os casos de infrações médias, e é a única penalidade que pode ser aplicada cumulativamente com as demais sanções, a teor do disposto no § 1º do art. 87 da Lei 8.666/1993.

Além da multa administrativa, os contratos podem prescrever mais duas espécies de multa: a moratória (quando houver atraso injustificado na execução do ajuste pelo contratado – art. 86 da Lei 8.666/1993) ou a compensatória (quando a obrigação do contratado não foi executada e não mais poderá sê-lo com algum proveito para o contratante, funcionando como uma prefixação das perdas e danos, normalmente chamada "cláusula penal").

É possível também a previsão no instrumento contratual de "multas coercitivas", espécies de multas moratórias normalmente previstas com penalidade diária de pequeno valor, aplicada até que o particular cumpra a prestação contratual.

Na mora há o atraso na execução do objeto contratual, mas este ainda se afigura possível de ser realizado, quando, então, será possível a aplicação da multa a que se refere o art. 86 da Lei 8.666/1993 e nos limites estabelecidos no contrato.

No inadimplemento, ao revés, não há mais qualquer possibilidade de a prestação do contratado se realizar com algum proveito para o credor, razão pela qual incide a multa compensatória, que revela natureza de cláusula penal.

A multa moratória e a multa compensatória (cláusula penal) podem ser cobradas por meio da execução (administrativa) da garantia prestada pelo contratado, a teor do disposto no § 3º do art. 86 e no § 1º do art. 87 da Lei 8.666/1993, e no caso de serem fixadas em valor superior responderá o contratado pela sua diferença, que será descontada dos pagamentos eventualmente devidos pela Administração ou, se for o caso, cobrada judicialmente.

11.8.6.2.1 Parâmetros para aplicação das multas administrativas

Em relação à aplicação da multa administrativa pode-se cogitar da observância dos seguintes parâmetros: (i) a necessidade de previsão no contrato ou no ato convocatório das principais condutas passíveis de ensejar sua aplicação; (ii) a necessidade de gradação do seu percentual; (iii) sua aplicação deve considerar o *quantum* já executado do objeto contratual; (iv) distinguir se a infração foi de uma obrigação acessória ou principal.

As expressões "não cumprimento de cláusulas contratuais", ou "cumprimento irregular" têm previsão na lei (art. 78, I e II, da Lei 8.666/1993) e devem ser objeto de maior detalhamento no contrato, à luz das especificidades de cada objeto, correlacionando-se as hipóteses de inadimplemento e a sanção contratual aplicável, como acima sustentado. Afinal, existem diversos graus de inadimplemento, uns que reclamam aplicação de multas e outros que, além da rescisão contratual, podem dar ensejo à aplicação de sanções com efeitos extracontratuais, como a suspensão do direito de licitar ou a própria declaração de inidoneidade.

As cláusulas que estabeleçam a multa contratual podem prescindir de uma fixação definitiva do percentual quando as características das prestações contratuais indicarem a conveniência de margem para que o percentual da sanção seja definido à luz da infração cometida. A possibilidade de gradação do percentual da multa permite, por exemplo, que se apliquem valores distintos de multas para situações fáticas díspares, possibilitando que faltas leves acarretem multas leves e faltas graves ensejem multas pesadas. Sem isso não haverá espaço para o exercício da dosagem na aplicação da sanção contratual, o que, a depender das características do contrato, pode se revelar de fundamental importância para o atendimento do princípio da proporcionalidade.

Cautela relevante na aplicação das multas administrativas refere-se à previsão contratual de que sua incidência ocorrerá na parte do contrato não executada, o que atende também ao princípio da proporcionalidade.

A aplicação da multa deve levar em consideração se o inadimplemento envolve uma obrigação acessória ou principal. Se o inadimplemento se refere a uma obrigação acessória não é razoável aplicar a multa na integralidade, como se o objeto principal não tivesse sido cumprido.

11.8.6.3 *Suspensão temporária de participação em licitação*

A suspensão temporária de participação de licitação é uma espécie de sanção que produz efeitos extracontratuais, impedindo o apenado de licitar e contratar com a Administração Pública pelo prazo de até dois anos. É penalidade mais drástica, e que deve ser considerada para as infrações graves, cujo conteúdo mínimo deve estar retratado no contrato, para conferir maior previsibilidade na sua aplicação, evitando o cometimento de arbitrariedades no exercício do poder sancionador.

A polêmica, assim como ocorre com a declaração de inidoneidade, reside na extensão do seu alcance, o que será abordado mais à frente.

11.8.6.4 *Declaração de inidoneidade para licitar e contratar com a Administração Pública*

A declaração de inidoneidade é a sanção reservada às hipóteses de infrações gravíssimas e, assim como a suspensão temporária de participação em licitação, produz efeitos para além do contrato.

Sua duração é incerta, porquanto determina o art. 87, IV, da Lei 8.666/1993 que remanesce enquanto perdurarem os motivos determinantes da punição ou até que seja promovida sua reabilitação. A reabilitação depende de dois requisitos: (i) o ressarcimento à Administração pelos prejuízos causados; (ii) após decorrido, no mínimo, o prazo da sanção relativa à suspensão temporária de participar em licitação, ou seja, dois anos.

Razoável sustentar que mesmo a declaração de inidoneidade tenha seu prazo limitado no momento da sua aplicação, a fim de evitar que a sanção se prolongue indeterminadamente. Essa interpretação concretiza o princípio da segurança jurídica, evitando que o administrado seja punido com uma penalidade com prazo indeterminado e indefinido. Como a reabilitação somente pode ocorrer após o prazo de dois anos, é possível concluir que a declaração de inidoneidade pressupõe um prazo mínimo de dois anos.

11.8.6.4.1 Os tipos previstos no art. 88 da Lei 8.666/1993 e a aplicação da suspensão do direito de licitar e da declaração de inidoneidade

A suspensão do direito de licitar e a declaração de inidoneidade podem ser aplicadas às sociedades empresárias e aos profissionais nos seguintes casos: (i) tenham sofrido condenação definitiva por praticarem, por meios dolosos, fraude fiscal no recolhimento de quaisquer tributos; (ii) tenham praticado atos ilícitos visando a frustrar os objetivos da licitação; (iii) demonstrem não possuir idoneidade para contratar com a Administração em virtude de atos ilícitos praticados.

Não obstante o legislador não tenha fixado uma correlação estreita entre infração e sanção, fato é que no art. 88 da Lei 8.666/1993 alguns comportamentos considerados graves foram determinados como passíveis de aplicação das sanções de suspensão de licitar e declaração de inidoneidade, ou seja, aqueles que produzem efeitos externos à relação contratual.

O núcleo do comportamento vedado pela norma é a prática de atos que violem o princípio da moralidade e o Erário, revelando práticas dolosas e antecedentes que desabonem sua presunção de idoneidade. Dito em outros termos: pretende-se evitar contratações públicas com sociedades empresárias que descortinem comportamentos ou práticas inidôneos e que coloquem em risco os valores tutelados pelo Estado, como economicidade, moralidade e probidade.

11.8.6.4.2 A abrangência das penalidades de efeitos extracontratuais

Como visto, as sanções de suspensão temporária de participação em licitação e declaração de inidoneidade para licitar ou contratar com a

Administração Pública, previstas no art. 87, III e IV, da Lei 8.666/1993, produzem efeitos extracontratuais, o que significa dizer que ficam os licitantes/contratados impedidos de participar de outras licitações ou firmar novos contratos com o setor público.

Mas a dúvida que fica é saber os limites da extensão dessas penalidades, ou seja, se ficam circunscritas ao ente que as aplicou (União, Estados, Distrito Federal e Municípios) ou se alcançam os demais entes públicos.

Várias correntes se formaram sobre o tema.

Uma primeira linha de entendimento faz distinção entre os efeitos em razão da utilização dos vocábulos "Administração" e "Administração Pública" previstos no art. 6º, XI e XII, da Lei 8.666/1993 e que foram utilizados respectivamente nos incisos III e IV do art. 87. Apesar de ambas as penalidades administrativas possuírem consequência comum, estas sanções revelariam âmbitos de abrangência diversos: enquanto a pena de suspensão teria seus efeitos limitados à entidade da Administração que a aplicou, a declaração de inidoneidade, diversamente, espraia seus efeitos para qualquer órgão ou entidade daquela Administração Pública.

Jessé Torres Pereira Jr. pondera:[7]

> (...) a diferença do regime legal regulador dos efeitos da suspensão e da declaração de inidoneidade reside no alcance de uma e de outra penalidade. Aplicada a primeira, fica a empresa punida perante as licitações e contratações da Administração; aplicada a segunda, a empresa sancionada resulta impedida perante as licitações e contratações da Administração Pública. Assim é porque, em seu art. 6º, a Lei 8.666/1993 adota conceitos distintos para Administração e Administração Pública, (...).

Claro que no caso da suspensão temporária de participação de licitação a sanção não ficaria restrita ao órgão que a aplicou, o que poderia decorrer de uma interpretação literal do art. 6º, XII, da Lei 8.666/1993, mas ao ente público que o órgão, ou mesmo a entidade, integra.

Uma segunda linha de entendimento sustenta que ambas as sanções impedem o apenado de participar de licitação em qualquer órgão ou entidade de qualquer ente público. Assim, uma empresa sancionada por um Município fica impedida de licitar em qualquer outro ente da Federação.

O argumento é que a Administração Pública é una, possuindo funções descentralizadas para melhor atender ao interesse público; assim,

7. Jessé Torres Pereira Jr., *Comentários à Lei das Licitações e Contratações da Administração Pública*, 5ª ed., Rio de Janeiro, Renovar, 2002, p. 790.

praticado desvio de conduta, este deve produzir efeitos extensivos aos demais órgãos e entidades de todas as esferas administrativas. Essa é a orientação que tem prevalecido no âmbito do STJ.[8]

A Controladoria-Geral da União criou o Cadastro Nacional de Empresas Inidôneas e Suspensas/CEIS, cujo objetivo é funcionar como um banco de informações que consolide a relação das empresas que sofreram sanções pelos órgãos e entidades da Administração Pública das diversas entidades federativas.

Uma terceira linha de entendimento – frise-se, minoritária – argumenta que nenhuma das penalidades pode produzir efeitos além do ente público que a aplicou, sob pena de violação ao princípio federativo contido nos arts. 1º e 18 da CF. Neste sentido é a lição de Marcos Juruena Villela Souto:[9]

> A pena de declaração de inidoneidade, assim como a suspensão do direito de licitar, se restringe à Administração que a aplicou, por força do princípio federativo, contido nos arts 1º e 18 da CF, que assegura a autonomia às entidades federadas; só assim pode ser entendido o crime previsto na Lei de Licitações de contratar com pessoa declarada inidônea perante a Administração; afinal, as normas de rejeição social, como as penais, não podem ter interpretação ampliada.

Reconhecendo a polêmica da matéria, abona-se a linha de entendimento da terceira corrente, calcada no princípio federativo.

Ademais, a extensão indiscriminada dos efeitos da suspensão da participação em licitação e da declaração de inidoneidade pode provocar até mesmo a ruína de uma sociedade empresária que for alcançada pela sanção, o que demonstra que tal interpretação torna tais penalidades excessivamente drásticas, podendo colocar em risco a própria ideia de

8. Brasil, STJ, 2ª Turma, REsp 151.567-RJ, rel. Min. Francisco Peçanha Martins, j. 25.2.2003, *DJU* 14.4.2003, p. 208. Cf. trecho da ementa: "É irrelevante a distinção entre os termos 'Administração Pública' e 'Administração', por isso que ambas as figuras (suspensão temporária de participar em licitação (inciso III) e declaração de inidoneidade (inciso IV)) acarretam ao licitante a não participação em licitações e contratações futuras. A Administração Pública é una, sendo descentralizadas as suas funções, para melhor atender ao bem comum. A limitação dos efeitos da 'suspensão de participação de licitação' não pode ficar restrita a um órgão do Poder Público, pois os efeitos do desvio de conduta que inabilita o sujeito para contratar com a Administração se estendem a qualquer órgão da Administração Pública".

9. Marcos Juruena Vilella Souto, *Direito Administrativo Contratual*, Rio de Janeiro, Lumen Juris, 2004, p. 355.

preservação da empresa e, consequentemente, dos empregos por ela gerados, o que contrariaria a própria Constituição Federal.

Possível, ainda, acrescentar mais dois argumentos.

O primeiro aspecto é que, tratando-se de interpretação de sanções e penalidades, a interpretação deve ser restritiva,[10] e não extensiva, como a propugnada pela corrente hoje majoritária.

O segundo aspecto é que essa linha de entendimento contraria a tendência doutrinária de que a aplicação de sanções com efeitos extracontratuais em hipóteses que não sejam absolutamente necessárias pode agravar os custos de transação, os quais, por óbvio, acabariam sendo repassados para o preço final do contrato.

Não é demais lembrar que a sanção de declaração de inidoneidade pode ser aplicada por todos os entes federativos, o que inclui os mais de 5.000 Municípios – o que poderia criar, por exemplo, a peculiar situação de uma sociedade empresária de grande porte ser punida por um pequeno Município e, com isso, ficar inviabilizada de celebrar contratos com outros entes federados, o que parece um contrassenso.

Ademais, o poder sancionador da Administração em matéria de licitações e contratos muitas vezes não é exercido, na prática, com um prévio e adequado juízo de proporcionalidade, o que torna ainda mais complexa sua extensão indiscriminada para todos os entes federativos.

O argumento de que o particular apenado pode recorrer ao Poder Judiciário para anular a sanção também não se justifica, eis que, apesar da possibilidade do controle judicial da proporcionalidade na aplicação da sanção, não será descabido cogitar que o Judiciário se posicione no sentido de que se trata de matéria afeta ao mérito administrativo, e, portanto, insuscetível de ser apreciada – o que torna ainda mais delicada a situação dos licitantes/contratados apenados com tais sanções.

11.8.6.4.3 A origem dos recursos e o alcance das sanções de efeitos externos

Se os recursos são afetos ao ente federativo que aplicou a sanção, é razoável concluir que o impedimento de contratar alcança a entidade recebedora de tais recursos, como ocorre nas transferências volunta-

10. Essa é a lição de Carlos Maximiliano: "Em regra, é estrita a interpretação das leis excepcionais, das fiscais e das punitivas" (*Hermenêutica e Aplicação do Direito*, 15ª ed., Rio de Janeiro, Forense, 1995, p. 205).

rias para outros entes federativos, na forma da orientação fixada pelo TCU.[11]

A despeito de se tratar de tema também polêmico, entende-se que a vedação de contratação prevista nas sanções do art. 87, III e IV, da Lei 8.666/1993 se estende a todos os particulares que recebam recursos dos entes públicos, como ocorre nos convênios com instituições sem fins lucrativos ou nos demais ajustes celebrados entre as organizações sociais ou organizações da sociedade civil de interesse público.

Por receberem recursos públicos, essas instituições, quando promovem suas contratações, vinculam-se ao núcleo essencial dos princípios que orientam a Administração Pública. Muito embora não se enquadrem no conceito de Administração Pública, parece razoável a interpretação de que tais entidades também se encontram impedidas de contratar com empresas apenadas com as referidas sanções. Trata-se de medida que pode, inclusive, ser expressamente prevista nos seus regulamentos próprios de contratação, prestigiando os princípios da moralidade e da probidade, sem maior comprometimento da flexibilidade inerente ao seu regime próprio de contratação.

11.8.6.4.4 Os efeitos da aplicação da declaração de inidoneidade nos contratos em vigor

O STJ tem fixado o entendimento de que a declaração de inidoneidade só produz efeitos para o futuro, sem interferir nos contratos já existentes e em andamento. Nesse sentido, vejam-se as decisões proferidas no bojo dos MS 14.002-DF e 13.964-DF.

De fato, criar como consequência da aplicação da declaração de inidoneidade a rescisão automática dos contratos em vigor pode ser um

11. "Declaração de inidoneidade – Efeitos – Extensão para Estados e Municípios. TCU recomendou: '(...) proceda à inclusão de norma, no texto de sua Instrução Normativa n. 01/1997, de 15.1.1997, que proíba os órgãos e entidades convenentes de admitirem, nas licitações realizadas para possibilitar a execução de convênio, licitante que esteja em cumprimento de sanção de declaração de inidoneidade para licitar com a Administração Pública Federal imposta pelo TCU, como forma de dar eficácia à sanção imposta e de obstar ao cometimento de novas fraudes por ocasião da aplicação de recursos federais descentralizados mediante convênios, acordos, ajustes ou outros instrumentos congêneres'" (TCU, Plenário, Processo TC-013.628/1999-2, Acórdão 1.235/2004, *apud* Jorge Ulisses Jacoby Fernandes, ***Vade Mecum*** *de Licitações e Contratos: Legislação Selecionada e Organizada com Jurisprudência, Notas e Índices*, 4ª ed., Belo Horizonte, Fórum, 2010, pp. 1.017-1.018).

desserviço ao atendimento do interesse público, porquanto o ente público teria que, possivelmente, recorrer a contratações emergenciais (sempre mais onerosas), colocando em risco a continuidade dos projetos e das atividades administrativas.

Portanto, razoável inferir que a declaração de inidoneidade opere seus efeitos apenas para as novas contratações.

Não se nega que um problema que poderia advir dessa interpretação é o dever do contratado de manter, durante a execução do contrato, todas as condições de habilitação e qualificação exigidas na licitação, expressamente previsto no art. 55, XIII, da Lei 8.666/1993. Mas esse dispositivo legal deve ser interpretado, na linha da orientação jurisprudencial, em harmonia com os *princípios da segurança jurídica e da finalidade pública*, na medida em que a rescisão poderia acarretar maiores prejuízos ao interesse público do que a manutenção do ajuste.

Em relação à prorrogação dos contratos, a regra é a não extensão do vínculo, porquanto seria prolongar uma relação jurídica com uma sociedade empresária que se encontra impedida de contratar e apenada com uma sanção que produziu efeitos externos. A vedação de prorrogação é ainda mais evidente quando se tratar de serviços contínuos.

Os contratos por escopo podem comportar exceção a essa diretriz, mas diante de motivação explícita e congruente que demonstre, à luz das circunstâncias fáticas, que a manutenção do ajuste se revela vantajosa em comparação à ruptura do vínculo e desde que inexistam circunstâncias que recomendem a rescisão contratual. Essa é uma análise casuística, mas eventual prorrogação deve ser reforçada com maior ônus argumentativo, cujo norte deve ser o atendimento do interesse público e a demonstração clara dos eventuais prejuízos no caso da sua não celebração.

A preservação dos contratos em vigor, conforme acima propugnado, não afasta o dever do administrador público de apurar se existe alguma irregularidade no contrato administrativo em vigor, o que decorre do princípio da autotutela e do exame específico do caso concreto.

De outro lado, a aplicação de sanção ao particular produz efeitos imediatos nas licitações em curso, eis que a ausência de penalidades é condição de participação nos certames. Se a sanção for aplicada entre a homologação da licitação e a assinatura do contrato, o contrato não deve ser celebrado, convocando-se os licitantes remanescentes, na forma do disposto no art. 64, § 2º, da Lei 8.666/1993.

11.8.6.4.5 A autoridade competente para aplicar a sanção de declaração de inidoneidade

O § 3º do art. 87 da Lei 8.666/1993 prevê que a sanção de declaração de inidoneidade é de competência exclusiva do ministro do Estado, do secretário estadual ou municipal.

Ao estabelecer a competência de agentes públicos no âmbito dos Estados e Municípios a Lei 8.666/1993 invadiu a esfera de autonomia destes entes, a quem compete, em ato normativo próprio, determinar o agente público competente para aplicar tal ou qual sanção.

Assim, nada obsta, por exemplo, a que por meio de decreto do chefe do Poder Executivo do Estado ou do Município seja outorgada competência para outro agente que não aquele previsto na Lei 8.666/1993, eis que este diploma legal, neste aspecto, extrapolou os limites e legislou sobre normas que não podem ser consideradas gerais, em evidente vulneração ao disposto no art. 22, XXVII, da CF. O § 3º do art. 87 da Lei 8.666/1993 deve ser compreendido como norma federal (válida apenas para a União), e não como norma geral.

11.8.7 A possibilidade de aplicação das penalidades administrativas em razão de fatos ocorridos em outros contratos: os princípios da oficialidade e da verdade material no processo administrativo sancionador

Questão importante reside em saber se o ente público poderia iniciar um processo administrativo sancionador a partir de denúncias graves ou conhecimento de comportamentos ilícitos do contratado em outra relação jurídica.

Com efeito, mesmo comportamentos ou condutas inidôneos praticados fora de uma relação jurídico-formal firmada com um ente público são passíveis de gerar a penalização com as sanções de suspensão de licitar ou declaração de inidoneidade. Aliás, o objetivo da norma foi exatamente extrapolar os limites formais dos contratos administrativos pactuados com os entes públicos.

Repudia ao Direito tolerar comportamentos manifestamente inidôneos de pessoas jurídicas que com o ente público se relacionam. Admitir a inação administrativa em tais hipóteses seria descumprir o princípio da moralidade expressamente previsto no art. 37, *caput*, da CF.

Ciente de denúncias que envolvam atos de corrupção, como direcionamento de licitações, prática de sobrepreços e pagamento de propinas, o administrador público não pode ficar inerte.

A iniciativa de abertura de processo administrativo encontra-se fundamentada no princípio da oficialidade, que admite a iniciativa de instauração de processos administrativos de ofício, a teor do disposto no art. 2º, parágrafo único, XII, e no art. 5º da Lei 9.784/1999, ao contrário do que ocorre com os processos judiciais, que necessitam de provocação da parte interessada.

Também ampara essa atuação o princípio da verdade material, que admite no processo administrativo maior liberdade na obtenção de provas e na própria formação do juízo de convicção do administrador, em especial quando se trata de apurar as condições subjetivas do contratado.

É claro que essa maior liberdade de apuração dos fatos, ainda que ocorridos fora da relação contratual, não torna a atuação estatal arbitrária, senão obediente aos princípios da ampla defesa e contraditório, motivação, razoabilidade e proporcionalidade.

Também a circunstância de o processo administrativo ser aberto e instruído com notícias e reportagens de vários veículos da mídia não pode transformar a hipótese em verdade sabida. Como se sabe, o vício que torna a verdade sabida inconstitucional é a ausência da observância dos princípios do devido processo legal e da ampla defesa e do contraditório. Não se admite condenação prévia do administrado a partir do conhecimento direto do fato, sem qualquer valoração ou formação de um juízo de convicção, com a observância do legítimo direito do contratado de se manifestar previamente, ser ouvido e produzir as provas que entender necessárias.

11.8.8 A teoria da desconsideração da personalidade jurídica e a possibilidade de aplicação das sanções aos sócios, controladores e administradores

A penalidade administrativa não atinge, como regra, seus sócios, controladores e administradores quando o contratado for pessoa jurídica. Com efeito, os sócios bem assim os controladores ou administradores não respondem diretamente pelos deveres da sociedade, uma vez que o patrimônio desta é autônomo e independente do conjunto de bens das pessoas que a integram ou administram.

Entretanto, a autonomia patrimonial da pessoa jurídica não pode servir como proteção para o caso de uso abusivo ou fraudulento da empresa por parte dos seus sócios ou gestores. É um desvio na atuação da pessoa jurídica que, uma vez identificado, permite a aplicação da teoria da desconsideração da personalidade jurídica, alcançando-se diretamente a pessoa física, que passa a ser responsabilizada pela prática dos atos antijurídicos, respondendo com seu patrimônio em razão do ato praticado em nome da pessoa jurídica.

No Direito Brasileiro a teoria da desconsideração da personalidade jurídica foi recepcionada originalmente pela doutrina e pela jurisprudência e, mais recentemente, pelo art. 20 da Lei 8.884/1994 (atualmente revogada pela Lei 12.529/2011), pelo art. 28 do CDC, pelo art. 50 do CC e pelos arts. 133 a 137 do CPC/2015.

Muito embora para a atividade punitiva da Administração Pública não exista regra explícita neste sentido, parece cabível estender a aplicação da norma do art. 50 do CC, com fundamento no art. 54 da Lei 8.666/1993, que determina a aplicação supletiva dos princípios da teoria geral dos contratos e as disposições de direito privado aos contratos administrativos.

De fato, modernamente vem se admitindo a aplicação da teoria da desconsideração da personalidade jurídica, desde que na hipótese concreta se verifique a presença dos pressupostos da caracterização da situação antijurídica (atuação fraudulenta ou abuso de poder) e com a indispensável observância do devido processo legal.

Também vem se admitindo que a desconsideração da personalidade jurídica seja aplicada diretamente pela Administração Pública, sem a prévia intervenção do Poder Judiciário, conforme já teve a oportunidade de decidir o STJ:[12]

> Administrativo – Recurso ordinário em mandado de segurança – Licitação – Sanção de inidoneidade para licitar – Extensão de efeitos à sociedade com o mesmo objeto social, mesmos sócios e mesmo endereço – Fraude à lei e abuso de forma – Desconsideração da personalidade jurídica na esfera administrativa – Possibilidade – Princípios da moralidade administrativa e da indisponibilidade dos interesses públicos.
>
> A constituição de nova sociedade, com o mesmo objeto social, com os mesmos sócios e com o mesmo endereço, em substituição a outra declarada inidônea para licitar com a Administração Pública Estadual, com o objetivo de burlar a aplicação da sanção administrativa, constitui abuso de forma e fraude à Lei de Licitações, Lei n. 8.666/1993,

12. STJ, 2ª Turma, RMS 15.166.

> de modo a possibilitar a aplicação da teoria da desconsideração da personalidade jurídica para estenderem-se os efeitos da sanção administrativa à nova sociedade constituída.
>
> *A Administração Pública pode, em observância ao princípio da moralidade administrativa e ao da indisponibilidade dos interesses públicos tutelados, desconsiderar a personalidade jurídica de sociedade constituída com abuso de forma e fraude à lei, desde que facultados ao administrado o contraditório e a ampla defesa em processo administrativo regular.*
>
> Recurso a que se nega provimento. [*Grifos nossos*]

Marcos Juruena Villela Souto explica que o importante para a aplicação da teoria da *disresgard of legal entity* no direito administrativo é a precisa apuração dos fatos, cabendo à Administração valer-se dos elementos da teoria geral dos contratos contidos no Código Civil. E conclui:[13]

> Vê-se, pois, que, embora não havendo lei específica, é cabível, também no direito administrativo, a aplicação excepcional da teoria da desconsideração da personalidade jurídica para evitar prejuízo ao Erário ou à qualidade do serviço público, desde que caracterizados o elo e a intenção em fugir à pena previamente imposta.

Com os mesmos fundamentos, e ainda destacando a devida observância do devido processo legal e a ampla defesa ao interessado, Marianna Montebello, em estudo específico sobre o tema, destaca:[14]

> (...) a *disregard doctrine* pode ser invocada para salvaguardar os direitos da Administração Pública no curso de procedimentos licitatórios, caso se verifique que os sócios de uma empresa licitante estão se valendo da personalidade jurídica para encobrir atuação com abuso de direito, fraude à lei ou violação do interesse público. Igualmente, é fora de dúvida que a desconsideração da personalidade jurídica pode ser aplicada nas relações contratuais firmadas entre o Poder Público e particulares.

Portanto, uma vez caracterizadas a utilização fraudulenta da pessoa jurídica e a observância do devido processo legal, com direito à ampla

13. Marcos Juruena Villela Souto, *Direito Administrativo Contratual*, cit., pp. 357-358.

14. Marianna Montebello, "Os Tribunais de Contas e a *disregard doctrine*", in Fábio Medina Osório e Marcos Juruena Villela Souto (orgs.), *Direito Administrativo: Estudos em Homenagem a Diogo de Figueiredo Moreira Neto*, Rio de Janeiro, Lumen Juris, 2006, p. 229.

e prévia defesa, é possível a aplicação das penalidades administrativas referidas no art. 87 da Lei 8.666/1993 aos sócios e gestores da empresa, com fundamento na teoria da desconsideração da personalidade jurídica.

11.8.9 Efeitos da Lei Anticorrupção nas sanções da Lei 8.666/1993

A Lei 12.846/2013, que dispõe sobre a responsabilização administrativa e civil de pessoas jurídicas pela prática de atos contra a Administração Pública, nacional ou estrangeira (Lei Anticorrupção), soma-se à Lei 8.429/1992 como instrumento de penalização das condutas ilícitas praticadas por licitantes e contratados da Administração Pública.

A Lei Anticorrupção trouxe importantes inovações, dentre as quais se destacam: (i) a responsabilização objetiva das pessoas jurídicas pelos ilícitos nela previstos; (ii) a previsão de mecanismos de prevenção de desvios (*compliance*) como atenuante das sanções aplicáveis; e (iii) a possibilidade de celebração de acordo de leniência entre a Administração e o particular infrator que tenha agido em concerto com outros particulares ou agentes públicos na prática do ilícito.

O art. 5º, IV, da Lei 12.846/2013 prevê diversos ilícitos relacionados às licitações e contratos administrativos, cujos autores ficam sujeitos às sanções legais:

> Art. 5º. Constituem atos lesivos à Administração Pública, nacional ou estrangeira, para os fins desta Lei, todos aqueles praticados pelas pessoas jurídicas mencionadas no parágrafo único do art. 1º, que atentem contra o patrimônio público nacional ou estrangeiro, contra princípios da administração pública ou contra os compromissos internacionais assumidos pelo Brasil, assim definidos: (...); IV – no tocante a licitações e contratos: a) frustrar ou fraudar, mediante ajuste, combinação ou qualquer outro expediente, o caráter competitivo de procedimento licitatório público; b) impedir, perturbar ou fraudar a realização de qualquer ato de procedimento licitatório público; c) afastar ou procurar afastar licitante, por meio de fraude ou oferecimento de vantagem de qualquer tipo; d) fraudar licitação pública ou contrato dela decorrente; e) criar, de modo fraudulento ou irregular, pessoa jurídica para participar de licitação pública ou celebrar contrato administrativo; f) obter vantagem ou benefício indevido, de modo fraudulento, de modificações ou prorrogações de contratos celebrados com a Administração Pública, sem autorização em lei, no ato convocatório da licitação pública ou nos respectivos instrumentos contratuais; ou g) manipular ou fraudar o equilíbrio econômico-financeiro dos contratos celebrados com a Administração Pública; V – dificultar atividade de investigação ou fiscalização de órgãos, entidades ou agentes públicos,

ou intervir em sua atuação, inclusive no âmbito das agências reguladoras e dos órgãos de fiscalização do Sistema Financeiro Nacional.

Importante notar que o art. 17 da Lei Anticorrupção prevê que a Administração Pública poderá também celebrar acordo de leniência com a pessoa jurídica responsável pela prática de ilícitos previstos na Lei 8.666/1993, com vistas à isenção ou atenuação das sanções administrativas estabelecidas em seus arts. 86 a 88, que são exatamente os artigos da Lei de Licitações e Contratos Administrativos que dispõem sobre as sanções administrativas aplicáveis aos contratados da Administração Pública, algumas delas de efeitos extracontratuais, aplicáveis também aos licitantes, mesmo que não cheguem a contratar com a Administração Pública.

11.9 Exceção de contrato não cumprido

Aos contratos administrativos aplicam-se, supletivamente, os princípios da teoria geral dos contratos e as disposições de direito privado (Lei 8.666/1993, art. 54). Dentre esses princípios destaca-se o da exceção de contrato não cumprido, que assegura a um contratante opor, como defesa, a inexigibilidade de sua obrigação sem que a parte que a esteja a exigir, por sua vez, haja anteriormente cumprido a sua própria.

Dito em outros termos: a *exceptio non adimpleti contractus*, prevista no art. 1.092 do antigo CC, art. 476 do vigente CC, consubstancia a possibilidade de uma das partes não cumprir sua obrigação diante do inadimplemento da outra.

No campo dos contratos administrativos, até o advento da Lei 8.666/1993 prevalecia de forma absoluta o princípio da continuidade do serviço, de tal modo que a paralisação sumária da execução da avença, por força da exceção de contrato não cumprido, não era possível ao particular, especialmente no caso de atraso nos pagamentos devidos pela Administração. A ideia é que os serviços públicos e as atividades administrativas não poderiam ser interrompidos, e o particular apenas pleitearia indenização pelos prejuízos sofridos.

Muitas sociedades empresárias faliram em razão dessa injustificável possibilidade de inadimplemento absoluto dos entes públicos. Não raro, com a perpetuação do desequilíbrio na economia do contrato, o contratado era instado a utilizar recursos do seu próprio capital ou recorrer a empréstimos, até chegar ao ponto de enfrentar problemas de liquidez. O resultado desta indesejável cadeia era a extinção da sociedade empresária, com todos os efeitos econômicos e sociais danosos que um processo desta natureza acarreta.

Claro que essa postura da Administração Pública violava o princípio da boa-fé, além de gerar seu indevido enriquecimento sem causa, que encontra expressa previsão no art. 884 do CC.

Mas esse entendimento foi mitigado a partir da edição da Lei 8.666/1993, que no seu art. 78, XV, dispôs que o atraso superior a 90 dias dos pagamentos devidos pela Administração assegura ao contratado o direito de optar pela suspensão do cumprimento de suas obrigações até que seja normalizada a situação. A mesma disciplina foi conferida no caso de suspensão de execução do contrato por ordem escrita da Administração por prazo superior a 120 dias (inciso XIV).

Enfim, o inciso XV do art. 78 impõe um limite (ainda bastante elástico) para que o contratado opere sem a justa remuneração a que faz jus. Assim, os interesses da parte contratada não podem ser subjugados a pretexto da manutenção e continuidade do objeto contratual. Seria impor um sacrifício e um ônus extraordinário ao particular, incompatível com as garantias e direitos que lhe são constitucionalmente assegurados. O que se apresenta como regra geral é a ausência de dever jurídico do contratado de financiar gratuitamente os bens, serviços públicos e demais atividades administrativas.

O período mencionado no art. 78, XV, da Lei 8.666/1993 cuida da distinção entre mora e inadimplemento, para só neste último caso (após 90 dias de atraso) autorizar o contratado a pleitear a rescisão; antes disso não pode sequer ir a juízo invocando inadimplemento; nada o impede, contudo, de obter tutela cautelar se a continuidade do contrato lhe traz prejuízo insuportável. Mas, frise-se, antes de 90 dias o pleito principal não poderá ser a rescisão do contrato motivada por inadimplemento.

Mas após 90 dias sem o recebimento do preço devido pode o particular suspender a execução de suas obrigações administrativamente. Por vezes, e a depender do grau do interesse público envolvido, é imperativo que o contratado suspenda suas obrigações calcado em decisão judicial. Imagine-se, por exemplo, o fornecimento de remédios em hospitais públicos. A suspensão voluntária e unilateral por parte do contratado pode colocar em risco a vida das pessoas, devendo essa decisão estar autorizada pelo Poder Judiciário.

O contrato pode disciplinar como a exceção de contrato não cumprido será exercida, preservando-se a autonomia das partes para definirem o modo de sua aplicação naquela determinada relação contratual.

Uma reforma da legislação poderia cogitar da extinção do prazo de 90 dias ou, mesmo, sua redução. Duas consequências positivas poderiam advir dessa mudança: (i) instar os entes públicos a honrar suas obrigações financeiras; (ii) diminuir o valor pago nos contratos, porquanto diminuiria o risco de contratar com o Poder Público, e que é, naturalmente, incorporado pelos particulares quando formulam suas propostas nas licitações.

11.9.1 A alternativa da redução das obrigações contratuais

Uma alternativa no caso de reiterado descumprimento no pagamento do valor devido ao contratado é a redução das obrigações deste. As partes podem, de comum acordo, promover novo equacionamento das obrigações contratuais em razão de eventuais dificuldades financeiras do ente público.

O redimensionamento das obrigações contratuais, com a redução das obrigações e prestações do contratado, pode ser um legítimo mecanismo de reduzir o agravamento da onerosidade excessiva imposta pelo Poder Público, até que se normalizem os pagamentos devidos e que lhe sejam devidamente restituídos os valores em atraso. Para o ente público essa pode ser uma alternativa que preserve o contrato em vigor e mantenha em funcionamento o núcleo essencial ao atendimento do interesse público.

11.9.2 Da inexistência de relação de causalidade entre a falta de pagamento e prestação ineficiente por parte do contratado

O inadimplemento das obrigações financeiras do ente público não confere ao contratado o direito à ineficiência. Com efeito, o art. 78, XV, da Lei 8.666/1993 autoriza que o contratado suspenda suas prestações, administrativamente ou mesmo em juízo, até que sejam regularizados os pagamentos devidos. É este o direito que o contratado pode fazer valer.

A consequência jurídica prevista para o inadimplemento no pagamento pelo ente público é a suspensão pelo contratado do cumprimento de suas obrigações (podendo até chegar à rescisão do contrato), e não o descumprimento ou o cumprimento irregular das cláusulas contratuais.

Não há no ordenamento jurídico nenhum dispositivo legal que autorize o contratado a executar o contrato de modo imperfeito em razão do não pagamento dos serviços prestados. A relação de causalidade é outra, ou seja, a de que o não pagamento permite a suspensão no cumprimento das obrigações do contratado.

Portanto, mesmo que o ente público esteja com o pagamento em atraso, não pode o contratado executar suas obrigações em desacordo com os parâmetros de eficiência fixados no contrato. As alternativas postas à sua disposição são: (i) pleitear a suspensão e posterior rescisão do contrato, com base no art. 78, XV, da Lei 8.666/1993; (ii) pleitear a redução dos seus encargos, adequando-os aos recursos disponibilizados pelo ente público.

11.9.3 Do descabimento da invocação da exceção de contrato não cumprido para cobrança de débitos antigos

Uma das características dos contratos administrativos é a comutatividade; daí por que a invocação desta *exceptio* somente pode ser utilizada no caso de descumprimento de prestações simultâneas, ou seja, cujo momento de exigibilidade não seja distinto.

Não cabe, portanto, invocar a *exceptio non adimpleti contractus* para cobrança de débitos antigos. Cabe ao contratado buscar a via própria e adequada para obter seu ressarcimento, porquanto essa defesa somente é invocável nas situações de descumprimento de prestações simultâneas nos limites da relação contratual estabelecida, e não para regularizar eventuais débitos de relações jurídicas pretéritas.

11.9.4 As cláusulas exorbitantes e a sua utilização indiscriminada em todos os contratos administrativos

As cláusulas exorbitantes são aplicadas de forma indiscriminada e uniforme em todos os contratos administrativos. Entretanto, este excesso de poder e prerrogativas a favor da Administração Pública contratante pode ser uma das causas de os preços pagos nos contratos administrativos serem superiores àqueles pagos pela iniciativa privada.

Dúvida não há de que uma concessão (comum, patrocinada ou administrativa), ou mesmo uma obra pública, demanda o manejo de cláusulas que garantam a possibilidade da instrumentalização do interesse público por meio das cláusulas exorbitantes.

Mas será que a mesma necessidade e a mesma intensidade dessas cláusulas são indispensáveis para a compra de bens e serviços rotineiros? O grau de interesse público é o mesmo em todas as contratações?

A moderna tendência do direito administrativo do século XXI aponta para a necessidade de uma redução das assimetrias no campo das contratações públicas,[15] a reclamar que a sistemática das cláusulas exorbitantes seja repensada, como sugerido por Diogo de Figueiredo Moreira Neto:[16]

> (...) a passagem de uma viciosa relação de supremacia a uma virtuosa relação de ponderação marca fortemente o atual estágio evolutivo dessa interação, cada vez mais intensa, entre indivíduo e Estado, pondo em crescente evidência a exclusiva missão instrumental que a este cabe. Tudo, enfim, concorrendo para que jamais e a qualquer pretexto se permita invocar supremacias téticas ou *raisons d'État* para sobrepor quaisquer interesses, políticas ou ideologias aos direitos fundamentais.

O entendimento majoritário e convencional da doutrina e da prática administrativa ainda excessivamente apegado à matriz francesa de contratação pública do século XIX, continua a caminhar no sentido da aplicação e utilização indiscriminadas das cláusulas exorbitantes em todo e qualquer contrato administrativo – tema que merece maiores reflexões e debates, em especial no meio acadêmico.

15. Vitor Rhein Schirato analisa essa tendência: "Como consequência de um processo de atenuação da verticalidade das relações entre Estado e indivíduo, emerge a necessidade de revisão dos contratos administrativos como instrumentos firmados com uma necessária desigualdade entre as partes. É dizer que as relações gerais entre Estado e indivíduos deixam de ser essencialmente verticalizadas e autoritárias, o conceito de contrato administrativo moldado originalmente para se aplicar a uma necessária desigualdade entre as partes perde o sentido. Mais ainda, o contrato passa a ser não apenas meio de interação comercial entre Estado e iniciativa privada, mas meio de realização de funções públicas e satisfação do interesse pela via consensual" ("A interação entre a Administração Pública e os particulares nos contratos administrativos", *Fórum de Contratação e Gestão Pública* 138, Ano 12, Belo Horizonte, junho/2013).

16. Diogo de Figueiredo Moreira Neto, *Mutações do Direito Administrativo*, 3ª ed., Rio de Janeiro, Renovar, 2007, p. 432.

12
A Estrutura do Contrato Administrativo

12.1 Cláusulas necessárias. 12.2 A formalização do contrato. 12.3 A duração do contrato. 12.4 As distintas consequências das funções do prazo nos contratos por escopo e nos contratos de duração contínua. 12.5 Prorrogação do prazo: conceito e a necessária previsão no edital e no contrato: 12.5.1 A ausência de direito adquirido do contratado à prorrogação do prazo – 12.5.2 As prorrogações premiais – 12.5.3 A formalização da prorrogação do prazo – 12.5.4 A vedação à prorrogação tácita do prazo contratual – 12.5.5 O descabimento da lei como instrumento de prorrogação do prazo – 12.5.6 A vedação da celebração de contratos com prazo indeterminado – 12.5.7 A vantajosidade para fins de prorrogação – 12.5.8 Prorrogação e aplicação de multa – 12.5.9 Inaplicabilidade do art. 57 da Lei 8.666/1993 aos contratos de atribuição – 12.5.10 A prorrogação por iguais e sucessivos períodos – 12.5.11 A prorrogação contratual dos serviços contínuos em caráter excepcional. 12.6 Cessão do contrato: 12.6.1 Cessão no polo ativo. 12.7 Subcontratação: 12.7.1 Subcontratação das microempresas e empresas de pequeno porte. 12.8 A declaração de nulidade dos contratos e os seus efeitos. 12.9 Pagamento antecipado. 12.10 A prescrição dos débitos oriundos dos contratos administrativos. 12.11 Extinção dos contratos. 12.12 Controle dos contratos: 12.12.1 A deferência dos órgãos de controle e o princípio da separação dos Poderes – 12.12.2 O Tribunal de Contas da União/TCU e a sua função reguladora no sistema de contratação pública – 12.12.3 A necessária atuação harmônica e coerente dos órgãos de controle.

12.1 Cláusulas necessárias

O art. 55 da Lei 8.666/1993 arrola as cláusulas que devem constar obrigatoriamente nos contratos administrativos. Lembre-se que tais cláusulas devem ser compatíveis com as disposições do edital. São elas:

A definição do objeto e seus elementos característicos. A descrição do objeto deve ser clara e objetiva.

O regime de execução ou a forma de fornecimento. O regime de execução das obras e serviços pode se dar por empreitada global (art. 6º,

VIII, "a", da Lei 8.666/1993), empreitada por preço unitário (art. 6º, VIII, "b", da Lei 8.666/1993), tarefa (art. 6º, VIII, "d", da Lei 8.666/1993) e empreitada integral (art. 6º, VIII, "e", da Lei 8.666/1993). A forma de fornecimento, em regra, é exigida nos contratos de compra e venda, admitindo-se que a entrega seja integral, parcelada ou contínua.

O preço e as condições de pagamento, os critérios, data-base e periodicidade do reajustamento de preços, os critérios de atualização monetária entre a data do adimplemento das obrigações e a do efetivo pagamento.

Os prazos de início de etapas de execução, de conclusão, de observação e de recebimento definitivo, conforme o caso. Os prazos devem estar previamente definidos nos contratos, podendo ser prorrogados nas hipóteses previstas no § 1º do art. 57 da Lei 8.666/1993. O recebimento provisório e definitivo do objeto é disciplinado nos arts. 73 e 74 da Lei 8.666.

O crédito pelo qual correrá a despesa, com a indicação da classificação funcional programática e da categoria econômica. A cláusula deve indicar o programa de trabalho do orçamento e a nota de empenho. O empenho, segundo o art. 58 da Lei 4.320/1964, "é o ato emanado de autoridade competente que cria para o Estado obrigação de pagamento pendente ou não de implemento de condição".

As garantias oferecidas para assegurar sua plena execução, quando exigidas. A exigência de garantia fica a critério da autoridade competente, podendo o contratado escolher uma das modalidades de garantias previstas no § 1º do art. 56 da Lei 8.666/1993.

Os direitos e responsabilidades das partes, as penalidades cabíveis e os valores das multas. Os direitos e deveres das partes devem estar expressamente previstos no contrato. Algumas das responsabilidades dos contratados encontram-se previstas nos arts. 68, 69, 70 e 71 da Lei 8.666/1993. As penalidades são aquelas mencionadas no art. 87 da Lei 8.666, não podendo o administrador acrescentar qualquer outra, já que se trata de norma geral. Os valores das multas e os critérios para sua imposição também devem estar definidos no instrumento contratual.

Os casos de rescisão. As hipóteses de rescisão estão previstas no art. 78 da Lei 8.666/1993.

O reconhecimento dos direitos da Administração, em caso de rescisão administrativa prevista no art. 77 desta Lei. Busca-se com esta cláusula o detalhamento dos direitos da Administração nos casos de rescisão do contrato. O art. 80 da lei detalha alguns destes direitos.

As condições de importação, a data e a taxa de câmbio para conversão, quando for o caso. Cláusula indispensável somente quando a contratação envolver a importação de bens.

A vinculação ao edital de licitação ou ao termo que a dispensou ou a inexigiu, ao convite e à proposta do licitante vencedor. O contrato administrativo não pode estar em descompasso com os atos anteriores.

A legislação aplicável à execução do contrato e especialmente aos casos omissos. A legislação deve constar no preâmbulo do contrato, evitando desnecessária transcrição de todos os textos legais aplicáveis. Lembre-se que, tratando-se de licitação com recursos de organismos internacionais, poderá ser admitida a incidência das normas e procedimentos contidos nas regras daquelas entidades, a teor do que dispõe o § 5º do art. 42 da Lei 8.666/1993.

A obrigação do contratado de manter, durante toda a execução do contrato, em compatibilidade com as obrigações por ele assumidas, todas as condições de habilitação e qualificação exigidas na licitação. Ao longo de toda a execução contratual o particular deve demonstrar que as condições de habilitação perduram. É razoável a inclusão de cláusula que exija a comprovação do pagamento mensal relativo à Seguridade Social (INSS) e ao Fundo de Garantia do Tempo de Serviço/FGTS – art. 29, IV, da Lei 8.666/1993.

12.2 A formalização do contrato

Os contratos administrativos devem ser lavrados nas repartições interessadas, que devem manter em arquivo cronológico seus autógrafos e registros sistemáticos do seu extrato, salvo os relativos a direito reais sobre imóveis (art. 60 da Lei 8.666/1993).

Devem, necessariamente, mencionar os nomes das partes e os de seus representantes, a finalidade, o ato que autorizou sua lavratura, o número do processo de licitação, da dispensa ou da inexigibilidade e a sujeição dos contratantes às normas da Lei 8.666/1993 e das cláusulas contratuais (art. 61 da Lei 8.666).

Os contratos devem ser publicados na Imprensa Oficial (art. 61, parágrafo único, da Lei 8.666/1993), não se exigindo a publicação integral dos seus termos, mas apenas de extrato com seus principais elementos, tais como nome das partes, objeto, valor, seu fundamento legal e o número do processo.

Cabe à Administração Pública convocar o interessado para assinar o contrato dentro do prazo e condições estabelecidos no edital (art. 64

da Lei 8.666/1993); e, se este não o fizer, é facultativa a convocação de licitantes remanescentes na ordem de classificação e nas mesmas condições propostas pelo primeiro classificado (art. 64, § 2º, da Lei 8.666).

O instrumento de contrato é obrigatório nos casos de concorrência e tomada de preços, bem como nas dispensas e inexigibilidades cujos preços estejam compreendidos nos limites destas duas modalidades de licitação. Nas demais situações poderá o instrumento do contrato ser substituído por outros instrumentos hábeis, tais como carta-contrato, nota de empenho de despesa, autorização de compra ou ordem de execução de serviço (art. 62 da Lei 8.666/1993).

Independentemente do valor, será dispensável o termo de contrato, a critério da Administração, nos casos de compra com entrega imediata e integral dos bens adquiridos, dos quais não resultem obrigações futuras, inclusive assistência técnica.

12.3 A duração do contrato

Os contratos administrativos têm sua duração adstrita à vigência dos créditos orçamentários, que, frise-se, é anual (art. 57, *caput*, da Lei 8.666/1993). O comando geral extraído do *caput* do art. 57 da Lei 8.666 determina que os contratos só duram enquanto vigorarem os créditos a eles inerentes, em atendimento ao princípio da anualidade orçamentária. Tais créditos são os previstos na Lei Orçamentária Anual/LOA e, portanto, atribuídos por exercício financeiro, coincidente com o ano civil, a findar-se no dia 31 de dezembro de cada ano.

Assim, ao final de cada exercício há necessidade da renovação dos créditos orçamentários, sob pena de extinção do contrato, de pleno direito. Realmente, se o crédito do contrato, materializado pelo empenho, expira, a causa de extinção natural do contrato resta caracterizada, já que não pode haver a continuidade do contrato se não há recurso orçamentário disponível. Já, os contratos que duram mais de um exercício devem estar previstos no Plano Plurianual de Investimentos/PPA (CF, art. 165, § 1º), que tem duração de quatro anos, contemplando, normalmente, o primeiro exercício do mandato seguinte.

O art. 57 excepciona esta regra em quatro situações: (i) aos projetos cujos produtos estejam contemplados nas metas previstas no Plano Plurianual; (ii) à prestação de serviços continuados, que podem ter a duração prorrogada por iguais e sucessivos períodos com vistas à obtenção de preços e condições mais vantajosas para a Administração, limitada a

60 meses. O prazo pode ser inferior e prorrogado até 60 meses ou pode ser dimensionado em períodos maiores, tudo a depender das vantagens e da opção que se revelar a mais eficiente. Serviços continuados devem ser compreendidos como aqueles cuja interrupção possa comprometer a continuidade de suas atividades e cuja contratação deva estender-se por mais de um exercício financeiro. Dito em outros termos: nos serviços de natureza contínua a necessidade pública é permanente e depende de uma execução que se propaga ao longo do tempo, ao contrário do que ocorre nos contratos de execução instantânea, que se exaurem com o cumprimento da prestação principal; (iii) no caso de aluguel de equipamentos e quanto à utilização de programas de Informática, podendo sua duração estender-se até 48 meses após o início de vigência do contrato; (iv) nas hipóteses de dispensa de licitação, previstas nos incisos IX, XIX, XXVIII e XXXI do art. 24, cujos contratos poderão ter vigência por até 120 meses, caso haja interesse da Administração.

12.4 As distintas consequências das funções do prazo nos contratos por escopo e nos contratos de duração contínua

Situação muito comum nos contratos administrativos é a ocorrência de circunstâncias imprevistas que atrasam sua execução. No entanto, é certo que o prazo pode apresentar distintas funções, a depender do tipo de contrato.

Quanto ao aspecto do prazo, é possível distinguir os contratos por escopo e de duração continuada.

Nos contratos de escopo o que se busca é um resultado final. É, por exemplo, o caso de uma obra pública. O prazo não é um elemento primordial do negócio jurídico, não devendo ser causa extintiva do contrato.

Ao contrário, nos contratos de duração continuada o prazo é elemento essencial. É o caso, por exemplo, de um contrato de prestação de serviços. Uma vez extinto o prazo, encerrado estará o contrato.

Nos contratos por escopo o exaurimento do prazo inicialmente previsto no contrato não é causa suficiente para extinção do ajuste, eis que o contrato apenas chega ao termo final com a entrega do objeto contratado.

O TCU (*Informativo* 203) já teve a oportunidade de fixar o entendimento de que, "nos contratos por escopo, inexistindo motivos para sua rescisão ou anulação, a extinção do ajuste somente se opera com a conclusão do objeto e o seu recebimento pela Administração, diferentemente dos ajustes por tempo determinado, nos quais o prazo constitui elemento essencial e imprescindível para a consecução ou a eficácia do objeto avençado".

O principal efeito do término do prazo nos contratos por escopo é a possibilidade de caracterização de mora da contratada, o que ocorre quando o objeto não é executado ou entregue em razão do seu inadimplemento.

12.5 Prorrogação do prazo: conceito e a necessária previsão no edital e no contrato

O conceito tradicional de prorrogação nos contratos administrativos pressupõe a extensão do prazo de vigência de um contrato originariamente fixado pelas partes por determinado período.[1] Trata-se de conceito teórico comum aos ramos do direito privado e do direito público e que decorre, a rigor, de um senso comum e prático da própria teoria geral dos contratos.

Tem-se como obrigatório que o edital e o contrato estabeleçam expressamente a possibilidade de o prazo contratual ser prorrogado. A fixação da *regra do* jogo é indispensável para dar concretude ao princípio da igualdade, de modo a permitir que todos os licitantes tenham ciência de que, futuramente, o prazo do contrato poderá ser prorrogado, e sob que condições e requisitos.

A contrario sensu, é suposto concluir que a omissão no instrumento convocatório da licitação e nas cláusulas do contrato administrativo sobre o tema da prorrogação implica vedação tácita à sua admissão.

Importante anotar que o contrato somente poderá ser prorrogado se ainda estiver em vigor.

12.5.1 A ausência de direito adquirido do contratado à prorrogação do prazo

No Brasil, o STF vem interpretando a prorrogação como mera *expectativa de direito*, o que significa dizer, *a contrario sensu*, que o particular não pode invocar um pretenso direito adquirido à extensão do prazo contratual. Essa é a orientação que tem prevalecido para os contratos

1. Por todos, v. a conceituação de Pedro Costa Gonçalves: "A prorrogação do contrato de concessão consiste no prolongamento da sua vigência que determina o protelamento do termo de concessão" (*A Concessão de Serviços Públicos*, Coimbra, Livraria Almedina, 1999, p. 328).

administrativos[2] e para os contratos de trabalho por tempo determinado,[3] o que indica uma orientação uniforme, conquanto direcionada a tipos contratuais distintos.

Por conseguinte, se a prorrogação não passa de uma expectativa de direito, o particular não deve considerá-la como evento futuro e certo no momento em que elabora e apresenta sua proposta no processo de licitação.

12.5.2 As prorrogações premiais

A despeito da regra acima enunciada, ou seja, de que não há direito adquirido à prorrogação do prazo, importante anotar que variações poderão ser admitidas a esse entendimento, a depender das circunstâncias das leis setoriais disciplinadoras da prorrogação e da forma como a cláusula contratual foi elaborada.[4]

É o caso, por exemplo, das *prorrogações premiais*, a saber, quando a própria entidade adjudicante voluntariamente impõe limites à sua discricionariedade e se autovincula para assegurar eventual extensão do prazo do contrato quando atendidos requisitos objetivos que, por exemplo, atestem desempenho excepcional do contratado. A extensão do prazo é, nessa hipótese, utilizada para a finalidade específica de funcionar como

2. "Mandado de segurança – Acórdão do TCU que determinou a não prorrogação de contrato administrativo – Inexistência de direito líquido e certo – Violação das garantias do contraditório e da ampla defesa não configurada. 1. Não há direito líquido e certo à prorrogação de contrato celebrado com o Poder Público. Existência de mera expectativa de direito, dado que a decisão sobre a prorrogação do ajuste se inscreve no âmbito da discricionariedade da Administração Pública. (...). 3. Segurança denegada" (STF, Tribunal Pleno, MS 26.250, rel. Min. Ayres Britto, j. 17.2.2010, *DJe*-045, divulg. 11.3.2010, publ. 12.3.2010, *EMENT.* VOL-02393-02 PP-00294).

3. Cf.: "Agravo regimental em recurso extraordinário – Direito administrativo – Contrato de trabalho por prazo determinado – Prorrogação – Impossibilidade. 1. Não há direito líquido e certo à prorrogação de contrato celebrado com o Poder Público, mas simples expectativa de direito, dado que a decisão sobre a prorrogação do ajuste se insere no âmbito da *discricionariedade* da Administração Pública, quando embasada na lei. 2. Agravo regimental desprovido" (STF, 2ª Turma, AgR no RE 573.556, rel. Min. Ayres Britto, j. 14.2.2012, acórdão eletrônico *DJe*-047, divulg. 6.3.2012, publ. 7.3.2012).

4. Entendendo que a prorrogação pode ser um direito adquirido, v.: Tércio Sampaio Ferraz Jr. e Juliano Souza de Albuquerque Maranhão, "Separação estrutural entre serviços de telefonia e limites ao poder das agências para alteração dos contratos de concessão", *Revista de Direito Público da Economia* 8/220-227, Ano 1, Belo Horizonte, Fórum, outubro-dezembro/2004.

um mecanismo de incrementar a *performance* do contratado na busca por atingimento de metas e resultados previamente determinados.

Evidente que conformação contratual dessa natureza deve ser objeto de motivação razoável e proporcional, de modo a demonstrar que a extensão do prazo (e em que medida) é um meio adequado para induzir a eficiência. Afinal, prorrogação dessa natureza difere para momento posterior a concretização do princípio da concorrência. Mas o fato é que, se o contratado comprovar o atendimento de todas as condições contratuais para receber o prêmio (no caso, a extensão do prazo), não pode o ente público simplesmente deixar de prorrogar o contrato. Caso o faça sem justo motivo, o contratado deverá ser indenizado.

12.5.3 A formalização da prorrogação do prazo

A prorrogação do prazo é instrumentalizada por meio de *termo aditivo*, a saber, acordo firmado consensualmente entre as partes e que tem por objetivo prolongar o lapso temporal inicialmente ajustado.

Os aspectos procedimentais e o conteúdo material para que a prorrogação se efetive devem estar previstos expressamente no contrato. São exemplos o prazo de antecedência para o contratado requerer a prorrogação (se for o caso), o prazo para o ente público se manifestar sobre eventual pedido de prorrogação, a demonstração do cumprimento das suas obrigações, a ausência de infrações consideradas graves ou gravíssimas que possam constituir causa impeditiva da prorrogação, a avaliação do desempenho do contratado, bem como o preço que será ajustado para o período de extensão do prazo.

Cada contrato deve, à luz das opções discricionárias e das necessidades administrativas, modelar e disciplinar concretamente as condições que autorizarão a prorrogação. Cláusulas excessivamente vagas e que apenas reproduzem a lei devem ser evitadas.

Ponto *inconteste* é que a prorrogação do prazo não é uma daquelas cláusulas exorbitantes que podem ser unilateralmente impostas pela Administração Pública ou mesmo, no caso de recusa da sociedade empresária contratada, resultar em aplicação de qualquer sanção administrativa. Trata-se de *ato bilateral e convencional* que assegura ao contratado o direito de não permanecer no vínculo contratual além daquele prazo originariamente fixado, salvo por expressa vontade própria.

Mas não basta a formalização por mero termo aditivo. Indispensável o dever de fundamentação e motivação, porquanto ao se decidir pela prorrogação se adia a concretização do princípio da licitação.

A fundamentação deve ser clara, congruente e suficiente,[5] fruto de procedimento disciplinado na própria cláusula do contrato administrativo que confira racionalidade e transparência ao processo decisório. É preciso, por exemplo, que a avaliação sobre a extensão, ou não, do prazo contratual se dê num prazo mínimo de antecedência, sob pena de a decisão ser tomada em regime de urgência, sem a observância de tempo razoável para ponderação de todas as variáveis em jogo.

Como decorrência da transparência, o procedimento da prorrogação, a ser previsto no contrato, precisa ser instruído com os documentos que embasem a decisão final da autoridade competente, como manifestações dos órgãos técnicos, delimitação motivada do novo período de extensão do prazo, explicitação das causas que justificam a opção pela prorrogação do prazo, manifestações e requerimentos da sociedade empresária contratada e, ainda, o exame jurídico do órgão competente, a quem cabe avaliar a juridicidade da decisão administrativa a partir dos parâmetros contratuais e da moldura normativa aplicável.

A boa governança e a administração de resultados impostas aos gestores produzem como consectário lógico o dever de que as informações e o processo decisório no plano administrativo sejam abertos e transparentes, de modo a facilitar e viabilizar o controle externo dos cidadãos, assim caminhando para a concretização de uma *Administração Pública Democrática*,[6] que incremente a legitimidade da tomada de decisão governamental.

12.5.4 A vedação à prorrogação tácita do prazo contratual

Parece incompatível no regime jurídico de direito público cogitar de uma espécie de *prorrogação tácita*, na qual a ausência de manifestação de vontade das partes, ao final do prazo contratual, seria bastante para estendê-lo. Importante anotar que a Lei 8.666/1993 determina expressamente, no seu art. 57, § 2º, que toda prorrogação de prazo deverá ser justificada por escrito e previamente autorizada pela autoridade competente para celebrar o contrato.

5. Sobre o tema, v.: José Carlos Vieira Andrade, *O Dever da Fundamentação Expressa de Actos Administrativos*, Coimbra, Livraria Almedina, 2007. V. também: João Caupers, *Introdução ao Direito Administrativo*. Lisboa, Âncora, 2013.

6. Sobre o tema, v.: Jacques Chevallier, *L'État Post-Modern*, 3ª ed., Paris, LGDJ, 2008. V. também: Daniela Bandeira Freitas e Vanice Regina Lírio Valle (coords.), *Direito Administrativo e Democracia Econômica*, Belo Horizonte, Fórum, 2012.

O *déficit* de transparência e fundamentação que a extensão silenciosa do prazo contratual acarretaria, aliado à ilegítima limitação do exercício de controle externo, torna a prorrogação tácita descabida nos contratos administrativos, em especial porque adia a realização da licitação e, via de consequência, dos valores que a instauração da concorrência concretizou.

12.5.5 O descabimento da lei como instrumento de prorrogação do prazo

Importa anotar que a prorrogação do prazo, assim como sua fixação originária, instrumentaliza-se por meio de manifestação consensual de vontade do ente público e do contratado, via termo aditivo, e jamais por lei. Não cabe ao Poder Legislativo praticar atos de gestão que interfiram em competências materialmente atribuíveis ao Poder Executivo e seu aparelho administrativo, sob pena de violação do princípio da separação de Poderes, prorrogando contratos por instrumentos legislativos.[7]

12.5.6 A vedação da celebração de contratos com prazo indeterminado

A celebração de contrato com prazo de vigência indeterminado é expressamente vedada pela Lei 8.666/1993 (§ 3º do art. 57). Os prazos nos contratos administrativos não comportam qualquer indeterminação, eis que é da sua natureza a determinação concreta e objetiva do lapso temporal no qual perdurarão os direitos e obrigações previamente acordados entre as partes.

Alicerçam essa premissa os princípios da igualdade e da concorrência. Ao contrário do que ocorre nos contratos de direito privado, orientados pela autonomia da vontade das partes, o ente público contratante não tem o mesmo grau de liberdade na escolha dos seus parceiros ou sociedades empresárias contratadas para a consecução dos mais variados objetos.

A regra, portanto, é a realização de licitação pública com vistas a selecionar a proposta mais vantajosa ao ângulo do interesse público. É por

7. Exemplo dessa patologia vem ocorrendo no Brasil, em especial, no segmento do serviço postal. Adotou-se a opção pela extensão dos serviços por meio de franquias. Sucede que esses contratos vêm sendo sistematicamente prorrogados pelo Poder Legislativo, perpetuando os atuais contratados no negócio e impedindo a realização de nova licitação. V., a propósito, a prorrogação levada a efeito nas franquias pelas Leis 9.648/1998, 10.577/2002, 11.668/2008 e 12.400/2011. A ausência de concorrência no setor é objeto da ADI 4.155/2008, que tramita no STF.

seu intermédio que se concretizam valores de elevada carga axiológica como isonomia, transparência e moralidade, por conseguinte configurando-se como um dos mais importantes mecanismos de consecução do interesse público, finalidade que norteia toda e qualquer atividade administrativa.

Nos contratos públicos o princípio da concorrência impede a indeterminação e a perpetuação de vínculos com quaisquer operadores econômicos ou agentes privados e, assim, justifica a referência ao *princípio da temporalidade* como dominante nos contratos administrativos.

Norma que disciplinasse em linha contrária, ou seja, admitindo a indeterminação desses prazos contratuais na seara do direito público, seria claramente inconstitucional, na exata medida em que criaria um privilégio injustificável e uma perpetuidade incompatível com o atendimento das necessidades da coletividade, que ficaria privada do acesso a propostas e projetos que poderiam se revelar mais atraentes ao ângulo do interesse público.

12.5.7 A vantajosidade para fins de prorrogação

O critério que orienta a vantajosidade na prorrogação é, como regra, o preço. Mas outros fatores devem ser sopesados, como o desempenho anterior do contratado, as atuais condições concorrenciais de mercado, o conhecimento do objeto do contrato e outros aspectos que se inserem no espectro de competências discricionárias do gestor, sujeitos a motivação clara e transparente.

Nada obsta a que a prorrogação do contrato ocorra mesmo que, após pesquisa de preços, se comprove que o preço do contratado não é o menor. Isso porque o critério econômico não é o único que deve prevalecer na avaliação discricionária do gestor. Outros fatores podem e devem ser ponderados para definir se a opção pela prorrogação é a que melhor atende ao interesse público. É claro que em hipóteses como essas o ônus argumentativo deve ser maior, tudo com vistas a demonstrar que o princípio da eficiência foi atendido e que não houve qualquer tipo de favorecimento indevido ao atual contratado.

12.5.8 Prorrogação e aplicação de multa

Não se vislumbra óbice legal para que o contrato seja prorrogado mesmo que durante seu curso tenha sido aplicada penalidade de multa ao contratado. Os momentos são distintos. Se houve, por exemplo, atraso na conclusão de uma obrigação, é dever-poder da Administração Pública aplicar a sanção cabível.

Diverso é o momento que envolve a decisão de prorrogar o contrato, cujo exame técnico avalia não apenas as eventuais faltas cometidas, mas a execução do objeto como um todo e a ponderação envolvendo os custos/benefícios entre realizar nova licitação ou prorrogar o contrato. Se a avaliação é positiva, a despeito da aplicação de multa em momento anterior, pode o contrato ser prorrogado, inserindo-se tal decisão na seara discricionária do administrador, que, por óbvio, deve estar embasada em motivação condizente que revele ser essa a opção que melhor concretiza o princípio da eficiência.

12.5.9 Inaplicabilidade do art. 57 da Lei 8.666/1993 aos contratos de atribuição

O art. 57 da Lei 8.666/1993 tem por objetivo resguardar a previsibilidade dos recursos orçamentários (consoante mandamento previsto no art. 167, § 1º, da CF). Daí a *lógica de limitação temporal dos contratos à vigência dos créditos respectivos*, que informa a aplicação do art. 57, *caput*, da Lei 8.666/1993, seus incisos e §§, tudo com vistas a dar previsibilidade ao custeio dos encargos contratuais para a Administração contratante. Trata-se, pois, de norma de natureza estritamente financeira, e aplicável, portanto, aos casos em que há *dispêndio de recursos públicos*.

Daí por que o art. 57 da Lei 8.666/1993 é inaplicável aos contratos de atribuição,[8] ou seja, aqueles em que a Administração confere determinadas vantagens ou certos direitos ao particular, como é o caso da concessão de uso de bem público ou concessão de direito real de uso.

As hipóteses de prorrogação previstas nos §§ do art. 57 da Lei 8.666/1993 vinculam-se aos contratos submetidos a prévia dotação orçamentária, nos quais é o ente público quem arca com os custos, por exem-

8. A respeito da distinção entre contrato de colaboração e de atribuição v. os ensinamentos de Hely Lopes Meirelles: "Os *contratos administrativos* podem ser de *colaboração* e de *atribuição*. *Contrato de colaboração* é todo aquele em que o particular se obriga a prestar ou realizar algo para a Administração, como ocorre nos ajustes de obras, serviços ou fornecimentos; *contrato de atribuição* é o em que a Administração confere determinadas vantagens ou certos direitos ao particular, tal como o uso especial de bem público. O primeiro é firmado no interesse precípuo da Administração; o segundo é realizado no do particular, desde que não contrarie o interesse público. Essa distinção é fundamental para a correta interpretação dos contratos administrativos, (...)" (*Direito Administrativo Brasileiro*, 41ª ed., São Paulo, Malheiros Editores, 2015, p. 235).

plo, de uma obra, serviço ou aquisição de um bem. A lógica dos contratos de atribuição é totalmente diversa, já que nessa espécie contratual não há pagamento de prestações ao particular com o uso de recursos públicos; há investimentos privados em determinado bem público.

12.5.10 A prorrogação por iguais e sucessivos períodos

A expressão "iguais e sucessivos períodos", prevista no art. 57, II, da Lei 8.666/93, não significa que o legislador tenha vedado prorrogações com prazo menor do que o inicialmente ajustado. Isto por uma razão muito simples. A prorrogação é exceção, eis que a regra é a licitação. A ideia é evitar que as mesmas pessoas se eternizem nas relações contratuais travadas pela Administração Pública; daí ser admitida em hipóteses excepcionais e com prazos máximos estabelecidos.

Ora, se esta é a premissa, uma prorrogação que se efetive por menos tempo que o prazo inicialmente ajustado valoriza e prestigia o princípio da licitação (art. 37, XXI, da CF). Por isso que se admite como viável uma prorrogação por prazo inferior ao que foi acordado, nunca superior. Esta teria sido a finalidade da inclusão do vocábulo "iguais" na referida norma, que funcionaria como um limitador para o exercício de uma competência discricionária no momento de decidir pela prorrogação do contrato ou realização de nova licitação.

Releva notar que devem sempre ser ponderadas as peculiaridades da *fattispecie.* Assim, por exemplo, ficando demonstrado que a prorrogação se afigura como a melhor alternativa para a Administração Pública, no caso de uma sociedade empresária contratada apresentar o menor preço na pesquisa de mercado a ser realizada (princípio da economicidade) ou mesmo se a atual contratada vier desempenhando com qualidade o objeto contratual (princípio da eficiência), a interpretação literal poderia prestar um desserviço ao interesse público.

12.5.11 A prorrogação contratual dos serviços contínuos em caráter excepcional

A base legal para a prorrogação em caráter excepcional dos serviços contínuos encontra-se prevista no § 4º do art. 57 da Lei 8.666/1993, que a admite por mais 12 meses mediante ato devidamente justificado e autorização da autoridade superior.

A situação deve ser excepcional (matéria de índole discricionária do administrador, sujeita aos parâmetros de controle de razoabilidade) e devidamente justificada (motivada), além da indispensável autorização da autoridade superior.

Se a situação fática é excepcional, significa dizer que escapa das situações de normalidade e de previsibilidade. Exatamente por essa circunstância é que não faz sentido imaginar que para prorrogar um contrato, em decorrência de uma situação excepcional, seria necessário previsão no edital e no contrato. Pensar nestes termos constituiria um contrassenso.

Por outro lado, quando o legislador utilizou a expressão "poderá ser prorrogado por até 12 (doze) meses" objetivou fixar um limite máximo de extensão do prazo contratual. Portanto, nada impede que a prorrogação se dê em prazo inferior ao limite máximo fixado no dispositivo legal.

12.6 Cessão do contrato

A Lei 8.666/93 prevê, no inciso VI do seu art. 78, que a Administração Pública poderá rescindir o contrato administrativo firmado com o particular nos casos de subcontratação total ou parcial de seu objeto, cessão total ou parcial do polo subjetivo da avença, bem como fusão, cisão ou incorporação não admitidas pelo edital ou pelo contrato.

Portanto, o vencedor do certame licitatório não pode, sem o consentimento da Administração, ceder sua posição contratual a terceiros estranhos ao processo de seleção. Isto porque o procedimento licitatório visa, primeiramente, a prestigiar o princípio da impessoalidade na seleção de candidatos, mas, depois, a preservar um padrão de execução na contratação de particulares pela Administração, de modo que o contrato seja executado na forma, condições e qualificação licitadas.

Mas essa ideia de execução personalíssima não pode ser levada ao extremo e nem ser interpretada de forma absoluta, já que a competição visa à obtenção da melhor proposta, e não da melhor sociedade, ressalvadas as situações de contratação direta.

Tanto é verdade que a própria Lei 8.666/1993, no § 2º do art. 64, possibilita que a Administração convoque os licitantes remanescentes no procedimento licitatório quando o vencedor do certame não comparecer para a assinatura da avença, tomando por base a proposta vencedora, que fixou o padrão de qualidade. A mesma lógica depreende-se da sistemática da hipótese de contratação direta prevista no art. 24, XI, da Lei 8.666/1993, que admite, no caso de rescisão do contrato, a contratação direta dos demais licitantes, observada a ordem de classificação no certame.

Os contratos administrativos apresentam como uma das suas características a mutabilidade, que alcança também o polo subjetivo da relação contratual. A rigor, é o próprio art. 78, VI, da Lei 8.666/1993 que admite a cessão, desde que prevista no edital e no contrato. Mencione-se, ainda, o art. 27 da Lei 8.987/1995, que, do mesmo modo, admite que nas concessões de serviços públicos ocorra transferência do objeto.

A situação de cessão total ou parcial do objeto do contrato configura situação excepcional, e deve ser objeto de algumas condicionantes. Indispensáveis a aquiescência do contratante e a verificação sobre se o cessionário preenche os requisitos de habilitação e de contratação.

Além disso, no momento em que for analisar o pleito da cessão o contratante deve exigir que o contratado indique as razões pelas quais pretende transferir o objeto (total ou parcialmente) para terceiros. Isso atende ao princípio da motivação e permite subsidiar o contratante com elementos para avaliar se há eventual fraude aos princípios da licitação, da isonomia e da moralidade.

É importante, também, que o contratante se certifique de que o contratado vem executando a contento o objeto. Isso porque a cessão não deve se prestar para contornar eventual inadimplemento do contratado, que, por não conseguir desempenhar os encargos a que se obrigou, busca se "livrar" do contrato, trespassando-o a terceiros. Deve, ainda, ser verificado se não há prejuízo ou sacrifício do interesse público em jogo com a cessão, em especial à luz do princípio da eficiência.

Eventual cessão deve levar em consideração a necessidade de manutenção das demais cláusulas e condições de execução do contrato. Assim, pode-se afirmar que na ocorrência da cessão da posição contratual deve ser mantido o regime jurídico inicial da avença, sendo, pois, transferidos ao contratado os direitos e deveres do contrato original. A mudança se dá apenas no plano subjetivo da relação contratual.

12.6.1 Cessão no polo ativo

A Lei 8.666/1993 não autorizou expressamente a cessão no polo ativo nos contratos administrativos. Mas isso não quer dizer que seja vedado fazê-la. Como se sabe, aplicam-se aos contratos administrativos supletivamente os princípios da teoria geral dos contratos e as disposições de direito privado, conforme expressamente determinado no art. 54 da Lei 8.666.

Assim, seriam aplicáveis supletivamente aos contratos administrativos as normas de direito privado, que admitem, via interpretação analógica, a cessão da posição contratual utilizando como fundamento, naquilo que couber, as regras que disciplinam a cessão de crédito.[9]

Ademais, não há por que afastar essa possibilidade no campo do direito público, mormente quando não mais se compreende a ação do administrador sob o ângulo da legalidade estrita.[10] Com efeito, o cabimento da cessão do polo ativo em um contrato administrativo pode decorrer de uma interpretação sistemática da legislação. Veja-se, por exemplo, que são admitidas mudanças no polo passivo do contrato desde que previstas no edital e no próprio contrato, como consta no art. 78, VI, da Lei 8.666/1993.

Ora, se é autorizada a mudança no polo passivo, desde que o edital e o contrato admitam e com base, por óbvio, em uma motivação consistente, não se vê razão para vedar a cessão no polo ativo do contrato.

Não raro as circunstâncias iniciais da contratação são modificadas no decorrer da execução do contrato. Assim, muitas vezes ocorrem modificações na estrutura da Administração Pública, com alteração de competências ou mesmo aspectos técnicos ou orçamentários que podem acarretar na mudança do polo ativo como forma de melhor atender ao interesse público.

Claro que, para tanto, é fundamental a motivação em cada caso concreto, com a explicitação das razões que acarretam a cessão e com a de-

9. De acordo com Gustavo Tepedino: "Finalmente, cumpre observar que o legislador suprimiu no texto atual o art. 1.078 do CC/1916, o qual previa, *in verbis*: 'As disposições deste Título aplicam-se à cessão de outros direitos para os quais não haja modo especial de transferência'. Não obstante a aparente lacuna, a doutrina já se pronunciou positivamente no sentido de que 'a regra analógica continua válida' (Sílvio Venosa, *Direito Civil*, p. 337), podendo-se aplicar as normas atinentes à cessão de crédito às cessões de posição contratual (...)" (Gustavo Tepedino, Heloísa Helena Barboza e Maria Celina Bodin de Moraes, *Código Civil Interpretado Conforme a Constituição da República*, vol. I, Rio de Janeiro, Renovar, 2004, p. 286).

10. Gustavo Binenbojm, "A constitucionalização do direito administrativo no Brasil: um inventário de avanços e retrocessos", *Revista de Direito Eletrônica sobre a Reforma do Estado* 13, março-maio/2008: "A ideia de juridicidade administrativa, elaborada a partir da interpretação dos princípios e regras constitucionais, passa, destarte, a englobar o campo da legalidade administrativa, com um dos seus princípios internos, mas não mais altaneiro e soberano como outrora. Isso significa que a atividade administrativa continua a realizar-se, via de regra, (i) segundo a lei, quando esta for constitucional (atividade *secundum legem*), (ii) mas pode encontrar fundamento direto na Constituição, independente ou para além da lei (atividade *praeter legem*), ou, eventualmente, (iii) legitimar-se perante o Direito, ainda que contra a lei, porém com fulcro numa ponderação de legalidade com outros princípios constitucionais (atividade *contra legem*, mas com fundamento numa otimizada aplicação da Constituição)".

monstração de que a finalidade pública será atendida com essa alteração subjetiva. Além disso, parece indispensável a concordância do contratado; afinal, trata-se de mudança que não pode ser imposta unilateralmente.

12.7 Subcontratação

A subcontratação ocorre quando o contratado ajusta com terceiros (subcontratados) a execução de *parte* do objeto do contrato celebrado com o contratante. Significa dizer que não necessariamente todas as parcelas do contrato serão executadas pelo contratado, já que a eficiência econômica força, não raro, uma especialização no mercado e justifica, por exemplo, a terceirização de determinadas etapas por meio da subcontratação.

Assim, o edital e o contrato podem admitir certa margem de subcontratação do objeto, como prática do instituto da terceirização, já amplamente aceito no Direito, com vistas ao alcance da especialização que leva à eficiência na execução contratual.

O legislador não fixou um percentual máximo ou mínimo para as subcontratações. O art. 72 da Lei 8.666/1993 conferiu ao administrador público a prerrogativa de definir o limite, em cada caso, para as subcontratações. Trata-se de matéria de índole discricionária, que, contudo, se sujeita ao controle de razoabilidade, para que não haja desvirtuamento do objeto do contrato.

A viabilidade da subcontratação depende de expressa previsão no instrumento convocatório e no contrato. Caso sejam omissos, presume-se proibida a subcontratação, configurando até mesmo hipótese de rescisão contratual quando efetivada sem previsão no edital e no contrato.

Anote-se que não há qualquer relação jurídica entre o subcontratado e o contratante, já que o contratado não se demite das responsabilidades assumidas no ajuste. O vínculo do contratante é com aquele que participou da licitação e comprovou possuir as condições de executar a contento o objeto contratual. Na subcontratação o contratado não se desvincula do ajuste, permanecendo como responsável perante o contratante. Esta é, aliás, a diferença em relação à cessão ou transferência do contrato, quando, ao contrário da subcontratação, ocorre a substituição do contratado, rompendo-se o vínculo anterior contratualmente estabelecido com o contratante.

Não havendo relação jurídica entre o contratante e o subcontratado, o pagamento não pode ser efetivado diretamente. Não há como liquidar a despesa e consequentemente efetivar o pagamento se as partes não constituíram uma relação jurídica, salvo quando a lei expressamente autorizar. É o que ocorre com as microempresas e empresas de pequeno porte, que podem, na qualidade de subcontratadas, receber diretamente o empenho e o pagamento do órgão ou entidade da Administração Pública, conforme disposto no art. 48, II, e § 2º, da Lei Complementar 123/2006.

A escolha do subcontratado fica a critério do contratado, não se realizando licitação para sua eleição. Isto decorre da própria natureza da subcontratação, que, como visto, não vincula o contratante com o subcontratado.

Não cabe ao edital exigir, na fase de habilitação, termos de compromissos de empresas que se qualifiquem como subcontratadas. Com efeito, a relação da subcontratação se dá em momento posterior à licitação e envolve uma relação direta entre a contratada e a subcontratada. Eventual arranjo que demande, na licitação, essa conjugação de esforços tem no consórcio a solução mais adequada.

A subcontratação não pode ser confundida com intermediação, nem com falseamento do princípio da licitação, o que ocorreria na hipótese de subcontratação da integralidade do objeto. A prática é expressamente vedada no art. 72 da Lei 8.666/1993. Se o contratado precisa subcontratar totalmente o objeto, significa dizer que ele não deveria sequer ter sido selecionado, em clara violação aos princípios da competitividade e da isonomia. A subcontratação total implica o reconhecimento da incapacidade do contratado de executar o objeto, sendo contraditória com a própria finalidade da licitação.

12.7.1 Subcontratação das microempresas e empresas de pequeno porte

A questão da subcontratação das microempresas e das empresas de pequeno porte tem origem no Direito Norte-Americano pós-II Guerra. Naquele País o fomento da subcontratação, por meio de incentivo às microempresas e às empresas de pequeno porte, seria um mecanismo de inserção em grandes mercados e parte importante da recuperação da economia nacional.

Como visto, a Constituição da República prevê, em seu art. 179, que a União, os Estados e o Distrito Federal, dispensarão às microempresas e às empresas de pequeno porte tratamento jurídico diferenciado, visando a incentivá-las pela simplificação de suas obrigações administrativas, tributárias, previdenciárias e creditícias.

Com esse fundamento valorativo foi editada a Lei Complementar 123/2006 (Estatuto Nacional das Microempresas), que alterou profundamente a sistemática do regime das licitações e contratações administrativas, com vistas a conferir tratamento preferencial para as microempresas e empresas de pequeno porte.

Um dos pontos de destaque foi a inserção das microempresas e empresas de pequeno porte por intermédio do instrumento da subcontratação. Conferiu-se ao administrador a possibilidade de exigir que os licitantes subcontratem microempresas e empresas de pequeno porte nas obras e serviços, como um legítimo mecanismo de inserção dessas espécies societárias em contratos de maior vulto.

Não se trata de um dever, mas de uma faculdade posta à disposição do administrador, não havendo mais a limitação de percentual máximo de 30% para subcontratação de microempresas e empresas de pequeno porte, como previsto na redação original da Lei Complementar 143/2006, a teor da redação do art. 48, II, inserida pela Lei Complementar 147/2014.

E o principal incentivo para a subcontratação das microempresas e empresas de pequeno porte é exatamente a possibilidade de as subcontratadas receberem diretamente o empenho e o pagamento do órgão ou entidade da Administração Pública, conforme disposto no art. 48, II, e § 2º, da Lei Complementar 123/2006, o que não é estendido para as demais espécies societárias.

Com efeito, a simples circunstância de a Administração Pública poder emitir empenho em nome do subcontratado não tem o condão de criar nova relação jurídica entre a Administração Pública e os subcontratados. A relação jurídica, como é próprio da subcontratação, continua se dando entre o contratado e o subcontratado. Apenas a forma de pagamento é que foi simplificada – o que confere, inclusive, benefícios de ordem tributária.

Hipótese similar ocorre nas parcerias público-privadas, que admitem que o empenho seja emitido em nome do financiador, que, igualmente, não é parte na relação contratual, a teor do disposto no art. 5º, § 2º, II, da Lei 11.079/2004.

12.8 A declaração de nulidade dos contratos e os seus efeitos

Existe o dever de indenizar o contratado mesmo nos casos de nulidade, a teor do disposto no art. 59 da Lei 8.666/1993. Situação muito comum ensejadora da incidência do referido dispositivo legal é a prestação de serviços sem cobertura contratual (exemplo: contratos que se encerram, mas em que o contratado continua a executar o objeto).

A rigor, esse dispositivo legal é apenas uma derivação do princípio da vedação do enriquecimento sem causa, princípio geral do Direito que repudia o sacrifício desproporcional e o enriquecimento injusto de uma parte em desfavor da outra.

A discussão que a doutrina trava envolve não o dever de indenizar, mas tão somente o *quantum*.

Parcela da doutrina[11] sustenta que a indenização deve considerar o preço contratado – o que significa embutir a margem de lucro devida pelo contratado que agiu de boa-fé. Para outra corrente doutrinária[12] essa indenização deveria se limitar ao custo em que o contratado incorreu na prestação dos serviços, sem incorporar o lucro a que faria jus.

A natureza do pagamento não é, portanto, de índole remuneratória, mas indenizatória. Mais complexo é saber se a indenização engloba, ou não, a margem de lucro do contratado. Como acima visto, existem duas correntes distintas.

11. Para Marcos Juruena Villela Souto a indenização deve levar em conta "o efetivo ganho da Administração e o prejuízo do particular, que inclui, pois, a sua margem de lucro" (*Direito Administrativo Contratual*, Rio de Janeiro, Lumen Juris, 2004, p. 392). Da mesma forma entende Marçal Justen Filho, para quem o montante devido só será reduzido às perdas e danos se o particular tiver concorrido para a nulidade: "Se o particular tiver concorrido para a consumação do ato ilícito, caberá promover a redução da indenização correspondente às perdas e danos sofridas, tendo em vista uma avaliação sobre culpa concorrente" (*Comentários à Lei de Licitações e Contratos Administrativos*, 13ª ed., São Paulo, Dialética, 2009, p. 719).

12. Jessé Torres Pereira Jr entende tratar-se de hipótese de ressarcimento, porquanto o dano resultará reparado com o ressarcimento do que o contratado houver despendido na execução realizada: "Entenda-se por indenizar o pagamento tão só do custo do que foi executado pelo contratado, excluída a parcela remuneratória que compõe o preço avençado. A satisfação do custo da prestação afasta o enriquecimento ilícito da Administração, a exclusão do valor remuneratório acompanha o caráter de sanção inerente à nulidade. (...). Excepcionalmente, demonstrada a culpa exclusiva da Administração Pública, o contratado terá direito ao pagamento do preço integral (custo mais remuneração) do que houver executado" (*Comentários à Lei das Licitações e Contratações da Administração Pública*, 7ª ed., Rio de Janeiro, Renovar, 2007, p. 58). Essa também é a opinião de Alexandre Santos de Aragão: "Há também divergências quanto ao valor a ser pago ao particular: se apenas os seus custos, com o que concordamos, pois se trata de mera indenização por enriquecimento sem causa, não de contraprestação por um contrato inexistente, (...)" (*Curso de Direito Administrativo*, Rio de Janeiro, Forense, 2012, p. 351).

É preciso averiguar, no caso concreto, se o particular agiu de boa-fé, ou não. Esse elemento parece fundamental para definir o alcance da indenização. Se agiu de má-fé e a nulidade pode ser integralmente atribuída à sua conduta, o próprio parágrafo único do art. 59 da Lei 8.666/1993 parece afastar o dever da Administração Pública de indenizá-lo, ou mesmo reduzir a indenização no caso de culpa concorrente. Eventual afastamento do direito de ser indenizado somente pode se concretizar caso comprovados a má-fé da sociedade empresária contratada ou eventual conluio entre as partes.

Mas, *a contrario sensu*, se o particular agiu a partir de comportamentos pautados pela boa-fé e a ele não pode ser imputada a nulidade, razoável considerar que o valor da indenização deve englobar também sua margem de lucro.

Do ponto de vista orçamentário, o instrumento que viabiliza o acerto da indenização é o termo de reconhecimento de dívida, no qual, além de regularizar o passado, o contratado deve dar quitação quando a indenização tiver sido integralmente paga.

Em qualquer hipótese deve ser apurada a responsabilidade de quem deu causa à nulidade, inclusive no caso de ter sido provocada por desídia ou omissão de servidor público.

12.9 Pagamento antecipado

A regra em matéria de despesa pública é o pagamento ser realizado apenas após a execução do objeto, por força do disposto nos arts. 62 e 63 da Lei 4.320/1964, que só admitem o pagamento da despesa após a regular liquidação – o que, por sua vez, somente se dará após a verificação do cumprimento da obrigação.

Contudo, a possibilidade de pagamento antecipado por bens ou serviços deve ser considerada excepcional. O TCU deixou consignado que:[13]

> (...) a realização de pagamentos antecipados aos contratados somente poderá ocorrer com a conjunção dos seguintes requisitos: (i) previsão no ato convocatório; (ii) existência, no processo licitatório, de estudo fundamentado comprovando a real necessidade e economicidade da medida; e (iii) estabelecimento de garantias específicas e suficientes, que resguardem a Administração dos riscos inerentes à operação.

13. TCU, Acórdão 1.341/2010.

12.10 A prescrição dos débitos oriundos dos contratos administrativos

Tema recorrente envolve a análise da ocorrência, ou não, de prescrição de dívidas contratuais contraídas em exercícios financeiros pretéritos.

A prescrição das dívidas da Fazenda Pública é quinquenal, como expressamente previsto no art. 1º do Decreto 20.910/1932. Esse, portanto, é o prazo prescricional relativo às dívidas que tenham por origem contratos administrativos celebrados pelos entes públicos.

A contagem do prazo prescricional se inicia no dia seguinte ao término do prazo pactuado entre Poder Público e fornecedor/particular para o adimplemento da obrigação. Em outros termos: o dever de pagar se inicia após o recebimento do objeto pelo agente público competente. A teor do disposto no art. 40, XIV, "a", da Lei 8.666/1993, esse prazo se inicia após decorridos 30 dias a partir da data final do período de adimplemento de cada parcela.

O *dies a quo* da prescrição a favor do ente público começa quando ele se torna inadimplente, não honrando as obrigações financeiras pactuadas na relação contratual.

Assim, a inércia do contratado durante cinco anos, contados dessa data, sem qualquer requerimento administrativo, ou apenas com tramitações internas do processo administrativo, caracteriza a prescrição.

O art. 4º do Decreto 20.910/1932 disciplina acerca de uma hipótese específica de suspensão do prazo prescricional:

> Art. 4º. Não corre a prescrição durante a demora que, no estudo, no reconhecimento ou no pagamento da dívida, considerada líquida, tiverem as repartições ou funcionários encarregados de estudar e apurá-la.
>
> Parágrafo único. A suspensão da prescrição, neste caso, verificar-se-á pela entrada do requerimento do titular do direito ou do credor nos livros ou protocolos das repartições públicas, com designação do dia, mês e ano.

Aqui a hipótese não é de inércia absoluta do credor. Após iniciado o prazo para pagamento, o titular do direito protocoliza um requerimento perante a Administração Pública. A questão a ser enfrentada é saber se esse requerimento – enquanto pendente qualquer decisão administrativa – tem o condão de suspender o prazo prescricional.

O entendimento que tem prevalecido nos Tribunais pátrios consiste em compreender que qualquer reclamação ou requerimento administrativo tem o condão de suspender o prazo prescricional, aplicando-se a norma do art. 4º do Decreto 20.910/1932. O prazo somente recomeçaria a fluir após a decisão administrativa acerca do requerimento.

O fundamento calca-se na premissa de que a Administração Pública não pode se beneficiar da sua própria inércia, seja em não providenciar o pagamento devido, seja por não dar uma resposta ao requerimento administrativo formulado pelo credor.

Confira-se, a propósito, a orientação do STJ:

> 1. O art. 1º do Decreto n. 20.910/1932 dispõe acerca da prescrição quinquenal de qualquer direito ou ação contra a Fazenda Pública, seja qual for a sua natureza, a partir do ato ou fato do qual se originou.
>
> 2. A decretação de prescrição pressupõe inércia, fato inocorrente na hipótese *sub examine*, uma vez que a empresa endereçou diversas correspondências à autarquia requerendo a quitação do débito considerado pendente, consoante se infere do excerto do voto-condutor do acórdão recorrido:
>
> "(...). Compulsando os autos, verifico que a requerente não se manteve inerte em relação à cobrança dos valores supostamente devidos pela recorrida (...). Assim, tendo a suplicante demonstrado a sua manifestação, inteligível ao expressar sua inconformação e o seu ânimo de reverter a situação, e a Administração silenciando a respeito, suspenso ficou o curso prescricional, remanescendo a garantia constitucional do direito de ação (...)."[14]
>
> 3. É pacífico o entendimento do Superior Tribunal de Justiça no sentido de que as ações contra as Fazendas prescrevem em cinco anos, por conta do que determina o art. 1º do Decreto n. 20.910/1932. (...).
>
> 4. Quanto à suspensão do prazo prescricional, disse a instância ordinária (fls. 113): "Deve-se ressaltar, todavia, que a suspensão da prescrição ocorrida com o requerimento administrativo em novembro/1995 (...) obstou ao prazo prescricional apenas até a decisão administrativa que reconheceu a dívida (fls. 25 e 25-v.) em 24.9.1996".
>
> 5. Como se nota, a origem seguiu fielmente a jurisprudência desta Corte Superior, segundo a qual o art. 4º do Decreto n. 20.910/1932 defere a suspensão do prazo prescricional apenas até a data da decisão administrativa.[15]

14. STJ, 1ª Turma, AgR no REsp 1.187.552-MS, rel. Min. Luiz Fux, j. 22.6.2010, *DJU* 30.8.2010; STJ, 2ª Turma, AgR no REsp 1.003.294-SC, rel. Min. Mauro Campbell Marques, j. 3.2.2009, *DJU* 17.2.2009.

15. STJ, 2ª Turma, AgR no REsp 1.003.294-SC, rel. Min. Mauro Campbell Marques, j. 3.2.2009, *DJU* 17.2.2009.

De fato, a formulação de requerimentos demonstra que o particular não se manteve inerte em relação ao débito, sendo, na percepção do Judiciário, uma afronta ao princípio da boa-fé que a Administração se beneficie da sua própria omissão administrativa.

Note-se que, na omissão do legislador, não se pode atribuir qualquer consequência jurídica ao silêncio administrativo, como bem explica Cláudio Brandão, para quem "o deferimento tácito necessariamente deve resultar da lei nas situações em que o legislador atribui ao silêncio administrativo o conteúdo positivo".[16]

A ausência de decisão administrativa pressupõe a suspensão do prazo prescricional, já que a Administração tem o dever de emitir decisão conclusiva nos processos administrativos e sobre solicitações ou reclamações em matéria de sua competência, a teor do disposto no art. 48 da Lei 9.784/1999, que regula o processo administrativo em âmbito federal.

E nos casos em que a Administração Pública reconhece a dívida?

Com efeito, o reconhecimento da dívida é causa de interrupção da prescrição, na forma prevista no art. 8º do Decreto 20.910/1932, c/c o art. 202, VI, do CC. Este último dispositivo é expresso quando afirma que a interrupção da prescrição somente poderá ocorrer uma vez e por qualquer ato inequívoco, ainda que extrajudicial, que importe o reconhecimento do direito pelo devedor.

A finalidade principal do reconhecimento de dívida é viabilizar o pagamento de despesas de exercícios anteriores, conforme expressamente previsto no art. 37 da Lei 4.320/1964, mas o fato é que uma das suas consequências indiretas é a interrupção da prescrição. O reconhecimento não pode alcançar dívidas já prescritas.

Lembre-se aqui a conhecida distinção entre suspensão e interrupção da prescrição no que se refere à contagem dos prazos. Nas palavras de Elody Nassar:[17]

> A suspensão impede a fluência de prazo em andamento, durante o tempo de incidência do fator suspensivo, reiniciando-se, depois, a contagem e somando-se os dois períodos; a interrupção se dá pela

16. Cláudio Brandão, "O controle das omissões e do silêncio da Administração Pública", in Fábio Medina Osório e Marcos Juruena Villela Souto (orgs.), *Direito Administrativo: Estudos em Homenagem a Diogo de Figueiredo Moreira Neto*, Rio de Janeiro, Lumen Juris, 2006, p. 14.

17. Elody Nassar, *Prescrição na Administração Pública*, 2ª ed., São Paulo, Saraiva, 2009, p. 157.

ocorrência de fato ou ato que anula o efeito do tempo já decorrido, eliminando a prescrição já iniciada.

Contudo, tratando-se de dívidas perante a Fazenda Pública, "a prescrição interrompida recomeça a correr, pela metade do prazo, da data do ato que a interrompeu ou do último ato ou termo do respectivo processo", a teor do que dispõe o art. 9º do Decreto 20.910/1932, que regula a prescrição quinquenal dos débitos das Fazendas Públicas. O prazo quinquenal deve ser observado nesses casos.

Ressalte-se que o STF fixou, por intermédio da Súmula 383, que a prescrição recomeça a correr por dois anos e meio, mas não fica reduzida aquém de cinco anos, ainda que o titular do direito a interrompa durante a primeira metade do prazo. Em outras palavras: a interrupção não poderia acarretar uma redução do prazo prescricional de cinco anos, sob pena de a norma ser desfavorável ao próprio titular do direito.

Outra questão reside em saber se após o reconhecimento da dívida o prazo prescricional reinicia imediatamente. Com efeito, entende-se que esse prazo recomeça a fluir da data do reconhecimento da dívida. Isso porque não apenas o art. 9º do Decreto 20.910/1932 como o próprio parágrafo único do art. 202 do CC dispõem expressamente que a prescrição interrompida recomeça a correr da data do ato que a interrompeu.

Aqui, ao contrário do que ocorre no requerimento administrativo pendente de decisão, a Administração pratica ato inequívoco de reconhecimento da dívida, não havendo nenhuma pendência a ser dirimida; logo, o prazo deve ser reiniciado do próprio ato que deu causa à interrupção da prescrição, tal qual determina expressamente o parágrafo único do art. 202 do CC.

Saliente-se que, mesmo que ocorram sucessivos reconhecimentos de dívida – ainda que para fins meramente orçamentários –, apenas o primeiro terá o condão de interromper a prescrição, eis que o art. 202 do CC admite a interrupção da prescrição apenas uma vez.

12.11 Extinção dos contratos

Os contratos podem se extinguir pela sua normal execução ou pela inexecução.

Podem se extinguir pelo decurso do prazo, hipótese mais comum nos contratos de prestação de serviço, que têm sua execução diferida no tempo. O contrato de obra, por exemplo, é ajuste que envolve obrigação de resultado, e só termina quando a obra se encerra.

Ocorre que nem sempre o contrato se extingue pela sua normal execução ou pelo simples término do prazo previsto, podendo, como dito, a relação contratual ser encerrada pela sua inexecução. Se a causa for anterior à própria celebração do contrato a hipótese é de anulação, operando seus efeitos retroativamente (art. 59 da lei). Exemplo clássico é o de um vício insanável na licitação que antecedeu o ajuste.

Tratando-se de uma relação jurídica contratual, a pretensão do seu desfazimento reclama a abertura de processo administrativo próprio, no qual se assegure amplo direito de defesa e exercício do contraditório da outra parte interessada. A observância do devido processo legal, que assegure o direito à ampla e prévia defesa, é inafastável, e tem sede no art. 5º, LV, da própria CF.

O agente público deve exercitar, orientado pelos princípios da segurança jurídica e da boa-fé, um juízo de ponderação que considere as consequências da manutenção do ato ou contrato e da sua convalidação, bem como os efeitos do seu eventual desfazimento.

12.12 Controle dos contratos

Os contratos administrativos podem ser objeto de controle interno (efetivado pela própria Administração Pública) e externo (efetivado pelos poderes Legislativo e Judiciário).

Pelo controle interno a Administração Pública pode anular ou revogar seus atos, conforme já deixou expresso o STF na Súmula 473. É o princípio da autotutela administrativa.

Com o advento da Lei Complementar 101, de 4.5.2000 – Lei de Responsabilidade Fiscal/LRF –, a gestão fiscal pública passa a pressupor uma ação planejada e transparente, inclusive em relação aos contratos administrativos. Os arts. 16 e 17 dessa lei são os que repercutem diretamente na fase interna da licitação.

O controle externo, em linha de coerência com o princípio da separação e independência dos Poderes, previsto no art. 2º da CF, permite que o Legislativo e o Judiciário fiscalizem a atuação do Poder Executivo, o que alcança os contratos administrativos.

O controle pelo Poder Legislativo é exercido primordialmente pelos Tribunais de Contas, na forma do que preceitua o art. 113 da lei, c/c o art. 70 da CF.

O controle exercido pelo Poder Judiciário pode se dar por meio das ações constitucionais, sendo as mais comuns a ação popular (Lei 4.717, de 29.6.1965) e o mandado de segurança (Lei 12.016, de 7.8.2009).

12.12.1 *A deferência dos órgãos de controle e o princípio da separação dos Poderes*

Os órgãos de controle não podem, sob pena de subverter o princípio constitucional da separação de Poderes, substituir as escolhas e opções dos agentes públicos e órgãos e entidades controladas. Em matéria de contratação pública, por exemplo, os Tribunais de Contas têm importância destacada na proteção e tutela da economicidade, legitimidade e legalidade, mas devem sempre agir com contenção e deferência às escolhas dos agentes públicos democraticamente eleitos.

12.12.2 *O Tribunal de Contas da União/TCU e a sua função reguladora no sistema de contratação pública*

Atualmente, o que se percebe é que o TCU vem funcionando indiretamente como ente regulador do sistema de contratação pública. Suas orientações espraiam-se para outros entes federativos, o que por vezes se revela bastante positivo, considerando a excelência do seu corpo técnico, mas em outras situações acaba por gerar indevida e excessiva extensão dos seus entendimentos, que não raro são acriticamente transpostos para outros entes da Federação.

A definição, por exemplo, da orientação sobre um tema cujo conteúdo é essencialmente jurídico cabe, nos Estados Federados, às suas respectivas Procuradorias.

Nada obsta a que as contratações públicas sejam objeto de regulação por uma agência autônoma, o que seria a junção do Estado Regulador e do Estado Contratante.

Essa solução é aventada por Pedro Gonçalves:[18]

> (...) uma regulação do Estado Contratante por agentes profissionais cumpriria o objetivo de esclarecimento e orientação das condutas das entidades adjudicantes no sentido da adoção das melhores práticas, quer no campo da integridade e da ética na contratação, quer no domínio das melhorias na própria função de compra (qualidade, criatividade, inovação, etc.).

Pondera o referido autor que uma instância reguladora da contratação pública deveria concentrar a função de regulação de todo o setor econômico da contratação pública, pelo quê os regulados deveriam ser os

18. Pedro Costa Gonçalves, *Reflexões sobre o Estado Regulador e o Estado Contratante*, Coimbra, Coimbra Editora, 2013, pp. 25-27.

operadores econômicos (sobretudo no domínio da aplicação de sanções), bem como os outros atores do setor (entidades gestoras de plataformas eletrônicas), mas também as entidades adjudicantes, com a instância reguladora assumindo poderes de recomendação, aconselhamento e supervisão, bem como exercendo funções de mediação e arbitragem para resolução de conflitos no domínio da contratação pública.

Sugere, ainda, que essa seria uma solução bem-vinda no Direito Português e que já se encontra implementada na Itália, por intermédio da *Autorità per la Vigilanza sui Contratti Pubblici di Lavori, Servizi e Forniture*.

Trata-se de tema inovador, e que merece maior aprofundamento e debate no Brasil, em especial, para avaliar se o modelo de contratação pública pode ser regulado por agências independentes e se essa solução se mostra adequada a resolver alguns dos problemas aqui apontados.

12.12.3 A necessária atuação harmônica e coerente dos órgãos de controle

Os órgãos de controle externo e interno devem trabalhar em regime de harmonia e cooperação, buscando, na medida do possível, alinhar seus entendimentos, como forma de assegurar um ambiente de segurança jurídica para os administrados. Não raro os órgãos e entidades, bem como seus respectivos administradores e gestores, ficam em difícil situação quando diferentes órgãos de controle manifestam entendimentos conflitantes em determinados assuntos.

Fundamental, também, que os administradores e gestores conheçam o entendimento dos órgãos de controle. Daí a necessidade de uniformização de jurisprudência, edição de súmulas e enunciados que facilitem a compreensão das posições dos órgãos de controle externo e interno. É direito subjetivo do controlado conhecer previamente a posição do controlador, em especial nos casos de matérias recorrentes.

PARTE III

CONVÊNIOS, TERCEIRIZAÇÕES E REGIME DIFERENCIADO DE CONTRATAÇÃO/RDC

13. Convênios. 14. Terceirização. 15. Regime Diferenciado de Contratação/RDC.

13
Convênios

13.1 Convênios e a Constituição Federal. 13.2 Conceito e sua distinção para os contratos administrativos. 13.3 Os partícipes nos convênios. 13.4 Remuneração nos convênios. 13.5 Denúncia do convênio. 13.6 Convênios e o regramento do art. 116 da Lei 8.666/1993. 13.7 Convênios e prestação de contas. 13.8 Desvio de objeto e desvio de finalidade. 13.9 Convênios, princípio da licitação e os procedimentos seletivos. 13.10 Convênios e transferência de recursos: a necessária previsão de critérios. 13.11 Contratos de gestão e termos de parceria. 13.12 Parcerias entre entidade pública e organizações da sociedade civil: 13.12.1 Termos de colaboração e termos de fomento e licitação – 13.12.2 Contratações realizadas pelas organizações da sociedade civil.

13.1 Convênios e a Constituição Federal

A Constituição de 1967 foi a responsável por introduzir a figura do "convênio" no ordenamento jurídico brasileiro. À época tratou-se do instrumento no capítulo destinado a traçar as competências dos Estados e Municípios, já que se prestava a viabilizar a execução, por funcionários municipais ou federais, das leis, serviços ou decisões dos Estados (art. 13, § 3º, da CF de 1967).[1]

Por sua vez, o Decreto-lei 200/1967 (recepcionado pela atual Constituição de 1988) permitiu, no seu art. 10, § 1º, "b", que a execução das atividades da Administração Federal também pudesse ser transferida às outras unidades federadas mediante a formalização de convênio administrativo.

1. CF de 1967: "Art. 13. Os Estados se organizam e se regem pelas Constituições e pelas leis que adotarem, respeitados, dentre outros princípios estabelecidos nesta Constituição, os seguintes: (...). § 3º. Para a execução, por funcionários federais ou municipais, de suas leis, serviços ou decisões, os Estados poderão celebrar convênios com a União ou os Municípios."

Atualmente, a Constituição Federal de 1988 arrola diversos dispositivos que aludem ao instrumento de convênio. Apenas a título de exemplo, determina que compete ao Congresso Nacional fiscalizar "a aplicação de quaisquer recursos repassados pela União mediante convênio, acordo, ajuste ou outros instrumentos congêneres, a Estado, ao Distrito Federal ou a Município" (art. 70, VI, da CF de 1988), e permite que instituições privadas participem, de forma complementar, mediante convênio, do Sistema Único de Saúde/SUS (art. 199, § 1º, da CF de 1988).

13.2 Conceito e sua distinção para os contratos administrativos

Os convênios administrativos são instrumentos jurídicos que materializam a consensualidade, exprimindo, em essência, viés de colaboração entre os partícipes. São espécies de acordos celebrados pela Administração Pública, desde que seja destacada a característica de atendimento de interesse ou objetivo comum dos partícipes ou convenentes.

Os convênios não possuem natureza contratual. Percebe-se, assim, a nítida diferença dos convênios para os contratos. Nos contratos os interesses das partes não são convergentes, mas opostos, de tal forma que uma pretende um bem objeto da contratação, e a outra a justa remuneração – o preço – correspondente. Nos convênios os interesses são idênticos, ainda que cada uma assuma uma obrigação distinta para alcançar a finalidade comum. Cada partícipe colabora de acordo com suas possibilidades e segundo a partilha de obrigações previamente definida no instrumento.

Há, pois, no convênio efetiva cooperação entre os partícipes, não sendo caracterizado pela comutatividade, típica dos contratos, quando o interesse dos contratantes se revela contraposto e nos quais cada parte tem objetivos e finalidades antagônicos.

Não raro os convênios são utilizados indevidamente em hipóteses que se caracterizam como típicos contratos administrativos, o que vem sendo objeto de intensa fiscalização por parte do TCU.[2] Em tais hipóteses,

2. Cf. o seguinte julgado: "Representação – Celebração de convênio com natureza jurídica de contrato – Procedência – Determinações. O ponto fulcral consiste em se verificar a natureza jurídica do ajuste firmado, nas palavras do representante, entre órgãos públicos e o Banco do Brasil ou Caixa Econômica Federal para a fiscalização de obras, ou seja, se é contrato ou se é convênio. (...). Nesse sentido, o contrato impõe natureza sinalagmática, ou seja, direitos e obrigações recíprocas, que podem ser sintetizadas em contraprestação de uma atividade mediante pagamento da outra parte. Já, o convênio pressupõe interesses recíprocos na prática de uma atividade de interesse comum entre os partícipes, ou seja, não se visa ao lucro na celebração

se usado indevidamente o convênio, poderá restar caracterizada violação ao ordenamento jurídico, por fraude ao princípio da licitação.

13.3 Os partícipes nos convênios

Nos convênios não há partes, e sim partícipes, podendo ser multilaterais (ao contrário dos contratos, que são bilaterais), em função do regime de cooperação existente. Busca-se no convênio um parceiro para atuar em colaboração com Administração Pública, e não executor – finalidade, esta, dos contratos administrativos. A posição jurídica dos signatários é uma só e idêntica para todos, admitindo-se diversificação na cooperação de cada um, segundo suas possibilidades, para a consecução do objetivo comum; daí a utilização da expressão "partícipes".

13.4 Remuneração nos convênios

Como no convênio não há intuito de lucro, não tem se admitido a previsão de pagamento de taxa de administração, como tem sido reiterado pela jurisprudência do TCU. Em outros termos: sendo o convênio um ajuste de natureza não contratual, o partícipe não faz jus a qualquer remuneração, sob pena de descaracterização do ajuste.

A celebração do convênio não acarreta, como regra, o surgimento de uma nova pessoa jurídica. Ao contrário dos consórcios públicos, disciplinados pela Lei 11.107/2005, quando há a formação de uma pessoa jurídica distinta da figura dos consorciados, os convênios não criam nova pessoa jurídica. Os conveniados mantêm sua personalidade jurídica, ainda que unidos num objetivo comum. Não há, contudo, impedimento para a nomeação de um terceiro para funcionar como gestor. Não é incomum dar execução ao convênio por meio de outros ajustes ou contratos, cumprindo cada etapa do programa.

13.5 Denúncia do convênio

Não havendo vínculo contratual e nem parte, o convênio é passível de ser denunciado a qualquer tempo. Não é possível, em sede de convênio, estipular cláusula que obrigue a permanência dos partícipes, o que seria contrário à premissa básica de interesses convergentes que move os convenentes.

de um convênio" (TCU, Plenário, Acórdão 2.085/2007, rel. Min. Benjamin Zymler, j. 3.10.2007).

Contudo, essa liberdade deve ser mitigada, mormente no caso de as obrigações do outro partícipe ficarem comprometidas com a denúncia. Em outras palavras: a despeito da premissa da livre denúncia, devem ser respeitadas as obrigações relacionadas aos benefícios já auferidos e as consequências de prestações já atendidas por outros partícipes. Daí por que é razoável que no instrumento conste cláusula no sentido de que o denunciante tenha a obrigação de recompor os prejuízos decorrentes do inadimplemento de sua parcela de cooperação.

13.6 Convênios e o regramento do art. 116 da Lei 8.666/1993

Os convênios encontram-se disciplinados no art. 116 da Lei 8.666/1993 e se submetem às mesmas regras de formalização dos contratos, destacando-se as cláusulas essenciais para o cumprimento da avença, a forma escrita, a submissão da minuta à assessoria jurídica da entidade ou órgão, na forma do parágrafo único do art. 38 da Lei 8.666/1993, e a comprovação de habilitação para conveniar, no caso de particular interessado (em especial capacidade jurídica, regularidade fiscal e capacidade técnica).

É requisito dos convênios (em especial daqueles que envolvem transferências de recursos) a prévia aprovação do plano de trabalho, que deverá conter, no mínimo, as seguintes informações: identificação do objeto a ser executado, metas a serem atingidas, etapas ou fases de execução, plano de aplicação dos recursos financeiros, cronograma de desembolso e previsão de início e fim da execução do objeto, bem assim da conclusão das etapas ou fases programadas.

Apesar da natureza não contratual dos convênios, aplicam-se supletivamente, a teor do disposto no art. 116 da Lei 8.666/1993, no que cabível, os preceitos aplicáveis aos contratos administrativos, dentre os quais destacam-se: (i) a forma escrita; (ii) a submissão da minuta à assessoria jurídica da entidade ou órgão convenente, na forma do art. 38 da Lei 8.666/1993; e (iii) a comprovação de habilitação para conveniar, no caso de particular interessado (especialmente capacidade jurídica, regularidade fiscal e capacidade técnica).

Nem todos os convênios demandam a existência de plano de trabalho. Muitas vezes o objeto do convênio é tão singelo que não justificaria a existência de um detalhamento tal qual previsto no art. 116 da Lei 8.666/1993. Isso ocorre com frequência nos convênios de cooperação. Já, os convênios de transferência de recursos demandam, como regra, o plano de trabalho.

13.7 Convênios e prestação de contas

O convênio cujo objeto envolva a transferência de recursos deve ser objeto de prestação de contas demonstrando que os recursos foram aplicados corretamente. Essa obrigação decorre do próprio art. 70, parágrafo único, da CF. Aquele que não prestar contas satisfatoriamente fica impedido de receber recursos públicos, sujeitando-se a processo administrativo apuratório de responsabilidade (tomada de contas especial). No caso de ser uma entidade pública, há vedação expressa de recebimento de transferência voluntária, a teor do disposto no art. 25, § 1º, IV, da Lei Complementar 101/2000 – Lei de Responsabilidade Fiscal.

O objeto pactuado no convênio deve ser integralmente satisfeito, não sendo razoável considerá-lo cumprido quando: (i) ocorra apenas a execução parcial do objeto; (ii) da execução parcial não decorra qualquer aproveitamento do que foi realizado. A hipótese caracteriza desperdício de recursos públicos, situação que deve ensejar a devolução integral dos recursos recebidos pelo particular para a execução do convênio, sem prejuízo de outras sanções previstas nas normas regedoras da disciplina do convênio.

Com efeito, o objeto pactuado no convênio deve, além de ser executado, satisfazer o interesse público que ensejou o acordo, não bastando o mero cumprimento formal.

13.8 Desvio de objeto e desvio de finalidade

O TCU tem fixado distinção entre desvio de objeto e desvio de finalidade quando os recursos não são corretamente aplicados.

O desvio de objeto caracteriza-se quando o convenente executa ações que não foram previstas no ajuste mas que respeitam o interesse público e a área objeto do convênio. É uma irregularidade, mas que tem sido relevada. Imagine-se, por exemplo, recursos transferidos para uma Santa Casa de Misericórdia para reformar sua maternidade e os recursos acabam sendo destinados para reforma do CTI. Houve desvio do objeto, mas os recursos foram aplicados na área objeto do convênio, atendendo-se, assim, a um interesse público relevante.

Já, o desvio de finalidade caracteriza-se pela não obediência ao objeto pactuado, modificando a destinação do próprio objeto. Tem-se entendido que isso configura transposição do crédito sem autorização legislativa.[3]

3. TCU, Processo TC-674.011/1990-2.

13.9 Convênios, princípio da licitação e os procedimentos seletivos

Na medida em que a celebração de convênios é pautada pelo elemento confiança, que não se identifica por critérios formais e objetivos, não se cogita da necessidade de procedimento de licitação para a escolha do parceiro neste acordo de vontades.

Assim, enquanto os contratos administrativos estão submetidos, como regra geral, ao procedimento licitatório (art. 37, XXI, da CF), nos convênios a licitação se afigura inexigível, pela impossibilidade de competição quando se trata de avaliar interesses comuns, o que justifica seu enquadramento no *caput* do art. 25 da Lei 8.666/1993.

Entretanto, quando o objeto do convênio puder ser executado por muitos sujeitos tem-se admitido a procedimentalização de escolha do parceiro, com vistas a concretizar os princípios da moralidade e da transparência administrativa.

Portanto, diz-se que em regra não cabe licitação para os convênios, mas nada obsta a que em determinada hipótese concreta, por força do princípio da isonomia, seja necessária a realização de processo seletivo, a fim de evitar privilégios e favoritismos. Tal cautela deve ser redobrada no que se refere ao Terceiro Setor, quando os convênios envolvem, por vezes, volumosas transferências de recursos.

Vale mencionar que já há em sede federal disciplina que institui procedimentos seletivos simplificados. No âmbito do Terceiro Setor, a escolha da Organização da Sociedade Civil de Interesse Público/OSCIP para a celebração do termo de parceria poderá ser feita por meio de publicação de edital de concurso de projetos, a teor do que dispõem os arts. 23 a 31 do Decreto 3.100, de 30.6.1999.

Essas novas figuras visam a reduzir o grau de discricionariedade do administrador nas hipóteses de escolha de seus parceiros, legitimando o processo de eleição com base em regras previstas em regulamentos e critérios mais objetivos de seleção, com vistas a priorizar o mérito das propostas e a isonomia entre os interessados.

Pode-se dizer que são processos seletivos semelhantes a uma licitação, mas que não necessariamente se sujeitam estritamente ao conjunto de regras da Lei 8.666/1993. Ao invés de escolher livremente seu parceiro, à própria Administração Pública, nas contratações diretas, se impõe o dever de realizar um processo seletivo, com vistas a concretizar os princípios da isonomia, eficiência e competitividade.

Com isso, seleciona-se a instituição mais bem aparelhada tecnicamente e que apresente projeto mais bem estruturado. Ao mesmo tempo atende-se ao princípio da isonomia, evitando-se uma indesejável escolha orientada por critérios estritamente subjetivos. Se a redução da discricionariedade do administrador não é absoluta como em uma licitação – já que os critérios nem sempre conseguem atingir um grau máximo de objetividade –, ao menos são estabelecidos parâmetros que orientam e limitam o administrador no processo de escolha das entidades que firmam essas parcerias.

Mesmo em hipóteses de dispensa ou inexigibilidade de licitação a escolha do parceiro pode se dar por intermédio de prévia seleção de projetos ou chamamento público, conforme o caso.

É preciso, no entanto, que haja um detalhamento acerca dos parâmetros que serão considerados para avaliar esses itens, sob pena de se conferir um grau elevado de subjetividade para a Comissão de Avaliação, incompatível com a ideia de um processo seletivo.

13.10 Convênios e transferência de recursos: a necessária previsão de critérios

Em linhas gerais, as despesas dos entes federativos devem corresponder a programas previamente planejados, com base em diretrizes fixadas em lei (CF, art. 174) e devidamente traduzidas nas leis orçamentárias (CF, art. 165). Nesse passo, a transferência voluntária de recursos entre os entes federativos por meio de convênio representa um instrumento de ação que deve ser objeto de prévio planejamento e vinculação às leis orçamentárias, definidoras das prioridades estatais.

Essas transferências de recursos e os próprios convênios repassadores devem ser objeto de prévia justificativa e motivação, sempre vinculada ao planejamento e áreas prioritárias. É preciso que os critérios sejam objeto de prévia definição, norteando o administrador acerca da obtenção da melhor relação custo-benefício no emprego dos recursos públicos estaduais. As necessidades e carências são muitas, e os recursos finitos. A vinculação desse repasse ao planejamento e a critérios impessoais evita que os convênios sejam utilizados como instrumento de ações meramente políticas. O mesmo ocorre com os convênios para instituições sem fins lucrativos.

13.11 Contratos de gestão e termos de parceria

Os convênios são espécies de acordos, gênero no qual também se enquadram os contratos de gestão e termos de parceria com Organizações

Sociais/OS e Organizações da Sociedade Civil de Interesse Público/OSCIPs. Esses contratos delegam atividades relacionadas ao Terceiro Setor para que sejam geridas por entidades sem fins lucrativos.

Os contratos de gestão e os termos de parceria são disciplinados, respectivamente, pelas Leis 9.637/1998 e 9.790/1999, que igualmente tratam da caracterização das pessoas jurídicas de direito privado sem fins lucrativos como Organizações Sociais/OS ou Organizações da Sociedade Civil de Interesse Público/OSCIPs.

Os contratos de gestão e os termos de parceria são firmados pelos entes públicos, respectivamente, com Organizações Sociais/OS e Organizações da Sociedade Civil de Interesse Público/OSCIPs. A título de esclarecimento, OS e OSCIPs são pessoas jurídicas de direito privado sem fins lucrativos estruturadas sob a forma de fundação ou de associação que desempenham atividades de interesse público em regime de colaboração com o Estado, por meio da outorga de uma *qualificação jurídica especial*.

Para tanto, esses parceiros privados devem comprovar, junto à pessoa pública habilitante, a satisfação de determinados requisitos previamente estabelecidos na respectiva lei.

A ausência de fins lucrativos é caracterizada pela não distribuição entre seus sócios ou associados, conselheiros, diretores, empregados ou doadores de eventuais excedentes operacionais, brutos ou líquidos, dividendos, bonificações, participações ou parcelas do seu patrimônio auferidos mediante o exercício de suas atividades, aplicados integralmente na consecução do respectivo objeto social.[4]

Para ser qualificada como OS ainda é necessário que as atividades da pessoa jurídica sejam dirigidas ao ensino, à pesquisa científica, ao desenvolvimento tecnológico, à proteção e preservação do meio ambiente, à cultura e à saúde, a teor do que estabelece o art. 1º da Lei 9.637/1998.

Para ser qualificada como OSCIP, a Lei 9.790/1999, em seu art. 3º, exige que os objetivos sociais das OSCIPs tenham pelo menos uma das seguintes finalidades: (i) promoção da assistência social; (ii) promoção da cultura, defesa e conservação do patrimônio histórico e artístico; (iii) promoção gratuita da educação, observando-se a forma complementar de participação das organizações de que trata a lei; (iv) promoção gratuita da saúde, observando-se a forma complementar de participação das organizações de que trata a lei; (v) promoção da segurança alimentar e nutricio-

4. Segundo o art. 1º, § 1º, da Lei 9.790/1999. Já, a Lei 9.637/1998 obriga que as Organizações Sociais, no mesmo sentido, invistam seus excedentes financeiros no desenvolvimento das próprias atividades, o que implica impossibilidade de redistribuição de ganhos financeiros.

nal; (vi) defesa, preservação e conservação do meio ambiente e promoção do desenvolvimento sustentável; (vii) promoção do voluntariado; (viii) promoção do desenvolvimento econômico e social e combate à pobreza; (ix) experimentação, não lucrativa, de novos modelos socioprodutivos e de sistemas alternativos de produção, comércio, emprego e crédito; (x) promoção de direitos estabelecidos, construção de novos direitos e assessoria jurídica gratuita de interesse suplementar; (xi) promoção da ética, da paz, da cidadania, dos direitos humanos, da democracia e de outros valores universais; (xii) estudos e pesquisas, desenvolvimento de tecnologias alternativas, produção e divulgação de informações e conhecimentos técnicos e científicos que digam respeito às atividades mencionadas no artigo.

Tal qual ocorre nos convênios, qualquer tipo de transferência de verbas pela Administração para as OS ou OSCIPs não pode ter natureza remuneratória, sob pena de caracterização de um contrato. Como as OS e as OSCIPs devem necessariamente ostentar natureza de pessoa jurídica de direito privado sem fins lucrativos, o produto da exploração do objeto contratual deve ser revertido em sua totalidade para a própria atividade, não podendo ser distribuído de qualquer forma a sócios, associados, investidores ou afins.

13.12 Parcerias entre entidade pública e organizações da sociedade civil

Com a promulgação da Lei 13.019/2014 foi estabelecido novo marco regulatório para as parceiras voluntárias entre a Administração Pública e as organizações da sociedade civil, envolvendo ou não transferências de recursos financeiros.

Importante destacar que o diploma legal criou uma nova distinção, na qual o termo "convênio" deverá ficar reservado para as parcerias celebradas entre os entes federativos (art. 84), que continuarão a observar o disposto no art. 116 da Lei 8.666/1993 e as normas destinadas àquele instrumento.

Contudo, algumas normas que possuem caráter específico e tratam de parcerias entre entes públicos e privados não foram derrogadas por essa legislação, como é o caso da Lei 8.080/1990, que regula as parcerias firmadas pelo Sistema Único de Saúde/SUS,[5] bem como da

5. Lei 8.080/1990: "Art. 24. Quando as suas disponibilidades forem insuficientes para garantir a cobertura assistencial à população de uma determinada área, o

Lei 9.637/1998, que dispõe sobre os ajustes formalizados por meio dos contratos de gestão com as OS.

As parcerias entre as entidades administrativas e as pessoas jurídicas de direito privado sem fins lucrativos passam a ser enquadradas da seguinte forma:

(a) *Termo de colaboração* – instrumento pelo qual são formalizadas as parcerias estabelecidas pela Administração Pública com organizações da sociedade civil, selecionadas por meio de chamamento público, para a consecução de finalidades de interesse público propostas pela Administração Pública, sem prejuízo das definições atinentes ao contrato de gestão e ao termo de parceria, respectivamente, conforme as Leis 9.637, de 15.5.1998, e 9.790, de 23.3.1999.

(b) *Termo de fomento* – instrumento pelo qual são formalizadas as parcerias estabelecidas pela Administração Pública com organizações da sociedade civil, selecionadas por meio de chamamento público, para a consecução de finalidades de interesse público propostas pelas organizações da sociedade civil, sem prejuízo das definições atinentes ao contrato de gestão e ao termo de parceria, respectivamente, conforme as Leis 9.637, de 15.5.1998, e 9.790, de 23.3.1999.

Nota-se que os instrumentos se distinguem tão somente pelo responsável pela iniciativa da proposta de parceria. Quando a iniciativa da proposta for da Administração Pública o instrumento adequado será o termo de colaboração; quando a iniciativa do projeto for da organização da sociedade civil o instrumento para firmar a parceria será o termo de fomento.

Advirta-se que essa legislação impôs um novo conjunto de regras para a celebração e execução desses novos termos, determinado o afastamento, em regra, da aplicação da Lei 8.666/1993. Com isso, há normas específicas sobre plano de trabalho e prestação de contas.

13.12.1 Termos de colaboração e termos de fomento e licitação

Não cabe licitação, propriamente dita, para os termos de colaboração e para os termos de fomento.

Sistema Único de Saúde (SUS) poderá recorrer aos serviços ofertados pela iniciativa privada. Parágrafo único. A participação complementar dos serviços privados será formalizada mediante contrato ou convênio, observadas, a respeito, as normas de direito público".

Entretanto, a legislação brasileira tem evoluído no sentido de exigir a realização de processo seletivo, a fim de evitar privilégios e favoritismos. Trata-se do chamamento público, que, tendo em vista os princípios da competitividade, isonomia e impessoalidade, deve se configurar como um procedimento claro, objetivo, simplificado e, sempre que possível, padronizado, que oriente os interessados e facilite o acesso direto aos órgãos da Administração Pública (art. 23 da Lei 13.019/2014).

A lei conceituou, em seu art. 2º, XII, o chamamento público como procedimento destinado a selecionar organização da sociedade civil para firmar parceria por meio de termo de colaboração ou de fomento, no qual se garanta a observância dos princípios da isonomia, da legalidade, da impessoalidade, da moralidade, da igualdade, da publicidade, da probidade administrativa, da vinculação ao instrumento convocatório, do julgamento objetivo e dos que lhes são correlatos.

O legislador previu, ainda, hipóteses em que o interesse público poderá ser mais bem concretizado por meio da contratação direta, seja por dispensa ou inexigibilidade de chamamento público.

O chamamento público poderá ser dispensado nos seguintes casos: (i) urgência decorrente de paralisação ou iminência de paralisação de atividades de relevante interesse público realizadas no âmbito de parceria já celebrada, limitada a vigência da nova parceria ao prazo do termo original, desde que atendida a ordem de classificação do chamamento público, mantidas e aceitas as mesmas condições oferecidas pela organização da sociedade civil vencedora do certame; (ii) guerra ou grave perturbação da ordem pública, para firmar parceria com organizações da sociedade civil que desenvolvam atividades de natureza continuada nas áreas de assistência social, saúde ou educação, que prestem atendimento direto ao público e que tenham certificação de entidade beneficente de assistência social, nos termos da Lei 12.101, de 27.11.2009; (iii) quando se tratar da realização de programa de proteção a pessoas ameaçadas ou em situação que possa comprometer sua segurança.

Já, a inexigibilidade segue a mesma lógica da Lei 8.666/1993, ocorrendo quando houver inviabilidade de competição entre as organizações da sociedade civil em razão da natureza singular do objeto do plano de trabalho ou quando as metas somente puderem ser atingidas por uma entidade específica.

Inovação trazida pela Lei 13.019/2014 foi o Procedimento de Manifestação de Interesse Social/PMIS, instrumento com características semelhantes ao PMI do Decreto 8.428/2015, que tem por finalidade permitir que *organizações da sociedade civil, movimentos sociais e cidadãos apresentem propostas ao Poder Público para que este avalie a possibilidade de realização de um chamamento público objetivando a celebração de parceria.*

Frise-se que a realização do PMIS não dispensa a convocação por meio de chamamento público para a celebração da parceria, tampouco implicará necessariamente a execução do chamamento público, que ocorrerá conforme os interesses da Administração.

13.12.2 Contratações realizadas pelas organizações da sociedade civil

A teor do disposto no art. 43 da Lei 13.019/2014, as contratações de bens e serviços pelas organizações da sociedade civil feitas com o uso de recursos transferidos pela Administração Pública deverão observar os princípios da legalidade, da moralidade, da boa-fé, da probidade, da impessoalidade, da economicidade, da eficiência, da isonomia, da publicidade, da razoabilidade e do julgamento objetivo e a busca permanente de qualidade e durabilidade, de acordo com o regulamento de compras e contratações aprovado para a consecução do objeto da parceria.

O regulamento de compras e contratações deverá ser próprio ou de terceiro, mas é importante que tenha sido aprovado pela Administração Pública celebrante e observe os referidos princípios, conforme determina o art. 34, VIII, da Lei 8.666/1993. Enfim, o fato de receberem recursos públicos não iguala as organizações da sociedade civil às pessoas jurídicas de direito público, com a indevida imposição de realizarem o procedimento formal de licitação da Lei 8.666/1993.

14
Terceirização

14.1 Conceito e objetivos. 14.2 A distinção entre terceirização e fornecimento de mão de obra: 14.2.1 A Lei de Responsabilidade Fiscal/ LRF e a contabilização da despesa no caso de fornecimento de mão de obra. 14.3 Os limites da terceirização. 14.4 O limite da atividade-meio e da atividade-fim. 14.5 O princípio da livre iniciativa como limitador na modelagem das terceirizações. 14.6 A terceirização e a remuneração por resultados: o acordo de nível de serviço. 14.7 A terceirização e o concurso público. 14.8 A responsabilidade subsidiária da Administração Pública nas terceirizações: 14.8.1 Medidas e providências que podem ser adotadas para a fiscalização dos encargos trabalhistas pela Administração Pública – 14.8.2 A exigência de regularidade trabalhista – 14.8.3 A fiscalização contratual e a vedação à retenção dos pagamentos – 14.8.4 A extensão da garantia – 14.8.5 O descabimento do pagamento das verbas trabalhistas diretamente nas contas dos empregados. 14.9 Terceirização e cooperativas: viabilidade jurídica e cautelas.

14.1 Conceito e objetivos

A terceirização consiste na técnica empresarial conhecida pela contratação de serviços desempenhados por empresas especializadas, permitindo, deste modo, que a tomadora do serviço se concentre na sua principal vocação. Com o advento da terceirização busca-se alcançar efetivo ganho de qualidade e produtividade, redução da máquina administrativa, do quadro de pessoal e maior eficiência, agilidade e competitividade.

Quando se contrata um terceiro estranho aos quadros da Administração Pública para desenvolver essas atividades se está diante de um contrato de prestação de serviços. Cogitar que todos os serviços inerentes ao funcionamento das atividades administrativas fossem executados diretamente pelos servidores públicos não apenas tornaria o quadro permanente de servidores excessivamente inchado como, possivelmente, ineficiente.

Não foi à toa que, desde o Decreto-lei 200, de 25.2.1967 – que dispõe sobre a organização da Administração Federal, estabelece diretrizes para a Reforma Administrativa e dá outras providências –, foi incentivada a execução indireta dos serviços como diretriz na gestão dos contratos, com vistas a impedir o crescimento desmesurado da máquina administrativa (§ 7º do art. 10).

Em regra, esses contratos de prestação de serviços envolvem obrigação de fazer, cuja vocação principal se destina à descentralização das atividades-meio dos entes públicos, tais como serviços de limpeza, vigilância, Informática, manutenção e outros que rotineiramente são necessários para a manutenção das atividades administrativas e que se encontram exemplificados no art. 6º, II, da Lei 8.666/1993. Daí por que não é juridicamente adequado considerar a terceirização como um contrato, senão como uma técnica de gestão.

Em toda e qualquer terceirização forma-se uma relação triangular que envolve: (i) o tomador do serviço; (ii) a empresa terceirizada e especializada em determinada atividade; (iii) o empregado da empresa terceirizada. A Justiça do Trabalho tem sido importante para definir os contornos e limites das terceirizações, ainda que não se concorde integralmente com a conformação jurídica que advém dos Tribunais Trabalhistas, como adiante se verá.

No setor público a terceirização tem como premissa e fundamento lógico o princípio da eficiência (art. 37, *caput*, da CF). A decisão de terceirizar ou não um serviço não pode ser orientada por critérios políticos, ou mesmo influenciada por questões de ordem ideológica.

A motivação da tomada de decisão deve estar lastreada em uma racionalidade técnica e econômica que demonstre o melhor formato para a organização na prestação do serviço, sempre com vistas a identificar a forma pela qual melhor será atendido o interesse público, com a maximização eficiente no aproveitamento dos recursos humanos, materiais e financeiros.

14.2 A distinção entre terceirização e fornecimento de mão de obra

A essência da terceirização é a atividade, e não a pessoa. Dito em outros termos: o que o ente público espera em qualquer terceirização é que o objeto seja adequadamente desenvolvido e que atenda ao escopo definido no edital. O próprio enunciado da Súmula 331 do TST expressa essa ideia de forma categórica quando condiciona a terceirização à inexistência de pessoalidade, deixando claro que o foco é a prestação do serviço, e não o seu prestador.

Na terceirização busca-se especialização, com a contratação de um serviço com um objeto definido e que encontre no mercado várias empresas que concentram seus esforços em determinada área de conhecimento.

Logo se vê que a terceirização não se confunde com o fornecimento de mão de obra, porquanto esta forma de contratar centra o objeto contratual nas pessoas, e não no serviço. No fornecimento de mão de obra não há um objeto definido. Não se almeja um serviço específico, mas um suporte na área de recursos humanos com vistas a atender às mais diversas necessidades administrativas.[1] Via de regra, as atividades são completamente díspares e envolvem áreas de conhecimento que nem de perto se inter-relacionam.

É, a rigor, um "pacote" de serviços, no qual o foco não é no serviço, mas nas pessoas que irão desenvolver o projeto. Contratam-se, a um só tempo, serventes, motoristas, vigilantes, jardineiros, copeiras, ascensoristas, em clara exploração do trabalho alheio como mercadoria. Não há qualquer especialidade no desenvolvimento da atividade empresarial, senão a simples locação de pessoas.

Quando o objeto da licitação reúne serviços muito distintos pode ocorrer violação à diretriz prevista no art. 23, §§ 1º e 2º, da Lei 8.666/1993, que determina a divisão do objeto em tantas parcelas quantas se comprovarem técnica e economicamente viáveis, o que visa a ampliar a competitividade sem perda na economia de escala.

Existem diversas formas de contratar mão de obra para a Administração Pública por meio de interposta pessoa. Mencionem-se, como exemplos, convênios com entidades do Terceiro Setor sem um objeto definido e como mero pretexto de alocar recursos humanos; as contratações diretas com as instituições sem fins lucrativos (art. 24, XIII, da

1. Maria Sylvia Zanella Di Pietro explica: "Tais contratos têm sido celebrados sob a fórmula de prestação de serviços técnicos especializados, de tal modo a assegurar uma aparência de legalidade. No entanto, não há, de fato, essa prestação de serviços por parte da empresa contratada, já que esta se limita, na realidade, a fornecer mão de obra para o Estado; ou seja, ela contrata pessoas sem concurso público, para que prestem serviços em órgãos da Administração direta e indireta do Estado. (...). Tais contratos são manifestamente ilegais e inconstitucionais. Eles correspondem a uma falsa terceirização e não escondem a intenção de burla à Constituição. (...). Portanto, o que é perfeitamente possível no âmbito da Administração Pública é a terceirização como contrato de prestação de serviços" (*Parcerias na Administração Pública*, 3ª ed., São Paulo, Atlas, 1999, pp. 166-168).

Lei 8.666/1993) também podem, se manejadas de forma equivocada, se prestar a essa intermediação, assim como as "falsas" cooperativas, que, utilizando-se dessa forma societária, fornecem qualquer tipo de serviço, normalmente em função de um amplíssimo objeto social.

Mesmo que, em qualquer das situações mencionadas, a contratação seja precedida de licitação, o fato é que essa circunstância não a legitima, eis que continuará sendo mera intermediação de mão de obra.

Algumas cautelas devem ser observadas para evitar a contratação de fornecimento de mão de obra como se terceirização fosse.

O primeiro e mais importante aspecto a considerar é que o objeto da contratação seja bem definido, não permitindo a execução de várias atividades em um único contrato. Claro que essa é uma avaliação discricionária do gestor, à luz das especificidades de cada segmento econômico e da conformação do interesse público a ser tutelado; mas é uma premissa importante a ser considerada no momento da definição dos contornos do objeto.

Sob outro prisma, não deve o edital definir o efetivo de pessoal alocado na execução dos serviços, eis que o foco é na atividade, e não na pessoa. Recomendável, também, que o edital expresse a exigência de que os materiais e equipamentos utilizados sejam da contratada, evitando caracterizar a simples locação de pessoal.

14.2.1 A Lei de Responsabilidade Fiscal/LRF e a contabilização da despesa no caso de fornecimento de mão de obra

Importante observar que o § 1º do art. 18 da LRF, quando determinou que "os valores dos contratos de terceirização de mão de obra que se referem à substituição de servidores e empregados serão contabilizados como outras despesas de pessoal", ao contrário do que uma leitura apressada poderia induzir, não validou o fornecimento de mão de obra como um modelo legal possível.

Ao revés, como forma de inibir sua proliferação, o legislador contabilizou essa forma de contratar como despesa de pessoal, a fim, exatamente, de bloquear essa prática no setor público.

Não raro os gestores, por estarem no limite dos gastos com pessoal, recorrem ao fornecimento de mão de obra para que as atividades administrativas não sofram solução de continuidade. Assim, o que o § 1º do art. 18 da LRF pretendeu foi mandar um claro recado para os administradores públicos: essas contratações não podem servir de subterfúgio para solucionar os problemas relativos aos gastos de pessoal dos entes públicos.

14.3 Os limites da terceirização

O principal limite norteador das terceirizações nas atividades administrativas envolve o poder de império estatal, ou seja, aquelas atividades que exigem atos de império e de autoridade, como, por exemplo, segurança, fiscalização, regulação e poder de polícia. Essas são atividades estatais as quais, em sua essência, dependem de que as autoridades administrativas estejam investidas com prerrogativas públicas necessárias à satisfação dos interesses públicos tutelados, e que, portanto, não podem ser delegadas a agentes privados que não ostentem tal condição.

Essa diretriz encontra-se assentada no art. 4º, III, da Lei 11.079, de 30.12.2004, que trata das parcerias público-privadas, que fixa como uma das diretrizes a indelegabilidade das funções de regulação, jurisdicional, do exercício do poder polícia e de outras atividades exclusivas do Estado. O fato de essa diretriz estar contida em uma legislação específica – no caso das parcerias público-privadas – não afasta o núcleo essencial de que se trata de premissa aplicável a todas as hipóteses de delegação de atividades estatais, o que inclui também as terceirizações.

Note-se que as atividades meramente instrumentais e de apoio ao poder de polícia podem ser terceirizadas, porquanto não encerram o exercício do poder de império estatal. É o caso, por exemplo, dos serviços de radares ou fotografias em rodovias para fiscalizar a velocidade dos automóveis ou mesmo vistorias, perícias ou atos similares que se configurem como meros atos preparatórios e antecedentes do exercício do poder de polícia.

O mesmo vale para a terceirização de serviços de gerenciamento de obras ou de outros serviços. No caso das parcerias público-privadas tem sido, por exemplo, adotada a prática de contratar verificadores independentes, ou seja, sociedades empresárias externas que auxiliam o parceiro público na verificação das metas e resultados objetivamente definidos no contrato.

Não há nas hipóteses acima mencionadas uma delegação absoluta para um particular substituir, na tarefa primária da fiscalização do contratos, os entes públicos, senão a contratação de empresa especializada que possa apoiar e fornecer os subsídios necessários para a realização de uma fiscalização eficiente.

Outro limite identificável das terceirizações consiste nas carreiras com assento constitucional e, consequentemente, nas atividades por elas desenvolvidas. Trata-se de uma opção do legislador constituinte originário, que entendeu que determinadas atividades dependeriam de uma carreira estruturada para melhor satisfação daqueles interesses públicos.

E essa não foi uma escolha aleatória, já que a maior parte das carreiras estruturadas na Constituição Federal engloba atividades típicas estatais que demandam prerrogativas de autoridade ou que dependem de uma independência funcional indispensável para sua correta consecução.

14.4 O limite da atividade-meio e da atividade-fim

A esmagadora maioria da doutrina, seja no campo do direito administrativo ou no do direito do trabalho, encampa esse critério como adequado para fixar os limites das terceirizações. Dito em outros termos: apenas as terceirizações envolvendo as atividades-meio seriam consideradas lícitas. A prática administrativa também aquiesceu com esse parâmetro, com os gestores, como regra, observando a diferenciação entre atividade-meio e atividade-fim no momento de fixar os limites do objeto a ser terceirizado.

O tema é bastante polêmico, e a superação da distinção atividade-meio e atividade-fim encontra enorme resistência em vários setores da sociedade, que identificam a possibilidade de precarização das relações trabalhistas com a admissão da terceirização para as atividades-fim. Note-se que a discussão alcança tanto as terceirizações realizadas pelo setor privado como aquelas efetivadas pelo setor público.

Adotando entendimento minoritário, pretende-se demonstrar que esse critério não é suficiente para delimitar se uma terceirização é lícita, ou não.

O critério – que não se encontra expresso no ordenamento jurídico – foi delimitado pelo Tribunal Superior do Trabalho/TST quando editou a Súmula 331. Confira-se:

> III – Não forma vínculo de emprego com o tomador a contratação de serviços de vigilância (Lei n. 7.102, de 20.6.1983), de conservação e limpeza, bem como a de serviços especializados ligados à atividade-meio do tomador, desde que inexistente a pessoalidade e a subordinação direta.

Ora, não é tarefa do Poder Judiciário fixar limites para a terceirização, mormente no âmbito da Administração Pública. É flagrante a violação ao princípio da separação dos Poderes (art. 2º da CF), eis que a Justiça do Trabalho pretendeu, com o Enunciado 331, legislar sobre terceirização, o que é absolutamente incompatível com sua função precípua de dirimir conflitos. Trata-se de claro exemplo de ativismo judicial normativo, quando o Poder Judiciário suprime lacunas normativas disciplinando temas que caberiam ao Poder Legislativo.

Curioso observar, também, que o critério da atividade-meio/fim somente é aplicável às terceirizações. Não há nenhuma razão lógica para que esse parâmetro sirva apenas para uma espécie de contrato (prestação de serviços) e seja imprestável para os demais.

Fato é que o Estado delega diversas atividades-fim por meio de outros contratos sem que esse embate tenha sido travado ou, mesmo, cogitado. É o caso, por exemplo, das concessões de serviço público regidas pela Lei 8.987/1995. Por acaso não seria atividade-fim do Estado a celebração de contratos envolvendo saneamento, energia, telefonia, rodovias, gás?

Nesses contratos, como se sabe, o poder concedente remanesce apenas com a titularidade do serviço, delegando sua execução ao concessionário. Delega, na maioria dos casos, atividades típicas que envolvem serviços essenciais à coletividade. O mesmo ocorre com a concessão patrocinada e administrativa (as parcerias público-privadas), com a diferença de que, aqui, ainda há o desembolso de recursos públicos, eis que não são negócios autofinanciáveis. Mas na sua essência o que o Estado delega por meio dessas parcerias são atividades típicas suas.

Também no campo do Terceiro Setor existem vários formatos contratuais nos quais o Estado delega atividades consideradas finalísticas para as Organizações Sociais/OS e para as Organizações da Sociedade Civil de Interesse Público/OSCIPs, celebrando, respectivamente, contratos de gestão e termos de parceria. Por meio desses ajustes o Estado delega atividades, em regra, afetas ao ordenamento social, como hospitais, museus, atividades de proteção a menores, defesa do patrimônio artístico e cultural, além de outras que estariam no campo de suas atribuições.

Diante desses exemplos, que estão no cotidiano dos gestores públicos e dos operadores do direito administrativo, é de se indagar a razão pela qual as delegações para particulares – aqui consideradas como gênero do qual a terceirização é uma espécie – não sofrem qualquer limitação, e apenas o contrato de prestação de serviços se sujeita a um critério que não tem fundamento constitucional e nem legal.

Também se revela tarefa complexa identificar alguma consistência no critério quando se sabe que a conceituação do que seja atividade-meio e atividade-fim e os traços que diferenciam uma da outra não são aspectos que podem ser solucionados apenas pela ciência do Direito.

O desenvolvimento das atividades administrativas, nas suas mais variadas dimensões, é bastante dinâmico, sendo certo que, a depender da situação concreta, se torna tarefa bastante complexa delimitar com precisão os espaços entre o que seja meio e fim ou pretender uma separação absoluta entre os dois campos. Não raro o limite entre atividade-meio e atividade--fim é muito tênue, não sendo na maior parte das vezes solucionado por critérios jurídicos, mas por critérios econômicos, financeiros ou mesmo técnicos inerentes à própria atividade e à realidade como ela se coloca.

Diferenciar as terceirizações lícitas das ilícitas por esse critério de atividade-meio e atividade-fim cria um ambiente de absoluta insegurança jurídica para o administrador público, que, diante de situações que se encontram na zona cinzenta, fica sem saber se pode, ou não, contratar determinado objeto, eis que isso pode ser considerado ilegal pela Justiça do Trabalho.

O que pode e deve ser repudiado é a hipótese de os órgãos ou entidades públicas terceirizarem integralmente suas atividades finalísticas. Afinal, nesses casos seria razoável indagar a razão da existência do órgão ou entidade, já que toda sua atividade teria sido delegada a um terceiro. Isso não se confunde com a contratação de terceiros para apoiarem ou darem suporte a apenas uma parcela ou parte da atividade-fim do órgão ou entidade, o que não deve ser proibido quando ficar demonstrado que essa opção se revela mais eficiente.

Importante anotar que no campo das concessões e permissões de serviços públicos parece existir autorização expressa para a concessionária contratar terceiros para o desenvolvimento das atividades inerentes ao serviço concedido. Confira-se a dicção do § 1º do art. 25 da Lei 8.987/1995:

> § 1º. Sem prejuízo da responsabilidade a que se refere este artigo, a concessionária poderá contratar com terceiros o desenvolvimento de atividades inerentes, acessórias ou complementares ao serviço concedido, bem como a implementação de projetos associados.

Por exemplo: poderia uma concessionária de serviço público de energia terceirizar a construção e a reforma de rede e subestações de energia elétrica, manutenção de rotina e de emergência? Isso seria atividade-fim da empresa?

Ora, a atividade-fim da empresa é entregar energia de boa qualidade ao usuário, com a observância dos princípios da generalidade, regularidade, continuidade, eficiência, segurança, atualidade, cortesia e modicidade tarifária.

Se a reforma ou manutenção da sua rede será efetivada por funcionários próprios ou terceirizados é um problema de gestão da concessionária, a quem cabe avaliar a forma mais eficiente de executar a tarefa.

Outro exemplo de serviço usualmente terceirizado pelas concessionárias de serviço público de energia elétrica é a realização de manutenções preventivas e programadas que garantem o funcionamento de usinas, linhas e redes de distribuição.

Também no campo dos serviços de manutenção, as concessionárias de energia contratam, ainda, sociedades empresárias para desempenhar atividades em prol da manutenção da própria via energizada – a rede de transmissão de energia elétrica –, como a poda de árvores.

Estariam essas empresas obrigadas a ter funcionários próprios para a realização de serviços de manutenção, ou poderiam terceirizar? Será que o simples fato de a atividade estar ligada ao objeto social da empresa tem o condão de tornar a atividade-fim? E se for atividade-fim? Por que não poderia o serviço de manutenção ser terceirizado?

Note-se que em todos os exemplos a conceituação da atividade (se meio ou fim) encontra-se numa zona cinzenta, o que gera enorme insegurança jurídica ao gestor.

Com efeito, mesmo que essas atividades se enquadrem como finalísticas das concessionárias, não se identifica nenhum óbice legal à terceirização nas hipóteses mencionadas. Há, ao revés, o sério risco de a realização obrigatória de tais serviços por empregados da própria concessionária se revelar como alternativa mais ineficiente, repercutindo diretamente na própria concepção de serviço adequado, em especial no que se refere à modicidade tarifária, já que não se pode afastar a possibilidade de tais custos serem transferidos ao usuário final nas revisões quinquenais.

Não cabe, aqui, dizer que o melhor caminho para as concessionárias é a terceirização de tais serviços. Trata-se de decisão que depende da avaliação de cada concessionária à luz da sua realidade e das obrigações impostas no contrato de concessão.

Mas o que se pode afirmar é que não pode o Poder Judiciário limitar o espaço discricionário que deve ser reservado às concessionárias de serviço público para decidir a melhor forma de gerir o negócio e os serviços inerentes à própria concessão, mormente diante da regra contida no art. 25, § 1º, da Lei 8.987/1995.

Enfim, a vocação das terceirizações continua e continuará a ser as atividades-meio. Essa é sua origem e sua própria essência.

Mas não há como extrair do ordenamento jurídico a existência de um critério distintivo a partir da natureza da atividade (se meio ou fim). Esse critério, a rigor, serve muito mais para propiciar um ambiente de insegurança jurídica (seja no campo das terceirizações realizadas no setor privado como naquelas efetivadas no setor público), deixando os gestores à margem da ilegalidade, ainda que a opção pela terceirização possa, a depender das circunstâncias concretas, se revelar como alternativa comprovadamente mais eficiente.

14.5 O princípio da livre iniciativa como limitador na modelagem das terceirizações

Não cabe ao edital, sob pena de violar o princípio da livre iniciativa, se imiscuir na forma de organização das empresas terceirizadas. Logo, caracteriza ingerência indevida a definição no edital do quantitativo de empregados ou, mesmo, a prévia fixação dos seus salários.

O que importa na terceirização é a atividade, o resultado e a produtividade. Como o contratado se desincumbirá da tarefa é questão que se insere no âmbito da sua competência. As terceirizações devem ser modeladas com a necessária deferência para que o setor privado organize sua forma de atuação

O número de empregados alocados no serviço, como dito, é matéria afeta à esfera de atuação da empresa, e não da Administração Pública, devendo ser privilegiada a modelagem que permita a mensuração dos resultados para pagamento da contratada e que elimine a possibilidade de remuneração com base na quantidade de horas de serviço ou por postos de trabalho, conforme bem explicita o art. 11 da Instrução Normativa MP-2, de 30.4.2008. Apenas em caráter excepcional esses critérios devem ser adotados, como ocorre, por exemplo, nas terceirizações de serviços de vigilância, quando a definição do número de empregados pode se organizar naturalmente pelo número de postos existentes.

Muito embora a Instrução Normativa MP-2, de 30.4.2008, produza efeitos apenas no plano federal, o fato é que essas diretrizes se alinham com as premissas conceituais da terceirização, privilegiando o foco na atividade e no resultado, e não nas pessoas.

Também devem ser afastadas pretensões indevidas de fixação do salário dos empregados das empresas terceirizadas. Além de ser interferência desmedida na gestão privada da sociedade empresária, possível identificar violação ao princípio da competitividade, porquanto determinar o salário dos empregados pode ocasionar o aumento do preço final a ser pago pelo ente público.

Claro que a Administração Pública não pode se furtar a pagar o valor mínimo vigente para aquela determinada categoria. Não é disso que se trata. O que se repudia é o edital, a pretexto de induzir à eficiência e à contratação de empregados mais bem remunerados, fixar o salário que considera ideal e adentrar indevidamente a organização de pessoal e dos custos das empresas, violando o princípio da livre iniciativa.

Outra questão polêmica que pode implicar ingerência na gestão dos custos do contratado é previsão no edital da reserva técnica, cujo objetivo é a previsão na planilha dos custos dos licitantes decorrentes de substituição de mão de obra quando da ocorrência de atrasos ou faltas dos empregados.

Essa definição consta da Instrução Normativa 2/2011 do Ministério do Planejamento, Orçamento e Gestão, que, muito embora de observância obrigatória apenas em âmbito federal, não raro é utilizada como parâmetro por Estados e Municípios. Não se abona a inclusão da reserva técnica nos editais, eis que se revela como ingerência indevida na gestão da empresa, violando os princípios da livre iniciativa e da competitividade.

14.6 A terceirização e a remuneração por resultados: o acordo de nível de serviço

Os contratos regidos pela Lei 8.666/1993 seguem, como regra, a lógica de que a remuneração do contratado será determinada na licitação, sendo seu valor certo e determinado, independentemente do grau de eficiência do contratado na execução do objeto.

Esse modelo legal vem sendo gradativamente substituído por uma tendência no sentido de que a remuneração do contratado seja condicionada a parâmetros de eficiência objetivamente previstos no contrato.

É o que ocorre nas parcerias público-privadas, quando se admite a remuneração variável ao parceiro privado, cujo pagamento pode vincular-se ao seu desempenho, conforme metas e padrões de qualidade e disponibilidade definidos no contrato, a teor do previsto no § 1º do art. 6º da Lei 11.079/2004. O mesmo ocorre no Regime Diferenciado de Contratações/RDC, que admite na contratação de obras e serviços, inclusive de engenharia, a fixação de remuneração variável vinculada ao desempenho da contratada, com base em metas, padrões de qualidade, critérios de sustentabilidade ambiental e prazo de entrega definidos no instrumento convocatório e no contrato, a teor do disposto no art. 10 da Lei 12.462/2011.

A premissa pressupõe a criação de um sistema remuneratório de incentivos que induza o contratado a executar o objeto do modo mais eficiente, o que repercutirá diretamente no incremento da sua remuneração e na obtenção de lucros.

Essa tendência já alcançou as terceirizações que, por meio do Acordo de Nível de Serviço, podem estabelecer um sistema remuneratório indutor da eficiência e da obtenção de resultados. No plano federal o Acordo de Nível de Serviço é conceituado na Instrução Normativa MP-2, de 30.4.2008, no seu Anexo I, item XXII, como sendo "o ajuste escrito, anexo ao contrato, entre o provedor de serviços e o órgão contratante, que define, em bases compreensíveis, tangíveis objetivamente observáveis e comprováveis, os níveis esperados de qualidade da prestação do serviço e respectivas adequações de pagamento".

Logo se vê que é pressuposto para adoção do Acordo de Nível de Serviço a existência de critérios objetivos de mensuração de resultados, com vistas a verificar se os resultados contratados foram realizados nas quantidades e qualidade exigidas, com a subsequente adequação do pagamento, conforme expressamente previsto no § 4º do art. 11 da Instrução Normativa MP-2, de 30.4.2008.

As diretrizes do Acordo de Nível de Serviço foram estabelecidas no art. 17 da Instrução Normativa MP-2, de 30.4.2008. Confira-se: (i) antes da construção dos indicadores, os serviços e resultados esperados já deverão estar claramente definidos e identificados, diferenciando-se as atividades consideradas críticas das secundárias; (ii) os indicadores e metas devem ser construídos de forma sistemática, de modo que possam contribuir cumulativamente para o resultado global do serviço e não interfiram negativamente uns nos outros; (iii) os indicadores devem refletir fatores que estão sob controle do prestador do serviço; (iv) previsão de fatores, fora do controle do prestador, que possam interferir no atendimento das metas; (v) os indicadores deverão ser objetivamente mensuráveis, de preferência facilmente coletáveis, relevantes e adequados à natureza e características do serviço e compreensíveis; (vi) evitar indicadores complexos ou sobrepostos; (vii) as metas devem ser realistas e definidas com base em uma comparação apropriada; (viii) os pagamentos deverão ser proporcionais ao atendimento das metas estabelecidas no

ANS, observando-se o seguinte: (viii.a) as adequações nos pagamentos estarão limitadas a uma faixa específica de tolerância, abaixo da qual o fornecedor se sujeitará às sanções legais; e (viii.b) na determinação da faixa de tolerância antes referida considerar-se-á a relevância da atividade, com menor ou nenhuma margem de tolerância para as atividades consideradas críticas; (ix) o não atendimento das metas, por ínfima ou pequena diferença, em indicadores não críticos, poderá ser objeto apenas de notificação nas primeiras ocorrências, de modo a não comprometer a continuidade da contratação.

É possível identificar na disciplina normativa do Acordo de Nível de Serviço a influência de métodos e premissas de um direito administrativo mais vocacionado à busca dos resultados e indutor do princípio da eficiência – preocupação, essa, que não era central à época da edição da Lei 8.666/1993, porquanto mais voltada à definição dos meios do que propriamente à consecução dos fins.

Veja-se que no campo da contratação de serviços de Tecnologia de Informação o TCU fixou, corretamente, o entendimento de que a remuneração deve estar atrelada aos resultados, a demonstrar que essa é uma tendência que deve cada vez mais ampliar seu espectro de abrangência nas contratações públicas. Confira-se o teor da Súmula 269:

> Nas contratações para a prestação de serviços de Tecnologia da Informação, a remuneração deve estar vinculada a resultados ou ao atendimento de níveis de serviço, admitindo-se o pagamento por hora trabalhada ou por posto de serviço somente quando as características do objeto não o permitirem, hipótese em que a excepcionalidade deve estar prévia e adequadamente justificada nos respectivos processos administrativos.

Nada impede que Estados e Municípios adotem modelos similares ou, mesmo, que os contratos administrativos regidos pela Lei 8.666/1993 expressem, desde que possível sua parametrização, a forma de remuneração variável vinculada à obtenção de resultados.

Não se abona linha de entendimento que eventualmente considere cristalizada pela Lei 8.666/1993 a remuneração fixa e sem qualquer vinculação com a obtenção dos resultados. As partes devem ter liberdade para disciplinar arranjos contratuais que privilegiem a remuneração atrelada à *performance* do contratado, o que encontra lastro nos princípios da eficiência e da juridicidade, além da moderna tendência à construção de uma Administração Pública voltada à obtenção de resultados.

14.7 A terceirização e o concurso público

Não há, como regra, violação ao princípio do concurso público quando se realizam terceirizações. O próprio Enunciado 331 do TST expressou de forma muito clara a impossibilidade de qualquer vínculo de emprego ser formado a partir de terceirização:

> I – A contratação de trabalhadores por empresa interposta é ilegal, formando-se o vínculo diretamente com o tomador dos serviços, salvo no caso de trabalho temporário (Lei n. 6.019, de 3.1.1974).
>
> II – A contratação irregular de trabalhador, mediante empresa interposta, não gera vínculo de emprego com os órgãos da Administração Pública direta, indireta ou fundacional (art. 37, II, da CF/1988). [*Revisão do Enunciado 256-TST*]

O importante é reconhecer que, no plano constitucional e legal, pode o administrador, no exercício da sua competência discricionária, organizar e estruturar a prestação dos serviços por meio de quadro pessoal próprio ou recorrendo às terceirizações. Marcos Juruena Villela Souto explica:[2]

> Em pronunciamentos anteriores já me manifestei no sentido de que a Administração tanto pode se valer da criação de cargos ou empregos públicos – CF, art. 37, I e II – ou da contratação administrativa de empresas especializadas na prestação de serviços lícitos – CF, art. 37, XXI, Lei 8.666/1993, art. 6º, II, e CC, art. 1.216. Ambas as opções têm sede constitucional, não se presumindo, pois, burla na opção discricionária, constitucionalmente assegurada ao chefe do Poder Executivo no exercício da função de direção superior da Administração Pública.

É claro que, como antes afirmado, essa decisão não é inteiramente livre, senão que balizada pelo princípio da eficiência e pela própria natureza do serviço e da atividade. Reafirme-se que as atividades que envolvam o exercício do poder de império – como, por exemplo, segurança, fiscalização, regulação e poder de polícia – são indelegáveis, assim como o são as carreiras que tenham assento constitucional.

No plano da organização dos serviços e das atividades administrativas o que deve ser evitado é a coexistência de servidores efetivos e servidores terceirizados no desenvolvimento da mesma função. Um exemplo permite compreender a questão. Não pode ser realizada uma contratação de serviços de limpeza se no plano de cargos do órgão ou entidade existir

2. Marcos Juruena Villela Souto, *Direito Administrativo das Concessões*, 5ª ed., Rio de Janeiro, Lumen Juris, 2004, p. 342.

cargo público de servente. A referida diretriz encontra-se expressa no § 2º do art. 1º do Decreto 2.271, de 7.7.1997 – que dispõe sobre a contratação de serviços pela Administração Pública Federal:

> § 2º. Não poderão ser objeto de execução indireta as atividades inerentes às categorias funcionais abrangidas pelo plano de cargos do órgão ou entidade, salvo expressa disposição legal em contrário ou quando se tratar de cargo extinto, total ou parcialmente, no âmbito do quadro geral de pessoal.

Logo, para que se torne legítima a terceirização será necessária a extinção total ou parcial dos cargos no quadro geral de pessoal, justamente com vistas a evitar a indesejável coexistência de servidores concursados e terceirizados. Apenas situações excepcionais, temporárias e devidamente justificadas, podem autorizar essa situação de um mesmo serviço ser executado por concursados e terceirizados.

Em alguns setores, como, por exemplo, a saúde, é preciso reconhecer a juridicidade na coexistência de modelos distintos de gestão dos serviços de saúde, porquanto expressamente admitida no art. 197 da CF a possibilidade de sua execução ser feita diretamente ou por meio de terceiro, o que vem ocorrendo em diversos Estados, com as parcerias envolvendo o Terceiro Setor; afinal, em matéria de prestação de serviços de saúde assume maior significância a garantia do acesso universal e igualitário, com a prestação de serviços que sejam eficientes e que atendam efetivamente às demandas da população e dos usuários.

14.8 A responsabilidade subsidiária da Administração Pública nas terceirizações

O legislador afastou qualquer responsabilidade subsidiária da Administração Pública no caso de inadimplemento das obrigações trabalhistas dos empregados da contratada. É o que se depreende da leitura do art. 71, § 1º, da Lei 8.666/1993:

> Art. 71. O contratado é responsável pelos encargos trabalhistas, previdenciários, fiscais e comerciais resultantes da execução do contrato.
>
> § 1º. A inadimplência do contratado com referência aos encargos trabalhistas, fiscais e comerciais não transfere à Administração Pública a responsabilidade por seu pagamento, nem poderá onerar o objeto do contrato ou restringir a regularização e o uso das obras e edificações, inclusive perante o registro de imóveis.

Como se vê, o legislador excluiu expressamente qualquer responsabilidade da Administração Pública no que concerne à inadimplência do contratado com os seus encargos trabalhistas, fiscais e comerciais, mesmo que originados por força da execução do contrato administrativo.

De fato, é da essência da terceirização o foco na atividade, e não nas pessoas. Daí por que determinou o legislador que as obrigações e encargos dos contratados são de sua única e exclusiva responsabilidade, evitando que o tomador do serviço – no caso, a Administração Pública – funcionasse como verdadeira seguradora de todo e qualquer encargo das empresas contratadas.

Aliás, quando o legislador objetivou estabelecer de modo diverso o fez expressamente, como, por exemplo, na hipótese dos encargos previdenciários, quando há responsabilidade solidária entre a Administração Pública e o contratado, consoante dispõe o próprio art. 71, § 2º, da Lei 8.666/1993.

Não obstante a clareza da norma, o fato é que o TST, por intermédio do enunciado da Súmula 331, consolidou a responsabilidade subsidiária da Administração Pública, amparado, principalmente, na proteção do trabalhador, que não poderia ser prejudicado com o inadimplemento do contratado:

> IV – O inadimplemento das obrigações trabalhistas, por parte do empregador, implica na responsabilidade subsidiária do tomador de serviços, quanto àquelas obrigações, inclusive quanto aos órgãos da Administração direta, das autarquias, das fundações públicas, das empresas públicas e das sociedades de economia mista, desde que hajam participado da relação processual e constem também do título executivo.

Portanto, desde que tenham participado da relação processual e constem do título executivo, os entes públicos são responsáveis subsidiariamente pelos encargos trabalhistas dos contratados. A responsabilidade subsidiária pressupõe primariamente a execução do devedor principal. Apenas se frustrada essa execução é que os órgãos ou entes públicos serão demandados a arcar com os encargos trabalhistas dos empregados da empresa terceirizada.

Aliás, a jurisprudência trabalhista não vem aceitando a tese de que o esgotamento dos meios executórios em face da devedora principal deveria incluir a desconsideração da personalidade jurídica da empresa ré principal. O entendimento que vem prevalecendo nos Tribunais Trabalhistas é o de que, frustrada a execução em face do devedor principal, o juiz deve direcioná-la contra o subsidiário, não havendo amparo jurídico para a pretensão de prévia execução dos sócios ou administradores.[3]

Enfim, hoje, o fato é que essas ações envolvendo a responsabilidade subsidiária dos entes públicos fazem parte da rotina da Advocacia pública e do próprio Poder Judiciário, movimentando a máquina administrativa em ações padronizadas e cujo resultado, como regra, já se sabe de antemão.

Criou-se uma excessiva onerosidade para a Administração Pública, que passou a ter que atuar como se empregador fosse, organizando pessoal e estrutura própria para fiscalizar os encargos trabalhistas dos empregados do contratado – matéria, essa, totalmente estranha à realidade vivida no setor público.

A referida orientação jurisprudencial gerou intenso debate, até que, no bojo da ADC 16, ajuizada pelo Governador do Distrito Federal, o STF declarou a constitucionalidade do art. 71, § 1º, da Lei 8.666/1993, afirmando que a mera inadimplência do contratado não poderia transferir à Administração Pública a responsabilidade pelo pagamento dos encargos.

Pelo entendimento do STF, o Judiciário deverá analisar caso a caso para confirmar se a inadimplência da empresa prestadora teve por causa principal a falha ou a falta de fiscalização pelo órgão público contratante, e não mais considerar automática a transferência da responsabilidade à Administração. Assim, a declaração da constitucionalidade do art. 71 não implica necessariamente assegurar a "irresponsabilidade" da Administração Pública.

Diante da posição adotada pelo STF, o TST alterou a redação da Súmula 331, nos seguintes termos:

> V – Os entes integrantes da Administração Pública direta e indireta respondem subsidiariamente, nas mesmas condições do item IV, caso evidenciada a sua conduta culposa no cumprimento das obrigações da Lei n. 8.666/1993, especialmente na fiscalização do cumprimento das obrigações contratuais e legais da prestadora de serviço como empregadora. A aludida responsabilidade não decorre de mero inadimplemento das obrigações trabalhistas assumidas pela empresa regularmente contratada.

Data maxima venia, a posição do STF parece contraditória, tendo, a rigor, ficado no meio do caminho. Ora bem, se reconhecida a consti-

3. Esse é o teor da Súmula 12, aprovada pelo Tribunal Pleno do TRT-1ª Região, através da Resolução Administrativa 33/2010.

tucionalidade do art. 71 da Lei 8.666/1993 e, portanto, a inexistência de responsabilidade subsidiária, como imputar à Administração Pública o ônus de fiscalização dos encargos trabalhistas do contratado?

O dado concreto é que continuam os entes públicos obrigados a fiscalizar os encargos trabalhistas dos empregados das empresas terceirizadas, com todos os ônus e inconvenientes que naturalmente decorrem dessa atuação. A diferença, agora, é que, se demonstrado em juízo que agiram diligentemente na fiscalização dessas obrigações, a responsabilidade subsidiária poderá ser afastada.

14.8.1 Medidas e providências que podem ser adotadas para a fiscalização dos encargos trabalhistas pela Administração Pública

Diante da obrigatoriedade dos entes públicos na fiscalização dos encargos trabalhistas dos empregados das empresas terceirizadas, importante examinar quais as principais providências e medidas postas à disposição da Administração Pública para atuar na forma determinada pelo Poder Judiciário.

14.8.2 A exigência de regularidade trabalhista

Uma medida preventiva adotada foi a inclusão, na fase de habilitação, da regularidade trabalhista, a teor do disposto no art. 27, V, c/c o art. 29, V, da Lei 8.666/1993, fruto da alteração promovida pela Lei 12.440/2011, que passou a exigir como requisito obrigatório para participação nas licitação a prova da inexistência de débitos inadimplidos perante a Justiça do Trabalho, mediante a apresentação da Certidão Negativa de Débitos Trabalhistas/CNDT.

14.8.3 A fiscalização contratual e a vedação à retenção dos pagamentos

Outra providência possível é a inclusão nos editais e contratos de cláusula estabelecendo para o contratado a obrigatoriedade de prestação de contas periódica do cumprimento dos seus encargos trabalhistas. Torna-se necessário que sejam definidos as verbas trabalhistas objeto da fiscalização e o respectivo prazo da sua regular apresentação pelo contratado.

A Instrução Normativa MP-2, de 30.4.2008, estabeleceu, no inciso I do § 5º do art. 34, os seguintes documentos como passíveis de serem exigidos na fiscalização das sociedades empresárias regidas pela Consolidação das Leis do Trabalho: (i) prova de regularidade para com a Seguridade Social, conforme dispõe o art. 195, § 3º, da CF; (ii) recolhimento do FGTS referente ao mês anterior, caso a Administração não esteja realizando os depósitos diretamente, conforme estabelecido no instrumento convocatório; (iii) pagamento de salários no prazo previsto em lei, referente ao mês anterior; (iv) fornecimento de vale-transporte e auxílio-alimentação, quando cabível; (v) pagamento do 13º salário; (vi) concessão de férias e correspondente pagamento do adicional de férias, na forma da lei; (vii) realização de exames admissionais e demissionais e periódicos, quando for o caso; (viii) eventuais cursos de treinamento e reciclagem que forem exigidos por lei; (ix) comprovação do encaminhamento ao Ministério do Trabalho e Emprego das informações trabalhistas exigidas pela legislação, tais como a Relação Anual de Informações Sociais/RAIS e a Cadastro-Geral de Empregados e Desempregados/CAGED; (x) cumprimento das obrigações contidas em convenção coletiva, acordo coletivo ou sentença normativa em dissídio coletivo de trabalho; e (xi) cumprimento das demais obrigações dispostas na Consolidação das Leis do Trabalho em relação aos empregados vinculados ao contrato.

Não se pode ignorar que em contratos que envolvam vários empregados a dificuldade na fiscalização destes encargos será considerável, mormente quando se sabe que os servidores públicos nem sempre são dotados de conhecimentos suficientes para exercer esta função, porquanto envolve *expertise* específica dos procedimentos e da contabilidade das normas trabalhistas.

O que não é possível é o contrato prever cláusula de retenção, ou seja, no caso da não demonstração regular do cumprimento dos encargos trabalhistas o pagamento não ser efetuado pela Administração Pública.

O STJ[4] e o TCU[5] já tiveram a oportunidade de firmar entendimento no sentido de que a retenção do pagamento ensejaria enriquecimento sem causa da Administração Pública, porquanto o ente público seria beneficiado com a prestação do serviço sem promover a correspondente contraprestação financeira.

O outro argumento invocado é o de que a retenção de créditos não tem previsão legal. De fato, a retenção dos créditos decorrentes do

4. STJ, Ag 1.030.498 (2008/0064249-5), RMS 24.953-CE (2007/0193526-6), REsp 730.800-DF (2005/0037193-2), REsp 633.432-MG (2004/0030029-4).

5. TCU, Plenário, Acórdão 2.197/2009, rel. Min. Benjamin Zymler.

contrato até o limite dos prejuízos causados à Administração é admitida apenas como consequência de uma rescisão contratual, a teor do disposto no inciso IV do art. 80 da Lei 8.666/1993, mas não como medida a ser tomada durante a execução do contrato. Com a rescisão também poderá ser executada a garantia, consoante prevê o inciso III do referido art. 80.

Sendo assim, após prévia notificação para a regularização dos encargos trabalhistas, e no caso de reiterada não comprovação do pagamento pelo contratado, resta a alternativa de rescisão do contrato por inadimplemento, com a observância do direito de ampla e prévia defesa.

Não se ignora que essa alternativa pode ter um custo alto, seja com a realização de reiteradas licitações (e com todos os ônus daí decorrentes) ou mesmo contratações emergenciais, a depender da situação concreta e da natureza da atividade. Mas é a solução placitada pelo STJ e pelo próprio TCU.

Mas não basta a rescisão. Deve o instrumento contratual prever a consequente sanção administrativa a ser aplicada ao contratado, sendo razoável cogitar das sanções de efeito externo (suspensão temporária da participação em licitação ou mesmo declaração de inidoneidade), impedindo que a empresa continue a se relacionar com a Administração Pública causando prejuízos ao Erário e aos próprios trabalhadores.

Dependendo do caso e da demonstração da utilização abusiva da pessoa jurídica com intenção de fraude, a aplicação da penalidade poderá incidir sobre o próprio sócio da empresa, evitando que, como usualmente ocorre, as mesmas pessoas iniciem a atividade com outra razão social e escapem da sanção. Seria a aplicação da teoria da desconsideração da personalidade jurídica no âmbito do direito administrativo.

14.8.4 A extensão da garantia

A extensão da garantia do contrato (art. 56 da Lei 8.666/1993) para além do prazo do contrato é outra medida que vem sendo costumeiramente adotada pelos entes públicos, tendo sido, inclusive, prevista no parágrafo único do art. 35 da Instrução Normativa MP-2, de 30.4.2008.

Assim, mesmo após findo o contrato, e no caso de existirem pendências relativas aos encargos trabalhistas dos empregados, poderá a Administração Pública reter a garantia como forma de assegurar o cumprimento das obrigações devidas, evitando sua posterior responsabilização subsidiária.

14.8.5 O descabimento do pagamento das verbas trabalhistas diretamente nas contas dos empregados

Uma solução que deve ser evitada é o pagamento das verbas trabalhistas pela Administração Pública diretamente nas contas dos empregados vinculados ao contrato, tal qual admitido expressamente no art. 19 da da Instrução Normativa MP-2, de 30.4.2008. Com efeito, não pode o ente público, enquanto mero tomador dos serviços, adotar iniciativas extrajudiciais ou mesmo judiciais que tenham por objetivo a satisfação direta dos créditos trabalhistas devidos aos empregados da prestadora de serviços.

Afinal, a lógica da terceirização pressupõe relação entre o tomador do serviço e a empresa, e não com seu empregado. Em outros termos: admitir o pagamento das verbas trabalhistas diretamente aos empregados contraria a própria essência da terceirização.

14.9 Terceirização e cooperativas: viabilidade jurídica e cautelas

É plenamente viável a contratação das cooperativas por órgãos e entidades da Administração Pública, o que foi ratificado com o advento da Lei 12.349/2010 – que alterou a redação do art. 3º, § 1º, da Lei 8.666/1993 –, e da Lei 12.690, de 19.7.2012 – que disciplinou sobre a organização e o funcionamento das cooperativas de trabalho.

A complexidade do tema é maior diante do problema das *falsas cooperativas*, em especial aquelas que são meras fornecedoras de mão de obra, nas quais os cooperados não participam verdadeiramente das decisões da entidade e que se utilizam dessa forma societária tão somente para explorar o trabalho alheio, em típica hipótese de precarização da relação de trabalho.

Como se sabe, nesses casos o ente público pode ser responsabilizado subsidiariamente caso o Poder Judiciário entenda tratar-se de relação mascarada de trabalho, o que atrairia o entendimento fixado no enunciado da Súmula 331 do TST.

Mas o fato é que as cooperativas estão plenamente legitimadas a contratar com o Poder Público, cujo principal desafio é criar mecanismos que possam afastar as cooperativas que apenas se revestem dessa forma societária para falsear uma relação jurídica que em nada se aproxima do genuíno cooperativismo.[6]

6. Para aprofundamento do tema ver: "O Novo marco legal das Cooperativas e a sua repercussão nas Licitações Públicas", artigo elaborado em conjunto com o Dr.

Explica-se. As cooperativas podem participar de licitações públicas e, portanto, ser contratadas, como qualquer outra espécie societária. Essa é a interpretação que decorre da Constituição Federal e da legislação ordinária.

As cooperativas receberam tratamento diferenciado do legislador constituinte originário, a teor do disposto nos arts. 5º, XVIII, 146, III, "c", e art. 174, § 2º, da CF.

Entendeu o legislador constituinte originário que a forma de associação por meio de cooperativas é importante instrumento de desenvolvimento econômico e social, cabendo ao legislador ordinário disciplinar esse tratamento diferenciado com vistas a fomentar sua atuação e sua organização – o que, em última análise, concretiza valores substantivos tutelados pela ordem constitucional.

O comando constitucional de fomento previsto no § 2º do art. 174 pode se justificar, minimamente, pela eficiência econômica proporcionada por uma operação em cooperação.

Nesse contexto, importa explicitar que as cooperativas operam sob uma premissa econômica própria mas vocacionada à eliminação da tensão entre o capital e a remuneração pelo trabalho; amalgamando ambos os fatores na figura do sócio e permitindo que este receba o excedente produzido pela operação econômica na proporção de sua participação nesta, e não em razão de sua fração no capital social.

São sociedades estruturadas para uma distribuição mais ampla de riqueza – justificando, já nessa medida, a norma constitucional. A lógica na organização das cooperativas encontra-se, igualmente, alicerçada no princípio da promoção do desenvolvimento nacional sustentável, cuja dimensão ultrapassa apenas os aspectos ambientais.[7]

Ronaldo Gaudio, publicado *no Boletim de Licitações e Contratos – BLC*, São Paulo, ano XXVII, n. 5, maio/2014, pp. 468-481.

7. Nesse sentido, cf. completo conceito de desenvolvimento sustentável: "(...) um conceito sistêmico, relacionado com a continuidade dos aspectos econômicos, sociais, culturais e ambientais da sociedade humana. Propõe-se a ser um meio de configurar a civilização e atividade humanas, de tal forma que a sociedade, os seus membros e as suas economias possam preencher as suas necessidades e expressar o seu maior potencial no presente, e ao mesmo tempo preservar a biodiversidade e os ecossistemas naturais, planejando e agindo de forma a atingir pró-eficiência na manutenção indefinida desses ideais" (disponível em *http//www.sustentabilidade.org.br*, acesso em 8.9.2011). Para uma profunda abordagem sobre o tema, v.: Juarez Freitas, *Sustentabilidade: Direito ao Futuro*, Belo Horizonte, Fórum, 2011.

A questão da subversão da estrutura das cooperativas para a prática de operações econômicas com finalidades incompatíveis com a espécie societária (fraudes, seja à relação de trabalho, seja a outras relações jurídicas) induz a necessidade de incrementar os instrumentos de prevenção e repressão ao desvio, mas jamais a redução simplista de banimento dessas pessoas jurídicas dos certames públicos.

As microempresas e empresas de pequeno porte também receberam tratamento diferenciado, porque, assim como no caso das cooperativas, foi o legislador constituinte originário que pretendeu utilizá-las como instrumentos para concretizar outros valores, como a busca pelo desenvolvimento econômico e social e o pleno emprego.[8]

Portanto, impedir as cooperativas de contratar com o Poder Público implica descumprimento dos mandamentos constitucionais, não se vislumbrando qualquer óbice para que atuem no mercado, como qualquer outra espécie societária.

Ratificando essa linha de raciocínio, entendeu o legislador federal que as questões da liberdade econômica e da plena participação de cooperativas em licitação mereciam ser inseridas de forma mais direta na Lei federal 12.690/2012 – que disciplinou a organização e o funcionamento das cooperativas de trabalho. Confira-se:

> Art. 4º. A cooperativa de trabalho pode ser: I – de produção, quando constituída por sócios que contribuem com trabalho para a produção em comum de bens e a cooperativa detém, a qualquer título, os meios de produção; e II – de serviço, *quando constituída por sócios para a prestação de serviços especializados a terceiros*, sem a presença dos pressupostos da relação de emprego. (...).

8. Veja-se, aliás, que foi inserido na Lei 11.488/2007 dispositivo que estende as vantagens conferidas às microempresas e empresas de pequeno porte às cooperativas: "Art. 34. Aplica-se às sociedades cooperativas que tenham auferido, no ano-calendário anterior, receita bruta até o limite definido no inciso II do *caput* do art. 3º da Lei Complementar n. 123, de 14 de dezembro de 2006, nela incluídos os atos cooperados e não cooperados, o disposto nos Capítulos V a X, na Seção IV do Capítulo XI e no Capítulo XII da referida lei complementar". Trata-se, em apertada síntese, da possibilidade de participar de licitação mesmo com problemas nos documentos de habilitação (regularidade fiscal), com prazo de dois dias úteis, prorrogáveis por mais dois, para regularizar o débito caso seja declarada vencedora do certame; do empate ficto (10% superior à melhor proposta, sendo este percentual reduzido a 5% no pregão); e do direito à apresentação de nova proposta pela microempresa, empresa de pequeno porte ou cooperativa que se enquadre no referido limite de receita bruta.

> Art. 10. A cooperativa de trabalho poderá adotar por objeto social qualquer gênero de serviço, operação ou atividade, desde que previsto no seu estatuto social.
>
> § 1º. É obrigatório o uso da expressão "Cooperativa de Trabalho" na denominação social da cooperativa.
>
> § 2º. *A cooperativa de trabalho não poderá ser impedida de participar de procedimentos de licitação pública que tenham por escopo os mesmos serviços, operações e atividades previstas em seu objeto social*. [*Grifos nossos*]

Também a Lei 8.666/1993 – alterada pela Lei 12.349/2010 – evidencia a ratificação da plena e integral participação de cooperativas em certames e contratos públicos como conduta impositiva ao agente público, na forma prevista no § 1º do art. 3º.

Esses dispositivos legais demonstram o que parece apenas reforçar o insofismável: a livre escolha de qualquer atividade econômica como objeto da sociedade – o que é um dos supedâneos da sua plena participação em contratos com a Administração.

Portanto, podem as cooperativas desempenhar qualquer gênero de serviço, operação ou atividade e podem participar de todo e qualquer procedimento licitatório, desde que guardada a vinculação lógica com seu objeto social. Aliás, a bem da verdade, como ocorre com toda e qualquer sociedade empresária, cuja atuação se circunscreve ao seu objeto social.

Ao admitir expressamente que as cooperativas podem participar de licitações e contratar com o Poder Público, reconheceu o legislador a legitimidade de as cooperativas atuarem em concorrência com sociedades empresárias, valendo-se do tratamento diferenciado que a Constituição Federal lhes outorgou.

Seria um absoluto contrassenso em relação à Constituição Federal impedir que as cooperativas tivessem acesso a essa importante e significativa parcela da economia que decorre dos contratos celebrados pelo Poder Público.

A redução do campo de atuação das cooperativas nas contratações administrativas criaria verdadeira reserva de mercado para sociedades empresárias. Também implicaria entender como inadequadas muitas das cooperativas de trabalho que se dedicam a serviços tradicionais como segurança, limpeza e conservação, entre outros, sonegando a esses trabalhadores a possibilidade de organizarem seu trabalho de acordo com um modelo fomentado pela própria Constituição Federal.

Note-se que, a rigor, a participação de cooperativas nos certames nunca foi objeto de qualquer vedação legal. Ao revés, as proibições de participação direta ou indireta na licitação estão descritas no art. 9º da Lei 8.666/1993, que, na qualidade de exceções, devem ser interpretadas restritivamente, e não extensivamente.

Daí por que mesmo antes da Lei federal 12.690/2012 e da alteração da Lei 8.666/1993 decorrente do advento da Lei 12.349/2010 as cooperativas já poderiam participar de licitações públicas. Mas agora não cabe qualquer dúvida, sendo inconstitucional e ilegal que editais ou decisões administrativas não reconheçam a legitimidade de as cooperativas participarem de licitações públicas e contratarem com o Poder Público.

Devem ser afastadas cláusulas que exigem a obrigatoriedade de vínculo empregatício com a única e exclusiva justificativa de afastar as cooperativas – em especial quando despidas de qualquer motivação fática razoável.

Como também se revelam desconformes com a ordem jurídica em vigor cláusulas que condicionam a participação das cooperativas à equalização de seus preços, a fim de agregar ao preço o percentual relativo ao encargo tributário a que se submetem as demais espécies societárias. Se foi a Constituição Federal que desigualou a situação das cooperativas, não cabe ao legislador igualar situações que reclamam tratamento jurídico diferenciado, sob pena de desatender à vontade do legislador constituinte originário.

Ademais, esse procedimento de equalização de propostas não tem fundamento legal. O legislador, quando pretendeu, o fez de forma expressa, como na hipótese das concorrências de âmbito internacional.

Portanto, são ilegais cláusulas que vedam ou, mesmo, restringem a participação de cooperativas nas licitações públicas, eis que as alterações na legislação ordinária – acima transcritas – foram explícitas em ratificar a correta interpretação de que as cooperativas têm livre acesso ao mercado que decorre das contratações administrativas.

Além da violação ao princípio da legalidade, haveria afronta ao princípio da isonomia, já que não cabe ao administrador igualar aquilo que foi desigualado pelo legislador constituinte originário.

O desafio no campo das contratações administrativas não é mais saber se as cooperativas podem, ou não, participar de licitações públicas. O problema que se coloca aos gestores é delimitar no edital e no contrato administrativo critérios e parâmetros razoáveis que permitam a distinção entre as verdadeiras cooperativas e as falsas cooperativas.

Como se sabe, as cooperativas obedecem à lógica e ao espírito do compartilhamento dos custos dos meios de produção com vistas à prestação de um serviço de proveito comum, necessitando para tanto interagir com terceiros contratantes (o mercado ou a Administração Pública), com a participação de cada cooperado nas decisões inerentes às atividades desempenhadas.

Tal não ocorre com as *falsas cooperativas*, a maior parte delas fornecedoras de mão de obra e claramente fraudulentas. As cooperativas fraudulentas são meras intermediadoras de mão de obra, não havendo qualquer participação dos cooperados nas decisões da sociedade. A estrutura societária cooperativa é utilizada como mera fachada para exploração do trabalhador, que desempenha suas funções obedecendo a uma hierarquia, e não de forma coordenada e orientada pela diretriz da autogestão.[9]

O risco da contratação das falsas cooperativas é que pode levar à responsabilização subsidiária do Estado por eventuais descumprimentos dos encargos trabalhistas por parte da sociedade fornecedora de mão de obra, na esteira da Súmula 331 do TST. Essas cooperativas fornecedoras de mão de obra escamoteiam a verdadeira relação de emprego, incidindo em precarização dos direitos dos trabalhadores.

A Lei 12.690/2012 explicitou de forma bastante clara a vedação dessa espécie ilícita de intermediação de mão de obra:

> Art. 5º. A cooperativa de trabalho não poderá ser utilizada para intermediação de mão de obra subordinada. (...).
>
> Art. 7º. (...).
>
> § 6º As atividades identificadas com o objeto social da cooperativa de trabalho prevista no inciso II do *caput* do art. 4º desta Lei, quando prestadas fora do estabelecimento da cooperativa, deverão ser submetidas a uma coordenação com mandato nunca superior a 1 (um) ano ou ao prazo estipulado para a realização dessas atividades, eleita em reunião específica pelos sócios que se disponham a realizá-las, em que serão expostos os requisitos para sua consecução, os valores contratados e a retribuição pecuniária de cada sócio partícipe. (...).
>
> Art. 17. Cabe ao Ministério do Trabalho e Emprego, no âmbito de sua competência, a fiscalização do cumprimento do disposto nesta Lei.
>
> § 1º. A cooperativa de trabalho que intermediar mão de obra subordinada e os contratantes de seus serviços estarão sujeitos à multa

9. Lei 12.690/2012, § 2º do art. 2º: "§ 2º. Considera-se autogestão o processo democrático no qual a assembleia-geral define as diretrizes para o funcionamento e as operações da cooperativa, e os sócios decidem sobre a forma de execução dos trabalhos, nos termos da lei".

de R$ 500,00 (quinhentos Reais) por trabalhador prejudicado, dobrada na reincidência, a ser revertida em favor do Fundo do Amparo ao Trabalhador – FAT.

§ 2º. Presumir-se-á intermediação de mão de obra subordinada a relação contratual estabelecida entre a empresa contratante e as cooperativas de trabalho que não cumprirem o disposto no § 6º do art. 7º desta Lei.

A partir dessas premissas fixadas na norma, é preciso que os editais de licitação prevejam cláusulas editalícias que possam, na fase de habilitação, afastar as cooperativas fraudulentas e estabelecer no contrato administrativo mecanismos efetivos de controle que diferenciam no exercício das suas atividades as verdadeiras cooperativas.

Nessa linha, cabe registrar o meritório exemplo do Estado do Rio de Janeiro, que de longa data reconhece o direito das cooperativas de participarem de licitações[10] mas fixa nos seus editais e contratos cláusulas que têm por objetivo afastar as cooperativas fraudulentas e intermediadoras de mão de obra.

Nos editais de licitação (concorrência, tomada de preços, convite e pregão) do Estado do Rio de Janeiro, que tenham por objeto a prestação de serviços, foi incluída cláusula na fase de habilitação jurídica, inspirada nos editais do Tribunal de Justiça do Estado do Rio de Janeiro/TJRJ, que exige documentos específicos das cooperativas, com o firme propósito de afastar as cooperativas fraudulentas.[11] Essas exigências buscam verificar, no caso concreto, se as cooperativas licitantes estão em conformidade com o regime jurídico especial a que se submetem.

Não há qualquer violação ao princípio da legalidade em razão de essas exigências não estarem explicitadas na Lei 8.666/1993, já que esses

10. Pareceres 16/1996 – JETB; 02/1996 – FAG; 02/1997 – MJVS; 07/1998 – JETP; e 08/2001 – PHSC.

11. Confira-se: "Cláusula ... – Será admitida a participação de cooperativas que atendam as exigências da Cláusula ... deste ato convocatório, no que couber, e apresentem, no envelope de habilitação, os seguintes documentos: a) ata de fundação; b) estatuto (com ata da assembleia de aprovação); c) regimento interno (com ata de aprovação); d) regimento dos fundos (com ata de aprovação); e) edital de convocação de assembleia-geral e ata em que foram eleitos os dirigentes e conselheiros; f) registro da presença dos cooperados em assembleias-gerais; g) ata da sessão em que os cooperados autorizaram a cooperativa a contratar o objeto deste certame, se vencedora; h) relação dos cooperados que executarão o objeto, acompanhada dos documentos comprobatórios da data de ingresso de cada qual na cooperativa" (cláusula incluída pela Resolução PGE-1.794, de 8.8.2003).

requisitos decorrem do regime jurídico especial a que se submetem as cooperativas.

O art. 28 da Lei 8.666/1993 não identificou de forma taxativa os documentos que cada espécie societária deve apresentar para participar das licitações públicas. O objetivo da habilitação jurídica é, em última análise, verificar se as sociedades empresárias foram regularmente constituídas e se estão aptas a adquirir direitos e obrigações.

É evidente que o legislador conferiu um espaço para o gestor delimitar, em cada edital, os requisitos específicos que devem ser exigidos, à luz das características e peculiaridades de cada espécie societária.

Portanto, a inclusão da referida cláusula tem dupla finalidade: (i) viabiliza a participação das cooperativas de serviço, concretizando os valores assentados na Constituição Federal e na legislação em vigor; e (ii) afasta as "falsas" cooperativas, que se regem a partir de uma lógica de hierarquia e subordinação, com o único e escuso objetivo de precarizar a relação de trabalho, criando enorme risco de responsabilização subsidiária ao ente público contratante.

Ademais, o novo marco legal das cooperativas de trabalho reforçou a relevância de muitos desses elementos como instrumentos de incremento da segurança na contratação de cooperativas, viabilizando exigências de habilitação compatíveis com o regime jurídico dessas sociedades.

As minutas de contrato de prestação de serviço para o Estado do Rio de Janeiro[12] sinalizam uma série de condutas ou mesmo indícios que podem caracterizar o uso simulado da forma cooperativa, tais como os cooperados terem participado de um processo de seleção; os cooperados não demonstrarem conhecimento sobre o trabalho cooperativo e a cooperativa de que fazem parte, não participarem de assembleias; com regularidade, a "cooperativa" retirar do órgão contratante vários cooperados de uma vez só, surgindo outros novos "cooperados"; o controle da jornada ser realizado por "cartão de ponto"; os "cooperados" receberem recibo de salários e os sócios fundadores não exercerem as mesmas atividades dos cooperados – dentre outras.

No plano federal, a Instrução Normativa MP-2, de 30.4.2008, também estabelece requisitos específicos para a verificação do cumprimento das obrigações pelas cooperativas, conforme explicitado no inciso II do § 5º do art. 34.

12. Minuta de Contrato aprovada pela Resolução PGE-3,042, de 7.11.2011.

Enfim, existe amplo espaço de atuação para que os entes públicos, nos seus editais e contratos, busquem mecanismos e formas de afastar as "falsas" cooperativas, que prejudicam, a um só tempo, os trabalhadores, os entes públicos e as "verdadeiras" cooperativas.

O que não pode é, por puro pragmatismo, os entes públicos vedarem genericamente a participação de cooperativas nas licitações públicas para minimizar o risco de responsabilidade subsidiária, o que implicaria punição para as cooperativas e flagrante descumprimento da Constituição Federal e da legislação em vigor.

15
Regime Diferenciado de Contratação/RDC

15.1 Contextualizando o RDC. 15.2 Cabimento do RDC. 15.3 A natureza da Lei 12.462/2011 e do RDC. 15.4 A discricionariedade na utilização do RDC. 15.5 Objetivos do RDC. 15.6 Princípios do RDC. 15.7 A incorporação de práticas administrativas consolidadas e o RDC: 15.7.1 A indicação de marca ou modelo – 15.7.2 A exigência de amostra – 15.7.3 A certificação da qualidade do produto ou do processo de fabricação – 15.7.4 A exigência de carta de solidariedade emitida pelo fabricante – 15.7.5 A padronização do objeto – 15.7.6 A padronização dos instrumentos convocatórios e das minutas de contratos – 15.7.7 A forma preferencialmente eletrônica do RDC. 15.8 A função regulatória da contratação no RDC e a sustentabilidade. 15.9 Os aspectos mais polêmicos do RDC: 15.9.1 A remuneração variável – 15.9.2 O orçamento sigiloso – 15.9.3 A contratação integrada. 15.10 Procedimento licitatório no RDC: 15.10.1 A fase preparatória – 15.10.2 Publicação do instrumento convocatório e prazos mínimos para a apresentação das propostas – 15.10.3 Apresentação das propostas ou lances – 15.10.4 Critérios de julgamento – 15.10.5 Critérios de desempate no RDC – 15.10.6 Negociação – 15.10.7 Desclassificação das propostas – 15.10.8 A fase de habilitação – 15.10.9 A fase recursal. 15.11 Contratação direta no âmbito do RDC. 15.12 Sanções administrativas. 15.13 Os procedimentos auxiliares no RDC: 15.13.1 Pré-qualificação permanente – 15.13.2 Cadastramento – 15.13.3 O Sistema de Registro de Preços/SRP – 15.13.4 Catálogo Eletrônico de Padronização.

15.1 Contextualizando o RDC

O Regime Diferenciado de Contratações Públicas/RDC, instituído pela Lei 12.462/2011, foi editado em um claro contexto de esvaziamento da Lei 8.666/1993 como diploma legal central do sistema de licitações e contratação pública.

Independentemente de qualquer avaliação que se faça dos resultados obtidos pela Lei 8.666/1993, o fato é que se trata de diploma legal que refletia o direito administrativo do início da década de 1990. De lá para cá muita coisa mudou: (i) o direito administrativo passa a ser menos imperativo e mais consensual; (ii) o mero cumprimento da lei não é mais suficiente para justificar o processo de contratação pública; é necessário, também, demonstrar a eficiência e a obtenção efetiva de resultados; (iii) os princípios assomam papel de destaque na hermenêutica jurídica; (iv) os formalismos excessivos que pautavam o processo de contratação pública foram atenuados, dando-se maior relevo ao conteúdo dos atos; (v) a eficiência foi concretizada com o advento da modalidade pregão e com a maior utilização do Sistema de Registro de Preços/SRP; (vi) a utilização da Tecnologia da Informação, em especial com a realização dos pregões eletrônicos.

Inúmeras foram as tentativas de mudar a Lei 8.666/1993, todas infrutíferas – o que tem justificado a estratégia de alterar o sistema com a edição de novas leis que tratem do tema e permitam a utilização de novas ferramentas e modos de agir para os gestores no seu importante papel de licitar e contratar bens e serviços.

O Regime Diferenciado de Contratações/RDC nada mais é que um dos estágios desse processo de mudança do regime de licitações e contratos sem a alteração direta da Lei 8.666/1993, e que envolve, por ordem cronológica: (i) as concessões de serviços públicos - Lei 8.987/1995; (ii) o advento da modalidade pregão – Lei 10.520/2003; (iii) as parcerias público-privadas - Lei 11.079/2004; (iv) os consórcios públicos - Lei 11.107/2005; (v) o tratamento diferenciado para as microempresas e empresas de pequeno porte – Lei Complementar 123/2006; (vi) a figura do "carona" no registro de preços; (vii) a licitação e contratação para serviços de publicidade – Lei 12.232/2010; e, finalmente, (viii) o Regime Diferenciado de Contratações/RDC – Lei 12.462/2011.

As demandas que inspiraram a criação do RDC não se distanciam em muito das que levaram à edição da Lei 10.520/2002, eis que os problemas verificados no uso prático da Lei 8.666/1993 continuam os mesmos, e podem ser resumidos em três vetores: (i) excesso de burocracia; (ii) elevado custo na realização das licitações públicas; (iii) o tempo que se leva para realizar um procedimento licitatório.

O RDC vem, nesse contexto, se apresentar como uma alternativa ao modo de licitar da Lei 8.666/1993 e uma tentativa de produzir licitações e processos de contratação mais eficientes.

É preciso medir e comparar os regimes. Infelizmente, no Brasil ainda se trabalha pouco com estatísticas e números. Para saber se o RDC é mais eficiente do que o regime da Lei 8.666/1993 é fundamental precisar a economia obtida, o tempo gasto com a realização da licitação, o resultado efetivamente obtido e o custo final do processo de cada licitação. Sem essas medições as avaliações são baseadas na intuição e no improviso, o que nunca leva aos melhores resultados e conclusões.

15.2 Cabimento do RDC

Assim como ocorreu com o pregão, o RDC foi editado como um "balão de ensaio", ou seja, foi uma experimentação apenas para licitações e contratos necessários à realização dos eventos esportivos que foram (Copa do Mundo) e que serão (Olimpíadas) realizados no Brasil.

Assim, seu cabimento se restringia a três situações específicas: (i) as licitações relativas aos Jogos Olímpicos e Paraolímpicos de 2016; (ii) para a Copa das Confederações de 2013 e a Copa do Mundo de 2014;[1] (iii) para as obras de infraestrutura e de contratação de serviços para os aeroportos das Capitais dos Estados da Federação distantes até 350km das cidades-sedes dos Mundiais.

A edição do RDC foi um esforço para superar um atraso institucional que ameaçava inviabilizar o cumprimento das obrigações assumidas junto à FIFA e ao COI, já que havia o fundado receio de que se as licitações fossem realizadas pelo regime da Lei 8.666/1993 não haveria tempo hábil para sua concretização. Logo se vê que o RDC foi circunstancial e editado como uma resposta aos desafios impostos ao Brasil na organização dos megaeventos desportivos (Copa do Mundo e Olimpíadas).

Mas o fato é que, gradativamente, o âmbito de aplicação do RDC foi se estendendo, em especial com a edição de medidas provisórias, que foram admitindo sua utilização para os mais variados objetos, programas e segmentos econômicos.

Atualmente o RDC é também admitido para as licitações e contratos que se relacionem com as seguintes situações: (i) as ações integrantes do Programa de Aceleração do Crescimento/PAC, incluído pela Lei 12.688, de 18.7.2012; (ii) obras e serviços de engenharia no âmbito dos sistemas públicos de ensino, conforme a Lei 12.722/2012; (iii) obras e serviços de engenharia no âmbito do Sistema Único de Saúde/SUS, a teor do dis-

1. Em relação à Copa do Mundo que foi realizada no ano de 2014 o TCU teve a oportunidade de decidir que "as obras que têm por objetivo viabilizar a Copa do Mundo de 2014 somente podem ser licitadas e contratadas sob o Regime Diferenciado de Contratação Pública, instituído pela Lei n. 12.462/2011, caso possam ser concluídas anteriormente ao início do evento" (Plenário, Acórdão 1.036/2012, TC 010.765/2010-7, rel. Min. Valmir Campelo, 2.5.2012).

posto na Lei 12.745/2012; (iv) obras e serviços no âmbito do Programa Nacional de Dragagem Portuária e Hidroviária II e, subsidiariamente, nas licitações de concessão de porto organizado e de arrendamento de instalação portuária, conforme a Lei 12.815/2013; (v) modernização, construção, ampliação ou reforma de aeródromos públicos (Lei 12.833/2013); (vi) reforma, modernização, ampliação ou construção de unidades armazenadoras próprias destinadas às atividades de guarda e conservação de produtos agropecuários em ambiente natural, contratadas pela Cia. Nacional de Abastecimento/CONAB (Lei 12.873/2013); (vii) obras e serviços de engenharia para construção, ampliação e reforma de estabelecimentos penais e unidades de atendimento socioeducativo, a teor do disposto na Medida Provisória 630/2013, convertida na Lei 12.980/2014; (viii) execução de ações de prevenção em áreas de risco de desastres, de resposta e de recuperação em áreas atingidas por desastres, na forma da Medida Provisória 631/2013, convertida na Lei 12.983/2014; (ix) ações no âmbito da segurança pública (hipótese incluída pela Medida Provisória 678/2015).

Podem ser licitados sob o regime do RDC as obras públicas, os serviços, as compras e mesmo as alienações que se relacionem com os objetos, ações e programas acima referidos, salvo quando o próprio dispositivo excepciona seu campo de atuação (exemplo: obras e serviços de engenharia no campo do SUS).

O dado da realidade é que o campo de incidência do RDC vem aumentando exponencialmente, não sendo absurdo cogitar que em breve seja editada medida provisória admitindo sua utilização para todo e qualquer objeto – o que provocaria significativo esvaziamento da Lei 8.666/1993.

15.3 A natureza da Lei 12.462/2011 e do RDC

A Lei 12.462/2011, que instituiu o RDC, ostenta natureza de norma geral. Foi editada pela União no exercício da sua competência para editar normas gerais de licitação e contratação, a teor do disposto no art. 22, XXVII, da CF.

Essa competência não se exauriu com a edição da Lei 8.666/1993, sendo plenamente possível a convivência harmônica entre distintos regimes de licitar e contratar, como, de resto, já acontecia no ordenamento jurídico brasileiro (exemplos: Lei de Concessões e Lei das PPPs).

Deve-se reconhecer, contudo, o espaço de competência supletiva dos demais entes federados para disciplinar as especificidades do RDC nos seus atos normativos próprios.

A União, por exemplo, editou o Decreto 7.581/2011 regulamentando o RDC; e assim fizeram outros entes federados. Apenas a título de exemplo, mencionem-se: o Decreto 43.937, de 13.11.2012, editado pelo Estado do Rio de Janeiro; o Decreto 46.160, de 22.2.2013, editado pelo Estado de Minas Gerais; o Decreto 884, de 24.5.2013, editado pelo Município de Curitiba; e o Decreto 14.822, de 30.1.2012, editado pelo Município de Belo Horizonte.

O RDC não é nova modalidade de licitação. Vai muito além do que uma forma estruturada de licitar. É, a rigor, um novo e especial regime jurídico que se revela alternativo à Lei 8.666/1993. Por não tratar de todos os temas que a Lei 8.666 disciplina (exemplos: fase de habilitação, contratação direta, regime dos contratos administrativos), não se imagina que possa vir a substituir integralmente a Lei 8.666, mas pode cada vez mais, se sua aplicação for exitosa, ser estendido para mais objetos, incorporando-se de vez à prática administrativa das contratações públicas.

Importante observar a influência de várias características e inovações da modalidade pregão no RDC, o que é justificável diante da reconhecida eficiência que essa modalidade agregou nas licitações públicas.

São exemplos dessa saudável influência do pregão no RDC a adoção da forma eletrônica, a exigência, como regra, da habilitação apenas do licitante vencedor, a possibilidade de oferecimento de lances e a fase recursal única e no fim do procedimento. Essas novidades podem alcançar obras, serviços, aquisições e alienações que se relacionem com o específico campo de incidência do RDC, o que pode transformar profundamente a forma de licitar, em especial no segmento das obras e serviços de engenharia.

15.4 A discricionariedade na utilização do RDC

A possibilidade de utilização do RDC para os objetos antes mencionados não é obrigatória e vinculativa para o gestor. Diante de um objeto em relação ao qual é reconhecida pelo legislador a possibilidade de utilização do regime do RDC, cabe ao administrador público optar pela sua adoção ou pela adoção do regime da Lei 8.666/1993.

Conferiu-se ao gestor a possibilidade de escolher, à luz das especificidades de cada situação concreta, o regime jurídico mais adequado e eficiente para a consecução da licitação. A opção é, portanto, discricionária, mas sujeita a motivação que explicite as razões da escolha de um ou outro regime.

O caráter discricionário na escolha do regime vem expresso no § 2º do art. 1º da Lei 12.462/2011 quando prevê que a opção pelo RDC deverá estar prevista no instrumento convocatório, afastando expressamente o âmbito das normas contidas na Lei 8.666/1993, exceto nos casos expressamente admitidos.

Em outros termos: apenas se cogita de incidência da Lei 8.666/1993 quando a Lei 12.462/2011 for explícita nesse sentido, não cabendo recorrer a uma aplicação subsidiária da Lei 8.666/1993; como ocorre, por exemplo, nas licitações realizadas pela modalidade pregão.

O que o legislador pretendeu foi evitar uma indesejável confusão de regimes (o geral e o especial), misturando-se indevidamente os diplomas legais, em especial quando existem normas e disposições que são distintas. Isso não significa dizer que diante de lacunas normativas não possa uma contratação regida pelo RDC valer-se de normas ou institutos da Lei 8.666/1993[2] quando essa solução for a que se revele a mais consentânea com o interesse público. Lembre-se que a Lei 8.666/1993 estabelece um regime jurídico que exaure todos os aspectos do processo de contratação pública, o que não é o caso do RDC. Daí a necessidade de se interpretar teleologicamente o § 1º do art. 2º da Lei 12.462/2011, sempre atento às especificidades de cada situação concreta.

15.5 Objetivos do RDC

O art. 1º, § 1º, da Lei 12.462/2011 estabelece quatro objetivos principais: (i) ampliar a eficiência nas contratações públicas e a competitividade entre os licitantes; (ii) promover a troca de experiências e tecnologias em busca da melhor relação entre custos e benefícios para o setor público; (iii) incentivar a inovação tecnológica; (iv) assegurar tratamento isonômico entre os licitantes e a seleção da proposta mais vantajosa para a Administração Pública.

O último objetivo (isonomia e competitividade) é inerente a todo e qualquer processo de licitação e decorre diretamente da própria norma constitucional (art. 37, XXI).

2. Nesse sentido, v.: Vanice Regina Lírio Valle, "Viabilidade jurídica do Regime Diferenciado de Contratações: sobre a arte de evitar que a cauda abane o cachorro", *Fórum de Contratação e Gestão Pública* 117, Ano 10, Belo Horizonte, setembro/2011.

Mas os outros três objetivos são importantes finalidades que devem pautar e vincular a atuação dos gestores públicos nas licitações e contratações regidas pelo RDC.

A eficiência é um pressuposto da atividade administrativa e decorre do próprio art. 37, *caput*, da CF. Mas não peca por excesso o legislador quando explicita a necessidade de ampliar a eficiência, o que é plenamente coerente com uma Administração Pública de Resultados. A maximização da eficiência é um dever de todo gestor público e inerente a todo e qualquer processo de contratação pública, mesmo aqueles que sejam regidos por outro regime que não o RDC.

Como se verá, o RDC contempla diversos instrumentos e alternativas que permitem ampliar a eficiência nos processos de contratação pública, demonstrando claramente a preocupação que pautou o legislador na sua concepção. Dois exemplos, adiante comentados, bem explicitam esse objetivo: (i) a remuneração variável vinculada ao desempenho da contratada; (ii) contrato de eficiência, previsto no art. 23 da Lei 12.461/2011.

A troca de experiências e tecnologias na busca da melhor relação custo-benefício para o setor público é um objetivo fundamental, porquanto deve orientar a preocupação do gestor no momento da modelagem das licitações. Claro que não são todas as licitações que comportarão o atingimento desse objetivo, mas, quando cabível, incorporar tecnologias que agreguem eficiência e economicidade para o setor público passa a ser dever do gestor público na formatação do processo de contratação pública.

A inovação tecnológica deve ser incentivada, o que, a rigor, é mera explicitação do art. 218 da CF, que impõe ao Estado o dever de promover e incentivar o desenvolvimento científico, a pesquisa e a capacitação tecnológica. Assim, as modelagens nos processos de contratação pública regidos pelo RDC devem incorporar a inovação tecnológica como objetivo que condiciona as decisões de índole discricionária que antecedem a própria realização da licitação.

15.6 Princípios do RDC

Não há novidade em relação aos princípios que devem ser observados no processo de contratação pública regido pelo RDC. O art. 3º da Lei 12.462/2011 prevê como aplicáveis os princípios da legalidade, impessoalidade, moralidade, igualdade, publicidade, eficiência, probidade administrativa, economicidade, desenvolvimento nacional sustentável, vinculação ao instrumento convocatório e julgamento objetivo.

Como se vê, o legislador não erigiu nenhum princípio como novidade para as contratações regidas pelo RDC, sendo os princípios idênticos aos que incidem em qualquer processo de contratação pública.

15.7 A incorporação de práticas administrativas consolidadas e o RDC

Como parte de um processo de amadurecimento normativo, o RDC optou por incorporar diversas práticas comuns ao cotidiano da Administração Pública e que produzem resultados satisfatórios nos processos de contratação pública. Passa-se a examinar as principais práticas já conhecidas e expressamente disciplinadas no RDC.

15.7.1 A indicação de marca ou modelo

A indicação de marca ou modelo, desde que formalmente justificada, vem sendo aceita de longa data, já que a vedação prevista no § 5º do art. 7º e no inciso I do § 7º do art. 15 da Lei 8.666/1993 sempre foi interpretada com ressalvas, admitindo-se a indicação de marca desde que tecnicamente justificada.

O art. 7º, I, da Lei 12.462/2011 explicitou as hipóteses em que a será possível a indicação de marca ou modelo, desde que formalmente justificada: (i) em decorrência da necessidade de padronização do objeto; (ii) quando determinada marca ou modelo comercializada por mais de um fornecedor for a única capaz de atender às necessidades da entidade contratante; (iii) quando a descrição do objeto a ser licitado puder ser mais bem compreendida pela identificação de determinada marca ou modelo aptos a servir como referência, situação em que será obrigatório o acréscimo da expressão "ou similar ou de melhor qualidade".

A padronização é um mecanismo de racionalização da atividade administrativa que pode, uma vez adotada, concretizar os princípios da eficiência e economicidade. A padronização de uma marca pode ser opção mais vantajosa para a Administração Pública, que se beneficia das condições mais favoráveis de manutenção, assistência técnica, garantia e reposição de peças (exemplo: padronização da marca dos móveis utilizados por determinado órgão ou entidade pública ou mesmo padronização da marca dos veículos).

Claro que a escolha da marca ou modelo para fins de padronização não é subjetiva, mas sujeita a avaliação objetiva acerca das vantagens e desvantagens da própria padronização e da compatibilidade das características daquela marca com o atendimento do interesse público em questão. Pode ser viabilizada por uma licitação específica, cujo vencedor também terá a marca ou modelo padronizado (exemplo: móveis), ou mesmo por um processo administrativo, com ampla publicidade entre os interessados.

A indicação da marca ou modelo também se justifica quando for a única capaz de atender às necessidades da entidade contratante, o que deve estar tecnicamente justificado no processo administrativo. O fato de ser a única marca que atende à necessidade da Administração Pública não significa dizer que a hipótese atrairá a inexigibilidade de licitação, pois podem existir no mercado vários fornecedores que a comercializem.

A terceira hipótese prevista é quando a marca ou modelo serve como padrão de referência no objeto a ser licitado, admitindo-se o acréscimo da expressão "similar ou de melhor qualidade". Imagine-se, por exemplo, uma obra que contém na sua planilha diversos insumos e produtos considerados indispensáveis à sua execução. Pode-se adotar uma marca ou modelo como padrão de qualidade desejado, admitindo-se também marca ou modelo similar (com o mesmo padrão de qualidade) ou com qualidade superior. As avaliações sobre a compatibilidade, ou não, das outras marcas com os padrões de qualidade desejados devem ser devidamente justificadas durante o processo licitatório, já que essa apreciação poderá ser causa da classificação ou desclassificação das propostas dos licitantes.

15.7.2 A exigência de amostra

A exigência de amostra nas licitações regidas pelo RDC vem expressa no art. 7º, II, da Lei 12.462/2011. Não obstante a Lei 8.666/1993 não tenha disciplinado sobre o tema, o fato é que a praxe administrativa nas licitações vem de longa data admitindo a apresentação de amostras, cujo objetivo principal é certificar a qualidade do bem e do produto oferecido.

A aquisição de bens pelo critério do menor preço sempre foi objeto de severas críticas, por ser, supostamente, a responsável pela compra de produtos de baixa qualidade. O problema não se centra no critério de julgamento (menor preço), mas, sim, na formatação do objeto e na ausência das cautelas devidas para evitar que produtos de baixa qualidade – cujo rendimento não atenda aos parâmetros de custo-benefício – sejam adquiridos pelos órgãos e entidades da Administração Pública.

A amostra revela exatamente essa função, ou seja, permitir que ainda na fase da licitação o órgão ou entidade pública certifique-se acerca dos parâmetros de qualidade, funcionalidade, rendimento e durabilidade do produto, verificando *in loco* se o bem atende às reais necessidades da

Administração Pública. É, portanto, exigência que operacionaliza os princípios da eficiência e da economicidade nas licitações públicas.

Nem toda e qualquer aquisição de bem demandará a exigência de amostra. É preciso que seja justificada sua apresentação, considerando as necessidades e demandas específicas a serem atendidas pelo produto.

A amostra não deve ser exigida como requisito de habilitação, eis que se trata de condição afeta ao bem oferecido, e não à pessoa do licitante. Por isso que se trata de exigência que se relaciona com a fase de julgamento das propostas, devendo ser demandada a apresentação de amostra apenas do licitante que se encontra provisoriamente em primeiro lugar. Essa foi a correta orientação do TCU[3] e que foi incorporada expressamente na regra do inciso II do art. 7º da Lei 12.462/2011 quando admite sua exigência apenas na fase de julgamento das propostas ou de lances.

Importante que a análise da amostra seja realizada por técnicos que revelem capacidade e conhecimento para atestar e certificar sobre as características do produto apresentado. Assim, por exemplo, materiais hospitalares devem ser examinados por profissionais que detenham *expertise* para examinar as especificações dos bens.

Jessé Torres Pereira Jr. e Marinês Restelatto Dotti ensinam:[4]

> (...) inexistindo equipe ou servidor técnico especializado para análise de amostra, à vista da peculiar natureza do objeto, pode a Administração, em lugar de exigi-la, estabelecer, no edital, a apresentação, pelo licitante classificado em primeiro lugar, de laudos técnicos, ensaios ou resultados de testes realizados, como preceitua o art. 75 da Lei 8.666/1993.

Cabe ao edital explicitar os procedimentos e etapas da apresentação das amostras na fase de julgamento das propostas. Deve ser uma etapa pública e que permita aos demais licitantes acompanhar seu desenvolvimento.

15.7.3 A certificação da qualidade do produto ou do processo de fabricação

Outro instrumento no controle de qualidade do objeto licitado refere-se à possibilidade de se exigir certificado de qualidade do produto ou

3. TCU, Plenário, Acórdão 1.182/2007, rel. Min. Marcos Bemquerer.

4. Jessé Torres Pereira Jr. e Marinês Restelatto Dotti, *Comentários ao RDC Integrado ao Sistema Brasileiro de Licitações e Contratações Públicas*, Rio de Janeiro, Renovar, 2015, p. 155.

processo de fabricação, por qualquer instituição oficial competente ou entidade credenciada, a teor do disposto no inciso III do art. 7º da Lei 12.462/2011. Trata-se de mais um importante instrumento capaz de inibir contratações de bens ou produtos de baixa qualidade.

Essas exigências de certificação não se coadunam com a fase de habilitação. Aplica-se a mesma premissa da amostra. Essas certificações relacionam-se com o bem ou produto, e não com a pessoa do licitante.

Compreende-se como possível a exigência da certificação da qualidade do produto ou do processo de fabricação no momento da definição do objeto, desde que tecnicamente justificada e após a necessária ponderação com os demais princípios, em especial o da competitividade. Essas certificações tendem a inibir contratação de bens com baixa qualidade, devendo ser aceitos outros meios de prova para demonstração de que o bem fornecido atende às exigências fixadas no objeto. Também pode ser exigida como critério de julgamento na etapa de análise de propostas técnicas, ou mesmo como obrigação apenas do contratado.

15.7.4 A exigência de carta de solidariedade emitida pelo fabricante

O inciso IV do art. 7º da Lei 12.462/2011 admite que na aquisição de bens poderá a Administração solicitar, motivadamente, carta de solidariedade emitida pelo fabricante, que assegure a execução do contrato, no caso de licitante revendedor ou distribuidor.

O objetivo, aqui, é acautelar-se sobre a correta execução do contrato, inserindo o fabricante como solidário do revendedor ou distribuidor. Essa circunstância não torna o fabricante o licitante, muito menos cria uma espécie de consórcio entre o fabricante e o revendedor. A carta de solidariedade tem por objetivo evitar que o fabricante alegue desconhecimento sobre a destinação do seu produto e facilite eventual cobrança da Administração Pública no caso de eventual inadimplemento.

O Código de Defesa do Consumidor/CDC estabelece, no seu art. 12, a responsabilidade do fabricante, que responderá, independentemente da existência de culpa, pela reparação dos danos causados aos consumidores. A questão, aqui, é saber se os órgãos ou entidades da Administração Pública poderiam se enquadrar como consumidores. Como já dito, abona-se essa posição, o que tornaria, em tese, desnecessária a exigência da carta de solidariedade, já que a responsabilidade solidária decorreria do próprio Código de Defesa do Consumidor.

Mas, reconhecendo que o enquadramento da Administração Pública como consumidora é matéria que desperta aguda polêmica, a exigência da carta de solidariedade acaba por resguardar os interesses da Administração Pública, comprometendo o fabricante não como licitante ou contratado, mas como um terceiro que fornecerá um bem ou produto necessário ao atendimento de um interesse público e cuja ciência da destinação do bem é considerada essencial pelo ente público.

Não é toda e qualquer contratação envolvendo a aquisição de bens que reclamará a exigência da carta de solidariedade; daí a necessidade de prévia motivação, com a demonstração da compatibilidade entre a exigência e os interesses que a Administração Pública pretende resguardar, em especial no caso de eventual inadimplemento.

O que não se admite, como assentado também para as amostras e certificações de qualidade, é a exigência da carta de solidariedade como requisito de habilitação, porquanto não se relaciona com a pessoa do licitante, mas com o próprio fornecimento do bem ou produto, conforme já reconhecido pelo próprio TCU.[5]

15.7.5 A padronização do objeto

A padronização do objeto foi reconhecida como uma diretriz nas licitações e contratos submetidos ao Regime Diferenciado de Contratação/RDC, conforme o disposto nos incisos I e II do art. 4º da Lei 12.462/2011.

O processo de padronização do objeto implica que, em futuras contratações, apenas os objetos que atendam aos requisitos da padronização serão aceitos. Trata-se de medida salutar e que concretiza os princípios da eficiência e da economicidade, conferindo racionalidade à atividade administrativa.

Mas, como todo processo de padronização, não pressupõe avaliações subjetivas, e sim escolhas pautadas em critérios que demonstrem a vantajosidade na padronização de determinado objeto para as futuras contratações. Não deixa de ser a padronização uma restrição à competitividade, juridicamente admissível, mas cujo pressuposto é a existência de motivação razoável.

A padronização do objeto pode alcançar suas especificações técnicas e de desempenho e, quando for o caso, as condições de manutenção, assistência técnica e de garantias oferecidas. Eventual padronização do

5. TCU, 2ª Câmara, Acórdão 1.373/2004, rel. Min. Ubiratan Aguiar; TCU, Plenário, Acórdão 1.729/2008, rel. Min. Valmir Campelo.

objeto deve ser reavaliada após decorrido determinado prazo, a fim de que se verifique se persistem as vantagens inicialmente consideradas.

15.7.6 A padronização dos instrumentos convocatórios e das minutas de contratos

O art. 4º, II, da Lei 12.462/2011 explicita como uma diretriz do RDC a padronização de instrumentos convocatórios e minutas de contrato, previamente aprovados pelo órgão jurídico. Trata-se de prática comumente adotada nas contratações regidas pela Lei 8.666/1993 e que confere maior racionalidade ao processo de contratação pública.

A padronização das minutas de editais e contratos facilita sobremaneira o exercício das funções de todos os agentes públicos que atuam nas licitações e na própria execução do contrato, conferindo maior celeridade e eficiência ao processo administrativo. O controle prévio da legalidade é também uma garantia para a autoridade superior, que pratica os atos amparada na orientação definida pelos órgãos jurídicos.

Essas minutas não devem se limitar a reproduzir dispositivos da lei. As minutas são importantes instrumentos para consolidar as interpretações jurídicas do órgão ou entidade e definir a posição da Administração Pública, em especial no caso de questões controversas. As minutas, muito embora aprovadas pelos órgãos jurídicos, podem e devem receber contribuição de todos os agentes públicos que atuam no processo de contratação pública, permitindo uma saudável interação com aqueles servidores que estão em contato direto com suas repercussões práticas.

Uma alternativa sempre interessante é, antes de tornar definitiva a padronização, submetê-la a prévia consulta pública, permitindo que os demais órgãos, entidades e agentes públicos interessados possam formular suas sugestões e críticas.

Importante observar que nem todos os editais e contratos podem ser padronizados. Existem vários objetos que, pela sua complexidade e conjunto de especificidades, não comportam padronização absoluta e uniforme. A legislação não obrigou a padronização de editais e contratos, mas apenas fixou uma diretriz de racionalização administrativa.

15.7.7 A forma preferencialmente eletrônica do RDC

Outra prática administrativa que se buscou estender para o RDC foi a realização de licitações preferencialmente sob a forma eletrônica. A experiência bem-sucedida do pregão eletrônico foi decisiva para essa acertada diretriz prevista no art. 13 da Lei 12.462/2011. De fato, cada vez mais a tecnologia desempenha papel importante na vida em sociedade e oferece soluções céleres e eficientes para os processos administrativos e judiciais. É uma realidade que se impõe a passos largos em todos os setores.

Ainda não se tem notícia do desenvolvimento de sistemas eletrônicos específicos para o RDC, razão pela qual as licitações têm se realizado presencialmente. Mas espera-se que o mais breve possível a Tecnologia da Informação seja agregada ao RDC, tal qual já ocorre no pregão eletrônico, cumprindo, assim, a determinação do legislador no referido art. 13.

15.8 A função regulatória da contratação no RDC e a sustentabilidade

O RDC incorpora a ideia, já exposta anteriormente, de que o processo de contratação pública pode servir como legítimo instrumento de regulação.

Em vários dispositivos a preocupação do legislador em concretizar outros valores constitucionais e interesses públicos primários fica evidente, utilizando o processo de contratação pública como veículo adequado e proporcional para o atingimento dessas finalidades.

As diretrizes fixadas nos incisos III e V do art. 4º da Lei 12.462/2011 permitem confirmar essa assertiva.

O inciso III do art. 4º explicita que as licitações e contratações regidas pelo RDC devem buscar a maior vantagem para a Administração Pública, considerando custos e benefícios, diretos e indiretos, de natureza econômica, social ou ambiental, inclusive os relativos à manutenção, ao desfazimento de bens e resíduos, ao índice de depreciação econômica e a outros fatores de igual relevância.

A inovação é relevante porquanto explicita que os custos indiretos podem ser considerados na concepção da proposta mais vantajosa, com especial destaque para as consequências ambientais da aquisição de um produto ou prestação de um serviço e as eventuais externalidades negativas que poderão decorrer da contratação. Incorpora-se um importante parâmetro de sustentabilidade no momento do julgamento da proposta de preços, conformando o conceito de vantajosidade para além do menor dispêndio financeiro (interesse público secundário), alcançando outros valores de natureza econômica, social ou ambiental, operacionalizando importante mecanismo para concretizar a sustentabilidade (interesse público primário). Trata-se de utilizar a contratação pública como mecanismo de regulação.

Também o inciso V do art. 4º da Lei 12.462/2011 explicita como diretriz a necessidade de utilização, sempre que possível, nas planilhas de custos constantes das propostas oferecidas pelos licitantes, de mão de obra, materiais, tecnologias e matérias-primas existentes no local da execução, conservação e operação do bem, serviço ou obra, desde que não se produzam prejuízos à eficiência na execução do respectivo objeto e que seja respeitado o limite do orçamento estimado para a contratação.

A sustentabilidade novamente é destaque, com a criação de um sistema de incentivos que induza ao maior aproveitamento de pessoas e bens da própria região da execução do objeto, criando uma sinergia favorável ao desenvolvimento local, o que se revela como uma das facetas da sustentabilidade. Conferiu-se o necessário espaço para o exercício das competências discricionárias do gestor a fim de que, à luz das especificidades do caso concreto, possa ponderar essa variante considerando eventual prejuízo para a eficiência da contratação.

O § 1º do art. 4º prevê, ainda, que as contratações realizadas pelo RDC devem respeitar as normas relativas a: (i) disposição final ambientalmente adequada dos resíduos sólidos gerados pelas obras contratadas; (ii) mitigação por condicionantes e compensação ambiental, que serão definidas no procedimento de licenciamento ambiental; (iii) utilização de produtos, equipamentos e serviços que, comprovadamente, reduzam o consumo de energia e recursos naturais; (iv) avaliação de impactos de vizinhança, na forma da legislação urbanística; (v) proteção do patrimônio cultural, histórico, arqueológico e imaterial, inclusive por meio da avaliação do impacto direto ou indireto causado pelas obras contratadas; (vi) acessibilidade para o uso por pessoas com deficiência ou mobilidade reduzida.

Como se vê, o avanço é enorme em relação às disposições da Lei 8.666/1993, que incorporou o princípio do desenvolvimento sustentável como um dos objetivos primários das licitações públicas mas não avançou diretamente na sua operacionalização. Não obstante o cumprimento dessas normas já decorra, direta ou indiretamente, de outras disposições legais ou, mesmo, constitucionais, é de se reconhecer a virtude do RDC em sinalizar e agrupar sistemicamente valores imateriais que transcendem o aspecto financeiro da contratação.

15.9 Os aspectos mais polêmicos do RDC

Como toda relevante inovação, o RDC não escapou de algumas discussões e controvérsias, tendo sido objeto, inclusive, de duas ações diretas de inconstitucionalidade ajuizadas perante o STF, as ADI 4.645-DF e 4.655-DF. Dentre outros aspectos questionados, os pontos que têm despertado maior polêmica envolvem a remuneração variável, o sigilo e a contratação integrada. Adiantando, desde já, que não se vislumbra nenhuma inconstitucionalidade nas referidas normas, passa-se ao exame de cada uma delas.

15.9.1 A remuneração variável

O RDC admite que a Administração Pública pague uma remuneração que seja variável conforme o desempenho do contratado, ou seja, conforme seu grau de eficiência. É o que preceitua o art. 10 da Lei 12.462/2011 quando prescreve que, "na contratação das obras e serviços, inclusive de engenharia, poderá ser estabelecida remuneração variável vinculada ao desempenho da contratada, com base em metas, padrões de qualidade, critérios de sustentabilidade ambiental e prazo de entrega definidos no instrumento convocatório e no contrato".

A mudança é significativa em relação ao regime da Lei 8.666/1993, caracterizado por uma remuneração certa, determinada e inflexível, que independe da eficiência do contratado na execução do objeto.

O RDC transforma profundamente essa lógica arraigada nas contratações públicas e cria um correto sistema de incentivos que operacionaliza a eficiência. A remuneração do contratado pode vincular-se ao seu desempenho, naquilo que se convencionou denominar de contratação por *performance.* Para tanto é necessário que o edital e o contrato estabeleçam parâmetros de eficiência, em níveis escalonados, representados por metas, padrões de qualidade, critérios de sustentabilidade ambiental e prazo de entrega.

A remuneração variável pressupõe um padrão mínimo de adimplemento contratual que o ente público considere satisfatório, assim como ocorre com qualquer contrato administrativo. O não atingimento desse padrão mínimo implicará inadimplemento contratual, com todas as suas conhecidas consequências (exemplo: possibilidade de rescisão ou mesmo de aplicação de sanções).

O que a norma traz de inovação é a possibilidade de remunerar o contratado em níveis mais elevados quando atinge padrões de qualidade ou excelência na execução do contrato. Dito em outros termos: a remuneração variável destina-se a incentivar o particular a ser mais eficiente do que o padrão mínimo de eficiência considerado satisfatório no contrato.

O desafio que se impõe é operacional, uma vez que o contrato deve ser suficientemente claro na definição desses parâmetros objetivos, que levarão a uma remuneração maior ou menor do contratado. O emprego de recursos públicos e a definição da remuneração do contratado não comportam subjetivismos ou voluntarismos dos agentes públicos. É, portanto, pressuposto da remuneração variável a definição de parâmetros objetivos na regulação contratual, que vinculem as partes às situações que sejam aferíveis concretamente.

A remuneração variável não é obrigatória, já que o legislador utilizou o verbo "poderá" – o que não autoriza o gestor a fazer letra morta dessa importante ferramenta. Considerando que a remuneração variável é mecanismo de efetiva concretização dos princípios da eficiência e da economicidade nas contratações públicas, não pode ser simplesmente ignorada na modelagem e na fase preparatória da licitação. Até porque a remuneração variável consta como diretriz expressa no RDC, a teor do disposto no inciso V do art. 4º da Lei 12.462/2011. Sua adoção, ou não, deverá ser objeto de justificativa expressa no processo administrativo, com a demonstração das vantagens e desvantagens e adequação ou inadequação ao objeto da contratação pública.

A construção desses parâmetros objetivos na regulação contratual reclama maior sofisticação na elaboração dos contratos e das suas cláusulas, bem como avaliação concreta acerca do parâmetro mais adequado para a maximização do desempenho do contratado: ou seja, a utilização de metas, do prazo de entrega, padrões de qualidade ou, mesmo, critérios de sustentabilidade ambiental.

A utilização da remuneração variável deverá respeitar o limite orçamentário fixado pela Administração Pública para a contratação, a teor do disposto no parágrafo único do art. 10 da Lei 12.462/2011. A norma explicita a necessária e indispensável adequação da remuneração variável com as normas de direito financeiro, porquanto sua utilização não pode resultar em incertezas no emprego dos recursos públicos. Os limites orçamentários devem estar claramente estabelecidos no edital e no contrato.

O art. 70 do Decreto federal 7.581/2011 determina a motivação quando da adoção da remuneração variável em relação: (i) aos parâmetros escolhidos para aferir o desempenho do contratado; (ii) ao valor a ser pago; (iii) ao benefício a ser gerado para a Administração Pública.

Quatro são os parâmetros estabelecidos no *caput* do art. 10 da Lei 12.462/2011: (i) metas; (ii) padrões de qualidade; (iii) critérios de sustentabilidade; (iv) prazo de entrega. Cabe ao gestor, no exercício da sua competência discricionária e à luz das características específicas da contratação, definir parâmetros que sejam objetivos, exequíveis, úteis e adequados à lógica da execução do objeto. Não são parâmetros excludentes, mas que podem ser cumulados em um mesmo contrato, desde que justificáveis sob o ângulo da eficiência e economicidade.

As metas são as finalidades que a Administração Pública pretende alcançar. Vincular a remuneração do contratado às metas é implantar uma moderna gestão por resultados, cuja lógica é encontrada nas parcerias público-privadas e nas próprias contratações inerentes ao Terceiro Setor.

Os padrões de qualidade destinam-se a incrementar a eficiência na consecução do objeto, minorando o risco de serviços e obras de baixa qualidade – crítica tão comum no plano das contratações públicas.

Os critérios de sustentabilidade como parâmetro vinculativo da remuneração variável constituem exercício da função regulatória da contratação pública, operacionalizando o princípio do desenvolvimento sustentável. Claro que esses critérios devem ser objeto de expressa motivação e estar embasados tecnicamente, com a definição concreta da vantagem esperada para o atendimento do interesse público primário.

O prazo de entrega é importante elemento na conformação do objeto e da remuneração do contratado e pode ter especial repercussão no campo das obras públicas, admitindo que o contratado seja mais bem remunerado na medida em que a obra seja entregue em prazo mais exíguo. Cria-se um sistema de incentivos econômicos para que o contratado cumpra o objeto em período menor de tempo.

O Decreto federal 7.581/2011, no § 2º do art. 70, explicita que eventuais ganhos provenientes de ações da Administração Pública não serão considerados no cômputo do desempenho do contratado. O apontamento é importante para evitar que o contratado se beneficie de ações e condutas do contratante que geraram benefícios para a execução do objeto mas para as quais o particular não concorreu ou não contribuiu.

O § 3º do art. 70 do Decreto federal 7.581/2011 prescreve que o valor da remuneração variável deverá ser proporcional ao benefício a ser gerado para a Administração Pública. Trata-se de buscar por meio da regulação contratual uma relação equitativa e proporcional entre as ações do contratado e os benefícios que serão produzidos para o ente público. Para tanto é fundamental que se estabeleça concretamente a vantagem esperada para o ente contratante, a justificar o acréscimo remuneratório ao contratado caso atinja parâmetros mais elevados de execução contratual. Enfim, a relação de causalidade é fundamental entre a vantagem gerada para o ente público e o "prêmio" que será conferido por meio do acréscimo remuneratório ao contratado que exceda o padrão mínimo de execução do objeto.[6]

O § 4º do art. 70 do Decreto federal 7.581/2011 estatui que, no caso de contratação integrada, deverá ser observado o conteúdo do anteprojeto de engenharia na definição dos parâmetros para aferir o desempenho do contratado.

Importante anotar que a remuneração variável não é uma novidade no ordenamento jurídico. Isso porque a Lei 11.079/2004 – que trata das parcerias público-privadas –, em seu art. 6º, § 1º, admite o pagamento de remuneração variável[7] como concretização do princípio da eficiência na Administração Pública.

Há previsão semelhante em relação às terceirizações federais, com o Acordo de Nível de Serviço, nos termos da Instrução Normativa 2/2008 do Ministério do Planejamento, Orçamento e Gestão, que, no art. 17, permite levar em consideração o grau de eficiência nas terceirizações de serviço.

Não procede a crítica de que o gestor teria discricionariedade quanto ao pagamento, uma vez que a variação remuneratória estará limitada pelos parâmetros objetivos definidos no contrato. Quem define os parâmetros e níveis de remuneração variável é a própria Administração Pública, não se identificando qualquer inconstitucionalidade na regra prevista no RDC. Ao contrário, a remuneração variável constitui enorme avanço no direito contratual público, porquanto operacionaliza o princípio da eficiência e se conecta à correta premissa de relacionar o incremento na excelência da execução do objeto com incentivos econômicos.

15.9.2 O orçamento sigiloso

O art. 6º da Lei 12.462/2011 prevê a possibilidade de o orçamento previamente estimado para a contratação se tornar público apenas e ime-

6. Rafael Wallbach Schwuind pondera, com razão, que "a remuneração variável prevista no RDC é, em última análise, um mecanismo de sanção premial, em que se põe em prática a função promocional do Direito" ("Remuneração variável e contratos de eficiência no Regime Diferenciado de Contratações Públicas", in Marçal Justen Filho e César A. Guimarães Pereira, *O Regime Diferenciado de Contratações Públicas (RDC), Comentários à Lei n. 12.462 e ao Decreto n. 7.581*, Belo Horizonte, Fórum, 2012, p. 178).

7. Lei 11.079/2004, § 1º do art. 6º: "§ 1º. O contrato poderá prever o pagamento ao parceiro privado de remuneração variável vinculada ao seu desempenho, conforme metas e padrões de qualidade e disponibilidade definidos no contrato".

diatamente após o encerramento da licitação, sem prejuízo da divulgação do detalhamento dos quantitativos e das demais informações necessárias para a elaboração das propostas.

A maior virtude do orçamento sigiloso relaciona-se com a concretização do princípio da competitividade. Com efeito, se os licitantes já sabem de antemão o valor máximo que o contratante está disposto a pagar, ocorrerá uma tendência natural em ofertar preços que se aproximem desse valor.

De longa data, e antes mesmo da edição do RDC, a doutrina já sustentava que a divulgação do orçamento comprometia a competitividade. Confira-se a lição de Marcos Juruena Villela Souto, que já em 2004 alertava para a questão:[8]

> Outro tema dos mais polêmicos diz respeito à necessidade de divulgar ou não a estimativa de preços em que se calca a Administração para realizar ou não a despesa.
>
> (...). Ocorre que, se divulgados esses valores, reduz-se em muito a margem de competição, retornando aos mesmos problemas que levaram à supressão da licitação por preço-base, (...).
>
> Logo, é preciso interpretar a norma também de acordo com o método histórico, além da utilização do princípio da competitividade. (...)
>
> Destarte, para evitar tais problemas, não deve haver publicação de tais valores (...); é possível, também, esclarecer que tal disponibilidade da estimativa dar-se-á na sessão de julgamento.

Tal prática já é adotada na sistemática do pregão, com a inexistência de obrigatoriedade de divulgação dos valores destinados ao contrato, como já decidiu o TCU, reconhecendo a discricionariedade do gestor para divulgar, ou não, o valor.[9]

O sigilo do orçamento pode também ser um importante aliado no combate à corrupção nas licitações públicas, eis que sem saber o orçamento estimado avalia-se maior a dificuldade no alinhamento de preços entre os licitantes.[10]

8. Marcos Juruena Villela Souto, *Direito Administrativo Contratual*, Rio de Janeiro, Lumen Juris, 2004, p. 149.

9. TCU, Plenário, Acórdão 114/2007, *DOU* 9.2.2007.

10. Egon Bockmann Moreira e Fernando Vernalha Guimarães destacam o ponto: "Note-se que a restrição a certas informações relativas ao orçamento é ferramenta cada vez mais utilizada internacionalmente como obstáculo à corrupção e à superação de ineficiências na licitação. A limitação à sua ampla publicidade pretende evitar a prática do alinhamento das ofertas com o valor orçado pela Administração. (...)" (*Licitação*

Não se vislumbra qualquer inconstitucionalidade no "sigilo" do orçamento, posto que a sistemática do RDC envolve sua disponibilização aos órgãos de controle interno e externo, conforme expressamente previsto no § 3º do art. 6º da Lei 12.462/2011. A medida reforça a legitimidade do sigilo, porquanto viabiliza a fiscalização e o controle dos órgãos competentes. O TCU, inclusive, regulamentou os procedimentos afetos ao orçamento sigiloso por meio da Portaria 85/2012.

O orçamento é divulgado no encerramento do certame, o que atende plenamente aos princípios da publicidade e transparência. A divulgação da estimativa é apenas diferida para momento posterior, não se vislumbrando nenhuma restrição ao princípio constitucional da publicidade. Todos têm acesso aos valores orçados, sendo que a diferença se resume ao momento da divulgação, protraído para o final da licitação. Essa é uma diretriz que deveria orientar toda e qualquer licitação, não se restringindo apenas aos certames regidos pelo RDC.

Marçal Justen Filho não identifica nenhuma incompatibilidade do orçamento sigiloso com a Lei 12.527/2011 – que regula o acesso à informação –, aduzindo que a manutenção temporária do sigilo não é incompatível com o desenvolvimento de uma atividade licitatória transparente, fazendo interessante comparação com o sigilo nas questões de concursos públicos.[11]

Tampouco ocorre transgressão à moralidade, que poderia se configurar caso o orçamento fosse divulgado apenas para um determinado licitante, criando uma vantagem indevida no certame, com afronta direta ao princípio da impessoalidade.

Os vícios não se presumem, devendo ser objeto de controle e prova em cada situação concreta. O legislador deve regular as relações partindo da premissa da boa-fé de agentes públicos e operadores econômicos, reprimindo as patologias casuisticamente, mas sem refrear a competitividade. Até porque a prática da Lei 8.666/1993 já provou que presumir a má-fé de gestores e licitantes em nada inibiu as fraudes, mas apenas penalizou os bons gestores, que ficam de mãos atadas na realização das suas tarefas e no atendimento dos interesses públicos que lhes foram confiados.

O importante é que o sigilo seja objeto de rigoroso controle pelo ente público, com identificação dos agentes públicos (em número reduzido)

Pública: a Lei Geral de Licitações – LGL e o Regime Diferenciado de Contratação, 2ª ed., São Paulo, Malheiros Editores, 2015).

11. Marçal Justen Filho, *Comentários ao RDC (Lei n. 12.462/2011 e Decreto n. 7.581/2011)*, São Paulo, Dialética, 2013, p. 117.

que conheçam o orçamento, sendo recomendável sua autuação em apartado. Constitui grave dever funcional o vazamento do sigilo, devendo, inclusive, o Ministério Público ser comunicado da prática do ilícito, para a adoção das providências e medidas cabíveis na área penal.

O que é sigiloso é o orçamento, ou seja, a projeção de custos feita internamente pela Administração Pública. Os demais elementos necessários à formulação das propostas devem ser disponibilizados aos licitantes.

O orçamento sigiloso não é compatível quando for adotado o critério de julgamento por maior desconto, conforme prescreve o § 1º do art. 6º da Lei 12.462/2011. Seria inviável a adoção do orçamento sigiloso na hipótese, já que o maior desconto é ofertado exatamente a partir dos valores estimados para a execução do objeto. Imagine-se, por exemplo, uma obra pública na qual o critério é o maior desconto incidente sobre o orçamento detalhado em planilhas que expressem a composição de todos os custos unitários. Sem a divulgação do orçamento não há como o licitante sequer apresentar sua proposta, porquanto o desconto incide exatamente no orçamento divulgado previamente pela Administração Pública.

Também se revela incompatível o orçamento sigiloso quando for adotado o critério de julgamento por melhor técnica ou conteúdo artístico, conforme explicita o § 2º do art. 6º da Lei 12.462/2011. É que nessas licitações a divulgação do prêmio é essencial para atrair o maior número de interessados.

O sigilo no orçamento também deve ser afastado nas licitações que envolvam contratos de atribuição, ou seja, aqueles contratos nos quais os particulares pagam um valor à Administração para, por exemplo, explorar um bem público (concessões e permissões de uso). Nesses casos a licitação se orienta pelo critério da maior oferta, sendo pressuposto da instauração da competição a divulgação do valor mínimo avaliado para o bem.

O TCU vem formando uma jurisprudência administrativa que tende a flexibilizar a adoção do orçamento sigiloso, compreendendo-o como discricionário,[12] destacando o caráter optativo do orçamento fechado, cujas vantagens ou desvantagens devem ser objeto de avaliação pelos entes públicos à luz das especificidades de cada situação concreta.

Em relação ao momento de divulgação do orçamento, a despeito de o *caput* do art. 6º da Lei 12.462/2011 ter expressamente mencionado que seria tornado público apenas e imediatamente após o encerramento

12. TCU, Plenário, Acórdão 3.011/2012, rel. Min. Valmir Campelo.

da licitação, o TCU admite a possibilidade de abertura do sigilo do orçamento na fase de negociação de preços com o primeiro colocado, desde que em ato público e devidamente justificado.[13] Isso porque a manutenção do sigilo poderia impedir a própria negociação com o licitante mais bem classificado, bem como inviabilizar a própria interposição de recursos pelos demais licitantes. A solução adotada pelo TCU revela-se bastante razoável, porquanto preserva o sigilo do orçamento enquanto perdurar a disputa e a competição no certame.

15.9.3 A contratação integrada

A contratação integrada tem previsão expressa no art. 9º da Lei 12.462/2011. Trata-se de um regime de execução de obras e serviços de engenharia, como também o são a empreitada integral, a empreitada por preço global, a empreitada por preço unitário e a tarefa.

Compreende, a teor do disposto no § 1º do art. 9º da Lei 12.462/2011, a elaboração e o desenvolvimento dos projetos básico e executivo, a execução de obras e serviços de engenharia, a montagem, a realização de testes, a pré-operação e todas as demais operações necessárias e suficientes para a entrega final do objeto.

A contratação integrada segue modelo já experimentado pela PETROBRAS. Veja-se o teor do item 1.9 do Decreto 2.745/1998:

> 1.9 Sempre que economicamente recomendável, a PETROBRAS poderá utilizar-se da contratação integrada, compreendendo realização de projeto básico e/ou detalhamento, realização de obras e serviços, montagem, execução de testes, pré-operação e todas as demais operações necessárias e suficientes para a entrega final do objeto, com a solidez e segurança especificadas.

A lógica da contratação integrada é similar à da empreitada integral, eis que o objetivo é contratar o empreendimento na sua totalidade. A principal diferença entre a contratação integrada e os demais regimes de execução é que o projeto básico e o projeto executivo são elaborados pelo próprio contratado. Não se trata propriamente de novidade no sistema das contratações públicas, já que as parcerias público-privadas admitem, do mesmo modo, que o parceiro privado elabore o projeto básico e o projeto executivo, na busca da solução mais eficiente para o empreendimento.

13. TCU, Plenário, Acórdão 306/2013, rel. Min. Valmir Campelo.

A premissa é que em determinados objetos a Administração Pública não dispõe de condições de identificar, com precisão, as tecnologias e as soluções técnicas mais adequadas, o que justifica atribuir ao contratado o encargo de elaborar os projetos. Portanto, a contratação integrada é o regime de execução de obras e serviços de engenharia indicado nas situações que a Administração não tem como definir previamente a solução mais eficiente no edital. Por isso que deve ser reservada para as obras com maior grau de complexidade e cuja contribuição do setor privado seja decisiva para a definição da melhor solução técnica e econômica para o empreendimento.

Não há qualquer "terceirização" ilegal na definição do objeto, mas tão somente maior diálogo com a iniciativa privada para delinear os contornos da melhor solução para atendimento do interesse público, o que decorre de uma nova visão da Administração Pública, mais flexível e consensual. Os Procedimentos de Manifestação de Interesse – atualmente tão utilizados nas parcerias público-privadas – revelam-se também como uma expressão dessa nova realidade.

Mas esse maior diálogo com o setor privado na concepção da melhor solução em empreendimentos mais complexos exige cada vez mais conhecimento e investimento no corpo técnico da Administração Pública, a fim de evitar que soluções inadequadas ou ineficientes sejam impostas, em razão de uma aguda assimetria de informações.

A transferência do encargo de elaborar o projeto básico e o projeto executivo ao contratado tende a aumentar seu comprometimento na execução, criando um incentivo para que a concepção e a formatação do projeto sejam a mais eficiente possível;[14] afinal, não interessa ao contra-

14. "Já, sob o prisma econômico, a demonstração deverá cuidar de apresentar os ganhos de eficiência obtidos com a integração daqueles escopos. Concentrando-se sob a responsabilidade do mesmo sujeito a execução do projeto, a execução da obra e o seu aparelhamento, cria-se-lhe um robusto incentivo para perseguir a concepção e a formatação mais econômica e eficiente para o projeto, assim como em relação à construção da obra e seu aparelhamento, tudo com vistas ao adequado funcionamento do empreendimento. Vale dizer: as deficiências do projeto se retratarão em maiores custos ao longo da execução da obra. Daí a razão econômica a legitimar a responsabilização pela execução do projeto daquele encarregado de executar a obra. Com isso, a Administração (e a sociedade em geral) poderá obter relevantes ganhos de eficiência"; "Não se trata de propiciar ganhos econômicos apenas à Administração. Ao se tornar mais eficiente uma contratação, economizando-se recursos relativamente aos custos globais do contrato, gera-se economia a toda a sociedade" (Egon Bockmann Moreira e Fernando Vernalha Guimarães, *Licitação Pública: a Lei Geral de Licitações – LGL e o Regime Diferenciado de Contratações – RDC*, cit., 2ª ed., p. 250 e nota de rodapé 96).

tado executar uma obra a partir de projetos inconsistentes, em especial com as restrições de aditivos impostas pela legislação do RDC.

A racionalidade da contratação integrada é bastante distinta da dos demais regimes de empreitada, quando a própria Administração Pública elabora o projeto básico e o projeto executivo. Quando mal estruturados, vagos e imprecisos – o que não raro acontece –, o contrato costuma ser objeto de sucessivos termos aditivos, para readequar a execução do objeto à realidade, aumentando significativamente o valor final da obra.

Foi exatamente por isso que o § 4º do art. 9º da Lei 12.462/2011 limitou a celebração de termos aditivos, admitindo-a apenas nos casos em que for necessário recompor o equilíbrio econômico-financeiro decorrente de caso fortuito ou força maior ou por alteração unilateral que implique melhor adequação técnica aos objetivos da contratação, desde que não decorrente de erros ou omissões do contratado. O contratado assume todos os riscos inerentes ao projeto por ele concebido, não sendo interessante desenvolver projetos inadequados ou inconsistentes, já que será ele próprio o maior prejudicado. O RDC trabalha, corretamente, com um sistema de incentivos indutor de condutas do particular.

A norma tem que ser interpretada com cautela, eis que existem outras hipóteses que podem ensejar a celebração de termos aditivos e que não se encontram contempladas nas exceções acima referidas. Por exemplo, mudanças subjetivas que afetem o contratado (incorporação, fusão ou cisão), alterações meramente formais ou mesmo cláusulas regulamentares que, de comum acordo, mereçam alteração para melhor adequar o atendimento do interesse público não podem ser vedadas a pretexto de se interpretar literalmente o § 4º do art. 9º da Lei 12.462/2011.

Será possível o reequilíbrio econômico-financeiro do contrato quando a Administração Pública der causa a um evento superveniente à contratação cuja responsabilidade tenha a ela sido atribuída na matriz de risco. Não obstante a Lei 12.462/2011 não ter mencionado expressamente, o TCU[15] vem compreendendo que a contratação integrada comporta uma matriz de risco semelhante à que instrui os contratos celebrados na concessão patrocinada e na concessão administrativa (modalidades de parcerias público-privadas), porquanto privilegia os princípios da segurança jurídica e da eficiência.

Considerando que o objeto da contratação integrada é um empreendimento com alto grau de complexidade, é necessário definir riscos comuns

15. TCU, Plenário, Acórdão 1.465/2013 e Acórdão 1.167/2014.

a esses objetos,[16] tais como o risco de desapropriação, o risco geotécnico, os riscos na obtenção das licenças ambientais, os riscos de interferência com concessionárias de serviços públicos, o risco de obsolescência tecnológica, os riscos da construção, montagem e implantação – e tantos outros mais que podem afetar diretamente a execução do objeto. A matriz de risco pressupõe, como já bem assentado na prática do direito contratual público brasileiro, a premissa de que os riscos devem ser atribuídos às partes que melhor têm condições de gerenciamento e adoção de mecanismos preventivos.

Ora, ocorrendo um evento cuja responsabilidade foi atribuída à Administração Pública (exemplo: risco na demora da desapropriação), parece claro que será lícito admitir a celebração de termo aditivo para reequilibrar a economia original do contrato, ainda que não expressamente previsto no § 4º do art. 9º da Lei 12.462/2011. Matriz de risco e equilíbrio econômico-financeiro do contrato são temas intimamente conectados.

Outro aspecto importante a destacar na contratação integrada é que, ao permitir esse espaço de atuação do contratado na própria elaboração dos projetos básico e executivo, confere-se maior autonomia ao particular para definir métodos, etapas e tecnologias. Não por outra razão a doutrina[17] aponta que a consequência dessa maior autonomia é que a contratação integrada se caracteriza por ser uma contratação de resultado, a justificar a utilização da remuneração variável prevista no art. 10 da Lei 12.462, de 4.8.2011.

16. O Decreto 7.581/2011 também tratou do tema. Cf. os §§ 1º e 2º do art. 75: "§ 1º. Na elaboração do orçamento estimado na forma prevista no *caput*, poderá ser considerada taxa de risco compatível com o objeto da licitação e as contingências atribuídas ao contratado, devendo a referida taxa ser motivada de acordo com metodologia definida em ato do Ministério supervisor ou da entidade contratante. [*Incluído pelo Decreto 8.080/2013*]. § 2º. A taxa de risco a que se refere o § 1º não integrará a parcela de benefícios e despesas indiretas – BDI do orçamento estimado, devendo ser considerada apenas para efeito de análise de aceitabilidade das propostas ofertadas no processo licitatório. [*Incluído pelo Decreto 8.080/2013*]

17. "Estas conclusões pressupõem também a aplicação do modelo da remuneração por desempenho, prevista no art. 10 do RDC (...). Será peça-chave na conformação dos reajustes submetidos ao regime de contratação integrada a associação da remuneração do contratado ao atingimento de metas de qualidade e disponibilidade. O propósito está em incrementar a eficiência na concepção dos projetos a partir do estímulo do contratado ao cumprimento de metas exigentes relativamente aos resultados da execução da obra, o que significará a ampliação de sua remuneração" (Egon Bockmann Moreira e Fernando Vernalha Guimarães, *Licitação Pública: a Lei Geral de Licitações – LGL e o Regime Diferenciado de Contratações – RDC*, cit., 2ª ed., p. 253).

Ao contrário do que ocorre com os demais regimes de empreitada, quando a própria Administração Pública define a concepção da obra, na contratação integrada o gestor define o resultado esperado, deixando a escolha dos meios mais adequados e eficientes à sua obtenção sob responsabilidade dos particulares.

A remuneração do contratado estará vinculada ao seu desempenho na concepção, formatação e execução do objeto, induzindo-o a ser o mais eficiente possível. É claro que o contrato deverá definir objetivamente os padrões e indicadores de desempenho desejados, como já comentado.

A escolha da contratação integrada demanda justificativa técnica e econômica, conforme expressamente previsto no *caput* do art. 9º da Lei 8.666/1993, com a demonstração dos ganhos de eficiência que a opção acarretará para a Administração Pública. Não se revelam como motivos suficientes para a escolha da contratação integrada a celeridade,[18] a urgência[19] ou, mesmo, a incapacidade do setor público de elaborar projetos básico e executivo. É importante que se demonstre que a contratação integrada é o regime de execução de obras e serviços de engenharia que se revela como a opção mais satisfatória para atender ao interesse público na situação concreta. A complexidade do objeto e a necessidade de recorrer às soluções técnicas concebidas pelo setor privado constituem-se em fortes indicativos de que a contratação integrada pode se revelar como a solução mais adequada.

O TCU fixou entendimento de que a utilização da contratação integrada deve estar técnica e economicamente justificada no processo,[20] sendo necessário preencher pelo menos um dos requisitos previstos no

18. "É importante assinalar que a norma constante do art. 9º poderia ter dito que a contratação integrada será utilizada sempre que a exiguidade de tempo para a execução da obra o exigir. Mas não foi isso que o dispositivo legal disse. Condicionou claramente o uso da contratação integrada à sua justificativa do ponto de vista técnico e econômico. Por isso a necessidade de entender claramente em que casos faz sentido a Administração Pública usar a contratação integrada. (...). Por isso, podemos iniciar este tópico afirmando que a contratação integrada será técnica e economicamente justificável quando for transferida ao contratado da obra a responsabilidade de implantá-la, em conjunto com a responsabilidade de operá-la e mantê-la" (Maurício Portugal Ribeiro, in Maurício Portugal Ribeiro, Lucas Navarro Prado e Mário Engler Pinto Jr., *Regime Diferenciado de Contratação: Licitação de Infraestrutura para Copa do Mundo e Olimpíadas*, São Paulo, Atlas, 2012, pp. 42 e 45).

19. TCU, Plenário, Acórdão 3.082/2010, rel. Min. Aroldo Cedraz: "Não se percebeu, na análise de toda a documentação encaminhada, qualquer indicativo de que, no caso, a adoção da modalidade *turn key* foi a melhor em termos econômicos. A justificativa e a documentação apresentadas foram no sentido de evidenciar a urgência".

20. TCU, Plenário, Acórdão 1.510/2013.

art. 20, § 1º, da Lei 12.462/2011, a saber: (i) natureza predominantemente intelectual e de inovação tecnológica; (ii) possibilidade de execução com diferentes metodologias; (iii) possibilidade de emprego de tecnologias de domínio restrito no mercado. O legislador acolheu as contribuições da jurisprudência da Corte de Contas, e por meio da Lei 12.980/2014 incluiu os referidos requisitos no art. 9º da Lei 12.462/2011, que trata da contratação integrada.

Quando a Lei 12.462/2011 foi editada o critério de julgamento na contratação integrada era, obrigatoriamente, o de técnica e preço, consoante previsão expressa no art. 9º, § 2º, III, da Lei 12.462/2011. Ocorre que a Lei 12.980/2014 revogou o referido inciso, conferindo margem de discricionariedade ao gestor para avaliar qual o critério mais adequado. O objetivo foi aproximar a sistemática de contratação do RDC com a existente nas concessões comuns (Lei 8.987/1995) e parcerias público-privadas (Lei 11.079/2004), que não obrigam o uso do critério de técnica em todas as hipóteses.

Nada obstante a liberdade conferida ao administrador na escolha do critério de julgamento, não há dúvida de que técnica e preço é, *a priori*, o tipo de licitação que mais se amolda às características da contratação integrada, já que, como dito, nesse regime de execução de obras a contratação se volta para a obtenção de um resultado predeterminado, cabendo aos operadores econômicos demonstrar quais serão as técnicas e métodos utilizados na consecução do objeto. Em outros termos: é a comparação entre as diferentes técnicas que, usualmente, permitirá à Administração avaliar a melhor proposta.

O § 1º do art. 8º da Lei 12.462/2011 estabeleceu que os regimes de empreitada por preço global, empreitada integral e contratação integrada devem preferencialmente ser utilizados nas obras e serviços de engenharia licitados sob a sistemática do RDC. Mas essa norma não afasta a indispensável justificativa técnica e econômica à luz dos parâmetros acima referidos, e nem torna a contratação integrada a regra nas licitações de obras e serviços de engenharia submetidas ao RDC. Claramente, a intenção do legislador foi tornar a utilização da empreitada por preço unitário a exceção, muito provavelmente para evitar os problemas decorrentes do "jogo de planilhas" – o que não significa dizer que a contratação integrada necessariamente tenha se tornado o modelo a ser observado em toda e qualquer obra pública.

Como na contratação integrada o contratado é o responsável pela elaboração dos projetos básico e executivo, o art. 9º, § 2º, da Lei 12.462/2011 determinou que o edital deve conter anteprojeto de engenharia, cujo objetivo primário é caracterizar a obra ou serviço de engenharia; afinal, não se pode cogitar de licitação sem objeto.

Ainda que não seja tão detalhado como o projeto básico, o anteprojeto de engenharia deve conter elementos mínimos e suficientes que permitam a comparação objetiva entre as propostas, sob pena de se frustrar os objetivos da própria licitação.[21] Os requisitos do anteprojeto de engenharia foram descritos no § 2º do art. 9º da Lei 12.462/2011.[22]

Os aspectos relativos ao custo da contratação integrada foram delineados no inciso II do § 2º do art. 9º da Lei 12.462/2011, quando se estipulou que o valor estimado da contratação será calculado com base nos valores praticados pelo mercado, nos valores pagos pela Administração Pública em serviços e obras similares ou na avaliação do custo global da obra, aferida mediante orçamento sintético ou metodologia expedita ou paramétrica.

Nas obras públicas regidas pelos outros regimes de execução é possível definir com mais precisão os custos envolvidos, já que disponível projeto básico com maior grau de detalhamento. A título de exemplo, lembre-se que o inciso II do § 2º do art. 7º da Lei 8.666/1993 exige como requisito para licitar obras e serviços de engenharia a existência de orçamento detalhado em planilhas que expressem a composição de todos os seus custos unitários.

Não é o que ocorre no caso da contratação integrada, em que, pela circunstância de os projetos básico e executivo serem elaborados pelo

21. "Em qualquer caso, o que será essencial e imprescindível é que o edital da contratação integrada disponha de um grau de objetividade suficiente para possibilitar: (i) a identificação do objeto licitado; e (ii) a elaboração, a seleção e o controle das propostas. É a estipulação concreta de critérios de seleção das propostas e de definição dos aspectos essenciais da contratação em relação aos fins e resultados a serem atingidos que poderá confirmar a adequação da utilização do regime de contratação integrada" (Marçal Justen Filho e César A. Guimarães Pereira, *O Regime Diferenciado de Contratações Públicas (RDC), Comentários à Lei n. 12.462 e ao Decreto n. 7.581*, cit., p. 157).

22. Lei 12.462/2011, § 2º do art. 9º: "§ 2º. No caso de contratação integrada: I – o instrumento convocatório deverá conter anteprojeto de engenharia que contemple os documentos técnicos destinados a possibilitar a caracterização da obra ou serviço, incluindo: a) a demonstração e a justificativa do programa de necessidades, a visão global dos investimentos e as definições quanto ao nível de serviço desejado; b) as condições de solidez, segurança, durabilidade e prazo de entrega, observado o disposto no *caput* e no § 1º do art. 6º desta Lei; c) a estética do projeto arquitetônico; e d) os parâmetros de adequação ao interesse público, à economia na utilização, à facilidade na execução, aos impactos ambientais e à acessibilidade".

contratado, encerra dificuldade natural para uma definição analítica dos seus custos; daí o legislador ter utilizado a expressão "valor estimado da contratação". O dado concreto é que não pode a Administração Pública iniciar nenhum procedimento licitatório sem estimar o valor aproximado dos custos que ficará obrigada a assumir, até porque indispensáveis sua adequação e previsão nas leis orçamentárias.

A obra ou serviço de engenharia objeto da contratação integrada deve levar em consideração o custo global do objeto, como ensina o Min. Benjamin Zymler do TCU:[23]

> A menção à avaliação do custo global da obra como uma simples alternativa, por exemplo, daria a entender que as outras referências não necessitariam avaliar a obra globalmente, mas somente de forma parcial, o que, por definir inadequadamente o objeto, iria de encontro ao disposto no art. 5º da Lei 12.462/2011. Ademais, uma orçamentação parcial pode ferir o princípio da economicidade e a busca da proposta mais vantajosa, pois, sem uma estimativa de custo global, a Administração não terá meios para conferir se as propostas apresentadas são compatíveis com esses princípios.
>
> Em suma, qualquer técnica ou procedimento deve avaliar o custo global do objeto.

Portanto, ainda que recorrendo a valores de mercado ou de obras similares realizadas pela Administração Pública, faz-se indispensável que o custo estimado considere o valor global da obra, podendo valer-se dos instrumentos da metodologia expedita, metodologia paramétrica e orçamento sintético, como apontado na parte final do inciso II do § 2º do art. 9º da Lei 12.462/2011.[24]

23. Benjamin Zymler e Laureano Canabarro Dios, *Regime Diferenciado de Contratação – RDC*, 2ª ed., Belo Horizonte, Fórum, 2013, p. 182.

24. O Min. Benjamin Zymler do TCU explica a diferença entre as metodologias arroladas na norma: "*Metodologia expedita*. Essa metodologia – mais simples e, portanto, com maior grau de incerteza – consiste na orçamentação do objeto com base em custos históricos, índices, gráficos, correlações ou comparações com projetos similares. Assim, podem, por exemplo, em uma primeira etapa de estimativa dos custos, ser utilizados índices específicos conhecidos no mercado: custo por unidade de área construída para edificações; custo por assento para arenas esportivas; custo por MW de potência instalada para projetos de geração de energia; custo por km para a execução de rodovias. (...). *Metodologia paramétrica*. A segunda metodologia – com grau de precisão intermediário – consiste em um aprofundamento da primeira, na medida em que ainda serão utilizados os mesmos procedimentos, porém aplicando-se em segmentos do objeto. Ou seja, cabe a avaliação expedita de cada unidade/etapa/parcela do objeto relevante financeiramente. Assim, exemplificando, a avaliação dos

A formatação de uma contratação integrada é, sem dúvida, mais sofisticada do que nos demais regimes de empreitada, porquanto, ainda que não seja possível definir o objeto com a mesma precisão e o mesmo detalhamento que se espera de um projeto básico, assim como o valor da obra é estimado e aproximado, o fato é que, para que se tenha a efetiva possibilidade de uma licitação e, consequentemente, a instauração de competição, é indispensável um conteúdo mínimo de informações que permita um grau de comparabilidade objetiva entre as propostas e respectivas soluções ofertadas pelos licitantes.

Mas não se vislumbra qualquer inconstitucionalidade na sua previsão, até porque sua utilização já é reconhecida no ordenamento jurídico pátrio. Não se ignora o risco de a contratação integrada ser mal aplicada ou incorretamente concebida (o que, de resto, pode acontecer com qualquer instituto), já que seu objeto envolve empreendimentos de maior complexidade, o que, entretanto, não a torna inconstitucional.

A contratação integrada é, portanto, uma alternativa para licitar obras e serviços de engenharia nos objetos que admitem a utilização do RDC, mas não é a única. Dito em outros termos: é perfeitamente possível que sejam licitadas obras e serviços de engenharia nos regimes tradicionais de empreitada. O diferencial é que nesses casos o RDC admite inovações relevantes em relação às licitações regidas pela Lei 8.666/1993, como, por exemplo, o sistema de pós-habilitação e a fase de lances. Trata-se de novidade com enorme impacto, já que as obras e serviços de engenharia licitados sob a égide da Lei 8.666/1993 não permitem essas inovações.

15.10 Procedimento licitatório no RDC

O art. 12 da Lei 12.462/2011 estabeleceu as seguintes fases no procedimento licitatório das contratações regidas pelo RDC: (i) prepara-

custos da construção de uma arena esportiva poderia ocorrer a partir da análise expedita das seguintes parcelas do objeto: terraplanagem e pavimentação, de acordo com estimativas do volume de movimentação de terra e da distância média de transporte; fundações e estruturas de concreto armado, custo por m^3 estimado; acabamentos e revestimento, custo por m^2 estimado. (...). *Orçamento sintético.* A terceira hipótese – com maior grau de precisão – é a elaboração de orçamento sintético, o qual pressupõe o levantamento dos serviços a serem executados de forma agregada. Nesse caso, há um maior aprofundamento em como será realizado o empreendimento. Assim, no caso do exemplo anterior, os quantitativos de movimentação de volume de terra devem ser adequadamente dimensionados – não meramente estimados –, e a partir daí, ser previsto o custo unitário a partir de fontes permitidas nas normas pertinentes" (Benjamin Zymler e Laureano Canabarro Dios, *Regime Diferenciado de Contratação – RDC*, cit., 2ª ed., pp. 183-184).

tória; (ii) publicação do instrumento convocatório; (iii) apresentação de propostas ou lances; (iv) julgamento; (v) habilitação; (vi) recursal; (vii) encerramento.

15.10.1 A fase preparatória

Apesar da mudança da nomenclatura, cuida-se, aqui, da conhecida fase interna da licitação, já examinada anteriormente. O Decreto 7.581/2011 estabeleceu no seu art. 4º os documentos, requisitos e justificativas que devem instruir o processo administrativo na fase preparatória do certame.

Merecem destaque as diversas justificativas que o regulamento exige. Deve ser objeto de motivação específica a justificativa da contratação e adoção do RDC, a justificativa técnica no caso de adoção da inversão de fases, fatores de ponderação na avaliação das propostas técnica e de preço, quando escolhido o critério de julgamento por técnica e preço, a indicação de norma, a exigência de amostra, a exigência de certificação de qualidade do produto ou do processo de fabricação, a exigência de carta de solidariedade e a justificativa da vantajosidade da divisão do objeto em lotes ou parcelas para aproveitar as peculiaridades do mercado.

O princípio da motivação é pressuposto da fase preparatória, o que se deve ao maior espaço de atuação discricionária que o RDC reservou aos gestores. Ao contrário do que ocorre com a Lei 8.666/1993, a premissa é conferir maior liberdade para que o administrador proceda às suas escolhas a fim de buscar a solução mais satisfatória em cada situação concreta. Não teve o legislador a equivocada pretensão de antecipar decisões administrativas ou, mesmo, fazer escolhas prévias que não considerem as variadas possibilidades de atendimento dos interesses públicos.

15.10.2 Publicação do instrumento convocatório e prazos mínimos para a apresentação das propostas

O § 1º, I e II, do art. 15 da Lei 12.462/2011 estabelece que a divulgação das licitações ocorrerá por meio de publicação de extrato do edital no *Diário Oficial* do respectivo ente da Federação, sendo que no caso de consórcio a publicação ocorrerá no *Diário Oficial* do ente de maior nível e no sítio eletrônico oficial centralizado de divulgação de licitações mantido pelo ente. Atualmente a publicidade por meio eletrônico é a mais eficaz e atinge os melhores resultados.

A publicidade do extrato no *Diário Oficial* foi dispensada nos casos de licitações que não ultrapassem R$ 150.000,00 para obras ou R$ 80.000,00 para bens e serviços, inclusive de engenharia.

Admite-se, ainda, a divulgação direta aos fornecedores e publicação em extrato em jornal diário de grande circulação. Essas formas de publicidade não são obrigatórias. A alteração relevante em relação à sistemática da Lei 8.666/1993 é a facultatividade na publicação em jornal diário de grande circulação, o que, certamente, decorreu dos elevados custos dessa divulgação.

Em relação aos prazos mínimos entre a publicação do edital e o início da licitação, importante anotar que na Lei 8.666/1993 o prazo leva em consideração a modalidade e o tipo de licitação que foram adotados. No âmbito do RDC o prazo mínimo para apresentação das propostas leva em consideração a natureza do objeto e o critério de julgamento adotado.

O prazo mínimo para aquisição de bens deverá ser de 5 dias úteis quando adotados os critérios de julgamento pelo menor preço ou pelo maior desconto e 10 dias úteis nas demais hipóteses. Já para as contratações de serviços e obras o prazo mínimo é de 15 dias úteis quando adotados os critérios de julgamento pelo menor preço ou pelo maior desconto e de 30 dias úteis nas demais hipóteses. Para as licitações nas quais se adote o critério de julgamento pela maior oferta o prazo mínimo será de 10 dias úteis, enquanto nas licitações que adotem o critério de julgamento pela melhor combinação de técnica e preço, pela melhor técnica ou em razão do conteúdo artístico o prazo mínimo será de 30 dias úteis.

A Lei 12.462/2011 dispõe que eventuais modificações no instrumento convocatório serão divulgadas nos mesmos prazos dos atos e procedimentos originais, exceto quando a alteração não comprometer a formulação das propostas. Utiliza-se a mesma lógica da Lei 8.666/1993, ou seja: se as modificações não afetarem o direito dos interessados de participar da licitação, a data da licitação pode ser mantida, não sendo necessário reabrir o prazo mínimo entre a publicação do edital e a sessão pública; caso afetem a formulação das suas propostas e o direito dos interessados, o edital deve ser republicado e reaberto novo prazo mínimo a contar da publicação das alterações do edital.

15.10.2.1 *Pedidos de esclarecimento e impugnações*

Como ocorre nas licitações regidas pela Lei 8.666/1993, a partir do momento que os licitantes tomam ciência do instrumento convocatório abre-se o prazo para formularem pedidos de esclarecimento e impugnações. Ressalte-se que o art. 41, §§ 1º e 2º, da Lei 8.666/1993 prevê tão somente o direito de impugnação do edital, que, por construção doutrinária e jurisprudencial, se estende ao pedido de esclarecimento.

O RDC acolheu a orientação doutrinária e jurisprudencial ao dispor expressamente sobre as figuras do pedido de esclarecimento e da impugnação ao instrumento convocatório, a teor do que dispõe o art. 45 da Lei 12.462/2011.

Os prazos para os dois incidentes (pedido de esclarecimento e impugnação) são idênticos, distinguindo-se em razão da natureza do objeto. Será de até dois dias úteis antes da data de abertura das propostas no caso de licitação para aquisição ou alienação de bens, ou até cinco dias úteis antes da data de abertura das propostas no caso de licitação para contratação de obras ou serviços.

As normas do RDC não preveem prazo para resposta da Administração, razão pela qual deve ser aplicada a regra geral disposta no art. 24 da Lei 9.784/1999, conforme já teve oportunidade de decidir o TCU em relação à resposta da impugnação no âmbito da Lei 8.666/1993.[25]

Na contagem do prazo excluir-se-á o dia do início e incluir-se-á o do vencimento, que se iniciam e expiram exclusivamente em dia de expediente no âmbito do órgão ou entidade, conforme prescrevem os §§ 4º e 5º do art. 45 da Lei 12.462/2011.

15.10.3 Apresentação das propostas ou lances

O RDC se inicia com a apresentação das propostas. A habilitação será verificada apenas em relação ao licitante classificado em primeiro lugar. Para tanto, indispensável que os licitantes apresentem na abertura da sessão pública a declaração de que atendem aos requisitos de habilitação, devendo estar devidamente credenciados caso pretendem ofertar lances, a teor da disciplina prevista no art. 16 do Decreto 7.581/2011.

25. "(...). 12. A vontade da Lei de Licitações, em uma interpretação ampla de seus dispositivos, não conduz à conclusão de que a impugnação do edital por licitante prescinda de prazo de resposta da Administração. Tal conclusão permitiria a existência da absurda hipótese de que o licitante ou possível interessado no certame somente obtivesse a resposta desejada após a conclusão da licitação, o que traz evidentes prejuízos ao controle previsto no art. 41, § 2º, da Lei n. 8.666/1993, a ser efetivado no âmbito administrativo. 13. Mesmo que fosse aceita a tese de inexistência de prazo para resposta, caso a interpretação literal do dispositivo da Lei de Licitações prevalecesse, o direito de resposta perante a Administração poderia ser arguido ante o que dispõe o art. 24 da Lei n. 9.784/1999, que trata do processo administrativo no âmbito da Administração Pública Federal" (TCU, Plenário, Acórdão 1.686/2012).

O art. 16 da Lei 12.462/2011 estabeleceu três modos possíveis de disputa: (i) aberto; (ii) fechado; (iii) combinado.

O modo de disputa aberto é inspirado na modalidade pregão eletrônico. Os licitantes apresentam suas ofertas por meio de lances públicos e sucessivos, crescentes ou decrescentes, conforme o critério de julgamento adotado. As propostas são imediatamente conhecidas pelos demais licitantes, instituindo-se competição imediata seguida pelos lances.

Autoriza-se no modo de disputa aberto intervalo mínimo de diferença de valores entre os lances, conforme prevê o art. 18 do Decreto 7.581/2011. O objetivo é evitar lances irrisórios e que em nada contribuem para a efetiva economicidade. O intervalo mínimo entre os lances deve ser fixado a partir de parâmetros de razoabilidade, sendo compatível com a própria expressão econômica do objeto licitado.

Admite-se também a apresentação de lances intermediários, prática comum nos pregões eletrônicos. Sua racionalidade consiste em induzir a disputa não apenas pela primeira colocação, mas permitir que os lances sejam ofertados para que os licitantes busquem a melhor posição possível na ordem classificatória. Sua previsão vem expressa no § 2º do art. 17 da Lei 12.462/2011 e reproduzida no art. 20 do Decreto 7.581/2011.

Note-se que, após a definição da melhor proposta, se a diferença em relação à proposta classificada em segundo lugar for de pelo menos 10%, a Comissão de Licitação poderá admitir o reinício da disputa aberta, nos termos definidos no edital, conforme expressamente autorizado no § 1º, II, do art. 17 da Lei 12.462/2011 e no art. 21 do Decreto 7.581/2011. Toda a disciplina é voltada para o incremento da competição e maximização na busca da proposta econômica mais vantajosa. Aqui a cautela deve sempre ser com os limites de exequibilidade, evitando que lances muito reduzidos possam colocar em risco a própria execução do objeto.

No modo de disputa fechado as propostas apresentadas pelos licitantes são sigilosas até a data e a hora designadas para que sejam divulgadas, conforme prescreve o inciso II do art. 17 da Lei 12.462/2011. Trata-se de forma de disputa similar à concorrência pública da Lei 8.666/1993. Sua racionalidade é induzir o licitante a oferecer suas melhores propostas logo de início. Quando se está diante de objetos muito complexos e cuja redução excessiva de preços pode colocar em risco a segurança da contratação, o modo de disputa fechado pode se revelar como o mais indicado. A incessante disputa no preço não é o fator determinante na sua escolha.

Existe, ainda, a possibilidade de combinação dos modos de disputa fechado e aberto. O art. 23 do Decreto 7.581/2011 admite que o edital estabeleça que a disputa seja realizada em duas etapas, sendo a primeira eliminatória.

O art. 24 do Decreto 7.581/2011 explicita as possíveis formas de combinação: (i) caso o procedimento se inicie pelo modo de disputa fechado, serão classificados para a etapa subsequente os licitantes que apresentarem as três melhores propostas, iniciando-se então a disputa aberta com a apresentação de lances sucessivos; (ii) caso o procedimento se inicie pelo modo de disputa aberto, os licitantes que apresentarem as três melhores propostas oferecerão propostas finais, fechadas.

No primeiro caso tem-se modelo bastante similar ao do pregão presencial. No segundo caso a competição se inicia aberta e é complementada por uma redução dos potenciais licitantes, que passam a disputar em propostas fechadas.

Portanto, inúmeras são as possibilidades colocadas à disposição do gestor, cuja escolha deve ser motivada e adequada ao interesse público a que se pretende atender. O RDC notabiliza-se por conferir maior espaço de discricionariedade ao gestor para eleger o modo mais adequado para atender a cada situação concreta. No segmento das licitações de obras e serviços de engenharia essas alternativas podem, se bem utilizadas, representar significativo avanço na forma usual de licitar da Lei 8.666/193, caracterizada pela disputa sempre por modo fechado, sem lances ou qualquer outra ferramenta que possa operacionalizar a efetiva disputa entre os licitantes.

15.10.4 Critérios de julgamento

No RDC a nomenclatura "critérios de julgamento" refere-se ao que na Lei 8.666/1993 se denomina "tipos de licitação". Além de prever critérios semelhantes, o RDC incorporou algumas novidades na definição dos parâmetros que definem a proposta mais vantajosa.

A teor do disposto no art. 18 da Lei 12.462/2011, o critério de julgamento deverá estar identificado no instrumento convocatório, contendo parâmetros objetivos para o julgamento. Apreciações subjetivas são incompatíveis com fatores de julgamento que permitam uma comparação concreta entre as propostas. O § 3º do art. 18 da Lei 12.462/2011 prescreve que não serão consideradas vantagens não previstas no instrumento convocatório, inclusive financiamentos subsidiados ou a fundo perdido.

Os critérios de julgamento previstos no art. 18 da Lei 12.462/2011 são os seguintes: (i) menor preço ou maior desconto; (ii) técnica e preço;

(iii) melhor técnica ou conteúdo artístico; (iv) maior oferta de preço; ou (v) maior retorno econômico.

15.10.4.1 *Menor preço ou maior desconto*

O critério de menor preço é o mais comum nas licitações em âmbito nacional, sendo, inclusive, obrigatório nas contratações na modalidade pregão. O critério do maior desconto é também pautado pela obtenção do menor dispêndio financeiro. A diferença é que a proposta é elaborada a partir de um orçamento divulgado pela Administração Pública.

A despeito da sua previsão expressa no inciso I do art. 18 da Lei 12.462/2011, a utilização do critério de julgamento do maior desconto é prática já consolidada nas contratações públicas brasileiras. Exemplifique-se com as licitações que tenham por objeto o fornecimento de cartões de alimentação para os servidores, quando o contratado se remunera por meio de uma taxa de administração. Será vencedor o licitante que oferecer a menor taxa, por meio do maior desconto em referência ao preço global previamente fixado pela Administração Pública.

O mesmo percentual de desconto ofertado na licitação é estendido aos eventuais termos aditivos, conforme estabelece o § 2º do art. 19 da Lei 12.462/2011. O objetivo é eliminar o risco do "jogo de planilha" no momento da execução contratual, vinculando o percentual de desconto às futuras alterações no ajuste. No caso de obras ou serviços de engenharia o desconto deverá incidir de forma linear sobre os preços de todos os itens do orçamento estimado, conforme já ratificado pelo próprio TCU.[26]

Uma importantíssima inovação é que o julgamento pelo menor preço ou maior desconto deverá considerar o menor dispêndio para a Administração Pública, atendidos os parâmetros mínimos de qualidade definidos no instrumento convocatório, conforme expressamente previsto no art. 19 da Lei 12.462/2011.

E na definição do menor dispêndio poderão ser considerados os custos indiretos, relacionados com as despesas de manutenção, utilização,

26. "Em licitação de obra ou serviço de engenharia que adote o critério de julgamento de maior desconto, sob o Regime Diferenciado de Contratações (RDC), o percentual de desconto oferecido pelo licitante, além de incidir sobre o preço global fixado, incidirá linearmente sobre cada item de serviço do orçamento estimado, por força do que dispõe o art. 19, §§ 2º e 3º, da Lei n. 12.462/2011, razão por que tal desconto não se trata de faculdade do licitante, mas sim de imposição legal" (TCU, Plenário, Acórdão 1.197/2014).

reposição, depreciação e impacto ambiental, sempre que objetivamente mensuráveis, conforme prevê o § 1º do art. 19 da Lei 12.462/2011.

Permite-se que o critério de julgamento pelo menor preço ou maior desconto não leve em conta apenas o preço final pago pelo bem ou serviço, mas seus custos de manutenção e depreciação e o "ciclo de vida do produto", introduzindo aspectos de sustentabilidade como parâmetros objetivos. Os custos indiretos são despesas e desembolsos que o ente público será obrigado a arcar durante a execução do contrato mas que não raro não são considerados ou, mesmo, avaliados no momento do julgamento das propostas. A preocupação não deve estar voltada apenas para o preço do bem e os valores imediatos a serem despendidos, mas também para o custo da sua manutenção, inclusive os ambientais e suas eventuais externalidades negativas. Os custos com energia, combustíveis e a própria vida útil do produto são exemplos de custos indiretos que podem ser objeto de ponderação, também, no momento de avaliar a vantajosidade das propostas.

15.10.4.2 *Técnica e preço*

O critério de julgamento "técnica e preço" pressupõe necessariamente parâmetros objetivos para avaliação e comparação das propostas. Deverá ser utilizado quando a avaliação e a ponderação da qualidade técnica das propostas superarem os requisitos mínimos estabelecidos no edital e forem relevantes aos fins pretendidos pela Administração Pública, a teor do disposto no § 1º do art. 20 da Lei 12.462/2011.

Este critério pode ser utilizado nas seguintes hipóteses: (i) objetos de natureza predominantemente intelectual e de inovação tecnológica ou técnica; (ii) objetos que possam ser executados com diferentes metodologias ou tecnologias de domínio restrito no mercado, pontuando-se as vantagens e qualidades que eventualmente forem oferecidas para cada produto ou solução.

O § 2º do art. 20 da Lei 12.462/2011 estabeleceu o limite máximo de 70% para a ponderação de valoração entre técnica e preço, incorporando orientação da jurisprudência do TCU[27] que considerava desproporcional percentual acima do referido limite.

O Decreto 7.581/2011, nos §§ 2º e 3º do art. 29, acrescentou que o instrumento convocatório poderá prever parâmetros de sustentabilidade ambiental para julgamento da pontuação da proposta técnica e pontuação

27. TCU, Plenário, Acórdão 2.909/2012.

mínima para as propostas cujo não atingimento implicará desclassificação.

15.10.4.3 *Melhor técnica ou conteúdo artístico*

O julgamento por meio do critério "melhor técnica" ou "melhor conteúdo artístico" poderá ser utilizado para a contratação de projetos, inclusive arquitetônicos, e trabalhos de natureza técnica, científica ou artística, excluindo-se os projetos de engenharia, e considerará apenas as propostas técnicas ou artísticas apresentadas pelos licitantes com base em critérios objetivos previamente estabelecidos no instrumento convocatório, no qual será definido o prêmio ou remuneração que será atribuído aos vencedores, conforme expressamente previsto no art. 21 da Lei 12.462/2011. Trata-se de critério de julgamento que guarda similaridade com a modalidade "concurso" da Lei 8.666/1993, afastando-se da racionalidade da melhor técnica prevista nessa mesma lei.

Poderão ser utilizados parâmetros de sustentabilidade ambiental para a pontuação das propostas nas licitações para contratação de projetos, tal qual ocorre nas licitações orientadas pelo critério de julgamento da técnica e preço.

Considerando os aspectos peculiares das licitações orientadas pelo critério de melhor técnica ou conteúdo artístico, a Comissão de Licitação será auxiliada por Comissão Especial integrada por, no mínimo, três pessoas de reputação ilibada e notório conhecimento da matéria em exame, que podem ou não ser servidores públicos, a teor do disposto no art. 32 do Decreto 7.581/11.

15.10.4.4 *Maior oferta de preço*

O critério de "maior oferta de preço" é utilizado em contratos que resultem em receita para a Administração. São os contratos de atribuição, tais como as concessões e permissões de uso. Nesses casos a proposta mais vantajosa é definida a partir da oferta de maior valor. Trata-se de critério de julgamento similar ao maior lance previsto na Lei 8.666/1993 e que pressupõe uma avaliação prévia dos bens e direitos a serem licitados para fins de fixação do valor mínimo para arrematação.

A fase de habilitação comporta menor complexidade em licitações dessa natureza, porquanto não precisa a Administração Pública se assegurar de requisitos mais robustos de qualificação econômico-financeira e técnica, já que é o ente contratante quem se beneficiará do valor ofertado pelo contratado para, por exemplo, ter o direito de explorar um bem público ou exercer determinada atividade. Essa é a inteligência do § 1º do art. 22 da Lei 12.462/2011.

Para se acautelar na fase de habilitação, poderá ser exigida a comprovação do recolhimento de quantia a título de garantia, como requisito de habilitação, limitada a 5% do valor ofertado, em modelo similar ao que ocorre nas concorrências para a venda de bens imóveis, na forma prevista no art. 18 da Lei 8.666/1993. Caso o licitante vencedor não efetue o pagamento à vista, em até um dia útil contado da data da assinatura da ata lavrada no local do julgamento ou da data de notificação, perderá a quantia depositada a título de garantia em favor da Administração Pública, a teor do disposto no § 3º do art. 22 da Lei 12.462/2011.

15.10.4.5 *Maior retorno econômico e o contrato de eficiência*

Este critério de julgamento afigura-se como inovação bastante relevante no âmbito das contratações públicas, eis que a remuneração do contratado incide sobre o percentual da economia gerada pelo contratante decorrente da execução do contrato.

O RDC estabeleceu novo tipo contratual: é o contrato de eficiência, conceituado no § 1º do art. 23 da Lei 12.462/2011 como sendo aquele cujo objeto é a prestação de serviço, que pode incluir a realização de obras e fornecimento de bens, com o objetivo de proporcionar economia ao contratante, na forma de redução de despesas correntes, sendo o contratado remunerado com base em percentual da economia gerada.

Portanto, observa-se que contratante e contratado são solidários no sucesso na execução do contrato, eis que o maior incremento na economia das despesas do contratante está diretamente ligado à maior remuneração do contratado. Todos esses aspectos serão ponderados na proposta de trabalho a ser formulada pelo licitante, que contemplará as obras, serviços e aquisição de bens, bem como o percentual de economia que se pretende gerar.

Imagine-se, por exemplo, a busca de eficiência energética em um aeroporto, ou mesmo uma proposta de trabalho tendente a reduzir o consumo de água em infraestruturas públicas. Trata-se de contrato vinculado ao resultado obtido na sua execução e viabiliza um jogo de ganha/ganha entre contratante e contratado. Mais uma vez o RDC estabelece uma relação direta entre a remuneração do contratado e sua *performance*, o que caracteriza um correto sistema de incentivos econômicos para atender aos interesses públicos.

A proposta de trabalho, a teor do disposto no art. 37 do Decreto 7.581/2011, deve contemplar as obras, serviços ou bens, com os respectivos prazos de realização ou fornecimento, bem como a economia que se estima gerar, expressa em unidade de medida associada à obra, bem ou serviço e expressa em unidade monetária. A proposta de preço corresponderá a um percentual sobre a economia que se estima gerar durante determinado período, expressa em unidade monetária.

Caso a economia prevista no contrato de eficiência não seja atingida, o § 3º do art. 23 da Lei 12.462/2011 estabelece as consequências: (i) a diferença entre a economia contratada e a efetivamente obtida será descontada da remuneração da contratada; (ii) se a diferença entre a economia contratada e a efetivamente obtida for superior à remuneração da contratada, será aplicada multa por inexecução contratual no valor da diferença; (iii) a contratada sujeitar-se-á, ainda, a outras sanções cabíveis caso a diferença entre a economia contratada e a efetivamente obtida seja superior ao limite máximo estabelecido no contrato.

O contrato de eficiência estabelece uma partilha de riscos já fixada na própria lei, sendo bastante interessante para o contratante, porquanto compartilha apenas o sucesso da economia a ser gerada. Para o contratado é fundamental que esteja certo de que alcançará o êxito necessário, eis que, como visto, as consequências podem ser gravosas no caso do não atingimento da economia proposta.

Essa economia está diretamente ligada à sua proposta de trabalho. Em outros termos: se a proposta de trabalho apresentada pelo contratado na licitação não for observada ou cumprida por razões estranhas e externas à sua vontade, não poderá o contratante exigir o percentual de economia formulado na sua proposta ou mesmo atribuir as consequências a que se refere o § 3º do art. 23 da Lei 12.462/2011.

15.10.5 Critérios de desempate no RDC

O art. 25 da Lei 12.462/2011 estabelece que no caso de empate entre duas ou mais propostas serão utilizados os seguintes critérios de desempate, observando a seguinte ordem: (i) disputa final, em que os licitantes empatados poderão apresentar nova proposta fechada em ato contínuo à classificação; (ii) avaliação do desempenho contratual prévio dos licitantes, desde que exista sistema objetivo de avaliação instituído; (iii) os critérios estabelecidos no art. 3º da Lei 8.248, de 23.10.1991, e no § 2º do art. 3º da Lei 8.666, de 21.6.1993; (iv) sorteio.

Frise-se que as regras de desempate previstas na Lei 12.462/2011 não prejudicam as preferências conferidas às microempresas e empresas de pequeno porte, dispostas na Lei Complementar 123/2006, tampouco as margens de preferência previstas na Lei 8.666/1993.

Inovação importante é a previsão de avaliação do desempenho contratual prévio dos licitantes. A rigor, desde que observados parâmetros objetivos de avaliação do desempenho contratual das sociedades empresárias, essa ferramenta poderia ser utilizada para outras finalidades que não apenas para fins de desempate em propostas (situação, aliás, bastante rara no dia a dia das licitações, mas sempre objeto de preocupação e disciplina tão exaustiva por parte do legislador).

Induzir sistemas de avaliação do desempenho contratual e criar um sistema de incentivo robusto, que permita atribuir vantagens nas licitações para aqueles que obtiverem os melhores resultados, pode se constituir em importante avanço na busca de uma gestão contratual que privilegie a eficiência. Mas, como dito, o pressuposto dessa avaliação de desempenho contratual é a formulação de um sistema que estabeleça parâmetros objetivos, evitando subjetivismos que possam acarretar desvios ou patologias que desvirtuem suas reais finalidades.

15.10.6 Negociação

O art. 26 da Lei 12.462/2011 estabelece que, uma vez definido o julgamento, a Administração Pública poderá negociar condições mais vantajosas com o primeiro colocado. Mais uma vez incorpora-se a sistemática do pregão ao RDC, permitindo que por meio de uma Administração Pública consensual se alcance melhores resultados para o atendimento do interesse público.

Essa negociação deve ser realizada em sessão pública e de forma transparente, permitindo que os demais licitantes possam acompanhar seus termos. Não raro essas negociações se fazem indispensáveis quando o preço da proposta do primeiro colocado estiver acima do orçamento estimado pela Administração Pública. Caso não aceite redução e sua proposta for desclassificada, a negociação pode ser feita com os demais licitantes, observada a ordem de classificação.

Nesse momento não há mais como manter o orçamento sigiloso, eis que pode ser prejudicial a própria negociação. Razão pela qual, como já assentado anteriormente, o TCU admite a possibilidade de abertura do sigilo do orçamento na fase de negociação de preços com o primeiro colocado, desde que em ato público e devidamente justificado.[28]

15.10.7 Desclassificação das propostas

O art. 24 da Lei 12.462/2011 estabelece as hipóteses em que as propostas serão desclassificadas, e que, em certa medida, refletem a prática já conhecida das licitações públicas.

Serão desclassificadas as propostas que: (i) contenham vícios insanáveis; (ii) não obedeçam às especificações técnicas pormenorizadas no instrumento convocatório; (iii) apresentem preços manifestamente inexequíveis ou permaneçam acima do orçamento estimado para a contratação, inclusive nas hipóteses previstas no art. 6º da Lei 12.462/2011; (iv) não tenham sua exequibilidade demonstrada quando exigido pela Administração Pública; (v) apresentem desconformidade com quaisquer outras exigências do instrumento convocatório, desde que insanáveis.

A desclassificação das propostas por erros meramente formais deve ser objeto de motivação congruente, demonstrando o prejuízo para o atendimento de outros princípios, como a isonomia ou, mesmo, a moralidade. Excessos de formalismos e interpretações literais devem ser evitados quando o resultado puder afastar uma proposta mais vantajosa para a Administração Pública, vulnerando o princípio da competitividade. Claro que é no caso concreto que essas nuanças surgirão, permitindo que a Comissão de Licitação possa ponderar adequadamente os princípios que estão em aparente conflito à luz do substrato fático posto no certame.

O exame da exequibilidade deve ser voltado apenas para a proposta mais bem classificada, podendo a Comissão de Licitação realizar diligências toda vez que necessitar comprovar que a proposta é séria e passível de ser objeto de execução que assegure o atendimento do interesse público.

No caso de obras e serviços de engenharia, para efeito de avaliação de exequibilidade e de sobrepreço, serão considerados o preço global, os quantitativos e os preços unitários considerados relevantes, conforme dispuser o regulamento. A matéria é objeto de disciplina específica e detalhada nos arts. 40 a 42 do Decreto 7.581/2011, em especial para a aferição da exequibilidade nas obras e serviços de serviço de engenharia, abordando aspectos, inclusive, da contratação integrada.

28. TCU, Plenário, Acórdão 306/2013, rel. Min. Valmir Campelo.

Nas licitações de obras e serviços de engenharia, com exceção da contratação integrada, caberá ao licitante da melhor proposta apresentada reelaborar e apresentar à Comissão de Licitação, por meio eletrônico, conforme estabelecido no instrumento convocatório, planilha com os valores adequados ao lance vencedor, a teor do disposto no § 2º do art. 40 do Decreto 7.581/2011, com os requisitos previstos nos seus incisos.

15.10.8 A fase de habilitação

A manutenção da exigência da fase de habilitação prévia ao julgamento, como ocorre na Lei 8.666/1993, é anacrônica, e um dos principais gargalos das licitações públicas. Não raro licitantes que não são reais competidores, em razão das suas propostas de preços ou, mesmo, técnicas, podem protelar o processo licitatório com recursos administrativos e medidas judiciais, causando grave prejuízo ao interesse público.

Dessa forma, o sistema de pós-habilitação é a regra a ser seguida nas licitações regidas pelo RDC. Conforme estabelece o art. 12, nos incisos IV e V, da Lei 12.462/2011, a habilitação é uma etapa que vem após o julgamento. Em outros termos: conforme previsto no art. 14, II, da Lei 12.462/2011, será exigida a apresentação dos documentos de habilitação apenas pelo licitante vencedor. Os licitantes deverão apresentar a declaração de que atendem a todos os requisitos de habilitação, a teor do disposto no art. 14, I, da Lei 12.462/2011, o que pressupõe exame sério por parte dos licitantes, a fim de averiguar o efetivo atendimento das exigências contidas no edital para a habilitação.

Portanto, o sistema de pós-habilitação é a regra no RDC, tendo sido claramente inspirada na modalidade pregão. A diferença é que no pregão apenas bens e serviços comuns se beneficiavam dessa sistemática, ao passo que no RDC o impacto será enorme, porquanto poderá alcançar todos os objetos, especialmente nas licitações de obras de engenharia, que sempre foram organizadas a partir da prévia habilitação.

Mas o legislador conferiu ao administrador público a opção – mediante ato motivado e previsão expressa no instrumento convocatório – pela realização de habilitação previamente à fase de julgamento de propostas, tal qual ocorre nas licitações regidas pela Lei 8.666/1993. É o que prevê o parágrafo único do art. 12 da Lei 12.462/2011. O retorno à sistemática da Lei 8.666/1993 é exceção, e deve ser objeto de motivação explícita, congruente e razoável à luz das especificidades da licitação, com a efetiva demonstração de que o interesse público será mais bem atendido com a habilitação sendo prévia ao julgamento das propostas.

Argumento contrário recorrentemente utilizado consiste na circunstância de que o sistema de pós-habilitação poderia colocar em risco a própria contratação, pois haveria uma tendência a se contratar a proposta de preços mais vantajosa, ainda que a documentação de habilitação do primeiro colocado fosse inconsistente. Essa não parece motivação razoável que justifique a incidência da regra de exceção prevista no parágrafo único do art. 12 da Lei 12.462/2011.

Isso porque é argumentação baseada na desconfiança da capacidade técnica das Comissões de Licitação e dos gestores públicos, que, *data maxima venia*, não se justifica para afastar os benefícios que o sistema de pós-habilitação pode promover. Ora, se o primeiro colocado não atender às condições de habilitação, é razoável supor que será inabilitado. Retornar à sistemática da fase de habilitação prévia, partindo da equivocada premissa de que as Comissões de Licitação não examinarão com rigor os documentos de habilitação do primeiro colocado, é partir de infundadas suposições e trabalhar na premissa do erro, e não do acerto.

Também não impressiona o argumento que justifica a melhor adequação do sistema de pós-habilitação apenas para as licitações de bens e serviços comuns, tal qual ocorre no pregão. Ora, mesmo as concessões comuns de serviços públicos (art. 18-A da Lei 8.987/1995) e as concessões administrativas e patrocinadas (art. 13 da Lei 11.079/2004) admitem o sistema de pós-habilitação, o que afasta, igualmente, o argumento de que apenas objetos corriqueiros e comuns poderiam admitir a exigência de habilitação apenas do primeiro colocado.

O RDC não inovou em relação aos documentos da fase de habilitação. O art. 14 faz referência expressa ao disposto nos arts. 27 a 33 da Lei 8.666/1993, razão pela qual se aplicam os mesmos comentários feitos em relação à natureza e ao conteúdo das exigências ali contidas.

Apenas quanto aos documentos relativos à regularidade fiscal é que há uma diferença em relação ao momento de sua apresentação. Seja no sistema de pós-habilitação (regra) ou adotando-se a habilitação prévia (exceção), os documentos pertinentes à regularidade fiscal serão exigidos em momento posterior ao julgamento das propostas e em relação apenas ao licitante melhor classificado, conforme prescreve o inc. IV, do art. 14, da Lei 12.462/2012.

15.10.9 A fase recursal

Como ocorre em qualquer processo administrativo, em especial nas licitações, caso algum licitante não se conforme com as decisões tomadas pela Comissão de Licitação, poderá interpor recurso em face daquele ato que reputa prejudicial, em consonância com a disposição constitucional do art. 5º, LV, que assegura o contraditório e a ampla defesa.

A teor do disposto no art. 12, VI, da Lei 12.462/2011, a fase recursal se dá imediatamente após o julgamento da habilitação. Isso porque, como a regra no RDC é que a habilitação suceda o julgamento das propostas, exigindo-se apenas os documentos do licitante vencedor, a fase recursal é única, ocorrendo somente após a definição do licitante vencedor, conforme expressamente previsto no art. 27 da Lei 12.462/2011. Apenas no caso de se adotar a inversão de fases (exceção prevista no parágrafo único do art. 12), com a habilitação sendo prévia ao julgamento das propostas, é que não haverá a fase recursal única, permitindo-se a interposição de recursos após a fase de habilitação e após o julgamento das propostas – o que, certamente, não contribui para a celeridade do certame.

Conforme previsto no art. 45, II, da Lei 12.462/2011, o licitante poderá interpor recurso, no prazo de cinco dias úteis contados a partir da data da intimação ou da lavratura da ata, em face dos seguintes atos: (a) que defira ou indefira pedido de pré-qualificação de interessados; (b) do ato de habilitação ou inabilitação de licitante; (c) do julgamento das propostas; (d) da anulação ou revogação da licitação; (e) do indeferimento do pedido de inscrição em registro cadastral, sua alteração ou cancelamento; (f) da rescisão do contrato, nas hipóteses previstas no inciso I do art. 79 da Lei 8.666, de 21.6.1993; (g) da aplicação das penas de advertência, multa, declaração de inidoneidade, suspensão temporária de participação em licitação e impedimento de contratar com a Administração Pública.

Nos casos dos atos que defiram ou indefiram pedido de pré-qualificação de interessados, habilitação ou inabilitação de licitante e julgamento das propostas, os licitantes deverão, ao término da sessão, manifestar imediatamente seu interesse em interpor o recurso, sob pena de preclusão do direito (art. 45, § 1º, da Lei 12.462/2011). Note-se que o legislador não explicitou que essa manifestação tem que ser motivada, razão pela qual não se vislumbra como necessário que sejam declinadas previamente as razões que se pretende arguir na interposição do recurso. Basta a manifestação do interesse em recorrer, o que obriga os licitantes a estar representados por prepostos capazes e autorizados a manifestar vontade na própria sessão. Tratando-se de certame na forma eletrônica haverá campo próprio para o licitante se manifestar (art. 53, parágrafo único, do Decreto 7.581/2011).

Ressalte-se que nos demais casos previstos no inciso II do art. 45 não haverá necessidade de manifestação prévia do interessado em recorrer, exigindo-se tão somente a interposição do recurso acompanhado das razões no prazo de cinco dias.

Aos demais licitantes assegura-se o direito à garantia do contraditório e ampla defesa, podendo, no prazo de cinco dias úteis, contados a partir do prazo de encerramento para apresentação das razões recursais, apresentar contrarrazões.

Posteriormente, no prazo de cinco dias, a autoridade que praticou o ato poderá exercer o juízo de retratação ou fazer o recurso subir à autoridade superior, que deverá proferir decisão no prazo de cinco dias, contados a partir de seu recebimento, sob pena de apuração de responsabilidades, consoante prescreve o § 6º do art. 46 da Lei 12.462/2011.

Deve ser assegurado aos licitantes vista dos elementos indispensáveis à defesa dos seus interesses. Caso não tenham acesso ao processo administrativo e a esses elementos, não pode ser iniciado o prazo para interposição do recurso, sob pena de indevida restrição ao seu direito de ampla e prévia defesa.

O acolhimento do recurso poderá implicar a invalidação somente dos atos insuscetíveis de aproveitamento, o que se infere da interpretação do art. 28, I, da Lei 12.462/2011, que foi expressamente ratificado no art. 57 do Decreto 7.581/2011, o que atende ao princípio da economia processual.

A Lei 12.462/2011 não confere efeito suspensivo aos recursos e tampouco autoriza a aplicabilidade subsidiária da Lei 8.666/1993, que prevê efeito suspensivo para habilitação ou inabilitação do licitante e julgamento das propostas, razão pela qual se deverá observar a regra, que é o recurso sem efeito suspensivo.

No entanto, deve-se observar a Lei 9.784/1999 (Lei do Processo Administrativo Federal), que, no seu art. 61, faculta à autoridade administrativa recorrida ou imediatamente superior conferir efeito suspensivo ao recurso caso haja justo receio de prejuízo de difícil ou incerta reparação.

Mesmo após finalizada a fase recursal a Administração Pública poderá negociar condições mais vantajosas com o primeiro colocado, a teor do disposto no art. 59 do Decreto 7.581/2011.

O rol taxativo das hipóteses de cabimento de interposição de recurso hierárquico previsto no inciso II do art. 45 não pode ser óbice para o exercício das garantias constitucionais do contraditório e ampla defesa. Assim, a teor do disposto no inciso III do art. 45, caberá a interposição de representação para todos os demais atos, denotando sua natureza residual em relação ao recurso hierárquico. O prazo de interposição é de cinco dias úteis, aplicando-se as demais regras acima mencionadas no seu processamento.

Frise-se, por oportuno, que essa representação como espécie recursal não se confunde com a representação que pode ser feita por qualquer licitante, contratado ou pessoa física ou jurídica perante o Tribunal de Contas ou órgãos integrantes do sistema de controle interno em face de qualquer irregularidade, e que vem expressamente prevista no § 1º do art. 113 da Lei 8.666/1993.

15.11 Contratação direta no âmbito do RDC

O art. 35 da Lei 12.462/2011 prevê expressamente que as hipóteses de dispensa e inexigibilidade de licitação estabelecidas na Lei 8.666/1993 se aplicam, no que couber, às contratações realizadas com base no RDC.

A Lei 12.462/2011 dispõe, no art. 41, que na hipótese de dispensa de licitação prevista no inciso XI do art. 24 da Lei 8.666/1993 "a contratação de remanescente de obra, serviço ou fornecimento de bens em consequência de rescisão contratual observará a ordem de classificação dos licitantes remanescentes e as condições por estes ofertadas, desde que não seja ultrapassado o orçamento estimado para a contratação".

Trata-se de alteração substancial em relação à contratação de remanescente da Lei 8.666/1993, porquanto permite que o segundo colocado mantenha seu preço, respeitando sua formação de custos, desde que o valor não ultrapasse o valor estimado para a contratação.

Obrigar os licitantes remanescentes a reduzir sua proposta ao valor do primeiro colocado, como originariamente prevê o inciso XV do art. 24 da Lei 8.666/1983, pode esvaziar o próprio objetivo do dispositivo legal, ou seja, o de aproveitamento da parte remanescente do contrato. Até porque não se pode desconsiderar que dentre as causas da rescisão pode figurar sua impossibilidade de executar o objeto em razão de o preço ser inexequível. Permitir que os demais licitantes mantenham sua proposta original evita esse risco.

Lógica semelhante observa-se quando o adjudicatário se recusa a assinar o contrato. Pode a Administração Pública, de acordo com o disposto no art. 40, II, da Lei 12.462/2011, convocar os licitantes remanescentes, na ordem de classificação, para a celebração do contrato nas condições ofertadas pelo licitante vencedor. Mas se nenhum licitante aceitar o parágrafo único do art. 40 admite a convocação dos licitantes remanescentes nas condições por eles ofertadas, desde que observados os limites de valor e parâmetros estimados para a contratação.

15.12 Sanções administrativas

Por expressa determinação do § 2º do art. 47 da Lei 12.462/2011, as sanções administrativas e criminais e demais disposições previstas no Capítulo IV da Lei 8.666/1993 são aplicáveis às licitações regidas pelo RDC. Destarte, remete-se o leitor aos os comentários feitos no item 11.8, referente às sanções administrativas no âmbito da Lei 8.666/1993.

A inovação trazida pelo RDC é a sanção de impedimento de licitar e contratar com a União, Estados, Distrito Federal ou Municípios, pelo prazo de até cinco anos, sem prejuízo das multas previstas no instrumento convocatório e no contrato bem como das demais cominações legais, ao licitante que: (i) convocado dentro do prazo de validade da sua proposta, não celebrar o contrato, inclusive nas hipóteses previstas no parágrafo único do art. 40 e no art. 41 da Lei 12.462/2011; (ii) deixar de entregar a documentação exigida para o certame ou apresentar documento falso; (iii) ensejar o retardamento da execução ou da entrega do objeto da licitação sem motivo justificado; (iv) não mantiver a proposta, salvo se em decorrência de fato superveniente, devidamente justificado; (v) fraudar a licitação ou praticar atos fraudulentos na execução do contrato; (vi) comportar-se de modo inidôneo ou cometer fraude fiscal; ou (vii) der causa à inexecução total ou parcial do contrato.

O art. 47 da Lei 12.462/2011 representa avanço em relação à Lei 8.666/1993, cuja ausência de tipificação das infrações foi objeto de críticas nos comentários anteriores. Afinal, a norma confere diretriz mais segura aos gestores quanto aos comportamentos ilícitos que são merecedores de sanção drástica que impede os licitantes de participar de licitações e contratar com a Administração Pública. A norma é similar ao disposto no art. 7º da Lei 10.520/2002, que regulamentou a modalidade pregão.

Note-se que se confere discricionariedade ao gestor para fixar o prazo da sanção. O *caput* do art. 47 menciona o prazo de até cinco anos, o que permite concluir que cabe ao administrador, observado o princípio da proporcionalidade, delimitar a extensão da sanção de acordo com a gravidade da conduta do licitante/contratado, a comprovação do dolo na sua conduta e os prejuízos causados à Administração Pública.

A Lei 12.462/2011 não solucionou a polêmica do alcance da sanção em relação aos demais entes – matéria, essa, que já foi objeto de comentários anteriores.

15.13 Os procedimentos auxiliares no RDC

A Lei 12.462/2011 estabeleceu, no art. 29, quatro procedimentos auxiliares das licitações, a saber: (i) pré-qualificação permanente (art. 30); (ii) cadastramento (art. 31); (iii) Sistema de Registro de Preços (art. 32); e (iv) Catálogo Eletrônico de Padronização (art. 33). Tais procedimentos não estão vinculados a um certame específico; ao contrário, servem para um variado número de licitações.

Os procedimentos auxiliares são ferramentas instrumentais que vêm ao encontro do direito administrativo pós-moderno, cada vez mais preocupado com a eficiência e a busca por resultados, que no campo das licitações podem ser traduzidos na ideia de racionalização do certame licitatório. São procedimentos já relativamente conhecidos, mas que foram sistematizados pelo legislador com vistas a aprimorar a eficácia das licitações públicas.

15.13.1 Pré-qualificação permanente

Em momento anterior à licitação a Administração Pública poderá promover o procedimento de pré-qualificação, que, a teor do art. 30, I e II, da Lei 12.462/2011 e do art. 80, I e II, do Decreto 7.581/2011, tem por escopo identificar: (i) fornecedores que reúnam condições de habilitação exigidas para o fornecimento de bem ou a execução de serviço ou obra nos prazos, locais e condições previamente estabelecidos; e (ii) os bens que atendam às exigências técnicas e de qualidade da Administração Pública.

Claramente, a pré-qualificação permanente distingue-se em duas espécies: (i) a que escolhe os fornecedores que atendam aos requisitos de habilitação, e que pode, portanto, ser denominada de subjetiva; (ii) a que seleciona bens que atendam às exigências técnicas e de qualidade da Administração Pública, e que pode ser denominada de objetiva, porquanto concerne ao objeto que interessa ao ente público.

A pré-qualificação permanente distingue-se da pré-qualificação da Lei 8.666/1993, porquanto consiste em procedimento que fica permanentemente aberto para inscrição dos eventuais interessados, possibilitando que a Administração analise o mercado para orientar suas futuras contratações. O mesmo procedimento de pré-qualificação pode ser utilizado para várias licitações e contratações, o que se revela inegável avanço.

Lembre-se que, conforme previsto no art. 114 da Lei 8.666/1993, a pré-qualificação é mais restrita e se reserva apenas às licitações na modalidade concorrência nas quais se exija qualificação técnica especial e que transcende os objetos comuns. No regime da Lei de Licitações também não se cogita da pré-qualificação objetiva, inovação introduzida pelo RDC.

No caso da pré-qualificação objetiva se poderá exigir amostra do bem na fase de julgamento das propostas ou de lances, desde que justificada a necessidade da sua apresentação.

A pré-qualificação objetiva pode ser, se bem elaborada, instrumento eficaz para evitar a compra de bens de baixa qualidade, com a fixação de parâmetros de custo-benefício que atendam ao interesse público. O importante é que os critérios de exigência técnica e qualidades sejam motivados e transparentes. As licitações que se sucederem à pré-qualificação objetiva tendem a ser bem mais céleres, na medida em que a avaliação dos padrões de qualidade já terá sido objeto de prévio exame pelo órgão competente.

No caso do procedimento de pré-qualificação subjetiva é importante que os critérios técnicos a serem adotados sejam adequados e proporcionais, ou seja, alcancem um ponto de equilíbrio que não seja tão rigoroso que afaste possíveis licitantes e nem insuficiente, ou seja, que não possibilite filtrar aqueles que revelem condições de executar o objeto nos padrões desejáveis.

A lei prevê, no § 4º do art. 30, que a pré-qualificação poderá ser total ou parcial, englobando alguns ou todos os requisitos de habilitação necessários à contratação, tendo como prazo de validade máximo o período de um ano. Admite-se, portanto, a verificação de outros requisitos além da qualificação técnica.

O procedimento deve ser feito em consonância com o princípio da publicidade, conforme disposto no art. 83 do Decreto 7.581/2011. Portanto, caso a Administração deseje iniciar um procedimento de pré-qualificação de fornecedores ou bens, deverá convocar os interessados por meio de publicação de extrato do instrumento convocatório no *Diário Oficial*, no endereço eletrônico oficial responsável por conferir publicidade às licitações e, caso entenda conveniente, em jornal diário de grande circulação.

A ampla publicidade afigura-se indispensável, pois a Lei 12.462/2011, no seu art. 30, § 2º, autoriza que o gestor restrinja a licitação apenas àqueles sujeitos que estejam pré-qualificados. O Decreto 7.581/2011 determina, no seu art. 86, que a licitação restrita deve ser justificada e observar os seguintes requisitos: (i) que a convocação para a pré-qualificação discrimine que as futuras licitações serão restritas aos pré-qualificados; (ii) conste estimativa de quantitativos mínimos que a Administração Pública pretende adquirir ou contratar nos 12 meses seguintes e os prazos para publicação do edital; (iii) no caso de a pré-qualificação ser total, devem constar todos os requisitos de habilitação técnica necessários à contratação.

O art. 80, § 1º, do Decreto 7.581/2011 permite apenas que sejam exigidos os requisitos de habilitação técnica na pré-qualificação subjetiva, o que se revela acertado, porquanto o exame dos demais requisitos de habilitação – tais como habilitação jurídica, qualificação econômico-financeira e regularidade fiscal – é objeto específico dos registros cadastrais.

15.13.2 Cadastramento

Outro procedimento auxiliar, previsto no art. 31 da Lei 12.462/2011, é o cadastramento, que serve para efeito de habilitação dos inscritos em procedimentos licitatórios, sendo válido por no máximo um ano e podendo ser atualizado a qualquer tempo.

Deve ser conferida publicidade aos registros cadastrais, razão pela qual devem ser amplamente divulgados, estando permanentemente abertos para que eventuais interessados possam efetuar sua inscrição a qualquer tempo.

A Lei 8.666/1993 já prevê esse procedimento prévio de habilitação de licitantes. No plano federal é adotado o Sistema de Cadastramento Unificado de Fornecedores/SICAF, previsto no Decreto 3.722/2001, como forma de comprovar que o licitante preenche os requisitos de habilitação.

O art. 78 do Decreto 7.581/2011 determinou que os registros cadastrais sejam feitos por meio do SICAF, adotando o mesmo cadastro utilizado no âmbito da Lei Geral de Licitações.

15.13.3 O Sistema de Registro de Preços/SRP

A Lei 12.462/2011, em seu art. 32, também incluiu dentre os procedimentos auxiliares no âmbito do RDC o Sistema de Registro de Preços/SRP, cuja lógica e cujo detalhamento dos procedimentos já foram objeto de comentários anteriores. Até porque existe evidente similaridade entre o Decreto 7.581/2011, que regulamenta o registro de preços no âmbito do RDC, e o Decreto 7.892/2013, que regulamenta o registro de preços no âmbito da Lei 8.666/1993.

O § 2º do art. 32 da Lei 12.462/2011 fixou algumas condições para utilização desse sistema nas licitações, a saber: (i) efetivação prévia de ampla pesquisa de mercado; (ii) seleção de acordo com os procedimentos previstos em regulamento; (iii) desenvolvimento obrigatório de rotina de controle e atualização periódicas dos preços registrados; (iv) definição da validade do registro; e (v) inclusão, na respectiva ata, do registro dos licitantes que aceitarem cotar os bens ou serviços com preços iguais ao do licitante vencedor na sequência da classificação do certame, assim como dos licitantes que mantiverem suas propostas originais.

Serão examinadas brevemente algumas peculiaridades do Decreto 7.581/2011 em relação ao Decreto 7.892/2013 e que produziram importantes inovações na sistemática quando o regime utilizado for o RDC.

Primeiramente, ressalte-se que no âmbito do RDC, conforme disposto no art. 88, I, do Decreto 7.581/2011, se admite o SRP para licitações que tenham por objeto serviços de engenharia e obras com características padronizadas.

O art. 89 do Decreto 7.581/2011 autoriza que o SRP no âmbito do RDC para contratação de bens, de obras com características padronizadas e serviços, inclusive de engenharia, seja adotado nas seguintes situações: (i) quando as características do bem ou serviço demandarem contratações frequentes; (ii) houver maior conveniência na aquisição de bens com previsão de entregas parceladas ou contratação de serviços remunerados por unidade de medida ou em regime de tarefa; (iii) atender a mais de um órgão ou programa de governo; e (iv) houver impossibilidade de definição do quantitativo.

Segundo o parágrafo único do art. 89, no caso das obras o SRP/RDC poderá ser adotado somente quando atender a mais de um órgão ou programa de governo ou houver impossibilidade de definição do quantitativo, devendo observar, ainda, os seguintes requisitos: (i) licitações realizadas pelo Governo Federal; (ii) tenham projeto de referência padronizado, básico ou executivo; e (iii) compromisso do órgão aderente de suportar as despesas das ações necessárias à adequação do projeto.

No registro de preços no âmbito do RDC são admitidos os modos de disputa aberto, fechado ou combinado e os critérios de julgamento de menor preço ou maior desconto, na forma prevista no art. 90 do Decreto 7.581/2011.

A licitação de registro de preços será, igualmente, precedida da divulgação de intenção de registro de preços, com a finalidade de permitir a participação de outros órgãos ou entidades públicas.

A teor do disposto no art. 106 do Decreto 7.581/2011, os órgãos ou entidades públicas estaduais, municipais e distrital podem participar ou aderir à ata de registro de preços gerenciada pela Administração Pública Federal. O mesmo não ocorre com os órgãos ou entidades da Administração Pública Federal, que não podem participar ou aderir à ata de registro de preços cujo órgão gerenciador integre a Administração Pública do Estado, Distrito Federal ou de Municípios.

Ainda que não tenham participado do certame licitatório, os órgãos ou entidades públicas autorizados a utilizar o RDC poderão aderir à ata de registro de preços, desde que respeitado seu prazo de vigência. É o que na prática se denomina "carona".

O "carona" deverá respeitar as mesmas condições impostas aos órgãos ou entidades participantes e não poderá contratar quantidade superior à soma das estimativas de demanda dos órgãos gerenciador e participantes. A quantidade global de bens ou de serviços que poderão ser contratados pelos órgãos aderentes e gerenciador, somados, não poderá ser superior a cinco vezes a quantidade prevista para cada item, nesse ponto divergindo do Decreto 7.892/2013, que fixa o limite de cinco vezes a quantidade prevista para cada item apenas para os órgãos aderentes.

Neste sistema o fornecedor registrado também não está obrigado a contratar com os órgãos aderentes, assim como o fornecimento de bens ou a prestação de serviços aos órgãos aderentes não poderá prejudicar o dever de fiel execução à ata de registro de preços assumido em relação aos órgãos gerenciador e participantes.

15.13.4 Catálogo Eletrônico de Padronização

O Catálogo Eletrônico de Padronização consiste em um sistema informatizado, de gerenciamento centralizado, que permite à Administração Pública, em licitações cujo critério de julgamento seja a oferta de menor preço ou de maior desconto, padronizar suas compras, serviços e obras.

O catálogo deverá conter toda a documentação e os procedimentos da fase interna da licitação, as especificações dos objetos, os requisitos de habilitação dos licitantes e modelos de instrumentos convocatórios, minutas de contratos, termos de referência e projetos de referência, bem como os demais documentos essenciais à licitação que possam ser padronizados.

Trata-se de mais uma ferramenta que concretiza o princípio da eficiência e pode tornar as licitações mais ágeis e econômicas.

Referências Bibliográficas

ABRÃO, Nelson. *Direito Bancário*. 6ª ed. São Paulo, Saraiva, 2000.

AGUILLAR, Fernando Herren. *Controle Social de Serviços Públicos*. São Paulo, Max Limonad, 1999.

ALCOFORADO, Luís Carlos. *Licitação e Contrato Administrativo*. Brasília, Brasília Jurídica, 1996.

ALENCAR, Maria Lúcia Mazzei de, e AZEVEDO, Eurico de Andrade. *Concessão de Serviços Públicos*. São Paulo, Malheiros Editores, 1998.

ALMEIDA, Aline Paola Correa Câmara de. *As Tarifas e as Demais Formas de Remuneração dos Serviços Públicos*. Rio de Janeiro, Lumen Juris, 2009.

________. "Bens e serviços de Informática – Tipo de licitação a ser adotado pelos Estados e Municípios". *Direito Administrativo, Contabilidade e Administração Pública* 02/13. São Paulo, IOB.

________. "O regime licitatório das empresas estatais". In: SOUTO, Marcos Juruena Villela. *Direito Administrativo Empresarial*. Rio de Janeiro, Lumen Juris, 2006.

ALTOUNIAN, Cláudio Sarian. *Obras Públicas. Licitação, Contratação, Fiscalização e Utilização*. Belo Horizonte, Fórum, 2007; 2ª ed. Belo Horizonte, Fórum, 2011.

ALTOUNIAN, Cláudio Sarian, e CAVALCANTE, Rafael Jardim. *RDC e Contratação Integrada na Prática*. Belo Horizonte, Fórum, 2014.

AMARAL, Antônio Carlos Cintra do. "Concessão de rodovias e cobrança de pedágio". In: BANDEIRA DE MELLO, Celso Antônio (org.). *Estudos em Homenagem a Geraldo Ataliba 2 – Direito Administrativo e Constitucional*. São Paulo, Malheiros Editores, 1997 (pp. 127-141).

________. *Concessão de Serviço Público*. 2ª ed. São Paulo, Malheiros Editores, 2002.

________. "Validade de leis estaduais que estipulam isenção de pedágio, ou outro benefício tarifário, nas rodovias concedidas". *RTDP* 31/97-103. São Paulo, Malheiros Editores, julho-setembro/2002.

ANDRADE, José Carlos Vieira. *O Dever da Fundamentação Expressa de Actos Administrativos*. Coimbra, Livraria Almedina, 2007.

ANDRIOLI, Carlos Gustavo, e MARINONI, Luiz Guilherme. "Ação que ataca cobrança de pedágio sob o argumento de que estaria sendo ferido direito de ir e vir. Tutela antecipatória. Descabimento". *RT* 777/119-141. São Paulo, Ed. RT, julho/2000.

ANUATTI NETO, Francisco. "A defesa da concorrência e do consumidor são fundamentais". *Revista Marco Regulatório* 01 (produzida pela Agência Reguladora do Rio Grande do Sul).

ARAGÃO, Alexandre Santos de. *Curso de Direito Administrativo*. Rio de Janeiro, Forense, 2012.

________. "Descentralização administrativa – Sua evolução face às reformas à Constituição de 1988". In: *Caderno de Teses do XXVI Congresso Nacional dos Procuradores do Estado*. CEJUR/PGE-GO.

ARAGÃO, Alexandre Santos de, e MARQUES NETO, Floriano de Azevedo (coords.). *Direito Administrativo e seus Novos Paradigmas*. Belo Horizonte, Fórum, 2008.

ARAÚJO, Kleber Martins de. "Contratos administrativos: cláusulas de reajuste de preços e índices oficiais". *Informativo de Licitações e Contratos/ILC* 110. Curitiba, Zênite, abril/2003.

ASSAFIM, João Marcelo de Lima. *A Transferência de Tecnologia no Brasil*. Rio de Janeiro, Lumen Juris, 2005.

ATALIBA, Geraldo, e BARRETO, Aires. "Pedágio federal". *RDTributário* 46/90-96. São Paulo, Ed. RT, outubro-dezembro/1988.

ÁVILA, Humberto Bergmann. *O Direito Público em Tempos de Crise*. Porto Alegre, Livraria do Advogado, 1999.

AZEVEDO, Eurico de Andrade, e ALENCAR, Maria Lúcia Mazzei de. *Concessão de Serviços Públicos*. São Paulo, Malheiros Editores, 1998.

BANDEIRA DE MELLO, Celso Antônio (org.). *Estudos em Homenagem a Geraldo Ataliba 2 – Direito Administrativo e Constitucional*. São Paulo, Malheiros Editores, 1997.

BARBOZA, Heloísa Helena, MORAES, Maria Celina Bodin de, e TEPEDINO, Gustavo. *Código Civil Interpretado Conforme a Constituição da República*. vol. I. Rio de Janeiro, Renovar, 2004; 2ª ed., vol. II. Rio de Janeiro, Renovar, 2007.

BARKI, Teresa Villac Pinheiro, e SANTOS, Murilo Giordan (coords.). *Licitações e Contratações Públicas Sustentáveis*. Belo Horizonte, Fórum, 2011.

BARRETO, Aires, e ATALIBA, Geraldo. "Pedágio federal". *RDTributário* 46/90-96. São Paulo, Ed. RT, outubro-dezembro/1988.

BARROS, Márcio dos Santos. *502 Comentários sobre Licitações e Contratos Administrativos*. São Paulo, NDJ, 2005.

BARROSO, Luís Roberto. "A intervenção do Estado no domínio econômico. O Estado como agente normativo e regulador na exploração de atividades econômicas e prestação de serviços públicos". *Boletim de Direito Administrativo/BDA* 1997. São Paulo, NDJ (p. 507).

________. *Curso de Direito Constitucional Contemporâneo*. São Paulo, Saraiva, 2009.

________. "Em algum lugar do passado: segurança jurídica, direito intertemporal e o novo Código Civil". In: ROCHA, Carmen Lúcia Antunes (coord.). *Constituição e Segurança Jurídica: Direito Adquirido, Ato Jurídico Perfeito e Coisa Julgada. Estudos em Homenagem a José Paulo Sepúlveda Pertence.* Belo Horizonte, Fórum, 2004.

________. *Interpretação e Aplicação da Constituição*. 4ª ed. São Paulo, Saraiva, 2001.

________. *Temas de Direito Constitucional*. Rio de Janeiro, Renovar, 2001.

BENJÓ, Isaac. *Fundamentos da Economia da Regulação*. Rio de Janeiro, Thex, 1999.

BICALHO, Alécia Paolucci Nogueira, e MOTTA, Carlos Pinto Coelho. *RDC – Comentários ao Regime Diferenciado de Contratações – Lei n. 12.462/2011 – Decreto n. 7.581/2011*. 2ª ed. Belo Horizonte, Fórum, 2014.

________. *RDC – Contratações para as Copas e Jogos Olímpicos – Lei n. 12.462/2011 – Decreto n. 7.581/2011*. Belo Horizonte, Fórum, 2012.

BIDERMAN, Rachel, MACEDO, Laura Sílvia Valente de, MAZON, Rubens, e MONZONI, Mário (orgs.). *Guia de Compras Públicas Sustentáveis: Uso do Poder de Compra do Governo para a Promoção do Desenvolvimento Sustentável*. Disponível em *http://www.cqgp.sp.gov.br/gt_licitacoes/publicacoes/Guia-de-compras-publicas-sustentáveis* (acesso em 31.10.2011).

BIM, Eduardo Fortunato. "Considerações sobre a juridicidade e os limites da licitação sustentável". In: BARKI, Teresa Villac Pinheiro, e SANTOS, Murilo Giordan (coords.). *Licitações e Contratações Públicas Sustentáveis*. Belo Horizonte, Fórum, 2011.

BINENBOJM, Gustavo. "A constitucionalização do direito administrativo no Brasil: um inventário de avanços e retrocessos". *Revista de Direito Eletrônica sobre a Reforma do Estado* 13. Março-maio/2008.

________. *Temas de Direito Administrativo e Constitucional*. Rio de Janeiro, Renovar, 2008.

BITTENCOURT, Sidney. *Licitação de Registro de Preços: Comentários ao Decreto n. 7.892, de 23 de janeiro de 2013, alterado pelo Decreto n. 8.250, de 23 de maio de 2014*. 4ª ed. Belo Horizonte, Fórum, 2014.

________. *Licitação Passo a Passo*. 7ª ed. Rio de Janeiro, Temas & Ideias, 2014.

________. *Pregão Passo a Passo: a Nova Modalidade de Licitação para a União, Estados, Municípios e Distrito Federal*. 3ª ed. Rio de Janeiro, Temas & Ideias, 2004.

________. *Questões Polêmicas sobre Licitações e Contratos Administrativos*. Rio de Janeiro, Temas & Ideias, 1999.

BLANCHET, Luiz Alberto. *Concessão e Permissão de Serviços Públicos*. Curitiba, Juruá, 1995.

________. *Parcerias Público-Privadas*. Curitiba, Juruá, 2005.

BOITEAU, Claudie, LANCHAUME, Jean-François, e PAULIAT, Hélène. *Grands Services Publics*. 2ª ed. Paris, Dalloz, 2000.

BONATO, Hamilton. *Licitações e Contratos de Obras e Serviços de Engenharia*. Belo Horizonte: Fórum, 2010.

BORGES, Alice Maria Gonzales. "Concessão de serviço público para exploração de rodovia – Aspectos sociais da política tarifária – Alternativas de procedimento para sua compatibilização com a preservação do equilíbrio econômico-financeiro inicial". *Informativo de Direito Administrativo e Responsabilidade Fiscal/IDAF* 08/712-722. Ano 1. Curitiba, março/2002.

BRANDÃO, Cláudio. "O controle das omissões e do silêncio da Administração Pública". In: OSÓRIO, Fábio Medina, e SOUTO, Marcos Juruena Villela (orgs.). *Direito Administrativo: Estudos em Homenagem a Diogo de Figueiredo Moreira Neto*. Rio de Janeiro, Lumen Juris, 2006.

BRÄYBERT, Rolf Dieter Oskar Friedrich. *Como Licitar Obras e Serviços de Engenharia*. Belo Horizonte, Fórum, 2009.

BRUNA, Sérgio Varella. *O Poder Econômico e a Conceituação do ABUSO em seu exercício*. São Paulo, Ed. RT, 1997.

BULGARELLI, Waldírio. *Contratos Mercantis*. 9ª ed. São Paulo, Atlas, 1997.

CAETANO, Marcello. *Manual de Direito Administrativo*. 1ª ed. brasileira, t. I. Rio de Janeiro, Forense, 1970.

CÂMARA, Jacintho Arruda, e SUNDFELD, Carlos Ari. "Uma crítica à tendência de uniformizar com princípios o regime dos contratos públicos". *Revista de Direito Público da Economia* 41. Belo Horizonte, Fórum, janeiro-março/2013.

CAMARÃO, Tatiana Martins da Costa, FORTINE, Cristiana, e PEREIRA, Maria Fernanda Pires de Carvalho; *Licitações e Contratos: Aspectos Relevantes*. 2ª ed. Belo Horizonte, Fórum, 2008.

CAMMAROSANO, Márcio. "Aumentos quantitativos e qualitativos do contrato e limites do art. 65 da Lei n. 8.666/93". *Informativo de Licitações e Contratos/ILC* 41/520-522. Curitiba, Zênite, julho/1997.

CAMMAROSANO, Márcio, DAL POZZO, Augusto Neves, e VALIM, Rafael. *Regime Diferenciado de Contratações Públicas – RDC (Lei n. 12.462/2011; Decreto n. 7.581/2011: Aspectos Fundamentais)*. 2ª ed. Belo Horizonte, Fórum, 2012.

CAMPITELLI, Marcus Vinicius. *Medidas para Evitar o Superfaturamento Decorrente dos Jogos de Planilha em Obras Públicas*. Dissertação de Mestrado em Estruturas e Construção Civil. Brasília, UnB, setembro/2006.

CANOTILHO, J. J. Gomes. *Direito Constitucional e Teoria da Constituição*. 3ª ed. Coimbra, Livraria Almedina, 2000.

CARRAZZA, Roque Antônio. *Curso de Direito Constitucional Tributário*. 30ª ed. São Paulo, Malheiros Editores, 2015.

CARVALHO, Nuno T. P. *As Concentrações de Empresas no Direito Antitruste*. São Paulo, Resenha Tributária, 1995.

CARVALHO FILHO, José dos Santos. *Manual de Direito Administrativo*. 13ª ed. Rio de Janeiro, Lumen Juris, 2005.

CAUPERS, João. *Introdução ao Direito Administrativo*. Lisboa, Âncora, 2013.

CAVALCANTE, Rafael Jardim, e ALTOUNIAN, Cláudio Sarian. *RDC e Contratação Integrada na Prática*. Belo Horizonte, Fórum, 2014.

CHEVALLIER, Jacques. *L'État Post-Modern*. 3ª ed. Paris, LGDJ, 2008.

COELHO, Fábio Ulhoa. *Direito Antitruste Brasileiro*. São Paulo, Saraiva, 1995.

COELHO, Sacha Calmon Navarro. *Comentários à Constituição de 1988*. 7ª ed. Rio de Janeiro, Forense, 1998.

CONFORTO, Glória. "A regulação e a titularidade dos serviços de abastecimento de água e esgotamento sanitário no Brasil". *Revista de Administração Pública* 34/166. N. 5. São Paulo, FGV, 2000.

CORDONI JR., Nilton. "Análise das demonstrações contábeis em processos de licitação e contratos". *Informativo de Licitações e Contratos/ILC* janeiro/2003. Curitiba, Zênite (p. 44).

COSTA JR., Paulo José da. *Direito Penal das Licitações*. São Paulo, Saraiva, 1994.

CRETELLA JR., José. *Tratado do Domínio Público*. Rio de Janeiro, Forense, 1984.

CRETELLA NETO, José. *Comentários à Lei das Parcerias Público-Privadas*. Rio de Janeiro, Forense, 2005.

CRISTOFARO, Pedro Paulo. "Limites do campo de incidência da Lei 8.078, de 11.9.1990. O Código de Defesa do Consumidor e os investidores ou poupadores". *RF* 323/132. Rio de Janeiro, Forense, 1993.

CUÉLLAR, Leila. "Serviço de abastecimento de água e suspensão do fornecimento". *Revista de Direito Público da Economia* 03. Belo Horizonte, Fórum, julho-setembro/2003.

CUNHA, Eunice Leonel da. "Aplicabilidade das disposições constantes do Código de Defesa do Consumidor à Administração Pública". *Boletim de Direito Administrativo/BDA* 2000. São Paulo, NDJ (pp. 660-665).

D'AVILA, Vera Lúcia Machado, DI PIETRO, Maria Sylvia Zanella, RAMOS, Dora Maria de Oliveira, e SANTOS, Márcia Walquiria dos. *Temas Polêmicos sobre Licitações e Contratos*. 5ª ed., 3ª tir. São Paulo, Malheiros Editores, 2006.

DAL POZZO, Augusto Neves, CAMMAROSANO, Márcio, e VALIM, Rafael. *Regime Diferenciado de Contratações Públicas – RDC (Lei n. 12.462/2011; Decreto n. 7.581/2011: Aspectos Fundamentais)*. 2ª ed. Belo Horizonte, Fórum, 2012.

DALLARI, Adilson Abreu. *Aspectos Jurídicos da Licitação*. 4ª ed. São Paulo, Saraiva, 1997.

________. "Contrato administrativo – Inadimplemento do Poder Público – Consequências". *Boletim de Licitações e Contratos/BLC* 11/529-532. Ano XII. São Paulo, NDJ, 1999.

________. "Contrato de obra pública". *Revista Brasileira de Direito Público* 5/207. Belo Horizonte, junho/2004.

________. "Uso oneroso de bens públicos por empresas concessionárias de serviços públicos". *Revista Jurídica de Administração Municipal* maio/2001. Salvador, Jurídica.

DI PIETRO, Maria Sylvia Zanella. *Curso de Direito Administrativo*. 23ª ed. São Paulo, Atlas, 2010.

________. *Direito Administrativo*. 13ª ed. São Paulo, Atlas, 2001.

________. *Discricionariedade Administrativa na Constituição de 1988*. São Paulo, Atlas, 1991.

________. *Parcerias na Administração Pública*. 3ª ed. São Paulo, Atlas, 1999.

________. *Parcerias na Administração Pública – Concessão, Permissão, Franquia, Terceirização, Parceria Público-Privada e Outras Formas*. 5ª ed. São Paulo, Atlas, 2005.

DI PIETRO, Maria Sylvia Zanella, D'AVILA, Vera Lúcia Machado, RAMOS, Dora Maria de Oliveira, e SANTOS, Márcia Walquiria dos. *Temas Polêmicos sobre Licitações e Contratos*. 5ª ed., 3ª tir. São Paulo, Malheiros Editores, 2006.

DIAS, Eduardo Rocha. *Sanções Administrativas Aplicáveis a Licitantes e Contratados*. São Paulo, Dialética, 1997.

DINAMARCO, Cândido Rangel. *Fundamentos do Processo Civil Moderno*. 6ª ed., t. I. São Paulo, Malheiros Editores, 2010.

DIOS, Laureano Canabarro, e ZYMLER, Benjamin. *Regime Diferenciado de Contratação – RDC*. 2ª ed. Belo Horizonte, Fórum, 2013.

DOTTI, Marinês Restelatto, e PEREIRA JR., Jessé Torres. *Comentários ao RDC Integrado ao Sistema Brasileiro de Licitações e Contratações Públicas*. Rio de Janeiro, Renovar, 2015.

DUTRA, Pedro. "O novo estado regulador brasileiro". *Monitor Público* 10. Ano 3. Julho-setembro/1996 (*apud* BENJÓ, Isaac. *Fundamentos de Economia da Regulação*. Rio de Janeiro, Thex, 1999).

ENEI, Jorge Virgílio Lopes. ***Project**: Financiamento com Foco em Empreendimentos*. São Paulo, Saraiva, 2007.

ENTERRÍA, Eduardo García de. *Legislación Delegada, Potestad Reglamentaria y Control Judicial*. 3ª ed. Madri, Civitas, 1988.

ESCOBAR, João Carlos Mariense. *Licitação – Teoria e Prática*. Porto Alegre, Livraria do Advogado, 1993.

________. *O Sistema de Registro de Preços nas Compras Públicas*. Porto Alegre, Livraria do Advogado, 1996.

ESTORNINHO, Maria João. *Curso de Direito dos Contratos Públicos*. Coimbra, Livraria Almedina, 2013.

FAYET, Eduardo. "Cartão corporativo e as compras da Administração Pública". *Revista Zênite – Informativo de Licitações e Contratos/ILC* 128/955. Curitiba, Zênite, outubro/2004.

FERNANDES, Jorge Ulisses Jacoby. *Compras pelo Sistema de Registro de Preços*. São Paulo, Juarez de Oliveira, 1998.

________. *Contratação Direta sem Licitação*. 9ª ed. Brasília, Brasília Jurídica, 2014.

________. *Contratação Direta sem Licitação: Dispensa de Licitação, Inexigibilidade de Licitação, Comentários às Modalidades de Licitação, Inclusive o Pregão, Procedimentos Exigidos para a Regularidade da Contratação Direta*. 7ª ed. Belo Horizonte, Fórum, 2008.

________. "Reequilíbrio econômico-financeiro de contrato após o Plano Real". In: *Comentando as Licitações Públicas*. Rio de Janeiro, Temas & Ideias, 2002.

________. "Regulamento do Estatuto da Pequena e Microempresa – Decreto n. 6.204, de 5 de setembro de 2007". *Fórum Administrativo – Direito Público* 80. Ano 7. Belo Horizonte, outubro/2007.

________. *Responsabilidade Fiscal na Função de Ordenador de Despesas, na Terceirização de Mão de Obra e na Função do Controle Administrativo*. Brasília, Brasília Jurídica, 2001.

________. *Sistema de Registro de Preços e Pregão*. Belo Horizonte, Fórum, 2003.

________. ***Vade Mecum*** *de Licitações e Contratos: Legislação Selecionada e Organizada com Jurisprudência, Notas e Índices*. Belo Horizonte, Fórum, 2004; 4ª ed. Belo Horizonte, Fórum, 2010; 6ª ed. Belo Horizonte, Fórum, 2013.

FERRAZ, Luciano. *Lei de Responsabilidade Fiscal. Abordagens Pontuais*. Belo Horizonte, Del Rey, 2000.

FERRAZ JR., Tércio Sampaio, e MARANHÃO, Juliano Souza de Albuquerque. "Separação estrutural entre serviços de telefonia e limites ao poder das agências para alteração dos contratos de concessão". *Revista de Direito Público da Economia* 8. Ano 1. Belo Horizonte, Fórum, outubro-dezembro/2004.

FERREIRA, Daniel. *A Licitação Pública no Brasil e sua Nova Finalidade Legal: a Promoção do Desenvolvimento Nacional Sustentável*. Belo Horizonte, Fórum, 2012.

FERREIRA, Sérgio de Andréa. *Comentando as Licitações Públicas*. Rio de Janeiro, Temas & Ideias, 2002.

FIANI, Ronaldo. "Tendências da regulação econômica no caso brasileiro". *Revista de Economia Contemporânea – Revista Semestral do Instituto de Economia da Universidade Federal do Rio de Janeiro* 05/163. 2001.

FIGUEIREDO, Pedro Henrique Poli de. *A Regulação do Serviço Público Concedido*. Porto Alegre, Síntese, 1999.

FORTINE, Cristiana, CAMARÃO, Tatiana Martins da Costa, e PEREIRA, Maria Fernanda Pires de Carvalho; *Licitações e Contratos: Aspectos Relevantes*. 2ª ed. Belo Horizonte, Fórum, 2008.

FREITAS, Daniela Bandeira, e VALLE, Vanice Regina Lírio (coords.). *Direito Administrativo e Democracia Econômica*. Belo Horizonte, Fórum, 2012.

FREITAS, Tavares. *Sustentabilidade: Direito ao Futuro*. Belo Horizonte, Fórum, 2011.

FURTADO, Lucas Rocha. *Curso de Licitações e Contratos Administrativos*. Belo Horizonte, Fórum, 2007; 2ª ed. Belo Horizonte, Fórum, 2011.

GARCIA, Flávio Amaral. *Regulação Jurídica das Rodovias Concedidas*. 7ª ed. Rio de Janeiro, Lumen Juris, 2009.

GASPARINI, Diógenes. *Crimes na Licitação*. São Paulo, NDJ, 1996.

________. *Pregão Presencial e Eletrônico*. Belo Horizonte, Fórum, 2006.

________. "Qualificação econômico-financeira: balanço patrimonial e demonstrações contábeis". *Boletim de Licitações e Contratos/BLC* maio/1995. São Paulo, NDJ (pp. 210-219).

________. "Rescisão contratual". *Boletim de Licitações e Contratos/BLC* 1999. São Paulo, NDJ (p. 123).

GOMES, Carla Amado. "Subsídios para um quadro principiológico dos procedimentos de avaliação e gestão do risco ambiental". *Revista Jurídica do Urbanismo e do Ambiente* 17/38. Coimbra, Livraria Almedina, 2002.

GOMES, Orlando. *Contratos*. 18ª ed. Rio de Janeiro, Forense, 1998.

________. *Contratos de Adesão, Condições Gerais dos Contratos*. São Paulo, Ed. RT, 1972.

GONÇALVES, Pedro Costa. *A Concessão de Serviços Públicos*. Coimbra, Livraria Almedina, 1999.

________. *Reflexões sobre o Estado Regulador e o Estado Contratante*. Coimbra, Coimbra Editora, 2013.

GORDILLO, Agustín. *Después de la Reforma del Estado*. Buenos Aires, Fundación de Derecho Administrativo, 1996.

GRAU, Eros Roberto. *A Ordem Econômica na Constituição de 1988*. 17ª ed. São Paulo, Malheiros Editores, 2015.

GRECO FILHO, Vicente. *Dos Crimes da Lei de Licitações*. São Paulo, Saraiva, 1994.

Guia Prático de Licitações Sustentáveis da Consultoria Jurídica da União no Estado de São Paulo – AGU. Disponível em *http://www.agu.gov.br/sistemas/site/TemplateTexto.aspx?idConteudo=138067&id_site=777* (acesso em 4.11.2011).

GUIMARÃES, Edgar. *Controle das Licitações Públicas*. São Paulo, Dialética, 2002.

GUIMARÃES, Edgar, e SANTANA, Jair Eduardo. *Licitações e o Novo Estatuto da Pequena e Microempresa: Reflexos Práticos da Lei Complementar n. 123/2006*. Belo Horizonte, Fórum, 2007.

________. *Pregão Presencial e Eletrônico: Sistema de Registro de Preços. Manual de Implantação, Operacionalização e Controle*. 4ª ed. Belo Horizonte, Fórum, 2014.

GUIMARÃES, Fernando Vernalha. *Alteração Unilateral do Contrato Administrativo*. São Paulo, Malheiros Editores, 2003.

GUIMARÃES, Fernando Vernalha, e MOREIRA, Egon Bockmann. *Licitação Pública: a Lei Geral de Licitação – LGL e o Regime Diferenciado de Contratação – RDC*. 2ª ed. São Paulo, Malheiros Editores, 2015.

HEINEN, Juliano. *Regime Diferenciado de Contratações: Lei n. 12.462/2011*. Porto Alegre, Livraria do Advogado, 2015.

JORDÃO, Eduardo Ferreira, e JUSTEN FILHO, Marçal. "A contratação administrativa destinada ao fomento de atividades privadas de interesse coletivo". *Revista Internacional de Contratos Públicos* 01. Fevereiro/2013 (disponível em *www.direitodoestado.com.br*, acesso em 4.8.2015).

JUSTEN FILHO, Marçal. *Comentários à Lei de Licitações e Contratos Administrativos*. 11ª ed. São Paulo, Dialética, 2005; 13ª ed. São Paulo, Dialética, 2009; 14ª ed. São Paulo, Dialética, 2010; 15ª ed. São Paulo, Dialética, 2012; 16ª ed. São Paulo, Ed. RT, 2014.

________. *Comentários ao RDC (Lei n. 12.462/2011 e Decreto n. 7.581/2011)*. São Paulo, Dialética, 2013.

________. *Concessões de Serviços Públicos*. São Paulo, Dialética, 1997.

________. "Limites às alterações de contratos administrativos". *Informativo de Licitações e Contratos/ILC* 42/605-612. Curitiba, Zênite, agosto/1997.

________. *O Estatuto da Microempresa e as Licitações Públicas*. São Paulo, Dialética, 2007.

________. *Pregão: Comentários à Legislação do Pregão Comum e Eletrônico*. São Paulo, Dialética, 2001.

________. "Reajuste de preços e garantias constitucionais". *Informativo de Licitações e Contratos/ILC* 61/170. Curitiba, Zênite, março/1999.

________. *Teoria Geral das Concessões de Serviço Público*. São Paulo, Dialética, 2003.

JUSTEN FILHO, Marçal, e JORDÃO, Eduardo Ferreira. "A contratação administrativa destinada ao fomento de atividades privadas de interesse coletivo". *Revista Internacional de Contratos Públicos* 01. Fevereiro/2013 (disponível em *www.direitodoestado.com.br*, acesso em 4.8.2015).

JUSTEN FILHO, Marçal, e PEREIRA, César A. Guimarães. *O Regime Diferenciado de Contratações Públicas (RDC), Comentários à Lei n. 12.462 e ao Decreto n. 7.581*. Belo Horizonte, Fórum, 2012.

LANCHAUME, Jean-François, BOITEAU, Claudie, e PAULIAT, Hélène. *Grands Services Publics*. 2ª ed. Paris, Dalloz, 2000.

LÉGER, Gabriel Guy, e PÉRCIO, Gabriela Verona. "Pregão eletrônico com utilização de tecnologia de Bolsas de Mercadorias – Cobrança de taxa". *Revista Zênite – Informativo de Licitações e Contratos/ILC* 140. Ano XII. Curitiba, Zênite, outubro/2005.

LUZ, Aramy Dornelles da. *Negócios Jurídicos Bancários*. 2ª ed. São Paulo, Juarez de Oliveira, 1999.

MACEDO, Laura Sílvia Valente de, BIDERMAN, Rachel, MAZON, Rubens, e MONZONI, Mário (orgs.). *Guia de Compras Públicas Sustentáveis: Uso do*

Poder de Compra do Governo para a Promoção do Desenvolvimento Sustentável. Disponível em *http://www.cqgp.sp.gov.br/gt_licitacoes/publicacoes/Guia-de-compras-publicas-sustentáveis* (acesso em 31.10.2011).

MACEDO JR., Ronaldo Porto. *Contratos Relacionais e Defesa do Consumidor*. São Paulo, Max Limonad, 1998.

MACHADO JR., J. Teixeira, e REIS, Haroldo da Costa. "A Lei 4.320 comentada". *Apud*: VASCONCELOS, Clayton Arruda de. *Art. 42 da Lei de Responsabilidade Fiscal: Aspectos Controversos*. Brasília, 2010. Disponível em *www.portal2.tcu.gov.br/portal/pls/portal/docs/2054778.PDF* (acesso em 13.2.2014).

MAGALHÃES, Roberto Barcellos. *Comentários à Constituição Federal de 1988*. 2ª ed. Rio de Janeiro, Lumen Juris, 1997.

MANNHEIMER, Sergio Nelson. "Regulação de serviços públicos". *Revista da Procuradoria-Geral do Estado do Rio de Janeiro* 50/201. Rio de Janeiro, 1997.

MARANHÃO, Juliano Souza de Albuquerque, e FERRAZ JR., Tércio Sampaio. "Separação estrutural entre serviços de telefonia e limites ao poder das agências para alteração dos contratos de concessão". *Revista de Direito Público da Economia* 8. Ano 1. Belo Horizonte, Fórum, outubro-dezembro/2004.

MARKUS, Jean-Paul. "Les principes généraux du Droit, du principe d'adaptabilité au principe de mutabilité". *RFDA* maio-junho/2001. Paris, Dalloz.

MARINONI, Luiz Guilherme, e ANDRIOLI, Carlos Gustavo. "Ação que ataca cobrança de pedágio sob o argumento de que estaria sendo ferido direito de ir e vir. Tutela antecipatória. Descabimento". *RT* 777/119-141. São Paulo, Ed. RT, julho/2000.

MARQUES, Cláudia Lima. *Contratos no Código de Defesa do Consumidor*. 4ª ed. São Paulo, Ed. RT, 2002.

MARQUES NETO, Floriano de Azevedo. "A nova regulação estatal e as agências independentes". In: SUNDFELD, Carlos Ari (coord.). *Direito Administrativo Econômico*. 1ª ed., 3ª tir. São Paulo, Malheiros, 2006.

________. "Algumas notas sobre a concessão de rodovias". *Boletim de Direito Administrativo/BDA* 4/245-257. Ano XVII. São Paulo, NDJ, abril/2001.

________. "Breves considerações sobre o equilíbrio econômico-financeiro nas concessões". *RDA* 227. Janeiro-março/2002.

________. "Concessão de serviço público: dever de prestar serviço adequado e alteração das condições econômicas – Princípio da atualidade – Reequilíbrio através da prorrogação do prazo de exploração". *RTDP* 22/105-123. São Paulo, Malheiros Editores, 1998.

________. "Contrato administrativo – Possibilidade de reintrodução de obras originalmente constantes do objeto e posteriormente suprimidas – Vigência contratual vinculada à conclusão do escopo – Forma de cálculo dos percentuais de acréscimo e supressão de obras – Parâmetros de mutabilidade do contrato administrativo e limites à autonomia da vontade". *Informativo de Licitações e Contratos/ILC* 48. Curitiba, Zênite, fevereiro/1998.

________. "Contrato administrativo: superveniência de fatores técnicos dificultadores da execução da obra – Inaplicabilidade dos limites de 25% de acréscimos". *Boletim de Licitações e Contratos/BLC* fevereiro/2001. São Paulo, NDJ (pp. 94-110).

________. "Limites conceituais às exigências de capacitação técnico-operacional em licitações". *Boletim de Licitações e Contratos/BLC* outubro/2006. São Paulo, NDJ.

MARQUES NETO, Floriano de Azevedo, e ARAGÃO, Alexandre Santos de (coords.). *Direito Administrativo e seus Novos Paradigmas*. Belo Horizonte, Fórum, 2008.

MARTINS, Ives Gandra da Silva. *Comentários à Constituição do Brasil*. vol. 3, t. II. São Paulo, Saraiva, 1993.

MATTOS, Mauro Roberto Gomes de. *O Contrato Administrativo*. Rio de Janeiro, América Jurídica, 2001.

MAXIMILIANO, Carlos. *Hermenêutica e Aplicação do Direito*. 15ª ed. Rio de Janeiro, Forense, 1995; 18ª ed. Rio de Janeiro, Forense, 1999.

MAZON, Rubens, BIDERMAN, Rachel, MACEDO, Laura Sílvia Valente de, e MONZONI, Mário (orgs.). *Guia de Compras Públicas Sustentáveis: Uso do Poder de Compra do Governo para a Promoção do Desenvolvimento Sustentável*. Disponível em *http://www.cqgp.sp.gov.br/gt_licitacoes/publicacoes/Guia-de-compras-publicas-sustentáveis* (acesso em 31.10.2011).

MEDAUAR, Odete. *Concessão de Serviço Público*. São Paulo, Ed. RT, 1995.

________. *Direito Administrativo Moderno*. 5ª ed. São Paulo, Ed. RT, 2001.

MEIRELLES, Hely Lopes. "Contrato de obra pública – Prazo contratual". In: *Estudos e Pareceres de Direito Público*. vol. 10. São Paulo, Ed. RT, 1988.

________. *Direito Administrativo Brasileiro*. 41ª ed. São Paulo, Malheiros Editores, 2015.

________. *Direito Municipal Brasileiro*. 17ª ed., 2ª tir. São Paulo, Malheiros Editores, 2014.

________. *Licitação e Contrato Administrativo*. 15ª ed. São Paulo, Malheiros, 2010.

MELLO, Celso Antônio Bandeira de. "Aplicação de normas do Decreto-lei n. 200, de 1967". *RDP* 8/96 (*apud* DALLARI, Adilson Abreu. *Aspectos Jurídicos da Licitação*. 4ª ed. São Paulo, Saraiva, 1997).

________. "Contrato administrativo". *Boletim de Licitações e Contratos/BLC* 4. São Paulo, NDJ, abril/2002.

________. *Curso de Direito Administrativo*. 32ª ed. São Paulo, Malheiros Editores, 2015.

________. "Extensão das alterações dos contratos administrativos: a questão dos 25%". *Revista Brasileira de Direito Público* 1/43-66. Ano 1. Belo Horizonte, abril-junho/2003.

________. "Natureza jurídica do pedágio: taxa ou preço?". *RTDP* 32/21-26. São Paulo, Malheiros Editores, outubro-dezembro/2000.

MELLO, Oswaldo Aranha Bandeira de. *Princípios Gerais de Direito Administrativo*. 3ª ed., 2ª tir., vol. I. São Paulo, Malheiros Editores, 2010.

MELLO, Rafael Munhoz de. *Princípios Constitucionais de Direito Administrativo Sancionador – As Sanções Administrativas à Luz da Constituição Federal de 1988*. São Paulo, Malheiros Editores, 2007.

MENDES, Renato Geraldo. *Lei de Licitações e Contratos Anotada*. 6ª ed. Curitiba, Zênite, 2005.

________. *O Regime Jurídico da Contratação Pública*. Curitiba, Zênite, 2008.

MENDES, Renato Geraldo, e MIQUELOTO, Simone. "Alteração do critério legal de reajustamento dos contratos administrativos por meio de atos normativos expedidos no exercício de competência regulamentar – Questão de pura ilegalidade". *Informativo de Licitação e Contratos/ILC* 49/237-243. Curitiba, Zênite, março/1998.

MENEGUZZI, Rosa Maria. "Conceito de licitação sustentável". In: BARKI, Teresa Villac Pinheiro, e SANTOS, Murilo Giordan (coords.). *Licitações e Contratações Públicas Sustentáveis*. Belo Horizonte, Fórum, 2011.

MINATO, Eunice Leonel da Cunha. "Hipóteses de inexigibilidade consagradas no *caput* e inciso I do art. 25 da Lei n. 8.666/1993 – Alcance das disposições – Aplicabilidade às questões objetivas". *Boletim de Licitações e Contratos/ BLC* maio/1997. São Paulo, NDJ, maio/1997.

MINISTÉRIO DO PLANEJAMENTO, ORÇAMENTO E GESTÃO. *Site*: *https://www.governoeletronico.gov.br/noticias-e-eventos/noticias/governo--economiza-mais-de-r-3-bilhoes-com-pregao-eletronico-em-2007* (acesso em 31.7.2008).

MIQUELOTO, Simone, e MENDES, Renato Geraldo. "Alteração do critério legal de reajustamento dos contratos administrativos por meio de atos normativos expedidos no exercício de competência regulamentar – Questão de pura ilegalidade". *Informativo de Licitação e Contratos/ILC* 49/237-243. Curitiba, Zênite, março/1998.

MONTEBELLO, Marianna. "Os Tribunais de Contas e a *disregard doctrine*". In: OSÓRIO, Fábio Medina, e SOUTO, Marcos Juruena Villela (orgs.). *Direito Administrativo – Estudos em Homenagem a Diogo de Figueiredo Moreira Neto*. Rio de Janeiro, Lumen Juris, 2006.

MONTEIRO, Vera. *Licitação na Modalidade de Pregão (Lei 10.520, de 17 de Julho de 2002)*. 2ª ed. São Paulo, Malheiros Editores, 2010.

MONZONI, Mário, BIDERMAN, Rachel, MACEDO, Laura Sílvia Valente de, e MAZON, Rubens (orgs.). *Guia de Compras Públicas Sustentáveis: Uso do Poder de Compra do Governo para a Promoção do Desenvolvimento Sustentável*. Disponível em *http://www.cqgp.sp.gov.br/gt_licitacoes/publicacoes/ Guia-de-compras-publicas-sustentáveis* (acesso em 31.10.2011).

MORAES, Bernardo Ribeiro de. "A transferência do pedágio – Uma injusta e ilegítima concessão". *Revista Dialética de Direito Tributário* 12/7-13. São Paulo, Dialética, setembro/1996.

MORAES, Maria Celina Bodin de, BARBOZA, Heloísa Helena, e TEPEDINO, Gustavo. *Código Civil Interpretado Conforme a Constituição da República*.

vol. I. Rio de Janeiro, Renovar, 2004; 2ª ed., vol. II. Rio de Janeiro, Renovar, 2007.

MORAIS, Dalton Santos. "A repactuação de preços à luz do princípio da preservação do equilíbrio econômico-financeiro nos contratos administrativos de serviços contínuos na esfera federal". *Boletim de Licitações e Contratos/BLC* fevereiro/2004. São Paulo, NDJ (pp. 110-119).

________. *Temas de Licitações e Contratos Administrativos*. São Paulo, NDJ, 2005.

MOREIRA, Egon Bockmann. "Breves notas sobre a atividade empresarial concessionária". *Revista de Direito da Procuradoria-Geral (Edição Especial)*. Rio de Janeiro, Procuradoria-Geral do Estado do Rio de Janeiro, 2012.

MOREIRA, Egon Bockmann, e GUIMARÃES, Fernando César Vernalha. *Licitação Pública: a Lei Geral de Licitação – LGL e o Regime Diferenciado de Contratação – RDC*. 2ª ed. São Paulo, Malheiros Editores, 2015.

MOREIRA NETO, Diogo de Figueiredo. "Administração Pública Consensual: convênios, consórcios e acordos de programa". In: *XXI Congresso Nacional de Procuradores de Estado*. Rio de Janeiro.

________. *Considerações sobre a Lei de Responsabilidade Fiscal. Finanças Públicas Democráticas*. Rio de Janeiro, Renovar, 2001.

________. *Curso de Direito Administrativo*. 14ª ed. Rio de Janeiro, Forense, 2005; 16ª ed. Rio de Janeiro, GEN-Forense, 2014.

________. "Das normas de transição nas concessões de serviços públicos de transportes coletivos urbanos (um estudo de caso)". *Revista de Direito da Associação dos Procuradores do Novo Estado do Rio de Janeiro* IX/110 ("Direito das Concessões"). Rio de Janeiro, Lumen Juris, 2002.

________. *Mutações do Direito Administrativo*. 1ª ed. Rio de Janeiro, Renovar, 2000; 3ª ed. Rio de Janeiro, Renovar, 2007.

________. "O futuro das cláusulas exorbitantes nos contratos administrativos". *Revista de Direito da Associação dos Procuradores do Novo Estado do Rio de Janeiro* XVIII/3-22 ("Parcerias Público-Privadas"). Rio de Janeiro, Lumen Juris, 2006.

________ "Parecer n. 01/1988". *Revista de Direito da Procuradoria-Geral do Estado do Rio de Janeiro* 41. Rio de Janeiro, 1989.

MOTTA, Carlos Pinto Coelho. *Eficácia nas Licitações & Contratos*. 8ª ed. Belo Horizonte, Del Rey, 1999.

MOTTA, Carlos Pinto Coelho, e BICALHO, Alécia Paolucci Nogueira. *RDC – Comentários ao Regime Diferenciado de Contratações – Lei n. 12.462/2011 – Decreto n. 7.581/2011*. 2ª ed. Belo Horizonte, Fórum, 2014.

________. *RDC – Contratações para as Copas e Jogos Olímpicos – Lei n. 12.462/2011 – Decreto n. 7.581/2011*. Belo Horizonte, Fórum, 2012.

MOURA, Marcelo. "Protesto fecha Rio-Petrópolis por duas horas". *O Globo* 18.2.2002. Rio de Janeiro (p. 16).

MUKAI, Toshio. *A Empresa Privada nas Licitações Públicas*. São Paulo, Atlas, 2000.

______. *Concessões e Permissões de Serviços: Comentários à Lei n. 8.987, de 13 de fevereiro de 1995, e à Medida Provisória n. 1.017/1995, das Concessões do Setor Elétrico*. São Paulo, Saraiva, 1995.

______. *Curso Avançado de Licitações e Contratos Públicos*. São Paulo, Juarez de Oliveira, 2000.

______. *Estatutos Jurídicos de Licitações e Contratos Administrativos*. 3ª ed. São Paulo, Saraiva, 1992.

______. "Questões práticas: equipamentos ou serviços de Informática. Tipo de licitação. Decreto n. 1.070/1994. Considerações". *Boletim de Licitações e Contratos/BLC* fevereiro/1998. São Paulo, NDJ (p. 109).

______. "Questões práticas: pré-qualificação. Conceituação". *Boletim de Licitações e Contratos/BLC* 01/45. São Paulo, NDJ, janeiro/2001.

______. "Teoria e prática: Concorrência. Edital de pré-qualificação das licitantes. Características deste procedimento TCU". *Boletim de Licitações e Contratos/BLC* 7/430. São Paulo, NDJ, julho/2001.

______. "Teoria e prática: reajuste contratual. Marco inicial para a contagem da periodicidade de um ano. Entrega das propostas. Interpretação legal. TCU". *Boletim de Licitações e Contratos/BLC* 12/841-845. São Paulo, NDJ, dezembro/2002.

MULLER, Aderbal N. "Aspectos relevantes da análise de balanços ignorados em processos de licitação". *Informativo de Licitações e Contratos/ILC* 97/152. Curitiba, Zênite, março/2002.

NASSAR, Elody. *Prescrição na Administração Pública*. 2ª ed. São Paulo, Saraiva, 2009.

NEME, Paulo Henrique. *Anotações sobre o Cartão de Crédito*. Disponível em *www.revistajuridicaunicoc.com.br/midia/arquivos* (acesso em 17.1.2008).

NIEBUHR, Joel de Menezes. "'Carona' em ata de registro de preços: atentado veemente aos princípios de direito administrativo". *Informativo de Licitações e Contratos/ILC* 143. Curitiba, Zênite, janeiro/2006.

______. *Dispensa e Inexigibilidade de Licitação Pública*. São Paulo, Dialética, 2003.

______. "Repercussões do Estatuto das Microempresas e das Empresas de Pequeno Porte em licitação pública". *Informativo de Licitações e Contratos/ILC* 157/233. Curitiba, Zênite, março/2007.

NÓBREGA, Airton Rocha. "Despesa pública por meio de cartão de crédito". *Boletim de Licitações e Contratos/BLC* março/2002. São Paulo, NDJ (pp. 146-147).

NOVA DIMENSÃO JURÍDICA/NDJ. "Questões Práticas". *Boletim de Licitações e Contratos/BLC* maio/2007. São Paulo, NDJ (p. 491).

______. "Perguntas e Respostas". *Boletim de Licitações e Contratos/BLC* julho/2007. São Paulo, NDJ.

NUSDEO, Ana Maria de Oliveira. "A regulação e o direito da concorrência". In: SUNDFELD, Carlos Ari (coord.). *Direito Administrativo Econômico*. 1ª ed., 3ª tir. São Paulo, Malheiros Editores, 2006.

OLIVEIRA, Gesner. *Concorrência – Panorama no Brasil e no Mundo*. São Paulo, Saraiva, 2001.

OLIVEIRA, Gustavo Henrique Justino. *O Contrato de Gestão na Administração Pública Brasileira*. Tese de Doutorado. São Paulo, Faculdade de Direito da USP, 2005.

OSÓRIO, Fábio Medina, e SOUTO, Marcos Juruena Villela (orgs.). *Direito Administrativo – Estudos em Homenagem a Diogo de Figueiredo Moreira Neto*. Rio de Janeiro, Lumen Juris, 2006.

PALAVÉRI, Marcelo. *Municípios e Licitações Públicas*. São Paulo, Juarez de Oliveira, 2003.

PAULIAT, Hélène, BOITEAU, Claudie, e LANCHAUME, Jean-François. *Grands Services Publics*. 2ª ed. Paris, Dalloz, 2000.

PEDREIRA, José Luiz Bulhões. *Finanças e Demonstrações Financeiras*. Rio de Janeiro, Forense, 1989.

PÉRCIO, Gabriela Verona, e LÉGER, Gabriel Guy. "Pregão eletrônico com utilização de tecnologia de Bolsas de Mercadorias – Cobrança de taxa". *Revista Zênite – Informativo de Licitações e Contratos/ILC* 140. Ano XII. Curitiba, Zênite, outubro/2005.

PEREIRA, César A. Guimarães. "O saneamento de defeitos formais no processo licitatório: aplicação ampla da Lei das PPPs". *Informativo de Licitações e Contratos/ILC* 132/118. Curitiba, Zênite, fevereiro/2005.

PEREIRA, César A. Guimarães, e JUSTEN FILHO, Marçal. *O Regime Diferenciado de Contratações Públicas (RDC), Comentários à Lei n. 12.462 e ao Decreto n. 7.581*. Belo Horizonte, Fórum, 2012.

PEREIRA, Maria Fernanda Pires de Carvalho, CAMARÃO, Tatiana Martins da Costa, e FORTINE, Cristiana. *Licitações e Contratos: Aspectos Relevantes*. 2ª ed. Belo Horizonte, Fórum, 2008.

PEREIRA JR., Jessé Torres. *Comentários à Lei de Licitações e Contratações da Administração Pública*. 4ª ed. Rio de Janeiro, Renovar, 1997; 5ª ed. Rio de Janeiro, Renovar, 2002; 6ª ed. Rio de Janeiro, Renovar, 2003; 7ª ed. Rio de Janeiro, Renovar, 2007.

________. *Reforma Administrativa Constitucional*. Rio de Janeiro, Renovar, 1999.

PEREIRA JR., Jessé Torres, e DOTTI, Marinês Restelatto. *Comentários ao RDC Integrado ao Sistema Brasileiro de Licitações e Contratações Públicas*. Rio de Janeiro, Renovar, 2015.

PEREZ, Marcos Augusto. *A Administração Pública Democrática: Institutos de Participação Popular na Administração Pública*. Belo Horizonte, Fórum, 2004.

PIMENTEL, Maria Helena Pessoa. "A Administração Pública como consumidora nas relações de consumo". *Boletim de Direito Administrativo/BDA* abril/2001. São Paulo, NDJ (pp. 276-282).

PINTO JR., Mário Engler, PRADO, Lucas Navarro, e RIBEIRO, Maurício Portugal. *Regime Diferencia de Contratação: Licitação de Infraestrutura para Copa do Mundo e Olimpíadas*. São Paulo, Atlas, 2012.

PRADO, Lucas Navarro, e RIBEIRO, Maurício Portugal. *Comentários à Lei de PPP – Parceria Público-Privada*. 1ª ed., 2ª tir. São Paulo, Malheiros Editores, 2010.

PRADO, Lucas Navarro, PINTO JR., Mário Engler, e RIBEIRO, Maurício Portugal. *Regime Diferencia de Contratação: Licitação de Infraestrutura para Copa do Mundo e Olimpíadas*. São Paulo, Atlas, 2012.

PROENÇA, Fabríccio Quixadá Steindorfer. *A Licitação na Sociedade de Economia Mista*. Rio de Janeiro, Lumen Juris, 2003.

RAMOS, Dora Maria de Oliveira, D'AVILA, Vera Lúcia Machado, DI PIETRO, Maria Sylvia Zanella, e SANTOS, Márcia Walquiria dos. *Temas Polêmicos sobre Licitações e Contratos*. 5ª ed., 3ª tir. São Paulo, Malheiros Editores, 2006.

REIS, Haroldo da Costa, e MACHADO JR., J. Teixeira. "A Lei 4.320 comentada". *Apud*: VASCONCELOS, Clayton Arruda de. *Art. 42 da Lei de Responsabilidade Fiscal: Aspectos Controversos*. Brasília, 2010. Disponível em *www.portal2.tcu.gov.br/portal/pls/portal/docs/2054778.PDF* (acesso em 13.2.2014).

RIBEIRO, Maurício Portugal, e PRADO, Lucas Navarro. *Comentários à Lei de PPP – Parceria Público-Privada*. 1ª ed., 2ª tir. São Paulo, Malheiros Editores, 2010.

RIBEIRO, Maurício Portugal, PINTO JR., Mário Engler, e PRADO, Lucas Navarro. *Regime Diferencia de Contratação: Licitação de Infraestrutura para Copa do Mundo e Olimpíadas*. São Paulo, Atlas, 2012.

ROCHA, Carmen Lúcia Antunes (coord.). *Constituição e Segurança Jurídica: Direito Adquirido, Ato Jurídico Perfeito e Coisa Julgada. Estudos em Homenagem a José Paulo Sepúlveda Pertence*. Belo Horizonte, Fórum, 2004.

ROCHA, Henrique Bastos. "A Sociedade de Propósito Específico nas parcerias público-privadas". *Revista de Direito da Associação dos Procuradores do Novo Estado do Rio de Janeiro* 17/269-289. Rio de Janeiro, Lumen Juris, 2006; *Revista de Direito da Associação dos Procuradores do Novo Estado do Rio de Janeiro* 2006. Rio de Janeiro, Lumen Juris.

RONNY, Charles. *Leis de Licitações Públicas Comentadas*. Salvador, JusPodivm, 2008.

ROSA, Luiz Emygdio F. da. *Direito Financeiro e Direito Tributário*. 17ª ed. Rio de Janeiro, Renovar, 2003.

ROSSI, Sérgio Ciquera, e TOLEDO JR., Flávio C. de. *Lei de Responsabilidade Fiscal Comentada Artigo por Artigo*. 2ª ed. São Paulo, NDJ, 2002.

SAITO, Luciano Massao, e TOLOSA FILHO, Benedicto. *Manual de Licitações e Contratos Administrativos*. Rio de Janeiro, Aide, 1995.

SALOMÃO FILHO, Calixto. *Direito Concorrencial. As Estruturas*. 3ª ed. São Paulo, Malheiros Editores, 2007.

________. *Regulação da Atividade Econômica (Princípios e Fundamentos Jurídicos)*. 2ª ed. São Paulo, Malheiros Editores, 2008.

SANTACRUZ, Ruy. "Fundamentos (econômicos) da regulação pública dos mercados". *Arché: Interdisciplinar* 10. N. 29. Rio de Janeiro, SBI/Universidade Cândido Mendes, 2001.

SANTANA, Jair Eduardo, e GUIMARÃES, Edgar. *Licitações e o Novo Estatuto da Pequena e Microempresa: Reflexos Práticos da Lei Complementar n. 123/2006*. Belo Horizonte, Fórum, 2007.

________. *Pregão Presencial e Eletrônico: Sistema de Registro de Preços. Manual de Implantação, Operacionalização e Controle*. 4ª ed. Belo Horizonte, Fórum, 2014.

SANTOS, Márcia Walquiria dos, D'AVILA, Vera Lúcia Machado, DI PIETRO, Maria Sylvia Zanella, e RAMOS, Dora Maria de Oliveira. *Temas Polêmicos sobre Licitações e Contratos*. 5ª ed., 3ª tir. São Paulo, Malheiros Editores, 2006.

SANTOS, Murilo Giordan, e BARKI, Teresa Villac Pinheiro (coords.). *Licitações e Contratações Públicas Sustentáveis*. Belo Horizonte, Fórum, 2011.

SCHIRATO, Vitor Rhein. "A interação entre a Administração Pública e os particulares nos contratos administrativos". *Fórum de Contratação e Gestão Pública* 138. Ano 12. Belo Horizonte, junho/2013.

SCHWUIND, Rafael Wallbach. "Remuneração variável e contratos de eficiência no Regime Diferenciado de Contratações Públicas". In: JUSTEN FILHO, Marçal, e PEREIRA, César A. Guimarães. *O Regime Diferenciado de Contratações Públicas, Comentários à Lei n. 12.462 e ao Decreto n. 7.581*. Belo Horizonte, Fórum, 2012.

SEBRAE. *Cartões Empresariais Saem do Anonimato*. Disponível em *http://www.uasf.sebrae.com.br/uasfgestao/uasfnoticias/jan2008/not3465/view* (acesso em 17.1.2008).

SILVA, José Afonso da. *Curso de Direito Constitucional Positivo*. 38ª ed. São Paulo, Malheiros Editores, 2015.

SMITH, Luís Gustavo Alves. "Contratação com dispensa – Inteligência do art. 24, inciso XIII, da Lei de Licitações e Contratos". *Boletim de Licitações e Contratos/BLC* abril/2004. São Paulo, NDJ (p. 271).

SOUTO, Marcos Juruena Villela. *Desestatização, Privatização, Concessões, Terceirizações e Regulação*. 4ª ed. Rio de Janeiro, Lumen Juris, 2001.

________. *Direito Administrativo Contratual*. Rio de Janeiro, Lumen Juris, 2004.

________. *Direito Administrativo da Economia*. 3ª ed. Rio de Janeiro, Lumen Juris, 2003.

________. *Direito Administrativo das Concessões*. 5ª ed. Rio de Janeiro, Lumen Juris, 2004.

______. *Direito Administrativo em Debate*. Rio de Janeiro, Lumen Juris, 2004; 2ª Série. Rio de Janeiro, Lumen Juris, 2007.

______. *Direito Administrativo Empresarial*. Rio de Janeiro, Lumen Juris, 2006.

______. *Direito Administrativo Regulatório*. Rio de Janeiro, Lumen Juris, 2002; 2ª ed. Rio de Janeiro, Lumen Juris, 2005.

______. *Licitações e Contratos Administrativos*. 3ª ed. Rio de Janeiro, Esplanada, 1998.

______. *Licitações & Contratos Administrativos*. 3ª ed. São Paulo, Adcoas, 1998.

______. "Licitações e controle de eficiência: repensando o princípio do procedimento formal à luz do 'placar eletrônico'". In: ARAGÃO, Alexandre Santos de, e MARQUES NETO, Floriano de Azevedo (coords.). *Direito Administrativo e seus Novos Paradigmas*. Belo Horizonte, Fórum, 2008.

______. "Texto-base para a palestra nas Jornadas de Direito Administrativo – NDJ – 3.12. 2007 – Rio de Janeiro". *Boletim de Direito Administrativo/BDA* 3/276-277. São Paulo, NDJ, 2008.

SOUTO, Marcos Juruena Villela, e OSÓRIO, Fábio Medina (orgs.). *Direito Administrativo – Estudos em Homenagem a Diogo de Figueiredo Moreira Neto*. Rio de Janeiro, Lumen Juris, 2006.

SOUZA, Lilian Castro de. "Política Nacional do Meio Ambiente e licitações sustentáveis". In: BARKI, Teresa Villac Pinheiro, e SANTOS, Murilo Giordan (coords.). *Licitações e Contratações Públicas Sustentáveis*. Belo Horizonte, Fórum, 2011.

SUNDFELD, Carlos Ari. *Licitação e Contrato Administrativo*. 2ª ed. São Paulo, Malheiros Editores, 1995.

______. "O CADE e a competição nos serviços públicos". *Fórum Administrativo* 1/32. Belo Horizonte, Fórum, março/2001.

______. "O saneamento básico e sua execução por empresa estatal". *Informativo de Licitações e Contratos/ILC* 109/216-220. Ano X. Curitiba, Zênite, março/2003.

______ (coord.). *Direito Administrativo Econômico*. 1ª ed., 3ª tir. São Paulo, Malheiros, 2006.

SUNDFELD, Carlos Ari, e CÂMARA, Jacintho Arruda. "Uma crítica à tendência de uniformizar com princípios o regime dos contratos públicos". *Revista de Direito Público da Economia* 41. Belo Horizonte, Fórum, janeiro-março/2013.

SZKLAROWSKY, Leon Frejda. "O Código de Proteção e Defesa do Consumidor e os contratos administrativos". *Boletim de Licitações e Contratos/BLC* agosto/1999. São Paulo, NDJ (pp. 377-380).

TÁCITO, Caio. "Concessão de portos – Correção monetária – Ativo imobilizado". *RDA* 91/420. Rio de Janeiro, janeiro-março/1968.

________. "Concessão real de uso. Licitação". In: *Temas de Direito Público: Estudos e Pareceres*. vol. 2. Rio de Janeiro, Renovar, 1997.

________. *Temas de Direito Público: Estudos e Pareceres*. vol. 1. Rio de Janeiro, Renovar, 1997.

TARREGA, Maria Cristina Vidotte Blanco. *Associações Consorciais*. Barueri/SP, Manole, 2004.

TAVOLARO, Luiz Antônio. "O instituto da pré-qualificação contemplado na Lei de Licitações e Contratos Administrativos". In: TAVOLARO, Luiz Antônio, VERRI JR., Armando, e WAMBIER, Teresa Arruda Alvim. *Licitações e Contratos Administrativos: Temas Atuais e Controvertidos*. São Paulo, Ed. RT, 1999.

TAVOLARO, Luiz Antônio, VERRI JR., Armando, e WAMBIER, Teresa Arruda Alvim. *Licitação e Contratos Administrativos: Temas Atuais e Controvertidos*. São Paulo, Ed. RT, 1999.

TEPEDINO, Gustavo, BARBOZA, Heloísa Helena, e MORAES, Maria Celina Bodin de. *Código Civil Interpretado Conforme a Constituição da República*. vol. I. Rio de Janeiro, Renovar, 2004; 2ª ed., vol. II. Rio de Janeiro, Renovar, 2007.

TOLEDO JR., Flávio C. de, e ROSSI, Sérgio Ciquera. *Lei de Responsabilidade Fiscal Comentada Artigo por Artigo*. 2ª ed. São Paulo, NDJ, 2002.

TOLOSA FILHO, Benedicto. *Lei das Concessões e Permissões de Serviços Públicos*. Rio de Janeiro, AIDE, 1995.

TOLOSA FILHO, Benedicto, e SAITO, Luciano Massao. *Manual de Licitações e Contratos Administrativos*. Rio de Janeiro, Aide 1995.

TOLOSA FILHO, Benedicto, e TOLOSA PAYÁ, Renata Fernandes de. *Entendendo, Implantando e Mantendo o Sistema de Registro de Preços*. Rio de Janeiro, Temas & Ideias, 1999.

TOLOSA PAYÁ, Renata Fernandes de, e TOLOSA FILHO, Benedicto. *Entendendo, Implantando e Mantendo o Sistema de Registro de Preços*. Rio de Janeiro, Temas & Ideias, 1999.

TORRES, Ricardo Lobo. *Curso de Direito Financeiro e Tributário*. 5ª ed. Rio de Janeiro, Renovar, 1998.

________. *Tratado de Direito Constitucional Financeiro e Tributário*. 3ª ed., vol. V ("O Orçamento na Constituição"). Rio de Janeiro, Renovar, 2008.

VALIM, Rafael, CAMMAROSANO, Márcio, e DAL POZZO, Augusto Neves. *Regime Diferenciado de Contratações Públicas – RDC (Lei n. 12.462/2011; Decreto n. 7.581/2011: Aspectos Fundamentais)*. 2ª ed. Belo Horizonte, Fórum, 2012.

VALLE, Vanice Regina Lírio. "Viabilidade jurídica do Regime Diferenciado de Contratações: sobre a arte de evitar que a cauda abane o cachorro". *Fórum de Contratação e Gestão Pública* 117. Ano 10. Belo Horizonte, setembro/2011.

VALLE, Vanice Regina Lírio, e FREITAS, Daniela Bandeira (coords.). *Direito Administrativo e Democracia Econômica*. Belo Horizonte, Fórum, 2012.

VASCONCELOS, Clayton Arruda de. *Art. 42 da Lei de Responsabilidade Fiscal: Aspectos Controversos*. Brasília, 2010. Disponível em *www.portal2.tcu.gov.br/portal/pls/portal/docs/2054778.PDF* (acesso em 13.2.2014).

VAZ, Izabel. *Direito Econômico da Concorrência*. Rio de Janeiro, Forense, 1993.

VERRI JR., Armando, TAVOLARO, Luiz Antônio, e WAMBIER, Teresa Arruda Alvim. *Licitação e Contratos Administrativos: Temas Atuais e Controvertidos*. São Paulo, Ed. RT, 1999.

VIANA, Cláudia. *Os Princípios Comunitários na Contratação Pública*. Coimbra, Coimbra Editora, 2007.

WALD, Arnoldo. "A garantia do contratado à recuperação do equilíbrio econômico-financeiro em caso de inadimplemento contratual da Administração Pública". In: *Direito das Concessões*. vol. 3. Rio de Janeiro, América Jurídica, 2004 (pp. 79-80).

________. "As PPPs e a infraestrutura". *Revista de Direito da Associação dos Procuradores do Novo Estado do Rio de Janeiro* XVII ("Parcerias Público-Privadas"). Rio de Janeiro, Lumen Juris, 2006.

________. "Consórcios bancários". In: *Estudos e Pareceres de Direito Comercial, Problemas Comerciais e Fiscais da Empresa Contemporânea*. 1ª Série. São Paulo, Ed. RT, 1972.

________. *O Direito de Parceria e a Nova Lei de Concessões*. São Paulo, Ed. RT, 1996.

WAMBIER, Teresa arruda Alvim, TAVOLARO, Luiz Antônio, e VERRI JR., Armando. *Licitação e Contratos Administrativos: Temas Atuais e Controvertidos*. São Paulo, Ed. RT, 1999.

ZYMLER, Benjamin, e DIOS, Laureano Canabarro. *Regime Diferenciado de Contratação – RDC*. 2ª ed. Belo Horizonte, Fórum, 2013.

ZÊNITE CONSULTORIA JURÍDICA. "Perguntas e Respostas: Fornecedor exclusivo – caracterização". *Informativo de Licitações e Contratos/ILC* 64/465. Curitiba, Zênite, junho/1999.

________. "Jurisprudência: Habilitação – Análise de questões no decorrer do procedimento – Possibilidade". *Informativo de Licitações e Contratos/ILC* 48/163-165. Curitiba, Zênite, fevereiro/1998.

* * *

00033

GRÁFICA PAYM
Tel. [11] 4392-3344
paym@graficapaym.com.br